Archäologisches Lexikon zur Bibel

Archäologisches Lexikon zur Bibel

Herausgegeben von Abraham Negev
Deutsche Bearbeitung Joachim Rehork

Kunstverlag Edition Praeger
München · Wien · Zürich

ISBN 3 7796 8506 X
© 1972 by G. A. The Jerusalem Publishing House, Jerusalem
© 1972 der deutschsprachigen Ausgabe
Kunstverlag Edition Praeger GmbH. & Co. KG,
München · Wien · Zürich
Gesamtherstellung: Mladinska knjiga, Ljubljana

VORBEMERKUNG DES DEUTSCHEN BEARBEITERS

Seit um die Mitte des 19. Jahrhunderts die ersten archäologischen Gehversuche auf biblischem Boden unternommen wurden, hat das »Heilige Land« sich in archäologischer Hinsicht als so unvorstellbar fündig erwiesen, daß es schlechterdings unmöglich ist, die Fülle der Resultate in einem handlichen Band unterzubringen. Es wurde nicht nur möglich, durch Konfrontation biblischer Wortlaute mit archäologischen Befunden die im engeren Sinne historiographischen Partien des »Buchs der Bücher« auf ihren Wahrheitsgehalt hin abzuklopfen, sondern auch die kulturellen, die ökonomischen und sozialen Voraussetzungen des in der Bibel berichteten Geschehens haben sich abzuzeichnen begonnen. Darüber hinaus läßt sich zur Zeit in keinem Lande der Welt die entscheidende Phase der menschlichen Urgeschichte: die Phase des Übergangs vom Nomadendasein zu seßhafter Lebensweise, des Übergangs von der aneignenden zur produktiven Wirtschaftsform, des Übergangs vom Sammeln und Jagen hin zu Ackerbau und Viehzucht, ja bis hin zur Gründung erster Siedlungen städtischen Charakters, so lückenhaft belegen wie durch Funde auf biblischem Boden. Eine Bestandsaufnahme alles dessen sprengt den Rahmen jedes Buches. Wenn trotzdem gewagt wird, eine Art Überblick in handlicher Form zu geben, kann nur eine repräsentative Auswahl dargeboten werden, die zudem den Bedürfnissen derer Rechnung tragen muß, die das »Heilige Land« im engeren Sinne vor allem als Land biblischer Traditionen begreifen. Dies bedingt Schnitte, die in jedem Fall schmerzlich, aber vielleicht durch das Bestreben hinreichend gerechtfertigt sind, ein Buch zu schaffen, das Informationen über Bibel-Archäologie einem möglichst umfangreichen Leserkreis zugänglich macht. Die Verfasser der einzelnen Artikel haben zum größten Teil selbst Feldforschung auf palästinensischem Boden betrieben. Das Buch enthält daher Informationen aus »erster Hand«.

Joachim Rehork

Berlin, Herbst 1972

VORWORT

Das vorliegende Lexikon führt den größten Teil der in der Bibel erwähnten Ortsnamen an. Dies gilt nicht nur für Orte im »Heiligen Land« selbst, sondern auch für andere biblische Stätten des Nahen und Mittleren Ostens. Die Artikel erörtern Fragen des Ortsansatzes und gehen auf die an den einzelnen Plätzen durchgeführten Grabungen sowie auf die Bedeutung der jeweiligen Funde ein. Die Verfasser haben durchweg selbst Bodenforschung getrieben, und im Fall einiger Grabungsstätten erhält der Leser Informationen aus erster Hand. Der Darstellungs-Schwerpunkt liegt auf der Geschichte biblischer Stätten in biblischer Zeit. Bei einigen Orten wird jedoch die Entwicklung bis zum Arabereinbruch (7. Jh. n. Chr.), in einzelnen Fällen sogar darüber hinaus bis in die Neuzeit weiterverfolgt. Daneben enthält das Buch zusammenfassende Sachartikel, die in größere Problemzusammenhänge einführen. Zusätzlich ermöglicht ein System von Querverweisen dem Leser, sich umfassend über die Sachzusammenhänge zu informieren.

Der chronologischen Orientierung in vorbiblischer, biblischer und nachbiblischer Zeit dient eine Zeittafel am Schluß des Werkes.

Die Absicht, die deutsche Ausgabe einem größeren Interessentenkreis zugänglich zu machen, bedingte gewisse Bearbeitungen. Dennoch wird auf alle relevanten Probleme eingegangen, auch wenn der Leser vielleicht die Behandlung dieses oder jenes Themas unter einem eigenen Stichwort vermißt. Ein Teil der unumgänglichen Kürzungen wird durch Sammel-Querverweise »abgefangen«, die es dem Benutzer ermöglichen, die gesuchten Informationen rasch unter anderen Stichwörtern aufzufinden. Ein Stichwort, auf das verwiesen wird, ist durch einen vorangestellten Pfeil (→) gekennzeichnet.

MITARBEITERVERZEICHNIS UND SIGLENLISTE

AHARONI, YOHANAN Y. A.
Professor für Biblische Archäologie. Direktor des Archäologischen Instituts der Universität Tel Aviv.

APPELBAUM, SHIMON S. A.
Außerordentlicher Professor am Lehrstuhl für Klassische Archäologie der Universität Tel Aviv.

AVIDA, URI U. A.
Inhaber eines Forschungsauftrags am Archäologischen Seminar der Hebräischen Universität Jerusalem.

AVI-YONAH, MICHAEL M. A.-Y.
Professor für Archäologie und Kunstgeschichte. Archäologisches Seminar und Fachschaft Kunstgeschichte (Hebräische Universität Jerusalem).

BARAG, DAN D. B.
Lektor am Archäologischen Seminar der Hebräischen Universität Jerusalem.

BAR-YOSEF, OFER O. B.-Y.
Lektor am Archäologischen Seminar der Hebräischen Universität Jerusalem.

BEN-TOR, AMNON A. B.-T.
Lektor für Biblische Archäologie am Archäologischen Seminar der Hebräischen Universität Jerusalem.

BIRAN, AVRAHAM A. B.
Direktor des Staatlichen Amtes für Denkmalspflege und Museen in Israel.

CALLAWAY, JOSEPH A. J. A. C.
Professor der Bibelwissenschaft am Southern Baptist Theological Seminary, Louiseville, Kentucky, USA.

DEVER, WILLIAM G. W. G. D.
Professor der Bibel-Archäologie und Direktor des Hebrew Union College, Jerusalem–Cincinnati, Ohio, USA.

DOTHAN, MOSHE M. D.
Stellvertretender Direktor des Staatlichen Amtes für Denkmalspflege und Museen in Israel.

GIHON, MORDECHAI M. G.
Außerordentlicher Professor für Kriegsgeschichte an der Universität von Tel Aviv.

GLUECK, NELSON N. G.
Professor für Biblische Archäologie und ehemaliger Präsident des Hebrew Union College, Jewish Institute of Religion, Jerusalem–Cincinnati, Ohio, USA.

GONEM, RIVKA R. G.
Israel-Museum.

KAPLAN, JACOB J. K.
Direktor des Altertumskundlichen Museums von Jaffa–Tel Aviv.

NAVEH, JOSEPH J. N.
Außerordentlicher Professor für Semitische Sprachen am Archäologischen Seminar der Hebräischen Universität Jerusalem.

NEGEV, ABRAHAM A. N.
Außerordentlicher Professor für Klassische Archäologie am Archäologischen Seminar der Hebräischen Universität Jerusalem.

ROSENTHAL, RENATE R. R.
Assistentin am Archäologischen Institut der Hebräischen Universität Jerusalem; Sekretärin des Herausgeberstabs.

ROTHENBERG, BENO B. R.
Außerordentlicher Professor am Institut für Vorderasiatische Altertumskunde der Universität Tel Aviv; Leiter der Arabah-Expedition.

YAKOBI, RUTH R. Y.
Forschungsbeauftragte am Archäologischen Seminar der Hebräischen Universität Jerusalem.

Mit R. M. unterzeichnete Artikel gehen auf die französische Fassung zurück und stammen aus der Feder von ROBERT MAILLARD, der die französische Ausgabe besorgte. Die Signatur J. R. neben der Verfasserangabe weist auf die Bearbeitung eines Artikels durch den Übersetzer der deutschen Ausgabe hin.

A

Abarim Randgebirge des Jordangrabens (→ *Jordan*) nordöstlich des → *Toten Meeres* über der Ebene → *Moab* (Num. [4. Mos.] 33, 47 f.). Einer seiner Gipfel ist der → *Nebo*. Vgl. auch → *Peor* und → *Pisga*. A. N.

Abel-Beth-Maacha, Abel-Maim (Majim) Befestigte Stadt im Norden Palästinas (2. Sam. 20, 14–18), auch einfach *Abel* genannt (ebd. 18). Joab, der Sohn der Zeruja, belagerte sie, um Scheba (Seba), den Sohn Bichris, zu fangen (2. Sam. 20, 13). Zur Zeit des Königs Bascha (Baascha [Lutherbibel: Baesa]) von Israel, der seinerseits Zeitgenosse des Königs Asa von Juda (914 bzw. 908 bis 874 oder 867 v. Chr.) war, eroberte sie Ben-Hadad, der König von → *Aram* (1. Kön. 15, 20; 2. Chron. 16, 4 [hier die Namensform *A.-Maim* bzw. *A.-Majim*]). Von ihrer Eroberung durch den König von Assur, Tiglatpilesar III. (um 745–727 v. Chr.), als Pekach, der Sohn des Remalja (Remaljahu), König von Israel war (736/35–733 v. Chr.), berichtet das 2. Buch der Könige (dort 15, 29). In hellenistisch-römischer Zeit war A., wie andere Städte (→ *Abel-Sittim*) unter dem Namen → *Abila* bekannt, und unter diesem Namen führt es Eusebios in seinem Verzeichnis biblischer Ortsnamen (Onomastikon 32, 14) als eine Stadt *Phöniziens* auf. Desgleichen der Grammatiker Stephanos von Byzanz (6. Jahrhundert n. Chr.) in seinem geographischen Lexikon (Ethniká). Heute Tell Abil (al-Qamh) nördlich des Hule-Sees. A. N.

Abel-Mehola Stadt auf dem Gebiet des Stammes Issachar im Tal des → *Jordan* (Richter 7, 22), im fünften Bezirk des Reiches Salomons (1. Kön. 4, 12). A. war Geburtsort des Propheten Elisa (Elisäus [ebd. 19, 16]). In der Römerzeit gab es ein Dorf Abelmea oder Abelmain im Gebiet von Skythopolis (→ *Beth Sean*), das für seine heißen Quellen bekannt war, doch ist die Identität des Ortes mit A. umstritten. Vielleicht (doch gleichfalls nicht sicher) Tell el-Hilu (Khirbet el-Hilu) nordöstlich des mittelpalästinensischen Ephraim-Gebirgsrückens und unweit vom Jordan. A. N.

Abel-Sittim (A.-Schittim) Letzte Etappe (»bei den Akazien«) auf der Wanderung der Kinder Israels östlich des → *Jordan* in der Ebene → *Moab* (Num. [4. Mos.] 33, 49). Von hier aus sandte Josua Spione in das Kanaanäerland (Josua 2, 1), und hier versammelten sich die Israeliten, um den Jordan zu durchqueren (ebd. 3, 1). Unter dem Namen *Abila* entwickelte sich die Stadt in hellenistisch-römischer Zeit zum Verwaltungszentrum der Toparchie (des Verwaltungsbezirks) von → *Peräa* (augusteische Zeit). Man rühmte ihre Palmenpflanzungen (Flavius Iosephus, *Bellum Iudaicum* 4, 438). Heute Tell Hammam westlich von → *Hesbon*. A. N.

Abila Stadt der → *Dekapolis*. In seinem Verzeichnis biblischer Ortsnamen (Onomastikon 32, 14) gibt Eusebios ihre Lage mit 12 römischen Meilen östlich von → *Gadara* an. Plinius der Ältere (23/24–79 n. Chr.) führt A. nicht unter den Städten der Dekapolis auf, doch eine unweit von Palmyra (bzw. *Tadmor*) gefundene Inschrift aus der Zeit Kaiser Hadrians (117–138 n. Chr.) und die Tatsache, daß Münzen die Ära der Stadt von Pompeius an zählen, deuten darauf hin, daß A. in hellenistisch-römischer und byzantinischer Zeit ein bedeutendes Gemeinwesen war. Der Seleukide Antiochos III. der Große (223 bis 187 v. Chr.) nahm es den Lagiden (Ptolemäern) ab (Polybios 5, 71; 16, 39; Flavius Josephus, *Antiquitates Iudaicae* 12, 136). Von dem Hasmonäer (Makkabäer) Alexander Iannaios (103 bis 76 v. Chr.) erobert, erhielt es schließlich von Pompeius (106–48 v. Chr.), der 64 v. Chr. Syrien zur römischen Provinz machte und 63 v. Chr. → *Jerusalem* einnahm, Unabhängigkeit zugesichert. Das Neue Testament (Lukas 3, 1) erwähnt einen Lysanias mit dem Titel »Vierfürst« (Tetrarch) von Abilene (der Landschaft um A.). Auf Stadtmünzen von Mark Aurel (161 bis 180 n. Chr.) bis Caracalla (211–217 n. Chr.) trägt A. die Bezeichnung *Seleucia A.* In byzantinischer Zeit war A. einer der Bischofssitze von *Palaestina Secunda*.

Die archäologischen Schichten bedecken zwei Hügel (Tell Abil und Tell umm al-Amad), die eine gepflasterte römische Straße und eine Brücke miteinander verbindet. Noch heute erblickt man hier einen Tempel, ein geräumiges Theater und eine Basilika.
R. R.

Abu Gosch Das heutige Dorf dieses Namens liegt etwa 13 Kilometer westlich von → *Jerusalem*. Innerhalb der Ortsgrenzen kamen vorgeschichtliche Funde, desgleichen Funde aus römischer, byzantinischer Zeit und aus dem Mittelalter zum Vorschein.

Die Überreste älteren Datums ergrub im Jahre 1950 Jean Perrot *(Mission française d'Archéologie en Israël)*. Damals wurden drei Besiedlungsschichten freigelegt. Schicht A enthielt Feuersteingeräte, vermischt mit Inventar aus

späterer, historischer Zeit. Vermischtes Inventar enthielt gleichfalls Schicht B, darunter eine Steinindustrie, die der des präkeramischen Neolithikums B (der Jungsteinzeitphase ohne Töpferkunst B) von → *Jericho* entspricht. Zu dieser Kulturschicht gehören rechteckige Häuser mit verputzten Böden. Außerdem enthielt sie etwas → *Keramik* aus dem 4. Jahrtausend v. Chr. In den Jahren 1967–1968 nahm Jean Perrot die Grabungen wieder auf, diesmal war das französische Zentrum für Forschung und Wissenschaft (C.N.R.S.) Träger des Unternehmens. Nunmehr wurden zwei Hauptbesiedlungsschichten freigelegt. In der oberen stieß man auf die Fundamente rechteckiger Häuser (→ *Haus*) aus rohquadrierten Steinen, während die Häuser darunter noch aus unbearbeiteten Feldsteinen bestanden. Die Steinindustrie beider Schichten entsprach der, die schon 1950 ans Licht gekommen war.

Schon 1923 und 1944 legten Benediktiner des am Ort befindlichen Klosters die Reste der späteren Perioden frei. Aus römischer Zeit stammen ein Grab und Überreste eines mächtigen Behälters, die man teils noch in der Kreuzfahrerkirche besichtigen kann. Man schreibt es der *Legio X Fretensis* zu, die Titus 70 n. Chr. als Besatzungstruppe in Jerusalem zurückließ und von der eine Abteilung in A. stationiert war. Umfangreicher ist das Material aus der Zeit nach der arabischen Invasion des 7. Jahrhunderts (20. August 636 n. Chr. Niederlage der Byzantiner am → *Jarmuk*, 638 Fall Jerusalems) sowie aus der Zeit der Kreuzzüge (Hochmittelalter, ab 11. Jahrhundert). Neben Jericho und anderen Orten (Amman [→ *Rabbath Ammon*], → *Bir Abu Matar*, → *Byblos*, Kilwa, → *Megiddo* sowie Ša'ar ha-Golan, Tell ed Duweir, Wadi Dobai und anderen Fundstätten) gilt A. als einer der wichtigsten vorgeschichtlichen Fundorte in Palästina und dem Jordangebiet (→ *Kirjath Jearim*). A. N. und J. R.

Abu Sif, Höhle von Paläolithische (altsteinzeitliche) Fundstätte am rechten

Terrakottafigürchen einer Schwangeren aus Achsib (syro-phönikischer Stil; 5.–4. Jh. v. Chr.) (s. S. 12).

Ufer des Wadi Abu Sif in der judäischen Wüste. Einige Faustkeile, die in der Schicht E zum Vorschein gekommen sind, weist der Ausgräber, René Neuville, der paläolithischen Formengruppe des *Micoquien* (nach der Fundstätte *La Micoque* bei *Les Eyzies-de-Tayac* im französischen Département *Dordogne*)

zu. Ein archäologisch unergiebiges Lager von Rollsteinen (D) trennt Schicht E von den älteren Schichten C und B, für deren Inventar zahlreiche langgestreckte Spitzwerkzeuge aus dem *Moustérien* charakteristisch sind. Oft haben sie Messerform und sind in Abschlagtechnik aus einem bereits präparierten Nukleus gewonnen. Spitzen von ähnlicher Gestalt fand man in den Höhlen des Gebirges *Karmel*, formal noch näherstehendes Vergleichsmaterial liefern die Funde in der benachbarten Höhle von Sahba, desgleichen in der Höhle von Hazar Merd in Kurdistan (zur Feuersteinindustrie: → *Vorgeschichte*). Auch Stichel und Schaber fanden sich in A.   *O. B. und J. R.*

Abydos Stadt Oberägyptens (→ *Ägypten*). Seit ihrer Gründung wichtiges Kultzentrum. Zur Zeit des Mittleren Reiches (12. Dynastie: rund 1991 bis ca. 1777 v. Chr.) Mittelpunkt des Osiris-Kults. Zahlreiche Monumente von Privatpersonen und Königen, Monumente, die zu Tod und Totenkult Bezug haben, bezeugen A.s Bedeutung als Stadt der Toten und Pilgerziel für die Lebenden. Besonders hervorzuheben sind die Bauten Sethos' I. (1305–1290 v. Chr.) und Ramses' II. (1290–1223 v. Chr.), deren Reliefs wichtige Aufschlüsse über Ereignisse in Kanaan geben. Unweit von A. entdeckte man Königsgräber aus der sog. »Thinitenzeit« (1. und 2. Dynastie). Sie enthielten → *Keramik*, die es später ermöglichte, entsprechende frühbronzezeitliche Funde in Palästina (→ *Arad*) zu datieren.   *A. N.*

Achet-Aton → *Amarna*

Achor (»Schadental«). Tal nordwestlich von → *Jericho*, unweit von → *Ai*. Die Israeliten steinigten hier Achan, der sich an der tabuierten Kriegsbeute aus Jericho vergriffen hatte, verbrannten ihn mit seinen Angehörigen und seiner gesamten Habe und errichteten am Schauplatz dieses Ereignisses ein Steinmal (Josua 7, 24–26). Heute als el-Buqeia identifiziert.

Achschaph Kanaanäischer Stadtstaat an der Grenze des Stammesgebiets von Aser (Josua 19, 25). A. gehörte zu jener Koalition von Staaten des Nordens, die Jabin, der König von → *Hazor* gegen → *Israel* zusammenbrachte (Jos. 11, 1) und die von Josua geschlagen wurde (ebd. 12, 20). Eine der ältesten kanaanäischen Städte, wird A. erstmals in den → *Ächtungstexten* erwähnt, außerdem findet es sich auf der Liste der von Pharao Thutmosis III. (1490 bis 1436 v. Chr.) um die Mitte des 15. Jahrhunderts v. Chr. eroberten Städte. Nach den → *Amarnabriefen* sandte der König von A. dem König von → *Jerusalem* 50 Streitwagen zu Hilfe. Schließlich wird A. auch in dem ägyptischen Papyrus Anastasi I (13. Jahrhundert v. Chr.) erwähnt. Noch immer ist unsicher, wo man A. anzusetzen hat. Vielleicht ist es identisch mit dem heutigen Khirbet el-Harbaj *(tell harbağ)* am Südrand der Ebene von → *Akko*.   *A. N.*

Achsib a) Stadt in Juda (Josua 15, 44), deren Zerstörung vom Propheten Micha (Michäas) geweissagt wurde (Mich. 1, 14). Man hat versucht, sie mit dem Tell el-Beida (30 Kilometer südwestlich von → *Jerusalem* und im Nordosten von *Maresa*) gleichzusetzen. b) Kanaanäische Küstenstadt auf dem Gebiet des Stammes Aser (Jos. 19, 29), deren Bewohner von Josua nicht vertrieben wurden, so daß die Aseriten mit ihnen zusammen wohnten (Richter 1, 31–32). In den Annalen des Sanherib (Sennacherib [705/4–681 v. Chr]) erscheint A. unter den befestigten Städten, die Assur unterwarf, und möglicherweise ist es auch identisch mit einer der Städte, die der aus Kleinasien stammende Geograph Skylax von Karyanda (6. Jahrhundert v. Chr.) anführt. Zur Zeit der persischen Vorherrschaft genoß A. Autonomie. Plinius der Ältere (23/24–79 n. Chr.) erwähnt A. in seiner »Naturgeschichte« unter dem Namen *Ecdippa* als eine der Städte im Küstenstreifen von *Phönikien* (Plin. *Naturalis historia* 5, 75), und unter demselben Namen begegnet es in Josephus'

Bericht von der Partherinvasion des Jahres 40 v. Chr. (unter dem Arsakidenprinzen Pakoros I. [Flavius Josephus *Antiquitates Iudaicae* 14, 343; *Bellum Iudaicum* 7, 257]). Eusebios kannte A. als eine Station auf dem Wege nach Tyros (Onom. 30, 13), 9 römische Meilen von → *Akko* entfernt, während der Pilger von Bordeaux, der das Heilige Land um 333 besuchte, für dieselbe Entfernung 8 Meilen angibt. Jüdische Quellen bezeichnen A. oft als nördlichen Grenzpunkt des Heiligen Landes, es wird als Raststätte für Reisende erwähnt, und auch von einer → *Synagoge* ist die Rede, die sich hier befand.

Als A. betrachtet man heute *ez-Zib* (es-Sib), das 14 km nördlich von Akko liegt. Ausgrabungen wurden hier in den Jahren 1959/60 sowie 1963 durchgeführt, und zwar von S. Moscati (Universität Rom) und M. Prausnitz (im Auftrag der Altertümer- und Museenverwaltung des Staates Israel). Eine Reihe von Suchgräben erbrachte Reste von Festungsanlagen. Die älteste Stadtmauer stammt aus Phase II der Eisenzeit. Innerhalb der Ummauerung fanden sich 6 Siedlungsschichten aus der Zeit der neunten bis dritten Jahrhundert v. Chr. Außerhalb der Mauer kam eine Siedlungsschicht aus persischer Zeit zum Vorschein (die Perserzeit dauerte in Palästina vom 6. Jahrhundert [539/38 Ende des Babylonischen Exils] bis zur Zeit Alexanders des Großen [geb. 356 v. Chr., † 323 v. Chr.]). Die Überreste aus dieser Periode bestanden in einer Reihe von Bodenbelägen und Gruben. Unter dieser Schicht stieß man auf vier phönikische Gräber aus dem 10. und 9. Jahrhundert v. Chr. Die Gräber hatten charakteristische Steintruhenform (→ *Bestattung*). Ihre Maße betrugen $1,23 \times 2,13$ Meter, und sie bestanden aus Steinplatten, die eine typisch phönikische Art der Bearbeitung aufwiesen. In einem dieser Gräber fand man einen Krieger. Er war zusammen mit seinen Waffen (Doppelaxt und Dolch) bestattet worden. Außerdem hatte man ihm zahlreiche Gegenstände aus → *Keramik* sowie eine Bronzeschale beigegeben. Neben ihm ruhte seine Gattin in einer Tunika mit Fibeln und mit Schmuckstücken angetan. Die übrigen Gräber enthielten Keramik, Skarabäen, Elfenbeinarbeiten, Siegel und gleichfalls Schmuck — alles von ausgezeichneter Arbeit.

Im Osten der Stadt wurde ein weiterer Friedhof aus phönikischer (und in diesem Falle auch persischer) Zeit entdeckt. Es gibt dort Schacht- bzw. Kammergräber späteren Datums (Gräber, in deren Kammern man durch Schächte hinabgelangt, die mit Stufen versehen sind). Im Mittelpunkt der Grabkammern befinden sich Gruben, und an den Wänden ringsum laufen Bänke entlang. Mithin handelt es sich um einen Grabtyp, der den jüdischen Felsengräbern aus der Zeit des Zweiten Tempels sehr ähnlich ist.   *A. N.*

Ächtungstexte In der modernen Literatur Bezeichnung einer besonderen Gruppe schriftlicher Zeugnisse der 12. Dynastie (→ *Ägypten*; Mittleres Reich [um 2000 v. Chr.; genauere Zeitansätze schwanken erheblich]). Es handelt sich um Scherben oder Tonfigürchen mit Namen von Königen, Städten oder Völkerschaften, begleitet von Flüchen oder Verwünschungen gegen die betreffende Person, Stadt oder Menschengruppe. Man glaubte, durch Zerbrechen und Vergraben solcher Gegenstände den betreffenden Gegnern des Pharao auf magische Weise Schaden zufügen zu können. Von besonderem Interesse sind Texte, die sich gegen asiatische Völker (*Amu*) richten. Sie bilden eine der ältesten und wichtigsten Quellen für die historische Geographie von Palästina. Man unterscheidet zwei Gruppen von Ä. Als Zeitansatz der älteren wird das ausgehende 20. und das beginnende 19. Jh. v. Chr. angegeben. Die fragliche Gruppe besteht aus Scherben, die sämtlich zerbrochen und an einer geweihten Stätte eingegraben waren. Unter anderem enthielten diese Texte die Namen von mehr als 31 Herrschern, desgleichen von etwa 20 Städten und Volksgruppen. Identifizieren ließen

Magische Tonfigurinen mit → ÄCHTUNGSTEXTEN. *Sie enthalten Namen von Opfern eines Fluchrituals.*

sich die Namen → *Askalon*, → *Beth-Sean*, → *Byblos* und → *Jerusalem*. Die zweite Gruppe weist man in das späte 19. und frühe 18. Jh. v. Chr. Sie besteht aus Tonfiguren in Gestalt von Gefangenen mit auf den Rücken gefesselten Händen. Texte dieser Gruppe enthalten die Namen von 64 Orten, darunter von zahlreichen Stätten, die in der Bibel eine wichtige Rolle spielten.   A. N.

Ackerbau Ackerbau begann im Nahen Osten, als sich zwischen dem 10. und 5. Jahrtausend v. Chr. die klimatischen Bedingungen verbesserten und der *homo sapiens* auftrat. Der Südosten Asiens scheint das Hauptursprungsgebiet des Anbaus von Getreide und anderen Nutzpflanzen gewesen zu sein. Die wilden Vorläufer der späteren Getreidearten, Hülsenfrüchte, Obstsorten, Gemüsearten und des Weines fanden sich in Ägypten, Mesopotamien, Syrien, Palästina, Turkestan und Kleinasien. Man fand die Reste der betreffenden Früchte, und die Funde ließen sich in die Zeit zwischen 8000 und 5500 v. Chr. datieren. Gleichfalls waren die Steppen Asiens die Heimat von Wildschafen und -rindern. Landwirtschaft, die Domestikation von Tieren und Pflanzen, insbesondere von Getreide, löste die Jäger- und Sammlerphase ab. Die Zwischenstufe bildete eine Phase der Ernte wildwachsender Getreidevorläufer, in Palästina durch die neolithische (jungsteinzeitliche) *Natoufien*-Stufe repräsentiert (nach dem *Wādī en-Naṭūf*, entdeckt 1928 von Dorothy A. E. Garrod [→ *Vorgeschichte*]). Das Inventar dieser Stufe ist charakterisiert durch Reibsteine, Mörser und Sicheln, desgleichen durch Zeugnisse der Hundehaltung an Plätzen, die Schwemmböden enthalten, wie etwa im Gebiet des Karmel. Es ist nicht sicher, ob bereits in dieser Phase wirklicher Ackerbau getrieben wurde. Den Ursprung der Domestikation von Tieren hat man dem Zusammenleben von Mensch und Tier an auch in Trockenperioden wasserführenden Stellen zugeschrieben. Allerdings ist noch immer umstritten, ob seßhafte,

ackerbäuerliche Lebensweise bei Viehzüchtern oder nomadischen Schafhirten ihren Ursprung hatte. Die Beschränkung der Niederschläge auf die Wintermonate und ihre jährlichen Unterschiede brachten es mit sich, daß Ackerbauern und Hirten, insofern zwischen ihnen ein Unterschied bestand, miteinander um Weideland, Kulturland und Wasserstellen in Streit gerieten. Nur in günstigen Jahren erweiterten sich die Grenzen des als Weide und zum Pflanzenanbau verfügbaren Geländes. Die Anfänge des Ackerbaus entwickelten sich im Bereich ständig wasserführender Flüsse und Quellen, und als mit Zunahme der Bevölkerung auch das Hochland erreicht wurde, zeigte sich im Süden und Osten an der Peripherie der betreffenden Gebiete eine Landbauform, die mit Halbnomadentum abwechselte. Hinweise auf Nutztierhaltung mehren sich in den neolithischen (jungsteinzeitlichen) Siedlungen des 7. bis 5. Jahrtausends v. Chr., die sich zunehmend um ständig wasserführende Flußläufe (→ *Soreq*, → *Jarkon*, → *Kischon*) konzentrierten. Man hat es bei ihnen mit den Sitzen einzelner Familien oder Clans zu tun. Überreste domestizierter Rinder und Schweine, bereits aus dem 9. vorchristlichen Jahrtausend, will man in neolithischen Fundstätten, etwa al-Khiam und Eynan, desgleichen in Kilweh (Transjordanien), etwa 6500–4500 v. Chr. gefunden haben. Figürchen von Rindern, Ziegen, Schafen und Hunden aus dem praekeramischen Jericho lassen erkennen, daß die Bevölkerung dieser ummauerten Oase wenigstens z. T. sich im 7. und 6. Jahrtausend vor unserer Zeitrechnung mit Landwirtschaft beschäftigte. Werkzeuge dieser Periode waren Hacken, Äxte und Grabstöcke, während für die Jarmukkultur (so Schachar Ha-Golan) der Spinnwirtel charakteristisch ist. Die Kultur des Chalkolithikums (der Kupfersteinzeit [4. Jahrtausend v. Chr.]) zeichnete sich durch eine wechselweise »Gartenkultivation« aus, wie man sie im Wadi Schallah angetroffen hat. Sie entwickelte sich in Richtung auf

14

größere Beständigkeit hin. Unter Tierresten in Khirbet (Chirbet) al-Bitar stammten 84 % von gezähmten Tieren, auf dem → *Tell Abu Matar* waren es 95 %, wobei Schafe und Ziegen überwogen, während Rinder und Hunde nur spärlich vertreten waren. Man zog Weizen sowie etwas Einkorn und Gerste, desgleichen Linsen; Olivenkerne fand man in → *Teleilat el-Ghassul*. Andere chalkolithische (jungsteinzeitliche) Fundstätten haben Knochen von Hunden und Eseln erbracht. Später, im 4. Jahrtausend, entstand mehr und mehr eine städtische Zivilisation, deren Kernpunkte die Schwemm- und Tonböden der Flußniederungen waren. Diese Entwicklung wurde durch Fortschritte der Lebensmittelproduktion, die Einführung der Bronze (→ *Zinn*) und die Zunahme der Bevölkerung ermöglicht. Bauernhöfe umgaben als Satellitensiedlungen die Städte dieser Phase. Frühbronzezeitliche Strata in → *Lachis* erbrachten Getreide, desgleichen Reste von Weinbeeren und Hülsenfrüchten. Ägyptische Aufzeichnungen aus dem 2. Jahrtausend lassen erkennen, daß das Gebiet reich an Gerste, Weizen, Honig, Wein und anderen Nutzpflanzen und ihren Erzeugnissen sowie an Schafen und Rindern war. Im 15. Jahrhundert vor unserer Zeitrechnung erbeutete Thutmosis III. (1490–1436 v. Chr.) in Megiddo mehr als 2000 Pferde, 1900 Rinder, 2000 Ziegen, 296 Ochsen und 20 000 Schafe. Die dortigen Grabungen haben auch Beweise für die Haltung von Schweinen und kleineren Vertretern der Equidenfamilie erbracht. Rinder überwogen im bronzezeitlichen → *Gezer*. Eine der bedeutendsten Errungenschaften und ein großer Fortschritt der bronzezeitlichen Technologie war die Erfindung der bronzenen Pflugschar (→ *Beth-Schämäsch*). Man ließ nun Tiere den Pflug ziehen, doch waren die Pflüge noch immer klein. Sie warfen den Boden zu gleichen Teilen rechts und links auf. Vom Wechselfruchtsystem war noch nichts bekannt, doch wurden wohl Hülsenfrüchte gezogen, um den Ertrag des Bodens zu erhöhen. Sie dienten gleichzeitig als Viehfutter. Übrigens dürften die kurzen Sicheln der Bronzezeit lange Stoppeln übriggelassen haben, die möglicherweise abgeweidet wurden oder als Dünger dienten. Die Erzväter der Israeliten waren Besitzer großer Herden von Schafen und Ziegen. Allerdings waren sie nicht mehr voll nomadisch, sondern trieben gelegentlich auch Ackerbau, manchmal mit Erfolg (wie z. B. Isaak in Gerar). Echtes Kamelnomadentum erschien im 13. und 14. Jh. v. Chr., so z. B. die → *Midianiter*, obwohl das Kamel in der Mittelbronzezeit in Gezer vorkam, desgleichen hier und da in Ägypten von der prädynastischen Periode an. Aus der Kollision zwischen einer ackerbautreibenden städtischen Gesellschaft und Gruppen landloser halbnomadischer Eindringlinge (15. bis 13. Jh.) gingen die Hebräer als beherrschendes Element hervor. Sie waren in der Lage, ihr Besitztum im Hügelland mit Hilfe entwickelter Techniken der → *Wasserversorgung* mittels auszementierter Zisternen und Terrassenfeldwirtschaft zu bewahren. Anfänglich wurden ihre Felder von den Städten aus bebaut (Tell Beth-Mirsim). Mit zunehmender Sicherheit der Lebensumstände in der Spätphase der Königszeit (9.–6. Jh. v. Chr.) pflegte man die Tiere außerhalb der Städte zu halten. Die Städte selbst wurden Zentren von Industrien, die auf dem Ackerbau beruhten, so abermals Tell Beth-Mirsim (Weberei und Färberei), dazu Beth-Schämäsch (Ölherstellung). Die Wohnsitze lagen in den Händen von Familien, die wiederum den Stammesverband bildeten, und Erbfolge garantierte den Fortbestand des Familienbesitzes innerhalb der Gruppe. Ende des 11. Jh. v. Chr. wurde, vermutlich durch die → *Philister*, Eisen eingeführt. Dies bedeutete für das Pflügen und den Landbau einen wichtigen Fortschritt. Der inschriftliche Kalender von Gezer schreibt einen Wechselfruchtanbau vor. Schichtweise wechselten Früh- und Spätgetreide, Flachs sowie die Oliven- und Weinernte und die Ernte nicht näher bestimmter

Sommererträge miteinander ab. Pflanzenfunde aus dem früheisenzeitlichen Lachis gestatteten den Nachweis, daß man Oliven, Wein, Weizen, Gerste sowie, neben Hülsenfrüchten, andere Getreidearten anbaute. Die Form des bei den Israeliten betriebenen Landbaus, die die Bibel beschreibt, war eine Mischwirtschaft, die sich selbst trug. Hauptsächlich basierte sie auf kleinen Familienbetrieben, bei denen sich im Laufe der Zeit immer größere Differenzierung abzeichnete. So brachten die Bauern aus dem Land jenseits des Jordan David Getreide, Linsen, Butter, Schafe und Rinder. Spätere Quellen (Sprüche, Prediger) beschreiben eine sich selbst tragende Haushaltsform mit Obstgarten, Weinpflanzungen und Viehhaltung, deren Produkte man zu wollenen, leinenen und ledernen Erzeugnissen für den Handel verarbeitete. Indirekte Hinweise enthält die Bibel auch auf die üblichen Düngemethoden: das Einpferchen von Kleinvieh, das im Pferch seine Exkremente hinterließ, die den Boden düngten, und das Ausbreiten von Stalldünger. Unbesätes Kulturland wurde drei- oder viermal gepflügt, was auf ein Brachliegen im Zweijahresturnus hindeutet. Doch wichtig für die Ertragfähigkeit des Bodens war auch das Brachliegen im hebräischen Sabbatjahr (alle 7 Jahre). Etwa 30 Pfund Samen wurden zum Säen eines halben Morgen gebraucht. Das ist etwa die Hälfte der heute benötigten Menge. Wahrscheinlich setzte man die Pflanzen mit dem Steckholz ein. Sommerfrüchte wie Kümmel und Flachs wurden vor Weizen und Gerste ausgesät. Ganz besonders im Jordangraben kannte man durchaus künstliche Bewässerung. Man jätete mit einer Hacke und erntete mit einer Sichel, wobei anscheinend der Halm hoch geschnitten wurde. Das Dreschen besorgten Ochsen, oder man verwendete Dreschbretter bzw. steinerne Dreschwalzen (vgl. → *Brot*). Hülsenfrüchte und Gerste wurden als Viehfutter verwendet, desgleichen Häcksel und Heu. Spärlich sind die Gemüsesorten, die die Bibel erwähnt. Es handelt sich hauptsächlich um Porreegewächse, Zwiebeln und Knoblauch. Dagegen verzeichnet sie eine Reihe von Kräutern (Ysop, Myrrhe, Kampfer, Krokus, Rosen), aus denen Duftstoffe oder Räucherwerk gewonnen wurden, deren Gebrauch bis auf die Zeit des ungeteilten Reiches zurückgeht. Zu den Erträgen der Obstgärten und Plantagen gehörten Nüsse, Granatäpfel, Feigen, Datteln, Wein, Oliven, die Früchte der Sykomore und des Johannisbrotbaums sowie *Ethrogs* (eine Zitrusfrucht) und Äpfel. Die Reichsgründung durch David begünstigte das Entstehen größerer Güter im Besitz des Königs und der Aristokratie. Die Propheten liefern den Beweis für die Akkumulation von Landbesitz auf Kosten des Kleinbauerntums und vom Aufkommen eines Pachtwesens zugunsten des Königtums. Unter David begann auch die staatliche Kontrolle der Produktion und die Einführung eines Steuerwesens. David ernannte Beamte, denen die Aufsicht über Viehzucht, Weingüter, Oliven- und Sykomorenhaine und schließlich über die königlichen Magazine oblag. Auch Salomos Heeresorganisation setzt eine wohldurchdachte Logistik (Versorgung mit Nachschub, in diesem Fall insbesondere mit Getreide und Viehfutter) voraus. Ja Salomo exportierte sogar jährlich große Mengen Weizen z. B. nach Tyros, und die Einführung des Tempelkults zeugt von einer weit fortgeschrittenen Nutztier-, insbesondere Rinderhaltung. Wie es scheint, mästete man Gänse für den Bedarf des königlichen Hofes. Von anderen Geflügelsorten ist allerdings vor dem 6. Jh. v. Chr. (→ *Mizpa*) nicht die Rede. Stempel auf Krughenkeln, desgleichen in → *Samaria* gefundene Ostraka (beschriftete Scherben) bezeugen systematische Besteuerung von Öl und Wein. Nach der Rückkehr aus dem Babylonischen Exil wuchs durch Schuldknechtschaft von Kleinbauern sowie durch Landraub seitens der Aristokratie die Anzahl der großen Domänen. Allerdings bot Nehemias Beharren auf den Gesetzen, die das Sabbat- und Jubiläenjahr betrafen,

Die Erfindung des Ackerbaus war eine der bedeutendsten Errungenschaften des Menschen am Ende der Urzeit. Modell eines Ochsengespanns mit Pflügern und Pflug.

dieser Entwicklung Einhalt. Judäa blieb so ein Land überwiegend kleinerer, bäuerlicher Besitztümer, bis es in den hellenistischen Einflußbereich geriet. Die Hellenisierung förderte den technologischen Fortschritt, bewirkte andererseits jedoch einen zunehmend stärker werdenden Steuerdruck. Erleichterung brachten vorübergehend die Hasmonäer (Makkabäer), die sich gegen die Oberhoheit der Seleukiden erhoben. Die Kontrolle durch die über Ägypten herrschende makedonische Dynastie der Lagiden (Ptolemäer) führt zu einer Ausweitung der Staatsdomänen, deren Arbeitskräfte bis zur Erschöpfung ausgenutzt wurden. Im 3. Jh. führte das Land Sommerweizen, Oliven, Öl, Wein, Fleisch und Käse aus. Einige neueingeführte Nutzpflanzen wie *faenugraecum (Trigonella graec. L.)* hingen wahrscheinlich mit dem Vordringen der Griechen in der hellenistischen Epoche zusammen, die unter anderem ägyptische Bohnen, Linsen und Kürbisse im Lande heimisch machten, wogegen Aprikosen, Pfirsiche, Kirschen, Orangen und Zitronen Palästina wohl auf dem Umwege über Italien erreichten. Eingeführt wurden in der fraglichen Zeit auch Baumwolle und Reis. Mischna und Talmud führen zahlrei-

che Pflanzen auf, die erstmals in hellenistischer und römischer Zeit nach Palästina gelangten, darunter Lupine, Spargel, sog. »Markkürbisse« und Rüben. Der damalige Landbau beruhte auf dem Wechselfruchtsystem (System der wechselnden Fruchtfolge), deckte hauptsächlich den Eigenbedarf und fußte im wesentlichen auf Getreide-, Oliven- und Weinanbau, gleichzeitig jedoch auch auf dem Anbau von Nutzpflanzen für den Industriebedarf wie Baumwolle, Flachs, Hanf und aromatischen Kräutern. Industriellen Charakter hatte auch die Produktion von Olivenöl. Möglicherweise ging mit ihr ein Vertriebs- und Verteilungssystem auf kooperativer Basis Hand in Hand. Mit großer Sorgfalt und Intensität betrieb man das Düngen. Zwar gab es gewisse rabbinische Vorbehalte gegen die Verwendung von Ziegendünger, um so mehr scheint man dagegen Kuhmist bei der Urbarmachung kulturfähigen Landes verwendet zu haben. Alle zwei Jahre ließ man die Felder brachliegen. Mitunter muß allerdings Sommergetreide in dreijährigem Wechsel angebaut worden sein. Der Pflug der Mischna war ein schwerer Balkenpflug, an dessen Pflugbaum eine Art Vorschälbretter befestigt werden konnten. Eine eiserne Pflugschar war nicht üblich. Mit dem verfügbaren Gerät konnte man jedoch bis zu einer Tiefe von etwa 30 cm in das Erdreich eindringen. Von großem Erfindungsreichtum zeugen die Bewässerungsanlagen, und F. Felix schätzt Felderträge von 45 : 1, 22 : 1, manchmal sogar 100 : 1. Infolge der Bevölkerungszunahme und der Unterdrückung durch auswärtige Mächte nahm der Umfang der Ländereien ab, so daß schließlich große Güter Ausnahmen bildeten. Andererseits griff mit dem Wachstum der römischen Staatsdomänen ab 70 n. Chr. wieder das Pachtwesen stärker um sich. Teilweise fielen diese Staatsgüter im 3. Jh. n. Chr. an die im Lande entstandenen christlichen Patriarchate. Judäas Hauptausfuhrgüter waren damals Wein, Datteln und Weihrauch. Eine besondere Rolle spielte im 4. Jh. die Ausfuhr von Leinen besonderer Qualität (→ *Arbel*, → *Beth-Sean*). Eine in den → *Schriftrollen vom Toten Meer* erwähnte, sehr feine Wolle mag mit der feinen Wolle der Länder am östlichen Mittelmeerrand zu tun haben, von denen in antiken Quellen die Rede ist. Im Gegensatz zu größeren Anwesen dörflichen Charakters kannte die byzantinische Zeit die Entwicklung größerer Einzelgüter. Einzelne Familiengehöfte dieser Art (ihre Erträge bestanden vorwiegend in Oliven und Wein) fanden sich in byzantinischer Zeit überall im Lande verstreut. Daß die landwirtschaftlichen Ausdrücke griechisch-römischen Ursprungs waren und man das Weideland unter Zugrundelegung der römischen Meile maß, zeugt vom griechisch-römischen Einfluß. Nach der Mischna waren Felder im Unterland gewöhnlich ohne Umzäunung. Im Bergland hatten sie dagegen Einfriedungen. Kleine quadratische Felder (es handelt sich möglicherweise eher um Nutzgärten) wurden unweit von → *Askalon*, südlich von → *Caesarea* sowie im nördlichen Negev festgestellt. Das früheste Beispiel für einen förmlichen Wettlauf mit der Dürre des Bodens stammt aus der Zeit der Reichsteilung. Wahrscheinlich wurde das Verfahren später von den Nabatäern weiter-

entwickelt. Es umfaßt drei Phasen: vom jahreszeitlich bedingten Gelegenheitsanbau in zeitweise Wasser führenden Trockentälern über die Vergrößerung des urbar gemachten Trockenbettgeländes bis hin zur ganzjährigen Kultivation mit Einfriedungen versehener Sommer- und Winterernten, systematischer Düngung und Anlage weitverzweigter Bewässerungssysteme mit künstlichen Kanälen. Byzantinische Papyri aus Nessana verzeichnen Weizenerträge von 7 : 1, Gerste: 8 : 1, Wikke: 3,25 : 1. Außerdem gab es in Nessana nachweisbar Wein- und Feigenkulturen.   *S. A.*

Adam Stadt im Jordantal, unweit der Stelle, wo das Jordanbett ausgetrocknet sein soll, um den Israeliten den Übergang zu ermöglichen (Josua 3, 16). Hier »im Jordangau bei der Furt von Adama zwischen → *Sukkot* und → *Zaretan*« ließ König Salomo die ehernen Tempelgefäße gießen (1. Kön. 7, 46; 2. Chron. 4, 17). Als Adama erscheint A. auch an der Südwand des Amuntempels von Karnak, und zwar in jenem inschriftlichen Bericht, den der Begründer der 22. ägyptischen Dynastie, Pharao Scheschonk bzw. Schoschenk (in der Bibel: Sisak [Schischak]) von seinem gegen Ende seiner Regierungszeit und nach dem Zusammenbruch des Salomonischen Reiches unternommenen Palästinafeldzug gab (vgl. 1. Kön. 14, 25 f.; 2. Chron. 12, 2 ff.). A. gilt als der heutige Tell ed-Damije am Jordan-Ostufer (unweit der Einmündung des → *Jabbok*), wo man Reste aus alttestamentarischer sowie aus römischer und byzantinischer Zeit fand.   *A. N.*

Addschul → *Ajjul*

Adma Kanaanäische Grenzstadt (Gen. [1. Mos.] 10, 19), deren König Schinab (Sineab) von Kedorlaomer, dem König von Elam, geschlagen wurde (Gen. [1. Mos.] 14, 1–10). Einige halten den Ort für identisch mit → *Adam (Tell ed-Damije)* am → *Jordan*, andere setzen ihn südlich des Toten Meeres an

(→ *Totes Meer*), andere sind der Auffassung, man habe ihn heute unter den Wassern des Toten Meeres zu suchen.

A. N.

Adorajim Eine der Festungen, die Rehabeam, der erste König von Juda (928 oder 926/25–911/910 v. Chr.) errichten ließ (2. Chron. 11, 9). In hellenistischer Zeit ein beachtlicher Marktflecken. Zentrum des Ostteils von → *Idumäa*. Auch im Zusammenhang mit dem Befreiungskampf der Makkabäer gegen die Seleukiden unter dem Hohenpriester Simon (143/42–135/34 v. Chr.) wird A. erwähnt, das nun *Adora* heißt (1. Makk. 13, 20). Man nimmt an, daß es mit Dura (nicht → *Dura Europos*, sondern Dura im Südwesten von → *Hebron*) identisch ist.

A. N.

Adra → *Edrei*

Adullam Kanaanäische Königsstadt. Ihr Herrscher war einer der 31 kanaanäischen Könige, die Josua besiegte (Jos. 12, 15). Sie lag im Gebiet des Stammes Juda (Jos. 15, 35). In einer Höhle bei A. verbarg sich David (1. Sam. 22, 1). Rehabeam (ca. 926/25–910 v. Chr.), der erste König von Juda, baute A. zur Festung aus. Nach der Rückkehr aus dem Babylonischen Exil (ab 539/538 v. Chr.) ließen sich neue Siedler in A. nieder (Neh. 11, 30), und nach der Schlacht von Maresa hielt sich hier Judas Makkabäus auf (2. Makkab. 12, 38). Unter dem Namen *Odolam* erwähnt Eusebios A. als großes Dorf, das 10 Meilen östlich von Eleutheropolis (→ *Beth Gibrin*) liege. Als A. betrachtet man heute Tell (bzw. Khirbet) esch-Schech Madhkur, etwa 15 km nordöstlich von Beth Gibrin.

A. N

Adummim, Adummim-Steige Wilde, einsame Landschaft, Teil des judäischen Berglandes an der Gebietsgrenze der Stämme Juda und Benjamin (Josua 15, 7; 18, 17). Ihren Namen verdankt die Stätte in erster Linie wohl der ziegelroten Farbe ihrer Felsen, doch enthält er daneben offenbar bereits etwas vom düsteren Beiklang des arabischen Namens, den der unheimliche Ort heute

trägt (s. unten). Zur Zeit der Mischna-Kodifikation (2. Jh. v. Chr. bis 2. Jh. n. Chr.) befand sich an der A. ein Fort. Man betrachtet die A. heute als identisch mit Talaat ed-Dam (der arabische Name bedeutet »Blutsteige«) im Wadi el-Kelt, dem wildesten Teil des Weges von → *Jerusalem* nach → *Jericho*, wo sich heute das orthodoxe Georgs-Kloster befindet. Die A. war im Altertum berüchtigt. Sie ist wohl identisch mit dem »Tal des Todesschattens« (der »finsteren Schlucht« neuerer Bibelübersetzungen; Ps. 23 [22] 4) und offenbar auch Schauplatz des Gleichnisses Jesu vom barmherzigen Samariter (Luk. 10, 30 bis 37).

A. N. und J. R.

Aelia Capitolina → *Jerusalem*

Afairema → *Ophra*

Affule Antiker Kulturhügel, später von einer Kreuzfahrerfestung gekrönt, inmitten der gleichnamigen Stadt in der Ebene von Jesreel. Vor allem bei Bodenbestellungsarbeiten sind die alten Kulturschichten dieses Hügels fast ganz abgetragen worden. Doch noch immer findet man Überreste, vor allem → *Bestattungen*, die weit auf dem gesamten Gelände ringsum verteilt sind. In den Jahren 1926 und 1931 unternahm E. L. Sukenik im Auftrag der Hebräischen Universität Jerusalem Suchgrabungen, bei denen nicht weniger als 19 Bestattungen zum Vorschein kamen. Sie stammen aus der Stufe III der Frühbronzezeit, aus Phase II der Mittleren Bronzezeit, aus Phase II der Spätbronzezeit sowie aus hellenistischer und römischer Zeit. Die frühesten Besiedlungsspuren auf dem Hügel gehen bis in die Spätphase des Chalkolithikums (die späte Kupfersteinzeit) bzw. in eine Übergangsphase zur Frühen Bronzezeit oder deren Anfangsphase zurück. Die fragliche Siedlungsschicht ist durch → *Keramik* vertreten, wie sie für die Kultur von → *Teleilat el-Ghassul* typisch ist. Außerdem gab es Gefäße aus *grey burnished ware* (*céramique grise polie*, »graue polierte Ware«). Die Häuser (→ *Haus*) bestanden aus konvexen Luftziegeln. Auch die Stufen II und III der Frühbronzezeit sind durch charakteristische Töpferware repräsentiert, die letzterwähnte durch Ware des Khirbet Kerak-Typs (→ *Beth Jerach*). Aus byzantinischer Zeit stammt eine Olivenpresse. In den Jahren 1951 und 1952 setzten I. Ben-Dor und Moshe Dothan im Auftrage des Staatlichen Amtes für Altertümer und Museen des Staates Israel am Südteil des Hügels die Grabungen fort. Insgesamt wurden dabei zehn Siedlungsschichten entdeckt. Die unterste (Schicht X) stammt aus dem späten Chalkolithikum oder der sich anschließenden Übergangs- bzw. Eingangsphase zur Frühen Bronzezeit. Sie war durch zwei Depots vertreten, die zahlreiche Gefäße des Typs *grey burnished* (grise polie, »grau poliert«) enthielten. Die nächste Schicht (IX) entsprach der frühbronzezeitlichen Phase I. Sie erbrachte spärliche Gebäudereste. Schichten VIII und VII repräsentierten die frühbronzezeitlichen Stufen III und IV. In der älteren von beiden fanden sich die Reste eines ausgedehnten Gebäudes mit zahlreichen Räumen. Einer dieser Räume war mehr als fünf Meter lang.

Die letzte frühbronzezeitliche Ansiedlung (Schicht VII) fiel der Zerstörung anheim. Die folgende Schicht (VI) stammt bereits aus der Phase I der Mittleren Bronzezeit. Unter anderem erbrachte sie einen großen, ovalen Brennofen. Außerdem fanden sich in einer zu dieser Schicht gehörenden Grube zahlreiche Schweineknochen. Schicht V repräsentiert die Stufe II b der Mittleren Bronzezeit. Damals befand sich das Land in der Hand der → *Hyksos*. A. war in der fraglichen Periode eine Stadt von einiger Bedeutung. Freigelegt wurden von ihr Teile zweier Straßenzüge mit einigen Häusern. Unweit davon stieß man auf eine Grube mit ungebrannter Tonware – offenkundig wurde damals auch an Ort und Stelle Keramik hergestellt. Unter den einheimischen Töpfereierzeugnissen fanden sich – charakteristisch für die Hyksoszeit – Gefäße des wohlbekannten Typs von Tell el Jehudije. Des weiteren kam auf dem Stadtgebiet eine große Anzahl von Bestattungen aus derselben Periode zum Vorschein. Nur durch Bestattungen, die charakteristische Keramik erbrachten, war auf dem Hügel die spätbronzezeitliche Stufe II vertreten. Zu den Phasen I a–b des Anfangs der Eisenzeit gehört Schicht III. Sie erbrachte ein → *Haus* mit vier Räumen, desgleichen einen Töpferofen. Besondere Erwähnung verdient unter den Kleinfunden ein steinernes Spielbrett. Um die Mitte des 11. Jahrhunderts wurde diese Ansiedlung zerstört – vielleicht zur Zeit Sauls. In den folgenden Phasen der Eisenzeit war A. nur noch dünn besiedelt. Die letzten Besiedlungsspuren stammen aus römischer und byzantinischer Zeit.

Nach Auffassung einiger Gelehrter ist A. mit → *Ophra* identisch. *A. N. und J. R.*

Agrippina → *Jarmut*

Ägypten Beziehungen zwischen Ä. und Palästina sind uralt. Beispielsweise fand man in → *Arad* sog. Abydosware (→ *Abydos*). Schon in der Mittleren Bronzezeit begann man in → *Beth-Sean* ägypt. Einfuhrware aus → *Alabaster* nachzuahmen, die in Ä. schon im 3. Jahrtausend v. Chr. hergestellt wurde. Älteste schriftliche Zeugnisse sind die → *Ächtungstexte* und die → *Stele Sesostris' III.* (→ *Sichem*). Die → *Hyksos* herrschten nicht nur von Avaris (→ *Tanis*) aus über Ä., sondern auch über Palästina. (Festungsanlagen des Hyksos-Typs z. B. in → *Hazor*, → *Lachis* und anderswo.) Ihre Vertreibung blieb für Palästina nicht ohne Folgen (z. B. abermals → *Sichem*). Eine antiägyptische Koalition wurde 1468 v. Chr. von Thutmosis III. (1490–1436 v. Chr.) unweit von → *Megiddo* besiegt. Die *Amarnabriefe* bezeugen, daß Ä.s Einfluß im Osten nicht zuletzt durch die Expansion der Hethitermacht bedroht war. Außerdem störten → *Chabiru* die Ruhe. Mit Chabiru hatte auch Sethos I. (1305–1290 v. Chr.) zu kämpfen (Stele in → *Beth-Sean*). Nach der Schlacht bei Qadeš (bzw. *Kades am Orontes* [1285 v.

Nach der Bibel (Ex. [2. Mos.] 1, 11) mußten die Israeliten für den Pharao die Magazinstädte → PITHOM und → RAMSES bauen. Die Wandmalerei aus dem Grab des Wesirs Rechmire (18. Dynastie/Theben) zeigt ägyptische Bauarbeiter (darunter Neger) beim Mauerbau.

Chr.]) mußte Ramses II. (1290–1223 v. Chr.) sich zur Besieglung des *status quo* mit dem Hethiterkönig Hattusilis III. bereitfinden (1260 v. Chr.). Ramses II. ließ eine neue Residenz im Nildelta errichten (→ *Ramses, Pi Ramses*), die seinen Namen trug und die im Zusammenhang mit dem Aufenthalt der Israeliten in Ä. erwähnt wird (vgl. → *Gosen* und → *Pithom*). Fraglich ist, ob Ramses oder Merenptah (1223–1203 v. Chr.), dessen »Israel-Stele« Erfolge in Palästina verzeichnet, der Pharao des Auszugs der Israeliten war. Problematisch ist an diesem Auszug auch die Fluchtroute von Gosen bis → *Kades-Barnea*. Als »Rotes Meer« (in Wirklichkeit »Schilfmeer«, »Sumpfmeer«), durch das die Israeliten wateten, hat man wohl jedes beliebige Sumpfgewässer vom Sabchat Bardawil (Sirbonis-See) über die Sümpfe südlich des Mensale-Sees bis in die Gegend südlich der

Bitterseen eher anzusehen als den Golf von Suez. Endgültige Klarheit darüber, ob die Israeliten eine Nord- oder Südroute einschlugen, liegt nicht vor. Nach dem Sieg Ramses' III. (1181–1150 v. Chr.) über die Seevölker (um 1180 v. Chr.) ließ sich der als → *Philister* bezeichnete Teil dieser Völkergruppe unter nomineller ägyptischer Oberhoheit in der palästinensischen Küstenebene nieder. Salomo erhielt die Stadt → *Gezer* als Mitgift bei der Heirat mit einer ägyptischen Prinzessin (1. Kön. 9, 16), doch nach dem Zusammenbruch des Salomonischen Reiches brach Šušinku I. (→ *Lubim*) in Palästina ein (Šušinku = Schoschenk [Scheschonk; in der Bibel: Schischak bzw. Sisak]; vgl. 1. Kön. 14, 25 f.; 2. Chron. 12, 2 ff.). Von Šušinkus Feldzug berichtet eine Siegesinschrift in Karnak, Stelenfragmente in → *Megiddo* erwähnen eine ägyptische Besatzung, Grabungsbefunde bezeugen das Ausmaß der Zerstörungswelle. Die Geschichte der Folgezeit (bis 663/662 v. Chr.) findet sich im Artikel → *Kusch* (»nubische« bzw. »äthiopische Dynastie«). Zum Zusammenstoß des »saitischen« Pharao Necho mit Josia v. Juda und Nechos Niederlage gegen Nebukadnezar II.: → *Karkemisch*. Im Vertrauen auf Ä. erhoben sich Jojakim (608–597 v. Chr.) und Zidkia (597/96 bis 586 v. Chr.) von Juda gegen Babylon. Das Ergebnis war die Zerstörung → *Jerusalems* (586) und das Babylon. Exil (586–539/38 v. Chr.). 525 von den Persern unterworfen (jüd. Militärkolonie in → *Elephantine*), 332 v. Alexander d. Gr. erobert, befand Ä. sich ab 323 in der Hand der makedonischen Lagiden (Ptolemäer). Der Mittelpunkt auch jüdischen Kulturlebens war → *Alexandrien* a, dies auch noch in römischer Zeit (ab 30 v. Chr.). *J. R. nach R. M.*

Ahmetha Hauptstadt von → *Medien* (Esra 6, 2), besser bekannt unter der von griechischen Autoren überlieferten Namensform *Ekbátana* (auch *Agbátana; altpersisch: Hagmatāna*, heute *Hamadan*). Sommerresidenz der Achaimenidenherrscher, später auch der parthischen Könige Irans. Alexander der Große eroberte A. 330 v. Chr. und weilte auch im Jahre 324 noch einmal dort. Nennenswerte systematische Grabungen wurden nicht durchgeführt, doch die noch das heutige Bodenniveau überragenden Baureste geben zusammen mit den Äußerungen antiker Schriftsteller (vor allem Herodot [um 485 bis nach 430 v. Chr.] und Polybios [um 200 bis ca. 120 v. Chr.]) einen hinreichenden Begriff vom einstigen Glanz dieser Stadt (sie war von 7 verschiedenfarbigen Ringmauern umgeben, enthielt das Schatzhaus Xerxes' I. [485–465 v. Chr.] und auch den Schatz von Persepolis, den Alexander der Große nach A. bringen ließ). *A. N.*

Ai (et-Tell) Alte kanaanäische Königsstadt bei Beth-Awen (»Haus des Unheils«, »Haus der Bosheit«, »Haus des Frevels« Josua 7, 2; einige heutige Autoren halten A. und Beth-Awen für identisch), östlich von → *Bethel* (das wiederum der Prophet Hosea [Osee] 4, 15; 10, 5 u. 8 seinerseits »Beth Awen« nennt). Der Name der Stätte (hebräisch: *hā'aj*) bedeutet »Ruine«. Möglicherweise übernahmen ihn die Israeliten schon von ihren kanaanäischen Vorgängern, zu deren Zeit die Stadt schon in Trümmern lag. Es fehlt nicht an Gelehrten, die davon ausgehen, der in der Bibel berichtete Angriff der Israeliten auf A. habe in der Bronzezeit stattgefunden, und daher erklären, der archäologische Befund von A., nach dem in A. zwischen der Frühen Bronzezeit und der Eisenzeit eine große Besiedlungslücke klafft, widerspreche dem Bericht der Bibel. Nach der Bibel wurde A. mit Gewalt erobert. Es habe zur fraglichen Zeit jedoch in Trümmern gelegen und sei unbewohnt gewesen. Man hat daher zu der Vermutung Zuflucht genommen, die Geschichte von A. und Bethel sei durcheinandergebracht oder die Bevölkerung von Bethel einst beim Anrücken Josuas nach der Ruinenstätte evakuiert worden und habe sich dort verteidigt (s. unten). Nach biblischer Darstellung schlug Abraham sein Zelt zwischen Bethel und A. auf und errichtete Jahwe einen Altar (Gen. [1. Mos.] 12, 8); auch bei seiner Rückkehr aus Ägypten suchte er seinen alten Zeltplatz zwischen den beiden Städten wieder auf (ebd. 13, 3). Nach der Eroberung von → *Jericho* sandte Josua Spione nach A. und auf deren Auskunft hin eine Heeresabteilung von 3000 Mann, die jedoch geschlagen wurde (Jos. 7, 2 ff.). Daraufhin griff er A. mit seinem gesamten Heer an (Jos. 8, 1–24), brannte es nieder »und machte es zu einem Schutthaufen auf immer, zu einer wüsten Trümmerstätte bis auf den heutigen Tag« (ebd. 8, 28). Die Liste der von Josua besiegten Herrscher führt auch einen König von A. an (Jos. 12, 9). Z. Zt. des Königreichs Juda begegnen A. unter der Namensform Ajath (Ajjat; so Isaias [Jesaia] 10, 28). Aus dem Babylonischen Exil kehrten mit Serubbabel auch 223 bzw. 233 (Esra 2, 28) oder 123

(Neh. 7, 32) Mann nach Bethel und A. zurück. An einer Stelle (Neh. 11, 31) findet sich auch die Namensform Aja (Ajja).

Die meisten Gelehrten identifizieren A. mit der Ruinenstätte et-Tell (arab.: »Hügel«, »Trümmerhügel«). Sie liegt ein kleines Stück ostwärts von Beitin, und dies wiederum betrachtet man als das alte Bethel. Allerdings wurden in et-Tell keine Reste aus der Mittleren und Späten Bronzezeit gefunden. Dieser Befund ist unvereinbar mit der Annahme, die in der Bibel berichtete Eroberung von A. habe in der Bronzezeit stattgefunden. Man hat daher geäußert, das *biblische* A. müsse eine andere Trümmerstätte der Umgebung sein. Vollständige Klarheit darüber besteht z. Zt. noch nicht.

Die unter dem Patronat des Barons Rothschild durchgeführten *Ausgrabungen* der Jahre 1933–1935 standen unter der Leitung von Judith Marquet-Krause. Sie begannen bei der Akropolis im Südwesten des Hügels. Während der ersten Kampagne kam ein großes Bauwerk zum Vorschein, das man als »Palast« bezeichnete. Desgleichen fand sich am Nordosthang der Grabungsstätte eine Anzahl frühbronzezeitlicher Gräber. Auf einem terrassierten Niveau im Nordosten unterhalb der Akropolis wurde eine Ansiedlung aus der Eisenzeit entdeckt. Ausgegraben wurde neben der Akropolis, der »Oberstadt«, auch die Unterstadt. Sie wies hauptsächlich frühbronzezeitliche Bau- und Befestigungswerke auf und lag auf einer Terrasse quer über den Südhang des Hügels unter der Akropolis. Das bekannte frühbronzezeitliche Heiligtum wurde an der Stadtmauer im Südwesten der Akropolis freigelegt.

Eine amerikanische Expedition, deren Grabungen 1964 begannen, setzte das von Judith Marquet-Krause begonnene Werk fort. Träger des Unternehmens waren die *American School of Oriental Research*, ein Konsortium amerikanischer Institutionen und der *Palestine Exploration Fund*. Die Leitung der Forschungsarbeiten lag in den Händen von J. A. Callaway. Neue Grabungen in der Oberstadt verfolgten den Zweck, die von Judith Marquet-Krause aufgestellte Chronologie zu überprüfen, außerdem wurde längs der Stadtmauer an der niedrigeren Ostseite des Hügels archäologisch noch unerforschtes Terrain freigelegt. An mehreren Stellen durchgeführte Stichgrabungen bestätigten Judith Marquet-Krauses Ergebnis, daß die Stätte zwischen der frühbronzezeitlichen Phase III und der eisenzeitlichen Phase I unbewohnt war. Das eisenzeitliche Dorf bedeckte nicht mehr als etwa 1 ha (im Gegensatz zu den mehr als 10 ha der Frühbronzezeit). Wie es scheint, bedarf das von Judith Marquet-Krause entworfene Bild der frühbronzezeitlichen Kultur, die sich hier entfaltete, geringfügiger Änderungen. Sie werden in den folgenden Abschnitten angedeutet, die näher auf die einzelnen Grabungsergebnisse eingehen.

Frühe Bronzezeit I: Eine Reihe von Gräbern, die 1933–1935 freigelegt wurden, enthielt → *Keramik* mit linearer Dekoration oder einfacher, dekorloser Oberfläche. Sie entsprach der Keramik, die in der entsprechenden Schicht von → *Jericho* zum Vorschein kam. Allerdings läßt die Art, wie die Gräber angeordnet sind, darauf schließen, daß A. erst später besiedelt wurde als das frühbronzezeitliche Jericho. Für das Grab Nr. 94 von Jericho erbrachte die Radiokarbonmethode einen Zeitansatz um 3260 v. Chr. (± 210 Jahre). Demnach hat man die erste Besiedlung von et-Tell wohl um 3100–3000 v. Chr. anzusetzen. Auf dem Hügel selbst fehlt die Keramik mit Lineardekor so gut wie vollständig. Dagegen fanden sich unter der ältesten Bauschicht auf gewachsenem Felsgrund Überreste kleiner Mäuerchen. Man hat sie wohl der Bevölkerung zuzuschreiben, die am Nord- und Osthang des Hügels ihre Toten begrub.

Frühe Bronzezeit II: Um 2900 v. Chr. entstand eine neue, ummauerte Stadt von mehr als 10 ha Grundfläche. An mehreren Stellen sind Überreste ihrer Mauern erhalten (s. d. Plan). Diese Mauern waren 6 Meter breit. Welche Bedeutung diese Stadt besaß, geht daraus hervor, daß ihre Erbauer eine ungeheure organisatorische Vorarbeit geleistet haben müssen, wofür wiederum die Anlage der Siedlung spricht, die sorgfältige Planung erkennen läßt. Es gab ein Heiligtum (A), eine ummauerte Zitadelle auf dem Akropolishügel (D) und eine Art »Industriebezirk« (C). An den mit J und K bezeichneten Stellen befanden sich enge Durchlässe in der Stadtmauer. Im Grabungsabschnitt C gefundene Keramik zeugt von Handelsbeziehungen, die sich mindestens bis Ägypten erstreckt haben müssen. Wie es scheint, zerstörte ein größeres Erdbeben die Stadt dieser Besiedlungsphase und ließ ihre Luftziegelmauern einstürzen. Die aus Feldsteinen aufgeführte Stadtmauer sank dabei nach außen. Bei der Reparatur der Schäden fing man sie durch eine Stützmauer von außen her ab und ließ dabei ihre Neigung, die sie erhalten hatte, bestehen. Überall, wo gegraben wurde, zeigte sich die Einwirkung eines heftigen Brandes. Die Hitzeentwicklung hatte die Steine in eine zerbröckelnde, pulvrige Kalkmasse verwandelt.

Frühe Bronzezeit III a: Den Beginn dieser Phase kennzeichnet ein umfassender Neuaufbau der gesamten Stadt. Die Wehrmauer erhielt Verstärkung durch eine neue Mauereinfassung. Was von der Bauschicht zuvor an Trümmern übriggeblieben war, bedeckte das Gelände innerhalb des Mauerringes bis hinauf zur Mauerkrone. Daher errichtete man nun Häuser oben auf der geborstenen alten Befestigung. Von dieser wurde noch ein sieben Meter hoher Rest gefunden, nach dessen Ausweis sie eine Breite von acht Metern besaß (Grabungsabschnitt H [Ostmauer]). Außerdem erneuerte man damals auch das Heiligtum und die Bauten der Akropolis. Bei diesem Heiligtum handelt es sich um ein recht rohes Bauwerk aus Feldsteinen, das an einem Wehrturm von 8×3 Meter

Grundfläche lehnte. Was man in diesem Heiligtum fand (darunter ein Alabasterfigürchen, das ein Flußpferd darstellte), läßt vermuten, daß man es mit dem Heiligtum eines ägyptischen Kultes zu tun hatte. In der Tat ist durchaus nicht auszuschließen, daß die Stadt der frühbronzezeitlichen Phase III a sehr viel stärker unter ägyptischem Einfluß stand als die der vorhergehenden Phase. Vielleicht stand sie → *Ägypten* gegenüber in einem Vasallenschaftsverhältnis.

Umstritten ist, ob es sich bei dem Hauptgebäude der Akropolis um ein weiteres Heiligtum oder um einen Palast handelt. Dieses Bauwerk hatte eine Länge von 25 Metern, und seine Wände bestanden aus regelmäßig geschichteten Mauersteinen, denen man etwa das Format der in der Besiedlungsschicht zuvor verwendeten Luftziegel gegeben hatte. Lehmmörtel verband diese grobbehauenen Blöcke zu Mauern von zwei Metern Dicke. Die Innenfront dieser Mauern war mit einem roten Wandbewurf verkleidet, dem man Stroh beigemengt hatte. Auf ihm lag eine weitere Schicht von weißem Wandputz. Das Dach trugen vier Holzpfeiler, die sich in gleichmäßigen Abständen auf steinernen Basen erhoben. Zum Teil weisen die Überreste dieses Baus tiefe Kerben auf, die auf die Verwendung kupferner Meißel schließen lassen.

Aus der Endphase der spätbronzezeitlichen Periode III stammt einige Töpferware des Typs von Khirbet el-Kerak (→ *Keramik* und *Beth Jerach*). Anscheinend wurde die Stadt gerade damals, als sich vom Genesareth-Gebiet aus die Khirbet-Kerak-Kultur ausbreitete, das Opfer kriegerischer Verwicklungen. Nach Ansicht des Ausgräbers fiel die Stadt, als sich in → *Ägypten* die Auflösung der Dynastien des Pyramidenzeitalters abspielte (und zwar noch vor dem Ende der frühbronzezeitlichen Stufe III Palästinas).

Eisenzeit I: Lange Zeit hindurch blieb et-Tell bloße Trümmerstätte. Erst zu Beginn der eisenzeitlichen Phase I ließen sich neue Siedler hier nieder. Gleichzeitig mit den benachbarten früheisenzeitlichen Ansiedlungen → *Bethel*, → *Tell en-Naṣbe* sowie Gibea und Gibeon entstand auf der Akropolis von et-Tell ein kleines, unbefestigtes Dorf von etwa einem Hektar Grundfläche. Jedes Haus dieses Dorfes hatte seine Zisterne. Offenbar war man auf diese Art der Wasserversorgung angewiesen. Die Häuser waren von recht kunstloser Bauweise. Allerdings besaß ein Gebäude im Bereich der Grabung B, Abschnitt XV, einen Binnenhof, an dessen beiden Seiten sich je ein langgestreckter Raum hinzog. Die Trennwände zwischen Hof und Seitenräumen bestanden aus senkrechten Pfeilern, zwischen die man Feldsteine gefügt hatte (→ *Haus*). Keramik und andere Funde deuten auf Entstehung am Anfang der Eisenzeit hin. Nach einer längeren Phase der Besiedlung scheint das Dorf zerstört worden zu sein, vorübergehend wurde es wohl ganz verlassen. Mehr oder weniger notdürftig wiederaufgebaut, bedeckte es in der Folgezeit einen noch kleineren Teil des Akropolis-Geländes. Diese Besiedlungsphase dauerte bis zur Regierungszeit König Davids. Der Ausgräber hält es für möglich, daß das et-Tell-Dorf der Eisenzeit (Stufe I) das A. der Bibel war. Die »Leute von A.«, die Josua in dem Wadi nördlich des Ortes schlug (Jos. 8, 1–29) hält er für die Bewohner des ersten Dorfes der eisenzeitlichen Stufe I. Sie waren wohl Zeitgenossen der Bewohner des Eisenzeit-I-Dorfes Gibeon, mit denen Josua einen Vertrag schloß, der zum Krieg gegen die → *Amoriter* führte (Jos. 9 und 10). In Gibeon wurde zwar ein spätbronzezeitliches Grab freigelegt, doch gab es auch hier keine Siedlungsschicht aus der Spätbronzezeit. Dagegen bestand dort ein bedeutendes Dorf der Eisenzeit-I-Phase, das eine Grundfläche von schätzungsweise 5½ ha bedeckte. Wenn daher bei Josua 10, 2 behauptet wird, Gibeon sei größer als A., so trifft dies auf die beiden eisenzeitlichen Ansiedlungen zu, nicht aber auf die Ruinen aus älterer Zeit. Diese Fol-

gerung bestärkt noch der Grabungsbefund von → *Dibon* und → *Arad*, wo die Israeliten Ansiedlungen vorfanden, als sie von Osten her in das dortige Gebiet eindrangen. Auch keine dieser beiden Stätten war zwischen der frühen Bronzezeit und der Eisenzeit (Phase I) bewohnt – archäologisch gesehen, bieten sie mithin das gleiche Bild wie et-Tell (und in gewissem Sinne auch wie Gibeon). Die in der Schrift angeführten Ortschaften waren demnach wohl die der Eisenzeit-I-Stufe, wenn der biblische Bericht nicht einfach historisch ungenau ist. Dafür aber liegt kein hinreichender Anhaltspunkt vor. Auch für eine Verlegung der in der Bibel berichteten Ereignisse nach Bethel (weil sich der Grabungsbefund nicht zu ihrem spätbronzezeitlichen Ansatz fügt) gibt es keinen hinreichenden Rechtfertigungsgrund. Bei einem früheisenzeitlichen Ansatz dagegen, wie er durch entsprechende Befunde an den angeführten anderen Grabungsstätten nahegelegt wird, kommen auch in A. Tradition und Grabungsresultate zur Deckung. *J. A. C.*

'Ain → 'En
'Ain al-Arus → *Hazezon-Thamar; Thamar*

'Ain Boqeq (En Boqeq) Kleine Oase (mit Schwefelquellen) am Ostufer des → *Toten Meeres*. Die 1968–1970 durchgeführten Grabungen (Universität Tel Aviv; Leitung: M. Gihon) brachten ein byzantinisches *castellum* zum Vorschein, bei dem sich zwei Besiedlungsphasen feststellen ließen (4.–6. und 6. bis 7. Jahrhundert n. Chr.). Das Kastell war Bestandteil des Hauptfestungsgürtels im Zuge der römischen *Limes*, schützte die Oase von *En-Gedi* und beherrschte den Zugang von Juda zum Toten Meer. Kultivationsspuren in der Umgebung lassen vermuten, daß *limitanei* (Soldaten, denen man Land zur Bewirtschaftung überlassen hatte) die Besatzung des Forts bildeten. Der Grundriß der Festung war nahezu quadratisch bei einer Seitenlänge von

20 Metern und vorspringenden Eckbastionen. Dies entspricht einem Grundriß, wie man ihn besonders häufig auch bei altarabischen und frühislamischen *husns* (Forts) findet (beispielsweise besonders häufig im *Wādī Ḥaḍramaut;* das hervorragendste Beispiel dieses Bautyps, der prächtige Palast von Saiwūn, ist noch immer bewohnt). Die Festungsmauern hatten eine Stärke von etwa 2 Metern. Die Quartiere der Besatzung lagen – auf leicht schrägem Grund – rings um einen Binnenhof. Zwischen seiner Nordwest- und seiner Nordostecke bestand eine Niveaudifferenz von etwa einem Meter. Ein Teil des Oberstocks und das Dach bestanden aus Holz, einem in der Gegend des Toten Meeres ungewöhnlich seltenen Baumaterial. Nicht weit von der Festung kamen Ruinen einer Villa ans Licht. Römische und nabatäische → *Keramik,* die dort gefunden wurde, erlaubt einen Zeitansatz im 1. Jahrhundert n. Chr.

M. G. und J. R.

'Ain Galud → *Harod*
'Ain Hadra → *Hazeroth*
'Ain Husb → *Hazezon-Thamar*

Ain Karim Dorf 7 km südwestlich von → *Jerusalem.* Früher gewöhnlich mit *Beth Cherem* gleichgesetzt (Jerem. 6, 1; Neh. 3, 14), doch ist man von dieser Identifikation wieder abgekommen und zieht heute vor, Beth Cherem in Khirbet (Chirbet) es-Sali (bzw. *Ramat Rahel*) südlich von Jerusalem zu lokalisieren. Eine relativ junge christliche Tradition verlegt den Wohnsitz der Eltern Johannes des Täufers (Zacharias und Elisabeth) nach A., das damit der Ort wäre, wo Maria die beiden besuchte und die Worte des *Magnificat* sprach (Luk. 1, 39 ff.). Die in Anknüpfung an diese Tradition im 5. Jahrhundert erbaute Marienkirche wurde von den Arabern für andere Zwecke benützt, jedoch im 12. Jahrhundert von den Kreuzfahrern wiederhergestellt. Unter Resten aus der byzantinischen Periode und der Kreuzfahrerzeit ist man bei Grabungen in A. vor allem auf → *Keramik* der Mit-

telbronzezeit I gestoßen. Neben → *Bethel* und → *Jericho* gilt A. als wichtigster Fundort für diese Phase. Die Keramik gehört der Gruppe A mit großen Flachbasen sowie mittels Kamm applizierten linearen und anderen Dekorationen an.

'Ain el-Quderat → *Kades-Barnea*
'Ain Quseme → *Chaschmona*

Ain Sachri Mesolithische (mittelsteinzeitliche) Fundstätte im Wadi Khareitun in der Wüste Juda. Von den beduinischen Eigentümern der Höhle durchgeführte Grabungen erbrachten eine kleine Sammlung von *Natoufien*-Werkzeugen, außerdem ein erotisches Steinfigürchen (*Natoufien* nach dem *Wādī en-naṭūf,* wo D. A. E. Garrod 1928 die betreffende Kultur entdeckt hat). Die Funde wurden von René Neuville publiziert. O. B.-Y.

'Ain šams → *Beth Schämäsch*

Ainon (griech. Schreibweise, lat. *Aenon*).
a) Ort im Jordantal, unweit von → *Salem,* wo Johannes taufte (Joh. 3, 23). Nach Eusebios im Tal von → *Beth-Sean,* einige Kilometer südlich dieser Stadt. Der Ortsname A. bedeutet »Quelle« (arab. al-'ain).
b) Einen anderen Ort gleichen Namens (mit dem Zusatz: »wo [sich] heute *Saphsaphas* [aramäisch: ›Weide‹ oder ›Euphratpappel‹] [befindet]«) verzeichnet gegenüber Beth-abara (»Haus der Furt«, »Furthausen«; → *Bethanien*) die Mosaik-Landkarte von → *Madeba.* Die Jordanfurt zwischen diesem A. und Beth-abara liegt unweit des heutigen griechischen Johannesklosters (arabisch: *Qasr al-Yehud* = »Judenschloß«; 7 km im Südosten von → *Jericho*) vor der Mündung des Wadi el-Charrar, nach dem frühchristlichen Gelehrten Origenes (ca. 185–253/54 n. Chr.) etwa 180 Stadien (rund 34 Kilometer) → *Jerusalem,* nach dem Pilger von Bordeaux (333 n. Chr.) vom → *Toten Meer* 5 Meilen (etwa 7,5 Kilometer) entfernt und gilt nach der Überlieferung als der Ort, wo Jesus von Johannes getauft wur-

Goldenes Trinkhorn aus Ahmetha (Ekbatana/Hamadan) (s. S. 22).

de (Matth. 3, 13–17). Da der Evangelist Johannes (1, 28) Beth-abara/Bethanien »jenseits des Jordan« verlegte und auch der Pilger von Bordeaux die Taufstelle Jesu an das Jordan-Ostufer verwies, während Beth-abara auf der Madeba-Karte am Westufer liegt, hat man auch das A. der Madeba-Karte, das am Ostufer des Flusses eingezeichnet ist, für jenes Beth-abara/Bethanien erklärt, wo die Begegnung zwischen Jesus und Johannes stattgefunden haben soll.

A. N. und J. R.

Ain Sitti Marjam → *Gihon*
Ain Umm ed-Deradsch → *Gihon*

Ajalon a) Tal, in dem sich die gleichnamige Stadt befand und wo – nach Josua 10, 12–13 – im Krieg zwischen Israeliten und → *Amoritern* angeblich der Mond stillstand. Auch in einem der → *Amarnabriefe* erwähnt, in dem der Herrscher von → *Jerusalem* beklagt, daß eine Karawane, die durch das Tal nach → *Ägypten* unterwegs war, geplündert worden sei. Im Bericht vom Aufstand

der Makkabäer erscheint es unter der Bezeichnung »in der Ebene bei → *Emmaus*« (1. Makk. 3, 40 [Lutherbibel: »Bei Emmaus auf dem Blachfeld«]). Als Merg Ibn Omar, 25 Kilometer vor Jerusalem, identifiziert, durch das heute die Straße von Jerusalem nach *Tel Aviv* führt. Raphael Giveon fand hier 1961 ein Siegel (einen gemeißelten Steatit-Skarabäus mit Darstellung einer Opferszene und frühkanaanäischer Beischrift).
b) Stadt im Gebiet des Stammes Dan (Josua 19, 42), im Nordwestteil der Ebene von Juda. Doch nach Richter 1, 35 lebten hier weiterhin → *Amoriter*, die tributpflichtig waren. Außerdem Levitenstadt auf dem Gebiet des Stammes Ephraim (1. Chron. 6, 54 [bzw. 69]). Die fragliche Stelle ist jedoch problematisch und bezieht sich möglicherweise auf → *Elon* (Josua 19, 43). Rehabeam baute A. zur Festung aus (2. Chron. 11, 10). Unter dem Namen *aialuna* erscheint A. in den → *Amarnabriefen* und desgleichen in dem inschriftlichen Bericht, den

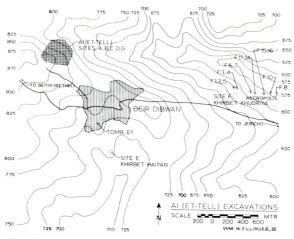

Ai (et-Tell)
Abschn. A, B, C, D, G

nach Beitin
(Bethel)

Deir Dibwan

Abschn. F
Nekropole
Khirbet Khudrija

nach Jericho

Grab E 1

Abschn. E
Khirbet Haijan

Plan der Ausgrabungen von Ai (ET-TELL) (s. S. 22).

der Begründer der 22. ägyptischen Dynastie, Pharao Scheschonk (oder Schoschenk; in der Bibel: Sisak [Schischak]), von seinem gegen Ende seiner Regierungszeit (und nach dem Zusammenbruch des Salomonischen Reiches) unternommenen Palästinafeldzug gab (vgl. 1. Kön. 14, 25 f.; 2. Chron. 12, 2 ff.). A. begegnet in diesem Bericht als eine der eroberten Festungen. In römischer Zeit kannte man es unter dem Namen Jalo. Identisch mit Jalu, östlich von → Emmaus.

c) Ort auf dem Gebiet des Stammes Sebulon, wo der Richter Elon aus Sebulon begraben wurde (Richter 12, 12). Lokalisation unbekannt.   A. N.

Ajjul, Addschul (tell al-'aggul) Fundort an der Mündung des Wadi Gazze, etwa 9 Kilometer südlich des heutigen *Gaza.* In den Jahren 1930 bis 1934 hier durchgeführte Grabungen der *British School of Archaeology* unter der Leitung von William Matthew Flinders Petrie erbrachten reiche Ausbeute. Leider läßt die aufwendige, reich illustrierte Publikation der Ergebnisse klare Angaben über die Zuordnung der Fundstücke zu den einzelnen Schichten der Grabungsstätte vermissen. Als zu hochgegriffen erwiesen sich die von Petrie vorgenom-

menen Zeitansätze. Sie wurden von William Foxwell Albright korrigiert. Groß ist die Bedeutung der in den zahlreichen Gräbern zum Vorschein gekommenen → *Keramik* für die Datierung palästinensischer Töpferware.

Die ältesten Überreste, die der Hügel barg, bestanden aus einem Begräbnisplatz. In vielen seiner Gräber fand man Waffen aus Kupfer. Petrie wies diese Schicht in die Zeit zwischen 3300 und 3100 v. Chr., doch hat sich herausgestellt, daß sie ein Jahrtausend später anzusetzen ist. Sie stammt aus Phase III der Frühbronzezeit und entspricht der Schicht J von *Tell Beth Mirsim.* Zur folgenden Periode, der Mittleren Bronzezeit, gehören der Friedhof, den die Ausgräber durch die Ziffern 100–200 kennzeichneten (er liegt an der Ostseite des Hügels), sowie Friedhof Nr. 1500 im Norden. Jede dieser Begräbnisstätten weist ihre eigenen, charakteristischen Bestattungsbräuche auf (→ *Bestattung*). So fanden sich in den Gräbern des Friedhofs Nr. 100–200 fast ausschließlich (bis auf wenige Ausnahmen) zerstückelter Leichen, und die Grabschächte waren von kreisrundem Querschnitt. Im Friedhof Nr. 1500 dagegen überwogen unzerstückelte Skelette bei rechteckiger Schachtform. All dies fordert – zusammen mit den zum Vorschein gekommenen Opfergaben und sonstigen Grabbeigaben wie Keramik und Waffen – zum Vergleich mit → *Jericho* heraus. Aus den Phasen II b und c der Mittleren Bronzezeit stammt ein ausgedehntes Bauwerk, das Petrie als Palast bezeichnete. Dem ursprünglichen Bau folgten vier spätere Neubauten. Nach Albrights Auffassung diente der erste, mittelbronzezeitliche Palast sowie der erste Palastneubau (Beginn der Spätbronzezeit) als Residenz. Bei den drei nachfolgenden Anlagen habe es sich dagegen um bloße Festungswerke gehandelt. Die letzte dieser Bauphasen führt bereits in die Frühe Eisenzeit. Während der Mittleren Bronzezeit – der → *Hyksosperiode* – war A. einer der florierenden Stadtstaaten, die dem damaligen kanaanäischen Palästina sein Gepräge gaben. Umgeben von charakteristischen → *Festungsanlagen*, bedeckte es ein Areal von rund 2000 m². Seine Befestigungswerke bestanden aus einem mächtigen Graben am Fuß des Hügels und einem abschüssigen Wall aus Stampflehm. Vom Reichtum, der die Stadt damals und in der Spätbronzezeit auszeichnete, zeugen die gefundenen Schmuckstücke, d. h. Schmuck aus Gold und Silber, darunter Armbänder, Halsbänder, Ohren- und Nasenringe, Gehänge und Haarbänder. Besondere Erwähnung verdient die Bestattung eines Hyksos-Aristokraten mit Pferden und Wagen (Pferdebestattung). Charakteristisch für die Schlußphase der mittelbronzezeitlichen Stufe II sowie für die spätbronzezeitliche Stufe I ist die reichlich zum Vorschein gekommene bemalte Keramik. Sie repräsentiert einen Typ, der vor dem Ende der mittelbronzezeitlichen Phase II c längs der Küste und im niedrigen Hügelland auftaucht. Ihr Hauptmerkmal ist ein gemaltes Dekor in zweifarbiger Ausführung, nach Art eines dorischen Frieses in kleine Felder mit geometrischen Mustern sowie Darstellungen von Vögeln und Fischen unterteilt. Einige Keramikfunde deuten auf eine Besetzung

des Ortes durch → *Philister* hin. Einige Gelehrte sind der Auffassung, A. sei identisch mit Beth Eglaim. Vgl. auch → *Palägaza*.   R. R.

Ajun Musa → *Mara*
Akaba → *Elath*

Akkad Stadt in Sinear (bzw. *Mesopotamien*). Begegnet in der Bibel (Gen. [1. Mos.] 10, 10) im Verzeichnis der Städte, die zum Reich Nimrods gehörten, desgleichen oft auf babylonischen Inschriften erwähnt. Wohl nördlich von → *Babylon*, in der Nähe von Sippar, zu suchen. Zur Zeit der von Sargon I. begründeten Dynastie (2371–2181 v. Chr. [nach älteren Angaben 2414–2233 v. Chr.; andere anders]) war A. Reichshauptstadt. Unter der 3. Dynastie von Ur (die Angaben schwanken zwischen 2200 bis 2100 bzw. 2128/24–2019/16 oder 2060 bis 1960 v. Chr.) wurde der Name A. Bezeichnung für den Nordteil des babylonischen Reichs.   A. N.

Akko, Ptolemais Bedeutendster Hafen im Norden Alt-Palästinas, Hafenstadt der Landschaft Galiläa, desgleichen der *Jesreel-Ebene* an der Hauptstraße, die → *Ägypten* mit dem Norden verband, der berühmten *Via Maris*, die ihrerseits durch ein Netz von Nebenstraßen mit der sog. Königsstraße verbunden war. A.s erste Erwähnung findet sich in den ägyptischen → *Ächtungstexten* des 19. Jahrhunderts v. Chr., später erscheint es auf der Liste der Pharao Thutmosis III. (1490–1436 v. Chr) unterworfenen Städte, desgleichen in den → *Amarnabriefen*, nach denen der König von A. 50 Streitwagen dem König von → *Jerusalem* zu Hilfe sandte. Pharao Sethos I. (1305–1290 v. Chr.) besetzte A. im Krieg gegen die → *Hethiter*, und ein Relief zeigt A.s Eroberung durch Ramses II. (1290–1223 v. Chr.). Nach der Eroberung Kanaans durch die Israeliten fiel A. dem Stamm Aser zu, blieb jedoch uneingenommen (Richter 1, 31). König Salomo trat das gesamte Gebiet um Akko an *Tyros* ab (1. Kön. 9, 11–13), und die nach 705 v. Chr. entstandenen Annalen des Sennacherib

(Sanherib [705/4–681 v. Chr.]) erwähnen A. daher auch als tyrische Stadt. Im Jahre 640 deportierte Assurbanipal (669/68–ca. 630 v. Chr.) einen Teil seiner Bewohner, und schließlich eroberte im Jahre 532 v. Chr. auf seinem Ägyptenzuge der iranische Statthalter von Babylon, Kambyses (später, als Kambyses II. [von 529–522 v. Chr.] Großkönig), die Stadt. A. blieb fortan in persischer Hand, bis es zur Belohnung für erwiesene Treue an Tyros zurückgegeben wurde. Die Mitte des 4. Jahrhunderts sah in A. den Beginn einer eigenen Münzprägung. Alexander der Große war der nächste Eroberer, in dessen Hand A. fiel (332 v. Chr.). Daß er Tyros den Untergang bereitete, bedeutete für A. gesteigerten Wohlstand. Nach Alexanders Tode (323 v. Chr.) wurde A. im Jahre 312 von Ptolemaios I. Soter (ab 305–283 v. Chr. König Ägyptens) dem Erdboden gleichgemacht, doch Ptolemaios II. Philadelphos (285–246 v. Chr.) baute die Stadt unter dem Namen Ptolemais wieder auf. Im Jahre 219 v. Chr. in seleukidische Gewalt gekommen, profitierte Ptolemais vom Niedergang der Seleukidenmacht im 2. Jh. v. Chr., der der Stadt schließlich Unabhängigkeit einbrachte. Von der Expansion des jüdischen Königreichs der Hasmonäer (Makkabäer) blieb A.-Ptolemais unberührt, wenn auch Alexander Iannaios (103–76 v. Chr.) die Stadt schließlich einnahm. Spätere Eroberer waren Tigranes I. von Armenien (95–ca. 55 v. Chr.) und Kleopatra VII., »die Große«, von Ägypten (47–30 v. Chr.), doch selbst in den Tagen Herodes' des Großen (37–4 v. Chr.) gelang es der Stadt, ihre Unabhängigkeit zu bewahren. Zur Zeit des Ersten Jüdischen Aufstands gegen Rom (66/67 bis 73 n. Chr.) diente Ptolemais als Basis der in Galiläa eingesetzten römischen Legionen. Im Jahre 67 n. Chr. erhielt es den Status einer römischen Kolonie (Colonia Claudia Ptolemais). Noch in spätrömischer Zeit war es eine bedeutende Stadt.

Das alte A. befand sich auf dem Tell el-Fuchchar rund 1½ km östlich der heutigen Stadt, die ihrerseits die Reste des hellenistischen und römischen Ptolemais bedeckt. Der umfangreiche → Tell ist noch nicht ausgegraben, doch Scherbenfunde an der Oberfläche lassen auf eine Besiedlung von 2000 bis 900 vor unserer Zeitrechnung schließen. Die Geschichte der hellenistisch-römischen Stadt läßt sich besonders an Prägungen der örtlichen Münzanstalt studieren, die von etwa 350 v. Chr. bis 268 n. Chr. in Betrieb war.

A. N.

Akrabbim-Steige (»Skorpionensteige«). Örtlichkeit an der Südgrenze des Stammes Juda, wahrscheinlich irgendwo südlich des Toten Meeres (→ Totes Meer), unweit der Wüste Zin (Num. [4. Mos.] 34, 4; Josua 15, 3; Richter 1, 36). Eusebios erwähnt einen Ort gleichen Namens rund 10 km östlich von Neapolis (dem heutigen Nablus bei → Sichem), doch hat dieser nichts mit der A. der Bibel zu tun. Die meisten heutigen Gelehrten betrachten als A. das arabisch Naqb es-Safa genannte steile Berggelände südwestlich des → Toten Meeres, das das Wadi Araba, die südliche Fortsetzung des Jordangrabens, mit dem Zentral-Negev verbindet und heute den Namen A. trägt. Im 2. Jh. n. Chr. legten hier die Römer eine Paßstraße an.

A. N.

Alabaster Nach dem Buch Esther (1, 6) war der Boden im Gartenhof der Residenz Xerxes' I. (486/85–465 v. Chr.) zu → Susa mit »grünem, weißem, gelbem und schwarzem Marmor« gepflastert (so die Übersetzung Martin Luthers). Neuere Übersetzungen sprechen von einem »Mosaikboden von Bahatstein und Marmor, Perlen und kostbarem Bodenbelag«. Was bahat an dieser Stelle bedeutet, ist nicht völlig klar. Im heutigen Sprachgebrauch verwendet man dieses Wort zur Bezeichnung von A. Chemisch gesehen, ist A. schwefelsaurer Kalk (Kalziumsulfat), eine feinkörnige, durchscheinende Spielart des Gipses, oder aber eine Abart des Kalksinters (sog. orientalischer oder Kalk-A.). Schon zur Zeit der 3. Dyna-

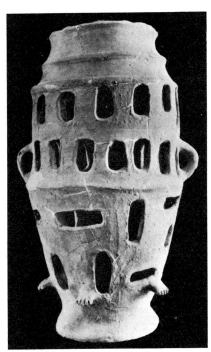

Eisenzeitliches Weihrauchgefäß mit durchbrochenen Wänden aus Ai (s. S. 22).

stie (etwa 2654–2579 [andere Angaben: etwa 2700 oder 2686–2650 bzw. 2660 bis 2590] v. Chr.) verwendete man A. in → *Ägypten* zur Herstellung von Urnen, Vasen und Schalen. Alabasterminen gibt es in Oberägypten und auf der Halbinsel *Sinai*, jedoch findet sich A. minderer Qualität auch in Palästina. A. von besonderer Güte ist weiß mit zarter rötlich-gelber Äderung, A. minderer Güte weist dagegen einen gelben Farbton auf. Bis in die Frühe Bronzezeit läßt sich in Palästina die Einfuhr von A.-Gefäßen zurückverfolgen. Im Lande selbst begann die Nachahmung vermutlich ägyptischer Einfuhrware in der Mittleren Bronzezeit, und zwar wohl in → *Beth-Sean*. Noch unter Römern und Byzantinern entstanden in Palästina A.-Behälter für Salböle und andere wertvolle Substanzen. Der einzige deutlichere Hinweis

auf A. findet sich im Neuen Testament, und zwar im Zusammenhang mit der Salbung Jesu zu → *Bethanien* (Matth. 26, 7; Mark. 14, 3). Die Lutherbibel gibt an beiden Stellen »Glas«. Die griechische Originalfassung spricht in beiden Fällen von einem *alábastron*, einem beutelförmigen Salbenfläschchen, das meist aus A. hergestellt war, später allerdings auch aus Glas bestehen konnte.

A. N.

Alalach Antike Ruinenstätte am Knie des Orontes (heute: *Asī Nehri*) im türkischen Küstenstreifen Nordsyriens. Heute *Tell Aṭšana* (türkische Schreibweise: *Tell Açana*). Ausgegraben wurde A. in den Jahren 1936–1949 von C. L. Wolley. Seine Bedeutung verdankt es seiner Lage in einer der ertragreichsten Ebenen des »Fruchtbaren Halbmonds« sowie an der Straße, die Nordsyrien mit dem Reich der *Hethiter* sowie mit *Mesopotamien* verband.

Vorgeschichte: Die frühesten Besiedlungsspuren fanden sich auf zwei kleineren Ruinenhügeln in der Nähe von A. A.s Besiedlungsgeschichte beginnt im späten Chalkolithikum (der Kupfersteinzeit) bzw. in den Anfangsphasen der Frühbronzezeit. Die älteste Schicht (Schicht XVII) läßt sich aufgrund von → *Keramik*funden datieren. Zu Schicht XVI gehört ein → *Tempel*, der in der Folgezeit nicht weniger als 17mal neu erbaut wurde. Der älteste Bau bestand aus Ziegeln und erhob sich auf einer knapp 5 m hohen, im Geviert knapp 4 m großen Plattform. Einen Neubau dieser Anlage enthält Schicht XV (3200 bis 3100 v. Chr.). Damals bestanden enge Beziehungen zwischen A. und Mesopotamien. Die ältesten Wohnhäuser (→ *Haus*) kamen in Schicht XIII (2900–2700 v. Chr.) zum Vorschein. Sie repräsentierten einen Typ, bei dem der Hof das planbestimmende Element darstellte.

Der Palast: Schicht XII (2700–2350 v. Chr.) bezeichnet einen neuen Abschnitt in der Geschichte von A. Eines ihrer Hauptmerkmale ist der nun erbaute → *Palast*, von dem eine Reihe riesiger Säulen aus Ziegeln sowie eine weitläu-

31

fige Plattform erhalten sind, auf der sich das Bauwerk hoch über die Bauten seiner Umgebung erhob. Zylindersiegel datieren diese Schicht in die frühdynastische Phase Mesopotamiens. Auch der Tempel wurde nach neuem Plan abermals aufgebaut. Er bestand nun aus einem Vorhof und einem kleineren Raum, von dem eine Treppe zu dem höhergelegenen eigentlichen Kultschrein führte. Ferner ist Schicht XI (2350–2200 v. Chr.) durch einen Tempel- und Palastneubau gekennzeichnet. Sechs Räume dieses Baus wurden bisher freigelegt. Die Anlage breitete sich nunmehr über Gelände aus, das zuvor von Privathäusern bedeckt war. Einige der Räume hatten Gewölbedach. Der bei den Grabungen zutage tretende Wohlstand des damaligen A. ist auf den Handel mit Hartholz zurückzuführen, das man aus den Wäldern der umliegenden Berge bezog. Die Zerstörung der damaligen Stadt schreibt man Sargon I. von → Akkad zu. Auch für die Schichten X und IX sind abermals Neubauten von Tempel und Palast zu verzeichnen. Schicht IX (2050–1900 v. Chr.) gehört derselben Periode an wie die Dritte Dynastie von Ur. Ein weiterer Tempel- und Palastneubau erfolgte zu Zeit von Schicht VIII (1900–1780 v. Chr.). Nach Auffassung des Ausgräbers wurde die Stadt von den Pharaonen der 12. Dynastie (nach W. Helck 1991 bis 1777 v. Chr. [→ Ägypten]) unterworfen.

A. – ein eigener Staat: Für die archäologische Erforschung der Schichten XVII bis VIII stand nur der beengte Raum einer verhältnismäßig schmalen Ausschachtung zur Verfügung. Bei Schicht VII und den folgenden Schichten konnte man jedoch größere Flächen freilegen. Die Ergrabung der Schicht VII erbrachte abermals einen Palastneubau, einen Tempel und das Stadttor. Auch die Datierung fiel nun leichter, denn man stieß auf zahlreiche Tontäfelchen, die Hammurapi von Babylon (etwa 1728–1686 v. Chr.) und zwei andere Könige seiner Zeit erwähnten. A. war nun ein selbständiger, unabhängiger Staat unter einem Herrscher namens Jarim-Lim. Zur selben Schicht gehört eine geräumige Zitadelle, die auf einem erhöhten Plateau errichtet und mit einem tonverkleideten Ziegelglacis versehen war. Eindrucksvollstes Bauwerk war das Stadttor. Es gewährte direkten Zugang und wurde von zwei Türmen flankiert. Sein Mauerwerk bestand aus Ziegeln, die man in Verbindung mit einem Fachwerk hölzerner Balken verwendet hatte – eine Bauweise, die bei den Hethitern sehr verbreitet war. Den Palast hat man sich als ausgedehnten Komplex mit mehreren Höfen vorzustellen, um die herum Räume jeder Größe angeordnet waren. Ungewöhnlich massive Mauern zeichneten den angrenzenden Tempel aus, der einen Vorhof und einen großen, rechteckigen Kultschrein aufwies. Beziehungen zur mykenischen Welt sind es nicht zuletzt, von denen die Funde aus dieser Entwicklungsphase der Stadt Zeugnis geben. Nach der Zerstörung von A. VII setzte man die Zitadelle mehrmals wieder instand (Schichten VI [1750–1595 v. Chr.] und V [1595–1447 v. Chr.]), und zwar immer nach dem gleichen Plan: als von starken Mauern umgebenes Kastell auf hoher Plattform, von einem abschüssigen Glacis geschützt. Inschriftliches Material erbrachten die fraglichen Schichten nicht. Bei der Datierung war man daher auf aus Zypern und Palästina importierte → Keramik angewiesen. Als Hauptstadt des Fürstentums von Mukisch war das A. vor allem des 15. Jh. v. Chr. wichtiges kulturelles Bindeglied zwischen → Babylon, Syrien, den Hethitern und Kreta.

Unter ägyptischer Herrschaft: Vorübergehend war das A. der damaligen Zeit unmittelbar → Ägypten unterworfen, und zwar als Thutmosis I. (1507–1494 v. Chr.) am oberen → Euphrat Elefanten jagte, die es damals dort noch gab. Und von Thutmosis III. (1490–1436 v. Chr.) wird berichtet, daß er A. Tribut auferlegt habe. A. d. J. 1447–1370 v. Chr. stammt Schicht IV. Damals befand sich Nordsyrien unter ägyptischer Kontrolle. Die Schicht erbrachte einen Neubau der Königsresidenz und in den Räumen des Palastes zahlreiche Täfelchen, meist aus der Zeit des Königs Niqmepa, dem dieser Palastbau zugeschrieben wird. Die Anlage umfaßte zwei mindestens zweistöckige Komplexe von insgesamt 30 Räumen, ein mächtiges Tor und einen geräumigen Hof. Aus der Zeit um 1480 v. Chr. stammt die im Palast gefundene Statue des Königs Idrimi mit ihrer autobiographischen Inschrift. Der neue Tempel war dreigeteilt und bestand aus einem Vorhof, in dessen Mauer Stufen nach einem höhergelegenen Niveau führten, einem Vorraum und dem eigentlichen Kultraum, in dessen Rückwand eine Nische eingelassen war. Die Zitadelle dieser Periode hatte umfangreiche Mannschaftsunterkünfte. Zahlreiche Räume umgaben den Festungshof. Das Ende dieser Stadt der Schicht IV kam mit der Eroberung von A. durch die *Hethiter*.

Unter den Hethitern: Schicht III (1370 bis 1347 v. Chr.) und II (1347–1283 v. Chr.) repräsentieren die Zeit der Hethiterherrschaft über A. Die Stadt besaß damals eine Zitadelle von rechteckigem Grundriß mit sehr starken Mauern und zahlreichen Räumen ungleicher Größe. Auch der neue Tempel wich in seinem Plan von seinen Vorgängern ab. Auf einer hohen Ziegelplattform errichtet, bestand er aus einem Außen- und einem Innenhof, in dem ein Altar stand. Eine Säulenhalle mit Treppe führte zum eigentlichen Tempel hinauf. Mehr entsprach dem Plan früherer Tempelanlagen der Neubau in Schicht II. Die gesamte Stadt der Schicht III umschloß eine massive Doppelmauer, die darüber hinaus mit einem Glacis versehen war. Die innere Mauer hatte einen Durchmesser von etwa 4,5 m, während die äußere rund 3 m maß. Beide Mauerzüge waren durch eine knapp 1,4 m breite Passage voneinander getrennt. In Schicht II erhielt die Stadt eine dreifache Mauer von etwas mehr als 12 m Breite. Bei den Privathäusern herrschte noch immer der

*Goldener Schmuck-Anhänger mit weiblicher Fruchtbarkeitssymbolik aus Tell el-Ajjul (*TELL AL-ʿAĠĠUL; *spätbronzezeitlich).*

Typ vor, dessen Plan durch die Anordnung der Räume rings um den Hof bestimmt wurde. Sie waren zwei Stockwerke hoch und mit sanitären Anlagen versehen. Obwohl die Stadt unter hethitischer Oberhoheit stand, schreibt man auch die Zerstörung von A. II den Hethitern zu, die eine Revolte der proägyptischen Partei A.s niederschlugen.

Unter Assyrern und Philistern: Schicht I gliedert sich in zwei Phasen: A (1283 bis 1241 v. Chr.), die Zeit assyrischer Oberhoheit, und B (1241–1194 v. Chr.), eine Stadt, deren Zerstörung wahrscheinlich auf das Konto der Seevölker (→ *Philister*) kommt. Die Tempel dieser Phasen entsprachen wieder dem alten Plan. In der letzten Bauperiode schmückte man den Durchgang vom Hof zum Kultschrein mit zwei Löwen, die beiderseits der Tür zugewandt waren.

Al-Mina: An der Mündung des Orontes (Asī Nehri) in das Mittelmeer, westlich von A. (und ebenso wie A. heute auf türkischem Gebiet), entdeckte man den Hafen von A. (*al-Mina* [arabisch: »Hafen«]). Die Stadt wurde im 12. Jh. v. Chr. gegründet und existierte noch in klassischer Zeit. Möglicherweise handelt es sich um die Stadt *Poseideion,* von der bei Herodot 3,91 die Rede ist. Allerdings ist die Identifikation nicht gänzlich sicher. Man fand Magazine der verschiedensten Zeitstufen. Von seiner Gründung an bis zu seiner Zerstörung in frühhellenistischer Zeit (um 300 v. Chr.) trieb al-Mina lebhaften Handel mit dem griechischen Festland, der gesamten ägäischen Welt und den Inseln des östlichen Mittelmeers. Daß es seit dem 8. Jh. sogar eine griechische Kolonie war, ist erwogen worden, wird aber meist bestritten.

Alexandrien a) Griech. *Alexandreia,* arab. *al-Iskandariya.* Hafenstadt in → *Ägypten,* im westlichen Nildelta (→ *Nil*), westlich des Kanopus-Mündungsarmes (d. h. westlich der Rosette-Mündung) zwischen dem Mittelmeer und dem Mariut-See (Mareotis-See, aus altägypt. *mr wr* = »großer See«). Nach der Eroberung Ägyptens 332/31 von Alexander dem Großen (geb. 356, König 336–323) anstelle eines Fischerdorfs namens Rhakotis gegründet, wo allerdings schon unter den Pharaonen griechische Söldner und Kaufleute ansässig waren. Die der Stadt vorgelagerte Insel Pharos wurde durch eine 1,3 km lange Mole, das *Heptastadion* (= »Sieben Stadien«) mit A. verbunden. So entstanden zwei große, durch die Insel gegen das offene Meer hin abgeschirmte Hafenbecken. Eines dieser Becken diente den Ptolemäern als Kriegshafen, das andere als Handelshafen. Der Binnenhafen für den Nilverkehr befand sich am Mariotis-See. A., das auf der Nehrung zwischen dem Meer und dem Mareotis-See lag, galt als nicht zum ägyptischen Festland gehörig, sondern als Ägypten vorgelagert. Daher die Bezeichnung: A. *ad Aegyptum.* Die Stadt selbst war nach den Plänen des Rhodiers Deinokrates erbaut. Sie bildete ein Rechteck, und ihre Straßen schnitten sich rechtwinklig. Nach dem berühmten Architekten Hippodamos von Milet (5. Jh. v. Chr.) bezeichnet man diese Schachbrettbauweise als »hippodamischen Stadtplan« (→ *Antiochien;* → *Phasaelis*). A. bestand aus mehreren Bezirken und einigen Vororten. Auf der Insel Pharos erbaute um 299–297 v. Chr. Sostratos aus Knidos den berühmten Pharos-Leuchtturm, der als eines der sieben Weltwunder galt. Seine Höhe betrug mehr als 100 m (die Angaben schwanken um 110–120 m). Weitere Hauptgebäude der Stadt waren der Tempel des Poseidon, in dessen Nähe Antonius um 35 v. Chr. seinen befestigten Palast errichtete (er lag am Osthafen), das Kaisareion (Caesarium) der Kleopatra, das von Antonius begonnen und von Augustus vollendet wurde, und das mit dem Königspalast verbundene Museion mit der Bibliothek. All diese Bauten befanden sich im ummauerten Königsviertel (Bruceion). Berühmtester Tempel der Stadt war das am Stadtrand gelegene Serapeion, in dessen Vorhof für Kaiser Diokletian die heute noch sichtbare sog. »Pompejussäule« errichtet wurde. Noch immer unentdeckt ist das von antiken Autoren erwähnte Grab Alexanders des Großen.

Nach Diodor (Diodorus Siculus) 17, 52, 6 besaß die Stadt zu seinen Lebzeiten (erste Hälfte des 1. Jh. v. Chr.) 300 000 Einwohner. Während des Kampfes zwischen Caesar und Antonius brannte 47 v. Chr. die von Ptolemaios I. Soter († 283/282 v. Chr.) gegründete große Bibliothek des Museion nieder, wobei mehr als 500 000 (nach anderen Angaben sogar 700 000–900 000) Papyrusrollen vernichtet wurden. Nach anderen Angaben jedoch verbrannten nur etwa 40 000 Papyrusrollen, die in der Nähe des Arsenals (möglicherweise zur Verschiffung nach Rom) magaziniert

34

waren. Antonius ließ das Bauwerk teilweise neu errichten und beschaffte neue Bücher aus Pergamon, die im Serapeion untergebracht wurden.

Außer dem hauptsächlich von Griechen bewohnten Brucheion und der gleichfalls griechischen Neapolis (»Neustadt«) besaß A. u. a. ein Viertel für die Einheimischen, das den alten Namen Rhakotis beibehielt, sowie ein bedeutendes Judenviertel mit einer → *Synagoge*, von deren Größe fabelhaft ausgeschmückte Berichte in Umlauf gebracht wurden. Kaiser Hadrian (117 bis 138 n. Chr.) ließ dieses Viertel nach Aufständen seiner Bewohner zerstören. Andere Stadtteile trugen schwerste Schäden davon, als im Jahre 269 n. Chr. Zenobia, die Herrscherin von Palmyra (bzw. *Tadmor*) A. einnahm. Entweder schon damals oder erst 273 n. Chr., als Kaiser Aurelian (270–275 n. Chr.) Ägypten eroberte, wurde das Museion, das schon 216 n. Chr. unter Caracalla (211–217 n. Chr.) schwer gelitten hatte, endgültig verwüstet. Seine Nachfolge als Heimstatt der Bibliothek trat das Serapeion an, das schon seit Ptolemaios II. Philadelphos (285–246 v. Chr.) eine eigene Bibliothek besaß. Im Jahre 389 n. Chr. wurde auf Betreiben des Patriarchen Theophilos auch das Serapeion geschlossen. Es wurde zerstört, seine Bibliothek geplündert und zum größten Teil verbrannt. Im Jahre 618 fiel A. in die Hand der Perser unter dem Sassanidenherrscher Chusro (Chosrau) II. Parwez (590–628 n. Chr.). Kaiser Herakleios (610–641 n. Chr.) gewann es noch einmal für das byzantinische Reich zurück, doch 642 eroberten es schließlich die Araber.

Anfangs hatte A. den Status einer autonomen griechischen Polis, wenn auch mit beschränkten Rechten. Nach Einverleibung in das Römerreich erhielten seine Bewohner das römische Bürgerrecht. Seine Wirtschaft beruhte auf der Herstellung und Ausfuhr von *Schreibmaterial* (bes. Papyrus) sowie von Gold-, Silber- und großen Keramikartikeln, vor allem aber auf dem *Handel* mit arabischen sowie indischen Gewürzen, die über das Rote Meer nach Ägypten gelangten. Dieser Handel kam jedoch nach der Eroberung durch die Araber zum Erliegen.

A. war das Bildungs- und Kulturzentrum der hellenistischen Welt. Einige der glänzendsten Gelehrten, die das damalige Griechentum hervorbrachte, waren Direktoren oder Bibliothekare seiner berühmten Bibliothek, unter ihnen Kallimachos, der als größter Dichter der hellenistischen Zeit gilt; in der römischen Kaiserzeit ist u. a. der Name des Astronomen Claudius Ptolemaios mit dem A.s verbunden). Auch reiches jüdisches (und später auch christliches) Geistesleben entfaltete sich hier. Von ihm zeugt nicht nur die griechische Fassung des Alten Testaments, die sog. *Septuaginta* (lat. »siebzig«; nach der Tradition verdankte sie siebzig [genauer: zweiundsiebzig] Übersetzern ihr Entstehen), sondern auch die Aufzeichnung der Taten der Makkabäer und das Buch der Weisheit Salomons. Einer der bedeutendsten Namen, die ebenfalls in diesem Zusammenhang zu nennen sind, ist der des jüdischen Philosophen Philo von A. (ca. 25 v. Chr. bis 40 n. Chr.). Weiterhin sei an Clemens von A. erinnert (2. Jh. n. Chr.) sowie an seinen Schüler Origenes (etwa 185–254 n. Chr.), der eine textkritische Ausgabe der Bibel schuf (nach ihren sechs nebeneinanderstehenden Schriftspalten *Hexapla*, die »Sechsfache«, genannt), an Origenes' Zeitgenossen Ammuios Sakkas (den »Sackträger«), den »Sokrates« des Neuplatonismus (um 175–242 n. Chr.) und seinen Schüler Plotin (ca. 205–270 n. Chr.), der seinerseits als Begründer des Neuplatonismus gilt. Alexandrinische Kunst übte großen Einfluß auf römische Malerei und Mosaikbildnerei aus. Ihre Elemente lassen sich ebenso in jüdischen Synagogen (→ *Dura Europos*) wie in der Kunst des frühen Christentums nachweisen. Auch römische Keramik und die dem *Nabatäer* lassen den Einfluß alexandrinischer Töpferei erkennen. *A. N. und J. R.*

b) Urspr. griech. Name *Alexandreion*. Festung, vom Hasmonäer-(Makkabäer-)

Für Akko brach die hellenistische Zeit 332 v. Chr. mit der Eroberung durch Alexander den Großen an. Es war eine Zeit gesteigerten Wohlstands. Alexandermünze aus Akko. Wie auf rhodischen und babylonischen Alexandermünzen erblickt man Zeus, links auf einem Thron sitzend, auf der ausgestreckten Rechten einen Adler, mit der Linken ein langes Zepter haltend (s. S. 29).

König Alexander Iannaios (103–76 v. Chr.) westlich des Jordantals an der Nordwestgrenze von Judäa errichtet (Flavius Josephus, *Antiquitates Iudaicae* 13, 417). Im Jahre 63 v. Chr. suchten hier Iannaios' Witwe Alexandra und sein Sohn Aristobulos Zuflucht, der sich gegen Pompeius zur Wehr setzte (Flav. Jos. *Bellum Iudaicum* 1, 134). Im Jahre 57 v. Chr. behauptete sich hier Iannaios' Enkel Alexander gegen Gabinius und Antonius (Flav. Jos. *Ant.* 14, 86–91), doch die Festung mußte schließlich kapitulieren, und die Römer schleiften sie. 38 v. Chr. wurde sie von Herodes aufs neue errichtet, der hier seine Schwiegermutter, seine Gattin Mariamne (30 v. Chr.) sowie (7 v. Chr.) Alexander und Aristobulos, seine beiden Söhne aus dieser Ehe, begrub. Herodes benutzte die Festung als sicheres Depot seiner Schätze (Flav. Jos. *Ant.* 14, 413–419). Man identifiziert die Stätte mit Qarn Sartaba, einem Hügel, der

sich etwa 25 km südöstlich von → *Sichem* erhebt und wo noch heute die Reste der alten Festung sichtbar sind. Sartaba findet sich in der Mischna und im Talmud unter den Punkten erwähnt, an denen man den neuen Mond mit Feuern zu begrüßen pflegte. Am Fuß des Hügels fanden sich Reste der Stadt sowie eines Aquäduktes. *A. N.*

Almon-Diblatajim Etappe auf dem Auszugsweg der Israeliten aus → *Ägypten,* unweit vom → *Nebo* in → *Moab* gelegen (Num. [4. Mos.] 33, 46). Man identifiziert den Ort mit Deleilat es-Serqije, einer antiken Festung an einer Straßenkreuzung nordöstlich von → *Dibon.* *A. N.*

Alusch Eine der Etappen auf dem Auszugsweg der Israeliten aus → *Ägypten,* zwischen → *Dophka* und → *Rephidim* (Num. [4. Mos.] 33, 13–14), folglich noch vor dem Gebirge *Sinai.* Identifikation sehr umstritten. *A. N.*

Amalekiter Nomadenstamm im Norden der *Sinai*-Halbinsel sowie des *Negev* (Genes. [1. Mos.] 14, 7; Num. [4. Mos.] 13, 29 [30]). Bei → *Rephidim* griffen sie die Israeliten an (Ex. [2. Mos.] 17, 8–16), und wegen der dortigen Ereignisse wurden die Israeliten angewiesen: »Denke daran, was dir unterwegs bei deinem Wegzug aus Ägypten Amalek angetan hat« (Deut. [5. Mos.] 25, 17 [und das folgende]). Eine Koalition von → *Moab,* → *Ammon* und Amalek wurde von Ehud, dem Sohn Geras, geschlagen (Richter 3, 12 ff.), und Gideon kämpfte gegen A., → *Midianiter* und »Leute des Ostens«, die sich zusammengeschlossen hatten (Richter, Kap. 6 bis 7). Saul bereitete ihnen eine vernichtende Niederlage (1. Sam. 15, 2 bis 33), doch erst David rottete sie vollständig aus (1. Sam. 27, 8–9; 30, 1–17). *A. N.*

Amana a) Name eines Berges. Im Hohenlied (4, 8) zusammen mit Senir und → *Hermon* erwähnt. Der Name begegnet häufig auf mesopotamischen Inschriften des 21. Jh. v. Chr. als Bezeich-

nung eines Gebiets, wo man vorzüglichen Marmor abbaute und Bauholz
schlug. Man nimmt an, daß es sich um
den Dschebel Zebedani handelt, wo der
Fluß Amana entspringt.
b) Auch Abana. Name eines zusammen mit dem → *Parpar* in der Bibel erwähnten Flusses (2. Kön. 5, 12), der das
Gebiet von → *Damaskus* bewässert.
Heute wohl Barada. Entspringt an den
Hängen des Dschebel Zebedani. *A. N.*

Amarnabriefe Tontafeln, die durch Zufall 1887 in den Ruinen des »Auswärtigen Amtes« bzw. »Außenministe-
riums« von Tell el- → *Amarna* entdeckt wurden. Es handelt sich um Kor-
respondenz aus den königlichen Archiven der Pharaonen Amun-hotpe (Amen-
hotep/Amenophis) III. (1405–1367 [Al-
dred] bzw. 1403–1364 [Helck]), Amun-
hotpe IV. (= Echnaton [Achanjati],
1378–1362 [Aldred] oder 1364–1347
[Helck]) und Tutanchamun (1362–1353
[Aldred] bzw. 1342–1333 [Helck]). Kor-
respondenzpartner waren unter anderem Kadaschman-Enlil I. und Burnabu-
riasch von Babylon, Aschschur-uballit I.
von Assyrien, Tuschratta von Mitanni,
Tarchundaradu von Arzawa und schließlich der *Hethiter* Schuppiluliuma I., daneben zahlreiche Kleinkönige aus den
Stadtfürstentümern Palästinas und Syriens, auch Alaschia (Zypern?) ist vertreten.
Der größte Teil dieser Dokumente (es
sind mehrere hundert Stück) ist in ak-
kadischer Sprache, offenbar der Diplo-
matensprache der damaligen Epoche
(der sog. »Amarnazeit«), abgefaßt, und
zwar in Keilschrift. Die Schriftstücke
lassen erkennen, daß *Kanaan* i. 14. Jh.
v. Chr. eine aus Westsemiten und hurritischen (churrischen) Stämmen zusam-
mengesetzte Mischbevölkerung besaß
und in eine Anzahl von → *Ägypten* ab-
hängiger Zwergvasallenstaaten unterteilt war. Als unter dem alternden
Amun-hotpe III. und unter Echnaton
(Achanjati) Ägyptens Machtposition geschwächt war, kam es zu Aufständen, die
der Hethiterkönig Schuppiluliuma I.
schürte. Ein weiterer Unruhefaktor waren

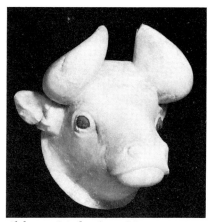

*Alabaster-Stierkopf aus Mesopotamien
(4.–3. Jahrtausend v. Chr.) (s. S. 30).*

umherschweifende Kriegerhorden, die
als → *Chabiru* bezeichnet werden. Als
Vermittler einer Fülle politischer, historischer, geographischer und soziologisch
auswertbarer Informationen sind die A.
eine vorzügliche Quelle wissenschaft-
lich wertvoller Nachrichten über Verhältnisse und Lebensbedingungen des
15. und 14. Jh. v. Chr. (Spätbronzezeit).
Unter der Voraussetzung, daß das Wort
Chabiru mit der Bezeichnung »Hebräer« zu tun hat, bzw. daß Chabiru
und Hebräer identisch sind, hat man
in den A. das älteste Zeugnis vom Eindringen »hebräischer« Stämme in Kanaan vor sich. Allerdings wird hiermit
ein sehr umstrittenes Problem berührt.
Aus guten Gründen setzt man den Auszug der Israeliten aus Ägypten und die
israelitische Landnahme in Kanaan sehr
viel später an als die Amarnazeit. Zum
Beispiel weist der archäologische Befund die schweren Kriegsereignisse, die
mit der israelitischen Landnahme in
Verbindung stehen könnten, in erheblich spätere Zeit. Außerdem existierten
die Reiche im Ostjordanland, auf die die
Israeliten stießen, vor dem 13. Jh. v.
Chr. noch nicht. Die Chabiru der A.
sind daher von den späteren Hebräern
wohl nach Zeit und Ort verschieden,
wenn auch eine indirekte Verwandt-

schaft (in einem weiteren Sinne) bestehen mag. *A. N. und J. R.*

Amarna, Tell el- Heutiger Name der Residenz des Pharao Amun-hotpe (Amenhotep/Amenophis) IV., der sich zu Ehren seines Gottes Aton (bzw. Jati) Echnaton (bzw. Achanjati) nannte (1378–1362 [nach Cyril Aldred] oder 1364–1347 v. Chr. [nach W. Helck]). Gewöhnlich wird der Name der alten Stadt Achet-Aton (ˀḫ.t-Itn) umschrieben. Er bedeutete: »Horizont (= Ruhestatt) des Aton«. Die Stadt wurde schon unter Tutanchamun (1362–1353 [Aldred] oder 1342–1333 [Helck]) wieder aufgegeben, und Haremhab (1349–1319 [Aldred] bzw. 1329–1306 [Helck]) ließ sie gründlich zerstören. Die heutige Ruinenstätte (ausgegraben wurden der königliche Palast, mehrere Tempel und Privathäuser, auch Häuser von Handwerkern) liegt östlich des → Nil in Mittelägypten (→ Ägypten), etwa 250 km südlich von Kairo. Von der Weihe der gesamten Stadt an den Kult Atons (Jatis) berichten die Grenzstelen, die den Verlauf der Stadt-Peripherie angeben. Für die Bibelarchäologie erlangte A. besonders durch den Fund der → *Amarnabriefe* große Bedeutung. Deutsche Ausgrabungen (1911–1914), später *Egypt Exploration Society* (ab 1923). Wichtige Funde in Berlin, darunter die berühmte Büste der Nofretete (Nefert-iti bzw. Nafteta). *A. N. und J. R.*

Amman → *Rabbath-Ammon*
Ammous → *Moza*

Ammon Land östlich des Jordantals und des → *Toten Meeres*, zwischen den Flüssen → *Jabbok* (im Norden) und → *Arnon* (im Süden). Hauptstadt: → *Rabbath Ammon* (hellenist. Philadelphia, heute Amman). Anfang des 13. Jh. v. Chr. ließen sich nach dem archäologischen Befund hier die Ammoniter nieder, während das Land weiter im Süden und Südwesten (→ *Edom* und *Moab*) Moabiter und Edomiter besetzten. Genesis (1. Mos.) 19, 38 und Deuteronomium (5. Mos.) 2, 19 sprechen von den Ammonitern als Nachkommen

Lots, und die Bibel grenzt sie deutlich von den Amoritern (→ *Amoriter*) ab (vgl. Numeri [4. Mos.] 21, 21 ff. [bes. 24]). Anfangs erstreckte sich das Gebiet der Ammoniter bis zum Jordan, doch nach dem Eindringen der Stämme Gad und Manasse wurden sie an der Westgrenze in die Wüste zurückgedrängt (Jos. 13, 8–10). Seit frühester Zeit bestand zwischen Israeliten und Ammonitern Feindseligkeit (vgl. Deut. [5. Mos.] 23, 3–4). Zum offenen Kampf kam es, als die Ammoniter versuchten, auf das Gebiet der Israeliten überzugreifen (Richter 10, 7; 9; 11 und 17 sowie ebd. 11, 4 f.; 8 f. und 12 ff.). Zur Zeit Sauls belagerten sie → *Jabes-Gilead*, wurden allerdings zurückgeschlagen (1. Sam. 11, 1–11). Die Bibel berichtet dies als unmittelbaren Anlaß der Erhebung Sauls zum König. Solange David mit Saul verfeindet war, bestanden gute Beziehungen zwischen ihm und Nachasch, dem Ammoniterkönig, den Saul bei Jabes vertrieben hatte. Nach Nachaschs Tode jedoch wurden Gesandte, die Nachaschs Sohn Chanun Davids Beileidserklärung zu überbringen hatten, von den Ammonitern mißhandelt. Diese Demütigung löste einen langen Krieg aus, der mit Israels Sieg über A. und dessen Unterwerfung endete (2. Sam. 10–11; 1. Chron. 19 und 20). Friede zwischen A. und Israel herrschte zur Zeit Salomos, der sogar mit einer Ammoniterin (Naama) verheiratet war (1. Kön. 14, 21 und 31). Naama war die Mutter des Rehabeam (ebd. 14, 21). Nach der Reichsteilung beteiligte sich A. zunächst am Widerstand gegen die Assyrer, mußte sich jedoch schließlich bereitfinden, Sanherib (Sennacherib) Tribut zu zahlen (dies geht aus assyrischen Dokumenten hervor). Unter Asarhaddon und Assurbanipal war ihm das gleiche Schicksal beschieden, unter Nebukadnezar II. leisteten die Ammoniter sogar Waffenhilfe gegen Juda (2. Kön. 24, 2). Nach der Rückkehr der Juden aus dem Babylonischen Exil zählten die mit den Arabern verbündeten Ammoniter, gegen deren Statthalter, Tobia,

Nehemia einen schweren Stand hatte, zu den Gegnern des Wiederaufbaus von → *Jerusalem* (Nehemia 2, 19; 4, 1 und 6, 1 ff.). Mit der Begründung, sie seien den Israeliten nicht mit Brot und Wasser entgegengekommen, verbot Nehemia schließlich Mischehen mit ihnen (Neh. 13, 1 und 23). Unter persischer Oberhoheit befand A. sich zunächst unter der Herrschaft der Tobiaden. Diese leiteten sich von Tobia her, der wahrscheinlich von den Persern als Statthalter eingesetzt war (Neh. 2, 19; 4, 1; 6, 1). Damals breitete sich die jüdische Bevölkerung in A. aus, und zur Zeit der Lagiden (Ptolemäer) befand sich auf dem Gebiet von A. unter dem Namen Ammanitis ein eigener Judenstaat mit der Hauptstadt → *Arak el-Emir* (18 km westlich von Amman). Hauptstadt blieb daneben jedoch → *Rabbath-Ammon*, das allerdings den Namen Philadelphia erhielt. Ein rein jüdisches Staatsgebilde → *Peräa* breitete sich in seleukidischer Spätzeit am östlichen Jordanufer von → *Beth-Sean* bis → *Madeba* aus. A. N.

Amoriter Semitisches Volk, seit etwa 3000 v. Chr. in Nordsyrien und Mesopotamien anzutreffen. Vor der Eroberung durch die Israeliten auch in → *Kanaan* ansässig. Der Name geht auf MAR.TU (sumerisch für »Westen«) zurück und fand auf jedes Volk Anwendung, das aus dem Westen (mit anderen Worten: aus den Wüstengebieten Syriens) kam. Nach Auffassung einiger Gelehrter waren die MAR.TU altmesopotamischer Quellen nichts anderes als die Amu gleichalter ägyptischer Texte, die diese Bezeichnung auf in Syrien und Palästina eingefallene und bis zur Grenze Ägyptens vorgedrungene Nomaden anwenden. Später sprechen akkadische Schriftzeugnisse von *Amurru*, und dieser Name kommt dem biblischen Volksnamen A. bereits recht nahe. Im Zuge ihrer Ausbreitung machten die A. um 1830 v. Chr. am Euphrat-Ostufer → *Babylon* zu ihrem Mittelpunkt. Der berühmteste Herrscher (der sechste) aus der von ihnen begründeten Dynastie war der Gesetzgeber Hammu-rabi (Hammurapi [etwa 1728–1686, nach älterem Zeitansatz 1793/92–1750 v. Chr.]). Nach Westen vordringend, gelangten die A. bis in das Gebiet des Jordantals. Den Höhepunkt ihrer Verbreitung erreichten sie um die Mitte des 2. Jahrtausends v. Chr. Sogar im Hochland von Kanaan gab es A., denen sich einige Jahrhunderte später die Israeliten nach ihrem Zug durch die Wüste entgegenstellten. Ezechiel (Hesekiel) 16, 3–45 spielt auf A. als Bewohner des vorjüdischen → *Jerusalem* an. Allerdings erfolgte der Abstieg rasch. Die A. vermischten sich mit den Churri (Hurritern), mit Hethitern, Kanaanäern, Hebräern, Aramäern und anderen Neuankömmlingen auf dem einst von ihnen beherrschten Territorium und gingen in der neu eingewanderten Bevölkerung auf.

Seit dem 15. Jh. v. Chr. begegnet *Amurru* als geographische Bezeichnung der Gebiete des Libanon sowie Zentral- und Südsyriens und ihrer Bewohner. Das dort bestehende A.-Königreich genoß das Wohlwollen der Ägypter, die es als Pufferstaat zwischen ihrer unmittelbaren Machtsphäre und den Erwerbungen der Hethiter im Norden zu schätzen wußten. Von Zeit zu Zeit fiel es an den einen oder anderen der beiden Gegner, bis es nach der Schlacht von Kades am Orontes (ca. 1297/96 bzw. 1285 v. Chr.) endgültig von den Hethitern unterworfen wurde. Eine vorzügliche Schilderung der Situation dieses Reiches enthalten die sog. → *Amarnabriefe*. Während die Hethiter nach Süden vordrangen, sahen sich die A. immer stärker dem Druck der wachsenden Macht Assurs ausgesetzt. Zur Zeit der Patriarchen standen sie stark unter dem kulturellen Einfluß Mesopotamiens, jedoch zeigen sich auch intensive Berührungen mit den örtlichen Kulturen Kanaans. Den gemeinsamen kulturellen Hintergrund der A. und der frühen Hebräer erhellen die Dokumente von → *Mari* (18. bis 17. Jh. v. Chr.). Damals bewohnten A. mehr als einen Ort Palästinas (Gen.

Die sogenannte ›Amarnazeit‹ (Ende der 18. Dynastie) war künstlerisch ungewöhnlich fruchtbar. Unter anderem gilt sie als ›Goldenes Zeitalter‹ altägyptischer Glasherstellung. Glasfläschchen in Fischform (s. S. 38).

[1. Mos.] 14, 7; 48, 22), und zwar teilweise neben Hethitern (ebd. 23, 3 ff. [die Übersetzung Luthers spricht von »Kindern Heth«]). Nach Numeri (4. Mos.) 13, 29 (30) sowie Deuteronomium (5. Mos.) 1, 7 und ebd. 19–20 hat man sich die A. als Gebirgsbewohner vorzustellen. Zur Zeit der israelitischen Landnahme waren die Könige von → *Jerusalem*, von *Hebron*, → *Jarmut*, → *Lachis* und → *Eglon* A. (Josua, Kap. 10, dort besonders 2 und 5). Als Restgruppe der A. galten die Gibeoniter (2. Sam. 21, 2). Im Süden reichte das Siedlungsgebiet der A. bis zur → *Akrabbim-Steige* (Richter 1, 36), doch hatten sie dem Haus Joseph Tribut zu zahlen (ebd. 1, 35). Im Osten erstreckte sich das Reich des Amoriterkönigs Sichon vom → *Arnon* bis zum → *Jabbok* (Num. [4. Mos.] 21, 21–31; Jos. 12, 2 und andernorts). Ein weiteres amoritisches Königreich war das des Og (Deut. 3, 1 ff.; 4, 47), des Herrschers über → *Baschan*. Es wurde gleichfalls von den Israeliten unterworfen (a. a. O. und außerdem Jos. 12, 4–5). Als das Reich geeint war, bestand Friede zwischen Israeliten und A.n (1. Sam. 7, 14), dem König Salomo leisteten sie

Frondienst (1. Kön. 9, 20 f.). Spätere Erwähnungen finden sich nicht. *A. N. und J. R.*

Amwas → *Emmaus*
Anania → *Bethanien*

Anatot (Anathoth) Levitenstadt auf dem Gebiet des Stammes Benjamin (Josua 21, 18), Geburtsort mehrerer »Helden Davids« (2. Sam. 23, 27; 1. Chron. 12, 3). König Salomo verbannte den Priester Abjather (Ebjater) auf dessen eigenes Grundstück, das dieser in A. besaß (1. Kön. 2, 26), und außerdem war A. die Heimat des Propheten Jeremia[s] (Jer. 1, 1). Nach der Rückkehr aus dem Babylonischen Exil (ab 539/538 v. Chr.) neu bevölkert, wird A. noch von Eusebios in dessen Verzeichnis biblischer Ortsnamen (Onom. 26, 27) erwähnt. Man hat A. mit Ras el-Charrube (Ras al-Kharrubeh) identifiziert (etwa 5 km nordöstlich von → *Jerusalem*), in dessen Nähe der alte Ortsname (im Dorfnamen Anata) noch immer fortlebt. *A. N. und J. R.*

Anem → *En-Gannim*
Antakya → *Antiochien*

Anthedon Griechische Stadt zwischen Gaza (S) u. Askalon (N; Theodosius P.

138). Der aus der Nähe von Gaza stammende christliche Kirchenschriftsteller Sozomenos (5. Jh. n. Chr.) weist die Stadt in seiner Kirchengeschichte (*Hist. Eccl.* 5, 9) an einen 2 römische Meilen nördlich von Gaza gelegenen Küstenpunkt, den man in der heutigen Ruinenstätte Khirbet Teda wiedererkennen will. Plinius der Ältere (23/24 bis 79 n. Chr.) dagegen weist in seiner Naturgeschichte A. ins Landesinnere (*Nat. Hist.* 5, 14). Allerdings scheint der Irrtum auf seiner Seite zu sein. Nach Flavius Josephus wurde A. von dem Hasmonäer-(Makkabäer-)König Alexander Iannaios (103–76 v. Chr.) erobert (Flav. Jos. *Antiquitates Iudaicae* 13, 395), desgleichen später von Pompeius (106 bis 48 v. Chr.), dessen Gefolgsmann Aulus Gabinius die Stadt wieder aufbauen ließ (derselbe, ebd. 14, 88). A. war eine der Städte, die Kaiser Augustus (geb. 63 v. Chr., † 14 n. Chr.) dem König Herodes I., dem Großen (37–4 v. Chr.), als Geschenk für die Loyalität überließ, die ihm Herodes während seines Kampfes gegen Antonius und die Königin Kleopatra VII. von Ägypten bewiesen hatte (Flav. Jos., ebd. 15, 217). Herodes benannte die Stadt in Agrippias oder Agrippeion um (Flav. Jos. *Antiquitates* 15, 357 sowie *Bellum Iudaicum* 1, 416). Dies geschah, um Augustus' Jugendfreund, Vertrauten, Feldherrn und Schwiegersohn, Marcus Vipsanius Agrippa (63–12 v. Chr.), zu ehren. Allerdings hielt sich der neue Name nicht lange. Münzen aus der Zeit der Severer-Kaiser Elagabal (218 bis 222 n. Chr.) und Severus Alexander (222–235 n. Chr.), desgleichen byzantinische Quellen, geben wieder den alten Namen an. R. R.

Antiochien Griech. *Antiocheia*, lat. *Antiochia.* Name zahlreicher Seleukidenstädte. Insbesondere A. am Orontes (dem heutigen *Asī Nehri*) im Norden der Mittelmeer-Ostküste, etwa 25 km vom Meer entfernt. Es handelt sich um das heutige Antakia (Antakya/Antakija) im heute türkischen Küstenstreifen Nordsyriens. A. war die Hauptstadt des seleukidischen Syrien. Es lag hauptsächlich am linken (Süd-)Ufer des Orontes am Fuß des Silpios sowie auf einer Flußinsel. Nicht weniger gerühmt als A. selbst wurde Daphne, ein rund 7^1/$_2$ km im Süden entfernter Vorort mit zahlreichen Quellen, Gärten und Villen in günstiger Aussichtslage, von der aus man A. überblickte, das folglich mitunter als »A. bei Daphne« bezeichnet wird.

Gegründet wurde A. im Jahre 300 v. Chr. von Seleukos I. Nikator (König ab 305/4–280 v. Chr.). Seleukos siedelte die 5300 Athener und makedonischen Veteranen hier an, die Antigonos I. Monophthalmos (der »Einäugige«) im Jahre 307 etwas weiter nördlich in Antigoneia seßhaft gemacht hatte. Eine auf den spätantiken Rhetor Libanios (314 bis ca. 393 n. Chr.) zurückgehende Legende sucht das Ansehen der Stadt noch dadurch zu vermehren, daß sie die Initiative der Stadtgründung Alexander dem Großen zuschreibt, der erstmals die Absicht gehabt habe, an der Stelle des späteren A. dem Zeus Bottiaios einen Tempel zu errichten. Der Stadtanlage liegt der auf den berühmten Stadtbaumeister Hippodamos von Milet (5. Jh. v. Chr.) zurückgeführte sog. »hippodamische Plan« (karreeförm. Stadtbauweise) zugrunde. Ursprünglich bestand A. aus zwei Quartieren: einem größeren für die griechischen und makedonischen Kolonisten sowie einem kleineren für die einheimischen Syrer. Ein drittes Quartier ließ Seleukos II. Kallinikos (246–226 v. Chr.) anlegen. Nachdem Lucius Cornelius Scipio Asiagenus oder Asiaticus, den sein Bruder Publius Cornelius Scipio Africanus maior beriet, Ende 190 v. Chr. in der Schlacht bei Magnesia am Sipylos Antiochos III., dem Großen (223–187 v. Chr.), eine entscheidende Niederlage zugefügt hatte, erhielt A. neuen Bevölkerungszuwachs durch Ansiedlung der Aitoler und Euboier, die in Griechenland auf Antiochos' Seite gekämpft hatten. Sie wurden in dem von Seleukos II. begonnenen neuen Stadtteil untergebracht. Ein viertes Quartier, Epiphaneia, schuf Antiochos IV. Epiphanes (175–163 v. Chr.). Epiphaneia lag am Fuße des Silpios, in dessen Felsen Antiochos IV. auch eine große Felsbüste, das sog. Charonion, einhauen ließ, um eine Pestepidemie abzuwehren. Zu A.s Bewohnern gehörte u. a. eine große Judengemeinde. Sie konnte sich auf Privilegien berufen, die bis auf Seleukos I. selbst zurückgingen. Als Hauptstadt des Seleukidenreichs spielte A. eine bedeutende Rolle im Wirtschafts- und Geistesleben der hellenistischen Welt, und seine Bewohner nahmen aktiv an den dynastischen Kämpfen teil, die den Untergang des spätseleukidischen Reiches beschleunigen halfen. Nach einem kurzen Zwischenspiel unter armenischer Herrschaft (83–69 v. Chr. [unter Tigranes I., 95–ca. 55 v. Chr.]) brachte Pompeius (106–48 v. Chr.) A. im Jahre 64 v. Chr. an Rom. Mit gewissen Vorrechten ausgestattet, wurde A. nun Hauptstadt der römischen Provinz Syria. In der Blütezeit, die damit begann, konnte es mit → Alexandrien und Rom, den beiden anderen Zentren der damaligen Mittelmeerwelt, wetteifern. Am 9. April 37 n. Chr. zerstörte ein Erdbeben die Metropole. Es ist die erste einer ganzen Reihe derartiger Katastrophen. Weitere Erdbeben ereigneten sich am 13. Dezember 115 n. Chr. sowie in den Jahren 458 und 526 (bei der letztgenannten Katastrophe sollen nicht weniger als 250 000 Menschen ums Leben gekommen sein). Als besondere Förderer von A. erwiesen sich Tiberius (Kaiser von 14–37 n. Chr.), der der Stadt eine große Kolonnadenstraße als Hauptachse gab, Caligula (37–41 n. Chr.), der A. großzügige Erdbebenhilfe gewährte, Hadrian (117–138 n. Chr.), der mehrfach in A. weilte und unter dem die Stadt ihren baulichen Höhepunkt erreichte (vor allem verbesserte Hadrian die Wasserversorgung und die Quelleneinfassungen in Daphne), Caracalla (211 bis 217), der die von Septimius Severus gedemütigte Stadt wieder rehabilitierte und in den Rang einer Kolonie erhob, Odenath von Palmyra (bzw. Tad-

mor), der nach der Gefangennahme Valerians (260) A. von den Persern befreite, Diokletian (284–305), der in A. u. a. auf der Orontesinsel einen Palast errichten ließ (Libanios, 11. Rede), Leo I. (457–474), der der vom Erdbeben heimgesuchten Stadt Steuererlässe bewilligte, schließlich Iustinian (527–565), der vor der Aufgabe stand, die durch eine Brandkatastrophe (525), das große Erdbeben (526), einen nochmaligen Perserüberfall (540) und eine Pestepidemie (542) vierfach betroffene Stadt wieder aufzubauen. Seinen Tiefpunkt in römischer Zeit erreichte A. unter Septimius Severus (193–211), der die Stadt zum Dorf degradierte und der Stadtgemeinde von Laodikeia unterstellte. Dies zur Strafe dafür, daß A. seinen Rivalen, den Gegenkaiser Pescennius Niger (193/194 n. Chr.), unterstützt hatte. A. hörte damals vorübergehend auch auf, Schauplatz »Olympischer« Spiele zu sein. Caracalla (s. oben) gab ihm dieses Recht zurück. Nach den Katastrophen in spätantiker und frühbyzantinischer Zeit war A. – trotz des Wiederaufbaus unter Iustinian – nicht viel mehr als eine Grenzfestung, als es im Jahre 637 in die Hand der Araber (→ Arabien) fiel. In den Jahren 969–1084 gehörte es noch einmal zum Byzantinischen Reich. Im Jahre 1084 eroberten es die Seldschuken. Die Kreuzfahrer entrissen es ihnen 1098, verloren die Stadt jedoch 1268 wieder an den Islam. Seit 1516 gehört A. zur Türkei. Unter Iustinian lautete der Name der Stadt Theoupolis (= »Gottesstadt«). Unter dem heutigen Namen Antakia (Antakya/Antakija) ist A. heute Hauptstadt der türkischen Provinz Hatay im türkischen Teil Nordsyriens. A. war eine polis mit einem Rat von 1200 Mitgliedern. Seine Bewohner gliederten sich in 18 Verwaltungsbezirke, was darauf hindeutet, daß der Stadt ein ausgedehntes Gebiet angegliedert war. Seiner Bedeutung nach galt A. als dritte Stadt im römischen Weltreich nach Rom selbst und Alexandrien. Erst im 4. Jh. n. Chr. begann Byzanz (Konstantinopel) A. zu überflügeln. Noch Anfang des 5. Jh. n. Chr. betrug die Zahl seiner Einwohner etwa 200 000, Kinder und Sklaven nicht mitgerechnet. Schon um 40 n. Chr. gab es in A. eine christliche Gemeinde, die von Barnabas und Saulus geleitet wurde – die erste Heidenchristengemeinde überhaupt und die erste Gemeinde, deren Angehörige sich »Christen« nannten (Apostelgeschichte 11, 19–26; 13, 1 ff. und 13 ff.). Das Christentum hörte damit auf, eine jüdische Sekte zu sein, und die Stätte, an der die Heidenmission begann, machte bald → *Jerusalem* den Anspruch streitig, als Zentrum der Christenheit betrachtet zu werden. Noch heute ist A. Patriarchensitz. Zum griech.-orthodoxen Patriarchat gehören etwa 290 000 Gläubige. Daneben beanspruchen den Titel eines Patriarchen von A. auch Würdenträger anderer Kirchen. Zur Zeit der Kreuzzüge war A. Hauptstadt eines lateinischen Fürstentums gleichen Namens.

Schriftquellen und archäologische Forschungen vermitteln ein Bild von der Pracht und dem Reichtum des alten A. Seleukidenherrscher und römische Kaiser suchten einander durch immer prächtigere Bauwerke zu übertreffen. Seleukos I. Nikator (305/4–280 v. Chr.) begann mit dem Bau des dem Zeus Bottiaios geweihten Tempels und einer Agora. Zur Zeit Antiochos' III., des Großen (223–187 v. Chr.), ist erstmals von einer öffentlichen Bibliothek die Rede, doch höchstwahrscheinlich entstand der betr. Bau schon früher. Antiochos IV. Epiphanes (175–163 v. Chr.) errichtete an einer zweiten Agora ein *Bouleuterion* (»Ratsgebäude«). Mehrere Statuen werden erwähnt, die berühmteste ist die sog. »Tyche von A.«, das Hauptwerk des Eutychides von Sikyon (um 295 v. Chr.). Die römischen Kaiser setzten die Bautätigkeit fort. Schriftzeugnisse erwähnen ein zu Ehren Iulius Caesars *Kaisareion* bzw. *Caesarium* benanntes Forum, die Restauration des Artemis- sowie die des Ares- und Herakles-Tempels, die unter dem Erdbeben vom 9. April 37 n. Chr. gelitten hatten, durch Kaiser Claudius (41–54 n.

Chr.), den Bau öffentlicher Bäder und die Restauration des Tempels der Athene und des Olympischen Zeus (Commodus [180–192 n. Chr.]), den Bau des Plethion für die Olympischen Spiele (Didius Iulianus [193 n. Chr.]) sowie eines neuen Forums anstelle des alten *Kaisareion* (Valens [364–378 n. Chr.]). Bei den Ausgrabungen fand man die Überreste zweier Zirkusgebäude. Sie liegen auf einer Insel im Orontes. Das ältere der beiden Bauwerke stammt aus dem 1. Jh. v. Chr., das zweite entstand gegen Ende des 5. oder Anfang des 6. Jh. n. Chr. In Daphne, wo seit der Seleukidenzeit Olympische Spiele abgehalten wurden, muß sich ein drittes → *Stadion* befunden haben. Die Kaiser Augustus (27 v.–14 n. Chr.), Claudius (41–54 n. Chr.) und Caracalla (211–217 n. Chr.) belebten diese Spiele erneut. A. war für diese Veranstaltungen im gesamten römischen Weltreich bekannt. Die Seleukidenresidenz befand sich wahrscheinlich in Daphne, während zur Römerzeit die Residenz auf den Orontesinseln lag, wo sich auch der Diokletianspalast befindet.

Sichtbar sind in A. noch zahlreiche Baureste aus der Antike. Zu den bedeutendsten archäologischen Entdeckungen gehört die große Zahl privater Wohnhäuser mit ausgezeichneten Mosaikfußböden. Zeitlich erstrecken diese Funde sich vom Anfang der Kaiserzeit bis zum Beginn des 6. Jh. unserer Zeitrechnung. Seine Bedeutung verdankte A. wohl seiner Funktion als Verwaltungszentrum und Handelsknotenpunkt zwischen Ost und West. Allerdings fand man keinerlei ortsansässige Industrie, mit Ausnahme der Herstellung von Schmuck und der königlichen, später kaiserlichen Münzprägeanstalt. Seit Antiochos IV. Epiphanes (175–163 v. Chr.) wurden hier Münzen geschlagen. Zunächst Münzen der Seleukidenkönige, welche die für das übrige Seleukidenreich üblichen Münzbilder – so etwa Zeus und Tyche – zeigen. In der römischen Zeit erstrecken sich Münzen, die in A. geprägt wurden, über den ge-

Amoriter auf Streitwagen.
Relief aus Tell Halaf (→ GOSAN) *(s. S. 39).*

samten Zeitraum von Augustus (27 v. Chr. bis 14 n. Chr.) bis Valerian (253 bis 260 n. Chr.). Eine ganz besondere Prägung war die sog. »Tyche von A.«, die erstmals auf den Münzen des Armenierkönigs Tigranes' I. (95 bis ca. 55 v. Chr.) begegnet, in dessen Hand sich A. von 83 bis 69 v. Chr. befand. Es scheint sich um eine exakte Kopie der berühmten Statue des Eutychides zu handeln. Man erblickt die gewandete Göttin auf einem Felsen (dem Silpios) sitzend. In ihrer Rechten hält sie eine Weizengarbe, auf ihrem Haupt trägt sie die Mauerkrone, welche die Stadtmauer symbolisiert, zu ihren Füßen fließt der Orontes. Diese Auffassung der Tyche als Stadtgöttin erlangte auch in anderen Städten Beliebtheit.

Auch die Zahl der christlichen Gedächtnisstätten in A. war bedeutend. Der Stadt der ersten Heidenchristengemeinde (s. oben), dem Sitz der sog. »Antiochenischen Theologenschule«, der Bischofs- und Patriarchenresidenz fehlte es nicht an altchristlichen Bauten. Schon unter Kaiser Diokletian (284–305 n. Chr.) bestand hier ein Kirchenbau, der in der Diokletianischen Christenverfolgung zerstört wurde. Kaiser Konstantin der Große (Kaiser 306[312]–337 n. Chr.) ließ eine weitere Kirche als Palastkapelle errichten. Von ihr berichtet Eusebios. Später muß es, wenn man Daphne hinzunimmt, mindestens 26 Kirchenbauten gegeben haben. Sie sind größtenteils nur aus den Predigten des Johannes Chrysostomos (2. Hälfte des 4. Jh.) bekannt. Unter ihnen befindet sich die an das Martyrium des Ignatius, eines der sog. »Apostolischen Väter«, erinnernde Ignatiuskirche (Ignatius war Anfang des 2. Jh. Bischof von A; im Jahre 115 wurde er in Rom hingerichtet). All diese Kirchen wurden vom Erdbeben des Jahres 526 schwer getroffen. Auch die Neubauten Kaiser Iustinians (527–565) konnten nicht alle Schäden heilen. Bis heute ist daher nur eine einzige Kreuzschiffbasilika rekonstruiert worden. Vermutlich handelt es sich um die Gedächtniskirche des Babylas. *R. R. und J. R.*

Antipatris → *Aphek*
Apameia → *Hamath*

Aphek a) Wichtige Station an der alten *Via Maris* (Küstenstraße), aufgeführt in der Liste der von Thutmosis III. (1490 bis 1436 v. Chr.) um die Mitte des 15. Jh. v. Chr. eroberten Städte. Der König von A. war einer der 31 Herrscher, die Josua besiegte (Jos. 12, 18). Bei A. versammelten die → *Philister* ihre Truppen zur Schlacht gegen Israel (1. Sam. 4, 1; 29, 1). Nach Auffassung mancher Gelehrter ist in beiden Fällen von A. in der → *Saron-Ebene* die Rede. A. begegnet auch auf einer Inschrift des assyrischen Königs Asarhaddon (681/80–669/68 v. Chr.), desgleichen in einem aramäisch abgefaßten Brief, der vor der Einnahme Palästinas durch die Babylonier an den ägyptischen Pharao gerichtet wurde.

Zu Beginn der hellenistischen Phase erhielt der damals *Pēgaí* (griech. »Quellen«) genannte Ort eine Festung, die die Grenze zwischen dem Gebiet von → *Samaria* und der Saronebene zu sichern hatte. Der Makkabäer (Hasmonäer) Johannes I. Hyrkanos (135–104 v. Chr.) eroberte sie um 132 v. Chr. In Verbindung mit ihr erscheint auch der Name der Nymphe Arethusa (aus der griechischen Mythologie) – ebenso wie der Name *Pēgaí* läßt dies auf den Wasserreichtum des Platzes schließen. Durch Gnaeus Pompeius Magnus (geb. 106, † 48 v. Chr.) erobert (63 v. Chr.), wurde Arethusa wieder aufgebaut. Eine neue Stadt errichtete hier nach seiner Thronbesteigung Herodes I., der Große (37–4 v. Chr.). Nach seinem Vater, dem 43 v. Chr. gestorbenen Feldherrn Antipatros, nannte er den Ort nunmehr Antipatris. Antipatris war Verwaltungszentrum einer reichen und fruchtbaren Provinz. Später wandelte man diesen Namen in Antipatris Antoniana ab, vermutlich zu Ehren des aus Syrien stammenden römischen Kaisers Elagabal (218–222 n. Chr.) aus der Dynastie der Severer, der als Kaiser den Namen Marcus Aurelius Antoninus Heliogabalus führte. Die Mischna erwähnt

A. unter dem Namen *Mei Piga* (»Wasser von Piga« [worin möglicherweise noch der alte hellenistische Name *Pēgaí*, »Quellen«, nachklingt, den man vielleicht übernahm, ohne die Bedeutung des griechischen Wortes *pēgaí* zu kennen]).
Man betrachtet als A. heute den an Quellen und Vegetation reichen Hügel Tell Ras el-Ain bzw. Ras ul-Ain (das arabische *rās al-ʿain* bedeutet »Quellkopf« und ist ein beliebter, häufiger Name von Orten an Fluß- oder Bachursprüngen). Den umfangreichen Hügel krönt heute eine auf den Überresten eines Kreuzfahrerkastells errichtete geräumige türkische Zitadelle. Suchgrabungen erbrachten Überreste von der Bronze- bis zur Römerzeit, darunter ein großes römisches Mausoleum.

b) Kanaanäische Stadt auf dem Gebiet des Stammes Aser (Jos. 19, 30), die von den Israeliten nicht eingenommen wurde (Richter 1, 31). Wohl Tell Kurdāne südlich von → *Akko*.

c) Stadt im → *Golan*-Gebiet, im Osten des Sees *Genesareth* an der *Via Maris* (»Meerstraße«) zwischen → *Beth-Sean* und → *Damaskus*, Schauplatz einer Schlacht zwischen dem Aramäerkönig Ben Hadad II. und Israel (1. Kön. 20, 26–30; vgl. 2. Kön. 13, 17) unter dessen König Achab (874–852 v. Chr.). Einige Gelehrte sind der Auffassung, A. sei die heutige Ruinenstätte Khirbet el-Aschek (Khirbet al-Ascheq) am Ostufer des Sees unweit des Kibbuz En-Gev. Kürzlich hier durchgeführte Grabungen legten Reste einer Stadt aus der Zeit des Reiches Israel frei. In römischer Zeit war A. nach Eusebios, der von einem Ort namens Apheka spricht, eine bedeutende Ansiedlung. Von ihr fand man Gebäudereste sowie Architekturfragmente und Inschriften, die vielleicht von einer Synagoge stammen, und zwar identifiziert man dieses spätrömische Dorf mit Fiq, das unweit der Ruinen von Hippos (bzw. *Susita*) auf einer Hochfläche über dem See liegt.   *A. N.*

Apollonia Hellenistische Küstenstadt zwischen → *Jaffa* und Kaisareia (→ *Caesarea*), nach der Peutingerschen Tafel 22 Meilen südlich von Caesarea. Nach dem griechisch-römischen Geschichtsschreiber Appian (2. Jh. n. Chr.) von Seleukos I. Nikator (um 358 bis 280 v. Chr.) gegründet oder nach ihm benannt. A. befand sich unter den Städten, die der Hasmonäer (Makkabäer) Alexander Iannaios (103–76 v. Chr.) eroberte (Flavius Josephus *Antiquitates Iudaicae* 13, 395). Später wurde sie von Gnaeus Pompeius Magnus (106–48 v. Chr.) eingenommen, als dieser (ab 66/65 v. Chr.) die östliche Mittelmeerküste Rom zu unterwerfen begann. Pompeius' Gefolgsmann und Legat Aulus Gabinius, der 57–55 v. Chr. Statthalter der römischen Provinz Syrien war, ließ A. wieder aufbauen (Flav. Jos. *Bellum Iudaicum* 1, 166). Im 6. Jh. n. Chr. trägt die Stadt einen neuen Namen. Sie heißt nunmehr *Sozusa* (von griech. *sōzō* [»ich rette«, »bewahre«; im christl. Sinne: »ich erlöse«; *Sozusa* = also »Erlöser-« bzw. »Erlösungsstadt«]). Im Gegensatz zu fast allen anderen Städten Palästinas hatte A. in hellenistisch-römischer Zeit keine eigene Münzprägung. Offenbar verlor die Stadt sehr rasch an Bedeutung. Unklar ist auch, wie sich der Übergang zum Christentum vollzog, doch liegt auf der Hand, aus welchen Gründen sich die christliche Bevölkerung der byzantinischen Periode dem alten Namen widersetzte. Der arabische Name lautet *arsūf*. Dies zeigt, daß der frühere, hellenistische Name sich auf den semitischen (kanaanäischen) Gott *Reschef* (Rescheph) bezog, der in A. verehrt und offenbar mit dem griechischen Gott Apoll gleichgesetzt wurde – ein bemerkenswertes Beispiel für das Weiterleben eines antiken Namens bei der einheimischen Bevölkerung.
R. R. und J. R.

Apum → *Damaskus*

Ar, Ar (Ir) Moab Stadt an der Nordgrenze von → *Moab* (Num. [4. Mos.] 21, 15), am Ufer des → *Arnon* (ebd. 22, 36 [die Lutherbibel übersetzt hier: »Stadt der Moabiter«]). Identifikation noch unklar, doch wohl an der Stelle des späteren → *Rabbathmoba* (Areopolis), einer befestigten Stadt der Römerzeit, wo Reste eines römischen Tempels gefunden wurden (heute Khirbet er-Rabba, ca. 12 km nördlich von Khirbet el-Kerak [→ *Beth Jerach*]). A. N.

Arabien Südwestliche Halbinsel Asiens zwischen Asien und Afrika, mehr als 3000 km lang und knapp 1000 km breit, im Osten vom Persischen Golf, im Südosten und Süden vom Indischen Ozean und im Westen vom Roten Meer umgeben.
Ihr Zentrum besteht größtenteils aus Wüstengebieten mit einzelnen großen Oasen. Die fruchtbareren Gebiete erstrecken sich längs der Küste. Dies gilt besonders für den Westen (die Küste des Roten Meeres). Verbindung zur Außenwelt stellten Handelsstraßen her. Diese Handelsstraßen führten nach → *Babylon*, nach Mesopotamien, nach → *Ägypten* und nordwärts, die Küste entlang, nach Palästina und Syrien.
Die Bibel erwähnt A. und seine Bewohner, die Araber (das Wort bezeichnet ursprünglich Wüstennomaden im allgemeinen und nicht Angehörige einer bestimmten Volks- oder Sprachgruppe), recht häufig. So spricht sie von einer gemeinsamen Abstammung der Araber und Juden. Entweder führt sie die Araber auf Eber, den Stammvater Abrahams, zurück (Gen. [1. Mos.] 10, 25–30) oder auf Abrahams Verbindung mit Ketura (Gen. [1. Mos.] 25, 1–4) bzw. Hagar (ebd. 13–14). Zwei der in den betr. Völkertafeln aufgeführten Stammesnamen sind eindeutig identifizierbar: Hazarmaveth bzw. Chazarmawet (= Hadramaut; Gen. [1. Mos.] 10, 26) und Saba' (a. a. O. 25, 3). Auch bei dem angeblichen Frauennamen Ketura (Gen. [1. Mos.] 25, 1) handelt es sich um einen arabischen Stammesnamen. Weitere arabische Namen erscheinen unter den Söhnen Esaus (a. a. O. Kap. 36). Saba', Hadramaut und andere Reiche Südarabiens entfalteten eine hochentwickelte Kultur. Doch die Be-

zeichnung »Araber« blieb Inbegriff des nomadisch umherschweifenden, in Zelten hausenden und seine Herden weidenden Beduinen (Jesaja [Isaias] 13, 20).
Wie wenig die Juden die Araber schätzten, spricht aus einer Bemerkung des Propheten Jeremia (Jer. 3, 2). Bei Jeremia ist von arabischer Wegelagerei die Rede. Tatsächlich verwandelten sich die Viehhirten in Räuber und Landräuber, wenn der spärliche Regen ausblieb, der ihre kargen Weidegründe gedeihen ließ. Auf bebautes Kulturland vordringend, plünderten sie dessen wohlhabende Bewohner. Diese zuvor immer wieder eingedämmte Expansionsbewegung gipfelte in jener arabischen Invasion des Frühmittelalters, als deren Beginn man gewöhnlich das Jahr 633 n. Chr. oder 636 (20. August Sieg über Byzanz am → *Jarmuk*) angibt. Weite Gebiete des ehemaligen römischen Weltreichs (vor allem des Nahen Ostens, dazu Nordafrika, aber auch Spanien und Sizilien) fielen nun in arabische Hand. Die Bibel bestätigt, daß sämtliche Großmächte der Alten Welt das beduinische Räuberunwesen in Schach zu halten suchten, doch spricht sie auch von Beziehungen zwischen Israel und den Handel treibenden Königreichen Südarabiens (2. Chron. 9, 1 ff.; 1. Kön. 10, 1 ff. [Besuch der Königin von Saba' bei König Salomo]). Gold und Silber bezog Salomo, der eine große Handelsflotte unterhielt (2. Chron. 9, 21; 1. Kön. 9, 26), von dort (2. Chron. 9, 14), und Josaphat, König von Juda (874 bis 849 v. Chr.), erhielt von Arabern – offenbar nomadischen Hirtenstämmen – 7700 Widder und ebenso viele Ziegenböcke als Tribut (ebd. 17, 11). Von Lämmern, Widdern und Böcken als Handelsartikel spricht auch der Prophet Hesekiel (Ezechiel 27, 21), doch auch von Spezereien, Edelsteinen und Gold, welches *Tyros* aus Südarabien (aus Saba' und Rama) bezog (ebd. 22). Es ist erwiesen, daß sich nach der Zerstörung des Salomonischen Tempels in → *Jerusalem* (586 v. Chr.) bereits Araber auf dem Gebiet des Königreichs Juda festsetzten. Es waren diese Araber, die

nach dem Babylonischen Exil Nehemia hindern wollten, die geborstenen Mauern Jerusalems wieder aufzubauen (Neh. 2, 19). Auch assyrische Quellen erwähnen A. und die Araber oft. Nach einer Inschrift Salmanassars III. (859 oder 858 bis 824 v. Chr.) nahmen an der Schlacht bei Karkar (Qarqar [854 v. Chr.]) erstmalig arabische Kamelreiter teil. Die Inschrift gibt ihre Zahl mit 1000 an. Eine Araberkönigin Zabiba entrichtete Tribut an Tiglatpilesar III. (um 745 bis 727 v. Chr.). Der Usurpator Sargon II. (722/21–705 v. Chr.) rühmt sich, »weit entfernt« lebende Araber unterworfen zu haben. Einige von ihnen verbannte er in das zuvor zerstörte → Samaria, von den anderen erhob er Tribute an Goldstaub, Edelsteinen, Ebenholz, Samen, Gewürzen, Pferden und Kamelen. Namentlich genannt wird ein südarabischer (sabäischer) Fürst, Yiṯa''mar, der im Jahre 715 v. Chr. einen solchen Tribut entrichtete. Zur Zeit Sanheribs (Sennacheribs, 705/4–681 v. Chr.) griffen Araber (im Bunde mit → Aramäern und Chaldäern) das Assyrerreich an und bedrängten es schwer, bis sie von Assarhaddon (681/80–669/68 v. Chr.) geschlagen wurden. Doch ein südarabischer (sabäischer) Mukarrib (Priesterfürst) namens Karib'il Watar sandte (wohl um 685 v. Chr.) Gaben an Sennacherib (Sanherib). Assurbanipal (669/68 bis ca. 630 v. Chr.) führte einen Feldzug, um die arabischen Stämme zu unterwerfen, die → Edom und → Moab überrannt hatten. Nabonid (556/55–539 v. Chr.), der letzte König von Babylon, dessen Macht (inschriftlich bezeugt) bis Jaṯrib (Medina) reichte, verbrachte schließlich fast das gesamte letzte Jahrzehnt seiner Regierung in der Oase Teima (Taimā), dem bedeutenden Umschlagplatz südöstlich von → Edom in der Wüste Nefud. Einige Forscher glauben, Nabonids Residenz in Teima habe ein solches Aufblühen des arabischen Handels bewirkt, daß Juden aus dem Exil nach A. angelockt worden seien. Dies sei der Anlaß zur Gründung jüdischer Siedlungen in A. geworden (wie etwa

Najran [Naǧrān], ein altes heidnisches Pilgerzentrum, später Bollwerk des Christentums [523 n. Chr. blutige Christenverfolgung durch Ḏū Nuwās Yūsuf, den letzten König von Ḥimjar, der sich wohl seinerseits zum Judentum bekannte], religiöses Zentrum des arabischen Judentums war vor allem Jaṯrib [Medina], daneben ist noch das unweit von Medina gelegene Khaibar [Chaibar] zu erwähnen, das nach später arabischer Tradition als Zufluchtsort des vor Absalom geflohenen Königs David gilt). Erst im Lauf der letzten zwei oder drei Jahrzehnte ist das wenig einladende Terrain der arabischen Halbinsel Gegenstand intensiverer topographischer und archäologischer Erforschung geworden. Dabei stellte es sich heraus, daß das Land schon im Paläolithikum (der Altsteinzeit) und im Neolithikum (der Jungsteinzeit) Bewohner hatte. Besonders erfolgreich war eine unter der Leitung von William Foxwell Albright in den Jahren 1951–1952 durchgeführte Expedition der *American School of Oriental Research* in den Südwesten der Halbinsel, wo gegen Ende des zweiten und Anfang des ersten Jahrtausends v. Chr. das Reich der Sabäer (das Reich von Saba') sich auf seinem Höhepunkt befand. In der Hauptstadt der Sabäer, Mārib, wurde unter anderem der sog. 'Awwamtempel aufgedeckt, den der Volksmund auch als Maḥram (oder Ḥaram) der Bilqis, der biblischen »Königin von Saba'« bezeichnet. Er war dem Mondgott 'Ilumquh (oder 'Almaqah), der Hauptgottheit der Sabäer, geweiht und dürfte aus dem 8.–7. Jh. v. Chr. stammen. In den ersten Jahrhunderten unserer Zeitrechnung wurde Mārib Hauptstadt eines von Ḥimjariten beherrschten, ausgedehnten Königreichs »von Saba' und Ḏū Raydān«, zu dem u. a. ein großer Teil Ḥaḍramauts gehörte. Um die Mitte des 4. Jh. n. Chr. nahm dessen Herrscher von einem Bischof, den Kaiser Konstantin II. (337 bis 340 n. Chr.) gesandt hatte, das Christentum an. Sein Enkel wandte sich in Medina dem Judentum zu. W. F. Albrights und spätere Expeditionen ent-

48

Assyrer im Kampf gegen die Araber. Relief vom Palast Assurbanipals (669/68 bis ca. 630 v. Chr.).

deckten außerdem die Überreste mächtiger Dämme, welche die Regenfluten der sonst trockenen Wadibetten stauten und so Feldbewässerung und Landwirtschaft ermöglichten, so daß man neuerdings sogar von einer Spielart der Flußkultur gesprochen hat. Tatsächlich war ein großer Teil heute ausgedörrter und ertragloser Gebiete einst fruchtbares Kulturland, und nicht nur dem Zwischenhandel, sondern auch dem eigenen Anbau von Nutzpflanzen verdankten die Königtümer Alt-Südarabiens ihren Wohlstand. Ein solcher Damm befand sich auch bei Mārib, der Hauptstadt des Sabäerreiches, selbst. Dessen Reichsgebiet deckte sich etwa mit dem Territorium des heutigen Jemen, erstreckte sich jedoch unter ḥimjaritischer Herrschaft über weite Gebiete Südarabiens bis nach Ḥaḍramaut. In sabäischer Hand liefen zum größten Teil die Fäden des Gewürz- und Weihrauchhandels zusammen. Ein Teil der Handelsgüter wurde im Lande selbst produziert, anderes bezog man aus Indien und Fernost. Man betrieb diesen Handel anfänglich mittels Küstenschiffahrt und Esel-, später (ab kurz vor 1000 v. Chr.)

mit Kamelkarawanen. Kenntnis des Rhythmus der Monsune erleichterte dann die Indienschiffahrt. Nach dem griechischen Schriftsteller Agatharchides von Knidos (um 200–120 v. Chr.) besaß Saba' sogar Handelsniederlassungen in Indien. Seine Bedeutung sank erst, als auch Griechen und Römer hinter das Geheimnis der Monsunwinde kamen und den Handel somit in eigene Regie nehmen konnten. Doch noch immer blieb Saba' ein mächtiges Reich, in dem seine weniger bekannten Nachbarn (so besonders Qatabān), deren Wirtschaft auf den gleichen Grundlagen wie die der Sabäer beruhte, z. T. aufgingen.

In das Blickfeld der Griechen rückte A. besonders nach den Orientzügen Alexanders des Großen. Doch unterließ man es, das Land über den Küstenstreifen hinaus zu erkunden. Die Luxusgüter, die Griechen und Römer aus A. bezogen, trugen dem Süden des Landes die Bezeichnung *Arabia Eudaimon* (bzw. *Arabia Felix* [»Glückliches«, »Gesegnetes Arabien«]) ein, während man im Gegensatz dazu den Norden *Arabia Petraea* oder *Deserta* (»Steiniges« bzw.

49

»Wüstes Arabien«) nannte. Nach der Eroberung Ägyptens durch Octavian, den nachmaligen Kaiser Augustus (30 v. Chr.), wurde 25/24 v. Chr. eine militärische Expedition unternommen, deren Zweck es war, die reichen Gewürzländer Rom zu unterwerfen. Leiter des Feldzugs war der Präfekt Aelius Gallus, in seinem Gefolge befanden sich der griechische Historiker und Geograph Strabon aus Amaseia und 500 Soldaten aus der Leibwache König Herodes' I., des Großen (37 v. Chr. bis 4 v. Chr.). Das Vorhaben mißlang. Die Römer unterwarfen lediglich das Gebiet des Nabatäerreichs (m. Petra) und errichteten im Grenzgebiet Palästinas eine Provinz Arabia. Wachsende Erfahrung der Mittelmeervölker auf den Gebieten des Seewesens (Kenntnis der Monsune) und des Schiffbaus sowie hohe Einfuhrzölle schwächten jedoch den arabischen Osthandel (neben Gewürzen und Duftstoffen auch Seide) immer mehr. Südarabien wurde Spielball äthiopischen und sassanidisch-persischen Machtstrebens. Nach Ausbreitung des Christentums nahmen die Kriege oft Religionskriegs- bzw. Kreuzzugscharakter an (christliche Äthiopier, vom christlichen Byzanz unterstützt, gegen die Himjariten, deren Herrscher »von Saba' und Ḏu Raydān« sich zum Judentum bekannte). Schließlich verfielen die Staudämme und Bewässerungskanäle, denen Südarabien im Altertum seine Fruchtbarkeit verdankte, das Land verödete und wurde zur Wüste, als die es sich noch heute darbietet.

A. N. und J. R.

Arad Bedeutendste Stadt in der östlichen *Negev* an der Grenze des Stammes Juda und der Hauptstraße nach → *Edom*. Nach biblischer Überlieferung behauptete sich »der Kanaanäer, der König von A., der im Südteil des Landes Kanaan wohnte«, gegen den Ansturm der Israeliten, die von → *Kades-Barnea* über Atarim heranzogen (Num. [4. Mos.] 21, 1; 33, 40), und schlug sie in die Nähe von → *Horma* (ebd. 14, 44–45; Deut. [5. Mos.] 1, 44). Allerdings unterwarfen – nach einer weiteren Tradition –

die Israeliten den König von A. im zweiten Anlauf, und auch hierbei spielte Horma eine Rolle (Num. [4. Mos.] 21, 2–3). Die Herrscher beider Städte finden sich nebeneinander in der Liste der von Josua unterworfenen Könige (Josua 12, 14). Nach dem Buch der Richter (dort 1, 16) ließen sich die *Keniter* aus der Verwandtschaft Moses in der »*negev* (Wüste) von Arad« (nach der Lutherbibel: in der »Wüste Juda, die da liegt gegen Mittag der Stadt Arad«) nieder. In dem inschriftlichen Bericht, den der Begründer der 22. ägyptischen Dynastie, Pharao Scheschonk (oder Schoschenk; in der Bibel: Sisak bzw. Schischak), von seinem gegen Ende seiner Regierungszeit bzw. nach dem Zusammenbruch des Salomonischen Reiches unternommenen Palästinafeldzug gab (vgl.¨1. Kön. 14, 25 f.; 2. Chron. 12, 2 ff.), begegnet der Name A. zweimal: einmal ist von »A. ›der Großen‹«, dann wieder von »A. vom Haus des *Yrhm*« die Rede (*Yrhm* = Jerahmeël [? vgl. 1. Samuel 24, 10 und 30, 29]). Auch die Erwähnung einer Stadt Eder »im Randgebiet des Stammes Juda, an der Grenze nach Edom, im Südland« (Josua 15, 21) hat man wohl auf A. zu beziehen. Ein Dorf namens A., das 20 römische Meilen von *Hebron* sowie 3 römische Meilen von Malaatha (Tell Malhata) entfernt sei, kennt schließlich noch Eusebios. Er führt es in seinem Verzeichnis biblischer Ortsnamen (Onom. 14, 2) auf. Seine Angaben treffen auf den heutigen Tell A. zu, der sich rund 30 km im Ostnordosten von → *Beerscheba* erhebt.

Ausgegraben wurde A. in den Jahren 1962–1967. Träger der Arbeiten waren die Hebräische Universität, das *Israel Department of Antiquities* (die Altertümerverwaltung des Staates Israel) und die *Israel Exploration Society*. Die Grabungen standen unter der Leitung von R. Amiran (Stadt der Frühbronzezeit) und J. Aharoni (Eisenzeit und spätere Befestigungsanlagen). *Die Stadt der Frühbronzezeit:* In der Phase II der Frühbronzezeit war A. eine ausgedehnte, befestigte Stadt. Vorläu-

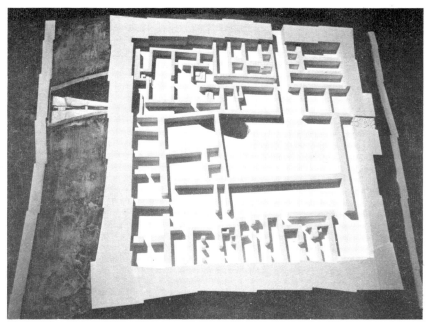

Modell der israelitischen Zitadelle von Arad. Der → TEMPEL befindet sich in der Ecke oben links. Deutlich erkennt man in dieser Rekonstruktion Vorhof, Hauptraum und das Allerheiligste.

ferin dieser Stadt war eine offene Ansiedlung der spät-chalkolithischen Periode (der Spätstufe der Kupfersteinzeit). Umgeben war die Stadt der Stufe »Frühbronzezeitlich II« von einer rund 2,5 m dicken Steinmauer mit vorspringenden Türmen von halbkreisförmigem Grundriß. Die Stadt war in einzelne Viertel unterteilt.

Ihre Häuser wiesen durchweg ein mehr oder weniger übereinstimmendes architektonisches Konzept auf (→ *Haus*). Sie waren vom sog. *broadhouse*- oder *broadroom*-Typ, d. h. sie bestanden aus einem einzigen großen Raum, an dessen Wänden ringsum eine Bank entlanglief. Der Eingang befand sich jeweils in einer der Längsseiten. In einem dieser Häuser fand man ein Tonmodell eines solchen Bauwerks. Es war mit aufgemalten roten Zierbändern geschmückt und vermittelt einen Eindruck vom Aussehen der oberen Partien dieser flachdachigen Gebäude. Weiterhin sind

Gefäße hervorzuheben – Einfuhrware eines Typs, der bisher hauptsächlich von ägyptischen Gräbern der 1. Dynastie (um 3000 v. Chr. ± 100 Jahre) bekannt war (sog. Abydos-Ware [→ *Abydos, Ägypten* und *Keramik*]). Ihr Vorhandensein zeugt von lebhaftem Handel mit Ägypten und ist von größter Bedeutung für den Zeitansatz der Schicht von A., in der sie sich fanden. Auf diese befestigte Stadt folgte eine weitere Bauschicht ohne Festungsanlagen. Schließlich wurde das frühbronzezeitliche A. zerstört und aufgegeben, und zwar noch vor dem Ende der frühbronzezeitlichen Stufe II. also spätestens um 2700 v. Chr.

Die Festung der Eisenzeit: Im 11. Jh. v. Chr. entstand auf dem Südost-Teil der Anhöhe, die das alte A. bedeckt hatte, eine neue Ansiedlung. Es handelte sich um ein offenes Dorf. Seinen Mittelpunkt bildete ein gepflasterter *témenos* (von griech. *témnō* [= »ich schneide«]; ein »herausgeschnittenes«, deutlich abgegrenztes Areal, ein heiliger Hain oder eine Einfriedung, die den Göttern oder einem Gott geweiht ist, sakralen Charakter hat und kultischen Zwecken dient; ein Kultplatz). Er besaß eine erhöhte, halbmondförmige Plattform und einen quadratischen Altar. Möglicherweise war dies der hochgelegene Ort, wo sich (nach Richter 1, 16) die ehrwürdige Kenitersippe aus der Verwandtschaft des Moses niederließ. Um die Mitte des 10. Jh. v. Chr. wurde ein Tempel errichtet, der zu einer stark befestigten königlichen Zitadelle gehörte, als deren Gründer man wohl König Salomo (964/63–926/25 oder 922 v. Chr.) zu betrachten hat. Sechsmal wurde diese Anlage im Lauf der Königszeit zerstört und niedergebrannt (das erstemal offensichtlich von Scheschonk [Schoschenk]; s. oben). Jedesmal jedoch wurde sie rasch wieder neu erbaut, und bis zur Zerstörung des Ersten Tempels (des Salomonischen Tempels in → Jerusalem [586 v. Chr.]) blieb A. das Verteidigungs- und Verwaltungszentrum des Grenzgebietes. Auch später, in persischer, hellenistischer, römischer und früharabischer Zeit, standen hier noch immer Festungen.

Tempel: Nichts, was in A. gefunden oder freigelegt wurde, kann sich an Bedeutung mit dem Tempel messen, der die Nordwestecke der Zitadelle einnahm. Es handelt sich um den ältesten israelischen → *Tempel,* der je ausgegraben wurde. Seine Orientierung, sein Gesamtplan, seine Dreiteilung und seine Innenausstattung, insbesondere die des Allerheiligsten, entsprechen den Normen, die auch dem Bau des Salomonischen Tempels in Jerusalem zugrunde lagen. Er besteht aus einem Hauptraum (*hekal*), an dessen Westseite sich das Allerheiligste (*debir*), ein etwas erhöhter Schrein, anschließt. Den Eingang zum Allerheiligsten flankierten zwei Rauchopferaltäre, im Innern befand sich eine erhöhte Plattform (*bima*) und ein Kultpfeiler (→ *Masseben*). An der Ostseite des Gebäudes

öffnete sich ein relativ weiter Hof, unterteilt in einen geräumigeren Außen- und einen kleineren Innenhof. Beiderseits des *hekal*-Eingangs fanden sich zwei Steinplatten, wohl die Basen zweier Säulen, entsprechend den Säulen Jachin und Boas im Tempel zu Jerusalem (1. Kön. 7, 15–22; 2. Chron. 3, 15–17). In der größeren Abteilung des weitläufigen *hekal*-Vorhofs erhob sich der Brandopferaltar, nach mosaischer Vorschrift aus Erde und unbehauenen Steinen errichtet (Ex. [2. Mos.] 20, 25). Wie der Brandopferaltar der Stiftshütte (Ex. [2. Mos.] 27, 1) und die von Salomo im Jerusalemer Tempelvorhof errichtete »Bühne« oder »Kanzel« (2. Chron. 6, 13) betrug seine Höhe drei, sein Umfang fünf mal fünf Ellen. Seit dem Ende des 8. Jh. v. Chr. wurde dieser Altar nicht mehr benutzt; schließlich fiel der Tempel der Zerstörung anheim, als man in der zweiten Hälfte des 7. Jh. die letzte israelitische Zitadelle errichtete. Zwei Ostraka (beschriebene Scherben), die im Tempel zum Vorschein kamen, geben in hebräischer Schrift die Namen zweier aus der Bibel bekannter Priesterfamilien an: die Namen Meremot[h] (Esra 8, 33; Neh. 3, 4 und ebd.) und Pashur (Paschchur [Jer. 20, 1]).

Ostraka: Insgesamt wurden aus den verschiedenen Schichten von A. mehr als 200 beschriftete Scherben (*Ostraka*) geborgen. Etwa die Hälfte trug aramäische Schriftzüge (die betr. Stücke stammen aus der Zeit um 400 v. Chr.), etwas mehr als die Hälfte hebräische (diese Ostraka stammen aus der Zeit des Reiches Juda). Bei den aramäischen Exemplaren handelt es sich meist um Akten der persischen Garnison. Sie enthalten Listen von Namen und Truppenteilen sowie Warenverzeichnisse von Artikeln wie Wein, Öl, Mehl und Silber. Die hebräischen Ostraka stammen aus mehreren eisenzeitlichen Schichten (und dies hebt ihre paläographische [schriftkundliche] Bedeutung). Auch in ihrem Fall handelt es sich meist um Briefe oder Akten aus den Archiven

Ein Ostrakon aus Arad. Es handelt sich um eines der sogenannten ›Eliaschib-Ostraka‹, d. h. um eine der Schriftscherben, die den Namen eines Beamten namens Eliaschib erwähnen. Eliaschib dürfte der letzte Festungskommandant von Arad gewesen sein (um 600 v. Chr.).

der königlichen Burg. Einige enthalten Listen der Namen von Einzelpersonen, dazu Zahlenangaben und Warenvermerke, so etwa die Notiz: »Weizen«. Auf einem Fragment einer großen Schale laufen Familiennamen und Zahlenangaben in unterschiedliche Richtungen. Hier werden auch »Söhne des Korah« erwähnt (vgl. Num. [4. Mos.] Kap. 16; Ps. 42 [41]; 44[43]–49[48]; 84 [83]–85[84] und 87[86]–88[87]). Möglicherweise handelt es sich hier um ein Verzeichnis von Schenkungen, die dem Tempel gemacht wurden. Besonders aufschlußreich ist eine Anzahl von Briefen aus dem Archiv eines gewissen Eliaschib, Sohn eines Eschjahu, eines hohen Beamten, der wohl der letzte Kommandant der Zitadelle war (um 600 v. Chr.). Hauptsächlich enthalten

sie Anweisungen, verschiedene Personen mit Wein- und Brotrationen zu versorgen. Darunter begegnen auch Chittim, wohl Söldner ägäischer Abstammung in jüdischen Diensten. Eines dieser Ostraka erwähnt den Ortsnamen → *Beerscheba*, ein anderes das »Haus Jahwes« (wohl den Tempel von Jerusalem). Es ist dies die erste und bisher einzige hebräische Inschrift, die auf den Salomonischen Tempel Bezug haben könnte. Ein weiteres Schriftstück aus derselben Zeit enthält den Befehl, wegen eines drohenden Angriffs der Edomiter (→ *Edom*) Verstärkungstruppen aus A. und Kina (vgl. Josua 15, 22) nach Ramath-negev (Jos. 19, 8; 1. Sam. 30, 27) umzuquartieren.

Ortsansatz: Die Grabungsergebnisse erlauben nicht, Tell A. als das A. der Bronzezeit zu betrachten, von dem Josua 12, 14 spricht, denn es fanden sich keinerlei Reste aus der Mittleren bzw. der Spätbronzezeit. Andererseits ist die Identifikation mit der israelitischen Stadt gleichen Namens durch den Fund zweier Ostraka gesichert, die den Namen A. angeben. Zwei Lösungsvorschläge hat man unterbreitet: In kanaanäischer Zeit habe es keine *Stadt* A. gegeben. Der Name habe die gesamte Region (»Negev [Wüste] von A.«) bezeichnet, oder das kanaanäische A. habe sich auf dem heutigen *Tell Malhata* (dem Malaatha Eusebios') befunden, der ca. 12 km im Südwesten von Tell A. liegt. Hier wurden starke Befestigungen aus der Zeit der → *Hyksos* entdeckt. Diese Vermutung bestärkt das zweimalige Vorkommen des Namens A. in der Liste Pharao Scheschonks (Schoschenks). Vielleicht hat man es bei »A. vom Haus des *Yrhm*« mit der alten Stadt zu tun, die von Jerahmeeliten-Familien bewohnt war, während »Groß A.« sich auf jene starke Festung bezog, die König Salomo an der ehrwürdigen Wirkungsstätte der Keniter auf dem Hügel gegründet hatte, der die »Negev von A.« beherrschte. *A. N.*

Arak el-Emir (Araq al-Amir) Ruinenstätte 18 km westlich von Amman

(→ *Rabbath-Ammon*), deren bedeutendstes Baudenkmal heute arabisch Kasr el-Abd (*Qasr al-Abd* [»Sklavenschloß«]) genannt wird. Man identifizierte den Ort als Festung, die nach Flavius Josephus (*Antiquitates Iudaicae* 12, 230 [= 12, 4 11]) der Tobiade Hyrkanos erbauen ließ, der zur Zeit Seleukos' IV. Philopator (187–175 v. Chr.) Statthalter der Ammanitis war. Nach Josephus führte der Palast den Namen Tyros, wobei es sich um die gräzisierte Form des aramäischen Wortes *tura* (»Berg«) handelt. Der Name soll sich noch im heutigen Namen des Tals (Wadi Sir) erhalten haben, in dem sich die Ruinen von A. befinden. In den Papyri des Zenon, der, von → *Ägypten* kommend, Palästina im 3. Jh. v. Chr. besuchte, erscheint das Zentrum der Tobiaden unter der aramäischen Bezeichnung *Birtha* (»Burg«). Weitere Hinweise für den Zeitansatz geben Felsinschriften in Höhlen oberhalb des Dorfes, in denen zweimal der Name *Tobija* erscheint. Man ist der Auffassung, daß sie sich auf einen früheren Angehörigen des Tobiadenhauses beziehen, der zur Zeit Nehemias lebte (Neh. 2, 10 und 19 [»Tobia, der ammonitische Knecht«]). Demnach wäre A. unter den Tobiaden seit der Zeit vor dem Babylonischen Exil bis zum 2. Jh. v. Chr. ununterbrochen besiedelt gewesen. Unterschiedlich sind die Auffassungen von der Entstehungszeit des »Sklavenschlosses«. Einige Gelehrte halten an Josephus' Angabe fest, wonach Hyrkanos sein Erbauer war, nach anderen bestand es bereits zur Abfassungszeit der Zenon-Papyri.
Jüngst durch die *American School of Oriental Research* ausgeführte Grabungen unter der Leitung von P. W. Lapp werfen neues Licht auf die Geschichte des Ortes. Nach Ausweis von Tonscherben erfolgte die erste Besiedlung im Chalkolithikum (der Kupfersteinzeit), weiterhin ließ sich eine bisher unangetastete frühbronzezeitliche Schicht nachweisen. Aus Phase I der Eisenzeit stammen die Fundamente einer Festung, in der Lapp die Grenzfestung Ramat-Mizpa des Stammes Gad erkannte (vgl. Josua 13, 26 und Richter 11, 29 [dort: Mizpa in Gilead]), deren Reste im übrigen der Bautätigkeit des Hyrkanos zum Opfer fielen. Außerdem gibt es Anzeichen dafür, daß A. noch am Anfang der Römerzeit und in byzantinischer Zeit bewohnt war. Unter den hellenistischen Bauwerken ist vor allem das sog. *Plaster Building (Maison de plâtre)* zu erwähnen. Es besteht aus einer Einfriedung von 22 zu 19 m, die an der Innenseite von zwei Schichten feinen weißen Putzes bedeckt ist. Im Zentrum dieser Einfriedung erblickt man die Überreste des Hauses selbst, dessen Grundflächenmaße 15 × 10 m betragen. Auch seine Mauern sind verputzt – gleichfalls weiß an der Außenfront, weiß und rot an der Innenseite. Man schreibt es gleichfalls der Zeit des Hyrkanos (um 175 v. Chr.) zu.
Das wohl unter Hyrkanos entstandene »Sklavenschloß« wurde nie vollendet. Es besteht aus weißen Steinblöcken und war mit kolossalen Relieffiguren von Löwen geschmückt, von denen vier (etwa 3 m lang und rund 2 m hoch) noch in der ursprünglichen Position gefunden wurden. Das Bauwerk stand auf einer Plattform und war fast vollständig von Wasser umgeben. Sein Grundriß ist rechteckig, seine Maße betrugen 44 × 20 m. Vier Räume befanden sich an den Ecken. Bei einem davon handelte es sich um einen Turm mit einer Treppe, die sich nach einer Galerie hin öffnete und zu einer Terrasse führte. Unweit von diesem Turm befand sich der Eingangsportikus, dahinter weist der Bauplan wie bei einem Tempel eine Unterteilung in *pronaos* (Vorhalle), *naos* (Innenraum) und *opisthodomos* (Rückhalle) auf. Der bedeutendste Fund in diesem Bauwerk bestand in einem Brunnen mit Katzen, die in Hochrelief aus einem rot-weißen Dolomitblock gearbeitet waren.
Die Grabung ergab, daß das in der ersten Hälfte des 2. Jh. vor Chr. errichtete »Sklavenschloß« nicht als Festung oder Mausoleum anzusehen ist. Der Plan läßt deutlich seine religiöse Bestim-

mung erkennen. Höchstwahrscheinlich hat man es mit einem Kultbau, einem Tempel, zu tun. Es fand sich reiches Beweismaterial für Hyrkanos' Bautätigkeit – Material, das gleichzeitig Josephus' Beschreibung bestätigt. Da sich keine Anzeichen für eine Besiedlung unmittelbar vor der Zeit des Hyrkanos' ergaben, schlägt Lapp vor, einen neuen Zeitansatz für die *Tobija*-Inschriften in den Höhlen zu erwägen. Ihr Ansatz vor dem Beginn des 2. Jh. v. Chr. widerspräche nicht nur der Darstellung Josephus', sondern auch dem archäologischen Befund. Lapp neigt dazu, die schon früher geäußerte Vermutung wieder aufzugreifen, daß es sich bei *Tobija* lediglich um Hyrkanos' jüdischen Namen gehandelt habe.   R. R.

Aram → *Aramäer*

Aramäer Gruppe von Stämmen, die sich Ende des 2. vorchristlichen Jahrtausends und Anfang des 1. Jahrtausends v. Chr. im sog. »Fruchtbaren Halbmond« vom Persischen Golf und → *Elam* im Süden und Südosten sowie vom Amanosgebirge (*Nur Dağ* [Osttaurus]) im Norden nach Südsyrien und dem nördlichen Transjordanien ausbreiteten. Völlig im dunkeln liegt ihre Herkunft. Einige Gelehrte suchen ihren Ursprung in der arabischen bzw. syroarabischen Wüste. Andere vermuten, sie seien zusammen mit hurritischen (churrischen) Stämmen aus dem Norden eingedrungen. Um 2000 v. Chr. findet man eine Stadt namens *Aramu* auf Keilschrifttexten im Bereich des → *Tigris*, auch Personennamen sind mit *Aram* zusammengesetzt. Im 2. Jahrtausend erscheinen A. häufig in den Dokumenten von → *Mari* und von *Ugarit (Rās Samra)*. Nach der Bibel war Aram einer der Nachkommen des Sem (Gen. [1. Mos.] 10, 22 f.; 1. Chron. 1, 17). Erst gegen Ende des 2. Jahrtausends v. Chr. erscheint Aram häufiger in assyrischen Quellen. Schriftstücke des 14.–13. Jh. bezeichnen die A. als Eindringlinge aus der Wüste, die sich im bewohnten Land ausgebreitet hätten. Nach einem Bericht Tiglatpilesars I. (ca. 1116–1078 v. Chr.)

fielen im 4. Jahr seiner Regierung (wohl 1112 v. Chr.) A. aus der arabischen Wüste in die Gebiete um Palmyra (= Tadmor), den → *Libanon* und → *Babylon* ein. Damals siedelten A. bereits am rechten Ufer des → *Euphrat* und gründeten hier Städte. Im 11. Jh. hatten die A. die weiten Ebenen von Mesopotamien erobert und sich zu einer Bedrohung Assurs entwickelt. In den von ihnen unterworfenen Gebieten gründeten sie eine Reihe machtvoller Staatsgebilde. Es gelang ihnen sogar, Babylon zu unterwerfen und den Thron der Stadt mit einem Herrscher aramäischer Abkunft zu besetzen. Seit dem 10. Jh. v. Chr. geboten die Könige Israels dem weiteren Vordringen der A. nach Westen Einhalt. Gleichzeitig wurden sie im Osten von Assur zurückgeschlagen. Den endgültigen Sieg über sie errang schließlich Tiglatpilesar III. (um 745 bis 727 v. Chr.). Er verwandelte die Königtümer der A. in Syrien in assyrische Statthaltereien. Blutig schlugen Sargon II. (722/21–705 v. Chr.) und Sanherib (Sennacherib [705/4–681 v. Chr.]) Aufstände der A. nieder. Zahlreiche aufständische A. wurden damals in unterschiedliche Reichsgebiete verbannt. Schrift und Sprache der A. lebten allerdings noch viele Jahrhunderte weiter. Die Bibel erwähnt einige kleine aramäische Königtümer, die sich an der Nordgrenze des Reiches Israel gebildet hatten, darunter Aram Beth-Rechob (Aram Beth-Rehob [Richter 18, 28]) und Aram Maacha (Maachat [Josua 13, 13]). Das eine hatte sich unweit von Lajisch (→ *Lais* [→ *Dan*]) im Gebiet der Stadt Beth-Rechob (Beth-Rehob) etabliert, das andere im oberen Jordantal rings um → *Abel-Beth-Maacha*. Zusammen mit Aram Zoba und Aram Maacha nahmen die A. von Beth-Rechob am Krieg des Ammoniter (→ *Ammon*) gegen David teil (2. Sam. 10, 6 und 8 [→ *Rehob* a]). Aram Zoba war zur Zeit Davids die bedeutendste Macht unter den syrisch-aramäischen Königtümern. Unter Einbeziehung → *Baschans* erstreckte es sich bis in das Euphratgebiet (2. Sam. 8, 3; 10, 16; 1. Chron. 18, 2). Bereits unter

Saul waren Feindseligkeiten zwischen Aram Zoba und Israel ausgebrochen (1. Sam. 14, 47). Nach Unterwerfung mehrerer aramäischer Fürstentümer (2. Sam. 10, 19) wurde Hadadeser, der König von Zoba, von David in mehreren Schlachten besiegt, obwohl ihm die A. von → *Damaskus* zu Hilfe kamen. Die Entscheidung fiel offenbar bei → *Hamath* am Orontes. Toi, der König von Hamath, ließ David zu seinem Sieg über den König von Zoba beglückwünschen (2. Sam. 8, 9 ff.; 1. Chron. 18, 9 ff.). Zugleich anerkannte er damit Davids Anspruch auf die von diesem eroberten syrischen Gebiete und übersandte David »Gefäße aller Art aus Gold, Silber und Erz« – offenbar eine Art Tribut. Israel war damit die stärkste Macht zwischen Hamath und → *Ägypten*. Sogar Damaskus befand sich in Davids Hand (2. Sam. 8, 6; 1. Chron. 18, 6).

Keiner der aramäischen Staaten erlangte je eine solche Bedeutung wie Aram Damaskus. Seine Blütezeit erreichte dieses Staatsgebilde im 9.–8. Jh. v. Chr. Seine Grenzen waren im Süden das Königreich Israel, im Norden das Gebiet von Hamath am Orontes, im Westen die Küstenstädte Phönikiens. Schon David schlug Aram Damaskus (s. oben!), vor allem aber gab es nach der Reichsteilung ständigen Krieg zwischen Israel und Aram. Unterstützt von Asa (914[908]–874[867] v. Chr.), dem König von Juda, eroberten die A. unter König Ben Hadad II. von Damaskus das Gebiet des Stammes Naphtali (1. Kön. 15, 18–20; 2. Chron. 16, 2 ff. [vgl. → *Ijjon*]). Das Bündnis zwischen Asa und Ben Hadad hatte u. a. zur Folge, daß das zuvor für den Ausbau der gegen Asa gerichteten Festung → *Rama* vorgesehene Baumaterial nun in Asas Auftrag zum Ausbau von → *Mizpa* und Geba verwendet wurde (1. Kön. 15, 17 und 22 f.; 2. Chron. 16, 1 und 5 f.). Städte im Gebiet von → *Samaria* mußte Omri von Israel (886[882]–875[871] v. Chr.) an die A. abtreten (1. Kön. 20, 34), sein Sohn Ahab (Achab; 875[874 bzw. 871]–854[852] v. Chr.) allerdings ge-

wann sie wieder zurück (1. Kön. 20, 1–34). Schließlich führte Assurs Expansionsdrang und die daraus erwachsende gemeinsame Bedrohung um die Mitte des 9. Jh. zu einer antiassyrischen Allianz. An der Spitze der Koalition standen Ahab (Achab) von Israel, diesmal im Bunde nicht nur mit Irchulini von Hamath, sondern auch mit Ben Hadad von Damaskus. Zur Schlacht kam es bei → *Karkar* (*Qarqar*) am Orontes (854 oder 853 v. Chr.) mit Salmanassar III. (859/58–824 v. Chr.). Nach den vorliegenden Berichten nahmen an dieser Schlacht Tausende von Streitwagen und Zehntausende von Fußkämpfern teil. Erstmals werden im Zusammenhang mit ihr auch arabische Kamelreiter erwähnt. Der Ausgang der Schlacht ist nicht ganz sicher. Assyrische Quellen bezeichnen Salmanassar als Sieger. Allerdings scheint seine Armee so schwere Verluste erlitten zu haben, daß er im Lauf der nächsten vier Jahre auf weitere Vorstöße nach Westen verzichten mußte. Eine endgültige Beruhigung war damit noch keineswegs herbeigeführt. Die Bibel erwähnt den Schlachtort nicht, spricht jedoch von einem Vertrag zwischen Ahab (Achab) und Ben Hadad (1. Kön. 20, 34) sowie von einer Phase des Friedens zwischen Israel und Aram (ebd. 22, 1 ff.). Dies könnte sich auf die damaligen Ereignisse beziehen. Fünf Jahre nach Karkar siegte Salmanassar in einer weiteren Schlacht bei Hamath und empfing unter anderem auch von König Jehu (842/41–815/14 v. Chr.) von Israel, den assyrische Quellen als »Sohn des Omri« bezeichnen, Tribut. Anscheinend bestand um 848–845 v. Chr. noch eine antiassyrische Allianz von Hamath und Aram Damaskus. Kurz nach der Thronbesteigung Adadniraris III. (805 v. Chr.) stand Hamath jedoch auf der Seite Assurs, und Damaskus wurde erobert. Für Israel hatte das Nachlassen des von Assur ausgehenden Drucks zur Folge, daß König Hasael von Damaskus, nachdem er sämtliche Ostgebiete jenseits des Jordan unterworfen hatte, schließlich über den Jordan vordrang und bis zur Nordgrenze Judas vorstieß

(2. Kön. 10, 32 f.; 12, 18 f.). Neuverstärkung des assyrischen Drucks zwang Ben Hadad III., Assur Tribut zu zahlen, während Joas von Israel (800[799]–784 v. Chr.) und Jeroboam II. (789 bzw. 784 bis 748 [744] v. Chr.) nicht nur ihr eigenes Land wieder befreiten, sondern, wie einst schon David (s. oben!), abermals Damaskus eroberten (2. Kön. 13, 25; 14, 25–28). Im Jahre 733/32 v. Chr. nahm Tiglatpilesar III. (um 745–727 v. Chr.) seinerseits Damaskus ein und beendete damit die alte Rivalität. Aram und – wenige Jahre später – auch Israel verloren ihre Eigenstaatlichkeit und wurden assyrische Statthaltereien. Ein beträchtlicher Teil der Bevölkerung wanderte in die Verbannung. Doch auch unter Assur lebten alte aramäische Namen noch fort, so der Name Zoba im Namen der Satrapie *Subatu*.

Die Geschichte der A. endet nicht mit dem Verlust ihrer staatlichen Eigenständigkeit. Lange noch leisteten ihre verstreuten Stämme den neuen Herren Widerstand, wurden jedoch blutig unterdrückt (s. bereits oben!). So soll Sargons Sohn Sanherib (Sennacherib [705/4–681 v. Chr.]) nicht weniger als 200 000 A. nach Assyrien deportiert haben. Und obwohl die A. von der politischen Bühne verschwunden waren, blieb ihr Einfluß noch lange im Fortleben ihrer Sprache spürbar. Aramäisch verdrängte als Umgangssprache des Mittleren Ostens immer mehr die dort einst gesprochenen anderen semitischen Sprachen. »Reichsaramäisch« erlangte als Kanzlei- und Verwaltungssprache des Achaimeniden-(Achämeniden-)Reichs (Perserreichs) eine Verbreitung von → *Elephantine* an der Grenze von Nubien (→ *Kusch*) bis nach → *Indien*. Diese Sprache spaltete sich in einen westaramäischen und einen ostaramäischen Zweig. Die Sprache der Bibel und des Talmud, die Sprache der Nabatäer, der Samaritaner und Palmyrener (Tadmor) sind von ihr abhängig. Aramäisch wurde von Jesus und seinen Jüngern gesprochen, aramäische Einflüsse und Glossen enthält der griechische Text der Evangelien, Aramäisch

war schließlich christliche Kirchensprache. Noch heute bestehen in der Gegend von Damaskus und in Kurdistan aramäische Sprachinseln fort.

A. N. und J. R.

Arara → *Aroer*

Ararat, Urartu Armenisches Hochland in Ostanatolien zwischen dem abflußlosen Van-See (Wan-See [1720 m]) im Südwesten und dem Sewansee (1914 m) im Nordosten. Heute teils zur Türkei, teils zur Sowjetunion gehörig (Armenische SSR, Hauptstadt Jerewan [Eriwan, 984 m]). Assyrische Dokumente bezeichnen das Gebiet als Urartu, doch kommen auch die Namen Uruatri und Uratri vor. Einheimische Inschriften sprechen von Biaini. Im Altertum churrischer (hurritischer) Staat. Nach dem Zusammenbruch des Mitanni-Reichs (Mitte 14. Jh. v. Chr.) in mehrere Einzelfürstentümer zerfallen (Nairi-Länder). Um 860 v. Chr. einte jedoch Sardur I. diese Kleinstaaten unter dem alten Namen Urartu. In ständigem Kampf gegen Assur breitete sich das Reich nunmehr aus, bis es, im Norden durch die Kimmerier bedrängt, dem doppelten Druck eines Zweifrontenkrieges erlag. Im Jahre 739 v. Chr. verlor Sardur II. Syrien an Tiglatpilesar III. (um 745–727 v. Chr.), und 714 v. Chr. gelang Sargon II. (722/21–705 v. Chr.) die Eroberung der Hauptstadt Tuschpa. Adrammelech und Sarezer, die Söhne Sanheribs (Sennacheribs [705/4–681 v. Chr.]) flohen in das Bergland A., nachdem sie 681 v. Chr. ihren Vater im Tempel ermordet hatten (2. Kön. 19, 37; Tobias 1, 21; Jesaja [Isaias] 37, 38). Sardur III. (646–610 v. Chr.) griff noch einmal nach Syrien über, doch sein Nachfolger Rusa III. (610–585 v. Chr.) verlor sein Land an die Meder (→ *Medien*). Später war das Gebiet Teil des persischen Großreichs der Achämeniden. Von Urartus Blüte (besonders in der ersten Hälfte des 8. Jh. v. Chr.) zeugen Paläste, Tempel und vorzügliche Kanalisationsanlagen, die sich in den Städten fanden, vor allem in der Hauptstadt Tuschpa, dem heutigen Van am Van-See.

Nach Gen. (1. Mos.) 8, 4 landete Noahs Arche auf den Bergen von A. Ein ähnlicher Bericht findet sich in der Schrift eines hellenistischen Autors: des babylonischen Baals-(Marduk-)Priesters Beros[s]os, der dem ersten Seleukiden, Antiochos I. Soter (282–261 v. Chr.) ein griechisch abgefaßtes Werk *Babyloniaka* (etwa: »Babylonische Geschichten«) widmete. Unter anderem enthält dieses eine babylonische Version der Sintflutsage, und Beros[s]os behauptet, noch im 3. Jh. v. Chr. habe man hoch auf den Bergen Kurdistans die Trümmer eines Schiffs sehen können. Jüdische, christliche und islamische Überlieferung verlegte die Landestelle der Arche auf den höchsten Gipfel Armeniens, den südlich von Jerewan (Eriwan) – allerdings auf türkischem, nicht sowjetischem Gebiet – gelegenen erloschenen Vulkan A. (heute Ağri Dağ [5165 m]) oder auf einen Gipfel in der Nähe des schon im Altertum sagenumwobenen Kelainai in Phrygien (Inner-Kleinasien).

A. N. und J. R.

Arbel, Arbela Stätte in Galiläa, nordwestlich des Sees Genesareth und im Westen von → *Magdala*. Nach der Zerstörung des Zweiten Tempels durch Tiberius (70 n. Chr.) Sitz der Priesterfamilie Jeschua. Nach jüdischen Quellen Ort mit einer Synagoge. Heute Khirbet Irbid. Bei Suchgrabungen wurden im Jahre 1968 Reste einer schon 1905 von den deutschen Archäologen H. Kohl und C. Watzinger entdeckten Synagoge des galiläischen Typs freigelegt. Die »Ebene von A.« ist das heutige »Taubental« (Wadi al-Hamam). Die zahlreichen Höhlen seiner z. T. vulkanischen Felswände (»Hörner von Hattin«) sind Nistplatz unzähliger Tauben, die man einfing und nach dem Talmud in Magdala an eigenen Verkaufsständen feilhielt. Immer wieder boten diese Höhlen in Kriegszeiten auch Menschen Unterschlupf, so den Makkabäern, die hier unter Judas Makkabäus gegen Alkimos und Bakchides, die Anführer der von Demetrios I. Soter gegen sie entsandten Seleukidenstreitmacht, Widerstand leisteten (1. Makk. 9, 2), des-gleichen den Zeloten, die Herodes hier schlug (Flavius Josephus *Antiquitates Iudaicae* 14, 554). Am 4. Juli 1187 war das »Taubental« Schauplatz einer blutigen Entscheidungsschlacht zwischen Sultan Saladin und dem Kreuzfahrerheer (Schlacht bei Hattin), bei der u. a. Guido von Lusignan, der letzte Kreuzfahrerkönig von Jerusalem († 1195) in Gefangenschaft geriet. Diese Niederlage der Christen und die im selben Jahr erfolgte Einnahme → *Jerusalems* durch Saladin war Anlaß zum 4. Kreuzzug (1189–1192). Jerusalem blieb jedoch in der Hand des Islam.

A. N. und J. R.

Archelais Ein Dorf im Tal des Jordan. Gegründet von Archelaos (4 v. Chr. bis 6 n. Chr.), dem Sohn und Nachfolger Herodes' I., des Großen (37–4 v. Chr.), und nach seinem Gründer benannt (Flavius Josephus *Antiquitates Iudaicae* 17, 340). Nach der Peutingerschen Tafel lag A. an der Straße von → *Jericho* nach Skythopolis (→ *Beth-Sean*), und zwar 12 römische Meilen nördlich von Jericho. Plinius der Ältere (um 23–79 n. Chr.) rühmt in seiner »Naturgeschichte« (*Naturalis Historia* 13, 44) seine Palmenhaine und Datteln. Die genaue Lage des Ortes ist nicht mehr bekannt. Manche Gelehrte verlegen es jedoch nach Khirbet Auja at-Tachtani, rund 12 km nördlich von Jericho.

R. R.

Areiopolis → *Rabbathmoba*
Arethusa → *Aphek*

Argob Teilgebiet von → *Baschan* östlich des Sees Genesareth, wurde von den Israeliten eingenommen, bevor sie den Jordan durchquerten (Deut. [5. Mos.] 3, 4). Der Manasse-Sohn Jaïr, der das Land eroberte, nannte es nach sich selbst »Baschan-*havoth-jaïr*« (»Zeltdörfer Jaïrs«; Deut. [5. Mos.] 3, 14; vgl. Num. [4. Mos.] 32, 41, wo von »Zeltdörfern Jaïrs« in → *Gilead* die Rede ist). Auch zur Zeit König Salomos (964/63–926/25 v. Chr.) unterschied man deutlich zwischen dem Gebiet von A. einerseits, das zu Baschan gerechnet wurde, und den »Zeltdörfern Jaïrs« in

Rekonstruktion der Front des sogenannten ›Sklavenschlosses‹ von Arak el-Emir (1. Hälfte des 2. Jh. v. Chr.) (s. S. 53).

Gilead. Beide Gegenden unterstanden jedoch gemeinsam Ben Geber (1. Kön. 4, 13). Die genauen Grenzen von A. sind unbekannt. *A. N.*

Arimathia Deutsche Schreibweise für (griech.) *Arimathaia* (lat. Vulgata: *Arimathaea*). Heimat des »Joseph von A.«, eines »reichen Mannes«, in dessen Grabstätte der Leichnam Jesu beigesetzt wurde (Matth. 27, 57 ff.; Mark. 15, 43; Lukas 23, 51 und Joh. 19, 38). Neutestamentliche Namensform für → *Rama* b. *J. R.*

Arnon Östlicher Zufluß des Toten Meeres (→ *Totes Meer*). Heute Sail al-Mujib (Sail al-Moǧib). Entspringt in der syroarabischen Wüste und mündet nach einem Lauf von etwa 60 km und einem Niveauunterschied von mehr als 1000 m. Die letzte Strecke seines Laufes ist eine tiefe, enge Schlucht. Sichon, König der → *Amoriter*, eroberte das Land nördlich des Flusses, das zuvor dem König von → *Moab* untertan war, und fortan bildete die A. die Grenze zwischen beiden Reichen. (Num. [4. Mos.] 21, 13 und 26). Nach der Eroberung des Amoritergebiets durch die Israeliten spielte

der A. abermals die Grenzrolle, diesmal zwischen Moab im Süden und den Stämmen Gad, Ruben sowie – zur Hälfte – Manasse (Deut. [5. Mos.] 3, 8–16) im Norden (vgl. auch Jos. 12, 1; 13, 9). Zur Zeit Davids bezeichnete man ihn als »Bach Gad«. Nunmehr bezeichnete er die Grenze der israelitischen Expansion nach Süden hin (2. Sam. 24, 5). Auf der Inschrift seiner berühmten Stele rühmt sich der Moabiterkönig Mesa, die Straße erbaut zu haben, die den A. querte. Möglicherweise ist diese Straße mit den »A.-Furten« identisch, von denen Jesaia (Isaias) spricht (Jes. [Is.] 16, 2). *A. N.*

Aroer a) Stadt am Ufer des → *Arnon* (Deut. [5. Mos.] 2, 36 u. a.), Grenzort des Amoriterkönigs (→ *Amoriter*) Sichon (ebd. und Josua 12, 2). Von den Angehörigen des Stammes Ruben erobert, gehörte A. zu ihrem Gebiet (Jos. 13, 16), war jedoch (nach Num. [4. Mos.] 32, 34) von Leuten des Stammes Gad erbaut. Später befestigte es Mesa, der König von → *Moab* (Mesa-Inschrift [»Mesastein«]), später eroberte es Hasael, der König von → *Aram* (2. Kön. 10, 32–33). Abermals eine Stadt

der Moabiter war es zur Zeit des Propheten Jeremia (Jer. 48, 19). Noch Eusebios erwähnt es. Heute Khirbet Arair am Ufer des Sail al-Mujib (Arnon). Hier fanden sich Reste bronze- und eisenzeitlicher Ansiedlungen sowie eine Niederlassung aus der Zeit des Reichs der Nabatäer.
b) Stadt im Süden des Stammesgebiets von Gad. Bei Josua 13, 25 als »A. gegenüber Rabba« (Lutherbibel: »vor Rabba«) bezeichnet (Rabba → Rabbath Ammon). Jephte vertrieb die Ammoniter (→ Ammon) von A. nach → Minnit (Richter 11, 33). Vermutlicher Ortsansatz im Nordwesten von Amman.
c) Stadt in Südjuda. Eine der Städte, wohin David die den → Amalekitern abgenommene Beute sandte (1 Sam. 30, 28). Vielleicht identisch mit Arara (Lutherbibel: Ad-Ada), von dem bei Josua 15, 22 die Rede ist. Heute Arara, rund 20 km südöstlich von → Beerscheba.
                       A. N.

Ar-Ruad → *Arvad*
al-Artije → *Kartha*

Arubboth Sitz des Statthalters des 3. Distrikts im Reich König Salomos (1. Kön. 4, 10). Inschriftlich erwähnt in den Taanach-Schrifttafeln und in der Liste der von Pharao Scheschonk (Schoschenk [in der Bibel: Sisak bzw. Schischak; vgl. 1. Kön. 14, 25 f.; 2. Chron. 12, 2 ff.]) eroberten Ortschaften. Identifikation unsicher; möglicherweise → *Tell el Asawir* an einer Paßrampe des Wadi Ara, rund ein Dutzend Kilometer von Kaisareia (→ *Caesarea*) entfernt.   *A. N.*

Arvad Phönikische Inselstadt, rund 3 km vor der Küste, zwischen Tripolis (Tripoli) und Laodikeia (Latakije). Der Name A. findet sich in der Völkertafel (Gen. [1. Mos.] 10, 18), und auch der Prophet Hesekiel (Ezechiel) erwähnt A. als Herkunftsort tyrischer Seeleute und Krieger (Hesek. [Ezech.] 27, 8 und ebd. 11). Inschriften der Amarnazeit (→ *Amarna*) bezeichnen die Arvaditen als Seefahrer mit engen Kontakten zu den Häfen → *Ägyptens* und des östlichen Mittelmeerraums. Um 1100 v.

Chr. wurde A. von Tiglatpilesar I. (etwa 1116–1078 v. Chr.) erobert. Seitdem erscheint es oft in assyrischen Schriftstücken. An der Schlacht von → *Karkar* (Qarqar [854 v. Chr.]), an der erstmals arabische Kamelreiter teilnahmen (→ *Arabien*), beteiligte sich auch ein König von A. Im Jahre 737 v. Chr. eroberte Tiglatpilesar III. (745 bis 727 v. Chr.) die Stadt abermals, und zur Zeit Nebukadnezars II. (605–562 v. Chr.) hatte A. an → *Babylon* Tribut zu entrichten. Noch in persischer und hellenistischer Zeit ein bedeutender Hafen, verfiel A. (nun griechisch Arados, lateinisch Aradus genannt) in der Folgezeit. Heutiger Name der Insel: ar-Ruad.   *A. N.*

Aschera Ebenso wie → *Astarte* eine der vielfältigen Ausprägungen der Muttergottheit. Mit ihrem Kult hing ein offenbar wie die → *Masseben* als Fruchtbarkeitssymbol zu verstehendes hölzernes Kultobjekt zusammen. Den Israeliten war es verboten, heilige Bäume zu pflanzen (Deut. [5. Mos.] 16, 21), Idole fremder Gottheiten sollten sie zerstören (Ex. [2. Mos.] 34, 13; Deut. [5. Mos.] 7, 5; Richter 6, 25). Allerdings tadelt die Bibel immer wieder Übertretungen dieser Gebote (so 2. Kön. 17, 10; 2. Chron. 33, 3). Gewiß wurden nicht alle Ascheren »verbrannt« (vgl. 2. Chron. 34, 4), doch sind Kultobjekte dieser Art wegen der Verderblichkeit des Materials bisher noch nicht zum Vorschein gekommen.   *A. N.*

Aschna Name zweier Städte in Juda. Die eine davon erwähnt Josua (15, 33) nach → *Zora* unter den Städten des Landes Juda. Wo man sie zu suchen hat, ist nicht sicher. Einige Gelehrte denken an Khirbet al-Assalin, knapp 20 km nordwestlich von Zora, andere dagegen schlagen Khirbet Aschaina vor, das seinerseits mehr als 6 km im Südosten von Khirbet al-Assalin liegt. Gleichfalls in Juda, im Distrikt von → *Libna*, befindet sich das zweite A., von dem gleichfalls bei Josua (in diesem Fall: Jos. 15, 43) die Rede ist.   *A. N.*

Aschtaroth, Aschtaroth-Karnajim (Qar-najim) Wie der Name besagt, »Ort der → *Astarte*«. Hauptstadt des Og, des Königs von → *Baschan* (Josua 9, 10; 12, 4 usw.). Nach seinem Fall den Söhnen des Manassesohnes Machir gegeben (Josua 13, 31). Die Stadt ist von hohem Alter. Schon die → *Ächtungstexte*, die Liste Amenophis' III. (etwa 1405 oder 1403 bis 1367 oder 1364 v. Chr.) und die → *Amarnabriefe* erwähnen sie. Ihr Name ging auf die Nachbarstadt → *Karnajim* über, bei der Kedorlaomer und seine Verbündeten die Rephaiter schlugen und die im Buch *Genesis* (1. Mos. [14, 5]) unter dem Doppelnamen A.-Karnajim erwähnt wird. Auch in hellenistischer Zeit war A.-Karnajim bewohnt (1. Makk. 5, 26 [Karnaim]; 2. Makk. 12, 26 [Karnion; hier ist auch von einem Atargatis-Heiligtum in oder unweit von K. die Rede. Atargatis war, wie Astarte, eine Fruchtbarkeitsgöttin. Ihren Namen hat man geradezu aus dem semitischen 'Aštar(t) abgeleitet, und in → *Askalon* beispielsweise verehrte man Astarte auch unter dem Namen Atargatis. Weitere nachgewiesene Atargatis-Kulte gab es beispielsweise in *kafr jāsīf*, 9 km nordöstlich von → *Akko*, desgleichen bei den Nabatäern, so z. B. in → *Dionysias-Suwēdā* 〈→ *Hauran*〉 und *ḫirbet ettannūr* 〈bzw. *Khirbet Tannur*〉 im *Wādī al-Ḥesā* 〈des *Zered*〉 südöstlich des → *Toten Meeres* und anderswo]). Noch in römischer Zeit kannte man den Ort. Die meisten Gelehrten identifizieren A. heute mit Tell Aschtara *(tell 'aštara)* nördlich des → *Jarmuk*, während man als A.-Karnajim das heutige Schech (Sheikh) Saad [*šēḫ* sa'd] nordnordöstlich von A. und nordnordwestlich von *Der'ā* [→ *Edrei*]) betrachtet. A. N. und J. R.

Asdod Zusammen mit → *Askalon*, → *Ekron*, → *Gath* sowie Gaza eine der fünf Hauptstädte (Fürstensitze) der → *Philister* (Josua 13, 3) in der judäischen Küstenebene, rund 5 km von der Küste entfernt. Häufig in der Bibel erwähnt u. auch aus zahlreichen anderen Quellen zur Landesgeschichte und -geogra-

phie bekannt. Die erste Anspielung auf A. (es handelt sich um die Erwähnung einer »Stadt der ›Riesen‹«) findet sich möglicherweise in den → *Ächtungstexten* aus dem 19. Jh. vor unserer Zeitrechnung. Sie entspricht einer Angabe der Bibel (Josua 11, 22), wonach die Ureinwohner von A., Gaza und Gath *anaqim* (Enakiter, »Enakssöhne«, Riesen) waren. Auch bei einer Stadt des 2. Jahrtausends v. Chr., die in den Texten aus Ugarit (Rās Šamra) erwähnt wird, kann es sich um A. handeln. In der Folgezeit werden die Informationen über A. immer zahlreicher. Nach A. verschleppten die Philister die bei → *Eben-Eser* (vgl. → *Aphek*) erbeutete Bundeslade und stellten sie im Tempel ihres Gottes Dagon auf (1. Samuel 5, 1 ff.). Noch in hellenistischer Zeit gab es einen Dagon-Tempel in A. Das erste Makkabäerbuch berichtet, Judas Makkabäus' Bruder Jônâthân (160–143 v. Chr.; Hoherpriester seit 152) habe diesen Tempel niedergebrannt (1. Makk. 10, 84 [A. hieß damals *Azotos*]). Während der Königszeit behielt A. seine Bedeutung als Stadtstaat der Philister. Von seinen Palästen spricht der Prophet Amos, der auch A.s Zerstörung verkündet (Amos 1, 8; 3, 9 [A. oder → *Assur?*]). Schließlich wurde es von Judas König Ussia (Asarja [785 oder 779 bzw. 769 bis 738 oder 733 v. Chr.]) erobert (2. Chron. 26, 6). Ahas (Achas [743 bzw. 736 oder 733 bis 727 oder 721 v. Chr.]) verlor jedoch wieder bedeutende Gebiete, als die Philister ihrerseits erneut plündernd ins Land einfielen (ebd. 28, 18). Von der Zeit Sargons II. an (722/21–705 v. Chr.) findet sich A. wiederholt in assyrischen Quellen erwähnt. In der Geschichte der Stadt spiegelt sich die damalige Geschichte Gesamt-Palästinas. Als Ort an der Hauptstraße nach → *Ägypten* blieb A. nicht von den Folgen des Kriegs zwischen → *Babylon* und Ägypten verschont, der nach dem Zusammenbruch Assurs ausbrach. Auch die Propheten spielen wiederholt auf die damaligen Ereignisse an und erwähnen im Zusammenhang damit A.s Namen mehrere

Male (Jes. [Is.] 20, 1; Jerem. 25, 20; Zephanja [Sophonias] 2, 4; Sacharja [Zacharias] 9, 6]. Während der Perserzeit war A. Hauptstadt der Satrapie (Provinz), die Judäa und das Philisterland umfaßte.

Noch in hellenistischer Zeit von Bedeutung, erscheint A. in griechischsprachigen Quellen unter der gräzisierten Namensform *Ázōtos*. Es wurde von Jonâthân, dem Bruder des Judas Makkabäus, erobert, der den Dagon-Tempel in Brand steckte (1. Makk. 10, 84), desgleichen von Johannes Hyrkanos (134 bis 104 v. Chr. [ebd. 16, 10]). Später nahm Pompeius (106–48 v. Chr.) die Stadt den Juden wieder ab, und der römische Proconsul Aulus Gabinius (von 57 bis 55 v. Chr. Statthalter in Syrien) baute sie wieder auf (Flavius Josephus *Bellum Iudaicum* 1, 156 und 166). Die Römerzeit war für A. eine Zeit des Wohlstands. A.s Bevölkerung bestand damals aus Juden und Nichtjuden. In byzantinischer Zeit und auch noch nach der Araberinvasion findet man A. oft als *Ázōtos mesógaios* (= »Binnen-A.«) bezeichnet. Diese Formulierung bezog sich auf die Stadt selbst, während ihr Hafen im Gegensatz dazu die Bezeichnung *Ázōtos parálios* (= »Küsten-A.«) trug.

Der Trümmerhügel des alten A. befindet sich unweit der Stadt, die heute den Namen A. trägt. Man hat es mit einer Akropolis von 40 ha Grundfläche zu tun. Diese Akropolis überragt eine Unterstadt, deren Grenzen noch nicht genau festgestellt worden sind. M. Dothan hat hier im Auftrag der israelischen Altertümerverwaltung in der Zeit zwischen 1962 und 1969 fünf Grabungskampagnen durchgeführt. Von ihren Ergebnissen erhofft man sich Aufschlüsse über den Ursprung und die kulturelle Entwicklung der Philister sowie anderer sog. »Seevölker«, von denen man bisher noch wenig weiß. Zwanzig Besiedlungsschichten ließen sich unterscheiden. Sie erstrecken sich von der Phase II der Mittelbronzezeit bis zur byzantinischen Periode. Am meisten Interesse verdienen Schichten

13–11. Sie repräsentieren die Phase der philistäischen Besiedlung. Insbesondere zeigt 13 eine Besiedlung durch Seevölker, die sehr wohl für die totale Zerstörung der Stadt der Schicht 12 verantwortlich sein können. Neben der üblichen Philisterkeramik fand sich eine andere Töpferware (→ *Keramik*), deren Material nichts mit dem ortsüblichen Ton zu tun hat. Ihr Dekor erinnert an kypriotische Keramik der spätmykenischen Phase III c. Ohne Zweifel wurden die betreffenden Stücke von der ersten Seevölker-Welle nach A. gebracht.

Aus der gleichen Phase stammen auch mehrere Hausbauten aus luftgetrockneten Ziegeln, doch in solider Bauweise ausgeführt, ein offener Platz, der, wie es scheint, kultischen Zwecken diente, und schließlich ein Teil der Stadtbefestigung.

Das Ende der Philisterstadt ist am Beginn des 10. Jh. v. Chr. anzusetzen. Die betreffende Phase ist durch einen tiefgreifenden Wandel im Stadtbild ebenso charakterisiert wie durch bezeichnende Unterschiede der materiellen Kultur. Dieser Prozeß ist auf die Anwesenheit von Kanaanäern zurückzuführen, die in A. ansässig geworden waren. Die gleiche Tendenz bezeugen die wenigen Inschriften, welche in A. gefunden wurden. Drei von ihnen weisen die kyprominoische Schrift des 13. und 12. Jh. v. Chr. auf. Nach Ausweis eindeutig philistäischer Funde, mit denen zusammen sie zum Vorschein kamen, sind sie fraglos philistäischer Herkunft. Die Inschriften des 9. Jh. vor unserer Zeitrechnung standen jedoch schriftmäßig dem Althebräischen bzw. dem Phönikischen näher.

Demnach scheint es, daß das 10. Jh. v. Chr. eine Zeit des Übergangs von philistäischer Sprache und Kultur zu einem westsemitischen Dialekt sowie zur Kultur der Kanaanäer darstellte. Allerdings scheinen die Bewohner von A. auch dann noch, als das Kanaanäische längst dominierte, weiterhin ihre Beziehungen zur ägäischen Welt unterhalten zu haben. Dies bezeugt impor-

Einnahme von Aschtaroth durch die Assyrer. Reliefdarstellung aus dem Palast Tiglatpilesars III. (um 745–727 v. Chr.) (s. S. 61).

tierte griechische Keramik, die in mehreren Schichten bis hin zur Perserzeit gefunden wurde.   U. A.

Aseka Stadt im Nordwesten von Juda. Zwischen A. und → Socho versammelten sich zur Zeit des Königs Saul die → Philister zum Kampf gegen Israel (1. Sam. 17, 1). A. war eine der Städte, die König Rehabeam zur Verteidigung Judas befestigen ließ (2. Chr. 11, 5–9). Zusammen mit → Lachis war A. die letzte Stadt, die Nebukadnezar II. (605 bis 562 v. Chr.) Widerstand leistete (Jer. 34, 7). Zur Zeit der Restauration nach dem Babylonischen Exil wurde A. erneut besiedelt (Neh. 11, 30). Es lag an einem der westlichen Pässe auf dem Weg von der Küste zum judäischen Hochland, und unweit von ihm führte durch das Tal → Ela die Straße nach → Bethlehem. Wie es scheint, hat man Tell Zakarija als das alte A. anzusehen. Im Auftrag des *Palestine Exploration Fund* (des Palästina-Erforschungs-Fonds) führten F. J. Bliss und R. A. S. Macalister hier in den Jahren 1898–1899 Grabungen durch. Man hatte einst die Spitze des Hügels eingeebnet und auf ihr eine nicht sehr weitläufige Stadt errichtet, die eine turmbewehrte massive Mauer umgab. Vermutlich geht die Errichtung dieser Stadt auf das 10. Jh. v. Chr. zurück, als das Reich noch ungeteilt war. A. war wohl Teil eines Festungsgürtels längs der Grenze von Juda, dessen Aufgabe im Schutz der Hauptstraßen und strategisch wichtiger Punkte bestand. Erwähnt wird es inschriftlich in einem der Lachis-Briefe, was für die Bedeutung spricht, die der Ort in der Endzeit des Reiches Juda besaß. Sehr spärlich sind die Reste aus der persischen und hellenistischen Periode. Zur Römerzeit scheint A. nicht mehr bewohnt gewesen zu sein. Dagegen fand man im Osten des Tell eine jüngere Ansiedlung aus byzantinischer Zeit. Vgl. auch → *Beth-Horon* und → *Makkeda*. A. N.

Asi Nehri → *Orontes*

Askalon Eine der ältesten und bedeutendsten Städte Palästinas im Südteil des Küstenstreifens am Mittelmeer. Schon in der Jungsteinzeit siedelten sich Menschen hier an. Erwähnt wurde A. erstmals in den → *Ächtungstexten* des 19. Jh. v. Chr. Zur Zeit der 18.–20. Dynastie (→ *Ägypten*) war A. einer der kanaanäischen Stadtstaaten unter ägyptischem Einfluß. Es erhob sich im 13. Jh. mehrmals gegen die Pharaonen und wurde 1280 von Ramses II. (1290 bis 1223 v. Chr.) erobert. Die Einnahme der Stadt zeigen Tempelreliefs in Karnak. Man erblickt von der Stadt einen Turm, auf dessen Zinnen die Einwohner die Belagerer um Gnade bitten. Auch schriftliche Quellen außer den schon genannten Ächtungstexten liegen vor, die A. erwähnen. So begegnet der Name der Stadt wiederholt in den → *Amarnabriefen*, desgleichen feiert ein ägyptisches Siegeslied die Einnahme A.s durch Pharao Merneptah (1223 bis 1203 v. Chr.) im Jahre 1220. Unklar ist A.s Geschichte in israelitischer Zeit. Der einzige Text, der von seiner Eroberung durch die Israeliten spricht, ist Richter 1, 18. Allerdings berichtet die Septuaginta (die griechische Fassung des Alten Testaments [→ *Alexandrien* a]) im selben Vers, Juda habe die Stadt nicht einnehmen können. Aber auch von einer Eroberung A.s durch die → *Philister* weiß die Bibel nichts, und

dennoch muß diese Anfang des 12. Jh. stattgefunden haben. Jedenfalls war A. zur Zeit der Richter zusammen mit → *Asdod*, → *Ekron*, → *Gath* sowie Gaza einer der fünf Fürstensitze der Philister (Josua 13, 3; 1. Samuel 6, 17). Dank seinem Hafen war A. eine wohlhabende Stadt. Dies änderte sich während des gesamten Altertums nicht. Eine Rolle spielt A. auch in der Simson-(Samson-)Überlieferung. Und zwar erschlug Simson (Samson) hier 30 Mann, als »der Geist des Herrn über ihn gekommen« war (Richter 14, 19). Die Tradition verlegt hierher auch Simsons (Samsons) Tod, obwohl dieser nach Richter 16, 21 in Gaza stattgefunden haben muß und nach Richter 16, 31 Simsons (Samsons) Grab zwischen → *Eschtaol* und → *Zora* lag. Nach assyrischen Texten bekam das Königreich *Askaluna*, dessen ungeheures Territorium sich von Jaffa bis hin nach → *Ono* erstreckt haben soll, im 8. Jh. Assurs Expansion zu spüren. Zur Zeit Tiglatpilesars III. (um 745–727 v. Chr.) erhob sich der tributpflichtige König von A. und verbündete sich mit Rezin von Aram (→ *Aramäer*) sowie mit Pekach von Israel (736/35–733 v. Chr.), dem Sohn des Remaljâhû. Im Jahre 732 hatte A. für diese Auflehnung schwer zu büßen. Dennoch erhob sie sich von neuem – diesmal gegen Sanherib (Sennacherib [705/4–681 v. Chr.]), der 701 A.s König Sidqa nach Assyrien deportierte. Während der Kriege, die Asarhaddon (681/80–669/68 v. Chr.) und Assurbanipal (669/68 bis ca. 630 v. Chr.) gegen → *Ägypten* führten, diente A. als Truppenbasis, und die Propheten sprechen von den Härten, die die Bewohner der Stadt damals zu erdulden hatten (Jerem. 25, 20; 47, 5; Amos 1, 8; Zephanja [Sophonias] 2, 4). Während der Kriegszüge Nebukadnezars II. (605–562 v. Chr.) wurden zahlreiche Bürger A.s verschleppt und die Stadt schließlich zerstört (Dezember 604 v. Chr.). Vor dem Untergang des Babylonischen Reichs (539 v. Chr.) bzw. zu Beginn der Perserzeit wurde A. eine Handelsniederlassung des phönik. *Ty-*

Steingutfigur eines Harfenspielers aus dem eisenzeitlichen Asdod. Höhe der Figur: 6 cm (s. S. 61).

ros, und als eine solche wurde es noch Ende der Perserzeit erwähnt. In frühhellenistischer Zeit, als die Stadt sich in der Gewalt der über Ägypten herrschenden makedonischen Dynastie der Lagiden (Ptolemäer) befand, wurde der ursprüngliche Stadtname Aškelon (Aschkelon) zu A. gräzisiert. Unter der neuen Namensform wurde A. Freihafen und Freistadt. Im Jahre 111 v. Chr. begann eine eigene Münzprägestätte zu arbeiten, und ab 104 v. Chr. wurden die Münzen nach der Freiheitsära der Stadt datiert. Alle Versuche der Hasmonäer (Makkabäer), A. in ihre Hand zu bekommen, schlugen fehl. Aus A. stammte Herodes der Große (37–4 v. Chr.), der in seinen späteren Jahren seine Heimatstadt mit Palästen, Tempeln und einer großen Stoa schmückte. A. erhielt damals auch → *Badeanlagen* und ein → *Stadion*. Als *Colonia Ascalon liberata et foederata* erlebte A. anschließend unter den Römern eine Zeit der Blüte. Wohnsitz griechischer Philosophen und Grammatiker, war A. da-

mals eine weltoffene, kosmopolitische Stadt, die unter anderem auch eine zahlreiche Judengemeinde beherbergte. Stadtgötter waren unter anderem Isis, Apollon und Herakles, vor allem aber verehrte man eine lokale Form der Atargatis (auch Derketo genannt) mit Frauenkopf und Fischleib. A. war eines der drei bedeutendsten Handelszentren Palästinas, und auch in byzantinischer Zeit war es eine noch immer städtische Ansiedlung von einiger Bedeutung. Aus der damaligen Phase stammt eine bed. Synagoge. Als Kreuzfahrerfestung war A. schließlich hart umstritten, und zwar zwischen Sultan Saladin und Richard Löwenherz.

Die Ruinenstätte bedeckt eine Grundfläche von rund 80 ha. Im Auftrag des *Palestine Exploration Fund* wurde 1920–1921 davon ein kleiner Teil ausgegraben. Auf dem Trümmerhügel Tell al-Khader kamen die Reste von Festungsanlagen zum Vorschein, wie sie für die Zeit der → *Hyksos* charakteristisch waren. Darüber lag eine 3 m dicke Schicht mit Überresten aus der Zeit ägyptischer Herrschaft über Palästina. Die Funde in dem betreffenden Stratum deuten auf enge Beziehungen mit der Welt der Ägäis und Zypern hin. Nichts Ungewöhnliches haben die Funde aus hellenistisch-römischer Zeit erbracht: Eine Agora, von Säulenreihen umgeben, im Süden von einer Exhedra begrenzt. Stufen führen hier hinauf, und zwei Statuen der Siegesgöttin flankieren den Aufgang. Einige Kilometer von A. entfernt stieß man bei neueren Sondierungen auf ein römisches Grab mit Wandmalereien. Hingewiesen sei schließlich noch auf die berühmten Mauerwerke des Richard Löwenherz, die 1192 errichtet wurden. Annähernd 3 km dieses Mauerzugs sind noch sichtbar, teilweise sogar noch unversehrt mit ihren Toren und Wehrtürmen.

A. N.

Asphalt Im eigentlichen Sinn natürliche oder künstliche Gemenge von Bitumen mit Stein. Oft auch für Bitumen allein gebraucht. Bei Bitumen handelt es sich um eine zähe, klebende, schwärzliche Masse aus verschiedenen hochmolekularen kolloidalen Kohlenwasserstoffen (Verdunstungsreste des Erdöls). Diese Substanz wird wiederholt in der Bibel erwähnt, und zwar unter der Bezeichnung *homer*. Das erste Buch Mosis (Gen. 14, 10) spricht von A.-Gruben (Lutherbibel: Erdharzgruben; neuere Übersetzungen: Erdpechgruben) im Tal Siddim unweit vom → *Toten Meer*, wo die Städte → *Sodom* und → *Gomorrha* lagen. Nach der Bibel fand A. Verwendung beim Turmbau zu Babel. Er diente in diesem Fall als Bindemittel des Ziegelbaus (Gen. [1. Mos.] 11, 3). Auch der Wiegenkasten, in dem Moses auf dem Nil ausgesetzt wurde, war mit A. abgedichtet (Ex. [2. Mos.] 2, 3). Neben *homer* kennt die Bibel noch zwei andere Bezeichnungen bituminöser Substanzen *kopher*, womit die Arche Noa kalfatert wurde (Gen. [1. Mos.] 6, 14), und *zephet*, das offenbar ganz ähnlichen Zwecken diente (Ex. [2. Mos.] 2, 3; Jes. [Is.] 34, 9 [deutsche Übertragungen geben in all diesen Fällen unterschiedslos: »Pech«; bei Ex. 2, 3 hat die Lutherbibel: »Erdharz und Pech«; neuere Übers.: »A. und Pech«). Daß bituminöses Material auch in Palästina Verwendung fand (und zwar schon seit der Älteren Bronzezeit), bestätigen ganz besonders die Ausgrabungen in → *Jericho*, wo man bituminöse Substanzen klumpenweise gefunden hat. Unter den Fundstätten der Eisenzeit sind besonders → *Tell Beth Mirsim* und → *Jerusalem* (Berg Ophel), neuerdings auch → *Arad* zu nennen, wo man bituminöse Substanzen in Töpfen aufbewahrte. Die reichsten Bitumenvorkommen des Nahen und Mittleren Ostens befanden sich in der Antike in *Mesopotamien*. Allerdings gab es Bitumen auch in Syrien, in Phönikien und Palästina. Hauptquelle war hier das Gebiet des Toten Meeres. Unter den Felsen seiner Randgebirge findet man einen hohen Prozentsatz asphalthaltigen Gesteins. Allerdings scheint dieses in der Antike im allgemeinen nicht abgebaut worden zu sein, obwohl weiches Bitumengestein aus der

Umgebung das Material ist, aus dem die schwarzen Fliesen der Fußbodenmosaike Herodianischer Bauten in → *Masada* bestanden. Anscheinend zog man es vor, die großen Asphaltklumpen zu sammeln, die auf dem Wasser des Toten Meeres trieben. Dies ist der Grund, weshalb griechische und römische Autoren das Tote Meer als »Asphaltsee« bezeichnen (vgl. Flavius Josephus *Antiquitates Iudaicae* 1, 174 und *Bellum Iudaicum* 4, 476 ff.; desgl. andernorts). Flavius Josephus vergleicht (*Bell*. 4, 479) die Asphaltklumpen auf dem Toten Meer ihrer Größe und ihrem Aussehen nach mit enthaupteten Stieren. Man habe sich in Booten an diese Klumpen herantreiben lassen und sie an Bord gezogen. Allerdings sei es äußerst schwierig gewesen, sich der zähen und klebrigen Fracht wieder zu entledigen. Nur mit Menstrualblut und dem Urin einer menstruierenden Frau habe sich die Masse lösen lassen (ders. ebd. 480). Man nannte die auf diese Weise gewonnene Substanz »Judenpech« (*bitumen Iudaicum* [Vegetius 1, 20, 1; 3, 56, 3 und anderswo]). Nach Angaben des römischen Architekten und Ingenieurs Marcus Vitruvius Pollio (*De Architectura* 8, 3, 2) gab es in → *Arabien* große Seen, die Bitumen in Form einer Emulsion hervorbrachten, so daß es von den anwohnenden Stämmen in der beschriebenen Weise gesammelt werden konnte. Plinius der Ältere (um 23–79 n. Chr.) beschreibt in seiner »Naturgeschichte« (*Naturalis Historia* 35, 178) das klebrige, zähflüssige Bitumen des Toten Meeres. Nach Diodorus Siculus (19, 98, 2) »treibt« jedes Jahr »eine große Menge von Asphaltstücken mitten auf dem Wasser. Ihre Länge kann bis zu mehr als drei Plethren betragen (1 Plethron = 100 Fuß [etwa 30 m]), meist sind sie jedoch nur 2 Plethren lang.« Diodor verlegte den See, dieses Phänomen aufwies, in das Gebiet der Nabatäer (Diod. 2, 48, 6). Einen direkten Beweis für die Ausfuhr des A.s vom Toten Meer nach → *Ägypten* gibt es nicht. Allerdings brauchte man A. in Ägypten zum Ein-

Gesamtansicht der Ausgrabungen M. Dothans in Asdod. Man erhofft sich von dieser Grabungsstätte, an der jetzt noch gearbeitet wird, nähere Aufschlüsse über die Kultur der → PHILISTER (s. S. 61).

balsamieren und für den Schiffsbau, ohne daß man über eigene Bezugsquellen verfügte. Dies legt den Schluß nahe, daß man sich des Materials vom Toten Meer bediente. Die zweite Hauptbezugsquelle für Ägypten war Phönikien. Von hier importierten die Ägypter auch Zedernholz und Zedernpech. Beides fand beim Einbalsamieren Verwendung. A. galt auch als Heilmittel. Nach Flavius Josephus brauchte man die Substanz »nicht nur beim Schiffsbau, sondern auch als Arznei. Tatsächlich ist sie Bestandteil vieler Medikamente« (Flavius Josephus *Bell.* 4, 481). Ähnliches berichten andere antike Autoren. Eine weitere bituminöse Substanz, Petroleum, wird zwar in der Bibel nicht erwähnt, erscheint jedoch unter der Bezeichnung *nepht* in der Mischna und im Talmud. Es geht dabei um die Frage, ob man Sabbathlampen auch mit Erdöl speisen dürfe (Mischna *Šabbath* 2, 2; Babylon. Talmud *Šabbath* 24 b). Das einzige Gebiet, wo man Erdöl in

Gruben gewann, war Mesopotamien. In Palästina scheint es vor der Römerzeit ungebräuchlich gewesen zu sein.

A. N. und J. R.

Assuan → *Elephantine*

Astarte, Aschtoreth, Ischtar Fruchtbarkeitsgöttin der Kanaanäer, der Sidonier (1. Kön. 11, 5; 2. Kön. 23, 13) und der Philister (1. Sam. 31, 10 [hier erscheint der Name in der Pluralform Aschtaroth, das sonst übliche *ʿAštōret* ist nach *bōšet*, dem hebräischen Wort für »Schande«, vokalisiert]). A. ist das weibliche Gegenstück zu → *Baal*, dem Gott des Gewitters und des befruchtenden Regens. Babylonier und Assyrier kannten sie unter dem Namen Ischtar als Göttin der Fruchtbarkeit und Liebe. Ihr in kanaanäischer Zeit in ganz Palästina verbreiteter Kult hatte auch unter den Israeliten seine Anhänger (1. Kön. 11, 33), schließlich bezeichnete ihr Name jede weibliche Gottheit schlechthin: man sprach von »Baalen und Astarten« (Richter 2, 13; 10, 6; 1. Sam. 7, 4; 12, 10) und meinte damit einfach das kanaanäische Pantheon. Der Prophet Jeremia beklagt ihre Verehrung in Juda und bei den Juden Ägyptens (Jer. 7, 18; 44, 17–19 [an beiden Stellen bezieht sich die Bezeichnung »Himmelskönigin« auf sie]). Zum Dienst der A. gehörte die kultische Prostitution. Tausende von Tondarstellungen, die fast an allen Fundstätten Palästinas aus kanaanäischer und israelitischer Zeit zum Vorschein kamen, hat man auf A. bezogen. Einige davon verraten ägyptischen Einfluß, andere dagegen ähneln phönikischen Gottheiten. Gewöhnlich wird A. als langhaarige nackte Frau dargestellt, die ihre Brüste hält. Mitunter trägt ihre Stirn Hörner. In einem → *Tempel* in *Naḫḫarīja* aus der Zeit der → *Hyksos* fand man eine Steinform für die Herstellung von A.-Figürchen aus Bronzeguß. In hellenistischer und römischer Zeit verschmolz A. im Nahen Osten mit Aphrodite–Venus–Allat.

A. N. und J. R.

Astemo → *Eschtemoa*

Atarim Die Bezeichnung begegnet im Zusammenhang mit einer Strecke des Auszugs der Israeliten aus → *Ägypten* und bezieht sich wohl auf den Abschnitt zwischen → *Kades-Barnea* und dem Berge → *Hor* (Num. [4. Mos.] 21 1). Der hebräische Originaltext der Bibel gibt an der betreffenden Stelle »Weg der 'tarim«. Die Lutherbibel hat daher »Weg der Kundschafter«, während neuere Übersetzungen teilweise »Weg von Atarim« anbieten, als ob 'tarim Ortsname wäre. Einige Gelehrte lesen *tarim* statt 'tarim, ziehen also »Kaufmannsweg« der Lesart »Kundschafterweg« vor. Nach Auffassung mancher Wissenschaftler handelt es sich um eine bis auf die heutige Zeit vielbenutzte Straßenverbindung für Karawanen zwischen 'ain al-qudērat (= Kades-Barnea) und → *Arad*. Längs der gesamten Strecke hat man Überreste aus der Bronze- und Eisenzeit gefunden. **A. N.**

Atarot Von den Gaditen nach dem Sieg über die Midianiter erbaute Stadt (Num. [4. Mos.] 32, 3 und ebd. 34). Mesa, der König von → *Moab*, berichtet auf seiner Stele (»Mesastein«), Omri, der König von Israel, habe A. befestigen lassen, er, Mesa, habe es jedoch zurückgewonnen. Heute Khirbet Attara, knapp einen Kilometer nördlich des → *Arnon*. Eine andere Stadt gleichen Namens im Gebiet des Stammes Ephraim (Josua 16, 7) ließ sich noch nicht identifizieren. A. N.

Äthiopien → *Kusch*

'Atlīt Kreuzfahrerfestung an einer der wenigen Stellen, wo die sonst flache und ungegliederte Küste Palästinas steil zum Meer abfällt. Der Ort ist deshalb archäologisch von Bedeutung, weil man hier sowohl die alte Sebuloniten-Levitenstadt → *Kartha* (Josua 21, 34) als auch die Poststation → *Mutatio Certha* vermutet, die der Pilger von Bordeaux (333 n. Chr.) in seinem Itinerar (19, 10) erwähnt. Bei Grabungen fand man Besiedlungsspuren von der mittleren Bronzezeit (18. Jh. v. Chr.) über die Spätbronzezeit, die Eisenzeit (9.–7. Jh. v. Chr.) bis zur persischen, hellenistischen und schließlich römischen Epoche. Ähnlich wie in al-Mina (→ *Alalach*) und anderen Küstenorten zeugen reiche Funde griechischer → *Keramik* vom lebhaften *Handel* des Küstengebiets mit den Inseln des östlichen Mittelmeers und dem ägäischen Raum. A. liegt nördlich von *Dor* an der Grenze zwischen Palästina und *Phönikien*, und in der Umgebung fanden sich auch Gräber mit Bestattungen phönikischen Typs. *J. R.*

Auranitis → *Hauran*
Avaris → *Tanis*

Awwiter Volksstamm im Land Kanaan, dessen Gebiet von Josua nicht unterworfen werden konnte (Josua 13, 3). Die A. wurden von Leuten aus → *Kaphtor* verdrängt (Deut. [5. Mos.] 2, 23). Einige halten die A. für eine letzte Restgruppe der → *Hyksos*.

al-Azarije → *Bethanien*

Einnahme Askalons durch Sanherib (Sennacherib [705/4–681 v. Chr.]). Relief aus dem Palast Sanheribs in Ninive (s. S. 64).

Azor Antike Trümmerstätte (Ruinenhügel). Eine der wichtigsten bronzezeitlichen Fundstätten Palästinas, in der näheren Umgebung von Jaffa sowie von Tel Aviv. Im hebräischen Text der Bibel nicht erwähnt, doch in der griechischen Fassung des Alten Testaments (der Septuaginta [→ *Alexandrien* a]) zu den Städten des Stammes Dan gezählt. Nach einem assyrischen Dokument von Sanherib (Sennacherib [705/4–681 v. Chr.]) erobert. Ausgrabungen wurden in den Jahren 1958–1959 von Jean Perrot sowie 1958 und 1960 von M. Dothan ausgeführt, und zwar hauptsächlich auf dem Gebiet der alten Begräbnisplätze, die Überreste sämtlicher Besiedlungsphasen des Ortes enthalten. Perrot stieß auf eine etwa 4 m tiefe, 11 m lange und 8 m breite, ovale künstliche Höhle, die nach Ausweis des Fundmaterials, das sie barg, zur Zeit des Chalkolithikums (der Kupfersteinzeit) in den Sandsteinfels gehauen worden sein muß. Die älteste Fundschicht erbrachte zahlreiche mehr oder minder bruchstückhaft erhaltene Ossuarien (Knochenbehälter [→ Bestattung]). Bei den meisten dieser Gefäße betragen die Längen-, Breiten- und Höhenmaße 60 × 30 × 50 cm. Die Ossuarien bestehen aus gebranntem, grobem Ton und haben meist die Form von Häusern (Hausurnen [→ Haus]), andere dagegen weisen Tierform auf. Ein dritter Typ schließlich hat die Gestalt ovaler Vorratskrüge mit einer Öffnung an der Gefäßschulter. Bei sämtlichen Ossuarien ist die Öffnung weit genug für einen menschlichen Schädel, und alle sind mit schematisch wiedergegebenen Figuren geschmückt, die man wohl als Totenwächter zu deuten hat. Daneben fanden sich kleinere Ossuarien, die offensichtlich als Opfergaben gedacht waren. Insgesamt kamen die Fragmente von weit mehr als 100 Ossuarien verschiedenster Form zum Vorschein. Das größte Interesse verdienen die Knochenbehälter des Hausurnen-Typs. Ihre Form und ihr Dekor erlauben Rückschlüsse auf die damalige Bauweise. Eine wichtige Rolle spielte offenkundig Holz. Balken bildeten das Fachwerk der Fassade, andere trugen das Dach und stützten die Seitenwände. Mitunter flankieren zwei Pfosten oder Masten den Eingang, deren Oberteil über die Fassade hinausragt. Dies erinnert an die Eingänge phönikischer oder assyrischer Tempel. Diese Fassade befindet sich stets an einer der Schmalseiten, und oft überragt ein ausgeprägter Giebel die Ossuarienöffnung. Manchmal läßt die Bemalung noch die Palmblätter erkennen, die das Dach bildeten, desgleichen das Mattengeflecht

bzw. das pflanzliche Gitterwerk der Seitenwände. In den meisten Fällen bestanden die Mauern jedoch wohl aus Bindwerk (Strohlehm) und waren mit einfachen geometrischen Motiven (Bändern, Dreiecken u. dgl.) bemalt. Bei einigen Häusern scheint es sich um Pfahlbauten gehandelt zu haben.
Die Frage ist, ob es sich bei den Hausurnen-Ossuarien von A. um Modelle ortsüblicher Haustypen handelt oder ob die hier wiedergegebene Architektur anderswo heimisch war und man nur bei der Herstellung von Totenurnen an einer überkommenen Form festhielt. Überraschen muß bei der Holzarmut des Landes die wichtige Rolle, die bei den zum Vorbild dienenden Bauwerken Holz gespielt haben muß. Andererseits entsprechen einige der Ossuarien einem südpalästinensischen Haustyp, während der Pfahlbautyp durchaus den Bodenverhältnissen des Küstengebiets von A. Rechnung trägt. An → Keramik, die Opfergaben enthielt, fanden sich Schüsseln auf hohen Füßen, flache Schüsseln, Gefäße sphärischer Gestalt und Miniaturkannen. Über den ältesten Bestattungen fanden sich weitere aus der gleichen Kulturschicht und Zeitphase. In diesem Falle aber handelte es sich um einfache Erdbestattungen in einer im Boden ausgehobenen Grube. In der obersten Schicht ließen sich Kochstellen nachweisen. Sie deuten darauf hin, daß Menschen hier hausten.
M. Dothan entdeckte auf dem von ihm ausgegrabenen Gelände Reste aus dem Chalkolithikum, der Übergangsphase zur Frühbronzezeit, der mittelbronzezeitlichen Phase II und der Eisenzeit. Aus der Mittelbronzezeit II stammen Pferdebestattungen – ein für die → Hyksos typischer Bestattungsbrauch. Weiterhin legte Dothan Gräber aus der Eisenzeit (12.–9. Jh. v. Chr.) frei, wobei sich fünf Bestattungsmethoden unterscheiden ließen, und zwar einfache Erdbestattungen in ausgehobenen Gruben, die durch charakteristische »Philisterware« (→ Philister, → Keramik) in das 12.–11. Jh. v. Chr. verwiesen wer-

Relief aus der Synagoge von Askalon (byzantinische Periode). Wegen der Darstellung eines siebenarmigen Leuchters (Menora [vgl. → TEMPEL]) bezeichnet man dieses Relief als ›Menora-Relief‹ (s. S. 64).

den; weiterhin Bestattungen in großen Tonkrügen (11.–10. Jh. v. Chr.); Sarkophage aus ungebrannten Luftziegeln (ebenfalls durch Keramik datiert [11. Jh. v. Chr.]), ferner Brandbestattung. Die Knochenüberreste der verbrannten Leichen wurden in großen Vorratskrügen beigesetzt (nach Ausweis von Tongefäßen mit Opfergaben und metallenen Grabbeigaben 2. Hälfte des 11. Jh. v. Chr.). Schließlich fanden sich auch Kollektivbestattungen in Gräbern, die von einer etwa 1 m hohen Mauer eingefaßt waren. Hier lagen die Leichen schichtweise übereinander – eine Generation von Toten über der anderen. Die zugehörige Keramik stammt aus dem 10. und 9. Jh. *A. N*

B

Baal, Baala → *Kirjath-Jearim*

Baalbek Stadt in der → *Libanon-Tal-ebene (al-Beqaʿa)* am Fuß des Antilibanon unweit der Quellen des Orontes (Asī Nehri). Der Name B. deutet auf vorrömische, ja vorhellenistische Besiedlung hin, obwohl ein archäologischer Beleg für die Richtigkeit dieser Vermutung nicht vorliegt. Versuche einiger Gelehrter, B. mit irgendeiner in der Bibel, den → *Amarnabriefen* oder assyrischen Quellen erwähnten Stadt in Zusammenhang zu bringen, haben sich als nicht sehr fruchtbar erwiesen. Umstritten ist auch die Bedeutung des Namens B. Zur Debatte stehen »Herr (*Baal*) des Tals« (*bek* durch Kontraktion aus *beqaʿa*) oder (*bek* = Stadt) »Baalsstadt«. Da man in hellenistisch-römischer Zeit Baal mit dem Sonnengott (griechisch *hēlios* = »die Sonne«) gleichsetzte, wäre der griechische Name *Hēliópolis* (»Sonnenstadt«) dann die korrekte Übersetzung des semitischen Originalnamens. Wenig ist auch aus hellenistischer Zeit über die Stadtgeschichte von B. bekannt. Im 1. Jh. v. Chr. war B. religiöses Zentrum der Tetrarchie (des »Vierfürstentums«) Ituräa. Nach deren Auflösung wurde es 17 v. Chr. dem Gebiet von Berytos (Beirut) zugeschlagen. Bei Pompeius' Intervention in Syrien (64–63 v. Chr.) unterstand B. einem gewissen Ptolemaios arabischer Herkunft, dem Sohn eines gewissen Mannaios. Ptolemaios behielt seine Position, weil er Pompeius hohe Geldsummen zahlte. Augustus siedelte die Veteranen zweier Legionen in Beirut und B. an, und als römische Kolonie trug die Stadt den Namen *Colonia Iulia Augusta Felix Heliopolis*. Auch weiterhin blieb die Stadt ein Zentrum der alten Kulte, bis Kaiser Theodosius der Große (379–395 n. Chr.) im Hauptbezirk eine dreischiffige christliche Pfeilerbasilika errichtete. Im 6. Jh. unserer Zeitrechnung wurden die Tempel zerstört, und im Jahre 637 fiel B. in die Hände der Araber.

Seine Berühmtheit verdankt Baalbek seinen außergewöhnlichen Ruinen aus der Römerzeit. Durch Inschriften weiß man, daß die Stadt Kultzentrum der heliopolitanischen Göttertrias *Juppiter Heliopolitanus*, Merkur (oder Bacchus) und Venus war. Der Bau der kolossalen Monumente muß sich über lange Zeit hingezogen haben. Als besonderer Förderer erwies sich wohl Antoninus Pius (138–161 n. Chr. [vgl. Joh. Malalas, *Chron.* 9, Seite 280 Bonn]). Einen der Tempel von B. erkennt man auf den *Münzen* aus der Zeit von Septimius Severus (193–211 n. Chr.) und Caracalla (211–217 n. Chr.). Noch heute erblickt man drei Tempel und einen monumentalen Tempelbezirk, den man über eine Freitreppe und durch Propyläen betritt. Die Altäre vom Typ des Turmaltars mit Innentreppen. Sechs Säulen vom Peribolos des Jupitertempels stehen noch aufrecht. Es handelte sich um einen Bau von kolossalen Ausmaßen: 16 m betrug die Höhe der Säulenschäfte, Blöcke von 3,90 m Breite und 9,50 m Länge bildeten das Podium. Besser erhalten ist der südlich vom Jupitertempel gelegene kleinere »Bacchustempel«. Sein reicher Skulpturen- und Ornamentschmuck wird gerühmt. Treppen ermöglichten ein Betreten der Dachplattform. Bescheidenere Maße weist daneben der Tempel der Venus auf. Er konnte restauriert werden. Nicht ganz klar sind die Baudaten. Der Beginn muß schon im 1. Jh. unserer Zeitrechnung gelegen haben, denn eine Inschrift an einem Säulenschaft des Jupitertempels stammt aus dem Jahre 60 n. Chr. Kaiser Traian (98–117 n. Chr.) befragte das Orakel des Jupitertempels vor seinem Partherfeldzug (113 bis 117 [genauer: 114–115] n. Chr.). Anscheinend begann man mit dem Bau der anderen Tempel im 2. Jh. unserer Zeitrechnung, und man darf annehmen, daß die Bauarbeiten bis zum 3. Jh. dauerten. *R. R. und J. R.*

Baal-Hazor (Baal Chazor) Ort auf dem Stammesgebiet von Ephraim, wo Davids Sohn Absalom an seinem Bruder Amnon die Vergewaltigung ihrer gemeinsamen Schwester Tamar rächte (2. Sam. 13, 23 ff.), auch in der Römerzeit bekannt. Heute Tell Asur, etwa 8 km nordöstlich von → *Bethel.* Gipfelpunkt des Berglandes von Ephraim. *A. N.*

Baal-Meon Stadt in → *Moab,* unweit von → *Madeba,* auf dem Gebiet des Stammes Ruben (Josua 13, 17 [hier unter dem Namen: *Beth-Baal-Meon*]). Der bloße Name B. findet sich Num. (4. Mos.) 32, 38; Beth-Meon heißt die Stadt beim Propheten Jeremia[s] (Jer. 48, 23). Um die Mitte des 9. Jh. v. Chr. wurde B. von Mesa, dem König von Moab, erobert und wiederaufgebaut (so der Mesa-Stein [vgl. → *Dibon*]). Später begegnet es (wieder unter dem bloßen Namen B.) im Talmud. Zur Römerzeit war B. ein großes, befestigtes Dorf. Eusebios kennt B. unter dem Namen Beelmaous und gibt seine Lage mit ungefähr 12 km Entfernung von → *Hesbon* an. Heute Ma'in, etwa 6 km südwestlich von Madeba. *A. N.*

Baal-Peor → *Beth-Peor*

Baal-Schalischa Platz im Gebirge Ephraim, wo Saul die Eselinnen seines Vaters suchte (1. Sam. 9, 4), auch im Zusammenhang mit Elisa (Elisäus) erwähnt (2. Kön. 4, 42). Die Lage des Ortes ist unbekannt.

Baal-Zaphon (Baal-Zephon) Nach Ausweis des Namens Ort mit einem dem gleichnamigen kanaanäischen Gott geweihten Heiligtum. B. bedeutet »Baal des Nordens«. Nach der Bibel Ort in → *Ägypten* »vor Pi Hachirot zwischen Migdol und dem Meer«, unweit der Stelle, wo die Israeliten trockenen Fußes durch das »Rote Meer« (wohl eher »Rietmeer«, »Schilfmeer«, »Sumpfmeer«) schritten, während ihre ägyptischen Verfolger umkamen (Ex. [2. Mos.] 14, 2 und 9; Num. [4. Mos.] 33, 7). Von entscheidender Bedeutung für die Lokalisation von B. ist der Weg, auf dem die Kinder Israels von Ägypten fort nach Kanaan zogen. Die Verfechter einer Nordroute verlegen B. in die Nähe des Sirbonis-Sees (Sabchat Bardawil) östlich von Pelusium. Möglicherweise handelt es sich um den *Mons Casius* nordöstlich von Sile, der in hellenistisch-römischer Zeit (und daher vielleicht auch schon früher) Kultstätte war. Sein Name erinnert an den Kasios-Berg bei Ugarit (*Rās Šamra*), und dieser galt als Sitz des »Baals des Nordens«. Ein phönikischer Brief erwähnt gleichfalls den Gott »B. und alle Götter von Tachpanches«. In Tachpanches hat man Daphne, das heutige *Tell ed-Defenne* (im Südosten des Mensale-Sees) wiedererkannt, das man daher gleichfalls als das biblische B. betrachtet. Es ist jene Stadt, wo der Prophet Jeremias, nach dem Fall → *Jerusalems* (586 v. Chr.) und der Ermordung des von den Babyloniern eingesetzten Statthalters Gedalja zur Flucht gezwungen, die letzten Tage seines Lebens verbrachte (Jer. 43, 4 ff.). Auch andere Orte in der gleichen Gegend sind in Vorschlag gebracht worden. Gelehrte, die an der Annahme einer Südroute festhalten, denken an einen Geländepunkt unweit von Suez. *A. N. und J. R.*

Eines der weit verbreiteten Astartefigürchen (aus der Spätbronzezeit) (s. S. 67).

Bab ed-Dra Grabungsstätte, im Altertum befestigte Stadt, an der Straße von Kerak (Kir Hareseth bzw. → *Kir Moab*) nach es-Safije (→ *Zoar*), einige Kilo-

meter vom Ostufer des Toten Meeres (→ *Totes Meer*) entfernt. In den Jahren 1965–1967 führte hier die *American School of Oriental Research* ausgedehnte Grabungen durch. Sie standen unter der Leitung von F. W. Lapp. Man entdeckte die Reste einer befestigten Stadt sowie zwei Friedhöfe.

Die Stadt war von einer unregelmäßig geführten, durch Türme verstärkten Mauer umgeben. Einer dieser Türme wurde freigelegt. Hauptsächlich konzentrierten sich die Ausgräber jedoch auf die beiden Friedhöfe. Hier ließen sich drei Typen von Bestattungen unterscheiden. Der jüngste dieser drei Bestattungstypen weist in die Zeit um 2300 v. Chr. und wird den Eroberern der Stadt zugeschrieben, die das alte B. niederbrannten. Die Ausgräber gebrauchen für ihn die Bezeichnung *tumulus tomb* (»Tumulus-Grab«, »Hügelgrab«). Ein solches Grab besteht aus einer engen, flachen Vertiefung, in die die Leiche zusammen mit Grabbeigaben (wie Keramikgefäßen und einem Dolch) gelegt wurde. Über dieser Vertiefung häufte man Steine, bis sie einen Hügel (Tumulus) von annähernd runder Grundfläche bildeten. Daher die Bezeichnung »Tumulus-(›Hügel‹-)Grab«.

Der Periode zuvor, der Frühbronzezeit Phase II (2600–2300 v. Chr.), gehören Gräber des »Ossuarien-Typs« an. Bei diesen handelt es sich um rechteckige Luftziegelgemäuer, deren Maße von 17 × 6 bis zu 6 × 5 m variieren. Der Eingang zu diesen Gräbern befand sich jeweils an einer der Längsseiten, die Böden der Kammern waren mit Geröllsteinen gepflastert. In jeder Kammer fanden sich Haufen von Gebeinen mehrerer Leichname. Daher die Bezeichnung »Ossuarien-(›Gebeinhaus‹-)Typ«.

Gräber des dritten Typs bezeichnet man als *pit graves* oder *fosse*-Gräber (engl. *pit* und franz. *fosse* = »Grube« »Erdloch«). Sie bestehen aus runden Erdlöchern von 60 bis 90 cm Durchmesser und rund 1 m Tiefe, in die eine Stufe hinabführt. Auf der einen Seite dieser Erdlöcher setzte man Schädel oder Schädelfragmente der Toten bei, die übrigen Gebeine wurden dagegen in der Mitte der Grube aufgehäuft. An den Seitenwänden des Erdlochs häufte man Keramikgefäße auf, und bei den Gebeinen wurden Figürchen gefunden, die eine Frau darstellten. Nach Ansicht der Ausgräber enthält das Gräberfeld von B. nicht weniger als 20 000 Bestattungen des *pit grave*-Typs. Sie stammen aus der prä-urbanen (der »vor-städtischen«) Phase der Ansiedlung und werden durch das Fundmaterial in die Zeit um 3150–3000 v. Chr. gewiesen.

A. N.

Babylon Eine der bedeutendsten Städte Mesopotamiens. Es galt (nach der Bibel) zusammen mit → *Akkad*, Erech (→ *Uruk*) und → *Kalne* (→ *Nippur?*) als eine der ersten vier Städte des Nimrod im Lande Sinear (Gen. [1. Mos.] 10, 10). Angeblich zusammen mit Nippur und Uruk von Marduk gegründet. Den Namen B. hat man als »Gottestor« *(Bâb-ili)* gedeutet. Die Israeliten interpretierten ihn anders. Sie brachten ihn mit dem Stamm *BLL* (»verwechseln«, »verwirren«) in Verbindung und erklärten ihn folgendermaßen: »Daher wird sie (die Stadt) B. genannt, weil der Herr hier die Sprachen aller Völker der Erde verwirrte (Gen. [1. Mos.] 11, 9)«. Es handelt sich hier ebenso um eine aitiologische Legende wie bei der Erzählung vom Untergang der Städte → *Sodom* und → *Gomorrha* oder dem Bericht von den Steinen vor der Höhle von → *Makkeda*. In den letztgenannten Fällen soll die aitiologische Legende besondere Charakteristika des Landschaftsbildes begründen, im Fall von B. steht sie im Dienste einer volksetymologischen Deutung des Stadtnamens. Die geläufige Form B. ist die gräzisierte Form dieses Namens. B. verdankt seinen Glanz – insbesondere als religiöses Zentrum – dem König Hammurapi (ca. 1728–1686 v. Chr.). Hammurapi war der 6. Herrscher der 1. babylonischen Dynastie. Er ist bis heute berühmt durch seine (allerdings wohl eher als Regierungsprogramm zu verstehende) Rechtskodifikation auf einer Stele (sog. *Codex Hammurapi* [eine

Silbernes Astartefigürchen aus der Spätbronzezeit (Naḫḫarīja) (s. S. 67).

schwarze Basaltstele, die inschriftlich 282 Gesetze enthält; sie wurde nach → *Susa*, der Hauptstadt von → *Elam*, verschleppt und dort schließlich 1901 bzw. 1902 wiederentdeckt)). Seine überragende Stellung, die B. Hammurapi verdankte, behielt es lange, obwohl bald ein langsamer Verfall einsetzte. Im Jahre 1531 eroberten die Hethiter unter Mursilis I. (ca. 1550–1528 v. Chr.) die Stadt, die in der Folgezeit Residenz der Kassitenherrscher war und später auch in Abhängigkeit von → *Assur* geriet. Besonders Tukultī-Ninurta I. (1235 bis 1198 v. Chr.), der die Statue des Marduk entführte, und Sanherib (Sennacherib [705/4–681 v. Chr.]), der neben Assur ganz besonders Ninive großzügig ausbaute und zur Residenz erhob, zerstörten B., das sich jedoch unter Assarhaddon (681/80–669/68 v. Chr.) von der Katastrophe wieder erholte und unter Nabupolassar (626/25–606/5 v. Chr.) und Nebukadnezar II. (605–562 v. Chr.) den Höhepunkt seiner Entwicklung erlebte. Im Bunde mit Nabonid von B. (556/5–539 v. Chr.) brachte der Achaimenide (Haxāmaniš-Nachkomme) Kurauš (Kyros II., der Große [559–529 v. Chr.]), König von Parsumaš und Anšan, das medische Großreich (→ *Medien*) seines Lehnsherrn und Schwiegervaters Ištuwegu (Astyages [558–550 v. Chr.]) zu Fall (550 v. Chr.). Danach stürzte Kyros auch seinen Verbündeten Nabonid. Vielleicht spielte dabei Nabonids Vorliebe für den Mondgott von → *Harran* eine Rolle, die ihn in B. unbeliebt gemacht und seine Position geschwächt hatte. Jedenfalls fiel im Jahre 539 v. Chr. B. an das persische Großreich des Kyros, und die Juden, die sich seit 586 v. Chr. (Zerstörung des Ersten Tempels) in Mesopotamien im »Babylonischen Exil« befanden, konnten wieder in ihre Heimat zurückkehren. Auch im Perserreich der Achaimeniden war B. noch immer eine der Hauptstädte des Reichs, und als Alexander der Große (356 [König: 336] bis 323 v. Chr.) seinerseits in B. einmarschiert war, dachte er sogar daran, B. zur Hauptstadt seines griechisch-makedonisch-iranischen Universalreichs zu machen und der Stadt ihren alten Glanz wiederzugeben. Nach Alexanders Tod (323 v. Chr.) sank B. zur un-

bedeutenden Provinzstadt herab. Dies war der Beginn eines langsamen, aber unaufhaltsamen Verfalls. Zur Römerzeit war B. nicht mehr als ein Trümmerhaufen. Seine Funktion als Ballungs-, Wirtschafts- und Verwaltungszentrum im südlichen Mesopotamien hatte längst das 312 v. Chr. von Seleukos I. Nikator (König ab 305/4 v. Chr.) als Hauptstadt des Seleukidenreichs gegründete *Seleukeia* übernommen, das allerdings nicht, wie B., am → *Euphrat*, sondern am Unterlauf des → *Tigris* lag. Später gründeten die Parther Seleukeia gegenüber die neue Residenz Ktesiphon. Beide Städte ergänzten einander (die eine als Handels-, die andere als Verwaltungszentrum), und die Autoren späterer arabischer Quellen betrachteten sie daher als Einheit unter der Sammelbezeichnung *al-madaʾin* (= »die [beiden] Städte« [Dual, so daß man geradezu »die Doppelstadt« übersetzen könnte]). Vom 8. Jh. unserer Zeitrechnung an übernahm dann Bagdad die Rolle des Zentrums am Euphrat- und Tigris-Unterlauf. Bagdad ist damit die (wegen des Zwischenspiels von Seleukeia-Ktesiphon allerdings nur indirekte) Nachfolgestadt B.s, die heute noch besteht.

Die Ausgrabungen der Deutschen Orientgesellschaft in B. unter Leitung von R. Koldewey erfolgten 1899–1917. Freigelegt wurde in der Hauptsache die Stadt Nebukadnezars II. (605–562 v. Chr.). Das altbabylonische B. (die Stadt Hammurapis [ca. 1728–1686 v. Chr.]) liegt unter dem heutigen Grundwasserspiegel. Die Aufmerksamkeit der Gelehrten war allerdings schon im 17. Jh. auf B. gelenkt worden, weil der italienische Reisende Pietro della Valle hier die ersten Keilschrifttafeln gefunden hatte, die lange ein in der Gelehrtenwelt heißumstrittenes Rätsel darstellten.

Die Ruinen des alten B. bedecken ein Areal von dreieckigem Grundriß mit der ungeheuren Ausdehnung von fast 10 km². Die neubabylonische Stadt erhob sich, von doppelten Lehmziegelmauern umgeben, an beiden Ufern des

Euphrat. Sie bildete ein Rechteck von 2,6 mal 1,5 km Seitenlänge und besaß insgesamt 8 Tore. Ein Ruinenhügel, *Tell Bābil*, ganz im Norden an der Außenmauer, trägt noch den Namen der alten Stadt. Hier wurde der Sommerpalast Nebukadnezars II. (605–562 v. Chr.) entdeckt. Mehrere andere Trümmerhügel innerhalb der Stadtgrenzen enthielten einige der glanzvollsten Bauwerke B.s. Sie konzentrieren sich ausschließlich auf das linke (östliche) Euphratufer. Eine gleichfalls von Nebukadnezar II. erbaute Brücke verband die beiden Stadthälften der neubabylonischen Zeit miteinander. Sie führte direkt zum Haupttheiligtum B.s: dem Mardukheiligtum Etemenanki mit der Ziqqurrat *E-SAG-ILA* (»Das Haus, das sein Haupt erhebt«). Sie war eine Nachahmung jener stufenförmigen Tempeltürme, die in frühdynastischer Zeit in den meisten Städten Mesopotamiens entstanden und wohl zur Entstehung der mit dem mißverstandenen Namen B. spielenden, volksetymologischen Sage vom »Turm zu Babel« (vgl. Gen. [1. Mos.] 11, 1–9) und der damit verbundenen Sprachenverwirrung beitrugen. Nach W. W. Tarn war die Zerstörung von *E-SAG-ILA* durch Xerxes Anlaß dafür, daß Alexander der Große Persepolis niederbrennen ließ. Im Norden der Innenstadt befand sich das berühmte Ischtar-(Ištar-)Tor (heute im Pergamonmuseum auf der Museumsinsel in Ost-Berlin). Es handelt sich um eine monumentale doppeltorige Anlage. Ihre Wände waren mit buntglasierten Ziegelreliefs von Stieren und Fabeltieren geschmückt. Von hier aus verlief eine Prozessionsstraße zu den Haupttheiligtümern der Stadt. Von ihr gelangte man auch in das große Stadtschloß, einen Baukomplex mit weiten Höfen, flankiert von Repräsentationshallen und Wohnräumen. Auch hier bildeten überall farbigglasierte Ziegel den Wandschmuck, sogar die Straße selbst war von farbigglasierten Ziegeldarstellungen eingefaßt. Sie zeigen Löwen zwischen Rosettenbändern. Ein Gewölbebau enthielt offensichtlich die

sog. »Hängenden Gärten« der legendären Semiramis, in Wahrheit gleichfalls ein Bauwerk Nebukadnezars. Hier kamen Tontafeln aus den Jahren 595 bis 570 v. Chr. zum Vorschein, auf denen unter anderem die Lebensmittelrationen für den im Babylonischen Exil lebenden König Jojakim von Juda verzeichnet waren. Im Norden, gleichfalls an der Prozessionsstraße, scheint sich das *akītu* (»Neujahrsfesthaus«) von B. befunden zu haben.

Wegen seiner Pracht bezeichnet Jeremias B. als »goldenen Becher in der Hand des Herrn« (Jer. 51, 7), und auch Jesaja (Isaias) spricht vom Glanz dieser Stadt (13, 19), jedoch auch von ihrem Untergang (ebd. ff.; 14, 4 ff.).

A. N. und J. R.

Bach Ägyptens → *Strom Ägyptens*

Bachurim Ort im Gebiet des Stammes Benjamin auf dem → *Ölberg*. Heimat des Schimei, des Sohnes Geras aus dem Hause Sauls (2. Sam. 16, 5 ff.), sowie des Asmawet, eines der »Helden Davids« (2. Sam. 23, 31). Davids Männer fanden hier Zuflucht vor Saul (2. Sam. 17, 17 f.). Lage unbekannt. Möglicherweise Ras at-Tmim unweit von et-Tur (→ *Bethphage*). *A. N.*

Badeanlagen Bäder und Waschungen waren ein wichtiger Bestandteil der biblischen Ritualvorschriften (Lev. [3. Mos.] 14, 8 f.; 15, 5; 2. Kön. 5, 9–14; Johannes 1, 28 und andernorts). Ein neugeborenes Kind wurde gebadet, bevor man es zum ersten Male anzog (Hesek. [Ezech.] 16, 4). Allerdings gestatteten die primitiven Lebensbedingungen der Zeit des Alten Testaments kaum Baden im Sinne der Römerzeit. In der Regel verstand man daher unter »Baden« das Eintauchen in ein natürliches Gewässer, beispielsweise einen Fluß (Ex. [2. Mos.] 2, 5 [Pharaos Tochter badet im Nil]; 2. Kön. 5, 9–14 [Naaman badet im Jordan, um sich von seinem Aussatz zu reinigen]). Besondere Badeeinrichtungen hatten die Häuser der alttestamentlichen Zeit normalerweise nicht. Badezimmer beschränkten sich auf besonders luxuriöse Wohnungen, wie sie in → *Ajjul* gefunden wurden. Tatsächlich entdeckte man dort eine besondere Kammer mit einem Bassin, das als Badewanne diente. Fraglich ist, ob Bethsabe im Haus oder im Garten badete, als David sie vom Dach seines Palastes erblickte (2. Samuel 11, 2), außer Zweifel steht dagegen, daß Susanne im Garten ihr Bad nahm (Daniel 13, 15 ff.). Die oben erwähnte Badegelegenheit im Hause entsprach einem in → *Ägypten* verbreiteten Typus. Tatsächlich gehörten Badezimmer in Ägypten durchaus zur Ausstattung der Wohnbauten. Auch in Palästen der Nachbarländer fanden sich ähnliche Baderäume. Zum Waschen der Füße, die man sehr häufig badete (Gen. [1. Mos.] 18, 4; 1. Sam. 25, 41; 2. Sam. 11, 8; Johannes 13, 4 ff.), bediente man sich einer Tonschüssel. Sie war flach, hatte jedoch in der Mitte eine Erhöhung. Schüsseln dieser Art fand man hauptsächlich in eisenzeitlichen Schichten.

Erst am Ende der hellenistischen, bzw. am Beginn der Römerzeit tauchen die ersten öffentlichen B. in Palästina auf. Die ältesten Anlagen dieser Art sind die von Herodes dem Großen (37–4 v. Chr.) erbauten Bäder auf dem Felsmassiv von → *Masada*. Ihr Vorhandensein an diesem Ort, wo man zwar Zisternen mit großem Fassungsvermögen, doch kein durchgehend fließendes Quellwasser besaß, zeugt von der Bedeutung, die Herodes Masada beimaß. Masada war demnach kein einfaches Glied in einem größeren Festungsgürtel, sondern – entsprechend den Angaben Flavius Josephus' – Herodes' eigener Zufluchtsort im Notfall. Weiterhin gehören zu Palästinas ältesten Badeanlagen die in Herodium. Sowohl die Thermen in Masada als auch die Bäder in Herodium entsprechen dem Plan der damals üblichen römischen Badeanlagen. Im wesentlichen umfassen sie folgende Elemente:
1. Das *apodyterium* (von griech.: *apodytērion* = »Auskleideraum« [*apodýō* = »ich lege ab«; *apodýesthai* = »sich ausziehen«]). Hier zog man sich aus.

Die Kleider wurden in eigens dafür vorgesehenen Schränken verwahrt.
2. Das *frigidarium* (= »Kaltbad«). Ein Bassin. Meist von einer Bank umgeben. Bisweilen waren die Wände dieses Raumes mit Marmor oder Marmorimitation (Fresko auf Wandputz) verkleidet.
3. Das *tepidarium* (von lat. *tepidus* [= »lau«]). Warmbad mit gemäßigten Temperaturverhältnissen. Gewöhnlich hatte es ein kleines Bassin, das mit wasserundurchlässigem Putz abgedichtet war. Oft enthielt es jedoch keinerlei Badegelegenheit. Es war dann einfach ein Korridor, der das *frigidarium* mit dem *caldarium* (s. unten) verband und in dem man sich abkühlte, wenn man aus dem *caldarium* kam, um sich im kalten Wasser des *frigidarium* zu erfrischen, oder – umgekehrt – sich langsam vorwärmte und auf die Hitze des *caldarium* einstellte, wenn man aus dem *frigidarium* kam. In der Regel waren die Wände eines solchen *tepidarium* reich dekoriert.
4. Das *caldarium* (= »Warmbad«). Als Schwitzbad war es der Vorläufer der späteren »Türkischen Bäder« bzw. der heute modischen finnischen Sauna. Oft bestand es aus mehr als einem Raum. In einem der *caldaria* befanden sich dann Bassins aus Ziegeln, oft mit Marmor verkleidet, im anderen nahm man dann das eigentliche Dampfbad. Die Ausmaße der Badebecken in den B. größerer Villen (oder in öffentlichen Thermen) gestatteten sogar das Schwimmen.

Die *Heizung* der Thermen erfolgte durch das übliche *Hypokaustensystem* (Fußbodenheizung). Der Boden eines so beheizten Raumes (eines *caldarium* etwa) ruhte auf zahlreichen kleinen Stützpfeilern über einem Hohlraum, durch den heiße Gase aus einer Feuerkammer strichen. Die Zuleitung dieser heißen Gase erfolgte durch Tonro̊hre oder aus Ziegeln gemauerte Züge. Aus ihnen strömte die Heißluft in die Zwischenräume zwischen den Fußboden-Tragpfeilern. Goß man Wasser auf einen so erhitzten Boden, gab es sofort eine heftige Dampfentwicklung. Weitere Rohre leiteten die Heißluft aus dem Dampfbad in den Nachbarraum, wo man das eigentliche warme Bad nahm. Durch Reduktion der Heißluftzufuhr milderte man die Temperatur auf das Maß der *tepidaria* herab. Rauchfänge in der Mauer ließen die heißen Gase nach außen entweichen.

Die Böden reich ausgestatteter B. waren mit Mosaiken geschmückt. Fresken zierten die Wände. Das Dach war ein steinernes Tonnengewölbe. Holz hätte sich in der Dampfatmosphäre der B. zu rasch verzogen, so daß Zugluft Zutritt zu den beheizten Räumen erhalten hätte. Es hätte sich auch zu rasch mit Kondenswasser vollgesogen und wäre verfault. Außerdem wäre bei den Räumen mit Hypokaustenheizung bei Verwendung von Holz die Brandgefahr zu groß gewesen.

Die öffentlichen Thermen wurden eine soziale Institution, die sich überall in Palästina verbreitete, sogar dort, wo Wasser eine Kostbarkeit darstellte (so in Mamschit und Oboda).

Die zutreffende Bezeichnung »öffentliche« B. findet sich im Talmud (*Aboda Zara* 1, 7; 3, 4). Es ist dort auch von einem »Bad der Aphrodite« in → *Akko* die Rede.

Andere B. standen im Zusammenhang mit natürlichen Thermalquellen, denen heilende Eigenschaften zugeschrieben wurden. Die bekanntesten Bäder dieser Art befanden sich in Tiberias (Flavius Josephus *Antiquitates Iudaicae* 18, 36) und → *Kallirhoe*, wo Herodes noch kurz vor seinem Tode zur Kur weilte (ders. ebd. 17, 171).   *A. N. und J. R.*

Bamoth-Baal Etappe auf dem Auszugsweg der Israeliten aus → *Ägypten* in → *Moab*, unweit vom → *Pisga* (Num. [4. Mos.] 21, 19). Hierher ließ der Moabiterkönig Balak den Bileam (Balaam) rufen, um die Israeliten zu verfluchen (ebd. 22, 41), doch Bileam (Balaam) segnete Israel statt dessen, und dies wiederholte sich mehrere Male (darunter auch auf dem »Späherfeld« des Pisga [ebd. 23, 14]). Der Ortsname B. bedeu-

tet »Baalshöhen« und deutet auf eine Baalskultstätte hin (wobei die Bezeichnung »Baal« sich wohl auf den moabitischen Hauptgott Kamoš bezieht). Später fiel B. an den Stamm Ruben (Josua 13, 17). Einige lokalisieren es in Khirbet (Chirbet) al-Quweiqiyeh *(ḫirbet al-quwēqije)* südlich des → *Nebo*.   *A. N.*

Banijas → *Caesarea Philippi*
Basan → *Baschan*

Baschan (Basan), Batanea Gebiet östlich des oberen Jordan-Tales, zum größten Teil wasserreiches, fruchtbares, ebenes Gelände. Seine Nordgrenze bildet der → *Hermon*, im Süden grenzt es an Gilead (Deut. [5. Mos.] 3, 8 ff. und Jos. 12, 1–5). Im Osten erstreckt B. sich bis → *Salcha* am Abhang des → *Hauran* (Dschebel ed-Drus [a. a. O.]), auf den sich wohl das Wort des Propheten Jesaja (Isaias) von den »Eichen von B.« bezieht (Jes. [Is.] 2, 13; vgl. Hesek. [Ezech.] 27, 6). Demnach gehörte auch der später unter dem Namen Trachonitis bekannte Landstrich zu B. Gerühmt werden den B.s reiche Weidegründe, die Rinder- und Schafherden Nahrung boten (Deut. [5. Mos.] 3, 7; 32, 14; Jerem. 50, 19 [und andere Äußerungen]). Vor der israelitischen Landnahme war Og König von B. (Num. [4. Mos.] 21, 33 ff.; Deut. 5. Mos. 1, 4; 3, 1 ff.; Josua 9, 10). Og residierte in → *Aschtaroth* und wurde bei → *Edrei* von den Israeliten geschlagen. Daraufhin war B. eines der Länder, die an die Stämme Gad, Ruben und Manasse verteilt wurden (Num. [4. Mos. 32, 33), und zwar fiel es an den »halben« Stamm Manasse (Deut. [5. Mos.] 3, 13; Josua 13, 30). Eine besondere Rolle spielten dabei Nobach, welcher *Kenat* eroberte (Num. [4. Mos.] 32, 42), und Jaïr, der → *Argob* einnahm (Deut. [5. Mos.] 3, 14; vgl. Num. [4. Mos.] 32, 41). Nach dem Zerfall des Salomonischen Reiches gehörte B. zu Israel, doch bald schon eroberte der König von Syrien Ramoth-Gilead (→ *Mizpa* [1. Kön. 22, 3 ff.; 2. Kön. 8, 28]), und zur Zeit Jehus fiel auch das übrige B. an Syrien (2. Kön. 10, 32 f.). Joas und sein Sohn Jerobeam II. gewan-

Astartefigürchen des DEA-NUTRIX-*Typs* (NUTRIX = ›Ernährerin‹). *Die Göttin hält mit beiden Armen ihre Brüste. Typisch eisenzeitlich mit walzenförmigem Rumpf und realistischem Kopf (s. S. 67).*

Ian-Gebiet umfaßte. In hellenistischer Zeit bildete B. eine eigene Verwaltungseinheit unter dem gräzisierten Namen *Batanea.* Judas Makkabäus eroberte einen Teil davon (1. Makk. 5, 17–45). Im Jahre 63 v. Chr. gliederte Pompeius (106–48 v. Chr.) B. dem Reich der Ituräer ein. Als 37 v. Chr. Herodes I. der Große den Thron bestieg, fiel B. an ihn und nach seinem Tode (4 v. Chr.) an seinen Sohn Philippos. Später von Agrippa I und II. regiert, wurde B. zur römischen Provinz *Syria* geschlagen. Schließlich kam es (nach Diokletians neuer Reichsordnung [um 300 n. Chr.]) an die römische Provinz *Arabia.*   A. N.

Baschan Havoth-Jaïr → *Argob* → *Havoth Jair*

Batanea → *Baschan*

Beer Ortsname, der »Brunnen« bedeutet (vgl. → *Beer lahai-roi* u. a.).
a) Eine der Etappen auf dem Auszugsweg der Israeliten aus → *Ägypten,* an der Grenze zwischen → *Moab* und dem Gebiet der → *Amoriter* (Num. [4. Mos.] 21, 16). Einige halten B. für identisch mit dem Ort Beer-Elim bei Jesaja (Isaias [15, 8]). Man neigt dazu, B. mit der et-Temed genannten Ortslage am Beginn des Wadi el-Wali bei Khirbet (Chirbet) el-Medeiyineh *(ḫirbet al-madaijine)* zu identifizieren.
b) Ort wo Jotam, der Sohn des Gideon, der als einziger in → *Ophra* der Ermordung durch seinen Bruder Abimelech entkommen war, vor diesem Zuflucht fand (Richter 9, 21). Vielleicht identisch mit dem Dorf el-Bireh nordwestlich von → *Beth-Sean.* Nach anderen → *Beerscheba.*   A. N.

Beer Lahai-Roi. Wasserstelle in der *Negev* zwischen → *Kades Barnea* und Bered. Nach Gen. (1. Mos.) 16, 7–14, hatte die vor Sarais Eifersucht geflohene Ägypterin Hagar, die Mutter Ismaels, hier eine Vision. Isaak kam von diesem Brunnen, als Rebekka bei ihm eintraf (Gen. [1. Mos.] 24, 62). Lage unbekannt. Nach einigen der etwa 25 km von Kades Barnea entfernte Bir Majin.   A. N.

nen B. Jedoch wieder zurück (2. Kön. 13, 25; 14, 25 und ebd. 28). Im Jahre 732 v. Chr. unterwarf Tiglatpileser III. (um 745–727 v. Chr.) B. (→ *Ijjon*) und verschleppte einen großen Teil seiner Bevölkerung (2. Kön. 15, 29 und ergänzend dazu die Annalen Tiglatpilesers).
Unter den Achaimeniden gehörte B. zu einem Verwaltungsbezirk → *Karnajim* (→ *Aschtaroth*), der B. und das → *Go-*

Beeroth Stadt der Gibeoniten (Josua 9, 17), den Städten des Stammes Benjamin zugeteilt (Josua 18, 25). Heimat von Baana und Rechab, die den Eschbaal (Luther: Is-Boseth [= hebr. »Mann der Schande«]) ermordeten (2. Kön. 4, 2 ff.), auch Nachraj, einer der »Helden Davids«, stammte aus B. (2. Sam. 23, 37). Nach Rückkehr der Juden aus dem Babylonischen Exil (ab 539/38 v. Chr.) wurde auch B. neu besiedelt, bzw. unter den Rückkehrern befanden sich auch »aus Kijat-Jearim, Kaphira und B. 743 Mann« (Esra 2, 25). Lage unbekannt. Vielleicht Nebi Samwil nördlich von → Jerusalem. Allerdings wird Nebi Samwil meist mit Rama oder Gibeon identifiziert. Auch al-Bire, etwa 16 km nördlich von Jerusalem, betrachtet man demgegenüber als B.   A. N.

Beerscheba Stadt im → *Negev*, von besonderer Bedeutung für die Geschichte der Patriarchenzeit.
Name: Die Überlieferung kennt folgende Namenslegenden: Abimelechs Knechte hatten einen Brunnen besetzt, der Abraham gehörte. Abraham und Abimelech trafen jedoch eine Übereinkunft, die sie beschworen – eine eidlich bekräftigte Übereinkunft, einen Vertrag *(scheba)* über einen Brunnen *(beer)*, daher B. = »Eidbrunnen« (Gen. [1. Mos.] 21, 25–31). Eine Dublette dieser Erzählung bringt den Namen mit Abrahams Sohn Isaak in Verbindung. Dieser sei nach B. gezogen und habe dort einen Brunnen graben lassen. Währenddessen habe ihn Abimelech aufgesucht, mit dem er einen Eidesvertrag abgeschlossen habe. Als der Vertrag beschworen worden sei, seien Isaaks Knechte mit der Meldung erschienen, man sei auf Wasser gestoßen. Isaak habe daraufhin diesen Brunnen B. genannt (Gen. [1. Mos.] 26, 23–33). Nach einer anderen Tradition soll B. »sieben Brunnen« bedeuten. Auch sie bezieht sich auf Abraham und Isaak, denen die Anlage dieser Brunnen zugeschrieben wird.
B. als Kultstätte: Nach dem Vertrag mit Abimelech pflanzte Abraham eine Tamariske (Gen. [1. Mos.] 21, 33 [Lutherbibel: »Bäume«]). In der Fortsetzung gibt die Lutherbibel: »... und predigte daselbst von dem Namen des Herrn, des ewigen Gottes.« Neuere Bibelübersetzungen behelfen sich mit: »... und rief dort den Namen des Herrn, des ewig lebenden Gottes, an.« Die Stelle besagt wohl, daß Abraham den Ort 'adonaj 'ēl 'olām nannte, so wie auch → *Beer Lahai-Roi*, wo Hagar ihre Offenbarung hatte (Gen. [1. Mos.] 16, 13 f.), den Namen »Du bist der Gott des Schauens« erhielt. Der Name 'ēl 'olām erinnert an eine kanaanäische Gottheit, an den höchsten Vatergott El, der später durch Jahwe verdrängt wurde. Später opferte Jakob auf dem Weg nach → *Ägypten* in B. »dem Gott seines Vaters Isaak« (Gen. [1. Mos. 46, 1]. Von Josua erobert, fiel B. an den Stamm Simeon mitten im Erbbesitz der Judäer (Josua 15, 28; 19, 2). Zur Zeit der Richter war B. bereits Stadt, vielleicht sogar Zentrum eines Distrikts (1. Sam. 8, 2). Wie es scheint, spiegelt ferner die Redensart »ganz Israel (und Juda) von → *Dan* bis B.« etwas von der Bedeutung, die B. u. a. auch als Kultzentrum besaß (Richter 20, 1; 1. Sam. 3, 20; 2. Sam. 3, 10 u. a.). Zusammen mit Dan traf B. dann auch der Zorn des Propheten Amos (Am. 8, 14), der jedoch auch die Kultstätten → *Bethel* und → *Gilgal* verwarf (ebd. 5, 5). Einen förmlichen Bildersturm, dem u. a. die Heiligtümer von Bethel und B. zum Opfer fielen, entfachte zum Zwecke der Kultzentralisation in Jerusalem König Josia von Juda (639/38–609 v. Chr. [vgl. 2. Kön. 23, 8 und 15]). Andere israelitische Heiligtümer, die unter der gleichen Entwicklung gelitten haben müssen, sind in der Neuzeit bei archäologischen Grabungen zum Vorschein gekommen, so die Tempel von → *Arad* und → *Lachis*. B. muß durch seine Beziehungen zur Patriarchenzeit den Vorkämpfern der ausschließlichen Legitimität des Jerusalemer Tempelkults ein besonders schmerzhafter Dorn im Auge gewesen sein.
B. in späterer Zeit: Nach der Rückkehr

aus dem Babylonischen Exil (also ab etwa 539/38 v. Chr.) neu besiedelt (Neh. 11, 27), war B. eine Zeitlang möglicherweise südlicher Grenzort von → Idumäa. Bis hierher drangen die schriftlichen Quellen über das Schicksal der Stadt in römischer und byzantinischer Zeit. Eusebios gibt in seinem Verzeichnis biblischer Ortsnamen (*Onomastikon* 50, 1) an, B., das er Bersabe nennt, sei ein großes Dorf, liege 20 römische Meilen im Süden von *Hebron* und beherberge eine Garnison. Gleichfalls als Garnison verzeichnet es ein wohl um 430 n. Chr. zusammengestelltes spätrömisches Staatshandbuch, die *Notitia dignitatum* (dort 73, 22). Auf der Mosaikkarte von → *Madeba* erscheint es unter dem Namen *Berossabe*. In byzantinischer Zeit gehörte B. zu *Palaestina Tertia*.

Ausgrabungen: Das biblische B. ist identisch mit dem *Tell es-Seba*, etwa 5 km östlich des heutigen B. Doch auch innerhalb der neuen Stadt, die sich über den Ruinen aus der byzantinischen Zeit erhebt, sind eisenzeitliche Gräber freigelegt worden, desgleichen aus der byzantinischen Periode zahlreiche Inschriften, Häuser, Kirchen und Gräber. Sie sind die Frucht eher sporadischer Grabungen, die im letzten Jahrzehnt im Auftrag des *Israel Department of Antiquities and Museums* von. J. Israeli und R. Cohen durchgeführt wurden. Erst im Sommer 1969 begannen im Auftrag der Universität von Tel Aviv großangelegte Grabungen auf dem Tell es-Seba. Sie stehen unter Leitung von J. Aharoni und erbrachten bereits Reste einer israelitischen Königsburg mit Magazinen. Auch in hellenistischer und römischer Zeit war der Tell es-Seba bewohnt.

Vorgeschichte, »B.-Kultur«: Schon in prähistorischer Zeit war das Gebiet um B. besiedelt. Von besonderer Bedeutung ist in diesem Zusammenhang die Ausgrabung von → *Bir Abu Matar*, wo eine Ansiedlung des Chalkolithikums (der Kupfersteinzeit [4. Jt. v. Chr.]) freigelegt wurde. Wegen zahlreicher Berührungen mit anderen Fundstätten im nördlichen Negevgebiet spricht man, auf Bir Abu Matar bezogen, von einer »B.-Kultur«, wegen Berührungen mit der Schlußphase von → *Teleilat el-Ghassul* neuerdings auch von einer »B.-Ghassul-Kultur«. Die Datierung der »B.-Kultur« beruht auf dem Radiokarbonverfahren (C-14-Methode).

A. N. und J. R.

Beisan → *Beth Sean*

Beitar, Bethar Festung in Juda, knapp 10 km südwestlich von → *Jerusalem* und ca. 650 m über dem Meeresspiegel gelegen. Heute Khirbet (Chirbet) al-Yahud (bzw. Khirbet [Chirbet] el-Jehud [= »Judenruine«]). Im Zweiten Jüdischen Aufstand (dem Bar-Kochba-Aufstand [131/32–135/36 n. Chr.]) schlug hier Simon (Simeon) bar Kochba (Kosba [später auch Kosiba bzw. Koseba genannt]) seine letzte Schlacht gegen die Römer. Der hebräische Bibeltext enthält den Namen B. nicht, dieser begegnet jedoch in der griechischen Version des Alten Testaments, der Septuaginta (→ *Alexandrien* a), im Verzeichnis der Städte Judas, und bei archäologischen Forschungen kamen Scherben der israelitischen Periode zum Vorschein. Auch Eusebios erwähnt B. in seiner »Kirchengeschichte« (*Hist. eccl.* 4, 6). Bewohnt war B. hauptsächlich zur Römerzeit. Aus byzantinischer Zeit und aus der Zeit nach der arabischen Invasion zeigen sich nur vergleichsweise spärliche Besiedlungsspuren.

Zwar ist B. noch nicht ausgegraben, doch Sondierungen haben ergeben, daß noch Reste der von Bar Kochba erbauten Festung erhalten sind. Sie erhob sich auf einer steilen Anhöhe und war an drei Seiten von tiefen Schluchten umgeben. Die Festung selbst umgab noch einmal ein Graben, der allerdings kein Wasser führte, doch etwa 4,5 m tief und 12,5 m breit war. Türme von rechteckigem und Bastionen von halbkreisförmigem Grundriß verstärkten die Mauern. Ihre Spuren lassen sich noch teilweise an den Garteneinfassungen des heutigen Dorfes Bittir (auch Batir umschrieben) verfolgen. Durch zwei, vielleicht auch durch drei Tore gelangte man ins Festungsinnere. Dort erblickt man heute nur noch die Reste eines einzigen Bauwerks (Maße: 9 × 7,5 m). Vielleicht handelt es sich um ein ehemaliges Arsenal, vielleicht auch um das Hauptquartier des Kommandeurs Bar Kochba. Topographisch gesehen, befindet sich die Festung in außerordentlich günstiger Lage. Anlage und Bauweise verraten jedoch die Hast, mit der man hier zu Werke ging. In der Umgebung Höhlen mit Skeletten und sog. Columbarien (vgl. Abb. Seite 121). Besonderes Interesse verdienen einige Eisenwerkzeuge, die man in B. fand. Möglicherweise handelt es sich um Geräte aus der örtlichen Münze (Münzprägeanstalt), wo die Aufständischen ihre eigenen Münzen schlugen.   A. N.

Beit Illo → *Gaasch*
Beit ilu-lahama → *Bethlehem*
Beitin → *Bethel*
Beit Lahm → *Bethlehem*
Beit Ras → *Capitolias*
Belvoir → *Jarmut*

Bene-Barak Stadt auf dem Gebiet des Stammes Dan (Josua 19, 45). Obwohl von späteren biblischen Quellen nicht mehr erwähnt, erscheint sie als eine der Städte des Königs Sidkia von → *Askalon*, die Sanherib (Sennacherib [705/4–681 v. Chr.]) im Jahre 701 v. Chr. eroberte. Zur Römerzeit war es Wohnsitz zahlreicher jüdischer Gelehrter. Ihr berühmtester war Rabbi Akiba, der den Grund für die Kodifikation der mündlichen jüdischen Tradition legte, für Bar Kochba eintrat und schließlich als Märtyrer des jüdischen Freiheitskampfes gegen Rom in Kaisareia (→ *Caesarea*) starb. Heute Keirije (auch Ibn Ibrak), östlich von Jaffa (bzw. Joppe) und südöstlich von Tel Aviv. Bei Ausgrabungen wurde in der Umgebung von B. ein Friedhof aus dem Chalkolithikum (der Kupfersteinzeit) freigelegt. Man fand → *Bestattungen* in Ossuarien. Wichtig für die Geschichte der kulturellen Beziehungen zwischen Pa-

Tonossuarium aus Azor. Diese Ossuarien des Hausurnentyps gestatten wertvolle Rückschlüsse auf die zeitgenössische Architektur. Oft überragt ein regelrechter Giebel die Gefäßöffnung (siehe S. 69).

lästina und Südosteuropa ist, daß man in B. einem Hausurnentyp begegnet, der sich auch in Boskowstein, einem chalkolithischen Fundort in Mähren, vorfand.   A. N. und J. R.

Bene-Jaakan (Bene-Jaaqan), Bne-Jaakan Etappe auf dem Auszugsweg der Israeliten aus → *Ägypten*, zwischen → *Moserot* und Chor-Hagidgad (Horgidgad; Num. [4. Mos.] 33, 31 f.). Eusebios verlegt es etwa 15 km vor *Petra*. Die Lokalisation ist unsicher. Einige suchen B. in der Nähe von → *Kades-Barnea*, andere vermuten es bei al-Birein unweit von *Nessana*.   A. N.

al-Beqaʻa → *Libanon-Talebene*
Berossabe → *Beerscheba*

Besek Stadt des Adoni-Besek, wo die Stämme Juda und Simeon gegen Kanaanäer und Perissiter (Lutherbibel: Pheresiter) kämpften (Richter 1, 4–7).

Nach der Bibel lag B. nördlich von → *Jerusalem*. Möglicherweise ist es identisch mit jenem B., wo Saul die Israeliten musterte (1. Sam. 11, 8). Eusebios erwähnt zwei benachbarte Ortschaften dieses Namens etwa 25 km von → *Sichem* entfernt an der Straße nach → *Beth Sean*. Lokalisiert in Khirbet (Chirbet) Ibzik (*ḫirbet ibzīq*), nördlich bzw. nordöstlich von → *Thirza*. A. N.

Bestattung → *Achsib; Affule; Ajjul; Atlit; Azor; Bab ed-Dra; Bene Barak; Beth Schearim; Dan; Dibon; Dolmen; Gezer; Hajonim-Höhle; Har-Jeruham; Hazor; Jericho; Kidron; Naim; Rabbath-Ammon; Šuqba-Höhle; Tell el-Asawir*

Bethabara → *Bethanien*

Beth Alpha Israelischer Kibbuz in der Ebene von Jesreel nordwestlich von → *Beth-Sean* am Fuß des Gebirges → *Gilboa*. Der sonst nicht belegte Name leitet sich von dem arabischen Dorfnamen Khirbet (bzw. Chirbet) Beit Ilfa (*ḫirbet bēt alfa*) her. Im Jahre 1928 wurde hier bei landwirtschaftlichen Arbeiten (beim Ausheben eines Bewässerungsgrabens) durch Zufall eine bed. Synagoge entdeckt, die 1929 E. A. Sukenik im Auftrag der Hebräischen Universität (Jerusalem) ausgrub. Eine aramäische und griechische Inschrift wies das Bauwerk eindeutig in die Zeit Kaiser Justins I. (518–527 n. Chr.). Es war die erste Synagoge ihres Typs, die je in Palästina entdeckt wurde. Ihr Fund erregte daher großes Aufsehen. Die Maße des Bauwerks betragen 28 × 18 m. Seine Mauern bestehen aus in Mörtel verlegten, mit dem Hammer behauenen Basaltblöcken. Insgesamt besteht die Anlage aus einem geräumigen Atrium mit einem Wasserbecken, einem Narthex und einer Basilika, deren Apsis nach Süden (nach → *Jerusalem*) weist. Das Atrium hatte ein grobes, einfarbig weißes Bodenpflaster, im Schiff des basilikalen Baus fand sich dagegen ein polychromes (mehrfarbiges) Fußbodenmosaik. Im Vergleich zu dem prachtvollen Mosaikschmuck der Synagoge von Hammath (→ *Ha-*

math-Tiberias) wirkt es allerdings etwas dilettantisch. Möglicherweise handelt es sich um ein Beispiel damaliger Volkskunst. Es setzt sich aus drei Feldern mit einfachen Darstellungen zusammen. Ein Schmuckband umrahmt sie. Auf ihm kann man in der Nähe des Eingangs die aramäische und griechische Weihinschrift lesen. Die erstgenannte erwähnt die Namen der beiden Künstler Marianos und Haninah, die diesen Mosaikfußboden schufen, die zweite gibt die Namen der Stifter und das Datum der Einweihung unter Justin I. an. Ein Büffel und ein Löwe flankieren die beiden Inschriften. Das erste Mosaikfeld schließt sich an. Es enthält eine biblische Szene: Abraham bereitet sich vor, seinen Sohn Isaak zu opfern. Man erkennt zwei Diener und einen Esel, der das Holz für das Opferfeuer trägt, außerdem einen Widder, der mit seinem Gehörn in einem Gebüsch hängengeblieben ist. Auf der rechten Seite hebt Abraham seinen Sohn auf den Altar, auf dem Feuer brennt, während am Himmel die Hand Gottes erscheint, um Abraham Einhalt zu gebieten. Bibelzitate erklären jede einzelne Szene. Das Mittelfeld – es ist rund und größer als die beiden anderen – enthält den Wagen des Helios, des Sonnengottes, den vier Pferde ziehen. Umgeben ist diese von Guillochen eingerahmte Darstellung von den 12 Tierkreiszeichen. Jedes dieser Zeichen trägt seinen Namen in hebräischer Schrift. In den Ecken der Quadrates, das dieses Tierkreiszeichen-Rad umgibt, erkennt man die vier Jahreszeiten. Sie sind als Brustbilder junger Frauen mit den jeweils jahreszeitgemäßen Früchten dargestellt. Das dritte Feld, das der Apsis und dem Tora-Schrein am nächsten war, enthielt die Darstellung eines von zwei siebenarmigen Leuchtern (= Menora) umgebenen Toraschreins und anderer Kultgegenstände der Synagoge: *schofar* (Widderhorn), *lulab* (Feststrauß, Palmzweig) und *ethrog* (eine Zitrusfrucht), schließlich eine Weihrauchschaufel und – auf beiden Seiten – ein Paar grimmigblickender Löwen. Die

Zwischenräume zwischen den Säulen waren mit rechteckigen Paneelen geschmückt, die vor dem Hintergrund geometrischer Dekormotive verschiedene Tierarten, insbesondere Vögel, aber auch Früchte zeigten. Der Fund der Synagoge von B. löste eine erbitterte Diskussion aus, wie weit ihr Mosaikschmuck mit dem mosaischen Bilderverbot vereinbar sei (vgl. auch → *Dura Europos* und → *Kapharnaum*). Der Streit verlor viel von seiner Hitze, als im Jahre 1931 ein Gelehrter namens I. N. Epstein in einer in der Leningrader Staatsbibliothek befindlichen Kopie des Jerusalemer Talmuds die Passage entdeckte: »In den Tagen des Rabbi Abun führten sie Mosaiken mit bildlichen Darstellungen ein, und er hinderte sie nicht daran.« Die Erwähnung des Rabbi Abun verweist diese großzügige Auslegung des mosaischen Gesetzes an den Anfang des 4. Jh. unserer Zeitrechnung. Umstritten ist heute noch immer, ob die Darstellung des Sonnengott-Viergespanns einfach ein Zitat ohne jede Bedeutung ist oder ob sie auf die Verfertiger des Mosaiks Bezug hat. Vielleicht wollten diese dadurch dokumentieren, wo sie ihre Kunst gelernt hatten. Abb. S. 101 u. 109. *A. N. und J. R.*

Bethanien a) B., auch *Beth-Abara* (»Haus der Furt«, »Furthausen«). Ort an jener Furt über den *Jordan*, wo Jesus getauft wurde (Matth. 3, 13–17; Mark. 1, 9 ff.; Luk. 3, 21 f.; Joh. 1, 28). Eusebios verlegt es östlich von → *Jericho* an das rechte (westliche) Jordanufer. Dem entspricht die Karte von → *Madeba*, die am rechten (westlichen) Jordanufer verzeichnet: »Bethabara [von] der Taufe des Heiligen Johannes.« Obwohl der Evangelist Johannes von B. »jenseits des Jordan« sprach und frühchristliche Tradition (darunter der Pilger von Bordeaux [333 n. Chr.]) daher die Taufstelle Jesu am Jordan-Ostufer suchte, erbaute dennoch Kaiser Flavius Anastasius I. (491–518 n. Chr.) entsprechend Eusebios und der Madeba-Karte seine Johanneskirche im Westen des Flusses. Auch der Pilger Arkulf, ein Bischof aus Gallien (670 n. Chr.), fand hier eine kleine Kirche vor. Heute befindet sich an der Stelle das griechische Johanneskloster (arab. *Qasr al-Yehud* bzw. *Kasr el-Jehud* [= »Judenschloß«]). Daß es zu solchen Unklarheiten der Überlieferung kommen konnte, erklärt sich vielleicht aus der historischen Situation zur Zeit Jesu. Jesus kam von Galiläa herab (Matth. 3, 13; Mark. 1, 9). Ein Jude aber, der damals von dort nach → *Jerusalem* unterwegs war, bevorzugte wohl zunächst das östliche Jordanufer, wo die Reise durch von Juden bewohntes Gebiet führte, um das Territorium der mit ihnen verfeindeten Samaritaner (→ *Samaria*) zu vermeiden. Erst bei der Furt von B. konnte man dann den Jordan wieder in westlicher Richtung durchqueren. Nach einem anderen Erklärungsversuch aber lag die Taufstelle – wie es nach Joh. 1, 28 den Anschein hat und wie es zumindest ein Teil der frühchristlichen Tradition will – doch am Ostufer des Jordan, wo die Madeba-Karte → *Ainon* verzeichnet. Johannes' »B. jenseits des Jordan« wäre demnach vielleicht mit Ainon identisch. Erst nach der arabischen Eroberung sei das Betreten des östlichen Jordanufers für christliche Pilger zu beschwerlich geworden, weshalb man das Gedächtnis der Taufe Jesu an das Westufer verlegt habe. Tatsächlich sind auch am Ostufer der betr. Furt Gebäudereste wahrnehmbar, in denen man Bauwerke wiederzuerkennen glaubte, die schon der Pilger Theodosius (530 n. Chr.) beschrieb.

b) Ort am Osthang des → *Ölbergs* (Mark. 11, 1; Luk. 19, 29), fünfzehn Stadien vor → *Jerusalem* (Joh. 11, 18), das Anania des Alten Testaments (Neh. 11, 32). Im Neuen Testament spielt B. eine bedeutende Rolle. Es war die letzte Station auf der Pilgerstraße von → *Jericho* nach Jerusalem (Mark. 11, 1). Jesus übernachtete hier nach seinem glorreichen Einzug in Jerusalem (Matth. 21, 17). Hier wohnte Simon der Aussätzige (Matth. 26, 6; Mark. 14, 3), vor allem

Ischtartor (Rekonstruktion). Von dieser Toranlage aus lief die Prozessionsstraße zu den Haupheiligtümern von → BABYLON (s. S. 75).

aber lebten hier Maria und Martha mit ihrem Bruder Lazarus (Luk. 10, 38 ff.; Joh. 11, 1; 12, 1). Auf *Lazarium* (den lateinischen Namen einer → *Kirche* über der Grotte, wo Jesus den Lazarus vom Tode auferweckt haben soll [Joh. 11, 1 ff.]), wird der heutige arabische Ortsname *al-Azariye* zurückgeführt. Schon

Origenes (etwa 185–254 n. Chr.) und der Pilger von Bordeaux (333 n. Chr.) erwähnen das Lazarus-Grab, von einer dort befindlichen Kirche sprechen bereits Eusebios und Hieronymus (um 348–420). Eine ausführliche Schilderung eines Gottesdienstes im *Lazarium* gibt Hieronymus' Zeitgenossin, die Pilgerin Aetheria (um 395 n. Chr.). Noch im 12. Jh. existierte an der Stelle des *Lazarium* eine Kirche. Nach wiederholten Zerstörungen entstand hier schließlich auf den Ruinen des christlichen Heiligtums eine Moschee. Außerdem fand nach der Überlieferung statt von B. Christi Himmelfahrt statt (Luk. 24, 50 f.). Als ihren genauen Ort bezeichnet man jedoch das näher bei Jerusalem auf dem Ölbergscheitel über dem Ölberg-Westhang gelegene et-Tur mit seiner »Himmelfahrtsmoschee« (→ *Bethphage*).

Ausgrabungen in B. wurden aus Anlaß eines Kirchenneubaus in den Jahren 1949–1953 von Franziskanern unter der Leitung des Paters S. J. Saller durchgeführt. Sie brachten Reste von vier übereinander erbauten Kirchen ans Licht, die im Osten des Lazarusgrabes lagen. Alle waren mit Mosaiken ausgestattet. Die früheste dieser Kirchen stammt aus dem 4. oder 5. Jh. Sie könnte das *Lazarium* der Pilgerin Aetheria sein. Die zweite stammt aus byzantinischer Zeit, die beiden übrigen aus dem Mittelalter. Bei den Kirchen fand man eine große Anzahl in den Felsen gehauener Gräber, einige von ihnen sogar innerhalb des Vorhofs, der als Friedhof gedient hatte. Doch darüber hinaus kamen auch Teile des alten Dorfs B. mit seinen Häusern, Weinkeltern, Zisternen und dergleichen mehr zum Vorschein. Die ältesten Keramikscherben weisen bis in hellenistische und persische Zeit zurück und deuten darauf hin, daß B. seit der Rückkehr aus dem Babylonischen Exil (etwa ab 539 v. Chr.) besiedelt war. Zahlreiche Funde stammen aus römischer, byzantinischer und späterer Zeit. *A. N. und J. R.*

Beth Awen → *Ai* → *Bethel*

Beth Cherem, Beth Hakkerem Judäischer Ort unweit von → *Jerusalem*. Name in den älteren Büchern der Bibel nicht belegt, doch die Septuaginta (→ *Alexandrien* a) fügt ihn zu den Ortsnamen hinzu, die bei Josua 15, 59 aufgezählt werden. Nach Jeremias 6, 1 war B. in Kriegszeiten Feuersignalstation. Als nach dem Babylonischen Exil Jerusalem wieder aufgebaut wurde, arbeitete Malkija, der Sohn Rechabs und Vorsteher des Bezirks B., am Misttor bzw. Aschentor (Neh. 3, 14). Gewöhnlich mit → *Ain Karim* (7 km westlich von Jerusalem) identifiziert, doch hätte man dort abgegebene Feuersignale schwerlich wahrgenommen. Daher verdient wohl die Identifikation mit einem anderen Ort den Vorzug: mit Khirbet es-Sali (bzw. *Ramat Rahel*) südlich von Jerusalem, wo ausgedehnte Grabungen durchgeführt wurden. *A. N.*

Beth Dagon a) Stadt auf dem Gebiet des Stammes Juda (Josua 15, 41). Der Name ist kanaanäisch und hat möglicherweise mit dem Gott Dagon zu tun, für den sich vielleicht hier ein Tempel befand. Identifiziert als Beth-Dajan oder Beth-Dadjan südwestlich von Jaffa.
b) Stadt an der Ostgrenze des Stammesgebiets von Aser (Josua 19, 27). Lage unbekannt. *A. N.*

Bethel Grenzstadt des Stammes Ephraim (Josua 16, 1–4), heute *Betin (Beitin)* an einer wichtigen Straßenkreuzung knapp 20 km nördlich von → *Jerusalem*. Lange Zeit wichtiger Kultort, dessen Bedeutung und Beliebtheit nicht zuletzt auf Bethels Bedeutung für die Patriarchengeschichte zurückging. So soll Abraham zwischen B. und → *Ai* einen Altar errichtet haben (Gen. [1. Mos.] 12, 8). Jakob hatte hier seinen Traum von der »Himmelsleiter« und gab dem Ort seinen Namen, der »Haus Gottes« bedeutet (Gen. [1. Mos.] 10–19). Gleichzeitig errichtete er zum Gedächtnis einen Kultstein (ebd. 22 [→ *Masseben*]). B. gehörte zu den ersten Städten, welche die Israeliten bei ihrer Landnahme eroberten (Josua 12, 16). Es war der Stamm Joseph, der B. in Besitz nahm (Richter 1, 22–26). Im Zusammenhang damit wird auch der alte Name der Stadt genannt. Er lautete *lūz*, was sich entweder als »Mandelbaum« oder (mit einigen etymologischen Umwegen) als »Zufluchtsstätte« (arab.: *lāḏa*) deuten läßt. Von der Kultstätte B.s ist zur Zeit der Richter die Rede (Richter 20, 26). Unweit von B. befand sich die »Deborapalme«, unter der die Prophetin Debora ihre Sitzungen abhielt (Richter 4, 5). Durch den Bau des Tempels von Jerusalem ging die Bedeutung B.s als Wallfahrtsort und Kultstätte erheblich zurück, doch nahm sie wieder zu, als das Reich Salomos zerfiel. Jerobeam, der König von Israel (932 [928] bis 911 [907] v. Chr.), errichtete »zwei goldenen Kälbern« Tempel in B. an der Südgrenze sowie in → *Dan* an der Nordgrenze Israels (1. Kön. 12, 28 f.) und nahm selbst an den Zeremonien in B. teil (ebd. 32 f. und 13, 1 ff.). Es folgte ein Besitzwechsel: B. fiel in die Hand des Abia, Königs von Juda (916 [911] bis 914 [908] v. Chr. [2. Chron. 13, 19]). Baascha (Baesa) gewann Stadt und Heiligtum jedoch zurück. B. zog nicht nur wie → *Beerscheba* den Zorn des Propheten Amos auf sich (Am. 5, 5), sondern vor allem den des Propheten Osee (Hosea), der den Namen *Beth-El* (»Haus Gottes«) zu *Beth-Awen* (»Haus der Bosheit«, »Haus des Frevels«, »Haus des Unheils«) entstellte (Hos. [Os.] 4, 15; 5, 8; 10, 5). Den heftigsten Angriff, einen regelrechten Bildersturm, führte König Josia von Juda (639/38–609 v. Chr.) gegen B. Von ihm wird berichtet: »Auch den Altar zu Bethel ... samt der Opferhöhe riß er nieder. Er verbrannte das Höhenheiligtum, zermalmte es zu Schutt und verbrannte die Aschera ... Er ließ die Gebeine aus den Gräbern nehmen und auf dem Altar verbrennen ...« (2. Kön. 23, 15 f.). Auch unter auswärtigen Feinden hatte B. zu leiden. 721 wurde es teilweise von den Assyrern zerstört, 587, im selben Jahr wie Jerusalem, ver-

wüsteten es die Babylonier. Doch aus dem Babylonischen Exil kehrten auch Angehörige des Stammes Benjamin nach B. zurück (Neh. 11, 31). Nur zweimal wird B. zur Zeit des Zweiten Tempels erwähnt. So wurde es von Bakchides, dem Militärbefehlshaber des Seleukiden Demetrios' I. Soter (→ *Arbel*), zur Festung ausgebaut (1. Makk. 9, 50) und im Ersten Jüdischen Aufstand gegen die Römer von Vespasian zerstört (Flavius Josephus *Bellum Iudaicum* 4, 511).

Ausgrabungen wurden in den Jahren 1934, 1954, 1957 und 1960 durchgeführt, und zwar unter W. F. Albright (1934) sowie unter J. L. Kelso (*American School of Oriental Research*). Einige Scherben (→ *Keramik*) waren die einzigen Spuren der frühesten Ansiedler (21. Jh. v. Chr., Ende der Frühbronzezeit). In der Schicht »Mittelbronzezeit I« fanden sich Überreste von Häusern (→ *Haus*), desgleichen ein kanaanäisches Höhenheiligtum, dessen Altar noch chemisch nachweisbare Opferblutflecken aufweist. Die erste Stadtmauer geht auf die Phase II der Mittelbronzezeit (die Zeit der Patriarchen) zurück. Ein ungewöhnlicher Torbau aus dieser Zeit wurde nach seiner Zerstörung durch die Ägypter nie wiederhergestellt. Unter den Trümmern dieser Befestigungsanlagen fand sich u. a. ein Siegel aus Ton. Nach Ausweis seiner Inschrift war es von durchreisenden südarabischen Weihrauchhändlern aus Ḥaḍramaut (→ *Arabien*) benutzt worden. Der Fund beweist, daß B. an der alten Weihrauchstraße lag. Nach der Zerstörung durch die Ägypter wieder aufgebaut, entfaltete B. einen ungewöhnlichen Wohlstand. Die entsprechende Schicht war reich an → *Keramik*. Die Privathäuser, die zum Vorschein kamen, waren mit Kanalisations- und Abwässeranlagen versehen. Aus dieser Zeit stammt auch ein weiteres Rollsiegel mit den Gestalten der → *Astarte* sowie des Baal. Über dieser spätbronzezeitlichen Schicht erkennt man eine dicke Lage von Asche und angerußtem Ziegelschutt. Sie deutet auf eine Brandkatastrophe hin. Wahrscheinlich steht sie mit der Einnahme der Stadt durch die Israeliten unter Josua in Verbindung. Die nächstfolgende eisenzeitliche Siedlung war kleiner und erbrachte wesentlich ärmlichere Hausruinen, im 10. Jh. entwickelte B. sich jedoch abermals zu einer starkbefestigten Stadt mit solideren Privatbauwerken. Mehrmals errichtete man im Laufe des 8. und 7. Jh. v. Chr. die Stadtbefestigungen neu. Die nächste vollständige Zerstörung brachte das Jahr 587 v. Chr., in dem Bethel das Schicksal Jerusalems teilte. In der Perserzeit wieder besiedelt, war B. zunächst nicht viel mehr als ein Marktflecken. Von den Hasmonäern (Makkabäern) erobert, bestand das neue B. auch in römischer Zeit fort. Im Jahre 70 ergab es sich den Römern. Die Byzantiner entdeckten das bronzezeitliche B. und beuteten es als Steinbruch aus. Das so gewonnene Material verwendeten sie zum Bau einer eigenen kleinen befestigten Stadt, in der sich eine Kirche befand, welche das Gedächtnis an den Himmelsleiter-Traum Jakobs wachhielt. Über ihren Resten erhebt sich die Moschee des heutigen Orts, deren Minarett aus so massiven Steinblöcken besteht, daß man daraus auf das Vorhandensein eines mittelalterlichen Klosters neben der Kirche schließt.   G. R. und J. R.

Beth Gibrin, Eleutheropolis Stadt in → Idumäa, rund 40 km südlich von → Jerusalem. Seine Bedeutung verdankt es der Zerstörung von Maresa (i. J. 40 v. Chr.) durch die Parther unter Orodes II. (57–37 v. Chr.) sowie seinem Sohn und Mitregenten Pakoros I. (gefallen 38 v. Chr.), die Quintus Labienus zum Krieg gegen Marcus Antonius aufgestachelt hatte. Flavius Josephus berichtet in seiner Geschichte des Jüdischen Krieges (*Bellum Iudaicum* 4, 447), B. sei von Vespasian erobert worden, der hier Truppen stationiert hatte. Im Jahre 200 n. Chr. erhob Kaiser Septimius Severus (193–211 n. Chr.) B. zur *polis* und verlieh der Stadt das *ius Italicum*. Damit genoß B. die Privilegien italienischer Städte, insbesondere waren Grund und Boden abgabenfrei. Entsprechend erhielt die Stadt den Namen *Eleuterópolis* (von griechisch *eleútheros* [»frei«] und *pólis* [»Stadt«, »Bürgerschaft«, »Gemeinde«, »Stadtstaat«]). Die Schaffung von Eleutheropolis war der Beginn einer eigenen Münzprägung mit Datierung nach der eigenen Stadtära. Bis zur Araberinvasion (im 7. Jh. unserer Zeitrechnung) war E. eine ungewöhnlich wohlhabende Stadt. Man findet sie auf der Peutingerschen Tafel, und auch das Itinerar des Pilgers Antoninus (6. Jh. unserer Zeitrechnung) erwähnt sie. Nach Eusebios ist sie die Heimat christlicher Märtyrer, die unter Kaiser Diokletian (284–305 n. Chr.) ihr Leben ließen, und ihr erster Bischof nahm teil am ersten ökumenischen Konzil, das 325 in Nikaia (Nicaea/Nizäa [Nordwest-Kleinasien]) abgehalten wurde. Das Eleutheropolis angegliederte ungeheure Gebiet umfaßte praktisch ganz → Idumäa und erstreckte sich bis nach En-Gedi (am → Toten Meer). Bis ins späte 4. Jh. n. Chr. gab es im »Daroma« genannten Südabschnitt dieses Territoriums einige Siedlungen, deren Bewohner an der jüdischen Tradition festhielten. Auch nach seiner Eroberung durch die Araber blieb Eleutheropolis, nun *Gibrin* genannt, bewohnt. Der arabische Geograph al-Muqqadasi († 985) berichtet, man baue bei Gibrin Marmor ab, und die Stadt sei reich an Gütern, die der Hauptstadt (Ramla) zuflössen. Allerdings ließe sich ein Bevölkerungsschwund verzeichnen. Später nahmen die Kreuzfahrer B. ein und errichteten hier gegen 1134 eine Zitadelle (*Gibelin*), die sich in der Hand der Hospitaliter befand. Archäologische Forschungen in B. erbrachten u. a. vorzügliche *Mosaik*-Kunstwerke aus der römischen und byzantinischen Zeit sowie Fragmente der Ornamentik einer Synagoge.   R. R.

Beth Guphnin → *Ophni*

Beth-Haran Stadt des Königs der → *Amoriter* Sihon (Sichon), von Moses dem Stamm Gad verliehen (Num.

[4. Mos.] 32, 36), bei Josua (13, 27) unter der Namensform *Beth Haram* erwähnt. In hellenistischer Zeit hieß die Stadt, gräzisiert, *Bethramtha*. Sie war damals Zentrum einer Toparchie, die zu → *Peräa* gehörte. Der Tetrarch (»Vierfürst«) Herodes Antipas (4 v. Chr. bis 39 n. Chr.) befestigte B. und benannte es in → *Livias* um, dies zu Ehren der Livia, der Gemahlin des Kaisers Augustus (Flav. Jos. *Antiqu.* 18, 27). Als Livia im Jahre 14 n. Chr. den Ehrennamen *Iulia Augusta* erhielt, wurde auch Livias in *Iulias* umgetauft (Flav. Jos. *Bell.* 2, 252). Unter Kaiser Nero (54–68 n. Chr.) dem Reich Agrippas II. (ab 50 n. Chr.) eingegliedert, wurde es während des Jüdischen Aufstands (66 bis 70 [73] n. Chr.) im Zuge der Kampfhandlungen in Peräa von den Römern erobert (68 n. Chr. [Flav. Jos. *Bell.* 4, 438]). Heute er-Rameh, etwa 10 km im NO des → *Toten Meeres* (Tell Iktanu mit den Ruinen der alten Stadt).

Beth-Horon (Bet-Choron) Stadt im Gebiet des Stammes Ephraim an der Grenze zum Stammesgebiet Benjamin (Josua 16, 5; 18, 13–14). Strenggenommen miteinander zusammenhängende Ortslagen: »Ober-« und »Unter-B.« Die obere Stadt lag in einer Schlüsselposition an der Straße von der Ebene zum jüdischen Bergland. Nachdem Josua fünf Könige der → *Amoriter* geschlagen hatte, verfolgte er sie bis zur Steige von B. (Jos. 10, 10), wo die Flüchtlinge durch Steinschlag umkamen (ebd. 10, 11). B. wurde den levitischen Kehatiten überlassen (Jos. 21, 22) und von einer Philisterabteilung heimgesucht (1. Sam. 13, 18). König Salomo baute sowohl Unter- (1. Kön. 9, 17) als auch Ober-B. (2. Chron. 8, 5) zur Festung aus. Außerdem erscheint B. auf jener Liste in Karnak, die der Begründer der 22. ägyptischen Dynastie, Pharao Scheschonk (oder Schoschenk [in der Bibel: Sisak bzw. Schischak]) von den Eroberungen seines Palästinafeldzugs aufstellen ließ, den er gegen Ende seiner Regierungszeit (und nach dem Zusammenbruch des Salomonischen Reiches) unternahm

(vgl. 1. Kön. 14, 25 f.; 2. Chron. 12, 2 ff.). Schließlich schlug Judas Makkabäus an der Steige von B. die syrische Provinzarmee des Seleukiden Antiochos IV. Epiphanes (175–164 v. Chr.) unter ihrem Befehlshaber Seron (1. Makk. 3, 13 ff.). In römischer Zeit entstand hier eine Festung zum Schutz der Straße. Heute *Bēt'ūr at-Taḥtā* (Unter-B.) und *Bēt'ūr al-Fōqā* (Ober-B.) nordwestlich von *Gibeon*. Vergl. auch → *Aseka* sowie → *Makkeda*. A. N.

Beth Jerach, Khirbet El-Kerak Einer der größten antiken Trümmerhügel Palästinas von mehr als 20 ha Grundfläche an der südwestlichen Ecke des Sees *Genesareth*, zwischen dem alten und neuen Flußbett des *Jordan* gelegen. Schon im 19. Jh. als das talmudische *Beth Jerach* identifiziert. Gleichzeitig das von Ptolemaios II. Philadelphos (285[283/82]–246 v. Chr.) gegründete Philoteria; nach anderen außerdem das von Flavius Josephus erwähnte Sennabris, am Nordende des Jordantals, wo Vespasian, dreißig Stadien von *Tiberias* entfernt, Lager schlug (Flav. Jos. *Bellum Iudaicum* 3, 447; 4, 455). Zwischen 1944 und 1955 wurden unter Leitung verschiedener israelischer Gelehrter hier intensive Grabungen durchgeführt. Weitere Grabungen – sie standen unter der Leitung von P. Delougaz – unternahm in den Jahren 1952/53 sowie 1963/64 das *Oriental Institute* der Universität Chicago. Kulturschicht I stammt aus der Frühbronzezeit. Die damaligen Bewohner hausten in Gruben, die ein Dach aus Zweigen hatten. Phase II erbrachte bereits rechteckige Häuser (→ *Haus*) aus Luftziegeln. Die → *Keramik* dieser Phase hat man als *red burnished band slip type* bezeichnet. Sie bedeutet einen großen Fortschritt gegenüber der älteren Strickwulstkeramik. In der Besiedlungsphase III erhoben sich die Luftziegelmauern über einem flachen Sokkel aus Basaltsteinen. Außerdem besaß die Ansiedlung der Phase III eine Stadtmauer aus Ziegeln. Die vierte Bauphase erstreckte sich über einen langen

Zeitraum. Es ist die Phase, in der B. seine Blütezeit erlebt haben muß. Die meisten Häuser der fraglichen Schicht bestanden aus Basalt. Eines davon maß 7 × 8,5 m. Auch die charakteristische »Khirbet-Kerak-Keramik«, die ihren Namen nach dieser Grabungsstätte erhielt, wo sie erstmals zum Vorschein kam, ist dieser vierten Besiedlungsphase zugeordnet. Die fragliche Kulturschicht (»B. IV«) entspricht chronologisch und typologisch der Phase III der Frühbronzezeit.

Ein Schnitt, der zur Untersuchung der stratigraphischen Verhältnisse an anderer Stelle quer durch die Schichten des Hügels gelegt wurde, ergab nicht weniger als 23 Besiedlungsschichten. Die ersten vier gehörten der frühbronzezeitlichen Stufe I an. Unter anderem enthielten sie ein Apsis-Haus. Fünf Schichten stammen aus der frühbronzezeitlichen Phase II, sechs aus der Frühbronzezeit, Phase III, drei aus Phase I der Mittelbronzezeit – sie erbrachten u. a. eine gepflasterte Straße und eine Töpferwerkstatt. Die Mittelbronzezeit-Phase II war durch ein Grab vertreten. Weiterhin fand sich eine Schicht aus der Perserzeit. Im Osten und Norden bot der See natürlichen Schutz. Mauern gab es daher nur an der Süd- und Westseite. Der älteste Mauerzug stammt aus den Frühphasen der Frühbronzezeit. Er bestand aus drei parallellaufenden Mauern, die zusammen eine Wehr von etwa 8 m Stärke bildeten. Nach außen war ihnen ein Glacis aus gestampfter Erde vorgelagert. Aus Basalt bestand das im Süden befindliche Stadttor, aus Basalt waren auch die Mauern selbst, man hatte sie allerdings mit Ziegeln verkleidet. Auch andere Mauerreste von Festungsanlagen stammen aus derselben Phase sowie aus der Mittleren Bronzezeit.

Der frühbronzezeitlichen Phase III werden auch die Reste eines geräumigen Bauwerks am Nordrand der Stadt zugeschrieben, dessen Maße 30 × 40 m betrugen. Allerdings sind von diesem Bauwerk nur die 10 m breiten Basaltfundamente erhalten geblieben. Sie bilden eine Art Pflaster mit 10 großen kreisrunden Vertiefungen, die etwa 10 cm tief unter das »Pflasterniveau« herabreichen. Jede dieser kreisrunden Vertiefungen ist durch zwei Trennwände in vier Abteilungen unterteilt. Im Hof des Hauses entdeckte man Öfen mit Khirbet-Kerak-Ware. Man hält den Bau für ein öffentliches Magazin mit Vorratskammern, doch ist diese Deutung keineswegs sicher.

Nach einer langen Periode des Unbewohntseins ließen sich in hellenistischer Zeit erneut Siedler in B. nieder. Man versah die Stadt nun mit einer rund 1½ km langen Mauer, die auf einem massiven Fundament von 5 bis 6 m Breite und 4 m Höhe ruhte. Ihre oberen Partien bestanden allerdings aus Ziegeln, von denen nichts mehr erhalten ist. Türme von abwechselnd rechteckigem und kreisförmigem Grundriß verstärkten diese Stadtbefestigung. Auf dem Südgelände des Hügels stieß man auf ein Stück der hellenistischen Stadt. Man fand eine von Häusern flankierte Straße. Eines der Häuser besaß einen gepflasterten Hof, den elf Räume umgaben. Einige der Häuser, die dem See zugewandt waren, waren bis zur Höhe der Fensterbänke erhalten geblieben.

Im Norden des obenerwähnten Magazins kam ein römisches Fort zum Vorschein. Es bedeckte eine Fläche von rund 55 m im Geviert, und an seinen Ecken erhoben sich Türme von rechteckigem Grundriß. Sein Tor befand sich, von zwei Türmen flankiert, an der Südseite. Auf dem Hof dieser Festung wurde schließlich ein Synagogenbau freigelegt. Seine Grundflächenmaße betragen 20 × 33 m. Es handelt sich um ein Bauwerk des basilikalen Typs, dessen Apsis nach Süden, nach → Jerusalem, wies. Das Schiff schmückten Bodenmosaiken, die Pflanzen, Vögel und Löwen darstellten. Eine Säulenbasis trug die Reliefdarstellung mehrerer Kultgegenstände. Man erblickt eine Menōrā (d. h. einen siebenarmigen Leuchter), einen Palmzweig (lûlāb), eine Zitrusfrucht (ethrog) und eine Weihrauchschaufel.

Auf dem betreffenden Teil des Hügels fanden sich auch → *Badeanlagen*. Das *frigidarium* (»Kaltbad«) war mit Marmor verkleidet und besaß in seinem Zentrum ein kleines Badebecken, das überdacht war. Die Decke des Raums zierten vielfarbige und vergoldete Mosaiken. Der Hypokaustenraum (die Fußbodenheizung) war von L-förmigem Zuschnitt. Über den Hypokaustenarmen befanden sich das *caldarium* (das »Heiß-« oder Dampf-Bad, Schwitzbad, vergleichbar einem »türkischen Bad« bzw. einer Sauna) sowie das *tepidarium* (ein Raum von gemäßigt warmer Temperatur [von lateinisch *tepidus* = »lau«]). Das Wasser wurde diesen Thermen durch einen Aquädukt zugeführt. Außerdem erbrachte der Nordteil des Hügels die Überreste einer *Kirche* von 12 × 13 Meter Grundfläche. Es handelt sich um ein Gebäude mit drei Apsiden. Erhalten ist noch Mosaikschmuck, der geometrische Muster aufweist. Der Bau stammt aus dem 5. Jh. n. Chr., die letzte Bauphase läßt sich in das 6. Jh., an den Anfang der Regierungszeit Kaiser Iustinians I. (527–565), weisen; genauer: in die Jahre 528–529. Im 7. Jh. wurde die Kirche zerstört. Auf ihren Ruinen errichteten Araber ihre Häuser.

A. N.

Beth-Jesimoth, Beth-ha-Jeschimot Stadt in der Ebene von → *Moab*, einer der Lagerplätze der Israeliten an ihrem Auszugswege aus → *Ägypten* (Num. [4. Mos.] 33, 49). Von den Israeliten erobert, als Sihon (Sichon) König der → *Amoriter* war (Josua 13, 21), und dem Stamm Ruben übereignet (ebd. 13, 20). Ortsansatz ungewiß. In römischer Zeit existierte ein Dorf namens *Besi-*

Sogenannter ›Codex Hammurapi‹. Die schwarze Basaltstele enthält die Gesetze des Herrschers (ca. 1728–1686 v. Chr.), dem → BABYLON seinen Glanz verdankte. Sie wurde nach → SUSA, der Hauptstadt von → ELAM, verschleppt und dort Anfang unseres Jh. wiedergefunden (s. S. 75).

moth im Norden des → *Toten Meeres* gegenüber von → *Jericho*. Man hat diesen Ort mit Khirbet Sweimeh *(ḫirbet suwēme)* identifiziert, sucht das alte B. heute aber eher auf dem *tell al-ʿazēme*.

A. N. und J. R.

Bethlehem a) Ort in Judäa, ca. 8 km südlich von → *Jerusalem*, möglicherweise bereits in den → *Amarnabriefen* (als *bēt ilu-laḫama*) erwähnt. In der Bibel ist von B. erstmals im Zusammenhang mit Rachel die Rede, die »starb und auf dem Wege nach Ephrat, d. h. Bethlehem, begraben« wurde (Gen. [1. Mos.] 35, 19). Die griechische Fassung von Josua 15, 59 (Septuaginta [→ *Alexandrien* a]) erwähnt B. als eine der Städte Judas (vgl. auch Richter 17, 7–9). Bei B. fand auch die Begegnung zwischen Ruth und Boas statt (Ruth 2, 4). Geburtsort Davids und Stätte, wo David von Samuel gesalbt wurde (1. Sam. 16, 4 sowie ebd. 12 f. und 17, 12), erhielt B. symbolische Bedeutung als Stammort der Dynastie Davids und Brennpunkt messianischer Hoffnungen, denn man erwartete, der Messias werde vom Stamm Davids sein (Micha [Michäas] 5, 1 enthält die berühmte, von Matth. 2, 6 zitierte Verheißung: »Du aber, B.-Ephrata, klein unter den Gemeinden Judas, aus dir soll mir der kommen, der in Israel herrschen wird«). Von Anfang an besaß B. strategische Bedeutung. Es lag an der Karawanenroute, die Jerusalem mit Hebron sowie → *Ägypten* verband. Vor der Zeit Davids unterhielten hier die → *Philister* eine Garnison, um den Ort gegen Angriffe aus Norden zu schützen (2. Sam. 23, 14), später gehörte es zu den Festungen, die Rehabeam ausbauen ließ, um Jerusalem gegen jede Bedrohung von Süden und Südosten zu verteidigen (2. Chron. 11, 6). Zur Zeit des Propheten Micha (Michäas [2. Hälfte des 8. Jh. v. Chr.]) hatte es diese Bedeutung allerdings schon längst verloren. Vor allem im Neuen Testament ist B. von größter Bedeutung. Als Geburtsort Jesu (Matth. 2, 1 ff.; Luk. 2, 4 ff. [vgl. Joh. 7, 42]) ist es für die Christenheit eine Gedächtnisstätte ersten Ranges. Im

Jahre 385 n. Chr. kam der Kirchenvater Hieronymus (um 348–420 n. Chr.) hierher. Er fand hier bereits die prächtige Konstantinsbasilika vor, beschäftigte sich jedoch mit der örtlichen Überlieferung und berichtet, wie seit den Tagen Kaiser Hadrians (117–138 n. Chr.), genauer: seit der Niederschlagung des Bar-Kochba-Aufstandes (→ *Beitar*), über der Kreuzigungsstätte Jesu (→ *Golgatha*) der Aphrodite (Venus) und dem römischen Staatsgott Iupiter gehuldigt worden sei, so habe man sich an der Geburtsstätte Jesu dem Adonis-Kult hingegeben. In der Höhle, wo Jesus einst als Kind geweint habe, habe man nun den Geliebten der Venus beweint. Ein früherer christlicher Gelehrter, Origenes (etwa 185–254 n. Chr. [→ *Alexandrien* a]), der sich seit 216 n. Chr. öfter in Palästina aufgehalten hatte, berichtet gleichfalls, daß man die Geburtsgrotte zeigte. Von einem Adonis-Kult erwähnt er jedoch nichts (*Contra Cels.* 1, 51). Nach den ersten ökumenischen Konzil von Nikaia (Nicaea/Nizäa [325 n. Chr.]) und der Pilgerfahrt seiner Mutter Helena, als auch auf Golgotha die gewaltige Grabes- und Auferstehungsbasilika errichtet wurde, ließ Konstantin der Große (Kaiser 306[312]–337 n. Chr.) auch in B. eine Kirche (die sog. Geburtskirche) errichten, von der Eusebios eine Beschreibung gibt und die auch der Pilger von Bordeaux (333 n. Chr.) bereits sah. Nach den erhaltenen Schilderungen war ihr Hauptschiff 33 m lang und 10 m breit, und an beiden Seiten schlossen sich je zwei Seitenschiffe an. Wie bei der Kirche auf Golgotha handelte es sich mithin um eine fünfschiffige Basilika. Am Ende des Hauptschiffs befand sich ein Oktogon (Achteckbau) von 18 m Durchmesser über der eigentlichen Geburtsgrotte, deren Decke wohl aufgebrochen war. 40 Säulen trugen das Dach der Basilika, deren Boden kostbarer Mosaikschmuck zierte. Bei einem Samariteraufstand aufs schwerste beschädigt, wurde dieser Bau durch Kaiser Iustinian I. (527–565) wiederhergestellt. Als einziger christlicher Sakralbau überdauerte er den Persersturm des

Jahres 614. Als Grund wird angegeben: Die Fassade der Kirche sei mit einem Mosaikbild geschmückt gewesen, das die Magier aus dem Morgenlande darstellte (Matth. 2, 1–12), und auf dieser Darstellung hätten die Eroberer die Tracht vornehmer Perser wiedererkannt. Im Jahre 1099 fiel B. in die Hände der Kreuzritter, welche die Geburtskirche um die Mitte des 12. Jh. ihrerseits instand setzten. Noch heute lassen sich in ihren Hauptzügen die Bauten Konstantins und Iustinians erkennen. Von Konstantin stammt die basilikale Grundstruktur mit einem Haupt- und insgesamt vier Seitenschiffen, die beiderseits des Hauptschiffs je zwei Säulenreihen voneinander trennen. Auf Iustinian gehen die drei um die Verlängerung der Basilika kleeblattförmig angeordneten Apsiden zurück, die den an der Stelle des alten Achteckbaus befindlichen Chor umgeben und ein Querschiff bilden, das dem Grundriß der Kirche Kreuzform gibt. So gut wie nichts ist jedoch vom Schmuck der alten Kirche erhalten. Ihr Mosaikboden wurde mit Marmorplatten belegt. Holzplatten schützen heute Reste des ursprünglichen Mosaikschmucks. Auch die Wände der sog. Geburtsgrotte sind heute mit Marmor verkleidet. Das ursprüngliche Felsgestein erblickt man nicht mehr. Weitere Ereignisse in der Geschichte dieses Bauwerks sind: sein Verfall unter den *Mamelucken*, die Entfernung des Bleidachs durch die *Türken* (1646), die daraus Kugeln gossen, die Restauration unter griechisch-orthodoxer Regie (ab 1670), die Beschädigung durch ein Erdbeben (1834) und schließlich ein Brand (1869), dem die mittelalterliche Ausschmückung der Geburtsgrotte zum Opfer fiel.   *R. R. und J. R.*

b) Stadt im Gebiet des Stammes Sebulon (Josua 19, 15), Heimat und Begräbnisort des Richters Ibzan (Ebzan [Richter 12, 8–10]). Nach der Zerstörung des Zweiten Tempels Sitz der Priesterfamilie Malchias, bekannt unter dem Namen B.-Zoria (= »B. von *Tyros*«). Heute *Beit Lahm* im Unterland von *Galiläa*,

etwa 10 km nordwestlich von → *Nazareth*.   *A. N.*

Beth Meon → *Baal Meon*

Beth-Peor (Baal-Peor) Stadt im Gebiet von → *Moab* (Ostjordanland), dem Stamme Ruben zugeteilt (Josua 13, 20). Lagerplatz der Israeliten (Deut. [5. Mos.] 3, 29). Unweit von hier verkündete Moses den Kindern Israels das Gesetz (ebd. 4, 46), und nicht weit von hier wurde er auch begraben (ebd. 34, 6). Eusebios führt B. unter dem Namen Betphogor an. Zur Römerzeit erhielt die Stadt ein Fort. Heute Khirbet esch-Schech Dschajil westlich des → *Nebo* in der Gegend von → *Hesbon*.   *A. N.*

Bethphage Dorf auf dem → *Ölberg* bei → *Jerusalem* (Matth. 21, 1), unweit von → *Bethanien* (Mark. 11, 1; Luk. 19, 29). Jesus ließ hier von seinen Jüngern die Eselin losbinden, auf der er am Palmsonntag in Jerusalem einzog (Matth. 21, 2 ff.; Mark. 11, 2 ff.; Luk. 19, 30 ff.). B. gehörte noch zu »Groß-Jerusalem« im weiteren Sinne, innerhalb dessen Passahpilger übernachten durften, die in der eigentlichen Stadt selbst keine Unterkunft mehr gefunden hatten. Vielleicht das östlich vom → *Kidrontal* auf dem Ölbergscheitel gelegene et-Tur, dessen Berglage einen vorzüglichen Blick über Jerusalem gewährt. Hier soll die Himmelfahrt Christi stattgefunden haben, an die (seit der Eroberung Jerusalems durch Sultan Saladin [1187] islamischer) Sakralbau, die sog. »Himmelfahrtskapelle« oder »Himmelfahrtsmoschee« erinnert. Schon die Pilgerin Aetheria (um 395) erwähnt sie als »imbomon«. Nach ihrer Zerstörung durch die Perser (614 n. Chr.) wieder aufgebaut, wurde sie 670 vom Pilger Arkulf abermals erwähnt. Der heutige Bau stammt aus der Kreuzfahrerzeit (1120 vollendet). Am Ortsausgang soll Jesus seine Jünger das Vaterunser gelehrt haben (Luk. 11, 2 ff.). Hieran erinnert die sog. »Paternoster-Kirche«. Schon Kaiserin Helena (326–333 n. Chr.), die Mutter Konstantins des Großen (306 [312] bis 337), errichtete hier eine Kirche (vgl.

Eusebios *Vita Constantini* 3, 43). Der Bau des französischen Karmeliterinnenklosters (1876) war Anlaß, daß man das Gelände eingehender durchforschte und schließlich 1910 die Ruinen dieser Konstantinischen *Eleona* (»Ölbergbasilika«) entdeckte. Andere verlegen B. östlich davon an den Ölberg-Osthang, wo die alte Straße über Bethanien nach → *Jericho* verlief. In dem dort als B. geltenden Ort befindet sich eine Franziskanerkirche, in der ein Stein mit mittelalterlichen Malereien gezeigt wird. Sie stellen u. a. die Wegführung der Eselin (s. oben) und die Palmsonntagsprozession (Jesu Einzug in Jerusalem) dar. Auch jüdische Zeugnisse späten Datums lassen keinen Zweifel zu, daß B. in unmittelbarer Nähe Jerusalems lag.

A. N. und J. R.

Beth ramtha → *Beth-Haran*

Bethsaida Stadt am Nordostufer des Sees *Genesareth*. Zu Beginn der Römerzeit übertrug Herodes Agrippa I. dem Ort Stadtrechte. Als *polis* führte B. nun zu Ehren der Livia, der Gemahlin Augustus', den Namen *Livias* (Flav. Jos. *Antiquitates Iudaicae* 18, 27). Nachdem Livia in die Julierfamilie aufgenommen worden war, nannte man die Stadt gelegentlich auch *Iulias* (Flav. Jos. *Bellum Iudaicum* 2, 168). Auch auf Iulia, Augustus' Tochter von der Scribonia, wird der Name *Iulias* zurückgeführt. Kaiser Nero (54–68 n. Chr.) schlug die Stadt zum Königreich Agrippas II. Das Neue Testament erwähnt die Stadt unter ihrem alten Namen B. als Heimat der Apostel Philippus, Andreas und Petrus (Joh. 1, 44; 12, 21). Jesus heilte hier den Blinden (Mark. 8, 22), und B. war eine der Städte, über die er Wehrufe ausstieß (Matth. 11, 21; Luk. 10, 13). Andererseits fand unweit von B. die Brotvermehrung statt (Luk. 9, 10), und auch Jesus' Wandeln auf dem See (Mark. 6, 45 ff.) wird von der Überlieferung hierher verlegt (vgl. jedoch auch → *Kapharnaum*). Heute *et-Tell* östlich der Einmündung des Jordan in den See.

A. N.

Tonfigürchen einer badenden Frau aus → BOZRA. *Badezimmer waren in Israel eine Seltenheit (s. S. 77).*

Beth Schämäsch Auch *Bet-Schemesch*, meist aber *Beth-Semes* umschrieben. Der Name bedeutet »Sonnenhaus« und lebt im heutigen Ortsnamen einer Ruinengruppe beim *tell er-rumēle, 'ain šams ('ēn šems* [= »Sonnenquell«]), weiter. Es handelt sich um eine Grenzstadt von Juda, im Nordosten der → *Sefīla* in den judäischen Vorbergen, unweit der Straße zwischen → *Jerusalem* und der Küstenebene (vgl. Josua 15, 10). Unter dem Namen *Ir-Schämäsch* als eine der Städte des Stammes Dan aufgeführt (Josua 19, 41), gleichzeitig jedoch mit Har-Heres (Har-Cheres) identifiziert, das die Daniten nicht erobern konnten und das daher in der Hand der → *Amoriter* blieb (Richter 1, 35 [vgl. ebd. Vers 33, wo davon die Rede ist, daß der Stamm *Naphtali* die Bewohner von B. und Beth-Anath nicht habe vertreiben können. »Sie blieben daher mitten unter den Kanaanitern, den eigentlichen Landbewohnern. Aber die Leute von B. und Beth-Anath wurden ihnen tributpflichtig«]). Dem Stamm Juda zugefallen (vgl. oben und Josua 19, 41), wurde B. Levitenstadt

(Josua 21, 16). Als die Bundeslade nach ihrer Odyssee durch die fünf Städte der → Philister (in alphabetischer Reihenfolge: → Asdod, → Askalon, → Ekron, → Gath sowie Gaza) wieder in die Hände der Israeliten zurückkehrte (sie war bei → Eben-Eser bzw. → Aphek in die Hände der Philister gefallen), war B. der Ort der Übergabe (1. Samuel 6, 12 ff.). Man nimmt daher an, daß B. damals bereits eine israelitische Stadt war. Als Gegenargument hat man das reiche Vorkommen philistäischer → Keramik im Stratum II! von B. sowie auf aus der Simson-(Samson-)Sage erschlossene Philisterkämpfe im Gebiet von → Sorek hingewiesen. Später gehörte B. zum zweiten der 12 Verwaltungsbezirke des Salomonischen Reichs (1. Kön. 4, 9). Gegen 800 v. Chr. wurde hier König Amazja von Juda (798/97 bis 779 oder 769 v. Chr.) von Joas von Israel (800/799–784 v. Chr.) geschlagen (2. Kön. 14, 11; 2. Chron. 25, 21) und geriet in Gefangenschaft (2. Kön. 14, 13; 2. Chron. 25, 23). Und als Ahas (Achas) regierte (743 [bzw. 736 oder 733] bis 727 [721] v. Chr.), eroberten die Philister B. zusammen mit anderen Städten (darunter → Gimso und → Socho a). In der Folgezeit hört man zunächst nichts mehr von B. Erst der Talmud (Megilla 81, 81) erwähnt eine kleine Stadt dieses Namens, desgleichen Eusebios, nach dessen Ortsnamenverzeichnis (Onomastikon 54, 11 ff.) B. (nun Bethsames genannt) rund 14 km von Eleutheropolis (→ Beth Gibrin) entfernt am Wege nach Nikopolis (→ Emmaus) lag. Für das Alter der Stadt spricht die Tatsache, daß B. wahrscheinlich mit einem Ort namens but-šemeš identisch ist, den die → Ächtungstexte (19. Jh. v. Chr.) erwähnen. Der Tell er-Rumeileh (tell er-rumēle), die Stätte des alten B. unweit von ῾ain šams (῾ēn šems), wurde 1911–1912 mit Mitteln des Palestine Exploration Fund ausgegraben. Die damaligen Ausgrabungen lagen in der Hand von Duncan Mackenzie. Eine weitere Grabung führten G. E. Wright und Elihu Grant auf Kosten des Haverford College durch,

und zwar in den Jahren 1928–1933. Insgesamt wurden bei diesen Untersuchungen sechs Besiedlungs-Schuttschichten nachgewiesen. Aus der Frühbronzezeit (Phase IV [um 2200]) stammt die älteste Schicht, die allerdings nur relativ spärliche Ausbeute erbrachte. Stratum V repräsentiert die Mittelbronzezeit II, die Periode der → Hyksos (rund 1700 bis 1500 v. Chr.). Die damalige Stadtmauer umschloß ein Areal von mehr als 3 ha Bodenfläche. Sie war durch Vorsprünge verstärkt, die mit nischenartig zurücktretenden Partien abwechselten (sog. Fleschenmauer). Die unteren Mauerlagen bestanden aus Massivsteinen. Über ihnen erhob sich ein Oberbau aus Ziegeln. Ein großes Stadttor fand sich an der Südseite. Es wurde von zwei massiven Türmen flankiert, die Räume für die Stadtwache enthielten. Auch Reste eines Hauses fand man, das sich an die Südmauer lehnte. Nach Ausweis von Mauerbreschen und einer Aschenschicht muß die damalige Stadt gegen Ende des 16. Jh. gewaltsam zerstört worden sein. Wahrscheinlich ist ihr Untergang einem der Kriege zuzuschreiben, die Amenophis I. (1527–1507 v. Chr. [Helck]) oder Thutmosis I. (1507–1494 v. Chr. [Helck]) führten, wenn nicht schon dem Gründer der 18. Dynastie, Ahmose (1552–1527 v. Chr. [Helck]), der den entscheidenden Sieg über die Hyksos errang. Neuerbaut wurde B. in der Spätbronzezeit (Stratum IV). Die Häuser dieser Phase sind von solider Bauweise. Bessergestellte leisteten sich behauene Blöcke. Zahlreich sind Magazine zum Aufbewahren von Vorräten. Zwei Brennöfen (Töpferöfen) bezeugen, daß man → Keramik herstellte. Doch auch der Fernhandel mit der ägäischen Welt, mit Zypern und → Ägypten blühte nach Ausweis der vorgefundenen Einfuhrgüter. Besondere Erwähnung verdienen zwei kurze Inschriften: Die Schriftzeichen der einen entsprechen sehr weitgehend (auch im Duktus) der alphabetischen Keilschrift von Kap Ugarit (Rās Šamra), die andere (ein Ostrakon [eine beschriftete Scherbe]) weist protosinaitische Zeichen auf. Schließlich stammt aus Schicht IV eines der beiden Spielbretter, die man in *tell er-rumēle* fand. Es hat Gegenstücke, die in → *Aj-jul* und auf dem → *Tell Beth Mirsim* ans Tageslicht gekommen sind. Unklar ist, wer schließlich das B. der Spätbronzezeit (Schicht IV) zerstörte. Es können ebenso Ägypter wie Philister oder gar die eindringenden Israeliten gewesen sein. Mit Stratum III beginnt in B. die Eisenzeit. Die Keramik der Phase I (Stratum III) ist hauptsächlich philistäisch. B. war die Grabungsstätte, an der Tonware dieser Art erstmals eingehende Studien unterworfen wurde. Außerdem gab es ortsansässige Metallverarbeitung. Die alte Stadtmauer wurde wieder instand gesetzt, bevor sie erneut, diesmal von den Israeliten unter Saul, niedergerissen und (entweder schon unter Saul oder erst unter David) abermals repariert wurde. Stratum II repräsentiert die Königszeit. Es ist seinerseits untergliedert in die Phasen II a–c, über deren genaue Datierung man sich nicht einig ist. Wegen der Übereinstimmung zwischen den Kasemattenmauern in B. und denen in Chazor (→ *Hazor*), → *Gezer* sowie → *Megiddo* plädieren israelische Gelehrte für eine Zuweisung dieser Mauern in die Salomonische Zeit, wogegen sie für die Jahre 795–750 v. Chr. eine Besiedlungslücke annehmen. Die Häuser lehnten an der Stadtmauer, ihre Eingänge öffneten sich nach den zur Stadtmauer parallellaufenden Straßen. Manche von ihnen besaßen 4 Räume. Der Wohlstand der Stadt beruhte auf ihrem bäuerlichen Hinterland. Zahlreiche Öl- und Weinpressen bestätigen dies. Beachtung unter den Kleinfunden verdienen bes. Siegel des lmlk-Typs (Königssiegel wie in Hebron, in Mamschit, → *Siph* und → *Socho*) sowie ein Siegel des »Eljakim, Dieners des Jochan« (wie in → *Tell Beth Mirsim*) besondere Beachtung. Die Zerstörung dieser Stadt schreibt man den Babyloniern zu (586 v. Chr.). Spärlich sind die Reste aus persischer und hellenistischer Zeit. Sie lassen nicht zu, von einer kontinuierlichen Besiedlung zu sprechen.

Erst in byzantinischer Zeit ließen sich wieder Menschen auf dem *tell er-rumēle* nieder. Ein Kloster wurde gebaut, und in der Araberzeit entstand hier ein Dorf namens ʿ*ain šams* (ʿ*ēn šems*), das heute seinerseits Ruinenstätte ist.

A. N. und J. R.

Beth Schearim Der Ort dieses Namens liegt an den Südhängen der Berge des unteren *Galiläa* mit weitem Blick auf den Westteil der Ebene *Jesreel*. Die jüdische Stadt bedeckte ein Areal von mehr als 5 ha Ausdehnung und war von einer berühmten Nekropole (wörtlich: »Totenstadt« [Friedhof]) umgeben. Unter anderem befand sich hier das Grab des Rabbi Juda I. Die erste Erwähnung von B. findet sich bei Flavius Josephus (*Vita* 24, 188 f.), der den Ortsnamen in der Form Besara wiedergibt und B. als das Zentrum der Besitzungen Königin Berenikes in der Ebene Jesreel bezeichnet. Die gleiche Namensform fand sich auf einer Inschrift, die bei den Ausgrabungen zutage kam: eine erneute Bestätigung dafür, daß man Josephus' Besara als B. anzusehen hat. Im 2. Jh. n. Chr. war B. Sitz des Sanhedrin und der Talmud rühmt die Taten und Aussprüche der Weisen und Rabbis, die hier lebten, ebenso wie die Schönheit der Bauten, die die Stadt zierten.

Die systematische Ergrabung der Nekropole sowie der Stadt selbst begann im Jahre 1936. Sie dauerte bis 1959 und stand unter der Leitung von B. Mazar (1936–1940; 1956–1959) sowie N. Avigad (1953–1955). Besonders in der Nekropole erbrachten diese Grabungen eine Fülle von Architekturelementen, Inschriften sowie menschlichen und tierischen Figuren als Grab- und Sargschmuck: ein bisher einzigartiger Zug jüdischer Bestattungsgewohnheiten.

Über die Bedeutung der in B. gefundenen Inschriften für unsere Kenntnis der Geschichte und Kultur des palästinensischen Judentums im fraglichen Zeitraum ist kein Wort zu verlieren. Sie fanden sich in großer Zahl an Särgen, Wänden, Decken und Türen und sind in griechischer, aramäischer, hebräischer und palmyrenischer Sprache

Milchgefäß aus BEERSCHEBA *(Chalkolithikum [Kupfersteinzeit]). An den beiden Ösenhenkeln aufgehängt, dienten Gefäße wie dieses als Butterfaß (s. S. 81).*

abgefaßt. B. diente als Zentralfriedhof der Judenschaft Palästinas und der benachbarten Gebiete. Der offensichtliche Grund bestand wohl darin, daß B. die Stadt des verehrten Rabbi Juda I. war, der hier gelebt und den man hier bestattet hatte. Fromme Juden wünschten, nahe dem Grabe des großen Weisen ihre letzte Ruhestätte zu erhalten. Als Flavius Claudius Constantius Gallus (röm. Kaiser 351–354 n. Chr.) die Stadt im Jahre 352 n. Chr. zerstörte, nahm die Zahl der Bestattungen ab. In byzantinischer Zeit hörten sie ganz auf. *Ausgrabungen auf dem Gebiet der Stadt:* Im Nordostabschnitt lassen sich fünf Bauperioden unterscheiden. Die erste dauerte vom Ende des 1. Jh. v. Chr. bis zur Mitte des 2. Jh. n. Chr., die zweite vom Ende des 2. Jh. n. Chr. bis zum Anfang des 3. Jh. unserer Zeitrechnung. Typisch für sie ist ein hoher Entwicklungsstand der Architektur. Von ihm zeugt ein großes öffentliches Gebäude, dessen Fundamente und Grundniveau zum Vorschein kamen. Es ist dies die Blütezeit der Stadt, in der der Bau ihrer ausgedehnten Katakomben begann. Während der dritten Periode (zweites Viertel des 3. bis Mitte des 4. Jh. n. Chr.) entstand hier eine *Synagoge,* ein dreischiffiger basilikaler Bau mit einem offenen Vorhof, dessen → *Jerusalem* zugewandte Fassade drei monumentale Torbögen bildeten. Am Ende des Mittelschiffs erkennt man eine erhöhte Plattform. In späteren Phasen wurden die Wände dieser Synagoge mit farbigem Putz und Marmorplatten verkleidet. Zur Dekoration gehörten u. a. Inschriften in griechischer und hebräischer Sprache. Diese Stadt fiel einer Brandkatastrophe zum Opfer, und zwar nach Ausweis eines Hortfundes von 1200 Münzen um die Mitte des 4. Jh. unserer Zeitrechnung. Dies wiederum entspricht zeitlich der Zerstörung zahlreicher jüdischer Gemeinden in Palästina durch die Legionen des Gallus Caesar (Flavius Claudius Constantius Gallus [351–354; s. oben]). Von der vierten Periode (von der Mitte des 4. Jh. an bis zum Ende des byzantinischen Zeitalters [7. Jh.]) sowie von der fünften (nach der arabischen Invasion bis einschließlich der Mameluckenzeit) sind nur spärliche Reste erhalten, die ohne besonderes Interesse sind.

Ausgrabungen in der Nekropole: Das ungeheuer weiträumige Friedhofsgelände des 2., 3. und 4. Jh. n. Chr. enthielt zahlreiche Katakomben, die man in den Felsgrund getrieben hatte. Einige dieser Anlagen waren offensichtlich privaten Charakters, andere dagegen, die größere Bestattungsfrequenz aufwiesen, waren anscheinend öffentliche Begräbnisplätze. In einem Fall (es handelt sich um Katakombe Nr. 1) wurden nicht weniger als 400 Bestattungen gezählt (→ *Bestattung*). Die Katakomben bestanden aus Gängen und Höfen. Von den Höfen führten Tore mit in Angeln beweglichen Steintüren zu Hallen, die teilweise mehrere Stockwerke übereinander aufwiesen und in einigen Fällen ihrerseits den Durchgang zu anderen Hallen bildeten. Von diesen Hallen wiederum zweigten Kammern ab, die die eigentlichen Gräber enthielten. Es gab verschiedene Grabtypen, am häufigsten war jedoch die Bestattung in kleinen Höhlen der Kammerseitenwände. Daneben aber fehlt es auch nicht an Gruben, die in den Boden eingelassen sind. Die Särge, in denen die Toten beigesetzt waren, bestanden aus Holz, Blei, Stein oder Ton. Außerdem sind Zweitbestattungen in kleinen Ossuarien (Knochenurnen) nachweisbar. Im allgemeinen weisen die Katakomben eine gewisse Uniformität in stilistischer Hinsicht auf, einige weichen jedoch in ihrer Form und Dekoration von dem üblichen Muster ab. Hierzu gehören die Katakomben Nr. 1–4, an deren Wänden sich eine ungeheure Vielfalt von Reliefs, Zeichnungen und Ritzungen entfaltet. Wiedergegeben sind typisch jüdische Symbole wie der Siebenarmige Leuchter (die *Menora*) und andere Kultobjekte. Auch Katakomben Nr. 14 und 20 sind zu nennen, deren weite Höfe aus drei Bogentoren gebildete Fassaden aufweisen. Katakombe Nr. 20 ist die weiträumigste und bedeutendste der Katakomben von B. Sie enthielt nicht weniger als 130 Kalksteinsärge und eine noch unbekannte Anzahl marmorner Sarkophage, in denen zwar Juden bestattet waren, die aber dennoch neben jüdischen Symbolen zahlreiche Darstellungen nichtjüdischen Ursprungs aufweisen. Auf Bodenniveau waren oberhalb der Katakomben einige Mausoleen errichtet und Höfe angelegt, in denen Zeremonien zum Gedächtnis der Verstorbenen abgehalten werden konnten.   *U. A.*

Beth-Sean Antiker Trümmerhügel (*Tell al-ḥuṣn* [gewöhnlich *tell el-ḥōṣn* umschrieben]) am östlichen Ende der Ebene Jesreel, dort wo diese ins Tal des Jordan abfällt, schon ca. 115 m unter Meeresniveau gelegen. Trotz seiner niedrigen Lage erreicht der Tell von B. (*bēt-š.'ān*) imponierende Ausmaße. Seine Position an bed. Straßen (insbesondere an einem Verbindungsweg zwischen → *Ägypten* sowie *Mesopotamien*) sicherten der Stadt, deren Ruinen er enthält, bleibende Bedeutung durch mehrere Epochen. Im Süden und Südwesten des Tell erstrecken sich die Überreste der hellenistisch-römischen und byzantinischen Stadt über ein ausgedehntes Areal. Hier liegt auch die moderne Nachfolgesiedlung *Beisan*. Seit 1921 ist B. Grabungsstätte. Die ersten Ausgrabungen wurden im Auftrag der *University of Pennsylvania* unternommen. Sie standen unter der Leitung von C. S. Fisher, A. Rowe und G. M. FitzGerald.

Bedeutung besaß B. vor allem in der Bronzezeit. Seit Eroberung der Stadt durch Thutmosis III. (1490–1436 v. Chr.) war B. eine wichtige ägyptische Festung. Dies gilt insbesondere für die Zeit Sethos' I. (1305–1290 v. Chr.) und Ramses' III. (1181–1150 v. Chr.), die nach ihren Siegen über die Seevölker (→ *Philister*) in B., wie es scheint, eine Söldnergarnison aus Angehörigen der unterworfenen Nationen errichteten. Die Israeliten wiesen die Stadt zwar dem Stamm Manasse zu (Josua 17, 11 und 16), doch offenbar war es – wie bei einer ganzen Anzahl anderer kanaanäischer Städte – nicht einfach, sie zu erobern (Richter 1, 27). Nach dem Sieg der Philister über die Israeliten in den Bergen von → *Gilboa*, wo Saul sich in sein Schwert gestürzt hatte (1. Samuel 31, 1–7; 2. Sam. 1, 4–10 und 1. Chron. 10, 1–7), stellten die Philister die verstümmelten (enthaupteten) Leichname Sauls und seines Sohnes Jonâthân auf der Mauer von B. zur Schau (1. Samuel 31, 8–10; 1. Chron. 10, 8–10). Die Männer von → Jabes-Gilead entführten die Leichen jedoch von hier (oder von → Rehob d südlich von B. [2. Samuel 21, 12]), verbrannten sie (1. Sam. 31, 12) bzw. bestatteten sie unter einem Baum zu Jabes-Gilead (ebd. 31, 11–13; 1. Chron. 10,11 f.). Die Brandbestattung stellt eine Abweichung von der Norm der Bestattung dar. Nach Beisetzung der Toten fasteten die Bewohner von Jabes-Gilead sieben Tage (1. Sam. 31, 13; 1. Chron. 10, 12). David sprach der Stadt für diese Tat Anerkennung aus (2. Sam. 2, 4 ff.), ließ jedoch die Überreste Sauls und Jonâthâns später nach → Sela überführen (2. Sam. 21, 12 ff.). Erst unter David fiel auch B. zusammen mit → Megiddo sowie Taanach an Israel, und zwar geschah dies im Zuge der Expansion des Reiches nach Norden. In der Folgezeit gehörten die drei Städte zum fünften Verwaltungsbezirk des Salomonischen Reiches, der Baana, einem der 12 Distriktkommissare Salomos, unterstellt war (1. Kön. 4, 12). Es folgt eine Phase des Rückgangs. Um 700 v. Chr. war B. praktisch verlassen. Neubesiedlung erfolgte erst in hellenistischer Zeit. Damals erhielt die Stadt den Namen Skythopolis (»Skythenstadt«). Ohne Zweifel geht er auf die Anwesenheit einer Abteilung skythischer Reiterei zurück, die Ptolemaios II. Philadelphos (285–246 v. Chr.) hier stationiert hatte. Als B.-Skythopolis sich im 2. Jh. v. Chr. in seleukidischer Hand befand, erhielt es außerdem den Namen Nysa, der mit dem Mythos und dem Kult des Gottes Dionysos zusammenhängt. Auf dem Rückweg aus der Galaaditis (= Gilead) kam auch Judas Makkabäus (166 bis 160 v. Chr.) nach B. Von den dortigen Juden hörte er, »daß die Bewohner von Skythopolis ihnen Wohlwollen entgegengebracht und ihnen, wenn es Schwierigkeiten gab, zur Seite gestanden hätten. Man bedankte sich dafür und forderte sie auf, auch künftig den Juden Freundschaft zu bewahren« (2. Makk. 12, 30 f.; vgl. 1. Makk. 5, 52). Von Johannes Hyrkanus (135/34–104 v. Chr.) erobert, fiel die Stadt im Jahre 63 v. Chr. durch Pompeius (106–48 v. Chr.) in römische Hand. 47 v. Chr. erhielt sie den Status einer unabhängigen polis und schloß sich der Dekapolis an (so Flavius Josephus Antiquitates Iudaicae 13, 280; 14, 75). Damit begann für B. eine neue Phase des Wohlstands. In christlicher Zeit entstanden in B. mehrere Kirchen und Klöster. B. war damals einer der Bischofssitze von Palaestina Secunda. Nach der Eroberung durch die Araber (636 n. Chr.) erhielt B. seinen heutigen Namen Beisan, der sich schon in der Mischna findet. In der Folgezeit verlor die Stadt ihre alte Bedeutung.

Insgesamt kamen nicht weniger als 18 Besiedlungs-Schuttschichten in einer Mächtigkeit von insgesamt 22 Metern zum Vorschein. Die ältesten (Schichten XVIII–XVII) gehören noch zum Spät-Chalkolithikum (der Spätphase der Kupfersteinzeit). Die protourbane Periode erbrachte Überreste von Wohnhäusern aus plankonvexen Ziegeln, denen »apsidale« Bauten aus plangeformten Ziegeln folgten (Schicht XVI). Schichten XVI–XI stammen aus der Frühbronzezeit. In ihnen fand man rechteckige Gebäude (Schichten XV bis XIV), deren Ziegelmauern auf Steinfundamenten ruhten. Sämtliche dieser Niveaus erbrachten typische zeitgenössische → Keramik sowie noch eine große Zahl von Feuersteinwerkzeugen. Gleiches gilt auch für die Spätphase der Älteren Bronzezeit (Schichten XIII–XI). Im Gegensatz zu anderen Grabungsstätten fanden sich in B. nur geringe Spuren aus der Zeit der → Hyksos (Mittelbronzezeit II b und e [Schicht X]). Die spätbronzezeitlichen Schichten (ab Schicht IX) repräsentieren den Beginn der ägyptischen Phase von B. Die Ausgräber gaben ihnen die Namen ägyptischer Pharaonen, ohne jedoch eine definitive Zuordnung vornehmen zu kön-

Tierkreiszeichen und Sonnenwagen, in den Ecken außerhalb des Quadrat-Inkreises die vier Jahreszeiten. Mosaik aus der Synagoge von → BETH ALPHA (s. S. 84). Der Fund dieser bildlichen Darstellungen in einer Synagoge erregte 1928/29 wegen des mosaischen Bilderverbots (Ex. [2. Mos.] 20, 4) ungeheures Aufsehen. Erst 1931 wurde in einer Leningrader Talmud-Handschrift der schriftliche Beweis für eine freiere Auslegung dieses Bilderverbots gefunden, und inzwischen wurden auch andere Synagogen mit bildlichen Darstellungen ausgegraben.

nen. Der älteste Tempel von B. stammt aus den Jahren um 1350 v. Chr. (sog. Amarnaperiode [→ *Amarna*]). Nach Ausweis einer Stele, die ein Ägypter namens Amenemhet und sein Sohn errichten ließen, war er dem kanaanäischen Gott Mekal, dem »Herrn von B.«, geweiht. Man sieht Amenemhet und seinen Sohn aufrecht vor dem Gott stehen. Im übrigen erinnert die Gott-

heit an den kanaanäischen Gott Rescheph, mit dem sie ohne Zweifel verschmolzen war. Aus Schicht VIII stammen ohne Zweifel zwei weitere Stelen mit ägypt. Inschriften der Zeit Sethos' I. (1305–1290 v. Chr.), die allerdings später als Baumaterial wiederverwendet worden waren. Die erste berichtet von militärischen Unternehmungen, die zweite ist zwar in einem beklagenswerten Zustand, enthält aber einen bedeutsamen Hinweis auf → *Chabiru* (vgl. auch → *Amarnabriefe*). Zwei Tempel von gleichem Grundriß fanden sich in den Schichten VII und VI. Das jüngere der beiden Bauwerke ist besser erhalten. Es war dem Pharao Ramses III. (1181 bis 1150 v. Chr.) geweiht. Das Mauerwerk bestand aus luftgetrockneten Ziegeln. Seine Nordsüdachse (Längsachse) maß mehr als 16 m, und an seiner Nordseite war es beinahe ebenso breit, während es nach Süden hin schmaler wurde. Ins Innere gelangte man durch zwei Vorräume von Süden her. Es enthielt einen Altar, hinter dem sieben Stufen ins Allerheiligste führten. Der Boden war von blauer Farbe und zeigte die lebensgroße Darstellung eines Falken mit den Kronen Ober- und Unterägyptens. Ähnlich hat man wohl den älteren Tempel der Schicht VII zu rekonstruieren. Er besaß einen wehrhaften Torturm, ein rechteckiges Bauwerk von fünf Räumen, dessen Eingang von Bastionen flankiert war. Bei einem Gebäude daneben handelte es sich wohl um die Residenz des ägyptischen Statthalters. Zwei eisenzeitliche, kanaanäische Tempel enthielt die präisraelitische Schicht V. Das südliche der beiden Bauwerke erhob sich über dem Ramses-Tempel der Schicht VI, war jedoch rechtwinklig zu diesem orientiert. Seine Länge betrug 15 m, und es enthielt eine Halle von 9 m Breite, die an beiden Seiten von kleineren Räumen flankiert wurde. Besser erhalten ist von diesem Heiligtum die Eingangspartie an der Westseite. Der Ostteil, wo sich der Altar befand, wurde demgegenüber durch spätere Bautätigkeit zerstört. Ein Hof trennte diese Anlage von einem zweiten Tempel, der nördlich davon lag. Seine rechteckigen Fundamente messen 15 × 9 m. Schichten IX–V erbrachten eine Fülle unterschiedlichster Objekte: Skarabäen, Statuetten der → *Astarte*, Kultgegenstände aus → *Keramik*, Tempelmodelle mit mehreren Stockwerken, Schmuck aus Gold und Silber, Gegenstände aus Fayence und Glas sowie Inschriften. Besondere Beachtung verdienen anthropoide (menschengestaltige) Sarkophage aus Terrakotta, die wahrscheinlich philistäischen Ursprungs sind, obwohl sich kaum typische Philisterkeramik fand.

Aus den Jahren 815–700 v. Chr. stammt Schicht IV. Sie zeichnen sich besonders durch Kargheit der Funde aus. Die damalige Ansiedlung war nichts mehr als ein Dorf mit bedeutungslosen Bauten. Ganz das Gegenteil gilt für die Stadt der hellenistisch-römischen Epoche (Schicht III). Sie besaß eine von Säulen flankierte Straße, ein → *Theater*, ein → *Hippodrom* und einen hellenistischen Dionysos-Tempel, der in der Römerzeit neu aufgebaut worden war. Das Theater war vollständig ausgegraben worden (s. unten). Die byzantinische Zeit repräsentiert Schicht II. Sie erbrachte die Überreste einer Kirche (eines Rundbaus), eines Klosters, aber auch einer Synagoge, welche in den Jahren 508/09 n. Chr. entstand. Ihren Boden schmückt vor allem eine prachtvolle Darstellung der Bundeslade, von zwei siebenarmigen Leuchtern (= Menora) und anderen Kultgegenständen umgeben. Signiert ist das Mosaik mit den Namen der beiden Mosaikbildner Marianos und Haninah, denen auch das Bodenmosaik der Synagoge von → *Beth Alpha* seine Entstehung verdankt. Durch Zufall wurde 1964 auch die Villa eines reichen Kaufmanns entdeckt, deren Mosaikboden eine Darstellung von Nilszenen mit einem Nilmesser (vgl. → *Siebenquell*) enthält. Inschriften erwähnen zwei Namen: Kyrios Leontis und seinen Bruder Jonâthân. Die oberste Schicht stammt aus der Zeit nach der arabischen Eroberung und der Kreuzfahrerzeit. 1183 zerstörte Sultan Saladin die Stadt. Die jüngste Ruine ist eine um 1400 erbaute kleine Moschee. *A. N. und J. R.*

Beth-Sean, Römisches Theater Dieses etwa 250 m südlich vom *Tell al-ḥuṣn (tell el-ḥöṣn)* gelegene Bauwerk wurde in den Jahren 1959–1961 von Shimon Appelbaum sowie 1962 von Abraham Negev freigelegt. Die Grabungen geschahen im Auftrag des Staatlichen Antikendienstes und der Israelischen Nationalparkverwaltung. Es handelt sich um das vollständigste Baudenkmal seiner Art auf israelischem Boden und um eines der besterhaltenen im gesamten Mittleren Osten. Größer als durchschnittliche römische Theater des Mittelklasse-Typs, mißt es 90 m an der Bühnenhausfassade (*frons scaenae*). 60 m beträgt der radiale Abstand vom Bühnenhaus bis zum entferntesten Punkt der Zuschauerraum-Peripherie (den Zuschauerraum bezeichnet man entweder griechisch als *koîlon* [»Höhlung«] oder lateinisch als *cavea*). Was dieses *koîlon* bzw. die *cavea* (den Zuschauerraum, das Auditorium) angeht, so waren Plätze für 8000 Zuschauer vorgesehen. Das weite Halbrund war in einen mergelhaltigen Abhang eingegraben und an seinem oberen Rand im Süden mit einer Mauereinfassung umgeben. Ein griechisch *diázōma* (= »Gürtel«), lateinisch *praecinctio* genannter Umgang teilte die Sitzreihen in obere und untere Ränge. Zugang erhielt man durch neun *vomitoria*, die Doppelgewölbe besaßen. Eine besonders bemerkenswerte Eigenart der *cavea* sind ovale Vertiefungen auf halber Höhe an der *praecinctio*, die der Verbesserung der Akustik dienten. Den ersten Rang, der auf Bühnenhöhe lag, bildete eine Marmorbank. Sie war Standespersonen vorbehalten und konnte durch eine Balustrade, die sich entfernen ließ, von den oberen Rängen dahinter geschieden werden. Es fanden sich noch Kerben, worin man diese Schranken befestigte. Hinter dem *pulpitum* (oder *proscaenium*) lief ein gewölbter Gang, das *hyposcaenium*. In seinem Ostteil enthielt er einen Altar, den der Architekt Absalom der Stadttyche geweiht hatte. Die *frons scaenae* bestand aus zwei Etagen mit korinthischen Säulenstellungen. Sie waren reich mit polychromem *opus sectile* ausgelegt (*opus sectile* ist eine Mosaikart, bei der die einzelnen Elemente nicht nur quadratisch, sondern auch rhombisch oder drei- bzw. vieleckig sind. Dies ermöglicht die Ausführung

komplizierterer Muster). Außerdem gehörten Friese mit Akanthus-Ranken sowie symbolischen Menschen- und Tierfiguren zum Dekor. Zwei Seitenhallen flankierten die Bühnenmauer und schlossen sich an die Wangen der *cavea* an. In der westlichen dieser Hallen fand man die Fragmente einer Statue, wohl des Hermes Psychopompos. Außerdem befand sich an jeder Flanke des Bühnenhauses ein Turm von kreisrundem Grundriß. Eine Wendeltreppe führte in seinem Innern auf das obere Stockwerk hinauf.

Man nimmt an, daß das Theater ursprünglich größer geplant war, daß man jedoch während der Bauarbeiten vom anfänglichen Plan abwich. Errichtet wurde es wohl unter der Dynastie der Severer (193–235 n. Chr.), doch war es wohl gegen Ende des 3. Jh. unserer Zeitrechnung bereits außer Gebrauch. Anfang des 4. Jh. entstand südlich vom Theater ein Podium für offensichtlich kultische Zwecke. Es wurde mehrfach vergrößert, bis man Ende des 5. Jh. am Westeingang des Theaters Häuser baute. Wiederinstandgesetzt wurde das Theater im 6. Jh., wahrscheinlich unter Justin I. (518–527 n. Chr.). Damals erhielt das *hyposcaenium* seine jetzige Form, und auch eine Wasserzuleitung wurde angelegt. Dies wahrscheinlich für Wasserspiele.   S. H.

Beth-zur Stadt in den Bergen nahe bei Hebron, zum Erbbesitz des Stammes Juda gerechnet (Josua 15, 58), von den Nachkommen Kalebs bewohnt (1. Chron. 2, 45) und von König Rehabeam (932 [928] bis 917 [911] v. Chr.) befestigt. Verwaltungszentrum in der Perserzeit (Neh. 3, 9), in hellenistischer Zeit unter der gräzisierten Namensform *Betsoura* bekannt. Das Gebiet um B. war Schauplatz der Niederlage des Lysias gegen Judas Makkabäus (1. Makk. 4, 29), der die Stadt erneut befestigen ließ (ebd. 4, 61 sowie 6, 7 und 26), doch nahm Antiochos V. Eupator B. ein (ebd. 6, 31 und 50), worauf sie Bakchides zur Festung gegen die Juden ausbaute (ebd. 9, 52 [vgl. auch

10, 14]). Schließlich eroberte Simon der Makkabäer B. zurück (ebd. 11, 65 sowie 14, 7) und befestigte sie abermals (ebd. 14, 33). Die Festung blieb während der gesamten Römerzeit bestehen. Heute Khirbet (Chirbet) et-Tabeiqah (et-Tubeiqeh [ḥirbet eṭ-ṭubēqa]), etwa 8 km nördlich von Hebron. Suchgrabungen haben ergeben, daß B. erstmals gegen Ende des 3. Jt. v. Chr. besiedelt und erstmals im 18. oder 17. Jh. v. Chr. von den → Hyksos befestigt wurde. Ähnlich wie in → Ai besteht eine Zeitlücke zwischen der letzten vorisraelitischen Schicht und der ersten israelitischen Niederlassung. Zu den Überresten aus späterer Zeit (vom Hellenismus an) gehörten die Ruinen einer mächtigen Festung. Anhand zahlreicher Münzen läßt sich die Geschichte des Ortes gut rekonstruieren. Eine dieser Münzen gehört zum Jehud-Typ, von dem nur sehr wenige Stücke gefunden wurden. Es handelt sich um Münzen der Perserzeit. Auch griechische → Keramik (→ Javan) kam zum Vorschein. A. N.

Bēt'ur al-Fōqa → Beth-Horon
Bēt'ur at-Tahta → Beth-Horon

Bezer Asylstadt auf dem Gebiet des Stammes Ruben in der Wüste des südjordanischen Hochlandes (Deut. [5. Mos.] 4, 43; Josua 20, 8). Den Leviten aus der Familie Merari übereignet (1. Chron. 6, 63). Von Mesa, dem König von → Moab (um 850 v. Chr.), erobert und wiederaufgebaut (→ Bozra b). Gewöhnlich mit umm al-'amad (etwa 10 km südöstlich von → Hesbon) identifiziert. A. N.

Bir Abu Matar (Tell Abu Matar). Chalkolithische (kupfersteinzeitliche) Fundstätte, rund 1¹/₂ km südöstlich von → Beerscheba, fast ebensoweit von → Bir es-Safadi entfernt. Ausgegraben in den Jahren 1952–1954 unter der Leitung von Jean Perrot vom Französischen Nationalen Forschungszentrum (C.N.R.S.).
Die Ansiedlung bestand aus unterirdischen Wohnhöhlen, die man durch Schächte erreichte. Man gelangte durch sie in ovale oder kreisförmige unterirdische Räumlichkeiten, die durch Stollen miteinander verbunden waren. In den Boden waren zahlreiche Gruben eingelassen, die wohl als Vorratskammern dienten. Die Eingangsschächte besaßen eine Höhe von 1,5–2 m. Sie waren mit Hand- und Fußstützen versehen, um den Zugang zu erleichtern. Die Wohnhöhlen maßen 3–4 m im Durchmesser, einige waren auch größer. An der einstigen Erdoberfläche über ihnen fanden sich Feuerstätten, Wasserbehälter und weitere Vorratsmagazine.
Noch immer benutzte man Feuerstein für Haushaltsgegenstände, landwirtschaftliche Geräte und Schaber. Daneben kam Malachit (Kupferspat) in beträchtlicher Menge zum Vorschein, und es fanden sich Öfen, die noch Spuren der Kupferschmelze und des Kupfergusses (→ Phunon) aufwiesen. Andere Werkzeuge bestanden aus Knochen. Von weit her wurde Basalt eingeführt. Man stellte sehr dünnwandige Gefäße aus ihm her. → Keramik stellte man noch ohne Töpferscheibe, nur bei der Fertigung der Gefäßhälse bediente man sich einer noch primitiven Scheibe. Die vorhandenen landwirtschaftlichen Geräte und die große Zahl der Vorratsmagazine lassen vermuten, daß die Wirtschaft der Bewohner von B. hauptsächlich auf der Landwirtschaft beruhte. Haustierknochen weisen außerdem auf Viehzucht hin.
Unklar ist, welchem Zweck Geröllsteine dienten, die man mit kreuzförmigen und anderen Mustern in rotem Ocker bemalte. Zu den Artefakten gehören schließlich Anhänger und künstliche »Perlen« aus Perlmutter, Edelsteine, Elfenbeine und Kupfergegenstände (Keulenköpfe, Nadeln und Ringe).
Wegen der zahlreichen Berührungen mit anderen Fundstätten in der nördlichen Negev rechnet man B. zur »Beerscheba-Kultur«. Man nimmt für ihre Blüte zwei oder drei Jahrhunderte an und weist auf Zusammenhänge mit der Schlußphase der Kultur von → Teleilat el-Ghassul hin (seit den Ausgrabungen, die in den Jahren 1930–1938 das Päpst-

liche Bibelinstitut unter Leitung von A. Mallon, R. Koeppel und René Neuville an der letzterwähnten Grabungsstätte durchführte, hat sich die Bezeichnung »*Ghassulium*-Kulturkreis« eingebürgert, und Jean Perrot hat neuerdings den Begriff »Beerscheba-Ghassul-Kultur« geprägt. Man muß sich dabei klar sein, daß sich dies nur auf die letz-

Simon bar Kochba, der bei → BEITAR seine letzte Schlacht gegen die Römer schlug, ließ Münzen prägen, die alle Sehnsüchte der Juden zum Ausdruck brachten. Ihre Aufschriften lauteten: ›Simon, Fürst von Israel‹, ›Jahr 1 der Befreiung Israels‹, ›Für die Befreiung Jerusalems‹. Die Darstellungen zeigen meist Gefäße mit dem Feststrauß (LULÂB). Bemerkenswert ist, daß diese Münzen wieder auf althebräische Schriftzeichen zurückgreifen.

ten chalkolithischen [kupfersteinzeitlichen] Schichten [B. IV und Teleilat Ghassul IV] bezieht). Radiokarbontests weisen die »Beerscheba-Kultur« in die zweite Hälfte des 4. Jh. v. Chr. Ihr Ursprung ist unbekannt, allerdings weist sie gewisse Übereinstimmungen mit prä- und protodynastischen Kulturen in → Ägypten auf.   A. N.

Bir al-Beida → *Libna*
Bir Bel‘ame → *Jibleam*
Bir Majin → *Beer Lahai-Roi*

Bir es-Safadi Chalkolithischer (kupfersteinzeitlicher) Fundort, etwa 1,5 km südöstlich von → *Beerscheba* (und ebensoweit von → *Bir Abu Matar* entfernt). Wie Bir Abu Matar von Jean Perrot *(Mission archéologique française)* ausgegraben (1954–1959). Hervorstechender Zug ist die Art der hier zum Vorschein gekommenen Wohnstätten. Zwar wurden einige der chalkolithischen Häuser (→ *Haus*) in der üblichen Weise aus luftgetrockneten Ziegeln auf dem Erdboden errichtet, andere dagegen bestanden – ebenso wie in Bir Abu Matar – aus unterirdischen Aushöhlungen im tonhaltigen Wadi-Schwemmboden, Aushöhlungen unterschiedlicher Gestalt und Größe, die durch unterirdische Stollen miteinander verbunden waren. Die Verbindungsgänge dienten gleichzeitig der Be- und Entlüftung. Diese unterirdischen Anlagen boten vorzüglichen Schutz gegen Hitze und Sandstürme. Balken bewahrten die Decken der unterirdischen Räumlichkeiten vor dem Einsinken und hielten sie auf gleicher Höhe mit dem Bodenniveau der Umgebung. Die Bodenbeschaffenheit erlaubte die Entwicklung mehrerer Typen derartiger »Häuser«. Eines von ihnen besaß sechs Räume, und seine Gesamtlänge überschritt 30 m. Zugang erlangte man durch Gruben. Zu einem weiteren Typ eines solchen Untergrund-»Hauses« gehörte ein ungefähr 2 m tiefer, oben offener, kreisrunder Hof von fast 8 m Durchmesser, in dessen Boden zahlreiche Silos (bzw. Vorratskammern, Magazine) und Vertiefungen anderer Art eingelassen waren. Ein Tunnel führte zu den unterirdischen Wohnungen. Für deren Beleuchtung sorgten kleine Schüsseln, die als Lampen dienten. Einige der Räume hatten Feuerstellen und regelrechte Kamine. Die zu ebener Erde errichteten Häuser waren von kreisrundem oder rechteckigem Grundriß und bestanden aus Luftziegelmauerwerk, das auf Steinfundamenten ruhte. Als Bindemittel diente Strohlehm, die gleiche Mischung aus tonhaltiger Erde und Stroh bedeckte auch als Putz die Mauern.

Das Inventar (Gebrauchsgegenstände und Waffen) bestand aus Stein, Knochen, Ton und aus Kupfer. Zum Vorschein kamen außerdem höchst sorgfältig gearbeitete Knochen- und Elfenbeinfigürchen von Menschen und Tieren. Daß man auch über Elfenbein verfügte, läßt auf Handelsbeziehungen entweder mit Afrika oder mit anderen asiatischen Ländern schließen, da es zur fraglichen Zeit keine Elefanten in Palästina gab. Die Toten bestattete man entweder einzeln oder zu mehreren. In einigen der Gräber fand man Skelette in Hockstellung (gekrümmt, mit angezogenen Beinen) auf der rechten Seite liegend, einen Feuerstein im Mund, in anderen bildeten die Gebeine ein Bündel, auf dem zuoberst der Schädel lag. Kinder begrub man in den Böden der Häuser.

Stratigraphisch (d. h.: aufgrund des Schichtungsbefundes) lassen sich drei Besiedlungsphasen unterscheiden. Eine dieser Perioden repräsentieren unterirdische Wohnstätten von langgestrecktem Zuschnitt bei verhältnismäßig schmalem Durchmesser in der Breite. Die Mittelphase ist durch runde oder ovale Luftziegelbauten auf Steinfundamenten gekennzeichnet, die dritte Phase schließlich brachte Häuser von rechteckigem Grundriß. Allerdings vollzog der Wandel sich in schneller Folge, so daß die betreffenden drei Phasen nur einen verhältnismäßig kurzen Zeitraum umfassen.

Die Ansiedlung von B. gehört zum Kulturkreis des nördlichen Negevgebiets. Wegen ihrer engen Beziehungen zu zeitgenössischen (und auch räumlich benachbarten) Siedlungen (wie Beerscheba, Bir Abu Matar) rechnet man sie zur sog. »Beerscheba-Kultur«, die sich ihrerseits mit der Schlußphase von → Teleilat el-Ghassul berührt, so daß man neuerdings den Begriff »Beerscheba-Ghassul-Kultur« geprägt hat. Die Datierung der »Beerscheba-Kultur« beruht auf dem Radiokarbonverfahren (C-14-Methode). Auch lassen sich Berührungen mit dem vor- und frühdynastischen → Ägypten nachweisen. Die Wirt-

schaft der Bewohner von B. beruhte nach Ausweis der archäologischen Resultate weniger auf der Jagd als auf dem → Ackerbau und der Viehzucht. So fand man Weizen, Gerste und Linsen in den Vorratsgruben, außerdem kamen zahlreiche Schaf-, Ziegen-, Schweine- und Rinderknochen zum Vorschein. Eine weitere Rolle spielten Handel und Gewerbe. Vom Handel zeugt u. a. das Vorhandensein von Elfenbein. Was das Gewerbe angeht, so verstand man sich auf die Fertigung von → Keramik, auf Weberei und Korbflechterei ebenso wie auf die Bearbeitung von Gestein, Knochen und Elfenbein. Der Fund kupferner Schmuckstücke, vor allem aber kupferner Waffen und Geräte wie Keulen, Äxte und Stichel, beglaubigt das Vorhandensein einer primitiven Metallindustrie und die Berechtigung der Bezeichnung »Kupfersteinzeit«. Man darf vermuten, daß die Kupferschmiede, aus deren Werkstätten die Kupfergegenstände stammen, ihr Rohmaterial aus den reichen Vorkommen von → Phunon (40 km südlich des → Toten Meeres) bezogen, das vom Beerscheba-Gebiet (und damit auch von B.) mehr als 100 km in südöstlicher Richtung entfernt ist. Auch die Kupferverarbeitung deutet demnach wohl auf das Bestehen von Handelsbeziehungen mit Nachbarn hin. *A. N. und J. R.*

el-Bireh → *Beer;* → *Beeroth*
al-Birein → *Bene-Jaakan*
Bittir → *Beitar*
Blutsteige → *Adummim-Steige*
Bne-Barak → *Bene-Barak*
Bne-Jaakan → *Bene-Jaakan*
Boskowstein → *Bene-Barak*

Bozra a) Bedeutende Stadt in Nord-Edom (Gen. [1. Mos.] 36, 33; Amos 1, 12), symbolisch für → *Edom* selbst (Isaias [Jesaia] 34, 6; 63, 1 und anderswo). Heute Buseira *(al-buṣēra)*, etwa 45 km südlich des → *Toten Meeres*. b) Stadt in → *Moab* (Jer. 48, 24), erscheint auf der berühmten Mesa-Stele (dem »Mesa-Stein« [gef. in → *Dibon*]). Wohl identisch mit → *Bezer (umm al-'amad)*.

c) Stadt im südöstlichen → *Baschan*, heute Busra Eski-Sham *(boṣra eski šām)* im → *Hauran*, etwa 110 km südlich von → *Damaskus*. Der Name geht auf das semitische *boṣra* (»Festung«) zurück. Seit seiner Gründung bedeutender Ort, schon in der Liste der von Pharao Thutmosis III. (1490–1436 v. Chr.) eroberten Orte (und wohl auch in den → *Amarnabriefen*) erwähnt. Griechische und römische Quellen sprechen von *Bostra*. Im 1. Buch der Makkabäer (dort 5, 26) findet sich außerdem die Namensform *Bosor*. Judas Makkabaios (Makkabäus, 166–162[160] v. Chr.) eroberte B., ließ alle Männer in der Stadt umbringen und zerstörte die Stadt (ebd. 5, 28). In hellenistischer Zeit erlangte das arabische B. unter der Herrschaft der Nabatäer beinahe die gleiche Bedeutung wie die Nabatäerhauptstadt Petra. Und nach der Annexion des Nabatäerreiches (105/106 n. Chr.) machte Kaiser Traian (98–117 n. Chr.) B. zur Hauptstadt der neugegründeten Provinz *Arabia* (→ *Arabien*). Auch die Stadt wurde neu gegründet. Auf Münzen trägt sie den Namen *Nea Traiana Bostra*, und ihre Ära beginnt mit der Errichtung der römischen Provinz. Die aus → *Ägypten* nach *Arabia* verlegte dritte Legion *(Legio III Cyrenaica)* erhielt in B. ihr neues Hauptquartier, und um die Mitte des 3. Jh. n. Chr. erhob der römische Kaiser Marcus Iulius Philippus Arabs (»der Araber« [244–249 n. Chr.]), der Sohn eines Araberscheichs aus der benachbarten Trachonitis, B. zum Rang einer *metropolis*. Die Römer benutzten und erweiterten die alten Straßen, die B. mit dem Delta des → *Nil* sowie mit dem Roten Meer und mit Petra, Philadelphia (→ *Rabbath-Ammon*), Kaisareia (→ *Caesarea*), Skythopolis (→ *Beth Sean*) sowie Adra (→ *Edrei*) verbanden und nach Nordsyrien bzw. nach Mesopotamien weiterführten. So war B. im 2. und 3. Jh. n. Chr. ebenso bedeutend als Handelsdrehscheibe, als Warenumschlagplatz am Knotenpunkt wichtiger Karawanenrouten, wie als Kulturzentrum. Unter den Kaisern Diokletian (284–305 n. Chr.)

und Konstantin dem Großen (306[312] bis 337 n. Chr.) wurde die Provinz *Arabia* vergrößert und geteilt. B. blieb Hauptstadt des nördlichen Teilstücks Im Jahre 632 eroberten die Araber B. zurück, das sich nun, an der Pilgerstraße nach Mekka gelegen, zu einem bedeutenden Zentrum des Islam entwickelte. Trotz umfangreicher und ausgedehnter Sondierungen steht die Ergrabung dieser Stätte noch immer aus. Bedeutende Ruinen aus dem Altertum, vor allem aus römischer Zeit, vermitteln allerdings einen lebendigen Eindruck vom Glanz der alten Stadt. Unter anderem erblickt man einen der besterhaltenen Theaterbauten des ehemals römischen Orients, desgleichen neben den Resten anderer Kirchen auch die (von Kaiser Iustinian I. [527–565 n. Chr.] errichtete) größte Kathedrale des gesamten Gebiets.   R. R.

Brot a) *Kultur- und Religionsgeschichtliches:* Getreideanbau geht im Nahen Osten (und anderswo) bis auf das Neolithikum (die Jungsteinzeit) zurück (»Neolithische Revolution«). In biblischer Zeit war Gersten- oder Weizenbrot Hauptnahrungsmittel. Weizenbrot diente auch rituellen Zwecken: Es fand bei religiösen Zeremonien Verwendung (Ex. [2. Mos.] 29, 2), desgleichen am Königshof (1. Kön. 4, 22 [bzw. ebd. 5, 2]). Ein eigener Tisch für kultische Schaubrote gehörte ebenso zum vorgeschriebenen Inventar der Stiftshütte (Ex. [2. Mos.] 25, 30; 35, 13; 37, 10 ff.) wie später des Tempels (1. Kön. 7, 48; 2. Chron. 4, 19). Für jeden Sabbat hatten Kahathiter die Schaubrote neu zuzurichten (1. Chr. 9, 32). Ein Relief am Titusbogen in Rom zeigt, wie nach der Einnahme von → *Jerusalem* durch die Römer unter Titus (70 n. Chr.) der Schaubrottisch in Titus' Triumphzug durch Rom geschleppt wird. Zwar fehlt ein ausdrücklicher Beleg, doch scheint es, daß nur wirklich Arme sich mit Gerstenbrot begnügen mußten (vgl. Richter 7, 13, wo eine Gerstenbrotscheibe das Unglück dessen ankündigt, zu dem sie hinrollt; desgleichen Hesekiel [Ezechiel] 4, 12, wo von Gerstenfladen die Rede ist, die überdies zur Demütigung vor den Augen der Feinde Jerusalems auf Ballen [getrockneten] Menschenkots gebacken werden sollten]. Noch in römischer Zeit diente allerdings Gerste ebenso wie Weizen zur Brotherstellung (Joh. 6, 9 und 13). Brotessen war mit einem eigenen Segensspruch verbunden (z. B. Matth. 14, 19 [vgl. auch die Tagesgebete der jüdischen Tradition]). Brot diente als Wegzehrung auf Reisen (Mark. 6, 8; Luk. 9, 3) und spielt im Abendmahlsbericht eine zentrale Rolle (Matth. 26, 26; Mark. 14, 22; Luk. 22, 19). Zahlreich sind die Stellen, wo Brot geradezu als synonymer Ausdruck für »Speise« steht (so z. B. Matth. 4, 4; 6, 11; 7, 9; Luk. 11, 3; Joh. 6, 32 ff.; 6, 48 ff.). In der Synagoge von → Kapharnaum bezeichnete Jesus sich selbst gleichnishaft als »Brot des Lebens« (Joh. 6, 35) und veranlaßte dadurch sogar seine Jünger zu der Äußerung: »Diese Rede ist hart. Wer kann sie hören?« (ebd. 60). Eine besondere Rolle im jüdischen Brauchtum spielen Fladen ungesäuerten Brotes (Mazzoth). Ursprünglich aß man sie offenbar, um seine Distanz zu den Ägyptern zu dokumentieren, die bereits eine fortgeschrittenere Technik des Brotbackens entwickelt hatten. Möglicherweise hat man es hier mit einer mehr oder weniger bewußten »beduinisch-nomadischen« Stilisierung, mit einem mehr oder weniger demonstrativen Festhalten an einer altväterlichen Sitte zu tun, wodurch man sich von der einheimischen Bevölkerung Ägyptens absichtlich isolierte und seinen Sondercharakter betonte. Dem entspräche durchaus die Rolle, die ungesäuertes Brot beim Auszug der Israeliten aus → Ägypten spielte (Ex. [2. Mos.] 12, 8), worauf die Überlieferung wiederum die Feier eines eigenen »Festes der ungesäuerten Brote« zurückführt (ebd. 12, 15; 12, 17 bis 20 und 13, 6–7). Ausdrücklich erwähnt wird ungesäuertes Brot »am Tage nach dem Passah« im Zusammenhang mit dem ersten Passahfest, das die Israeli-

ten nach dem Durchschreiten des Jordan im Land Kanaan (→ Gilgal) feierten (Josua 5, 11). Später opferte König Salomo (ca. 964/63–926/25 oder 922 v. Chr.) »gemäß der Vorschrift des Moses für . . . das Fest der ungesäuerten Brote« (2. Chron. 8, 13). Nach der Reichsteilung verlegte der Reformer Hiskia (König von Juda 727 [721] bis 698 [693] v. Chr.) das Passahfest auf den zweiten Monat. Durch diese Maßnahme hoffte er, Samaritern und Galiläern die Anerkennung des religiösen Zentrums Jerusalem schmackhafter zu machen. Trotz Widerstands »versammelte sich eine Menge Volkes in Jerusalem, das Fest der ungesäuerten Brote im zweiten Monat zu begehen« (2. Chron. 30, 13). Im Jahre 419 v. Chr. bat die jüdische Militärkolonie auf der Nilinsel Elephantine bei Assuan in Ägypten auf einem Papyros (Passah-Papyros) und auf Ostraka (beschriebenen Scherben) die Gemeinde von Juda um Richtlinien für die Feier dieses Festes. Eine Elephantine-Urkunde (Cowley Nr. 21) ordnet im Namen des Perserkönigs (dies war damals der Achaimenide Dareios II. Nothos bzw. Ochos (424–404 v. Chr.]) die Einhaltung der Festvorschriften an. Das Buch Exodus (2. Mos. [23, 14 f.]) erwähnt das »Fest der ungesäuerten Brote« als eines der drei großen jüdischen Jahreshauptfeste. Dagegen macht die priesterliche Überlieferung (Leviticus [3. Mos.] 23, 5–8) einen deutlichen Unterschied zwischen Passah und dem »Fest der ungesäuerten Brote«. Einige moderne Gelehrte neigen daher zu der Auffassung, es handle sich um zwei ursprünglich verschiedene Feste (Passah = altes Hirten- bzw. Frühlingsfest; »Fest der ungesäuerten Brote« = altes Wallfahrerfest), die zwar in einem gewissen zeitlichen Zusammenhang standen, jedoch erst durch die Kultreform des Königs Josia von Juda (639/38–609 v. Chr.) offiziell zusammengelegt wurden. Josia war es, der im Zuge einer Zentralisation des Kultes auch die Darbringung des Passah-Opfers auf das zentrale Heiligtum in Jerusalem beschränkte (Deut. [5. Mos.] 16, 5 f.). Zur Zeit

Opferung Isaaks. Detail des Mosaikschmucks der Synagoge von → BETH ALPHA.
Man vergleiche die Darstellung des von Tierkreiszeichen umgebenen Sonnenwa-
gens auf Seite 101 (s. a. S. 84).

der Evangelien ist die Wendung »Tage
(bzw. ›Tag‹) der ungesäuerten Brote«
praktisch synonym mit der Bezeichnung
»Passahfest« (Matth. 26, 17; Mark. 14,
12; Luk. 22, 7 [einzig Joh. 13, 1 hat *prò
dè tēs heortēs toū páscha;* Vulgata:
ante diem festum Paschae; Lutherbibel:
»*Vor* dem Fest aber der Ostern«, wodurch gleichzeitig die Bedeutung des
»Letzten Abendmahls« als »Sedermahl«
– siehe unten! – in Frage gestellt ist]).
Später wurden die Festesvorschriften in
der Halacha (Talmud) kodifiziert, und
noch heute rühren orthodoxe Juden
keine sauerteighaltige Speise mehr an,
sobald am 14. Nisan die Sonne unter-
gegangen ist. Aus den ungesäuerten
Passah-*Mazzoth* der mosaischen Vorschrift mag sich das spezielle Osterge-
bäck entwickelt haben, das hier und da
(z. B. in der Schweiz) auch in christlichen Ländern Bestandteil des Oster-
brauchtums ist. Allerdings dürfte dabei
im einzelnen noch der Einfluß alter
örtlicher Gewohnheiten (etwa das
Nachwirken vergessener Fruchtbarkeits-
oder Totenkulte [u. dgl.]) im Spiel sein,
die nichts mit der jüdisch-christlichen
Tradition zu tun haben. Endlich geht
auf die Verwendung von *Mazzoth* der

Gebrauch ungesäuerter Oblaten (Ho-
stien) bei der christlichen Abendmahls-
feier (Eucharistie) zurück, war doch –
zumindest nach Darstellung der sog.
»Synoptiker« (Matth. 26, 17; Mark. 14,
12; Luk. 22, 7) das »Letzte Abendmahl«
nichts anderes als ein sog. »Sedermahl«,
wie es orthodoxe Juden noch heute
mit ihren Familien am Abend des
14. Nisan halten. Nur Joh. 13, 1 (s.
oben!) fügt sich nicht in den Rahmen
dieser Deutung. Allerdings soll das Passahmahl der Essener (Khirbet → *Qumran* und → *Schriftrollen vom Toten
Meer*) im Todesjahr Jesu früher als das
normale Passahmahl gefeiert worden
sein. Wenn Jesus und seine Jünger sich
an den Kalender der Essener hielten,
so erklärt sich damit vielleicht der
Widerspruch zwischen dem Johannes-
evangelium und den Synoptikern.
b) *Brotherstellung:* 1. *Dreschen und
Mahlen:* Dem Mahlen voran ging das
Dreschen des Getreides. Jesaja *(Isaias)*
28, 27 f. erwähnt (wenn auch nicht auf
Getreide bezogen) unterschiedliche Methoden, die man hierbei anwandte. Zunächst den *Schlitten,* wie er auch im
2. Buch Samuel (dort 24, 22) sowie
1. Chron. (21, 23 [»Dreschbretter«]) er-

wähnt wird. Er bestand aus einer schweren, unten mit Zähnen besetzten Holzplatte (vgl. auch Amos 1, 3). Um ein solches »Dreschbrett« handelt es sich wohl auch bei dem im Corpus glossariorum Latinorum (5, 250, 18) als tribulum (etwa: »Reibe«) bezeichneten Gerät. Weiterhin spricht Jesaja vom »Wagenrad«. Dem entspricht der Jahrhunderte jüngere Bericht eines römischen Schriftstellers, Marcus Terentius Varro (116–27 v. Chr.), in dem von einer als »punisches Wägelchen« (plostellum Poenicum) bezeichneten Dreschmaschine die Rede ist (Varro De re rustica [»Über die Landwirtschaft«] 1, 52, 1). Schließlich erwähnt Jesaja den Dreschflegel. Dreschflegel sind z. T. noch heute (und auch hierzulande) im Gebrauch. Auch von ihnen berichten abermals Jahrhunderte nach Jesaja römische Autoren (so der Spanier Lucius Iunius Moderatus Columella [1. Jh. n. Chr.] in seinem landwirtschaftlichen Lehrbuch [De re rustica 2, 20, 4], desgleichen Plinius der Ältere [um 23 bis 79 n. Chr.] in seiner Naturgeschichte [Nat. hist. 18, 298]). In die Zeit des Alten Testaments zurück führen die Homerischen Epen, deren Endfassung man nach neuesten Forschungen in der zweiten Hälfte des 8. Jh. v. Chr. anzusetzen hat. Sie sprechen (so Ilias 5, 499 und 13, 588) vom Säubern des gedroschenen Getreides durch Worfeln. Auch dieser Arbeitsgang ist der Bibel bekannt. So erwähnt abermals Jesaja (Isaias) eine Worf-Schaufel und eine Worfel (30, 24), desgleichen Jeremias (15, 7). Schließlich mögen auch Dreizackgabeln, wie sie beim Opferritual benutzt wurden (1. Sam. 2, 13) und wie auch 1. Sam. 13, 21 sie beschreibt, beim Worfeln Verwendung gefunden haben. Gabeln dieser Art sind gefunden worden. Sie dürften sich durchaus für den hier ins Auge gefaßten Zweck geeignet haben. Früh schon werden (Hand-)Mühlen erwähnt (Num. [4. Mos.] 11, 8; Deut. [5. Mos.] 24, 6). Ihre Entwicklung hat man sich wie folgt vorzustellen: Ursprünglich zerstampfte man die Körner einfach in Mörsern, wie sie

etwa in → Gezer gefunden wurden. Später schrotete man das Getreide mit Hilfe von Reibsteinen. Auch solche Reibsteine hat u. a. die Fundstätte von Gezer erbracht. Noch römische Legionäre benutzten tönerne Reibschüsseln, in die Quarzsplitter eingelassen waren. Doch schon zum Inventar vieler Ausgrabungsstätten der Mittleren Bronzezeit gehören einfachere Handmühlen. Einer der neuesten Funde dieser Art stammt aus → Arad. Andererseits gehören einfache drehbare Handmühlen aus zwei übereinanderliegenden Mühlsteinen vielfach noch heute im Orient zu den Gegenständen des täglichen Gebrauchs. Sie bestehen aus einem durchbohrten konischen Stein, der drehbar (als »Läufer«) auf einem mit einem Mittelzapfen versehenen Stein aufliegt. Beide Steine sind mit Rillen versehen. Nachgefüllt wird durch das Bohrloch des oberen Steins, des »Läufers«. Zu seiner leichteren Handhabung besitzt dieser außerdem einen Handgriff. Es war einem Israeliten verboten, die Mühle oder auch nur deren oberen Stein als Pfand zu nehmen, »denn dies hieße, ein Menschenleben zum Pfand nehmen« (Deut. [5. Mos.] 24, 6). Aus Handmühlen der beschriebenen Art entwickelte sich das nach dem gleichen Prinzip arbeitende Mahlwerk, wie es vor allem aus der Römerzeit (Pompeji!) bekannt ist. Man betrieb eine solche mola machinaria mit Hilfe von Sklaven oder Tieren (vgl. Apuleius [2. Jh. n. Chr.] aus Madaura [Nordafrika]: »Der goldene Esel« [Metamorphosen] 7, 15, 3). Für den hier ins Auge gefaßten Kulturkreis weniger von Belang waren Wassermühlen, wie sie das Corpus glossariorum Latinorum 2, 462, 17; Plinius (Nat. hist. 18, 97) und der römische Ingenieur und Architekt Marcus Vitruvius Pollio (Vitruv [Ende des 1. Jh. n. Chr.]) in seiner Schrift De architectura (10, 5, 2) erwähnen. Gleiches gilt für die römischen Schiffsmühlen, von denen der byzantinische Historiker Prokopios (Prokop [um 500 bis nach 562 n. Chr.]) aus Kaisareia (→ Caesarea) in seinem »Gotenkrieg«

110

(*De bello Gothico* Seite 96, Bonn) spricht. Als Produkt des Mahlens kannte man schon zur Zeit des Alten Testaments nicht nur Schrot, sondern auch Feinmehl. Was Weizenmehl und Gerste nach einer überstandenen Belagerung am Tor von Samaria kosteten, berichtet 2. Kön. 7, 1 und 16.

2. *Backen:* In biblischer Zeit kannte man mehrere Arten der Zubereitung. Zunächst aß man Getreidekörner einfach roh (2. Kön. 4, 42 [dort zusammen mit Gerstenbrot]). Das Gesetz erlaubte, in einem Kornfeld Ähren abzupflücken, um mit den rohen Körnern den Hunger zu stillen. Nur regelrecht ernten durfte man auf fremden Feldern nicht (Deut. [5. Mos.] 23, 25 [26]). Als die Jünger Jesu an einem Sabbat auf diese Weise ihren Hunger stillten (Matth. 12, 1), entspann sich daraus ein Streit um die Sabbatheiligung (ebd. 2 ff.). Geröstetes oder gedörrtes Getreide aßen die Israeliten neben ungesäuertem Brot, als sie ihr erstes Passahfest nach ihrem Durchzug durch den Jordan feierten (Josua 5, 11). Röstgetreide, Brot und Sauerwein aßen die Schnitter in der Erzählung von Ruth (dort 2, 14). Röstkorn und Brot waren der Heeresproviant, den David seinen mit Saul gegen die Philister im Felde stehenden Brüdern zu bringen hatte (1. Sam 17, 17 [der Feldhauptmann erhielt statt dessen 10 Käse!]). Geschrotetes Röstkorn brachte man auch als Speiseopfer dar (Lev. [3. Mos.] 2, 14). Zusammen mit Wasser ergaben Schrot oder Mehl einen Brei, den man kochte und aß. Außerdem kannte man einen Brei aus Mehl, das mit Öl angerührt war (Lev. [3. Mos.] 2, 1). Mit weniger Wasser angeknetet, war dieser Brei die Urform des Brotteigs. Man brauchte ihn nur noch zu erhitzen, um ihm das Wasser wieder zu entziehen. Dies geschah in heißer Asche, wohl auch in der heißen Asche verbrannter Fladen getrockneten Düngers, des »klassischen« Brennstoffs der Steppen- und Wüstennomaden. Als besonders demütigenden Umstand zieht Hesekiel (Ezechiel) sogar das Backen von Gerstenfladen auf Ballen getrock-

neten Menschenkots in Betracht (Hes. [Ez.] 4, 12). Schon in vorgeschichtlicher Zeit buk man Fladen jedoch auch auf erhitzten Steinen oder Tonplatten, ein Verfahren, das schließlich zur Erfindung des Backofens führte. Das 3. Buch Moses (Lev. 2, 5) spricht von auf der Röstplatte erhitztem Brei aus Mehl und Öl. Ließ man den Teig stehen, so säuerte er. Durch Ausbacken erhielt man statt der harten Fladen echtes Brot mit lockerem Teig. Künstlichen Sauerteig erhielt man durch Kneten von Weizenkleie oder Hirse mit Most. Wo man Bier zu brauen verstand, verwendete man auch Bierschaum, wenn man nicht einfach älteren Teig nahm, der bereits gesäuert war. Mit »Brauen« hängt übrigens das deutsche Wort »Brot« zusammen, während »Laib« ursprünglich den ungesäuerten, ungelockerten Teigfladen bezeichnete. Über das Backverfahren in römischer Zeit informiert Plinius (*Nat. hist.* 18, 68, 102–104). In römischer Zeit kannte man bereits eine Teigknetmaschine. Sie wird von Vitruv (10, 5, 2) beschrieben. Man fand eine solche Maschine in Pompeji. Die Israeliten lernten die Verwendung von Sauerteig von den Ägyptern, obwohl sie sich bei bestimmten Anlässen ausschließlich an ungesäuertes Brot hielten (vgl. oben Abschnitt a). Daß jedoch die Kenntnis des Sauerteigverfahrens allgemein verbreitet war, verrät allein die Tatsache der rituellen Betonung des ungesäuerten Brotes. Vgl. auch Jesu Gleichnis vom Sauerteig (Matth. 13, 33; Luk. 13, 20 f.).

Von den Ägyptern übernahmen die Israeliten auch den Backofen, ein kuppel- bzw. kegelstumpfförmiges Tongebilde, das unten mit einer Schüröffnung versehen war. Den Teig klatschte man an die Innenseite der heißen Seitenwand. So erhielt man die flachen Fladen, die oft in der Bibel als »Kuchen« bezeichnet werden. Man bediente sich jedoch auch flacher, über offenem Feuer erhitzter Schüsseln, die »umgekehrt« (mit der konvexen Seite nach oben) Verwendung fanden. Die konvexe Seite (der nach oben gekehrte »Schüsselboden«), die zur Aufnahme des Teigs bestimmt war, war mit kleinen Ein- und Ausbuchtungen versehen, um die Abnahme des fertigen Laibes zu erleichtern. Noch in hellenistisch-römischer Zeit betrieb man – wie übrigens im Orient vielfach noch heute – Hausbäckerei. Das Brotbacken war Sache der Hausfrau und geschah im Hof des Hauses. Allmählich setzte sich in den Städten eine verbesserte Backofenkonstruktion durch. Heizkammer und Backröhre waren nun voneinander getrennt. Man konnte damit umfangreichere Laibe anfertigen, die der heutigen Brotform näherkamen. In byzantinischer Zeit hatten nicht selten Kirchen ihre eigenen Bäckereien, die das zum liturgischen Gebrauch benötigte Brot lieferten. Ein besonderes Siegel aus Ton oder Holz diente zur Kennzeichnung der für den Kultgebrauch vorgesehenen Teigwaren. Eine Bäckerei dieser Art entdeckte man unweit der byzantinischen Kirche *Dominus Flevit* (»Der Herr weinte«) auf dem → *Ölberg*, ein derartiges Brotsiegel fand man dagegen in Avdat.

A. N. und J. R.

al-Buqeia → *Achor*
al-Buseira → *Bozra*
Busra eski sam → *Bozra*
But Šemeš → *Beth-Schämäsch*

Byblos Eine der bedeutendsten Hafenstädte des antiken Phönikien, annähernd 40 km nördlich von Beirut an den waldreichen Ausläufern des → *Libanon* gelegen. Als *Gubla* in Keilschrifttexten, als *Gebal* in der Bibel erwähnt (Hesek. [Ezech.] 27, 9). Seine Bewohner bezeichnet die Bibel als Gibliter (Josua 13, 5; 1. Kön. 5, 32 [Lutherbibel] »Gebaliter«]). Diese biblische Namensform ist noch im heutigen Ortsnamen Djebail (*ǧebēl*) enthalten. Die ägyptische Entsprechung zu der keilschriftlichen bzw. biblischen Namensform lautete *kepen* (die Ägypter hatten kein Zeichen für *l* und gaben semitisch *g* oft durch *k* wieder). Der griechische Name *Byblos* (= »ägyptischer Papyros«) weist auf die Bedeu-

tung hin, die B. im 1. Jh. v. Chr. für den Papyros-Zwischenhandel mit der griechischen Welt besaß. Die Bezeichnung ging dann auch auf das aus Papyrosmark *(biblos)* hergestellte Schreibmaterial und schließlich auf das Endprodukt, die Schriftrolle, das Buch, über (griech.: *biblion*). Aus der Mehrzahl von *biblion* *(biblia* [= »Bücher«]) entstand der Titel des »Buchs der Bücher«: *Bibel*.

Seit der Kreuzritterzeit herrschten Genuesen, Mamelucken, Türken und Syrier über die Stadt. Noch 1840 beschossen britische Kriegsschiffe u. a. auch B., doch 20 Jahre später, 1860, entdeckte Ernest Renan, daß es sich hier um das alte *Gebal* der Bibel handelte. Unter der Leitung von Pierre Montet wurden in den Jahren 1921–1924 Ausgrabungen durchgeführt, die Maurice Dunant seit 1925 bis in unsere Zeit fortsetzte.

Die ältesten Besiedlungstrümmerschichten stammen aus der Zeit um 5000 v. Chr., der Jungsteinzeit. Aus dem Chalkolithikum (der Kupfersteinzeit) wurden zwei dörfliche Siedlungen und eine ausgedehnte Nekropole (Friedhof [nahezu 2000 Gräber]) freigelegt. Die Toten waren in Hockstellung mit angezogenen Beinen in großen Vorratskrügen bestattet. Anfang des 3. Jahrtausends festigte sich der Ruf der Stadt als Handelszentrum. B. war damals in großem Stil an der Ausfuhr von Hölzern für Bau- und Schiffsbauzwecke nach → *Ägypten* beteiligt. Der sog. »Palermo-Stein« bezeugt das Verschiffen von Zedernholz zur Zeit der 4. ägyptischen Dynastie. Die damalige, altbronzezeitliche Bevölkerung wohnte in einer schon recht bedeutenden Stadt, deren Straßen alle zu einem Süßwasserreservoir hinliefen, das sich mitten zwischen den Wohnbauten befand, und deren solide Bauwerke vom Wohlstand ihrer Bewohner zeugten. Die massive Wehrmauer besaß zwei Tore: eines an der See-Seite und ein zweites an der Landseite. Zwei Tempel hatte die Stadt. Eines dieser beiden großen Kultgebäude, der Baalat-Tempel, entstand im 3. Jahrtau-

send v. Chr. und stellt das älteste Beispiel monumentaler Architektur in Phönikien dar. Inschriften, die hier gefunden wurden, nennen die Namen der Pharaonen Cheops, Chefren und Mykerinos.
Während der 2 Jh.e der Ersten Zwischenzeit in Ägypten riß die Verbindung mit B. ab, und es gibt Anzeichen dafür, daß B. damals durch Feuer zerstört wurde. Es waren wohl die → Amoriter, in deren Hände B. damals fiel. Von dieser Phase an bis zum Eintreffen Alexanders des Großen wurde B. von eigenen Stadtkönigen beherrscht, von denen die Namen der meisten überliefert sind, und zwar durch Inschriften, welche sich über den gesamten Zeitraum von etwa 2350 bis 333 v. Chr. erstrecken. Nominell unterstanden sie den Großmächten der jeweiligen Geschichtsphase (nach den Ägyptern den Assyrern, Babyloniern und Persern), an deren Herrscher sie Tribute in Form von Zedernholz und anderen Waren abzuführen hatten. Dies führte zur fast völligen Abholzung der berühmten Zedernwälder des Libanon, von denen nach diesem Raubbau kaum noch nennenswerte Bestände zurückblieben, so daß man sie als praktisch nicht mehr vorhanden bezeichnen kann.
Über das Alter des Baalat-Tempels ist man sich nicht ganz einig. Man nimmt jedoch an, daß er annähernd gleich alt war wie der zweite der beiden großen Kultbauten, den man dem kanaanäischen Gott Rescheph geweiht. In der Mittelbronzezeit entstand über diesem Rescheph-Tempel ein neuer Kultbau, den man wegen zahlreicher Steinsetzungen in seinem Hof als »Obeliskentempel« bezeichnet hat. Er war gleichfalls Rescheph geweiht.
Das neue Heiligtum erhob sich auf einem Podium, und sein Hauptelement war die Zella, die zur Aufnahme eines Kultobjekts bestimmt war. Heute kann man sowohl den alten Rescheph-Tempel des 3. Jahrtausends als auch den jüngeren »Obeliskentempel« besichtigen, weil die Ausgräber diesen versetzt und an anderer Stelle neu aufgebaut

Mosaikfußboden aus einem wohlhabenden römischen Haus.

haben. In den Fundamenten dieser Heiligtümer haben die Archäologen buchstäblich unvorstellbare Schätze an kostbaren Gebrauchsgegenständen, an Schmuck und dergleichen mehr ans Licht gebracht. Außerdem fanden sich 4 Königsgräber, die noch unversehrt waren. Zwei von ihnen enthielten Steinsarkophage. Die königlichen Toten ruhten hier mit silbernen Sandalen an den Füßen und dem Szepter in der Hand, umgeben von Geschirr aus hartem Stein oder Terrakotta und reichen Grabbeigaben sonstiger Art aus Gold, Silber, Bronze, → Keramik, aus Elfenbein und → Alabaster. Ein anderes Grab enthielt einen reichdekorierten Sarkophag mit einer phönikischen Inschrift, die als eines der ältesten Zeugnisse der Alphabetschrift gilt. Es handelt sich um das Grab eines Königs namens Ahiram. Die Verbindung von Sarkophag und Inschrift bietet einige Schwierigkeiten, da man einerseits dazu neigt, den Sarkophag in das 12. Jh. v. Chr. zu weisen, während man anderseits die Inschrift gern in das 10. Jh. v. Chr. datiert. Überdies ist das betr. Grab zweimal benutzt worden. Das Auftauchen der → Hyksos in der ersten Hälfte des 2. Jahrtausends v. Chr. hatte zur Folge, daß B. vorübergehend unbewohnt war. Seine Bewohner suchten in der Umgebung Zuflucht und ließen sich hier nieder. Byblos begann erst wieder unter erneuter ägyptischer Herrschaft aufzublühen. Da aus diesem Grunde das archäologische Material aus der Spätbronzezeit und der Frühphase der Eisenzeit sehr mager ist, sieht man sich auf die zum Glück zahlreichen Inschriften und Papyri verwiesen. So berichtet eine Inschrift aus Theben, daß unter Thutmosis III. (1490–1436 v. Chr.) ein Beamter mit dem Auftrag nach B. geschickt wurde, dort Zedernholz sicherzustellen. Die fragliche Inschrift setzt voraus, daß Zedernholz entweder als Tribut entrichtet wurde oder daß der Pharao Forsten bzw. königliche Domänen in der Umgebung von B. besaß. Im 11. Jh. hatte sich die Lage vollkommen geändert. Aus den Wen-Amun-Papyri erfahren wir, daß auch Wen-Amun um Zedernholz nach B. gesandt worden war, es jedoch nur mit Schwierigkeiten und nur gegen Zahlung an den König der Stadt auftreiben konnte. Allerdings konnte keine Rede davon sein, daß der Ruf der

Stadt gelitten hatte. Vielmehr dauerte die Blütezeit bis zur Eroberung durch Alexander den Großen an. Erst mit der Übergabe der Stadt begann eine Phase des langsamen Rückgangs, obwohl B. sich kampflos ergab und dadurch der Zerstörung entging. In der Folgezeit wurde die Stadt rasch hellenisiert. B. wurde Zentrum des Adonis-Kults, und die Mysterien dieses Gottes, sein Tod und seine Auferstehung, waren alljährlich Anlaß rauschhafter Begehungen. Die Ankunft der Römer im 1. Jh. v. Chr. brachte der Stadt neuen Glanz. B. besaß damals zwei → Tempel, ein röm. Theater, sieben Thermen (→ Badeanlagen), ein → Nymphaeum und monumentale Säulenalleen. Als Handelsstadt war B. nunmehr für seinen Weinexport und sein vorzügliches Linnen bekannt. Kaiser Konstantin der Große (306[312]–337 n. Chr.) beseitigte den Adonis-Kult, und damit schwand die Bedeutung von B. als religiöses Zentrum. Archäologisch ist die byzantinische Epoche in B. dürftig repräsentiert. Im Jahre 636 fiel die Stadt in die Hände der arabischen Eroberer. Kreuzritter (das genuesische Geschlecht der Embriaci) entfalteten hier noch eine gewisse Bautätigkeit (Burg, Kirche Mar Yuhanna), und im Jahre 1187 nahm Sultan Saladin B. ein. Die Embriaci konnten die Stadt jedoch zurückkaufen. Vom 13.–16. Jh. war sie dann als mameluckisches Lehen noch immer ein vergleichsweise bedeutender Umschlaghafen. Ruhige Zeiten verlebte B. im 17. und 18. Jahrhundert. Erst im 19. Jh. versank es praktisch in Vergessenheit. *R. M. und J. R.*

C

Caesarea Griech. *Kaisareia*. Hauptstadt der römischen Provinz Judäa und Sitz der Prokuratoren. Der alte Name der Stadt – sie verdankt ihn ihrem Gründer, Herodes dem Großen (37–4 v. Chr.) – klingt noch im arabischen Namen *Qaisarije* an. Der Name bezieht sich auf den Kaiser Augustus (geb. 63 v. Chr.; Augustus 27 v. Chr., gest. 14 n. Chr.). Zur Unterscheidung von anderen Städten gleichen Namens (vgl. → *Caesarea Philippi*) bezeichnete man C. auch als *Kaisareia paralios (C. maritima)* und ähnlich. Der Hafen von C. – nach Flavius Josephus bedeutender als der Hafen von Piräus – trug die griechische Bezeichnung *Limen Sebastos* (= »Augustushafen« [*sebastos* = *augustus*]). Zur Zeit Vespasians, der in C. zum Kaiser ausgerufen worden war, lautete der volle Name der Stadt *Colonia Prima Flavia Augusta C.* (Vespasian regierte von 69 bis 79 n. Chr.). Unter Severus Alexander (222–235 n. Chr.) erlangte C. den Rang einer *metropolis*, deren voller Titel nunmehr lautete: *Colonia Prima Flavia Augusta Felix Caesarea Metropolis Provinciae Syriae Palaestinae.*
Im 4. Jh. v. Chr., in frühhellenistischer Zeit, hatten die Phöniker den späteren Hafen von C. ausgebaut und befestigt. Der Ort hieß damals *Stratonos pyrgos* (»Stratonsturm«, wobei Straton als griechische Entsprechung des phönikischen Namens 'abd aštart [= »Diener der → *Astarte*«] gilt). Gegen Ende des 2. Jh. v. Chr. vereinigte Zoilos, der Tyrann der Stadt Dor, Stratonsturm mit dem

nahe gelegenen Hafen Dor. Beide verkaufte er aber schon bald für 400 Goldtalente an den Hasmonäer (Makkabäer) Alexander Iannaios (104/3 bis 77/76 v. Chr.). Damals scheint hier die erste Judengemeinde entstanden zu sein. Von 66 bis 63 führte Pompeius (106–48 v. Chr.) Krieg im Osten, der zur Eroberung Palästinas führte. Infolge dieser Ereignisse wurde Stratonsturm 63 v. Chr. Syrien angegliedert. Nach seinem Sieg bei Actium über Antonius und Kleopatra (31 v. Chr.) gab Octavian, der spätere Augustus, das Gebiet von Stratonsturm an Herodes, der hier zwischen 22 und 10 oder 9 v. Chr. eine völlig neue Stadt erbaute. Flavius Josephus, der diese Stadt in ihrem ganzen Glanz gekannt haben muß, gibt eine sehr detaillierte Beschreibung von C. und seinem Hafen. Schon sehr bald wurde die Stadt Sitz der römischen Prokuratoren von Judäa. Gleichzeitig diente C. als Hauptquartier der in dieser Provinz stationierten Legionen. Zum größten Teil bestand die Bevölkerung aus syrischen Griechen, doch gab es auch eine bedeutende Judengemeinde. Allerdings herrschten ständige Spannungen, die 66 n. Chr., zur Zeit des römischen Statthalters Gessius Florus, zum Ausbruch des Ersten Jüdischen Aufstands führten. Während Vespasians damaligem Aufenthalt in Palästina, um den Aufstand niederzuwerfen, war C. auch sein Hauptquartier, und die dort stationierten Truppen riefen 69 n. Chr. Vespasian zum Kaiser aus. Zum Dank dafür verlieh er der Stadt den Status einer Kolonie und gewährte ihr Steuerfreiheit. Früh hielt das Christentum in C. Einzug. Schon Ende des 2. Jh. war die Stadt Bischofssitz. Im 3. und 4. Jh. wirkten hier Origenes und Eusebios, beides christliche Gelehrte und Kirchenväter. Origenes begründete die bald weltberühmte Bibliothek der Stadt. Origenes war Schöpfer der als *Hexapla* bekannten textkritischen Bibelausgabe, die ihren Namen (»Die Sechsfache«) ihren 6 nebeneinandergestellten Schriftspalten verdankt. Eusebios war von ca. 315 bis 339/40 n. Chr. Bischof von C. und ist als »Vater der Kirchengeschichtsschreibung« in die Geschichte eingegangen. Außerdem besaß C. zur gleichen Zeit eine bedeutende Judengemeinde mit zahlreichen Synagogen und Thoraschulen. Auch einer der Traktate des sog. Jerusalemer Talmud entstand hier. Im Jahre 639 fiel C. an die arabischen Moslems, in deren Hand es sich rund 460 Jahre befand, als 1101 die Kreuzfahrer die Stadt einnahmen. 1265 wurde sie vom ägyptischen Mameluckensultan Baibars (1260 bis 1277) vollständig zerstört, um das Neuentstehen einer christlichen Ansiedlung zu verhindern.

Obwohl C. seit der Römerzeit eine der bedeutendsten Städte Palästinas war, ließ ihre archäologische Erforschung doch lange auf sich warten. Die erste brauchbare Untersuchung lieferten 1873 C. R. Conder und H. H. Kitchener, die im Auftrag des *Palestine Exploration Fund* Westpalästina aufnahmen. Sie zeichneten einen brauchbaren Plan von den Ruinen der Stadt, desgleichen Grundrisse der wichtigsten Bauwerke. Doch erst 1945, gegen Ende der britischen Mandatszeit, unternahm das *Department of Antiquities* eine Grabung an einer Stelle, wo Jahre zuvor Winterregen Reste eines Mosaiks freigespült hatten, die zu einer Synagoge gehörten. Einige Zufallsfunde veranlaßten 1951 die israelische Antiken- und Museumsverwaltung, Grabungen durchführen zu lassen. Dabei wurden eine Straße aus byzantinischer Zeit und eine Kirche freigelegt. In den Jahren 1956 und 1962

grub M. Avi-Yonah im Auftrag der Hebräischen Universität Synagogenüberreste im Judenviertel aus. Den Anfang von Grabungen größeren Stils brachte das Jahr 1959. Damals nahm sich ein italienisches Team die Reste des römischen Theaters vor (1959 bis 1963). Im Jahre 1960 durchforschten die Teilnehmer der Unterwasserexpedition von E. A. Link das Hafengebiet, und gleichzeitig (1960–1963) führte Abraham Negev mit Mitteln der staatlichen Nationalparkverwaltung Grabungen auf dem Gebiet der Kreuzfahrerstadt durch, wobei Überreste aus der Römerzeit ebenso zum Vorschein kamen wie solche aus der byzantinischen, arabischen und der Kreuzfahrerzeit.

Hellenistische Zeit:
Noch als die Ausgrabungen im Judenviertel (im Nordteil des Stadtgebiets) im Gange waren, entdeckte man nicht weit im Osten eine sehr niedrige Bodenerhebung. Eine Versuchsgrabung brachte große Mengen typisch hellenistischer → *Keramik* des 3. und 2. vorchristlichen Jh. ans Licht. Außerdem stieß man unter dem großen Scherbenhaufen auf die Ecke eines Bauwerks. Es handelt sich um den Überrest eines großen Baus – den einzigen Architekturrest, den man mit Sicherheit dem phönikischen »Stratonsturm« zuschreiben kann. Wahrscheinlich hatten Herodes' Bauleute das betreffende Gebäude niedergerissen und als Quelle für Baumaterial benutzt, weil es keinerlei Steinbrüche in der Umgebung von C. gibt. Weitere Baureste fand man unter den Häusern des Judenviertels. Sie bestätigen die engen Beziehungen zwischen der alten hellenistischen Stadt und dem etwas später entstandenen Judenviertel des 1. Jh. v. Chr. Nicht weit im Norden vom Judenviertel entfernt wurde eine Mauer mit runden Türmen entdeckt. Die Bauweise erinnert an die hellenistische → *Samaria*. Man hat dieses Bauwerk Herodes dem Großen zugeschrieben, doch handelt es sich wohl mit größerer Wahrscheinlichkeit um die Mauer der Stadt »Stratonsturm«.

Römerzeit:
Spuren dieser Geschichtsphase fand man überall auf dem Stadtgebiet. Schon das Team des *Palestine Exploration Fund* hat auf seinem Plan vermerkt, was es für die Reste des Augustustempels hielt, der durch Flavius Josephus' Schilderung bekannt ist. Die betr. Ruinen lagen unweit vom antiken Hafen innerhalb der Kreuzfahrer-Umwallung. Bei den Grabungen des Jahres 1960 wurde dieses Gebiet einer gründlichen Untersuchung unterzogen. Dabei stellte es sich heraus, daß der kleine Hügel, wo man die Tempelreste erblickt hatte, künstlich von Menschenhand geschaffen war. Das gesamte Gelände vor dem Hafen war durch eine Reihe von Bauten befestigt worden. Sie bestanden aus ortsüblichem Sandstein und waren mit verschiedensten Rückständen von Steinbruch- und Steinmetzarbeiten gefüllt. Ein anderes Konzept wies die Südhälfte dieser von Menschen geschaffenen Bodenerhebung auf. Hier gab es eine Reihe überwölbter Räume von rund 20 m Länge, 7 m Breite und 15 m Höhe. Die beiden Unterbauhälften bildeten zusammen ein Podium, dessen Niveau mehr als 15 m über dem ursprünglichen Boden lag. Hierauf erhoben sich der Augustustempel und die zugehörigen Paläste.
Der Hafen: Westlich von diesem Podium – zwischen diesem selbst und dem Strand – wurden Hafenanlagen entdeckt. Die Erforschung des Hafens erfolgte zu Wasser und zu Lande. Die Taucher des Unterwasser-Archäologenteams folgten den beiden Wellenbrechern. Der nördliche dieser Bauten ist ungefähr 250, der südliche fast 600 m lang. Das Hafengebiet, das sie schützen, hat eine Fläche von etwa 15 ha. Ungeheure Steinblöcke bei den Wellenbrechern bestätigen genau die Beschreibung, die Flavius Josephus vom Bau dieses Hafens gibt. An Land brachten Grabungen eine massive Mauer von 10 m Breite ans Licht, die vom Podium zum Meer hin verlief. An ihr hatten sich Seemuscheln festgesetzt, sie muß demzufolge lange im Wasser

gestanden haben. Offenbar begann man den Hafenbau einst damit, daß man zuerst ein inneres Bassin aushob und mit Kaimauern versah, bevor man die mächtigen Wellenbrecher schuf. Als beide Teile der Hafenanlagen fertig waren, wurde die Erdbarriere beseitigt, die bis dahin das innere Hafenbecken noch vom Meer trennte, und das Wasser konnte eindringen. Noch 30–50 m vor dem Herodianischen Podium fand man in einer Tiefe von ungefähr 3 m Schichten, die Seemuscheln und durch Seewasser korrodierte Scherben enthielten. Dies bestätigt die Hypothese von der Entstehung dieses Hafens. Im Jahre 130 n. Chr. wurden die Hafenanlagen durch ein Erdbeben schwer beschädigt, und seit dem 4. oder 5. Jh. war der Hafen nicht mehr benutzbar.
Theater: Erbauer des Theaters war Herodes der Große, der überall im Mittleren Osten diese Neuerung einführte. Das Bauwerk erhob sich im Südteil der Stadt. Die Zuschauer saßen mit dem Gesicht zur See hin. Es handelt sich um einen ringsum vollständig freistehenden Bau. Sein Fundament bestand aus festem Zement. Auf dieser Zementkonstruktion ruhten die Sitzränge und die gewölbten Eingänge. Vom Bühnenhaus ist nur wenig erhalten. Besondere Aufmerksamkeit verdient der Boden des ursprünglichen Bauwerks. Er besteht aus einer feinen Putzlage, die mit Malereien in lebhaften Farben geschmückt ist. Insgesamt wurde er nicht weniger als vierzehnmal neu verlegt. Im 3. Jh. fügte man an die Rückwand des Bühnenbaus einen großen, halbkreisförmigen Platz an, und im Jahrhundert darauf rüstete man die Anlage für Wasserspiele um. Zu diesem Zweck legte man nebenan ein großes Wasserreservoir an. Mehrfach wurde das Fundament erneuert. Bei einer dieser Erneuerungen verwendete man einen Stein mit einer Inschrift, die den Namen des Pontius Pilatus nennt. Sehr wenig ist von der prachtvollen Marmordekoration erhalten geblieben. Das meiste wurde zu Kalk verbrannt, als über dem Theater die byzantinische Zitadelle entstand.

Wasserversorgung: Das gesamte Gebiet von C. ist ohne Quellen, auch Flüsse gibt es in der Nähe nicht. Andererseits hätte die Versorgung mit in Zisternen gespeichertem Regenwasser für eine Stadt dieser Größe auf keinen Fall ausgereicht. Man baute daher zwei Wasserleitungen. Die eine ruhte als Hochwasserleitung auf Bogenkonstruktionen. Dieser »hohe« Aquädukt bezog sein Wasser aus Quellen an den Südhängen des Gebirges Karmel. Er transportierte dieses Wasser über eine Distanz von 12 km. Man leitete das Quellwasser zunächst in Tonrohre. Später überquerte der Aquädukt auf einer hohen Bogen-»Brücke« ein Sumpfgebiet. Ein Sandsteinkamm, der parallel zur Küste lief, diente daraufhin, ausgehöhlt, als Wassertunnel, bis schließlich abermals eine Bogenkonstruktion das Wasser die letzte Strecke zur Stadt hinleitete. Wenn die normale Kapazität dieses Aquädukts zur Versorgung von C. nicht ausreichte, konnte eine zweite Wasserführung hinzugeschaltet werden, was die Wasserzufuhr verdoppelte. Ein weiterer Aquädukt ging vom Krokodilfluß aus. Seine Länge betrug etwa 10 km. Auch er führte sein Wasser von Norden her in die Stadt, diente allerdings hauptsächlich für Bewässerungszwecke. Man hatte den Krokodilfluß mittels eines Damms angestaut. Dies hob den Wasserspiegel und schuf ein großes Reservoir. Vom Damm aus führte dieser Aquädukt als Niedrigwasserleitung (überwölbter Kanal) nicht allzu hoch über Bodenniveau in die Stadt. Die Hochwasserleitung stammt nach A. Negev aus der Zeit des Herodes, die Entstehungszeit des »niederen« Aquädukts ist nicht genau bekannt. Inschriften zufolge, die bei beiden Aquädukten gefunden wurden, wurden die beiden Bauwerke von Zeit zu Zeit renoviert. Renovationsarbeiten dieser Art führten die 2., 6. und 10. römische Legion zur Zeit des Bar-Kochba-Aufstandes (131/32–135/36 n. Chr. [→ *Beitar*]) durch, als es in C. förmlich von Militär wimmelte, das die Revolte niederschlagen sollte.

Byzantinische Periode:
Obwohl zahlreiche fragmentarische Überreste aus spätrömischer Zeit über das gesamte Stadtgebiet von C. verteilt sind, ließ sich doch kein Bauwerk aus dieser Phase nachweisen. Durch um so regere Bautätigkeit zeichnet sich dagegen die byzantinische Zeit aus. Damals erhielt die Stadt eine fast 2 km lange Mauer. Auf dem Herodianischen Podium entstand ein mächtiges Bauwerk mit Marmorbögen und mit Kreuzen geschmückten Marmorkapitellen. Das Gebäude bestand aus Hallen und Räumen, die man rings um einen weiten Hof gruppiert hatte. An der Westseite enthielt es eine große polygonale (vieleckige) Apsis. Doch da diese nach Westen wies, kann es sich kaum um eine Kirche gehandelt haben. Ein weiteres Bauwerk dieser Art entstand – nicht weit von dem soeben beschriebenen – südlich der späteren Kreuzfahrermauer. Die Hälfte davon wurde zerstört, als die Kreuzritter hier ihren Wallgraben anlegten. Doch die erhaltenen Reste vermitteln noch immer einen guten Eindruck vom Aussehen des Gebäudes. Man betrat es von Osten durch eine Säulenvorhalle. An diese schließt sich eine Reihe kleinerer Vorräume an, durch die man zu einer großen, möglicherweise basilikalen, Haupthalle mit polychromen Fußbodenmosaiken gelangt. Sie besaß 4 Mosaikböden übereinander. Demnach muß das Gebäude recht beträchtliche Zeit bestanden haben. An der Westseite hatte auch dieser Bau eine Apsis, deren Wände und Halbkuppel mit Mosaiken aus Glasfluß dekoriert waren. Das Mosaik eines der Seitenräume gibt ein Zitat aus dem Römerbrief des Apostels Paulus (Römer 13, 3) wieder. In den Trümmern dieses Bauwerks entdeckte man eine Statue des Guten Hirten. Ohne Zweifel handelte es sich um ein bedeutendes öffentliches Bauwerk aus christlicher Zeit, allerdings nicht um eine Kirche. Vielleicht hatte es mit der kirchlichen Akademie von C. zu tun. Beweisen läßt sich dies freilich nicht.

Die Straße: Im Osten der Kreuzfahrermauer kam ein etwa 130 m langes Stück einer Straße aus byzantinischer Zeit zum Vorschein. Sie war zum Teil mit großen Marmorplatten aus römischen Palästen ausgelegt, teils wies sie weißes Mosaikpflaster auf. Die beiden in ihrem Belag unterschiedlichen Abschnitte befanden sich auch auf verschiedener Höhe. Den Niveauunterschied glich eine breite Treppe aus. Vor ihren Stufen befand sich ein dreifaches Tor, flankiert von zwei überlebensgroßen Statuen, von denen die eine aus rotem Porphyr, die andere aus weißem Marmor besteht. Beide stammten aus römischen Bauten des 2. bis 3. Jh. An der Straße selbst zogen sich Werkstätten und Läden hin. Außerhalb der byzantinischen Stadtmauer, im Osten, wo der Hauptfriedhof der Stadt lag, kamen Reste einer großen, mit Fußbodenmosaiken geschmückten Kirche zum Vorschein, allerdings fanden sich keinerlei Spuren irgendwelcher Säulenstellungen. Man nimmt daher an, daß das Bauwerk kein Dach besaß. Das Fußbodenmosaik enthält Medaillons mit Darstellungen von Vögeln verschiedener Art. Die Kante zeigt dagegen Obstbäume und Tiere. Von der Zitadelle war bereits die Rede, die sich über dem römischen Theater erhob. Zum Teil bezog sie sich den alten Theaterbau einfach ein. Im Westen wurde jedoch eine zusätzliche Mauer errichtet, die zwei kreisrunde Wehrtürme erhielt. Ein Grab, zu dessen Inhalt sehr schöne goldene, mit Edelsteinen besetzte Kreuze gehörten, datiert diesen Zitadellenbau in byzantinische Zeit.

Das Judenviertel: Über den Resten der hellenistischen Mauer und an der Stelle eines großen Bauwerks aus der Frühphase der Römerzeit entstanden vom 4. Jh. ab eine Reihe von Synagogen, deren jüngste aus dem 7. Jh. unserer Zeitrechnung stammt. Kapitelle mit jüdischen Symbolen und Weihinschriften erleichtern die Identifikation dieser Bauwerke. Allerdings ist das ausgegrabene Gebiet noch zu klein, um den Entwurf eines genauen Plans zu gestatten.

Alte arabische Texte berichten, die Eroberung von C. sei nur dadurch ermöglicht worden, daß durch einen unterirdischen Kanal Kundschafter der Belagerungsarmee ins Stadtinnere drangen, die dann die Stadtpforten öffneten. Mit einer Grundfläche von mehr als 100 ha war C. damals die größte Stadt Palästinas. Die Eroberung durch die Araber warf sie auf die Größenordnung eines Dorfes zurück. *A. N. und J. R.*

Caesarea Philippi Stadt am Südhang des → *Hermon*-Gebirges an einer der Hauptquellen des Jordan. Wurde zuerst unter dem Namen Paneion von Polybios erwähnt, und zwar in dessen Bericht vom Sieg Antiochos' III. (223 bis 187 v. Chr.) über die Truppen des jugendlichen Ptolemaios V. Epiphanes (210–180) im Jahre 198 v. Chr. (Ptolemaios V. war damals 12 Jahre alt [Polyb. 16, 18, 2; 28, 1, 3]). Zur Zeit des Ituräers Zenodoros (Ende des 1. Jh. v. Chr.) kannte man das Gebiet um C. als Panias (vgl. Plinius [um 23–79 n. Chr.] *Naturalis Historia* 5, 16, 74). Nach Zenodoros' Tod schenkte Kaiser Augustus (16. Januar 27 v. Chr. bis 19. August 14 n. Chr.) die Stadt Herodes dem Großen (37–4 v. Chr. [Flavius Josephus *Antiquitates Iudaicae* 15, 359 f., *Bellum Iudaicum* 1, 400]). Herodes' Sohn Philippos machte C. zur Hauptstadt seiner Tetrarchie und nannte sie *Kaisareia (Caesarea)*, unklar ist, ob zu Ehren des Augustus (Jos. *Ant.* 18, 28) oder des Tiberius (14–37 n. Chr. [Jos. *Bell.* 2, 168]). Zum Unterschied von *Caesarea Maritima* und anderen gleichnamigen Städten nannte man C. deshalb auch *C. Philippi* (griech. *Karsareía hē Philíppou* [Jos. *Bell.* 3, 44, 3; 7, 23; Matth. 16, 13 und Mark. 8, 27, wo C. als eine der Städte genannt wird, die Jesus und seine Jünger besuchten]). Agrippa II. baute die Stadt aus und gab ihr zu Ehren Kaiser Neros (54–68 n. Chr.) den Namen *Neronias* (Flav. Jos. *Ant.* 20, 211). Nach Agrippas Tod fiel C.-Neronias an die römische Provinz *Syria* und bei deren Teilung durch Septimius Severus (193–211 n. Chr.) gegen 200 n. Chr. an

Syrophönikien. Der Mischnatraktat über das Laubhüttenfest und den *lûlāb* (*Sukka* 1, 9) erwähnt C. unter dem Namen *Qisarijon*. Seit dem 4. Jh. war C. Bischofssitz. In spätrömischen und byzantinischen Quellen setzt sich wieder mehr der alte Name Paneion durch. Im 7. Jh. eroberten die Araber auch C. Man hat den antiken Ort im heutigen Baniyas (Benijas [*bāniās*]), etwa 20 km nordöstlich des Hule-Sees, wiedererkannt. Seit ältester Zeit war die Grotte, wo der Jordan entspringt, örtlichen Gottheiten geweiht, die die Griechen mit Pan und den Nymphen gleichsetzten. Neben dem Eingang findet man in den Fels gehauene Nischen für Statuen, in das Felsgestein sind Weihinschriften geritzt. Grabungen wurden noch nicht durchgeführt, doch noch immer liegen zahlreiche Architekturtrümmer aus römischer Zeit offen herum. Es handelt sich um Reste der Bauten, die Herodes und sein Sohn Philippos hier errichten ließen (Amphitheater, Tempel u. dgl. was zu einer hellenistischen Stadt gehörte). R. R.

Calvaria → *Golgatha*

Capitolias Stadt in der Dekapolis, deren Ära laut münzkundlichem Befund im Jahr 98/99 n. Chr. (noch unter Kaiser Nerva oder bereits unter Trajan) begann. Nach Ausweis der von Mark Aurel (161–180 n. Chr.) bis Macrinus (217/18 n. Chr.) ausgegebenen Münzen handelte es sich nicht um eine römische Kolonie, sondern um eine autonome Stadt. Die Peutingersche Tafel verzeichnet C. genau in der Mitte zwischen → *Edrei* und → *Gadara*, je 16 römische Meilen von jedem dieser beiden Orte entfernt. Das aus dem 6. Jh. unserer Zeitrechnung stammende Itinerar des Pilgers Antoninus verlegt C. zwischen Gadara und → *Nave* an die Straße nach → *Damaskus*, ebenfalls 16 Meilen von Gadara, dagegen 36 Meilen von Nave entfernt. Identifiziert als Beit Rās, 6 km nördlich von Irbid in der Landschaft Adschlun (Ajlun/ 'aǧlūn) östlich der Jordansenke zwischen → *Jabbok* und → *Jarmuk*. Schon der Talmud kennt die Ortsbezeichnung Beth Reša und erwähnt Viehweiden in der Umgebung. Lateinischen Inschriften zufolge dienten einige Bewohner von C. im römischen Heer. In byzantinischer Zeit gehörte C. zu *Palaestina Secunda*, und Bischöfe der Stadt nahmen an den Konzilien von 325 n. Chr. (Nikaia [Nicaea/Nizäa]) bis 553 (Konstantinopel) teil. Arabische Quellen berichten von einer Festung und von dem Ansehen, das der Ort wegen seines Weinanbaus genossen habe. Zu den archäologisch faßbaren Resten gehört in erster Linie eine Mauer, die ein Stadtgebiet von 25 ha umgab, weiterhin eine gepflasterte Straße mit einem zweibögigen Tor, ein römischer Friedhof, schließlich Überreste einer Kirche sowie einer Moschee. Besondere Aufmerksamkeit verdienen die mit großer Sorgfalt angelegten Zisternen, die man überall in der Stadt antrifft (→ *Wasserversorgung*). Außerdem stieß man auf Reste einer römischen Landstraße, die nach Osten hin C. mit dem → *Hauran* verband. Wahrscheinlich setzte sie sich in nordwestlicher Richtung nach Gadara zu fort. Allerdings hat man von diesem Abschnitt zur Zeit noch nichts entdeckt. R. R.

Çarablus → *Karkemisch*

Certha Nach dem Itinerar des Pilgers von Bordeaux (dort 19, 10), der das Heilige Land 333 n. Chr. besuchte, eine Station der palästinensischen Küstenstraße zwischen → *Akko* und → *Caesarea*. Da hier der Pferdewechsel (lat. *mutatio*) stattfand, bezeichnete der Pilger von Bordeaux den Ort als → *Mutatio Certha*. Möglicherweise war C. auch identisch mit der alten Levitenstadt → *Kartha* des Stammes Sebulon (Josua 21, 34). Jedenfalls vermuten manche Gelehrte auf dem Gelände oder in der Umgebung der Kreuzfahrerfestung → 'Atlīt nördlich vom Hafen Dor. Etwas weiter im Norden wurden 1969 Reste einer antiken Poststation entdeckt, bei der es sich um die *Mutatio Certha* des Pilgers von Bordeaux handeln könnte. J. R.

Als COLUMBARIUM (wörtlich ›Taubenschlag‹) bezeichnet man Räume mit Nischen (vor allem zur Urnenbestattung). Derartige Grabanlagen fand man vor allem im Gebiet von Maresa und Beth Gibrin, aber auch in → MASADA (Columbarium bei Maresa [hellenistisch]).

Chabiru (Apiru, Habiru) Halbnomad. Banden. Schon in den Archiven von → Mari (18./17. Jh. v. Chr.) als Räuber erwähnt. Dokumente aus Nuzi (in Mesopotamien [Ende des 16. Jh. v. Chr.]) bezeichnen sie als Händler und Tagelöhner. König Idrimi von → Alalach verbrachte »sieben Jahre unter den Apiru« (um 1500 v. Chr.). Ägyptische Quellen bezeichnen sie als Weinkelterer. Man erblickt sie auf einem Grabgemälde des ägyptischen Wesirs Rechmire (um 1460 v. Chr.). Amenophis II. (1483 [1444] bis 1412 v. Chr.) erwähnt sie im Zusammenhang mit seinem Palästinafeldzug, desgleichen finden sie sich von Thutmosis III. (1490–1436 v. Chr.) genannt. Die → Amarnabriefe stellen sie in der Regel als gefährlichen Unruheherd an der Ostflanke → Ägyptens hin, obwohl einige Vasallenfürsten sie als königstreu bezeichnen. Noch Sethos I. (1305 bis 1290 v. Chr.) kämpfte gegen sie (Stele in → Beth-Sean), während sie in der Armee Ramses' IV. (1150–1144 v. Chr.) als Söldner dienten. Schließlich zeigen einige Reliefs C. bei verschiedenen Arbeiten. Aufgrund ihrer Namen hat man festgestellt, daß die C. keineswegs eine völkische Einheit bildeten, obwohl das semitische Element überwog. Dennoch erblickten nicht wenige Gelehrte in den C. des 16. und 15. Jh. v. Chr. die Vorläufer der biblischen »Hebräer« der Landnahmezeit (13. Jh. v. Chr.). Anscheinend läßt sich diese Vermutung nur im Fall von → Sichem einigermaßen untermauern. Sichem wurde offenbar schon zur Zeit der Patriarchen von den Israeliten erobert (Gen. [1. Mos.] 34, 25 ff.), als die Amarnabriefe entstanden, stand Labaju, König von Sichem, auf der Seite der C., und später scheint die Stadt den landnehmenden Israeliten offengestanden zu haben: Von ihrer Eroberung ist in der Bibel nicht die Rede, und auch der archäologische Befund deutet nicht auf Eroberung durch die Israeliten hin. Dennoch fanden hier die Bundesschluß-Zeremonien statt (Josua 8, 30–35; 24, 1 ff.). Nach G. Ernest Wright, dem Ausgräber von Sichem, weist dies möglicherweise auf eine alte Beziehung zwischen Sichem und den Hebräern hin, die auf die Tage König Labajus oder sogar auf die Einnahme der Stadt durch die Söhne Jakobs (Gen. [1. Mos.] Kap. 34) zurückgehen könnte. Im Fall von Sichem bestünde demnach eine Kontinuität zwischen C. und biblischen Hebräern. Doch von diesen Vermutungen abgesehen, bleibt die Frage nach dem Ursprung der Hebräer vorerst weiter offen. *R. M. und J. R.*

Chabor »Fluß von → *Gosan*«, wo verbannte Israeliten angesiedelt wurden (1. Chron. 5, 26; ganz besonders nach dem Fall von → *Samaria* [2. Kön. 17, 6]). Heute Chabur (andere Schreibweisen: Habur, Khabur), östlicher Nebenfluß des → *Euphrat* in Nordmesopotamien, der einzige unter den Euphrat-Nebenflüssen, der beständig Wasser führt. In dem fruchtbaren Gebiet, das er in einer Länge von 325 km durchfließt, blühte vom 16.–14. Jh. v. Chr. das Königreich Mitanni, doch im 10. Jh. v. Chr. drangen die Aramäer (→ *Aram*) ein und bauten Städte längs der Ufer. Im 8. Jh. wurde das Land assyrische Provinz. Ständige Revolten und Unruhen, die Deportationen ganzer Bevölkerungsgruppen zur Folge hatten, entvölkerten schließlich das Ch.-Gebiet, so daß ein Vakuum entstand, das den 721 v. Chr. aus Samaria deportierten Israeliten Raum bot. *A. N.*

Chadrach Stadt und Landstrich in Syrien. Nur ein einziges Mal in der Bibel erwähnt (Sacharja [Zacharias] 9, 1). Der Name begegnet erstmals auf der Inschrift des Zachar (Zakir), der um 800 v. Chr. König von → *Hamath* war, und auch assyrische Schriftzeugnisse des 8. Jh. v. Chr. sprechen von einer Satrapie na-

mens Hatarikka. Im Jahre 738 v. Chr. eroberte Tiglatpilesar III. (um 745 bis 727 v. Chr.) die Stadt. Sacharjas (Zacharias') Prophezeiung scheint auf die große antiassyrische Erhebung des Jahres 720 v. Chr. anzuspielen, die Ch. an der Seite Israels, Hamaths sowie der Seestädte Phönikiens und der → *Philister* sah. Der genaue Ortsansatz ist nicht bekannt. Bisweilen lokalisiert man Ch. in Harakeh (etwa 70 km nördlich von Hama). *A. N.*

Chalach/Halah Stadt und Gebiet Assyriens, wohin Tiglatpilesar III. (um 745 bis 727 v. Chr.) die Stämme Ruben, Gad und den halben Stamm Manasse deportierte (1. Chron. 5, 26). Nach dem Fall von → *Samaria* wurden auch dessen frühere Bewohner dorthin verschleppt (721 v. Chr. [2. Kön. 17, 6; 18, 11]). Ortslage unbekannt (in den Zagrosbergen nördlich der Stadt *Ninive* oder in der Gegend von → *Harran* am → *Chabor*). *A. N.*

Chalne → *Kalne*
Channaton → *Hannaton*
Characmoba → *Kir Moab*

Charodquelle Bedeutende Quelle am Fuß des Gebirges → *Gilboa*. Gideon und seine Männer bezogen hier Lager gegen die Midianiter (Richter 7, 1 [→ *Midian*]). *A. N.*

Charoschet der Fremdvölker → *Haroseth der Heiden*

Chaschmona (Hasmona) Etappe des Auszugswegs der Israeliten aus → *Ägypten* zwischen Mitka und → *Moserot* (Num. [4. Mos.] 33, 29). Anhänger der Südroute verlegen C. in die Gegend von → *Kades-Barnea* nach ʿAin Quṣēme oder in das Gebiet des Wādī al-Hašim. *A. N.*

Chawila Nach Gen. (1. Mos.) 2, 11 ein »Goldland«, umflossen vom Pison, der in → *Eden* entsprang. Die Bibel (a. a. O. Vers 12) bezeichnet das Gold dieses Landes als besonders wertvoll, außerdem fand man dort Bdellium (ein wohlriechendes Gummi- bzw. Balsamharz) und Karneolsteine (bzw. Onyx [= *Edelsteine*]). Eine der biblischen Völkerlisten erwähnt die »Söhne von C.« als Untergruppe der »Söhne von → *Kusch*« (Gen. [1. Mos.] 10, 7), die wiederum zu den »Söhnen des Cham« (Ham) gezählt werden (ebd. 10, 6), während eine andere Stelle (ebd. 10, 29) sie zu den Semiten rechnet (vgl. ebd. Vers 21). Zwischen C. und → *Schur* wohnte die Sippe Ismaels (ebd. 25, 17), und »von C. bis Schur, das → *Ägypten* gegenüberliegt«, schlug Saul die → *Amalekiter* (1. Sam. 15, 7). Flavius Josephus vermutete das Goldland C. in → *Indien*, das eine wichtige Rolle im damaligen Seehandel spielte. Heute ist man eher geneigt, C. in → *Arabien* zu suchen. Während einige Gelehrte C. im Norden der arabischen Halbinsel annehmen, denken andere an *Arabia Felix*, das Gebiet um die jemenitische Hauptstadt Ṣanʿāʾ. *A. N.*

Chazezon-Tamar → *Hazezon-Thamar*
Chazor → *Hazor*
Chebar → *Kebar*

Chelbon (Helbon) Weinbaugebiet (heute *Halbun*) ca. 20 km im N v. → *Damaskus* (Hesek. [Ezech.] 27, 18).

Chepher → *Hepher* *A. N.*
Chermela → *Karmel*

Cherubim Rätselhafte himmlische Wesen. Wie man sich ihr Aussehen vorstellte, davon vermittelt uns die Bibel, die sie nur als »geflügelt« schildert, bloß eine schwache Vorstellung. Nach Adams und Evas Vertreibung aus dem Garten → *Eden* bewachten C. den Weg zum Lebensbaum (Gen. [1. Mos.] 3, 24). C.-Darstellungen aus Gold zierten die beiden Enden der Deckplatte (Lutherbibel: des »Gnadenstuhls«) über der Bundeslade (Ex. [2. Mos.] 25, 18–22; 37, 7–9). Darstellungen dieser Art fand man später auch im → *Tempel* zu → *Jerusalem*. Für diesen ließ Salomo zwei riesige C. aus Olivenholz anfertigen, die mit Goldblech überzogen waren. Sie hatten die Bundeslade zu bewachen. Auch sonst gab es im Tempel nach der biblischen Schilderung zahlreiche C.-Darstellungen (1. Kön. 6, 23–35; 2. Chron. 3, 10–14 [hier auch C. am Tempelvorhang]). Als Hesekiel (Ezechiel) seine Vision des Himmelstempels hatte, fühlte er sich in einem Gefährt zum Himmel entrückt, das von Flügelwesen getragen wurde, die man als C. zu interpretieren pflegt (Hes. [Ezech.] Kap. 1 und 10 [hier ist sogar von C. ausdrücklich die Rede]). Das Fehlen präziser Angaben über die Vorstellungen vom Aussehen dieser Wesen führte zum Entstehen unterschiedlicher Hypothesen. Manche Gelehrte erblickten in ihnen eine Variante jener Mittlerwesen zwischen Gott und Mensch in Gestalt geflügelter Stiere und Löwen mit Menschenantlitz, die Palast- und Tempeltore des Assyrerreichs bewachten. Andere denken an einen Zusammenhang mit der ägyptischen Göttin Nephthys, die gewöhnlich als weibliche Gestalt mit schützend ausgebreiteten Flügeln dargestellt ist. Auch zum Greifen sah man Beziehungen, einem geflügelten Fabeltier mit Löwenrumpf und Adlerkopf. In der Mythologie des Nahen und Mittleren Ostens spielten Greifen eine Mittlerrolle. Man stellte sich vor, daß sie den Göttern die Gebete der Menschen zutrügen. Heute pflegt man C. eher als Sphingen zu betrachten: als geflügelte Löwen mit Menschengesichtern. Sphinxdarstellungen dieser Art sind im Palästina der Bronze- und Eisenzeit ungemein häufig. Sowohl Greife als auch Sphingen (diese mit Löwenkörper und Menschen- [im Nahen Osten meist Frauen-]Kopf) drangen von der Ostküste des Mittelmeers in die Vorstellungen der Völker im Norden und Westen vor. Daher ist das griechische Wort Sphinx weiblich, während Sphingen im alten → *Ägypten* männliche Kraft symbolisierten. Im Deutschen ist Sphinx sowohl männlichen als auch weiblichen Geschlechts. Beides ist zutreffend: »der Sphinx« im Hinblick auf Ägypten, »die Sphinx« im Hinblick auf den Nahen und Mittleren Osten sowie den griechischen Sprachgebrauch. *R. M. und J. R.*

Chirbet → *Khirbet*

Chorazin Stadt im Oberland v. Galiläa. Zusammen mit → *Bethsaida* und → *Kapharnaum* eine der Städte, die Jesus verfluchte (Matth. 11, 20 f.; Lukas 10, 13). Jüdische Quellen (so die Tosephta [*Man.* 9, 2]) erwähnen den Ort im Zusammenhang mit der Getreideversorgung des Tempels für rituelle Zwecke. Eusebios dagegen nennt ihn in seinem Ortsnamenverzeichnis (*Onomastikon* 174, 23 f.) eine »Einöde«. Identifiziert mit Khirbet (Chirbet) Kerazeh (*ḫirbet kerrāze*), etwa 3 km nördlich von Kapharnaum. Schon 1869 wurde hier bei Sondierungen, die im Auftrag des *Palestine Exploration Fund* durchgeführt wurden, eine bed. Synagoge entdeckt. Ausgegraben wurde das Bauwerk in den Jahren 1905–1907 von den deutschen Gelehrten H. Kohl und C. Watzinger (im Auftrag der Deutschen Orientgesellschaft) sowie 1926 von J. Ory (im Auftrag des *Palestine Department of Antiquities*). In den Jahren 1962–1963 beendete Z. Yeivin mit Mitteln der israelischen Altertümerverwaltung die Grabungsarbeiten. Die Synagoge repräsentiert den galiläischen Typ. Sie lag mitten in der Stadt an deren höchstem Punkt und war von mehreren großen, öffentlichen Bauten umgeben. Nach den erhaltenen Mauerresten, die aus dem ortsüblichen schwarzen Basalt bestanden, betrugen die Maße des Bauwerks 23 × 16 m. Durch drei monumentale Portale, die sich nach → *Jerusalem* hin öffneten, gelangte man in einen weiten Hof, in dem sich, erhöht, die eigentliche Synagoge erhob. Man stieg zu ihr über eine Freitreppe hinauf. Eine kleine Kammer an der Nordseite hatte eine Treppe zum Obergeschoß. Drei Säulenreihen unterteilten das Synagogeninnere in ein Hauptschiff von 6 und 3 Seitenschiffe zu je 2 m Breite. An den Mauern liefen Bänke entlang. Die Säulen besaßen pseudo-ionische und pseudo-korinthische Kapitelle. Pilaster dekorierten die Außenmauern. Sie wiesen ionische Basen und korinthische Kapitelle auf.

Wandfriese stellten Blumengirlanden, Menschen, Tiere und Fabeltiere dar. Unter anderem erblickt man Szenen der Traubenernte, Löwen mit Kentauren und anderes mehr. Vögel und Flügelpferde tragen die Girlanden. Das meiste davon wurde schon im Altertum zerstört – möglicherweise von jüdischen Bilderstürmern (zum Problem des mosaischen Bilderverbots und seiner freien Auslegung beim Bau von Synagogen: vgl. → *Beth Alpha*, → *Dura Europos* und → *Kapharnaum*). Nur ein Medusenhaupt blieb von der Zerstörung verschont. Zu den Funden in der Synagoge gehört auch ein aus Basalt bestehender Präsidialsessel mit einer Rosette an seiner Rückenlehne – ein sog. »Thron des Moses« für den Thora-Vorleser. Er trägt die aramäische Inschrift: »Gelobt sei das Andenken des Rabbi Juda, des Ismael-Sohnes, der diese Halle und die Stufen schuf. Er habe Anteil am Lohn der Gerechten.« Rings um die Synagoge wurden mehrere Häuser der jüdischen Stadt teilweise freigelegt. In allen Fällen bestand das Mauerwerk aus dem gleichen schwarzen Basalt. Außerdem entdeckte man mehrere Wasserreservoire und ein rituelles Bad. Wie es scheint, bestätigen die Funde Eusebios' Angabe, zu seiner Zeit (1. Hälfte des 4. Jh. n. Chr.) habe C. bereits verlassen und verödet dagelegen. Möglicherweise war ein Erdbeben die Ursache. *A. N. und J. R.*

Chorma → *Horma*
Chorsabad → *Dur Scharrukin*
Cypern → *Zypern*

Etwa 5 km im SO von → BETHLEHEM *erheben sich auf einem Bergkegel die Reste der Herodes-Festung Herodeion (Herodium). Nach einem Papyros aus dem Wādi Murabbaʿat war sie ein wichtiger jüdischer Stützpunkt zur Zeit des Bar-Kochba-Aufstandes (*→ BEITAR*). Später diente sie christlichen Einsiedlern als Behausung (heute: Khirbet al-Furēdis) (s. S. 92).*

D

Dabaritta → *Daberat*

Daberat Levitenstadt auf dem Gebiet des Stammes Issachar (Josua 21, 28 [Lutherbibel: *Dabrath*]). Laut Schilderung der Grenzen des Stammes Sebulun (Zebulon/Sebulon) zwischen → *Kislot-Tabor* und → *Japhia* (Josua 19, 12). Flavius Josephus erwähnt den Ort unter dem Namen *Dabaritta* in seiner Selbstbiographie (*Vita* 126 und 318), desgleichen in seinem Werk über den Jüdischen Krieg (*Bellum Iudaicum* 2, 595). Zur Zeit der Mischna war D. Verwaltungszentrum, und Eusebios führt D. in seinem Verzeichnis biblischer Ortsnamen (*Onomastikon* 78, 5) als großes jüdisches Dorf an. Heute Daburije am Nordhang des → *Tabor*.

Daburije → *Daberat*
ed-daharije → *Debir;* → *Gosen*

Dalmanutha Nach Markus 8, 10 Ort am Ufer des Sees → *Genesareth*, den Jesus nach der 2. Brotvermehrung (der »Speisung der Viertausend«) zu Schiff erreichte. D. ist sonst unbekannt. Vielleicht handelt es sich nur um einen Beinamen für → *Magdala*, das an der fraglichen Stelle als Textvariante erscheint. A. N.

Damaskus Stadt am Fuß des Antilibanon im Mittelpunkt einer reichbewässerten Oase an den Flüssen → *Amana* und → *Parpar* (2. Kön. 5, 12). Kreuzungspunkt zweier wichtiger internationaler Fernstraßen: der *Via Maris*, welche Mesopotamien mit dem Mittelmeer

und → *Ägypten* verband, und der Königsstraße zwischen → *Arabien* im Süden und Syrien im Norden. Die frühesten Quellen, die D. erwähnen, sind die → *Ächtungstexte*, in denen D. unter dem Namen *Apum* begegnet, und wahrscheinlich die Dokumente von → *Mari*. Häufig sprechen ägyptische Quellen von D. Unter anderem erscheint es auf der Liste der von Thutmosis III. (1490–1436 v. Chr.) eroberten kanaanäischen Städte, desgleichen in den → *Amarnabriefen*. Ein hethitischer Text bezieht sich auf die Eroberung des Gebiets von D. *(Upi)* infolge der ägyptischen Niederlage bei Kades am Orontes (um 1285 v. Chr.).

Anfang des 1. Jahrtausends v. Chr. war D. Zentrum eines Staates der → *Aramäer*, den David schlug und seinem Reich einverleibte (2. Sam. 8, 5 f.; 1. Chron. 18, 5 f.). Unter Salomo erlangte er jedoch seine Unabhängigkeit zurück (1. Kön. 11, 23–25) und entwickelte sich zum bedeutendsten Staatsgebilde im syrischen Raum. D. rivalisierte damals mit → *Hamath* am Orontes. Das gesamte 9. Jh. v. Chr. hindurch befanden sich die jüdischen Königreiche und der Aramäerstaat im Konfliktzustand miteinander, ohne daß irgendeine militärische Entscheidung herbeigeführt werden konnte.

Ein neuer Feind erwuchs Aram-D. in Assyrerreich, das sich nach Syrien hin ausdehnte. Nach der Schlacht bei → *Karkar (Qarqar)* am Orontes (854 oder 853 v. Chr.) griffen die Assyrer mehrmals unter Salmanassar III. (859/58–824

v. Chr.) und Adadnirari III. D. an. Später verlor D. sehr viel Gebiet an Jeroboam II. (789 bzw. 784 bis 748 [744] v. Chr.), der zusammen mit Joas von Israel (800/799–784 v. Chr.) sogar D. eroberte (2. Kön. 13, 25; 14, 25–28). Um 733/32 v. Chr. nahm Tiglatpilesar III. (ca. 745–727 v. Chr.) D. ein und machte es zur assyrischen Provinzhauptstadt. Die Einwohner schickte man in die Verbannung (2. Kön. 16, 9; Jesaja [Isaias] 7, 8 und 17, 1; Amos 1, 3–5). Sargon II. (722/21–705 v. Chr.) sah sich am Anfang seiner Regierungszeit noch einmal einem aufständischen Städtebund gegenüber, zu dem vor allem Hamath, → Samaria sowie Gaza gehörten. Doch auch D. beteiligte sich an der Erhebung und teilte das Schicksal der Städte, die 721/20 v. Chr. Sargons Rache traf.

In der Perserzeit war D. Hauptstadt des Küstengebiets von Kilikien im Norden bis Ägypten im Süden. Für D. war dies eine Periode des Wohlstands (Hesek. [Ezech.] 27, 18; vgl. Strabo 16, 2, 29). Nach Alexanders Eroberung Syriens (332 v. Chr.) und Alexanders Tod (323 v. Chr.) befand D. sich in seleukidischer Hand, wobei es nach und nach seine Bedeutung an das neugegründete → Antiochien am Orontes abgeben mußte (Strabo 16, 2, 20). Mehrfach wurde das Gebiet der Stadt Schauplatz von Kämpfen 'der Makkabäerzeit (1. Makk. 11, 62 und 12, 32). Im 2. und 1. Jh. v. Chr. gab die Stadt Münzen aus, die nach der seleukidischen Ära zählten, ja Anfang des 1. Jh. v. Chr. wurde D. sogar Hauptstadt der Seleukiden Demetrios III. (96/95–88 v. Chr.) und Antiochos XII. (um 87 bis ca. 84 v. Chr.). Münzen mit der Aufschrift Demetrias und den Bildern dieser beiden Herrscher werden gewöhnlich D. zugeschrieben. Nach dem Tod Antiochos' XII. rief D. dann die Nabatäer unter ihrem König Aretas III. (87–62 v. Chr.) gegen die Ituräer zu Hilfe und stand daher in der Folgezeit unter nabatäischer Oberhoheit (Flavius Josephus Antiquitates Iudaicae 13, 392; Bellum Iudaicum 1, 103). Im Jahre 64 von Pompeius (106–48 v. Chr.) eingenommen und der Provinz Syrien einverleibt (Flavius Josephus Antiquitates 14, 29; Bellum 1, 127) und von Antonius der Kleopatra zugesprochen, fiel D. unter Augustus (27 ˙v. Chr.–14 n. Chr.) wieder an Rom. Tiberius (14–37 n. Chr.) gab die Stadt den Nabatäern zurück, und nach 2. Kor. 11, 32 gab es im Jahre 39 n. Chr. hier einen nabatäischen Statthalter und eine nabatäische Garnison, eingesetzt von König Aretas IV. Gegen 62 n. Chr. fiel D. erneut an Rom. Eine Zeitlang war es Mitglied des Städtebunds der Dekapolis und im 2. Jh. n. Chr. wohl sogar dessen Hauptstadt.

Es ist bekannt, daß D. eine zahlreiche Judengemeinde besaß. Flavius Josephus berichtet von einer Judenverfolgung, bei der mehr als zehntausend Juden getötet worden sein sollen (Bell. 2, 561), und in der Apostelgeschichte ist von mehreren Synagogen in D. die Rede. Aus dem 1896 in der Genisa der Kairener Synagoge gefundenen »Damaskus-Dokument« geht weiterhin hervor, daß es hier eine der Sekte von → Qumran nahestehende Gemeinde gab, die sich auch dem gleichen Lebensstil verschrieben hatte wie die Qumran-Leute. Vor den Toren der Stadt ereignete sich schließlich die Bekehrung des Christenverfolgers Saulus zum christlichen Apostel Paulus (Apostelgeschichte 9, 3; 22, 6; 26, 12 f. und ebd. 20). Paulus erstes Wirken als christlicher Prediger in D. hatte zur Folge, daß man ihn ergreifen wollte. Er entzog sich der Verfolgung, indem er sich in einem Korb über die Stadtmauer abseilen ließ (Apostelg. 9, 25; 2. Kor. 11, 33).

Eine erneute Blütezeit erlebte D. seit Hadrian (117–138 n. Chr.), der der Stadt den Titel metropolis verlieh, sowie unter Septimius Severus (193–211 n. Chr.), der ihr den Status einer Kolonie gab. Im 4. Jh. unserer Zeitrechnung wurde D. Bischofssitz. Im Jahre 636 von den Arabern erobert, wurde es 660 Hauptstadt der Omaijaden und damit eines der Zentren des Islam.

Wie in jeder Stadt, die lange unter Fremdherrschaft stand, sind die archäologischen Funde in D. vergleichsweise spärlich und beschränken sich in der Hauptsache auf Objekte jüngeren Datums. Nach Ausweis der Münzen Demetrios' III. gab es hier in hellenistischer Zeit einen Tempel des Baal und der Atargatis. Die Formulierung »gerade Straße« in der Apostelgeschichte (dort 9, 11) dürfte sich auf den *decumanus* oder den *cardo*, die beiden Hauptachsen einer römischen Stadt, beziehen, die sich in rechtem Winkel kreuzten. Die Reste ihrer Doppelkolonnade sieht man noch an der heutigen Darb es-Sultanije. Man weiß, daß es zwei Theater an der Straße gab, die »die Gerade« genannt wurde, und im Norden der Stadt befand sich ein → *Hippodrom.* Im 3. Jh. wurde der alte Tempel wiederaufgebaut und dem *Iuppiter Damascenus* geweiht. Um 338 n. Chr. erbaute Konstantin der Große (306[312]–337 n. Chr.) einen überdachten Markt *(Gamma)* im Norden und Westen des Tempels. Nach 400 wurde diese *Gamma*-Markthalle in eine Kirche umgewandelt, die Johannes dem Täufer geweiht war. 705 gestalteten die Omaijaden diese Kirche vollständig um und schufen aus ihr die berühmte Omaijaden-Moschee. *R. R.*

Dan Stadt im Oberland von Galiläa an einem der Hauptquellarme des Jordan inmitten ebenen Geländes am Fuß des → *Hermon.* Dan bezeichnet die Nordgrenze des Gelobten Landes, und man begegnet häufig der Formulierung »Von D. bis → *Beerscheba*« in der Bedeutung: »Von der Nord- bis zur Südgrenze Israels« (Richter 20, 1; 1. Sam. 3, 20; 2. Sam. 3, 10 und andernorts). Identisch mit *Tell al-Qādi,* und der Name dieses Hügels ist nichts anderes als die ins Arabische übertragene Bezeichnung *Tell Dān* (»Richterhügel«). Der betr. Kulturhügel bedeckt eine Grundfläche von 25 ha und besitzt etwa 20 m Höhe. Er ist von rechteckigem Grundriß, und seine Oberfläche senkt sich leicht nach innen. Nach vier Grabungen, die seit 1965 von der israelischen Altertümer- und Museumsverwaltung unter der Leitung von A. Biram durch-

geführt wurden, zeigte sich die Ursache für diese konkave Form. Ein Graben am Südhang legte einen 6 m starken zentralen Steinkern der abschüssigen Wälle frei, die ringsum errichtet worden waren. Die Glacis an der Innen- und Außenseite, die einen Winkel von 45 Grad bildeten, müssen fast uneinnehmbar gewesen sein. Doch bald nach der Fertigstellung verwendete man den inneren Schräghang für Wohnbauzwecke. So fand man hier eine Reihe von Bestattungen (so z. B. Kinder, in Vorratskrügen beigesetzt), desgleichen Spuren von Böden und Mauerwerk. Vor allem kam eine reiche Vielfalt von → *Keramik* (Gefäße, Lampen), schließlich auch ein Skarabäus mit der Darstellung eines Greifen zum Vorschein. Diese Funde datieren die Stelle in die Spätphasen der Mittelbronzezeit II b (Zeit der → *Hyksos* [1. Hälfte des 2. Jahrtausends v. Chr.]). Demnach müssen die Wälle in den Frühphasen des betr. Zeitraums erbaut worden sein. Die Stadt, deren ursprünglicher (kanaanäischer) Name Lajisch (→ *Lais*) lautete, wird als *rws* in den → *Ächtungstexten* (19. Jh. v. Chr.) erwähnt. Auch in den Dokumenten von → *Mari* kommt sie vor, desgleichen in den Eroberungslisten Thutmosis' III. (1490–1436 v. Chr.). Die Gleichsetzung *Lajisch-D.* geht aus der Bibel (vor allem aus Richter 18, 29) hervor. An der fraglichen Stelle heißt es: »Sie (= die Angehörigen des Stammes Dan, die Lajisch erobert hatten) nannten die Stadt D., und zwar nach ihrem Ahnherrn Dan, der von Israel abstammte. Früher aber hieß die Stadt Lajisch.« Eine brutale Unterbrechung der Besiedlungsfolge des Ortes scheint am Ende der Mittleren Bronzezeit stattgefunden zu haben. D. scheint damals 3–4 Jh. unbewohnt geblieben zu sein. Eine entsprechende Besiedlungslücke läßt sich zwischen dem Ende des 3. und dem Anfang des 2. Jahrtausends v. Chr. verzeichnen. In der Frühbronzezeit (Phasen II und III) muß die Stadt ein sehr ausgedehntes Areal bedeckt haben. Allerdings wurden bei den Ausgrabungen nur an sehr wenigen Punkten die

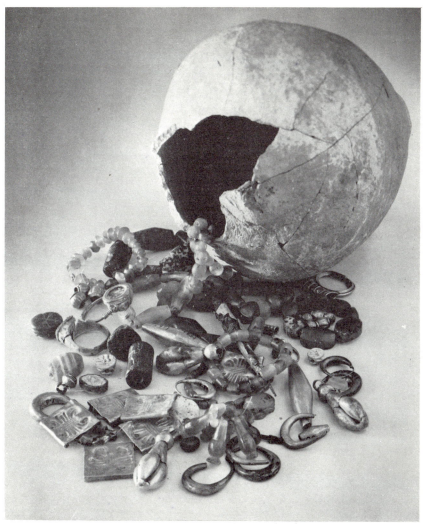

Silberschmuck und Edelsteine aus → BETH SCHÄMÄSCH *(Späte Eisenzeit). Beth Schämäsch liegt in den judäischen Vorbergen, unweit der Straße zwischen Jerusalem und der Küstenebene (s. S. 95).*

betreffenden Schichten erreicht. Eine Fülle von Scherben fand man in dem Kulturschutt, der beim Bau der Wälle Verwendung gefunden hatte. Offenbar verwendete man bei der Anlage dieser Wehrbauten das Material der älteren Besiedlungsschichten. Nach dem archäologischen Befund muß Ende des 13.

oder Anfang des 12. Jh. v. Chr. die Stadt, die damals noch immer Lajisch hieß, innerhalb der alten Wälle neu errichtet worden sein. Noch immer waren die alten Wälle vertrauenerweckend genug, um den Einwohnern jenes Gefühl völliger Sicherheit zu suggerieren, das die Bibel mehrmals hervorhebt (Richter 18, 10 und 27). Nichtsdestoweniger wurde die Stadt Anfang des 11. Jh. v. Chr. zerstört, und dies dürfte das Ergebnis ihrer Eroberung durch den Stamm Dan gewesen sein, der Lajisch zu seinem neuen Namen verhalf (ebd. 18, 29). Wie ihre kanaanäischen oder phönikischen Vorgänger wagten sich die Daniten nicht vor die Wälle der Stadtbefestigung hinaus, sondern richteten sich baulich in den Ruinen der alten Stadt ein, teilweise sogar unter Weiterverwendung der alten Hauswände, sofern diese noch erhalten waren. Doch auch der Danitenstadt boten die mächtigen Wälle keinen absolut sicheren Schutz, sondern in der 2. Hälfte des 11. Jh. wurde auch sie total zerstört. Vorratsgefäße, Krüge, Kannen, Kochtöpfe, Öllampen und andere Haushaltsgegenstände fand man – zusammen mit Ziegeln voller Brandspuren – in einer 50–70 cm dicken Aschenschicht. Freilich wurde D. bald wieder aufgebaut und entwickelte sich ein Jahrhundert später zum Kult- und Verwaltungszentrum der Region. Jeroboam I. von Israel (932 [928] bis 911 [907] v. Chr.) errichtete zwei »goldene Kälber« in → Bethel an der Südgrenze sowie in D. an der Nordgrenze Israels (das in diesem Fall Juda nicht mehr einschloß [1. Kön. 12, 28 f.; 2. Kön. 10, 29; Amos 8, 14]) und versah die Stadt auch mit abschreckenden massiven Festungsanlagen. Ein mächtiges Stadttor, an Format und Bauweise dem von → Karkemisch ähnlich, eine mehr als 3 m starke und stellenweise 7 m hohe Stadtmauer, eine mit Steinen gepflasterte Straße, die das Tor mit der Oberstadt verbindet, bezeugen Jeroboams aufwendige Bautätigkeit. Doch so eindrucksvoll Jeroboams Wehranlagen auch waren: einen neuen Fall der Stadt konnten sie dennoch nicht verhindern. Eine Aschenschicht, mit anderem angebrannten Material durchsetzt, bedeckt den Boden des Stadttors. Nach dem keramischen Befund scheint sich die Katastrophe, auf die diese Brandspuren zurückzuführen sind, in der 1. Hälfte des 9. Jh. v. Chr. ereignet zu haben. Vielleicht hing sie mit den Angriffen des Königs Ben Hadad von → Damaskus (→ Aramäer) zusammen. Bald danach entstand D. erneut und gelangte unter der Herrschaft von Ahab (Achab [875/74–854 oder 851 v. Chr.]) und Jeroboam II. (789 bzw. 784–748 [744] v. Chr.) zu neuer Bedeutung. Mehr als 300 Kannen kamen in den Magazinen an den Abhängen des Hügels zum Vorschein. Auf der Schulter eines Kruges fand man eine hebräische Inschrift, die das Gefäß und seinen Inhalt als »Eigentum des Amos« auswies (Amos war ein damals nicht seltener Name). Diese Inschrift ermöglichte eine Datierung in die Mitte des 8. Jh. v. Chr. Bei der Grabungskampagne von 1969 kamen Reste eines Bauwerks zum Vorschein, das dem Palast Ahabs (Achabs) in → Samaria glich. Damit scheint die Akropolis der israelitischen Stadt ans Licht gekommen zu sein. An anderen Stellen der Fundstätte wurden Bauwerke des 7. und frühen 6. Jh. ausgegraben. Eine phönikische Inschrift auf einer Krugscherbe nennt den Namen des Eigentümers: Baal Pelet. Wahrscheinlich bezieht sich die Äußerung Jeremias (Jer. 4, 15) auf diese Besiedlungsphase. Anderswo in D. nachgewiesene Reste aus römischer und byzantinischer Zeit beweisen allerdings, daß die Stadt (trotz Jeremias Verkündigung) noch lange weiterexistierte.

A. B.

Daphne → Antiochien; → Tachpanches

Debir Kanaanäerstadt, deren Name ursprünglich Kirjath-Sepher (Qirjath-Sepher) lautete (Josua 15, 15; Richter 1, 11). Othniel, der Sohn des Kenas und Neffe des Kaleb, nahm D. ein (Richter 1, 13), und auch Josua eroberte es (Josua 10, 38 f.; 12, 13). Später war es eine der Städte Judas (Josua 15, 49 [wo auch der Name Kirjath bzw. Qirjath-Sanna für D. angegeben wird]) und Levitenstadt (Josua 21, 15; 1. Chron. 6, 43). W. F. Albright hielt D. für identisch mit dem heutigen → Tell Beth Mirsim, andere Gelehrte schlagen dagegen andere Lokalisationen vor, so vor allem

130

Khirbet Rabud (ḫirbet er-rabūḏ), aber auch tell ṭarrāme oder eḏ-ḏaharīje, alle südwestlich von → Hebron und, grob, nordnordöstlich von → Beerscheba.   A. N. und J. R.

Deir al-Azhar → Kirjath-Jearim

Dekapolis → Abila; → Beth-Sean; → Capitolias; → Damaskus; → Kanatha

Deleilat es-Sergije → Almon-Diblataiim

Derʿā → Edrei

Dibon a) Stadt in der Negev von Juda, erst in der Zeit nach dem Babylonischen Exil erwähnt (Neh. 11, 25). Lage unbekannt.
b) Stadt in → Moab, auch als D.-Gad bezeichnet, nördlich des → Arnon. Erobert von Sihon (Sichon), dem König der → Amoriter (Num. [4. Mos.] 21, 30). Einer der Lagerplätze auf dem Auszugswege der Kinder Israels aus → Ägypten (a. a. O. 33, 45 f.). Nach Num. [4. Mos.] 32, 34 von den Gaditen erbaut, bei Josua (dort 13, 17) unter den Städten des Stammes Ruben aufgeführt. Eines der Reliefs Ramses' II. (1290–1223 v. Chr.) zu Luxor stellt eine Festung namens D. dar. In D. fand 1868 der preußische Reisende Klein den berühmten »Mesastein« (eine Inschrift). Auch in römischer Zeit war D. bekannt. Jüdische Quellen erwähnen die große Judengemeinde, die sich hier befand. Heute Diban, etwa 6 km nördlich des Arnon (und östlich des Toten Meeres [→ Totes Meer]). Ausgrabungen förderten Reste der alten moabitischen Ansiedlung zutage, darunter einen anthropoiden (menschengestaltigen) Sarg (vgl. → Philister). Aus der Römerzeit stammen die Überreste einer befestigten nabatäischen Stadt. Ein architektonisch besonders reich ausgestattetes Bauwerk scheint ein Tempel gewesen zu sein. Außerdem fand man zahlreiche Spuren der byzantinischen Periode und aus der Zeit unmittelbar nach der arabischen Invasion des 7. Jh. unserer Zeitrechnung.   A. N.

Dion Stadt in der Dekapolis, gegründet von Alexander dem Großen (356 bis 323 v. Chr.) oder von Perdikkas aus Orestis († 321 v. Chr.), nach einer anderen Version im Zuge der Unterwerfung des dortigen Gebiets den Seleukiden von den Lagiden (Ptolemäern) abgerungen und nach einer makedonischen Stadt benannt. Der Makkabäer Alexander Iannaios (103–76 v. Chr.) nahm die Stadt im Lauf seines zweiten Feldzugs ein (Flavius Josephus Antiquitates Iudaicae 13, 393), Pompeius (106–48 v. Chr.) stellte jedoch ihre Autonomie wieder her (ders. a. a. O. 14, 75; Ptolemaios 5, 14, 18). Münzen aus der Zeit des Kaisers Caracalla (211–217 n. Chr.) und seines Bruders und zeitweiligen Mitregenten Geta (ermordet 212 n. Chr.) zählen nach der Pompeianischen Ära und zeigen eine bekleidete männliche Gottheit, die auch auf anderen syrischen Münzen begegnet. Man hat in ihr Zeus-Hadad erkannt. Die genaue Lage der Stadt ist umstritten. Die meisten Gelehrten sprechen sich jedoch für den Tell Aschari aus, der etwa 14 km nordwestlich von → Edrei im Gebiet des → Jarmuk liegt.   R. R.

Dionysias Heute Suwēdā. Bedeutendste Stadt des Dschebel-Drus-Gebiets. Nach Ausweis am Ort gefundener Inschriften lautete ihr alter Name Soada. Seit der Mitte des 3. Jh. n. Chr. unter dem Namen D. Zentrum des Dionysos-Duschara-Kults. Als D. erscheint die Stadt auch auf Listen christlicher Bischofssitze. Die vorhandenen Reste weisen sie als eine der ältesten Städte der Nabatäer, desgleichen als eine bedeutende Stadt der römischen und byzantinischen Epoche aus. Unter Byzanz gehörte D. zu Palaestina Tertia. Zu den Resten aus nabatäischer Zeit gehören ein Tempel, ein fast intaktes Grabmonument aus dem 1. Jh. v. Chr. sowie eine Weihinschrift an Duschara aus dem Jahr 147 n. Chr. Weitere Baudenkmäler sind ein → Nymphaeum sowie ein Theater, eine Brücke und eine Basilika.   R. R.

Dolmen Kelt. »Steintisch« (dol = »Tisch«; men = »Stein«), prähistorische (megalithische) Grabmonumente

131

aus einem oder mehreren horizontalen Blöcken (Decksteinen), die zusammen mit einigen (gewöhnlich vier bis sechs) mehr oder weniger vertikalen Tragsteinen ein tischähnliches Gebilde ergaben. Oft sind sie von einem oder mehreren Kreisen kleinerer Steine umgeben. Zahlreiche Denkmäler dieser Art fanden sich in Europa, insbesondere in Frankreich. Doch auch in Palästina trifft man D. an. Hier konzentriert sich ihr Vorkommen besonders auf das obere Galiläa sowie das nördliche Transjordanien. Sie bestehen hier meist aus vier großen senkrechten Tragsteinen, deren Maße knapp 3×4 m betragen und auf denen ein einziger horizontaler Deckstein liegt. Auch Steinkreise rings um diese D. sind hier die Regel. Ursprünglich waren die D. von kleinem Steinschutt und Erde bedeckt. Wind und Wetter haben dieses leichtere Material jedoch abgetragen. Jeder D. diente als Grabstätte einer oder mehrerer Personen. Mehr als 200 beträgt die Zahl der D. in Obergaliläa (meist in der Nähe von → Chorazin), mehr als 20 000 befinden sich dagegen jenseits des Jordantals, wo man D. in ganzen Gruppen von je 300 bis 1000 vorfindet. Einige dieser Grabmäler wurden archäologisch erforscht und – je nach ihrem Inhalt – dem Chalkolithikum (der Kupfersteinzeit) sowie der Frühbronzezeit zugewiesen (→ Vorgeschichte).

Dophka Einer der Lagerplätze der Israeliten an ihrem Auszugsweg aus → Ägypten, zwischen der Wüste → Zin und → Alusch (Num. [4. Mos.] 33, 12 f.). Man hat den Ortsnamen mit dem ägyptischen Wort mafkat (= »Türkis«) in Zusammenhang gebracht. Demnach wäre D. vielleicht mit dem Ort Serābit al-ḥādim (auf der Halbinsel Sinai) identisch, wo es Türkisminen gab.　　　A. N.

Dothan Hier fand Joseph seine Brüder, die ihn in eine Zisterne warfen (Gen. [1. Mos.] 37, 17 ff.). Auch Elisa (Elisäus) hielt sich hier auf, als ihn die aramäischen Häscher suchten (2. Kön. 6, 13).

In der Septuaginta (→ Alexandrien a) erscheint für D. die Namensform Dothaim. Heute Tell Dōtān, nördlich von → Samaria und → Sichem an der alten Karawanenstraße von → Damaskus nach → Ägypten. Grabungen brachten Besiedlungsspuren aus dem Chalkolithikum (der Kupfersteinzeit) und der Frühbronzezeit ans Licht. Aus der Frühbronzezeit stammt wohl die älteste Stadtmauer, deren Reste noch immer eine Höhe von fast 5 m erreichen. Noch in der Spätbronzezeit war D. eine blühende Stadt. Die obersten Schichten stammen aus der Späten Eisenzeit und der hellenistischen Periode. Wichtige Fundstätte von → Keramik (sog. Assyrian palace ware [nach W. M. Flinders Petrie auch als tell ǧemme dinner service bezeichnet]).　　A. N. und J. R.

Dscharablus → Karkemisch

Dur Scharrukin Stadt im nördlichen Mesopotamien, ungefähr 18 km nördlich von Ninive. Sargon II. (722 od. 721 bis 705 v. Chr.) begründete hier (713 v. Chr.) anstelle eines unbedeutenden Dorfes die nördliche Hauptstadt seines Reichs. D. hat Karreeform, seine Maße werden mit 1600×1550 (bzw. 1760×1685) m angegeben. Die Stadt war nach den vier Himmelsrichtungen hin orientiert und von einer doppelten Mauer eingefaßt. An jeder Seite befanden sich zwei Tore (nach anderen Angaben hatte die Stadt nur insgesamt sieben Tore), die nach den Hauptgottheiten Assyriens benannt waren. Im Nordwesten erhob sich auf einer 14 m hohen künstlichen Esplanade der Palast Sargons: ein Komplex zahlreicher Hallen und Gemäuer, die rings um zwei geräumigere sowie um eine Anzahl kleinerer Höfe angeordnet waren. Architektonisch reich ausgestattet und mit Malereien versehen war die Fassade. Im Südwesten davon, durch eine massive Mauer vom Palast getrennt, befand sich eine der größten Tempelanlagen der Stadt. Man betrat sie durch eine lange Treppenhalle, die mit Darstellungen des Lebensbaumes, mit Darstellungen von Dämonen und anderen

Fußbodenmosaik der Synagoge von → DURA EUROPOS *mit Darstellung des Thora-schreins, umgeben von siebenarmigen Leuchtern (Menora [vgl.* → ASKALON *und* TEMPEL*]) und anderen Kultgegenständen.*

Bildwerken ausgestattet war. Der drei-schiffige Tempel wies ursprünglich wohl noch mehr Abteilungen auf. Jede war einer anderen Gottheit geweiht. Paneele aus Schmuckziegeln am Haupt-eingang zeigen Götter, den König und eine Reihe von Symbolen. D. ist das heutige Chorsabad (Khorsabad). Man kann es als eine der »klassischen« Gra-bungsstätten des Vorderen Orients be-trachten. Schon E. Botta (1842–1844), V. Place (1852–1855) und andere führ-ten hier Grabungen durch. 1936 nahm die Universität von Chicago die For-schungsarbeiten erneut auf.   *A. N.*

Dura Europos Heute: *eṣ-Ṣaleḥīje*. Se-leukid. Gründung (anstelle einer älte-ren semit. Siedlung) am rechten Ufer des → *Euphrat*. Zunächst makedonische Kolonie, dann parthische Garnison. Un-ter L. Verus und Avidius Cassius (Mitte 2. Jh. n. Chr.) endgültig römisch, von Septimius Severus (193–211 n. Chr.) aus-gebaut, 256 n. Chr. von den Sasaniden

(Šapur I.) erobert. Neben typisch römi-schen Bauten wie Amphitheater, Ther-men, Kommandeurspalast usw. durch-weg orientalische Tempel. Besonders erstaunlich eine ungewöhnlich reich aus-gemalte Synagoge aus dem 3. Jh. n. Chr., deren Fresken besonders gut erhalten sind, da der Bau bei einer Verstärkung der Stadtmauern früh zugeschüttet wur-de (Malereien jetzt im Museum von Damaskus). Man erblickt Szenen aus dem Alten Testament (Moses, David, Esther, Vision des Hesekiel [Ezechiel] usw.). Die außergewöhnlich freie Aus-legung des mosaischen Bilderverbots verbindet die Malereien dieser Syn-agoge mit anderen Synagogen (wie z. B. von → *Beth Alpha* und → *Kapharnaum*). Zusammen mit weniger gut erhaltenen christlichen Fresken (heute Yale Galle-ry/New Haven [USA]) sind sie auch von größter Bedeutung für das Studium der Zusammenhänge zwischen jüdisch-syn-agogaler und frühchristl. Kunst.

J. R. nach A. N.

E

Ebal Höchster Berg (938 m) des Samaritergebiets (→ *Samaria*) nördlich von → *Sichem* und Nablus (→ *Flavia Neapolis*) gegenüber dem etwas niedrigeren Berg Garizim (868 m). Moses gebot den Israeliten, nach ihrem Durchzug durch die Jordanfurt große Steine zu errichten und mit Kalk zu bestreichen (Deut. [5. Mos.] 27, 2 [→ *Gilgal*]). Steine dieser Art (→ *Masseben*) sollten auch auf dem Berge E. aufgerichtet werden, der gleichzeitig – gemäß der Vorschrift (Ex. [2. Mos.] 20, 25) – einen Altar aus unbehauenen Steinen erhalten sollte (Deut. [5. Mos.] 27, 4 ff.). Die Thora der Samaritaner allerdings hat an der letzterwähnten Stelle »E.« in »Garizim« geändert, um das dortige samaritanische Heiligtum zu legitimieren, und auch neue deutsche Bibelübersetzungen geben z. T. hier »Garizim«. Josua handelte genau nach dieser Vorschrift und errichtete auf dem Gipfel des E. einen Altar aus rohen Steinen (Josua 8, 30 ff.). Darüber hinaus ließ er sämtliche Stämme Israels im Tal zwischen E. und Garizim antreten und las vor, was das Gesetz an Segenssprüchen für Gesetzestreue und an Flüchen für Gesetzesbrecher vorsah (Josua a. a. O.). Die Israeliten hatten sich so verteilt, daß sie zur Hälfte am Fuß des E. und zur anderen Hälfte am Fuß des Garizim standen, und Moses' Anordnung sah vor, daß bei dieser Zeremonie der Garizim die Rolle des Segens-, der E. dagegen die des Fluchberges spielen sollte (Deut. [5. Mos.] 11, 29 und 27, 11–13). Verwirrung herrschte im Altertum hinsichtlich des Ortsansatzes der beiden Berge. Ursache der Unklarheit war offenbar ihr Zusammenhang mit dem Übergang der Israeliten durch den Jordan. So verweist Deut. (5. Mos.) 11, 30 sie in das Gebiet »jenseits des Jordan, hinter der Straße nach Westen, die durch das Gebiet der in der Steppe lebenden Kanaaniter führt, die Gilgal gegenüber bei den Orakeleichen wohnen«, (bzw. im Wortlaut der Lutherbibel: »jenseit des Jordans, der Straße nach gegen der Sonne Niedergang, im Lande der Kanaaniter, die auf dem Blachfelde wohnen, Gilgal gegenüber, bei dem Hain More«). Eusebios sucht in seinem Verzeichnis biblischer Ortsnamen (*Onomastikon* 65, 9 ff.) die samaritanische Tradition zu widerlegen, die E. und Garizim völlig zutreffend in die Nähe von Neapolis (Nablus) bzw. Sichem verlegte, und erklärt die beiden Berge für Randerhebungen des Jordangrabens unweit von → *Jericho*. Sogar die Mosaikkarte von → *Madeba* hat auf diese Weise zu dieser Verwirrung beigetragen, indem sie eine Dublette enthält. Offenbar beiden geläufigen Lokalisationen Rechnung tragend, verzeichnet sie den E. zweimal: Einmal korrekt bei Neapolis, doch außerdem liest man auch *Toyr Gobel* (»Berg E.«) westlich von Jericho, südwestlich der »Elisäusquelle« (vgl. 2. Kön. 2, 19 ff.). Heute ist dieser Ortsansatz bei Jericho einwandfrei widerlegt. Man identifiziert den E. heute mit dem Dschebel Islamije nördlich von Nablus.

R. R. und J. R.

Eben-Eser, Eben Ha-Ezer a) Ort, wo die Israeliten vor ihrer Niederlage gegen die → *Philister* lagerten (1. Sam. 4, 1) und wo die Bundeslade in die Hand der Philister fiel (ebd. 5, 1). Die Lokalisation hängt davon ab, wo man → *Aphek* ansetzt. Hält man dieses für identisch mit Ras el-Ain, so hat man E. etwas weiter östlich oder südöstlich, näher am Gebirge (beim heutigen Khirbet Dikrin) zu suchen.
b) Ort zwischen → *Mizpa* und Jesana, wo Samuel zur Erinnerung an einen über die Philister errungenen Sieg einen Gedenkstein aufstellte (1. Sam. 7, 12). Lokalisation unbekannt. Möglicherweise ist der fragliche Bericht fingiert worden, um ein Gegengewicht zur tatsächlichen Niederlage der Israeliten bei E. (oben unter a) zu schaffen.

A. N. und J. R.

Ecdippa → *Achsib*

Eden Mythisches Land, wo Gott »gen Osten« für den soeben erschaffenen Menschen einen Garten pflanzte (Gen. [1. Mos.] 2, 8). Vier Ströme gingen von E. aus: Pison, → *Gihon* sowie → *Euphrat* und → *Tigris*. Man hat seine Schilderung der Quelle J (Jahwist), der ältesten schriftlichen Überlieferung der Bibel, zugewiesen. Daß die Darstellung tatsächlich existierende Flußnamen (Euphrat und Tigris [Hiddekel]) verwendet, zeigt eine Verbindung geographischer und mythischer Vorstellungen, die vom Nebeneinander unterschiedlicher Überlieferungen zeugt. An anderer Stelle bezeichnet das Buch *Genesis* (1. Mos. 13, 10) E. auch als »Garten des Herrn«, entsprechend äußert sich Jesaja (Isaias [51, 3]), während Hesekiel (Ezechiel [28, 13]) vom »Gottesgarten« (Lutherbibel: »Lustgarten Gottes«) spricht. In der Erzählung von E. finden altorientalische (sumerische, babylonische) Mythen ihren Niederschlag. Beispielsweise wird nach einem babylonischen Mythos der neugeschaffene Mensch in *Edin* bzw. *Edinu* in den Künsten der Zivilisation unterwiesen. Sogar der Name E. ist mithin altorientalischen Ursprungs (*Edin, Edinu* bedeutet wörtlich: »Steppe«). Vergeblich

hat man bisher versucht, die biblischen Angaben über E. mit tatsächlichen geographischen Gegebenheiten zur Deckung zu bringen. Die durchweg unbefriedigenden Ortsansätze reichen von Armenien im Norden bis nach → *Ägypten*, → *Arabien* und Äthiopien (→ *Kusch*) im Süden. Die griechische Fassung des Alten Testaments (die Septuaginta [→ *Alexandrien* a]) verwendet in ihrer Fassung des E.-Berichts die Vokabel *parádeisos*, ein griechisches Wort iranischen Ursprungs. Von ihm leitet sich die nicht nur in die deutsche Sprache eingegangene Bezeichnung »Paradies« her.

A. N. und J. R.

Edom Name eines Landes zwischen dem → *Toten Meer* und dem Golf von → *Elath*. Im Westen vom Wadi Araba, im Osten vom Gebirge → *Seir* begrenzt. Anfang des 4. Jahrtausends von Halbnomaden bevölkert, die bereits primitive Formen der Landwirtschaft (→ *Akkerbau*) betrieben. Diese Phase endete um 1900 v. Chr. Während in der Mittleren und Jüngeren Bronzezeit Palästina und das nördliche Ostjordanland dicht besiedelt waren und sich dort bodenständige Kulturen entwickelten, war der Süden beinahe unbewohnt, und keiner seiner Orte findet sich in ägyptischen Urkunden erwähnt. Erst im 13. Jh. v. Chr. fällt das Licht der Geschichte wieder auf E. Ausdrücklich wird E. in einer Liste des Pharao Sethos' I. (1305–1290 v. Chr.) genannt. Zusammen mit → *Moab* und dem Negev erscheint es zudem in Aufzeichnungen über eine Strafexpedition Ramses' III. (1181–1150 v. Chr.). Die Edomiter waren semitischen Ursprungs und müssen schon im 14. Jh. in das Land eingedrungen sein. Nach den Grabungsbefunden erlebte E. offenbar eine besondere Blütezeit zwischen dem 13. und dem 8. Jh. v. Chr. Es folgte ein Rückgang und schließlich die Zerstörung im 6. Jh. v. Chr. Nachgewiesen wurden Reste befestigter Städte und zahlreicher Dörfer. Hochentwickelt war die Landwirtschaft, desgleichen die einheimische → *Keramik*. Der »Mesastein«

135

(die in → *Dibon* gefundene Stele des Moabiterkönigs Mesa [Mescha]) läßt darauf schließen, daß es auch schriftliche Primärquellen gab. Aus der Liste der Tribute, die E. an Asarhaddon (680–669 v. Chr.) zu entrichten hatte, geht hervor, daß das Land reicher gewesen sein muß als seine Nachbarn. Wie es scheint, verdankte es seinen Wohlstand wenigstens zum Teil dem Kupferbergbau. Daß E. stark befestigt war, ergibt sich daraus, daß die Israeliten auf ihrem Zug in das Land der Verheißung nicht durch E. wandern konnten (Num. [4. Mos.] 14–21). Der erste König Israels, der E. unterwarf, war David. David richtete im ganzen Lande Garnisonen ein (2. Sam. 8, 14; 1. Kön. 11, 15 ff.; 1. Chron. 18, 12 f.). E. erhob sich zur Zeit König Jorams von Juda (851 bzw. 849 [846] bis 843/42 v. Chr.) und erlangte unter einem eigenen König Selbständigkeit (2. Kön. 8, 20–22), und der neuernannte König von E. eroberte wahrscheinlich auch Ezjon-Geber. Knapp 100 Jahre später eroberte Amasja von Juda (um 797 bis 779 bzw. 769 oder 767 v. Chr.) die edomitische Stadt → *Sela* und nannte sie Joktheel (2. Kön. 14, 7; 2. Chron. 25, 11 ff.). Asarja (Ussia) von Juda (785 bzw. 769–733 oder 779–738 v. Chr.) setzte die Eroberung E.s fort und ließ Elath befestigen (2. Kön. 14, 22; 2. Chron. 26, 2). Erst unter Ahas (Achas, 743 [736] bis 727 [721] v. Chr.) erlangte das Land seine Unabhängigkeit zurück (2. Kön. 16, 6; 2. Chron. 28, 17). Im 6. Jh. v. Chr. fiel E. in die Hände der Babylonier, und in der Folgezeit erlebte es das Eindringen neuer Nomadenstämme, die die alteingesessenen Landesbewohner westwärts nach Judäa vertrieben, wo sie sich im Süden von Hebron niederließen. Ihr neues Siedlungsgebiet erhielt später den gräko-latinisierten Namen → *Idumäa*. Zu den Neueindringlingen, die das alte E. nun besetzt hielten, gehörten die Nabatäer, ein bis zum Ende des˙ 4. Jh. v. Chr. unbekanntes Volk, das jedoch in der 2. Hälfte des 2. Jh. v. Chr. bereits stabile Königtümer in E. errichtet hatte. *A. N.*

Edrei a) Stadt in → *Baschan* nördlich von Ramoth (in Gilead). Og, der König von Baschan, erlitt hier eine schwere Niederlage im Kampf gegen Moses (Num. [4. Mos.] 21, 33). In römischer Zeit war E. bewohnt. Im 3. Jh. n. Chr. erhielt es den Status einer *polis*. Eusebios und spätere römische Quellen erwähnen E. als bedeutende Stadt. Identifiziert mit *der'ā* (Dera) auf halbem Wege zwischen → *Damaskus* und Amman (→ *Rabbath-Ammon*) an der heutigen syrisch-jordanischen Grenze. b) Stadt auf dem Gebiet des Stammes Naphtali östlich von → *Kinnereth* (Josua 19, 37), auch in der Liste der Eroberungen Thutmosis' III. (1490–1436 v. Chr.) erwähnt. Nicht identifiziert. *A. N.*

Eglon Kanaanäische Stadt in der → *Sefila* von Juda. Ihr König Debir war einer jener Herrscher, welche gegen Gibeon zu Felde zogen (Josua 10, 3), aber von Josua geschlagen wurden (Josua 10, 10 und 12, 12). E. gehörte fortan zum Gebiet von Juda (Josua 15, 39). W. F. Albright und andere erblicken das E. der Bibel im heutigen *tell el-ḥesī* unweit von → *Lachis*. Man fand dort unter anderem Tontafeln mit Keilschrift-Texten, die – ähnlich wie entsprechende Dokumente aus → *Gezer* – ihrem Inhalt nach völlig den → *Amarnabriefen* gleichen und eine wertvolle Ergänzung zu diesen darstellen. Andere – so Martin Noth – suchten E. auf dem *tell 'ētūn*, und Elliger dachte gar an den → *Tell Beth Mirsim*. *A. N.*

»Eichengrund« → *Ela*
Ekbatana → *Ahmetha*

Ekron Einer der fünf Fürstensitze der → *Philister* (Josua 13, 3), und zwar die nordöstlichste dieser Philisterstädte (die anderen waren [in alphabetischer Reihenfolge]: → *Asdod*, → *Askalon*, → *Gath* sowie Gaza). Möglicherweise eine Philistergründung. Jedenfalls ist die Bibel die älteste Quelle, die E. erwähnt. Wenn der Reihenfolge, in die fünf Städte im Zusammenhang mit den fünf »goldenen Beulen« (oder »goldenen Geschwüren«) der Philister auf-

Römisches Theater in → BETH-SEAN. *Im Hintergrund links der mächtige Tell el-Ḥöṣn, der Trümmerhügel der biblischen Stadt. Er liegt 115 m unter dem Meer (s. S. 99).*

gezählt werden (1. Sam. 6, 18), ein bestimmtes Ordnungsprinzip zugrunde liegt, so besagt diese Aufzählung vielleicht, daß Asdod, Gaza und Askalon die älteren Philistersitze und damit die Basen waren, von denen aus die Philister bei ihrer Expansion ihre Operationen in das Gebiet von Gath und E. vortrugen. Schwierig zu beantworten ist, wieweit die Israeliten Ansprüche auf E. erhoben. Josua (15,45) zählt die Stadt »mit ihren Tochterstädten und Gehöften« zum Erbbesitz Judas in der → *Sefila,* ist aber andererseits bei der Beschreibung des Grenzverlaufs im dortigen Gebiet recht zurückhaltend, so daß nicht völlig klar wird, ob er E. selbst noch zu Juda rechnet oder nicht (ebd. 15, 11). An anderer Stelle (ebd. 19, 43) verlegt er E. in das Gebiet des Stammes Dan, wogegen noch andernorts E. ausdrücklich als nicht unterworfenes Gebiet bezeichnet wird (Josua 13,

3 und Richter 1, 18). Demnach dürften die israelitischen Ansprüche auf E. mehr theoretischer Natur gewesen sein. D. N. Freedman glaubt, die Frage mit einem Hinweis auf Asdod beantworten zu können. Aus den dortigen Befunden ergäbe sich, daß dieses zunächst von den Israeliten besetzt war, dann aber wieder aufgegeben werden mußte. Entsprechend könne es sich mit E. verhalten haben. Allerdings ist dies lediglich eine Hypothese. Beweise liegen nicht vor. Ebensogut könnte die Äußerung (Josua 15, 11), die E. zum judäischen Grenzgebiet erklärt, ein späterer Einschub sein, der nachträglich eine spätere Eroberung der Stadt durch einen der Könige Judas legitimieren sollte. Zur Zeit Samuels scheint E. sich zeitweise in israelitischer Hand befunden zu haben (1. Sam. 7, 14), doch nach der Niederlage Goliaths zogen sich die Philister wieder nach Gath »und zu den

137

Toren E.s« zurück, und »erschlagene Philister ... lagen auf dem Wege ... bis Gath und E.« (1. Sam. 17, 52). König Achasja (Ahasja) von Israel (854 [843] bis 853 [842] v. Chr.) hatte sich bei einem Sturz aus dem zweiten Stock seines Palastes in → Samaria schwer verletzt. Er sandte daher Boten nach E., die das Orakel des dort verehrten kanaanäischen Gottes Baal-Zebub (Beelzebub) wegen seiner Genesung befragen sollten (2. Kön. 1, 1 f.). Dies ist die klassische Nachricht über den Kult des Baal-Zebub von E. Offenbar handelt es sich beim überlieferten Namen des Gottes (= »Herr der Fliegen«) um einen Spottnamen, um die Entstellung seines wirklichen ugaritischen Beinamens *Zebul* (= »der Erhabene«; vgl. Matth. 10, 25 und Markus 3, 22, wo dieser selbe Gottesname den Obersten aller Dämonen bezeichnet, doch gibt ihn wenigstens der griechische Originaltext des Neuen Testaments korrekt in der griechischen Umschreibung *Beelzeboyl* [= *Beelzeboul*] wieder, während die lateinische Vulgata [und mit ihr auch die Lutherbibel] an beiden Stellen wieder den Spottnamen *Beelzebub* enthält). In Chorsabad (Khorsabad [→ *Dur Scharrukin*]) wurde ein Relief gefunden, das die Einnahme E.s durch Sargon II. (722/21–705 v. Chr.) zeigt. E. fiel im selben Jahr wie Asdod, daher hat auch die 1963 in Asdod ausgegrabene Sargon-Stele Bedeutung für E. Nach Annalen des Sanherib (Sennacherib [705/04–681 v. Chr.]) schürte König *Ḫazaqiau* von *Ja'udu* (= Hiskia [Ezechias] von Juda [727 oder 721 bis 698 bzw. 693 v. Chr.]) einen Aufstand gegen den Assur treu ergebenen König *Padī* von Amqarruna (= E.). Man lieferte ihm den *Padī* aus, und Hiskia hielt ihn in → *Jerusalem* gefangen. Sanherib unternahm daraufhin eine Strafexpedition, schloß nach seinen eigenen Worten Hiskia in Jerusalem um »wie einen Vogel im Käfig«, eroberte das aufsässige E. und verhalf *Padī* wieder zu seinem Thron (701 v. Chr.). Assarhaddon (681/80–669/68 v. Chr.) zählt den König von E. in der Liste der zwölf

Könige auf, die ihm Tribut zahlten, und auch Assurbanipal (669/68 bis ca. 630 v. Chr.) empfing Tribut von E. Dies ist für lange Zeit die letzte Nachricht über E., wenn man von einem 1942 in Saqqara (→ *Ägypten*) gefundenen aramäischen Brief absieht, der den ägyptischen Pharao Necho (610/9–595/4 v. Chr.) vom Eintreffen der Truppen Nebukadnezars II. (605–562 v. Chr.) in → *Aphek* informiert. Der Briefschreiber namens Andon war König, offenbar König eines südlich von Aphek gelegenen Stadtstaates. Gaza kommt als Sitz eines ägyptischen Gouverneurs nicht in Frage, Gath war im 8. Jh. von Asarja bzw. Ussia (779 [769] bis 738 [733] v. Chr.) geschleift und offenbar nicht wieder aufgebaut worden (2. Chron. 26, 2), somit bleiben Asdod, Askalon und E. übrig. Allerdings hatten auch Asdod und E. Ende des 8. Jh. schwer gelitten, so daß Andon wahrscheinlich nicht König von E., sondern Herrscher von Askalon war. Erst Jahrhunderte später wird der Name E. erneut genannt, und zwar nachdem Alexander Balas die Stadt und ihr Gebiet 147 v. Chr. dem Hasmonäer Jonathan (160–143 v. Chr.) schenkte (1. Makk. 10, 89; Flavius Josephus *Antiquitates Iudaicae* 13, 4, 4). Eusebios' Ortsnamensliste verzeichnet E. als großes Dorf.

Man hat das alte E. an verschiedenen Stellen vermutet. W. F. Albright glaubte, es in 'āqir im Küstengebiet ansetzen zu können. Dies ist jedoch heute nicht mehr Gegenstand der Diskussion. Die meisten Gelehrten identifizieren es heute mit Khirbet al-Mukanna (ḫirbet al-muqanna') nordöstlich von Asdod, wo sich einst eine mauerumgebene Stadt von etwa 16 ha Grundfläche befand. Man konnte Lage und Form eines Stadttores bestimmen, desgleichen fand man mehrere Bauten innerhalb und außerhalb der Mauer. An → *Keramik* fand man hauptsächlich sog. »Philisterware« (Eisenzeit I und II), in höheren Schichten darüber persische Keramik und importierte Gefäße aus Attika. Nordöstlich davon stieß man auf byzantinische Keramik, hauptsächlich aus dem 4. Jahrhundert n. Chr., der Zeit, in der Eusebios lebte. Sie könnte aus dem »großen Dorf« stammen, das Eusebios erwähnt. Durch den Ortsansatz bei Khirbet al-Mukanna (Muqanna) wird auch der Weg der von den Philistern geraubten Bundeslade von → Eben-Eser nach Asdod (1. Sam. 5, 1) und von dort über Gath (ebd. 5, 8) nach E. (ebd. 5, 10) und → Beth Schämäsch (ebd. 6, 9 und 12 ff.) verständlich, von wo die Lade dann nach → Kirjath Jearim (ebd. 6, 21; 7, 1 f.) und Jerusalem gebracht wurde. *A. N. und J. R.*

Ela Tal, das sich südwestlich von → Jerusalem zum Gebiet der → Philister hinzieht (die Übersetzungen sprechen vom »Eichengrund« oder »Terebinthental«; Terebinthen bzw. Terpentinpistazien sind mediterrane Sumachgewächse der Gattung *Anacardiaceae [Pistacia terebinthus]*). Es zieht sich vom judäischen Bergland durch das Hügelland der → Sefīla nach der Küstenebene hin und bildete den Hauptverbindungsweg zwischen dem Philisterland einerseits und dem judäischen Hochland mit Jerusalem andererseits. Daher drangen die Philister durch dieses Tal weit in die Sefīla vor, und nach der Bibel versammelten sie sich zwischen → Aseka und → Socho zum Kampf, während die Israeliten ihr Lager in E. aufgeschlagen hatten (1. Samuel 17, 1 f.), wo auch der allgemeine Kampf (ebd. 17, 19) und der Zweikampf zwischen David und dem Herausforderer Goliath aus → Gath stattfanden (ebd. 17, 12 ff. [bes. 32 ff. und 48 ff.] sowie 21, 10). Heute Wadi es-Samt (Wadi es-Sant). *A. N. und J₄R.*

Elam a) Biblischer Name eines Landes in den Westketten des Zagrosgebirges. Der entsprechende akkadische Name lautete *Elamtu*, die Griechen (→ Javan) sprachen von *Elymais* oder *Susiane* (nach der Hauptstadt → Susa). E. lag östlich des → Tigris. Begrenzt wurde es im Westen von Babylonien, im Norden von Assyrien (d. h. Mesopotamien) und → Medien, im Süden vom Persi-

schen Golf und im Osten von Persien (bzw. Iran). Zum größten Teil geht unser Wissen über E. auf sumerische, babylonische und assyrische Quellen zurück. E. befand sich in ständigem Kriegszustand mit den Königreichen Lagasch und Assur. Anfang des 2. Jahrtausends v. Chr. stürzten die Elamiter die dritte sumerische Dynastie von Ur. Die wichtigste biblische Überlieferung im Zusammenhang mit E. macht König Kedorlaomer von E. zum Herrscher über → Adma, → Gomorrha, → Sodom, → Zeboim und → Zoar am → Toten Meer (Gen. [1. Mos.] Kapitel 14). Es wird berichtet, Kedorlaomer habe die → Rephaiter, Susiter und Emiter bei → Aschtaroth, Ham und bei Kirjatajim besiegt (ebd. 14, 5). Die Könige der Städte am Toten Meer, so heißt es weiter, hätten sich gegen Kedorlaomer erhoben (ebd. 14, 4 und 8 ff.), doch sei der Aufstand fehlgeschlagen. Archäologisch ist dieser Bericht nicht belegt. Es fehlt jedoch nicht an Gelehrten, die geneigt sind, ihn für historisch zu halten und die geschilderten Ereignisse in die Zeit der elamischen Großmacht (18. Jh. v. Chr.) zu verweisen. Zur Zeit Hammurapis von Babylon (etwa 1728–1686 v. Chr.) verlor E. seine Vormachtstellung in Mesopotamien, konnte sich jedoch im 12. Jh. wieder in Südbabylonien festsetzen und Babylonien selbst angreifen. Damals wurde der berühmte *Codex Hammurapi* (die Gesetzessstele Hammurapis) nach Susa verschleppt, wo man ihn 1901 (nach anderen Angaben erst 1902) entdeckte. Er befindet sich heute im Pariser Louvre. Es waren König Šutruk-Naḫḫunte I. sowie seine Söhne Kutir-Naḫḫunte und Šilhak-Inšušinak, unter denen E. auf dem Gipfel seiner Macht stand. Doch schon Nebukadnezar I. (Ende des 12. Jh. v. Chr.) unterwarf E., und später führte E. unablässig Kriege gegen Sargon II. (722/21–705 v. Chr.), Sanherib (Sennacherib [705/4 bis 681 v. Chr.]) und schließlich Assurbanipal (669/68 bis ca. 630 v. Chr.), unter dem E. endgültig von der politischen Bühne verschwand (639 [645 v. Chr.: Fall von Susa]). Allerdings hielten elamische Volksreste sich noch im Gebirge. Von Elemitern, die an assyrischen Feldzügen gegen Juda beteiligt waren, spricht Jesaja (Isaias 22, 6), der sich andererseits von einer Vereinigung E.s mit Medien den Sturz Babels erhoffte (ebd. 21, 2 und 9). Jeremia sprach vom Fall E.s (Jer. 44, 34–39), desgleichen Hesekiel (Ezechiel 32, 24 f.). Im Perserreiche war E. eine Satrapie mit der Hauptstadt Susa. Elamisch blieb (so unter Dareios I. [521–485] und Xerxes I. [485–465 v. Chr.]) zum Teil Kanzleisprache (dies zeigen die Lohnanweisungen des Schatzhauses von Persepolis sowie Inschriften). Sah man noch auf einem Relief im Palast von → *Ninive* elamitische Gefangene, die auf dem Marsch in die Verbannung Wegzehrung zu sich nehmen, so erblickt man auf einer Darstellung aus glasierten Ziegeln in Susa einen elamitischen Soldaten unter den »10 000 Unsterblichen«, die das Rückgrat des Perserheeres darstellten. Elamiter waren auch in → *Samaria* angesiedelt. Zusammen mit gleichfalls dorthin verschlagenen Leuten aus → *Uruk* gehörten sie zu jenen Kräften, die den Wiederaufbau → *Jerusalems* zu hintertreiben versuchten. (Esra 4, 9).

b) Stadt in Juda, nach der Rückkehr der Juden aus der Babylonischen Gefangenschaft neu besiedelt (Esra 2, 7). Esra spricht außerdem von einem »anderen E.« (ebd. 2, 31), desgleichen Nehemia (Neh. 7, 34). Als Rückwandererzahl wird in allen drei Fällen (Esra 2, 7 und 31 sowie Neh. 7, 34) übereinstimmend 1254 angegeben. Vermutlich handelt es sich um einen und denselben Ort, und der Zusatz »anderes« E. dient der Unterscheidung vom gleichnamigen Land. Lage unbekannt. *A. N. und J. R.*

Elath, Eilat Küstenstadt am Scheitelpunkt des nordöstlichen Arms des Roten Meeres, d.h. des Golfs von Akaba (Aqaba), häufig im Zusammenhang mit Ezjon-Geber erwähnt (vgl. Deut. [5. Mos.] 2, 8). Vor der Reichsteilung war E. ein bedeutender Hafen, über den aller Handel mit → *Arabien* und → *Ophir*

abgewickelt wurde (1. Kön. 9, 26 ff. [auch hier erscheint E. neben Ezjon-Geber]). Zur Zeit des Königs Joram von Juda (849 [851 oder 846] bis 842 [843] v. Chr.) scheint E. in die Hände der Edomiter gefallen zu sein. Doch Amazja (798/97–779[769] v. Chr.) gewann E. wieder zurück und ließ es befestigen (2. Kön. 14, 22), desgleichen sein Sohn Asarja (Ussia, 779 [785 bzw. 769] bis 738 [733] v. Chr. [2. Chron. 26, 2]). Wahrscheinlich entstand damals das neue E. an der Stelle des alten Ezjon-Geber. Unter der Herrschaft des Achas (743 [736] bis 727 [721] v. Chr.) brachte Rezin, der König von → *Aram* (Lutherbibel: »Syrien«, E. wieder an → *Edom* zurück, und seit dieser Zeit war es nie wieder in jüdischer Hand (2. Kön. 16, 6). Unter der makedonischen Dynastie der Lagiden (Ptolemäer), die in hellenistischer Zeit über → *Ägypten* herrschte, entstand eine neue Hafenstadt namens *Berenike*. Im 3. bzw. 2. Jh. v. Chr. fiel E. zusammen mit dem größten Teil der Wüste Negev in die Gewalt der Nabatäer, die E. zu einem der Hauptzentren des Gewürzhandels machten. Allerdings unterbrach die Eroberung von Gaza durch den Hasmonäer Alexander Iannaios (104/3–77/76 v. Chr.) den Handelsfluß vorübergehend, doch während der Römerzeit erlangte E. – nun *Aila* genannt – neue Bedeutung als Hafen. Anfang des 2. Jh. unserer Zeitrechnung wurde durch das Araba-Gebiet eine Straße gelegt, die E. mit dem Norden verband und wieder an Judäa anschloß. Anscheinend lagen damals Abteilungen der *Legio III Cyrenaica* in E. in Garnison, die Ende des 3. oder Anfang des 4. Jh. n. Chr. durch die *Legio X Fretensis* ersetzt wurden, die hier ihr Hauptquartier erhielt. Auch in byzantinischer Zeit war E. eine bedeutende Stadt. Ihre Bischöfe nahmen an einigen der ersten Synoden bzw. Konzilien teil. Im Jahre 634 unserer Zeitrechnung diente E. als Basis für die arabische Invasion in Palästina. Elath entspricht dem heutigen Akaba (Aqaba), das jetzt etwa 5 Kilometer vom heutigen Ort Elath entfernt liegt. *A. N.*

140

Eleale Stadt im Lande → *Moab*, von den Israeliten erobert (Num. [4. Mos.] 32, 3) und dem Stamm Ruben zugeteilt, der sie wieder aufbaute (ebd. 32, 37). In der Römerzeit ein großes Dorf unweit von → *Hesbon*. Heute El-Al (etwa 3 km nordöstlich von Hesbon). A. N.

Elephantine Stadt an der Südgrenze des alten → *Ägypten*, erstmals zur Zeit der dritten Dynastie (etwa 2778 [2654] bis 2723 [2579] v. Chr.) erwähnt. E. war gleichzeitig Grenzfestung und Handelszentrum, es war Residenz der königlichen Beamten, die für den Außenhandel mit Nubien verantwortlich waren. Ein wichtiges Außenhandelsgut Nubiens war Elfenbein. Möglicherweise verdankt dem Handel mit dieser Ware die Inselfestung (E. liegt auf einer Flußinsel im → *Nil* bei Assuan) ihren Namen. Andererseits wurde aus dem Gebiet um E. Granit nach Süden ausgeführt, der in großen Steinbrüchen am östlichen Nilufer gebrochen wurde. Die Reste des alten E. finden sich auf dem Südteil der Insel. Durch Grabungen kamen hier unter anderem zwei Tempel aus der Zeit Thutmosis' III. (1490 bis 1436 v. Chr.) und Amenophis' III. (1405–1367 [C. Aldred] bzw. 1403–1364 [W. Helck]) zum Vorschein, zahlreiche Gräber königlicher Beamter, die Garnison einer jüdischen Militärkolonie, die zur Perserzeit hier stationiert war und ein dem Stadtgott Chnum geweihter Tempel aus der Zeit Alexanders des Großen (336–323 v. Chr.). Von äußerster Bedeutung war die Entdeckung aramäischer Papyri (zunächst durch Zufalls-, später durch Grabungsfunde). Ihnen zufolge lautete der Ortsname *Jeb*. Zum größten Teil handelt es sich bei diesen Papyri um Briefe und Rechtsurkunden, die Aufschluß über das Alltagsleben dieser Kolonie (und damit einer jüdischen Diasporagemeinde) gaben. Meist geht es um Übereignungen, Erbschaften, Heiraten und Geldverkehr. Zum größten Teil sind die Dokumente datiert, die Zeitangaben erstrecken sich über das 5. Jh. v. Chr. Einige wenige Schriftstücke, die von Staatsangelegenheiten berichten, lassen sich in die Kategorie des diplomatischen Schriftwechsels einordnen. Von besonderer Bedeutung sind die Informationen über das religiöse Leben dieser jüdischen Gemeinde. So ist von einem *Jahwe*-Tempel die Rede, der mehr war als nur eine Synagoge. Es war ein Gebäude von beträchtlichem Umfang, das einen Altar besaß, der bald als *aguda* (»Begegnungsstätte«), bald als *misgada* (»Kultplatz«) erwähnt wird. Diese spätestens um die Mitte des 6. Jh. v. Chr. errichtete Kolonie wurde Anfang des 4. Jh. zerstört. Jedenfalls bezieht sich der letzte datierte Papyros auf das Jahr 399 v. Chr. Auch in der Römerzeit war E. erneut Garnison. Aus der römischen Kaiserzeit stammt der berühmte Nilmesser. Zu den Papyri, die Aufschluß über das religiöse Leben der E.-Gemeinde geben, gehört der gleichfalls berühmte Passah-Papyros. Er enthält ein Schreiben an die Judenschaft in der palästinensischen Heimat mit der Bitte um Richtlinien für die Feier des Passah-Festes. Eine Urkunde des persischen Großkönigs (es handelte sich um den Achaimeniden Dareios II. Nothos bzw. Ochos [424–404 v. Chr.]) ordnete die Einhaltung der Festvorschriften an (vgl. → *Brot*).

R. R. und J. R.

Eleutheropolis → *Beth-Gibrin*

Elon Stadt auf dem Gebiet des Stammes Dan (Josua 19, 43). Einige halten sie für identisch mit → *Ajalon* b (Josua 19, 42), in diesem Fall wäre E.-Ajalon identisch mit E.-Beth-Hanan, einer Stadt im zweiten Verwaltungsbezirk des Salomonischen Reiches (1. Kön. 4, 9 [deutsche Übersetzungen geben hier: »E. und Beth-Hanan«]). Vielleicht Khirbet Wadi Alin, ein Stück südöstlich von → *Beth Schämäsch*, wo man Reste einer israelitischen Ansiedlung gefunden hat. A. N.

Eltheke Stadt im Küstengebiet von Dan (Josua 19, 44), den Leviten überlassen (Josua 21, 23). Erwähnt in der Liste jener Städte, die Sanherib (Sennacherib [705/4–681 v. Chr.]) im Jahre 701 v. Chr. eroberte. Ortsansatz unsicher, möglicherweise *tell aš-šalaf* [Martin Noth: ḫirbet al-muqanna' [andere anders: z. B. *tell al-melāt* oder *tell gibb'tōn*]] auf halber Strecke zwischen → *Asdod* und Jaffa.

Emiter → *Rephaiter, Susiter und Emiter*
Emmata → *Hamath-Gader*

Emmaus Ort in Judäa, in der Perserzeit auch unter dem Namen *Hamthan* bekannt, der sich auf die auch in jüdischen Schriftzeugnissen erwähnten Thermalquellen bezieht. Im Jahre 166/165 v. Chr. erfocht Judas Makkabäus (166–160 v. Chr.) hier einen großen Sieg über die Streitkräfte des Seleukidenkönigs Antiochos' IV. Epiphanes (175–163 v. Chr.), die unter dem Befehl von Gorgias und Nikanor standen (1. Makk. 3, 40; 4, 3). Nach den ersten Erfolgen des Makkabäers (Hasmonäers) Jonathan (160–143 v. Chr.) war E. Teil eines Festungsnetzes, das Bakchides 160 v. Chr. aufbaute, um jüdischen Partisanen durch Blockierung der Pässe im Westen den Zugang nach Juda zu verwehren (1. Makk. 9, 50). Nach der Mitte des 1. Jh. v. Chr. wurde E. anstelle von → *Gezer* Distriktshauptstadt (Flavius Josephus, *Antiquitates Iudaicae* 14, 275). Als Schlupfwinkel eines Räubers namens Athronges ging E. im Jahre 4 v. Chr. teilweise in Flammen auf. Urheber der Feuersbrunst war Publius Quinctilius Varus, der später (im Jahre 9 n. Chr.) im Teutoburger Wald von den Cheruskern unter Arminius vernichtend geschlagen wurde (Varusschlacht). Damals (ca. 6–4 v. Chr.) war er römischer Legat in Syrien (vgl. Flav. Jos. a. a. O. 17, 282–291). Im Jahre 66 n. Chr. war E. einer der Orte, wo der Aufstand gegen Rom organisiert wurde (ebd. 2, 567), doch zwei Jahre später stationierte der römische Feldherr Vespasian (Kaiser von 69–79 n. Chr.) hier die 5. Legion, die den Beinamen *Macedonica* führte. Später lag E. an einer der drei Straßen, die *Aelia Capitolina* (→ *Jerusalem*) mit Lydda (→ *Lod*) verbanden. Von der Anwesenheit von Samaritanern (→ *Samaria*) abgesehen, deren Gemeinde in E. durch den Talmud so-

wie inschriftlich bezeugt ist (so gab es eine samaritanische Synagoge in E.), hatte E. im 3. Jh. n. Chr. auch eine Christengemeinde aufzuweisen. Ihr bedeutendster Repräsentant war möglicherweise der christliche Literat Sextus Iulius Africanus, der Verfasser der ersten christlichen Weltchronik in griechischer Sprache. Zwar gilt als seine Heimat gewöhnlich Jerusalem, doch reiste er um 220 n. Chr. in Angelegenheiten der Gemeinde von E. zum Kaiser (damals Elagabal [218–222 n. Chr.]). Im Jahre 221 erhielt E. von Elagabal Stadtrecht und wurde gleichzeitig in *Nikópolis* umbenannt (der griechische Name bedeutet »Siegesstadt«). Die neue »Siegesstadt« zierten zahlreiche öffentliche Bauten (wie → *Stadion*, Theater, → *Tempel* und Thermen [→ *Badeanlagen*]). Man identifiziert E. mit 'Amwās (mehr als 25 km nordwestlich von Jerusalem), wo sich nach der Tradition die Episode mit den beiden »Emmausjüngern« abgespielt haben soll (Lukas 24, 13 ff.). Allerdings wird dieser Ortsansatz bestritten. Seine Gegner vermuten das biblische E. in größerer Nähe der Hauptstadt. Unabhängig davon, ob die Gleichsetzung E. = 'Amwās zutrifft, haben Grabungen, die von Franziskanern von 1873 bis 1944 durchgeführt wurden, insbesondere Forschungen der Patres L. H. Vincent und Abel, in 'Amwās bedeutende Reste der hellenistischrömischen und byzantinischen Periode sowie aus späterer Zeit ans Licht gebracht. Insbesondere ließ sich die Geschichte der christlichen Bauten rekonstruieren. Das älteste Fundament, das an der Stelle der Basilika zum Vorschein kam, ist das einer geräumigen griechisch-römischen Villa der Kaiserzeit (Severerzeit [193–235 n. Chr.]). Fünf Jahrzehnte später entstand an der Stelle dieser Villa ein basilikaler Bau, der bereits als Kirche diente. Es handelt sich um ein großes Bauwerk von 46 m Länge und 24 m Breite mit drei Apsiden. Zwei Reihen korinthischer Marmorsäulen trennten das Hauptschiff (Mittelschiff) von den Seitenschiffen. Die Innenwände waren mit Fresken,

Sog. PINOCCHIO *(Elfenbeinarbeit aus →* BIR ES-SAFADI; *chalkolithisch). Die Funde von Bir es-Safadi zählen zur »Beersche-ba-Ghassul«-Kultur (s. S. 105).*

Marmorverkleidung und Wandmosaiken geschmückt. Im Fußboden sind die großartigen Bodenmosaiken der Villa aus der Severerzeit erhalten geblieben. Im 4. Jh. wurde die Basilika bei einem Aufstand der Samaritaner zerstört. An ihre Stelle trat im 6. Jh. eine Kirche der Zeit Justinians I. (527 bis 565 n. Chr.). Dieses byzantinische Bauwerk besaß nur noch eine Apsis, wies viel bescheidenere Maße auf als die alte Basilika und wurde neben deren Ruinen vor dem alten Baptisterium (Taufkapelle) erbaut. Anfang des 12. Jh. errichteten die Kreuzfahrer ihre eigene Kirche auf den Grundmauern der Basilika des 3. Jh. Sie benutzten nur die mittlere Apsis, errichteten die Seitenwände an der Stelle der ursprünglichen Säulenreihen, die einst das Mittelschiff des alten Baus seitlich abgegrenzt hatten, bzw. auf dem Stylobaten des älteren Bauwerks, und überdachten das Ganze mit einem Steingewölbe. Das Ergebnis war ein relativ kleiner, allerdings für die romanische Bauweise sehr charakteristischer Sakralbau.

A. N. und J. R.

En → *'Ain*
En Boqeq → *'Ain Boqeq*

En-Dor Stadt des Stammes Manasse auf dem Gebiet des Stammes Issachar (Josua 17, 11), wo der verzweifelte Saul bei einer Nekromantin, der »Hexe von E.«, die für ihn den Geist des toten Samuel beschwor (1. Sam. 28, 7 ff. [bes. 11 und 14 ff.]), sein letztes Nachtmahl aß (ebd. 28, 22 ff.), bevor er sich in den Bergen von → *Gilboa* in sein Schwert stürzte (ebd. 31, 3–5). Auch in der Römerzeit war E. noch bekannt. Identifiziert mit Khirbet es-Safsafeh in der östlichen Ebene von Jesreel. Der antike Name hat sich im heutigen Ortsnamen *Endur* (südlich vom Berg → *Tabor* und östlich von Naim) erhalten. *A. N.*

En-Gannim a) Stadt in der → *Sefila* von Juda (Josua 15, 34). Nicht identifiziert.
b) Levitenstadt auf dem Stammesgebiet von Issachar (Josua 19, 21; 21, 29). An

der Parallelstelle (1. Chron. 6, 58 [bzw. 73]) findet sich statt E. der Name *Anem*. Man hat vorgeschlagen, E. mit dem heutigen Jenin *(ǧenīn)* südwestlich des Sees Genesareth und ungefähr westlich der Stadt → *Beth-Sean* zu identifizieren, andere haben sich für Khirbet Beit Jann (gleichfalls südwestlich vom See Genesareth) ausgesprochen. *A. N.*

En-Kerem → '*Ain-Karim*

Erech Uralte Stadt im Lande Sinear (im Südteil von Mesopotamien). Zusammen mit → *Akkad*, → *Babylon* und → *Kalne* eine der ersten Städte, die die Bibel überhaupt erwähnt. Zur Herrschaft des Nimrod gerechnet (Gen. [1. Mos.] 10, 10). Als bedeutende Grabungsstätte bekannter unter dem Namen → *Uruk*. Heute Warka. *J. R.*

Esbous → *Hesbon*

Eschtaol Stadt in der → *Šefīla*, zum Erbbesitz des Stammes Juda gerechnet und zusammen mit → *Zora* und Asna (Aschna) erwähnt (Josua 15, 33). An anderer Stelle (Josua 19, 41) erscheint E. zusammen mit Zora und Ir-Semes (Ir-Schemesch [→ *Beth Schämäsch*]) als Stadt des Stammes Dan (vgl. Richter 13, 25). Zwischen Zora und E. wurde Simson (Samson) bestattet (Richter 16, 31). Später verließen die Daniten die Stadt, um besseres Weideland im Norden zu suchen (Richter 18, 2 ff.). Noch Eusebios erwähnt in seinem Ortsnamenverzeichnis (*Onomastikon* 18, 12) ein Dorf namens *Estaol*, und auch der Talmud kennt den Ort noch. Heute Ischwa, nordnordöstlich von Beth Schämäsch und etwa 20 km westlich von → *Jerusalem*. *A. N.*

Eschtemoa Levitenstadt im südjudäischen Bergland (Josua 15, 50; 21, 14), eine der Städte, denen David nach seinem Sieg über die → *Amalekiter* Beutegeschenke sandte (1. Samuel 30, 28). In römischer und byzantinischer Zeit große Ortschaft namens *Astemo* mit jüdischer Bevölkerung. Aus dieser Zeit stammt eine Synagoge (a. d. 4. oder 5. Jh. n. Chr.). Im Gegensatz zu den meisten palästinensischen Synagogen ist sie vom *broadhouse*-Typ und nimmt in der kleinen Ortschaft beträchtlichen Raum ein. Ihre Maße betragen 12 × 20 m, und ihr Mauerwerk ist von hervorragender Güte. Man betritt das Gebäude durch drei Türen an der östlichen Langseite. Eine von zwei kleineren Vertiefungen bzw. Einlässen flankierte geräumige Nische in der → *Jerusalem* zugewandten Nordwand barg den Thoraschrein und vielleicht auch (in den Seitennischen) zwei siebenarmige Leuchter *(Menora)*. Das Bauwerk war unter anderem mit einem Fußbodenmosaik ausgestattet u. wies reiche äußere Dekoration auf. Bei den Bergungs- und Rekonstruktionsarbeiten kamen 1970 unter dem Boden der Synagoge Überreste aus der Eisenzeit zum Vorschein, darunter ein reicher Hort von Silberschmuck und Silberbarren, der vermuten läßt, daß sich hier vielleicht einst eine Silberschmiede befand. Heute *es-Semū'a* südlich von Hebron. *A. N.*

Etham Einer der ersten Lagerplätze der Israeliten auf ihrem Auszugsweg aus → *Ägypten*, zwischen → *Sukkot* und → *Pi Hachirot* (Ex. [2. Mos.] 13, 20; Num. [4. Mos.] 33, 7). Ortsansatz unbekannt. Wohl nördlich der Bitterseen. *A. N.*

Euphrat Einer der größten Ströme Südwestasiens, rund 2900 km lang. Sein Name lautete im Akkadischen *Purattu* (= »sehr breit«) und im Iranischen *Uprattu* (= »der Gute«), woraus die Griechen *Euphrátēs* machten. Die Araber nennen den Strom *al-Furat*, die Türken *Firat*. Die Bibel erwähnt den E. unter verschiedenen Namen, so u. a. einfach als »Fluß« oder als »großen Fluß«. Der E. wird durch die Vereinigung zweier Quellarme, des *Murat-Suyu* und des *Karasu* (= »Schwarzwasser«) im Bergland Ostanatoliens gebildet. In tiefen Schluchten durchschneidet er in südlicher Richtung den östlichen Taurus, durchfließt dann das syrische und oberirakische Tafelland, um in seinem Unterlauf zusammen mit dem → *Tigris* die weite unterirakische

Schwemmebene des Zweistromlandes einzuschließen. Schließlich erweitert er sich oberhalb von Basra zum Hammar-See und vereinigt sich mit dem Tigris zum Schatt el-Arab, der in den Persischen Golf mündet. Allerdings ist die gemeinsame Mündung erdgeschichtlich allerjüngsten Datums. Heute versucht man den Strom auf seinem gesamten Lauf zu regulieren und für Bewässerungszwecke dienstbar zu machen. Große Staustufen sind entstanden, weitere geplant, doch bisher galt, daß der E. wegen seiner starken Strömung und des erheblich schwankenden Wasserstandes nur auf seinem Unterlauf schiffbar war. An seinen Ufern entwickelten sich die bedeutendsten Städte Mesopotamiens, darunter vor allem → Babylon. Eine andere Stadt, → Karkemisch, war ein wichtiger Straßenknotenpunkt, wo Karawanen mit Waren aus dem Fernen Osten den E. zu überqueren pflegten. Auch einige Entscheidungsschlachten der Weltgeschichte wurden am Ufer des E. geschlagen, insbesondere die Schlacht zwischen Nebukadnezar II. (605–562 v. Chr.) und Pharao Necho II. (610/9 bis 595/4 v. Chr.) von → Ägypten (Jerem. 46, 2). Die Bibel bezeichnet den E. als einen der vier Ströme des Gartens → Eden (Gen. [1. Mos.] 2, 14), und er bildete die nordöstliche Grenze des Gelobten Landes (ebd. 15, 18). Immer wieder bildete der E. die Grenze zwischen Ost und West, so etwa zwischen den Machtsphären Assyriens und Ägyptens. Jede der beiden Großmächte versuchte, die Grenze zu verschieben und an Boden zu gewinnen, wobei immer wieder Syrien und Palästina Opfer des Expansionsdranges wurden. Als Grenze hatte man auch noch zur Perserzeit den Fluß im Bewußtsein, als das Perserreich sich längst weit nach Westen hin ausgedehnt hatte (vgl. Esra 4, 10). In der hellenistisch-römischen Epoche überquerten den E. eine Anzahl Brücken. Damals diente er zunächst als Grenze zwischen den Königreichen Armenien, Kappadokien, Sophene und Kommagene. Zu Anfang der Römerzeit trennte der Fluß Römer und Parther voneinander, später wurden an seinem Lauf römische Festungen gegen die Sasaniden errichtet. Außerdem legten die Palmyrener (aus Tadmor) am E.-Ufer Handelskolonien an, da hier der Handelsweg zwischen Syrien und → Indien verlief.   A. N.

Europos → *Karkemisch*

F

Flavia Neapolis Von Vespasian (Kaiser 69–79 n. Chr.) kurz nach der Zerstörung des Zweiten Tempels von → *Jerusalem* durch Titus (70 n. Chr.) westlich vom alten → *Sichem* zwischen den Bergen → *Ebal* und Garizim neugegründete Stadt (Flavius Josephus »Jüdischer Krieg« [*Bellum Iudaicum* 4, 449]; Plinius »Naturgeschichte« [*Naturalis Historia* 5, 69]). Die Stadt hatte eigenes Münzrecht, und nach Ausweis der hier geschlagenen Münzen begann die Stadtära im Jahre 72 n. Chr. Philippus Arabs (»der Araber«, der Sohn eines Araberscheichs aus der Trachonitis [Kaiser 244–249 n. Chr.]) gab F. 244 n. Chr. den Status einer römischen Kolonie, und als solche führte der Ort den Namen *Colonia Iulia* (oder *Sergia*) *Neapolis*. Ausgrabungen wurden noch nicht durchgeführt, doch jüngere Quellen erwähnen die Befestigungsanlagen und andere Bauwerke der Stadt. Namentlich in byzantinischer Zeit ist häufig von Neapolis die Rede. Bischöfe der Stadt nahmen an der Synode von Ankyra (Ankara [314]) und am Konzil von Nikaia (Nicaea/Nizäa [325]) teil. Im 4. Jh. unserer Zeitrechnung entstand eine samaritanische Synagoge (→ *Samaria*), denn die Samaritaner hatten in Neapolis die Mehrheit und unterdrückten die dortige Christengemeinde.

Auf der Mosaik-Landkarte von → *Madeba* erscheint Neapolis als bedeutende Stadt mit Festungsmauern und einem Tor an der Ostseite. Es öffnet sich nach einem geräumigen Marktplatz (einer *agorá* [griech.], einem *forum* [lat.]) hin. Von diesem Platz ausgehend, führt eine von Säulen flankierte Straße als Ost-West-Achse mitten durch die Stadt, in deren Zentrum sie sich mit einer Nord-Süd-Achse kreuzt. Am Kreuzungspunkt beider Achsen erkennt man ein Gebäude von kreisförmigem Grundriß mit einer Kuppel, die auf Säulen ruht, am Südende der Nord-Süd-Straße ein → *Nymphaeum*.

Im südöstlichen Stadtviertel erblickt man eine große Kirche – möglicherweise die Kathedrale der Bischöfe von Neapolis. Dessen griechischer Stadtname (*Neapolis* = »Neustadt«) ist im heutigen Namen der Stadt *Nablus* erhalten geblieben, die heute die Stelle der antiken Stadt einnimmt.   *A. N.*

G

Gaasch Gebirge in Ephraim. Hier lag Timnat-Serach (Thimnath-Serah), wo Josua begraben wurde (Josua 24, 30; Richter 2, 9). Ortsansatz unklar, doch jedenfalls wohl im Gebiet um Beit Illo, etwa 10 km nordwestlich von Ramalla. *A. N.*

Gabara, Gabathon Nach Flavius Josephus (Selbstbiographie 123) drittgrößte Stadt im Gebiet von Galiläa (nach Tiberias und Sepphoris). Während des Ersten Jüdischen Aufstands (66/67–70 bzw. 73 n. Chr.) stand die Stadt auf der Seite des Zeloten Johannes (Jochanan) von Gischala, dessen Freund Simon ihre Bürger anführte (Flav. Jos. a. a. O. 123 bis 125; 203). Unter Josephus' Einfluß ging sie jedoch zur anderen Seite über (ebd. 242 ff.; *Bellum Iudaicum* 2, 630). Gabara war die erste Stadt Galiläas, die Vespasian (Kaiser 69–79 n. Chr.) eroberte. Vespasian fand sie verlassen und setzte sie sowie die umliegenden Dörfer in Brand (Flav. Jos. *Bell. Iud.* 3, 132 ff.). *R. R.*

Gadara a) Stadt südlich des → *Jarmuk,* identifiziert mit Khirbet (Chirbet) Umm Qeis *(ḫirbet umkēs),* 10 km östlich der Einmündung des Jarmuk in den Jordan. In der hellenistischen Zeit eines der Zentren griechischer Kultur im Jordanlande, Heimat des kynischen Satirikers Menippos, des Kynikers Meleagros, der gleichfalls menippeische Satiren schuf, vor allem aber die erste bekannte Sammlung griechischer Epigramme zusammenstellte (den »Kranz des Meleager«), weiterhin des Epiku-

reer Philodemos von G., der eine epikureische Schule in Neapel gründete, zu deren Anhängern u. a. der junge Vergil zählte. Philodemos selbst stand Caesars Schwiegervater Lucius Calpurnius Piso Caesonianus nahe. Als unter den Lagiden (Ptolemäern) die assyrisch-persischen Provinzen absplitterten, wurde G. Hauptstadt des biblischen Landes Gilead, u. Gilead wiederum erhielt den gräzisierten Namen *Galaaditis* (Polybios 5, 71; Flavius Josephus *Antiquitates Iudaicae* 12, 330; 13, 209). Nach dem Sieg Antiochos' III., des Großen (223–187 v. Chr.), bei → *Caesarea Philippi* (198 v. Chr.) über die Truppen Ptolemaios' V. Epiphanes (210–180 v. Chr.) ging G. an die Seleukiden über und erhielt in dieser Phase seiner Geschichte zusätzliche Namen wie *Antiocheia* und *Seleukeia* (Steph. v. Byzanz s. v. *Gadara*). Alexander Iannaios (103 bis 77 v. Chr.) eroberte die Stadt bei seinem ersten Feldzug (Flavius Josephus a. a. O. 13, 356). Von Pompeius befreit (Josephus ebd. 14, 75 und 91), wurde G. sofort wieder aufgebaut und in die *Dekapolis* eingegliedert (Plinius *Naturalis Historia* 5, 18, 74). Auf den *Münzen* von Augustus bis Gordian III. (238 bis 244 n. Chr.) rechnet man als Epochenjahr das Jahr 63 v. Chr. (sog. Pompeianische Ära). G. war eine von mehreren griechischen Städten, die Augustus Herodes dem Großen (37–4 v. Chr.) überließ (Flav. Jos. *Ant. Iud.* 15, 217; *Bellum Iudaicum* 1, 396). Als Herodes' Reich geteilt wurde, trennte man G. von dem Anteil, der Archelaos zufiel, und unterstellte es dem römischen Prokonsul Syriens (Flav. Jos. *Ant. Iud.* 17, 230). Im griechischen Originaltext der Evangelien wird G. als Schauplatz der Heilung eines »Besessenen« erwähnt, dessen Dämonen in eine Schweineherde gefahren sein sollen. Allerdings ist die Lokalisation ebenso problematisch wie die Erzählung als solche. Die Lutherbibel übersetzt bei Matth. 8, 28 ff. »Gegend der Gergasener« (→ *Gergesa*), »Gadarener« gibt sie an den Parallelstellen (Mark. 5, 1–17; Luk. 8, 26 ff.). Die griechische Originalfassung hat demgegenüber an allen drei Stellen unterschiedslos *eis tēn chōran tōn Gadarēnōn* (= »in das Land der Gadarener«) mit den Varianten *Gergesēnōn* (= »Gergesener«) bzw. *Gergasēnōn* (»Gergasener«). Um die Verwirrung vollständig zu machen, hat die lateinische Vulgata in allen drei Fällen unterschiedslos *in* (bzw. *ad*) *regionem Gerasenorum* (= »in das Gebiet der Gerasener« [→ *Gerasa*]). Einer spätrömischen Inschrift zufolge besaß die Stadt den Status einer Kolonie mit dem Namen *Colonia Valentina Gadara.* Die Peutingersche Tafel gibt G.s Entfernung von → *Capitolias* und von Tiberias mit 16 römischen Meilen an. Nach Norden hin erstreckte sich das Gebiet von G. über den Jarmuk hinaus (Plinius *Naturalis Historia* 5, 18, 74) und schloß auch die berühmten heißen Quellen von → *Hamath-Gader* ein (Eusebios *Onomastikon* 74, 10).

R. R. und J. R.

Gadara b) Stadt in → *Peräa,* mit Tell Djadur bei es-Salt (etwa 25 km nordwestlich von Amman [→ *Rabbath-Ammon*]) identifiziert. Wenn auch Alexander Iannaios (103–77/76 v. Chr.) die Stadt vielleicht nicht einnahm (vgl. Flavius Josephus *Antiquitates Iudaicae* 13, 356), so wurde er doch wohl hier von Obodas I., einem König der *Nabatäer,* geschlagen (ders. ebd. 13, 375). Josephus schildert G. als die Hauptstadt von Peräa und als ein Zentrum jüdischen Widerstandes, das 68 n. Chr. in die Hände des römischen Feldherrn Vespasian (später Kaiser v. 69–79 n. Chr.)

fiel (*Bellum Iudaicum* 4, 414 f.). In talmudischer Zeit kannte man G. unter dem Namen Gador.

R. R.

Galgala → *Gilgal*

Gallim Geburtsort des Lajisch-Sohnes Palti, des zweiten Mannes der Saulstochter Michal, die zuvor Davids Frau gewesen war (1. Samuel 25, 44). Von Sanherib (Sennacherib [705/4–681 v. Chr.]) im Jahre 701 v. Chr. bei seinem Vorstoß auf → *Jerusalem* erobert (Jesaja [Isaias] 10, 30). Von einigen Gelehrten in Khirbet (Chirbet) Kakul (etwa 5 km nordöstlich von Jerusalem) vermutet.

A. N.

Gargamiš → *Karkemisch*
Gartengrab → *Golgotha*

Gath a) Ortsname, der im Hebräischen »Weinkelter« bedeutet. G. war eine der fünf Fürstenstädte der → *Philister* (Josua 13, 3), der Ort, wo die Enakiter blieben, bis Josua sie unterwarf (ebd. 11, 22). Aufbewahrungsort der von den Philistern entführten Bundeslade (1. Sam. 5, 8). Doch als die Lade den Philistern Unheil brachte, entschlossen sich diese, sie zurückzuerstatten (ebd. Kap. 6 [G. dort Vers 17]). Besonders eng ist die Beziehung zwischen G. und David. G. war Heimat des Herausforderers Goliath (1. Sam. 17, 4 und 23), den Daniel im Tal → *Ela* besiegte (1. Sam. 17, 49; 21, 10). Nach einem biblischen Bericht (1. Sam. 7, 14), fiel G. zur Zeit Samuels an Israel, nach einer anderen Stelle (2. Chron. 18, 1), nahm David, der in G. bei König Achisch vor Saul Zuflucht gefunden hatte (1. Sam. 27, 2 bis 11), die Stadt den Philistern ab. Ein Kontingent von 600 Mann, das die Leute von G. stellten, gehörte in Davids Krieg gegen Absalom zu Davids Truppen (2. Sam. 15, 18). Ittaj aus G., der David folgte (ebd. 19–22), befehligte ein Drittel des auf Davids Seite stehenden Heeres (ebd. 18, 2). Andererseits herrschte Achisch, der dem flüchtigen David Schutz gewährt hatte (s. oben), noch zur Zeit Salomos über G. (1. Kön. 2, 39 f.). Nach dem Zusammenbruch des Salomonischen Reichs war G. eine der Städte, die König Rehabeam befestigen ließ (2. Chron. 11, 8). Der Aramäerkönig Hasael eroberte G. (2. Kön. 12, 18), und Asarja bzw. Ussia, der König von Juda, ließ die Mauern der alten Philisterstadt schleifen (2. Chron. 26, 6). Zur Zeit des Propheten Amos lag G. in Trümmern, nachdem es 711 v. Chr. in die Hand Sargons II. (722/21–705 v. Chr.) gefallen war.

Schwierigkeiten bereitet die Identifikation von G. Man hat die diese Stadt betreffende Überlieferung mit verschiedenen größeren Ruinenhügeln am Ostrand der Ebene von Juda in Zusammenhang zu bringen versucht, so W. F. Albright mit *Tell esch Schech Achmed ul-Areni (tell šeḫ aḥmēd al-'arēni)*, wo man durch nicht weniger als sieben Grabungskampagnen den Nachweis erbringen wollte, daß es sich um die alte Philisterstadt handle. Allerdings fand sich nichts, das gerade für eine Besiedlung durch Philister charakteristisch wäre, ja zu der Zeit, als Philister in G. gelebt haben dürften, war der Ort vom »Ruinenhügel des Schech Achmed« überhaupt nicht bewohnt. Elliger und andere Gelehrte suchen G. daher neuerdings auf dem *Tell es-Safi*, der auf einer Linie mit den Städten → *Ekron*, → *Libna* und → *Lachis* liegt. Doch noch immer sind die Zweifel nicht verstummt.

b) Levitenstadt der Kehatiten auf dem Gebiet des Stammes Manasse, unweit von Taanach (vgl. Josua 21, 25 f.). Einen Ort mit ähnlichem Namen erwähnen die → *Amarnabriefe*. Er erscheint dort zusammen mit → *Sunem*. Ortsansatz unsicher.

c) *G.-Hepher (G.-Chepher)*. Stadt auf dem Gebiet des Stammes Sebulon (Josua 19, 13), Geburtsort des Propheten Jonas, des Sohnes des Amittaj (2. Kön. 14, 25). Man hält es für Khirbet es-Surra westlich des Sees Genesareth.

d) *G.-Rimmon*. Levitenstadt der Kehatiten auf dem Gebiet des Stammes Dan (Josua 19, 45; 21, 24; 1. Chron. 6, 54).

Auch altägyptische Quellen – so die Liste Thutmosis' III. (1490–1436 v. Chr.) und die → *Amarnabriefe* – erwähnen diesen Ort. Aus ihnen geht hervor, daß man G. in der Nähe von Jaffa (bzw. Joppe) zu suchen hat. Vielleicht der *Tell el-Dscherische (tell al-ǧerīše)* unweit der Stadt Tel Aviv, wo Reste einer kleinen städtischen Ansiedlung freigelegt worden sind. Die Besiedlung erstreckte sich von der Frühbronzezeit bis zur Frühen Eisenzeit. Bemerkenswert sind Reste eines beachtlichen Glacis. Es handelt sich um Überbleibsel von Befestigungsanlagen aus der Zeit der → *Hyksos* (18.–17. Jahrhundert v. Chr.). A. N.

Gaulanitis → *Golan*

Gebal → *Byblos*

Gebel ed-Druz → *Hauran* → *Zalmo*

Gebel Fruquca → *Gilboa*

Gebel Halaq → *Seir*

Gebel Nebi Dahi → *More*

Gebel eš-Sēh → *Hermon*

Gebel et-talg → *Hermon*

Gebel Zebedani → *Amana*

Gedera a) Stadt in Juda (Josua 15, 36), im Nordabschnitt der → *Sefila*. Nicht identifiziert.

b) Stadt, wo sich Töpfer aufhielten und ihre Werkstätten hatten, die im Dienst des Königs standen (1. Chron. 4, 23). Nach der Vulgata jedoch ganz einfach eine Töpfersiedlung. A. N.

Gederot Stadt in Juda (in der → *Sefila* [Josua 15, 41]), zur Zeit des Königs Ahas (Achas) von Juda (743 [736] bis 727 [721] v. Chr.) zusammen mit → *Beth-Schämäsch*, → *Gimso* und → *Socho* sowie anderen Städten in die Hände der *Philister* gefallen (2. Chron. 28, 18). Ortsansatz unsicher. Man hat Qatrah vorgeschlagen, das etwa 5 km südlich von → *Ekron* liegt. A. N. und J. R.

Gerablus → *Karkemisch*

Gerasa Stadt östl. d. Jordan, 55 km südöstlich d. Sees Genesareth. Gegr. wahrscheinlich von Antiochos IV. Epiphanes

Tonfigürchen einer Teigkneterin aus dem phönikischen Friedhof von → ACHSIB (Eisenzeit). Achsib entspricht dem heutigen ez-Zīb, das nördlich von → AKKO liegt (s. S. 12).

(176/75–164/63 v. Chr.). 81 bzw. 80 v. Chr. von Alexander Iannaios (103–77 v. Chr.) erobert (Flav. Jos. *Antiqu.* 13, 395; *Bell.* 1, 104). 63 v. Chr. v. Pompeius z. selbst. Stadt innerhalb der Dekapolis erhoben. Nach Plünderung durch die Juden und Eroberung durch Vespasian 75–76 n. Chr. nach dem »hippodamischen Plan« (→ *Antiochien*) wiederaufgebaut. Die beiden Hauptachsen (*cardo* und *decumanus*) u. d. *forum* waren v. Kolonnaden flankiert. Der Dionysostempel wurde in christl. Zeit Kathedrale.   *J. R. nach R. R.*

Gergesa Nach einigen Textvarianten des Neuen Testaments (und entsprechend Luthers Bibelübersetzung von Matth. 8, 28 ff.) Ort am Ostufer des Sees Genesareth, wo Jesus angebl. Teufel austrieb, die in eine Schweineherde fuhren (→ *Gadara*). Die Lutherbibel übersetzt übrigens nur bei Matthäus a. a. O. »Gegend der Gergasener«. An den Parallelstellen (Mark. 5, 1–17; Luk. 8, 26 ff.) gibt sie »Gadarener«, obwohl die griechische Originalfassung in allen drei Fällen unterschiedslos *eis tēn chōran tōn Gadarēnōn* (= »in das Land der

Gadarener«) mit den Varianten *Gergesēnōn* (»... der Gergesener«) bzw. *Gergasēnōn* (»... der Gergasener«) bringt. Um die Verwirrung vollständig zu machen, hat die lateinische Vulgata an allen drei Stellen unterschiedslos in (bzw. *ad*) *regionem Gerasenorum* (=»in das Gebiet der Gerasener«).

A. N. und J. R.

Gesur Nachbarland des Gebiets von → *Argob* (Deut. [5. Mos.] 3, 14) und von → *Baschan* (Josua 12, 5; 13, 11), von Josua jedoch nicht erobert (ebd. 13, 13). Nach der Gründung des Reiches Juda entstand in G. ein kleiner Aramäerstaat. König David war mit Maacha, einer Tochter des Königs Talmaj von G., verheiratet (2. Sam. 3, 3; 1. Chron. 3, 2). Maacha war die Mutter Absaloms. Nachdem er seine Schwester Tamar an seinem Bruder Amnon gerächt und diesen ermordet hatte, floh Absalom daher nach G. (2. Sam. 13, 37 f.; 14, 23–32). Wie es scheint, enthält auch einer der → *Amarnabriefe* eine Anspielung auf G. Im 9. Jh. v. Chr. hatte das Königtum von G. zu existieren aufgehört. Das Gebiet von G. lag am Ostufer des Sees Genesareth sowie am Nordufer des → *Jarmuk*. *A. N.*

Gethsemane Der Name bedeutet im Hebräischen »Ölkelter«. Ursprünglich bezeichnete er nur das Gelände unmittelbar um die sog. »Verratsgrotte«. Erst der Kirchenvater Hieronymus (um 348 bis 420 n. Chr.) erweiterte seinen Geltungsbereich etwas. Heute bezeichnet G. einen Garten am Fuß des → *Ölbergs*, nach der Überlieferung unmittelbar gegenüber dem Tempelberg von → *Jerusalem* am Osthang des → *Kidron-Tals* (Joh. 18, 1 [*péran toū cheimárrou tōn Kédrōn*; Vulgata: *trans torrentem Cedron*; neuere Übersetzungen: »über den Bach Kidron«]). Jesus kam hierher von der Stätte des Letzten Abendmahles (Matth. 26, 30 u. 36; Mark. 14, 26 u. 32), betete hier in seiner Todesangst und wurde hier verraten. Vor dem Hochaltar einer modernen Franziskanerkirche, »Gethsemanekirche«, »Todesangstkirche«, auch »Kirche der Nationen« genannt, wird der Fels gezeigt, wo er Blut geschwitzt haben soll (Luk. 22, 44). Schon die Pilgerin Aetheria (um 395) erwähnt hier eine Kirche. Tatsächlich stieß man bei Ausgrabungen vor dem Bau der heutigen Franziskanerkirche auf Kirchenfundamente aus dem 4. Jh. unserer Zeitrechnung. Wie alle christlichen Heiligtümer, dürfte auch diese Kirche 614 bei der Einnahme Jerusalems durch die Perser zerstört worden sein. Im 12. Jh. entstand eine Kreuzfahrer-Basilika über ihren Ruinen, die ihrerseits schon 1187 wieder in Trümmer sank. Neben ihrer heutigen Nachfolgerin zeigt man acht uralte Ölbäume, die auf die Zeit Jesu zurückgehen sollen. Eine weitere christliche Gedächtnisstätte in G. ist die »Verratsgrotte«, wo nach der Überlieferung Jesu Jünger ruhten und wo Judas Jesus durch einen Kuß verriet. Hier soll einst die Ölkelter gestanden haben, der das ganze Gelände den Namen G. verdankt. *A. N. und J. R.*

Geula-Höhlen Höhlen am Westhang des Karmelgebirges, ca. 15 m über dem Wadi et-Tin, 1956 entdeckt. In Wirklichkeit Reste einer einzigen Höhle, die bei Steinbrucharbeiten zerstört wurde. In den von ihr übriggebliebenen Nischen führte in den Jahren 1958 und 1964 E. Wreschner aus Haifa archäologische Untersuchungen durch. Es zeigten sich drei Schichten mit entsprechenden Fundlagern. Schicht A, etwa 15 bis ungefähr 30 cm dick, bestand aus grauem Erdreich und enthielt zahlreiche Geräte aus dem Moustérien (dem Mittel-Paläolithikum [der Mittleren Altsteinzeit]) mit Levallois-Technik. Sedimentanalyse ergab, daß das Klima damals kalt und feucht gewesen sein muß. In einer warmen und trockenen Periode muß sich demgegenüber Schicht B 1 gebildet haben, die ca. 30 bis rund 60 cm stark ist. Sie barg zahlreiche Spitzen, Abschläge und Messer mit Levallois-Technik. Nach dem Radiokarbontest hat man sie um 42 000 v. Chr. ± 1700 Jahre anzusetzen. Schicht B 2 besteht aus rund 15 cm schwarzbrauner Erde.

Neben vielen großen Abschlägen und Spitzen in Levallois-Technik enthielt sie 318 Knochenwerkzeuge, meist aus den Knochen von Wildrindern. Insgesamt ließen sich in ihr Überreste von nicht weniger als 59 Tierarten nachweisen, darunter Gazellen, Rehe, Wildschweine, Wölfe, Wildrinder, Igel und Fledermäuse (→ *Vorgeschichte*, → *Škhul-Höhle*; → *Wad-Höhle*).

Gezer Stadt, vom Chalkolithikum (4. Jahrtausend v. Chr.) bis in röm. und byzantin. Zeit besiedelt, an den Vorbergen Judas am Rand des Gebiets der → *Philister*. Der Stadthügel beherrscht ebenso die → *Sefïla* wie die Küstenebene. Weitere Vorteile bot das Vorhandensein von Quellen. Mit seiner Fläche von 15 ha ist der Ruinenhügel einer der größten Tells Palästinas. Entdeckt 1878 von Clermont-Ganneau, Ausgrabungen 1902–1909 (R. A. S. Macalister [*Palestine Exploration Fund*]; 1934 A. Rowe; ab 1965 G. E. Wright). Erste Erwähnung der Stadt unter Thutmosis III. (1490–1436 v. Chr.), weiterhin ist in 11 → *Amarnabriefen* von G. (und 3 Königen der Stadt) die Rede. Später erwähnt die Stele des Pharao Merneptah (1223–1203 v. Chr. [Helck]) G. und → *Askalon* unter den Eroberungen dieses Pharao in Palästina. Bei der israelit. Landnahme besiegte Josua König Horam von G. (Josua 10, 33; 12, 12), und die Stadt wurde den Leviten zugeteilt (ebd. 21, 21), doch konnte man die kanaanäischen Bewohner von G. offenbar nicht vertreiben (Jos. 16, 10; Richter 1, 29). Nach dem Einfall der Philister scheint G. eine der Operationsbasen dieses Volks gewesen zu sein. David schlug die Philister »von Gibeon bis G.« (2. Sam. 5, 25; 1. Chron. 14, 16), und auch später hatte er bei G. mit Philistern zu kämpfen (1. Chron. 20, 4). Salomo erhielt G. als Mitgift bei seiner Heirat mit der Tochter des Pharao Šušinku I. (→ *Lubim*), der die Stadt erobert hatte (1. Kön. 9, 16). Salomo ließ sie daraufhin zusammen mit → *Jerusalem*, → *Hazor* und → *Megiddo* ausbauen (ebd. 9, 15). Später erscheint G. auf der Siegesliste des Šušinku-Sisak in Karnak. Ein Relief Tiglatpilesars III. (um 745–727 v. Chr.) in Nimrud (→ *Kalach*) zeigt eine Belagerung von G. Die Stadt entwickelte sich erst wieder in persischer Zeit (Siegel mit der Aufschrift *jehud* [dem aramäischen Namen der pers. Satrapie Judäa] und *jršlm* [Jerusalem]). Die Zeit der Hasmonäer (Makkabäer) ist einer der Höhepunkte in der Entwicklung der Stadt. Im Jahr 160 v. Chr. vom Seleukidengeneral Bakchides befestigt (1. Makk. 9, 52), wurde G. ab 142 Stützpunkt des Simon (143–135/34 v. Chr. [1. Makk. 13, 43–48]). Ein Sgraffito deutet Widerstand an: »Möge Feuer den Palast Simons zerstören, sagt Pampras.« Nach Simon hatte dessen Sohn Johannes Hyrkanos I. (134–104 v. Chr.) hier seinen Stützpunkt (1. Makk. 13, 53). Er weilte hier, als Simon in → *Jericho* ermordet wurde, und von G. aus zog er in Jerusalem ein. Nach Eroberung durch die Römer war G. einer der Ratssitze, die Aulus Gabinius 57 v. Chr. mit der Verwaltung des Landes betraute, um dessen Einheit zu sprengen (Flav. Jos. *Bell.* 1, 170). Allerdings mußte G. diese Vorrangstellung schon bald an → *Emmaus* abtreten. In byzantin. Zeit war G. Bischofssitz.

Die ältesten Besiedlungsspuren stammen von einer unbefestigten Siedlung. Dazu gehören Gräber mit Brandbestattung. Zum Vorschein kamen weiterhin eine »Mittlere Mauer« (wohl ältere Bronzezeit [3. Jahrtausend v. Chr.]), eine »Innere Mauer« mit einem Dreifach-Tor (Mittelbronzezeit II c [um 1600 v. Chr.]) und eine »Außenmauer« (offensichtlich Spätbronzezeit [1550–1200 v. Chr.], doch auch unter Israeliten und wohl auch Hasmonäern noch im Gebrauch). Schließlich eine Kasemattenmauer mit typischem »Zangen«-Tor der Zeit Salomos (ursprünglich einem »Makkabäerschloß« zugeschrieben). Außerdem fand man einen unterirdischen Wasserkanal von 70 m Länge wie in → *Hazor*, → *Megiddo* und Jerusalem (→ *Siloah*). Zu erwähnen ist noch das sog. »Höhenheiligtum« mit riesigen

Ahiram-Sarkophag aus → BYBLOS. *Seine Inschrift gilt als eines der ältesten Zeugnisse einer Alphabetschrift. Umstritten ist allerdings bis heute noch der genaue Zeitansatz (s. S. 112).*

→ *Stelen* (vgl. → *Masseben*). Es handelt sich um einen kanaanäischen Begräbnisplatz. Zahlreiche Häuser, die gleichfalls zum Vorschein kamen, gehören in die Spanne zwischen Mittelbronzezeit II c und Spätbronzezeit.

Im Vergleich zu anderen Grabungsstätten hat G. zahlreiche Inschriften erbracht, so die »G.-Scherbe« mit protosinaitischer Schrift (Anfang des 2. Jahrtausends v. Chr.), Keilschrifttafeln aus der Amarnazeit und der neuassyr. Periode und den »Kalender von G.«, die älteste bekannte Inschrift in hebräischer Sprache (Zeit Salomos), Krughenkel mit Königssiegeln (7. und 6. Jh. v. Chr.) und schließlich Grenzinschriften aus der Spätphase der alten Stadt (Hasmonäer- oder Römerzeit). Die Keramikfunde repräsentieren das Chalkolithikum, ägyptische Importware, Philisterkeramik, Stücke aus der Perserzeit u. a. m. Leider war bei ihrer Auffindung die Ausgrabungstechnik noch nicht hinreichend entwickelt, um aufgrund dieser Funde die Schichtenfolge zuverlässig zu klären. Neue Grabungen waren daher dringend erforderlich. Sie wurden 1964 unter der Leitung von G. E. Wright begonnen und 1966 unter Leitung von

W. G. Dever fortgesetzt. Dabei stellte sich heraus, daß das sog. »Höhenheiligtum« (Mittelbronzezeit II c) ebenso alt ist wie der »Innere Wall«. Dieser besaß eine Breite von 15 m und ruhte auf den massivsten Fundamenten, die je in Palästina gefunden wurden. Sein Glacis (8 m Höhe, 45° Neigung) ließ sich aufgrund neuer Keramikfunde in die Zeit um 1600 v. Chr. datieren. Die Wehranlage entsprach den in Palästina üblichen der → *Hyksoszeit*. Anfang der Spätbronzezeit, als die Bewohner von G. sich gegen die Pharaonen der 18. Dynastie zu wehren hatten, trat der »Äußere Wall« Macalisters in Funktion. Er war kleiner, doch noch immer 3,50 m breit. Wahrscheinlich zur Zeit Salomos verstärkte man ihn durch Türme von rechteckigem Grundriß, seine halbkreisförmigen Bastionen hat man dagegen wohl der Hasmonäer-(Makkabäer-)Zeit zuzuschreiben. Beim sog. »Makkabäerschloß« dagegen handelt es sich nach Auffassung von Y. Yadin um ein Zangentor aus der Zeit Salomos (10. Jh. v. Chr.). Entsprechungen hierzu haben Hazor und Megiddo aufzuweisen (vgl. 1. Kön. 9, 15!). Die Salomon. Kasemattenmauer schloß sich hier an. Sie liegt unter einer eisenzeitlichen Schichtenfolge und Zerstörungsspuren, die wahrscheinlich Nebukadnezar II. (605–562 v. Chr.) in den Jahren 587/86 v. Chr. hinterlassen hat. Macalister hat seinerzeit diese Spuren nicht erkannt, und führende Gelehrte waren in der Folge der Auffassung, G. sei zwischen 900 und 500 v. Chr. unbewohnt gewesen. Im sog. »Höhenheiligtum« erwies sich ein von Macalister als Kultgegenstand gedeutetes monolithisches Bassin als Sockel einer fehlenden Massebe. Anscheinend war dieses »Höhenheiligtum« (Mittelbronzezeit II c) noch während der gesamten Spätbronzezeit im Gebrauch, desgleichen noch am Anfang der Eisenzeit. Allerdings gab man es auf, nachdem G. zur Zeit Salomos in israelit. Hand gefallen war. Die hellenist.-röm. Epoche ist durch zahlreiche Kleinfunde jeder Art, aber auch durch Häuser und Grenzinschriften vorzüglich repräsentiert. Nicht zuletzt konnte ein zuverlässiger Schichtungsbefund erhoben werden, und Macalisters 8 Schichten wurden um annähernd zwei Dutzend weiterer Schichten vermehrt. Aufgrund dieses verbesserten Befundes wird es eines Tages möglich sein, die noch bestehenden Wissenslücken zu schließen und die Geschichte einer der bedeutendsten, zur Zeit aber noch unbekanntesten Stätten Palästinas zu rekonstruieren. *J. R. nach W. G. D.*

Gibbethon Levitenstadt im Gebiet des Stammes Dan (Josua 19, 44; 21, 23). Nach der Reichsteilung im Besitz der → *Philister* (1. Kön. 15, 27; 16, 15). Im Jahre 712 eroberte es Sargon II. (722/21 bis 705 v. Chr.). Heute Tell el-Melat nördlich von → *Ekron*. *A. N.*

Gibelin → *Beth Gibrin*
Gibrin → *Beth Gibrin*

Gihon a) Einer der vier Ströme des Gartens → *Eden*, »der ganz → *Kusch* umfließt« (Gen. [1. Mos.] 2, 13). Höchstwahrscheinlich nur ein mythischer Strom, obwohl die Überlieferung in ihm den → *Nil* erblickt.

b) Quelle im → *Kidrontal* östlich von → *Jerusalem*, heute »Treppenquelle« (*Ain Umm ed-Deradsch* [wörtlich: »Quelle ›Mutter der Stufen‹«]), »Quelle der Jungfrau Maria« (*Ain sitti Marjam*) oder »Marienbrunnen« genannt. Im Altertum Jerusalems wichtigste Wasserstelle. Schon in der Zeit vor der Einnahme Jerusalems durch David verband sie ein kompliziertes Stollen- und Schachtsystem mit der damaligen Stadt, die man sich südlich des Haram eschScherif am Osthang des Berges Ophel vorzustellen hat. Möglicherweise schlich sich durch den Brunnengang ein Teil der Belagerer ins Stadtinnere (2. Sam. 5, 6–8; 1. Chron. 11, 4–6). Zur Zeit der Expansion Assurs unter Sanherib (Sennacherib [705/4–681 v. Chr.]) »verstopfte« König Hiskia (727 [721]–698 [693] v. Chr.) »den oberen Abfluß des Gihonwassers« und leitete es »nach Westen in die Stadt Davids hinab« (2. Chron. 32, 30). So sicherte er die → *Wasserversorgung* Jerusalems, das inzwischen allerdings nicht mehr mit der Stadt Davids identisch war, sondern gegenüber dieser seine Lage etwas verändert hatte, und gleichzeitig erschwerte er den Belagerern die Wasserzufuhr (2. Chron. 32, 3 f.). Noch heute zeigt man den Hiskia zugeschriebenen unterirdischen Wasserkanal, der um die Südspitze des Ophel-Berges herumführt und nach einem Lauf von mehr als 500 m Länge in den Teich → *Siloah* mündet. Von seinem Bau berichtet die berühmte, 1880 gefundene Siloah-Inschrift. Die Durchforschung des Siloah-Kanals durch den amerikanischen Gelehrten Edward Robinson im Jahre 1838 stand ganz am Beginn der modernen Bibelarchäologie. Ähnlich eindrucksvolle Wasserversorgungsanlagen hat man auch in → *Gezer* und → *Megiddo* gefunden. *A. N. und J. R.*

Gilboa Höhenzug, der sich im Südosten der Ebene von *Jesreel* bis zu einer Höhe von rund 450 m ü. d. M. erhebt. Schauplatz der letzten Schlacht zwischen Saul und den → *Philistern*, bei der Saul den Tod fand (1. Sam. 28, 4; 31, 1–6; 2. Sam.

1, 6–10). Als David von dieser Katastrophe erfuhr, verfluchte er die Berge von G. (2. Sam. 1, 21). In römischer Zeit existierte hier ein Dorf mit dem gräzisierten Namen Gelbous. Man identifiziert es mit dem heutigen Dschelbun und das Gebirge G. mit dem Dschebel Fuqu'a.   A. N.

Caesarea am Meer entstand anstelle einer älteren Stadt ›Stratonsturm‹. ›Straton‹ gilt als gräzisierte Form des phönikischen Namens 'ABD AŠTART *(= ›Diener der Astarte‹). Ein König dieses Namens (Abdastart II.) herrschte im 4. Jahrhundert über Sidon. Das Münzbild zeigt ihn in seinem Wagen (s. S. 112).*

Gilgal Letzter Lagerplatz der Kinder Israels auf ihrem Auszugsweg aus → *Ägypten,* westlich des Jordan und »an der östlichen Flurgrenze von *Jericho«* (Josua 4, 19). Josua errichtete hier 12 Steine zum Andenken an die Durchquerung des Jordan (Jos. 4, 20 ff.). Außerdem wurden bei G. alle Israeliten beschnitten, die auf der Wanderung geboren waren (Jos. 5, 2 ff.), und schließlich feierte man hier das erste Passahfest im Land der Verheißung (Jos. 5, 10 ff.). Später entwickelte G. sich zu einem bedeutenden politischen und religiösen Zentrum (1. Sam. 7, 16; 10, 8; 11, 14 f.), doch als → *Jerusalem* aus-

schließlicher Mittelpunkt des religiösen Lebens wurde, verwarfen Propheten wie Osee (Hosea [4, 15]) und Amos (4, 4) den dortigen Kult ebenso wie den von → *Bethel.* In der Septuaginta (→ *Alexandrien* a) trägt G. den Namen *Galgala,* und als »Galgala, das auch Zwölfstein [genannt wird]« verzeichnet es schließlich die Karte von → *Madeba.* Identifikation umstritten. Einige denken an Khirbet el-Mefdschir im Nordosten, andere an Sedscheret en-Netele im Südwesten von Jericho. Nach der Madeba-Karte wäre dem erstgenannten Ort der Vorzug zu geben. (→ *Masseben*).   A. N. und J. R.

Gimso Eine der Städte, welche die → *Philister* zur Zeit des Königs Achas eroberten (2. Chron. 28, 18). Auch zur Römerzeit bekannt. Heute Jimzu südöstlich von Lydda.   A. N.

Gischala, Gusch-Halav Kleinstadt der Römerzeit im Oberland Galiläas. Nach der Mischna eine der befestigten Städte aus der Zeit Josuas, des Sohnes Nuns (Arakīn 9, 6). Der aus G. stammende Zelot Jochanan, Sohn des Levi (Johannes von G.), ließ auf Anordnung des späteren Geschichtsschreibers Flavius Josephus auf eigene Kosten die Stadtbefestigung erneuern, als sich Galiläa 66 n. Chr. zum Widerstand gegen die Römer rüstete (Flav. Jos. Bell. 2, 575). G. war die letzte Stadt, die in die Hände der Römer fiel (ders. Bell. 4, 84 bis 120). Heute el-Dschisch *(el-Ḫiš)* in Obergaliläa. Archäologische Sondierungen brachten hier am Ende des 19. und zu Anfang des 20. Jh. Reste von zwei Synagogen zum Vorschein. Über den Trümmern des einen dieser beiden Bauwerke, auf dem höchsten Punkt des Stadtberges, wurde später die Kirche des Ortes errichtet. Die andere Synagoge war aus großen, vorzüglich bearbeiteten Blöcken errichtet. Sie ist besser erhalten als die erstgenannte. Neben dem Dorfbrunnen gelegen, beherrschte sie ein idyllisches Tal mit reicher Vegetation. Die Innenmaße dieses Bauwerks betragen 17 × 14 m. An drei

Seiten war ihr Innenraum von Säulen umgeben. Stylobat (= das tragende Fundament dieser Säulenreihen), Säulenbasen und einige Säulentrommeln befinden sich noch immer *in situ* (in ihrer ursprünglichen Position). Der Haupteingang befand sich an der → *Jerusalem* zugewandten Südfront, die reichen Architekturschmuck aufwies. An den Wänden liefen Bänke entlang, auf denen die Gemeinde Platz nahm. Unter den Trümmern fand man noch den Türsturz des Haupteinganges. Er zeigt die von Kränzen umgebene Reliefdarstellung eines Adlers. Zum Vorschein kamen ferner Kapitelle jonischen Typs. Eine der Säulentrommeln trägt eine hebräische Inschrift. Ihr Wortlaut: »Joseph, der Sohn des Tanhum, erbaute dieses Heiligtum. Er sei gesegnet« (vgl. → *Kana* b 2). Beide Synagogen repräsentieren den frühen Synagogentyp des 2. und 3. Jh. n. Chr. *A. N.*

Gittajim Stadt, wo nach der Einnahme von → *Beeroth* durch den Stamm Benjamin Beeroths frühere (kanaanäische) Bewohner Zuflucht fanden (2. Sam. 4, 3). Nach dem Babylonischen Exil selbst eine der Städte Benjamins (Neh. 11, 33). Der Name ist einfach der Plural des Wortes → *Gath*. Da in Palästina eine ganze Reihe von Orten diesen Namen führt, fällt die Identifikation von G. nicht leicht. Einige denken an Ras Abu-Hamid südöstlich von Ramla. *A. N. und J. R.*

Golan a) Asylstadt in → *Baschan* (östlich des Sees Genesareth sowie nördlich des → *Jarmuk*), wo »Totschläger« Zuflucht finden und vor der Blutrache sicher sein sollten, die »versehentlich und ohne Vorbedacht einen Menschen getötet« hatten (Deut. [5. Mos.] 4, 42 f.; Josua 20, 3 und 8); gleichzeitig Levitenstadt auf dem Gebiet des »halben« (östlichen) Stammes Manasse (Deut. [5. Mos.] 4, 43; Josua 20, 8; 21, 27; 1. Chron. 6, 56). Eusebios erwähnt ein großes Dorf namens G., das noch zu seiner Zeit in Baschan bestand (Eusebios lebte von etwa 260 bis rund 339/40 n. Chr. und war seit etwa 315 Bischof

von Kaisareia [→ *Caesarea*]). G. ist möglicherweise das heutige Sachm al-Dschalan nördlich des Jarmuk.
b) Land um die gleichnamige Stadt. Gebiet im nordöstlichen Transjordanien. Unter persischer Herrschaft zusammen mit Baschan Teil der Satrapie Karnajim (→ *Aschtaroth*). In frühhellenistischer Zeit eigener Verwaltungsbezirk unter dem gräzisierten Namen *Gaulanitis*. Zu Anfang seiner Regierungszeit eroberte Alexander Iannaios (103–76 v. Chr.) die Golan-Städte Gamala und Seleukeia (bzw. Seleucia). Nachdem Pompeius (106–48 v. Chr.) in Palästina eingegriffen hatte (ab 66/65 [63] v. Chr.), fiel die Gaulanitis zunächst an die Ituräer, bei der Thronbesteigung Herodes' des Großen (37 bis 4 v. Chr.) jedoch an diesen. Sie blieb Bestandteil seines Reiches bis zum Tode Agrippas II. Später zur römischen Provinz *Iudaea*, noch später zu *Palaestina Secunda* gehörend, blieb G. ein überwiegend ländliches Gebiet ohne größere Städte (→ *Bethsaida*, *Gergesa*). *A. N.*

Golgotha Kreuzigungs- und Begräbnisstätte Jesu (Matth. 27, 33; Mark. 15, 22; Joh. 19, 17). Der Name ist vom aramäischen *golgolta* (»Schädel«, »Schädelstätte«) abgeleitet. Die Übersetzung *kraníou tópos*, die die obengenannten Evangelisten a. a. O. geben (bzw. *Kraníon* [ohne G.] bei Luk. 23, 33), ist daher vollkommen korrekt. Die Vulgata gibt als lateinische Übersetzung *Calvariae locus* (Matth., Mark., Joh.), bzw. nur *Calvariae* (Luk. [von lat. *calvus* = »Glatzkopf«; *calva* = »Hirnschale«]). Darauf geht der Name »Kalvaria« (bzw. »Kalvarienberg«) zurück, den G. in der christlichen Überlieferung häufig führt. Nach frühchristlicher Tradition befand G. sich im Nordwesten vor der damaligen Stadt → *Jerusalem* (d. h. im Nordwestteil der heutigen Jerusalemer Altstadt, die im wesentlichen mit dem römischen *Aelia Capitolina* identisch ist). Als nach der Niederschlagung des Bar-Kochba-Aufstandes (→ *Beitar*) Jerusalem zur römischen Kolonie *Aelia Capitolina* wurde

Teil der Seemauer von → CAESAREA *(Kaisareia) am Meer mit römischen Syenit-säulen, die beim Bau der Kreuzfahrerfestung erneut – diesmal als Mauerblöcke – verwendet wurden (s. S. 112).*

(135 n. Chr.), ließ Kaiser Hadrian (117 bis 138 n. Chr.) auf G. einen Tempel der Aphrodite (Venus) errichten (Eusebios *Vita Constantini* 3, 25–28). Doch nach dem 325 abgehaltenen ersten ökumenischen Konzil von Nikaia (Nicaea/Nizäa) befahl Kaiser Konstantin, »die hochheilige Stätte des Todes und der Auferstehung des Erlösers dem Blick und der Verehrung aller darzubieten« (Euseb. a. a. O. 25). 330 wurden die Reste des Aphroditetempels niedergerissen, das Gelände von Trümmern gereinigt, und man begann mit dem Bau einer großen Kirche des Heiligen Grabes. Sie bildete ein Rechteck von 140 m Länge und 38 m Breite, erhob sich über den letzten Kreuzwegstationen und der Begräbnisstätte Jesu, und an der Stelle des eigentlichen G.-Hügels befand sich ein mit Säulenreihen geschmückter Innenhof, in dem später die (noch in den heutigen Bau einbezogene) G.-Kapelle errichtet wurde. Diese Kirche schildert u. a. der Pilger von Piacenza (um 570), auch auf der Mosaikkarte von → *Madeba* ist sie erkennbar. Als im Jahre 614 die Per-

ser Jerusalem eroberten, wurde sie ausgeplündert und zerstört. Modestus, der Abt des Theodosiusklosters bei → *Bethlehem*, ließ sie jedoch wenigstens teilweise wiederherstellen. Modestus' Bau sah der Pilger Arkulf (ein gallischer Bischof [um 670]). Diese zweite Grabeskirche sank erst in Trümmer, als sie im Jahre 1009 der Fatimide Hakim (996 bis 1021) zerstören ließ. Schon 1048 erhob sich aus ihren Ruinen der neue Bau des byzantinischen Kaisers Konstantin IX. Monomachos (1042–1055). Er umfaßte nicht mehr die fünfschiffige Basilika Konstantins des Großen, sondern nur noch die Westkuppel der Konstantinischen Anlage und den ehemaligen Innenhof mit G. Diesen Zustand fanden die Kreuzfahrer vor, als sie am 15. Juli 1099 Jerusalem einnahmen. 1140–1149 wurde der Monomachos-Bau in eine Kreuzfahrerkirche umgewandelt, die erst 1808 niederbrannte. Der mit wenig Stilgefühl errichtete Neubau (die 5. Grabeskirche), gegen dessen Baufälligkeit man bisher nur sehr unzulängliche Maßnahmen ergriffen hat und der überdies von Anfang an Zankapfel innerkonfessioneller Streitigkeiten war, bot und bietet immer wieder Anlaß zur Kritik. Grabungen haben ergeben, daß G. zur Zeit der Kreuzigung Jesu außerhalb der zweiten Stadtmauer lag, von der Flavius Josephus berichtet (*Bellum Iudaicum* 5, 4). Es lag damit außerhalb der damaligen Stadt und kann daher tatsächlich Hinrichtungsstätte gewesen sein. Das Vorhandensein von Felsgräbern unter der Grabeskirche deutet darauf hin, daß G. einst auch Begräbnisplatz war. Außerdem muß bereits im 4. Jh. unserer Zeitrechnung eine starke Tradition bestanden haben, die die Stelle der heutigen Grabeskirche mit G. in Zusammenhang brachte, denn als Kaiserin Helena Jerusalem besuchte, lag der Ort bereits seit langem innerhalb der Stadtmauern, deren Verlauf schon damals im wesentlichen dem der heutigen Altstadtmauern Suleimans des Prächtigen entsprach. 1882 glaubte der englische General Gordon, G. im Norden des

Damaskustores (im Norden der Jerusalemer Altstadt) beim sog. *Garden Tomb* (»Gartengrab«) entdeckt zu haben. Ein dortiger Felsen habe die Gestalt eines Schädels. Man spricht deshalb auch von *Gordon's Calvaria*. Gordons Auffasung hat noch immer Anhänger, obwohl das von ihm freigelegte Grab wohl aus byzantinischer Zeit stammt. Dennoch illustriert es den Evangelienbericht vom Tod und Begräbnis Jesu eindrucksvoller als die spärlichen, in die Architektur späterer Jahrhunderte einbezogenen Reste in der Grabeskirche.　*A. N. und J. R.*

Gomorrha Eine von fünf kanaanäischen Städten (Gen. [1. Mos.] 10, 19) im Tal des Jordan (ebenda 13, 10). Zwölf Jahre dem König Kedor-Laomer dienstpflichtig, lehnten sie sich im 13. Jahr gegen ihn auf, worauf Kedor-Laomer mit seinen Verbündeten eine erfolgreiche Strafexpedition gegen sie unternahm (ebd. 14, 1–12). Zusammen mit → *Sodom* wegen der Lasterhaftigkeit der Sodomiten durch Feuer zerstört (ebd. 19, 24 f.; 28). Umstritten ist, ob ihr Untergang nur eine aitiologische Legende ist oder ob die betr. Erzählung die Erinnerung an eine Naturkatastrophe bewahrt. Man sucht die beiden Städte meist südlich vom → *Toten Meer*, bzw. auf dem Grund des flacheren Südteils des Toten Meeres. Ihre genaue Lage ist unbekannt.　*A. N. und J. R.*

Gophna Stadt in Nordwest-Judäa, erst seit der hellenistischen Zeit erwähnt. In späthellenistischer Zeit noch relativ klein, scheint G. doch bei seiner Eroberung durch Cassius (47 v. Chr. [Flavius Josephus *Antiquitates Iudaicae* 14, 275]) und seiner nur wenig später erfolgten Befreiung durch Marcus Antonius (ebd. sowie a. a. O. 301 ff.) eine gewisse Bedeutung gehabt zu haben. Als Herodes der Große (37–4 v. Chr.) sein Reich reorganisierte, verdrängte die Toparchie G. den alten Bezirk (Lutherbibel: »Vogtei«) Apherema (Ephraim [vgl. 1. Makk. 11, 34]). Befestigter jüdischer Stützpunkt im Kampf gegen Rom (ab 66 n. Chr. [Flavius Josephus *Bellum*

Iudaicum 2, 566 ff.]), wurde G. 68 n. Chr. von Vespasian eingenommen (derselbe, ebd. 4, 551), und Titus internierte hier die Flüchtlinge aus dem belagerten → *Jerusalem* (ebd. 6, 115). Im Talmud erscheint G. unter dem Namen *Beth-Guphnin.* G. muß noch in spätrömischer und byzantinischer Zeit bestanden haben, denn die Peutingersche Tafel, eine jetzt in Wien befindliche, im Mittelalter (12./13. Jh.) angefertigte Kopie einer römischen Karte des 3. oder 4. Jh. n. Chr., verzeichnet die Stadt in einer Entfernung von 16 römischen Meilen von Jerusalem. Nach dem Verzeichnis biblischer Ortsnamen des Kirchenhistorikers Eusebios (ca. 260–339 n. Chr.) aus Kaisareia (→ *Caesarea*) lag es am Wege von Jerusalem nach *Neapolis,* dem heutigen *Nablus* bei → *Sichem* (Euseb. *Onomastikon* 168, 16), und zwar 15 römische Meilen von Jerusalem entfernt. Außerdem findet man es auch auf der Mosaikkarte von → *Madeba.* Heute Jifna im Westjordanland nördlich von Jerusalem, zwischen Jerusalem und Sichem. *A. N.*

Gosan, assyrisch *Gusana.* Aramäische Königsresidenz im Nordwesten von Mesopotamien, dort am Südufer des Chabur, nach assyrischen Dokumenten des frühen 9. Jh. v. Chr. von Assur abhängig. Im Jahr 732 v. Chr. verbannte Tiglatpilesar III. (um 745–727 v. Chr.) die Stämme Ruben, Gad und den halben Stamm Manasse nach Chalach und an den Chabur (→ *Chabor*), den Fluß von G. (1. Chron. 5, 26). Das gleiche Schicksal erlitten die Bewohner von → *Samaria,* nachdem ihre Stadt 721 gefallen war (2. Kön. 17, 6). Wie die Assyrer mit G. selbst verfuhren, deutet Jesaja (Isaias) 37, 12 an.

G. ist der heutige Tell Halaf am oberen Chabur, wo eine aramäische Residenz und, in tieferen Schichten, bedeutende → *Keramik* aus dem Chalkolithikum (der Kupfersteinzeit) zum Vorschein kam, der eine ganze Kulturschicht Altmesopotamiens die Bezeichnung »Tell-Halaf-Periode« oder »Tell-Halaf-Stufe« verdankt. Die Aramäerstadt des Tell Halaf stammt aus dem ersten Drittel des letzten Jahrtausends v. Chr., sie bedeckte ein Gelände von etwa 60 ha und enthielt einen Palast sowie einen Tempelpalast des →˚ *Hilani*-Typs mit reichem Skulpturenschmuck. Ein großer Teil der wertvollen Funde fiel 1943 in Berlin dem Bombenkrieg zum Opfer. Was noch gerettet ist, befindet sich in den Staatlichen Museen Ostberlins, andere Funde bilden den Grundstock des Museums von Aleppo oder werden in London (Britisches Museum) und Paris (Louvre) aufbewahrt. Ein Teil der chalkolithischen Buntkeramik und andere Kleinfunde befinden sich heute in einigen Instituten der Freien Universität Berlin (dort z. T. im Besitz der Max-Freiherr-von-Oppenheim-Stiftung). In jüngeren Schichten der Tell-Halaf-Stadt fanden sich Dokumente mit hebräischen Namen. Offensichtlich handelt es sich um die Namen Deportierter (s. oben). *A. N. und J. R.*

Gosen a) Name eines Ortes im Südteil des Hochlandes von Juda (Josua 15, 51) und eines ganzen Landstrichs (ebd. 10, 41; 11, 16). Bei dem Ort handelt es sich vielleicht um den heutigen Tell el-Chuwelife im Südwesten von Juda, 20 km nordöstlich von → *Beerscheba,* andere halten ihn für das heutige ed-Dahirije, das etwa 10 km weiter östlich liegt.

b) An Weiden reiche Region → *Ägyptens,* den Israeliten und ihren Herden zugewiesen (Gen. [1. Mos.] 45, 10; 46, 28 und 34). Als »bestes Land« (ebd. 47, 6 und 11) und »Land Ramses'« (47, 11) bezeichnet, worin einige Autoren einen Hinweis auf → *Tanis* (Pi-Ramses) erblicken. Die griechische Fassung des Alten Testaments (die Septuaginta [→ *Alexandrien* a]) identifiziert ihrerseits G. mit → *Pithom* (heute *Tell er-Reṭabe* oder *Tell el-Mašḫuta* im Wadi Tumilat). Pithom und Ramses aber sind die beiden Städte, die die Israeliten für Ramses II. (1290–1223 v. Chr.) bauen mußten (Ex. [2. Mos.] 1, 11). Man hat G. daher wohl im östlichen Nildelta zu suchen. *A. N.*

159

H

Habur → *Chabor*

Haderwasser Deutsche Bezeichnung einer Stelle am Auszugsweg der Israeliten aus → *Ägypten* unweit von → *Rephidim*, wo Moses mit seinem Stab Wasser aus dem Felsen schlug (Ex. [2. Mos.] 17, 1–7; Num. [4. Mos.] 20, 2–13), deshalb als H. bezeichnet, weil die Israeliten zuvor mit Jahwe gehadert hatten. Wasserschlagen aus Kalkfelsen hat man in einem Land mit Karstphänomenen als nicht unmöglich bezeichnet. Der Ortsansatz von H. hängt von der Lokalisation Rephidims ab. Vgl. auch → *Kades-Barnea* sowie → *Massa* und → *Meriba*.   *J. R.*

Hadid Stadt in der Küstenebene von Juda, unweit von → *Lod* und Ono, erwähnt in den Listen der Heimkehrer aus dem babylonischen Exil (Esra 2, 33; Nehemia 7, 37). In hellenistischer Zeit Makkabäerfestung (1. Makk. 12, 38 [hier Namensform *Adida*], später Schutzfestung der Straße, die Lod mit → *Gophna* und → *Jerusalem* verband. Der auch von Flavius Josephus unter dem Namen *Adida* erwähnte Ort bestand noch in spätrömischer Zeit. Heute el-Hadite östlich von Lydda.   *A. N.*

Hadrach (Hadrak/Hadrakh) → *Chadrach*

Haifa Stadt an der Mittelmeerküste zu Füßen des Karmel-Gebirgszugs. Heute Haifa al-Atiqa (»Alt-Haifa«). Die unweit der Mündung des → *Kischon* gelegene Hafenstadt blühte besonders in römischer und byzantinischer Zeit, stand jedoch im Schatten des benachbarten → *Akko*. Eusebios vermerkt in seinem Verzeichnis biblischer Ortsnamen (*Onomastikon* 108, 31): »An der Straße von Ptolemais (= Akko) nach Kaisareia (→ *Caesarea*) liegt eine Stadt namens Sykaminos, auch *Hefa* genannt.« Allerdings beruht die Gleichsetzung von H. (*Hefa*) mit Sykaminos (bzw. Shiqmona) auf einem Irrtum. H.s Bevölkerung bestand hauptsächlich aus Juden. Der Talmud und spätere jüdische Quellen sprechen häufig von den hier lebenden Weisen. Die Römer erbauten ein befestigtes Lager nahe der Stadt, das wegen von ihnen dort angesiedelter Samariter den Namen *Castra Samaritanorum* erhielt. Gewisse Anhaltspunkte lassen darauf schließen, daß die Judengemeinde von H. zugrunde ging, als sich das letzte Mal die Juden von Galiläa gegen die Römer erhoben (352 n. Chr. unter dem römischen Kaiser Flavius Claudius Constantius Gallus [351–354 n. Chr.]). Heute liegen sämtliche Überreste Alt-H.s unter den Wohnvierteln der gleichnamigen modernen Stadt, doch bei Tiefbauarbeiten hat man Reste des alten H. freigelegt (vgl. auch → *Tell Abu Huwam*).   *A. N*

Hajonim-Höhle An der rechten Flanke des Naḥal Ishar, etwa 16 km westlich des Sees Genesareth, d. h. im Westteil der Landschaft von Galiläa gelegen, wurde diese Fundstätte seit 1965 von Ofer Bar-Yoseph und E. Tchernov ausgegraben. Unter einem byzantinischen Lager (A) mit sehr viel Aschenresten kam ein weiteres Lager (B) aus der *Natou-fien*-Phase (nach 1928 von D. A. E. Garrod entdeckten Kultur im *wādī en-naṭūf*) zum Vorschein. Obwohl innerhalb dieses Lagers sich mehrere Kultur- und Bestattungsschichten unterscheiden ließen, waren, wie es scheint, sowohl Stein- als auch Knochenindustrie identisch. Charakteristisch sind an der runden Kante bearbeitete Lunetten, Sichelklingen, Schaber und viele Pfrieme. Knochen und Horn wurden zur Herstellung von Spitzen, Hohlmeißeln, Spateln, Gehängen und Sichelschäften verwendet. Sieben Gräber wurden freigelegt, die Erst- und Zweitbestattungen enthielten. Sie erbrachten Reste von 17 Skeletten. Teils lagen die Toten in gekrümmter Haltung auf der Seite, teils ausgestreckt auf dem Rücken. Ein Frauenskelett trug eine Halskette, Armbänder und einen Gürtel aus Zahnschnek-ken-Muscheln sowie ein Knochen-Gehänge.

Am Eingang der Höhle fand man Reste einer langen Besiedlungsphase (Kebara-Stufe, Lager C), darunter zahlreiche charakteristische nicht-geometrische Mikrolithen, am häufigsten schräg abgehauene kleine Klingen und außerordentlich schmale, kleine Spitzen. Im Höhleninnern fand man unter dem *Natoufien* noch *Aurignacien*-Lager (D). Sie erbrachten eine reiche Auswahl an Hoch- und Endkratzern sowie an Nasenschabern, die sich nach der Chronologie von Neuville der Phase IV des Jungpaläolithikums zuordnen lassen. Unter den *Aurignacien*-Lagern kamen *Moustérien*-Schichten zum Vorschein, deren Ergrabung noch andauert (vgl. auch → *Vorgeschichte*). O. B.-Y.

Hakeldama Aramäisch »Blutacker«. Ursprünglich ein »Töpferacker« bzw. ein Grundstück eines Töpfers. Nach der Tradition jener Ort, wo der Prophet Jeremias einen Krug vor den Augen seiner Begleiter → *Jerusalem* zerschmetterte (Jer. 19, 10 f.). Später von den Hohenpriestern für Judas' 30 Silberlinge als

Begräbnisplatz für die Fremden erworben und wegen des »Blutgeldes«, für das man ihn erstanden hatte, H. genannt (Matth. 27, 6 ff.; Apg. 1, 19). Nach einer Überlieferung des 4. Jh. n. Chr. an der Jerusalem gegenüberliegenden Flanke des → *Hinnom*-Tals unweit von dessen Einmündung in das → *Kidron*-Tal südlich des Ophel-Berges bei der Rogel-Quelle. Wegen des hier reichlich vorhandenen Wassers übten hier die Walker bzw. Gerber ihr Gewerbe aus. Tatsächlich können jedoch auch Töpfer hier Arbeitsstätten und Grundstücke besessen haben, denn ein Tor, das zum Hinnom-Tal führte, trug den Namen »Scherbentor« (Jer. 19, 2 [Lutherbibel: »Ziegeltor«]). Vom Vorhandensein eines Friedhofs zeugen zahlreiche altjüdische Felsgräber, doch wurde die Begräbnisstätte auch noch in späteren Jahrhunderten benutzt. Andererseits war das Hinnom-Tal verrufen und wurde daher als Begräbnisplatz nicht so geschätzt wie das Kidron-Tal. Dazu paßt, daß die Tradition einen Friedhof für Fremde (Matth. 27, 7) und später, in christlicher Zeit, einen Armenfriedhof hierher verlegt. Kaiserin Helena, die Mutter Konstantins des Großen, soll hier einen Kirchenbau für Armenbegräbnisse errichtet haben. Heute befindet sich östlich von H. das griechische Onuphrios-Kloster.

A. N. und J. R.

Halah → *Chalach*

Hamadan → *Ahmetha*

Hamath Eine der größeren Städte am Orontes. Zusammen mit → *Byblos* und *tell mardīk* eine der wenigen bedeutenden Siedlungen der Mittelbronzezeit I, was Wohnbauten und Stadtanlage angeht. Wiederholt in Beschreibungen bzw. zur Angabe der Nordgrenze des Gelobten Landes erwähnt (Num. [4. Mos.] 13, 21; 34, 8; 2. Kön. 14, 25; Amos 6, 14 u. a.). Hethitisches Königtum (→ *Alalach*). Toi, der König von H., ließ David zu seinem Sieg über den König von Zoba beglückwünschen (2. Sam. 8, 9 ff.; 1. Chron. 18, 9 ff.). Zugleich anerkannte er damit Davids

161

Oberhoheit über die von diesem eroberten syrischen Gebiete und sandte David »Gefäße aller Art aus Gold, Silber und Erz« – offenbar eine Art Tribut. Israel war damit die stärkste Macht zwischen H. und → Ägypten. König Salomo errichtete im Gebiet von H. Magazinstädte (2. Chron. 8, 4). Der Expansionsdrang Assurs rief gegen die Mitte des 9. Jhs. v. Chr. eine antiassyrische Koalition auf den Plan, an deren Spitze neben Ben-Hadad II. von → Damaskus Achab (Ahab) von Israel (875/74 bis 854 [oder 852] v. Chr.) und Irchulini von H. standen. 854 bzw. 853 v. Chr. gelang es dieser Koalition, in einer Schlacht bei → Karkar der Armee Salmanassars III. (859/58–824 v. Chr.) so schwere Verluste zuzufügen, daß Salmanassar die nächsten vier Jahre auf weitere Vorstöße nach Westen verzichtete, obwohl er sich selbst als Sieger bezeichnete. Fünf Jahre nach Karkar siegte Salmanassar jedoch tatsächlich in einer weiteren Schlacht bei H. und empfing unter anderem von König Jehu »Sohn des Omri« Tribut (als Regierungsjahre Jehus von Israel werden gewöhnlich die Jahre 842/41–815/14 v. Chr. angegeben; Omri regierte 886[882]–875 [bzw. 871] v. Chr.). Wie es scheint, konnte sich in den Jahren 848–845 v. Chr. eine neue antiassyrische Allianz von Damaskus und H. behaupten. Doch kurz nach der Thronbesteigung Hadadniraris III. (805 v. Chr.) stand H. auf der Seite Assurs. Damaskus wurde erobert, und die Nachbarstaaten waren vor Überfällen sicher, wie 2. Kön. 12, 18 und 2. Chron. 24, 23 ff. sie beschreiben. Von Jerobeam II. von Israel (784 bis 748 oder 744 v. Chr.) heißt es (2. Kön. 14, 25): »Er gewann das Gebiet Israels von H. bis zum Steppenmeer« (→ Totes Meer) wieder zurück, und sein Zeitgenosse, der Prophet Amos, spielt auf die Zerstörung von H. und → Kalne an (Am. 6, 2). Eine aramäische Inschrift des 8. Jh. erwähnt einen Doppelstaat von H. und Luʻuš. Als im Jahre 738 v. Chr. Tiglatpilesar III. (um 745–727 v. Chr.) durch Kämpfe im nördlichen Bergland die

Nicht nur zur Zeit der → AMARNABRIEFE hatten Pharaonen mit den → CHABIRU zu kämpfen, sondern auch noch erheblich später. Dies zeigt die Stele Sethos' I. (1305–1290 v. Chr.) aus → BETH-SEAN (s. S. 121).

Hände gebunden waren, erhob sich gegen ihn eine Koalition unter Führung eines »*Azrija'u von Ja'udi*«, der mit H. im Bunde war. Man erblickt in diesem *Azrija'u* König Asarja (Ussia) von Juda (779[769]–738[733] v. Chr.). Nach Angaben Sargons II. (722/21–705 v. Chr.) überredete *Jaubi'di* von H. die Bevölkerung von → *Samaria* zur Tributverweigerung. Das Ergebnis waren eine Strafexpedition und die Verbannung der Samaritaner (→ *Chabor* und → *Gosan*). Andererseits wurden unter anderem Bewohner von H. im Gebiet von Samaria angesiedelt (2. Kön. 17, 24 ff.; vgl. Jes. [Is.] 11, 11). Doch 720 v. Chr. war das ganze Land von H. im Norden bis nach Gaza im Süden in erneutem Aufruhr. Nur Hiskia (Ezechias) von Juda (727[721]–698[693] v. Chr.) hielt zu Sargon, und eine Inschrift Sargons spricht vom »Fernbleiben Ja'udu's«. Noch einmal erwähnen die Quellen den Namen H.s, und zwar im Zusammenhang mit den Kämpfen Nebukadnezars II. (605 bis 562 v. Chr.) gegen Pharao Necho (610/9–595/94 v. Chr. [605 v. Chr. Schlacht bei → *Karkemisch*]). Der assyrische Name H. lautete Hammatu, arabisch heißt H. ḥamā. Unter anderem fand sich in einer älteren Schicht der Ortslage dieses Namens → *Keramik*, die den Vergleich mit der Ware des Khirbet-Kerak-Typs (→ *Beth Jerach*) zuläßt. Lage etwa 50 km nördlich von Homs. Nachfolgestadt von H. in hellenistisch-römischer Zeit war Apameia ([zuvor *Pharnake*] d. heutige *Qal'at al-Mudīk*). Der Name geht auf Apame, die Gattin Seleukos' I. Nikator (ermordet 281 v. Chr.) zurück. Apameia war die Heimat des berühmten Stoikers Poseidonios (um 135–51 v. Chr.). Im Jahre 5 v. Chr. (Census des Sulpicius Quirinus) soll die Stadt 117 000 Bürger gehabt haben (allerdings wohl einschließlich der Umgebung). Anfang des 7. Jh. unserer Zeitrechnung von dem Sassanidenherrscher Chusro (Chosrau bzw. Chosroes) II. (590–628 n. Chr.) zerstört. Weitere schwere Verwüstungen richtete 1152 ein Erdbeben an. Man erkennt jedoch noch den Verlauf der Stadtmauer, von der auch noch Teilstücke mit Türmen erhalten sind, desgleichen läßt sich der Verlauf einer Kolonnadenstraße verfolgen, die quer durch die Stadt führte. Inschriften sowie Statuen der Kaiser Antoninus Pius (138–161 n. Chr.) und Lucius Verus (161–169 [Mitkaiser Mark Aurels]) weisen die Entstehung der Stadtanlage, von der das heutige Trümmerfeld stammt, in die Mitte des 2. Jh. n. Chr.   *A. N. und J. R.*

Hamath-Gader Jüdische Stadt aus römischer und byzantinischer Zeit östlich des Jordantals und nördlich von → *Gadara* am rechten Ufer des → *Jarmuk*. Der hebräische Ortsname bedeutet »Thermen von Gader«, und tatsächlich findet man in der dortigen Gegend heiße Quellen, denen man zum Teil Heilkraft zuschrieb. Eusebios erwähnt ein Dorf namens *Emmata*, wo es Thermalquellen gab (*Onom.* 22, 26). Nach anderen schriftlichen Zeugnissen lauteten die Namen dieser Quellen »Eros« und »Anteros«. Der heutige arabische Name des Gebiets (al Hammeh) geht auf das Mittelalter zurück. An Bauwerken aus dem Altertum enthält H. vor allem die Reste eines römischen Tempels, römischer → *Badeanlagen*, ein römisches Theater sowie die Ruine einer Synagoge.
Die Synagoge wurde 1932 von E. L. Sukenik im Auftrag der Hebräischen Universität Jerusalem ausgegraben. Sie repräsentiert den basilikalen Typ. Ihre Grundmaße betrugen 16 × 13 m, wovon 5 m auf die Breite des Hauptschiffs entfielen. An der → *Jerusalem* zugewandten Südseite war sie mit einer Apsis versehen. In unmittelbarem Umkreis gab es außerdem mehrere Kammern und Gelasse, die mit der Synagoge zusammenhingen. Sowohl die Seitenschiffe als auch der größte Teil des Hauptschiffes waren mit Mosaikböden (→ *Beth Alpha*) geschmückt, die geometrische Muster aufwiesen. Unweit der Apsis, wo sich der Thora-Schrein befand, fand sich sogar die Wiedergabe eines von Löwen flankierten Medaillons, das eine Weihinschrift enthielt –

die bedeutendste von allen Inschriften dieser Art, die in H. entdeckt wurden. Sie sind in aramäischer oder griechischer Sprache abgefaßt. Diesen Inschriften zufolge wurde die Synagoge mit der Unterstützung von Nachbargemeinden wie → *Arbel*, → *Kapharnaum* sowie Sepphoris errichtet. Vom großen Einfluß der griechisch-römischen Kultur auf die jüdischen Gemeinden zeugt die Tatsache, daß die meisten der angeführten Eigennamen griechisch oder römisch sind. Weihinschriften fanden sich nicht nur auf dem Mosaikboden, sondern auch an der marmornen Einfassung des Heiligtums, von der mehrere Fragmente erhalten sind. Eines dieser Fragmente besteht in einem Mauerfeld mit der Darstellung einer *Menora* (eines siebenarmigen Leuchters), umgeben von einem *Schofar* (Widderhorn) und einem *Lulab* (Feststrauß f. d. Kult). Das Bauwerk ließ sich datieren. Es stammt aus dem 5. Jh. unserer Zeitrechnung. *A. N.*

Hamath-Tiberias Wohl identisch mit der im Buch Josua (19, 35) unter dem Namen *Hammath (Chammat)* erwähnten Grenzstadt des Stammes Naphtali, desgleichen wahrscheinlich mit der Asyl- und Levitenstadt *Hammoth-(Chammot-)Dor* (Josua 21, 32). In jüdischen Quellen der römisch-byzantinischen Zeit als *Hamtha* (»Thermen«) bezeichnet und auch unter dem gräzisierten Namen *Ammatous* bekannt. Berühmt wegen seiner heißen Quellen, denen man heilende Eigenschaften zuschrieb. Die Römer errichteten hier einen Tempel der *Hygieia* (der Gesundheit), und im 3. (nach anderen Angaben: im 4.) Jh. unserer Zeitrechnung entstand hier ein Synagogenbau mit prachtvoller Mosaikdekoration. Daß der Mosaikschmuck bildliche Darstellungen enthält, verbindet dieses Bauwerk mit den Synagogen von → *Dura Europos* und → *Kapharnaum*. Unter diesem Bau befinden sich die Überreste einer weiteren Synagoge aus dem 1. Jh. n. Chr. H. ist das heutige al-Hamman bzw. Hamman-Tabarije. *A. N. und J. R.*

Hamman-Tabarije → *Hamath-Tiberias*

Handel → *Abydos;* → *Alabaster;* → *Alexandrien a;* → *Arabien;* → *Asphalt;* → *Babylon;* → *Beth-Schämäsch;* → *Chawila;* → *Hazor;* → *Indien;* → *Jericho;* → *Midian;* → *Minnit;* → *Ophir;* → *Phunon;* → *Saba;* → *Salz;* → *Schwefel;* → *Susa;* → *Tachpanches;* → *Tarschisch;* → *Tell Abu-Huwam;* → *Tigris;* → *Zinn.*

Han Minje → *Kapharnaum*

Hannaton (Hannathon/Channaton) Stadt auf dem Territorium des Stammes Sebulon (Josua 19, 14). Unter dem Namen *Hunnatuna* in den → *Amarnabriefen* als bedeutende Stadt im westlichen Teil Galiläas erwähnt. Später von Tiglatpilesar III. (um 745–727 v. Chr.) erobert. Identisch mit dem heutigen Tell el-Bedeiwiyeh *(tell al-bedewīje)* südöstlich von → *Akko* und etwa 10 km nordwestlich von → *Nazareth.* *A. N.*

Har-Heres → *Beth Schämäsch*

Har-Jeruham Fundstätte aus der Mittelbronzezeit I in der mittleren Negev, etwa 30 km südöstlich von → *Beerscheba,* mit einer Grundfläche von etwa 5 km². Im Zentrum befanden sich einige große Bauwerke innerhalb einer Steinumfriedung. Ein benachbarter Hügel trug eine Kultstätte: einen Felsaltar, umgeben von einer Steinmauer. *Tumuli*-Gräber und andere Anlagen fanden sich weit verstreut auf anderen Hügeln der Umgebung. Im Jahre 1963 wurden u. Leitung v. M. Kochavi Grabungen durchgeführt. Dabei stellte man zwei Kulturniveaus fest; beide aus der Mittelbronzezeit I. Die obere Schicht erbrachte Reste einer ärmlichen Niederlassung mit Rundbauten, *Tumulus*-Gräbern und großen, steineingefaßten Pferchen. Die tiefere Schicht enthielt dagegen Ruinen einer dichter bewohnten Niederlassung mit rechteckigen Häusern und Handwerkervierteln. Eines der Bauwerke war ein großes öffentliches Gebäude mit einer großen Anzahl von Räumen. Die gesamte Ansiedlung war von einer Steinmauer umgeben, an

»Thron des Moses« aus der Synagoge von CHORAZIN *(s. S. 124) – ein aus Basalt bestehender Präsidialsessel mit einer Rosette an der Rückseite.*

die sich die Häuser anlehnten. Zahlreiche Steinwerkzeuge sowie Sichelklingen aus Feuerstein zeugen von einer primitiven Form des Ackerbaus. Auch einen Töpferofen fand man, in dem die ortsübliche → *Keramik* gebrannt wurde. In der Nähe dieses Töpferofens kamen zwei Tierfiguren aus Stein und Ton zum Vorschein, Zeugnisse dafür, daß man auch künstlerisch tätig war. In einem der Häuser fanden sich eine Reihe von Kupferbarren. Entweder waren sie an Ort und Stelle gegossen oder auf dem Wege des Tauschhandels eingeführt worden. Die Fundstätte J. ist eine der wenigen Fundstätten aus der Mittelbronzezeit I, die bisher ausgegraben wurden. Sie vermittelt Einblick in eine bisher wenig bekannte Gesellschaftsform in der Übergangsphase zwischen Jägern und Bauern, die ihre Götter auf Höhen verehrten und – nach Ausweis

der *Tumulus*-Gräber – auch an ein Leben nach dem Tode glaubten.

Harakeh → *Chadrach*
Haram el-khalil → *Machpela*

Harod, Brunnen H. (Charodquelle) Wasserreiche Quelle am Fuß des Gebirges → *Gilboa.* Gideon und seine Männer lagerten hier vor der Schlacht mit den Midianitern (Richter 7, 1). Gideons Heer war zu groß, um schlagkräftig zu sein, und mußte daher reduziert werden. Als Kriterium diente dabei die Art, wie die Männer das Quellwasser tranken (ebd. 2 ff.). Heute ʿ*ain ǧalūd* bzw. ʿ*ēn-ǧalūd.*

Haroseth der Heiden (Charoschet der Fremdvölker) Wohnsitz Siseras, des Feldherrn des in → *Hazor* residierenden Kanaanäerkönigs Jabin (Richter 4, 2). Nach der Schlacht am → *Kischon* verfolgte Barak, der Sohn des Abinoam, Sisera bis dorthin (ebd. Vers 16). Lokalisation unbekannt. Es ist nicht einmal klar, ob es sich um einen bestimmten Ort oder um einen größeren Landstrich handelt.

Harran (Haran [Charan]) a) *H. und die Patriarchentradition:* H. ist eine Stadt im nördlichen Mesopotamien am Oberlauf des Balich. Zusammen mit dem Chabur (→ *Chabor*) bildet dieser das »Aram der zwei Ströme« (Aram-Naharaim) der Überlieferung. Nach der Bibel ließen sich Abrahams Vater Terach (Tharah) und Abraham selbst in H. nieder, nachdem sie aus der sumerischen Stadt Ur in Chaldäa (unweit des Persischen Golfs) ausgewandert waren (Gen. [1. Mos.] 11, 31). Allerdings wirft dieser Bericht Probleme auf. So erwähnt die älteste erhaltene Bibelfassung den Namen Urs in diesem Zusammenhang überhaupt nicht, andererseits bestand zwischen Ur und H. eine schwer in die Waagschale fallende Gemeinsamkeit: Nach Urkunden des Archivs von → *Mari* war H. Zentrum der Verehrung des Mondgottes Sin, dessen Kult auch in Ur eine wichtige Rolle spielte. Darüber hinaus läßt sich in Ur vom Beginn des 3. Jahrtausends vor unserer Zeitrechnung an über mehrere Generationen hinweg ein deutlicher wirtschaftlicher Rückgang nachweisen. Die Erzählung vom Ortswechsel Terachs und Abrahams, von der Übersiedlung beider aus Ur nach H., könnte demnach die Bedeutungsverlagerung von einem Sin-Kultzentrum zum anderen spiegeln. Abraham brach später von H. auf, um i. d. Land Kanaan zu ziehen (Gen. [1. Mos.] 12, 4 f.). In seinem Alter sandte er jedoch seinen ältesten Knecht als Brautwerber für seinen Sohn Isaak nach H. zurück (ebd. 24, 4 und 10), und Jakob suchte auf den Rat Rebekkas hin in H. vor seinem Bruder Esau Zuflucht, der ihn verfolgte, weil Jakob ihn hintergangen hatte (ebd. 27, 43; 28, 2 und 10 [vgl. 29, 4: Hirten aus H. am Steppenbrunnen]).
b) *Geschichtliches:* Anfang der mittle-

ren Bronzezeit lebten Churriter (bzw. Hurri) im Gebiet von H., das vom 15. bis zum 13. Jh. Teil des Mitanni-Reichs war, nach dessen Zusammenbruch es (um 1270 v. Chr.) an → *Assur* fiel. In der Folge befand es sich zeitweilig in der Hand der Aramäer, bis schließlich Assur erneut zugriff (2. Kön. 19, 12; Jesaja [Isaias] 37, 12). Nach dem Verlust der Stadt Ninive an Meder und Babylonier (612 v. Chr.) machte Aššur-uballit, der letzte König von Assur, H. zu seiner Hauptstadt, doch 610 fiel H. selbst in die Hand seiner Feinde. Ein Jahr später versuchte Aššur-uballit, den Babyloniern H. mit Rückendeckung des Pharao Necho (610/9–595/94 v. Chr.) wieder zu entreißen, scheiterte jedoch. Über die fraglichen Ereignisse berichtet die 1923 von C. J. Gadd teilweise herausgegebene »Babylonische Chronik«. Demnach mußte auch die zuvor geläufige Übersetzung einer Bibelstelle (2. Kön. 23, 29) revidiert werden. Die Lutherbibel gibt dort noch immer: »Zu seiner Zeit zog Pharao Necho, der König von Ägypten, herauf *wider* den König von Assyrien.« Es muß aber heißen: »*zum* König von Assyrien (bzw. Assur)«, denn Necho kämpfte nicht gegen ihn, sondern an seiner Seite und schlug König Josia (639/38–609 v. Chr.) von Juda, der ihm den Weg versperrte (2. Chron. 35, 20; vgl. 2. Kön. 23, 29 f.). Als Josia sich nicht überreden ließ (2. Chron. 35, 21 f.), kam es zur Schlacht, die für Josia tödlich endete (ebd. 22 ff.). Necho jedoch wurde 605 bei → *Karkemisch* seinerseits von Nebukadnezar II. (605 bis 562 v. Chr.) vernichtend geschlagen. Während der Zeit, da H. Residenz war, muß es von Hesekiel (Ezechiel) unter die Städte gezählt worden sein, die mit Tyros einen schwungvollen Handel trieben (Hes. [Ez.] 27, 23). Doch nicht nur der letzte Herrscher von Assur zog sich nach H. zurück, sondern auch der letzte König von → *Babylon*, Nabonid (556/55 bis 539 v. Chr.), wies H., dessen Mondgott er besonders verehrte, eine bevorzugte Rolle in seinem Reiche zu. Seine Vorliebe für den Mondgott von H. wird sogar als eine der Ursachen für Nabonids Sturz angegeben. Die durch Nabonids Verhalten aufgebrachte Priesterschaft Babylons habe Kyros II., den Großen (559–529 v. Chr.), ins Land gerufen, der Nabonid entthronte und unter anderem den von Nebukadnezar ins Babylonische Exil verschleppten Juden die Rückkehr gestattete. Im Zuge seiner religiösen Reformen ließ Nabonid den Sin-Tempel von H. neu ausbauen, und H. war es, wo man einige der wichtigsten Urkunden aus der Zeit Nabonids fand, darunter die Selbstbiographie seiner Mutter.

In hellenistisch-römischer Zeit spielte H. eine besondere Rolle in der römischen Geschichte. Es hieß nun *Karrhai* (lateinisch *Carrhae*). Im Jahre 53 v. Chr. bereiteten hier die Parther unter Surenas, dem Feldherrn ihres Königs Orodes II. (57–37 v. Chr.), dem römischen Befehlshaber Marcus Licinius Crassus (um 115–53 v. Chr.) eine vernichtende Niederlage. Crassus selbst kam um. Sein abgeschlagener Kopf wurde unter die Gäste eines Festbanketts geworfen, an dem außer Orodes auch der Armenierkönig Artavasdes bzw. Artabazes I. (ca. 55–34 v. Chr.) teilnahm. Man feierte den Tod des Feindes durch die Rezitation auf seine Enthauptung passender Verse aus Euripides Drama »Die Bakchen« (Plutarch *Crassus* 33). Die Niederlage von Karrhai war für die Römer ein Schlag, den sie nur schwer verwanden. Noch Kaiser Augustus (16. Januar 27 v. Chr. bis 19. August 14 n. Chr.) betrachtete es gegen Ende seines Lebens in seinem Rechenschaftsbericht als besonderes Ruhmesblatt seiner Regierung, die Parther zur Rückgabe der bei Karrhai eroberten römischen Feldzeichen veranlaßt zu haben (*Monumentum Ancyranum* lat. 5, 39–43). Die Rückgabe erfolgte 20 v. Chr. Mehr als zwei Jahrhunderte später, am 8. April 217 n. Chr., wurde der römische Kaiser Caracalla auf dem Wege zum Mondtempel von Karrhai ermordet. Auch unter arabischer und türkischer Herrschaft bestand die Stadt noch lange, und auch der Mondkult starb noch lange nicht aus. Ihm hing die mandäische (gnostische) Sekte der Sabier an, die jüdisch-christliches Gedankengut mit anderen altorientalischen religiösen Vorstellungen vermischte.

c) *Lokalisation:* H., in der Neuzeit Sultan Tepe (Eski H.), liegt auf türkischem Staatsgebiet südöstlich von Edessa. Bei Ausgrabungen stieß man hier auf eine umfangreiche Bibliothek aus spätbabylonischer Zeit (mit wichtigen Dokumenten Nabonids und der Selbstbiographie seiner Mutter).   *A. N. und J. R.*

Hasmona → *Chaschmona*

Hauran Gebiet im nordöstlichen Transjordanien bzw. Südsyrien, an das von Hesekiel (Ezechiel [47, 15–18]) umrissene Gelobte Land angrenzend. Im Jahre 841 v. Chr. von Salmanassar III. (859/58 bis 824 v. Chr.) erobert und später von Tiglatpilesar III. (um 745–727 v. Chr.) unter dem Namen *Haurina* (bzw. *Hauranu*) zur assyrischen Provinz gemacht. Bedeutung erlangte das H.-Gebiet vor allem in hellenistisch-römischer Zeit. So wurde zu Beginn der hellenistischen Epoche die große persische Satrapie Karnain (→ *Karnaim*) in kleinere Bezirke aufgeteilt, von denen einer den nun gräzisierten Namen *Auranitis* erhielt. Gegen Ende des 2. Jh. v. Chr. gehörte diese Region zu Ituräa. Kaiser Augustus (16. Januar 27 v. Chr. bis 19. August 14 n. Chr.) gab H. Herodes dem Großen (37–4 v. Chr.). Damals entstanden hier zahlreiche Wohnsiedlungen der Nabatäer, darunter als eine der bedeutendsten das religiöse Zentrum Seia, von dessen Überresten man geäußert hat, sie bewahrten die nabatäische Eigenart besser als die hellenistisch verfeinerte Nabatäer-Hauptstadt Petra. Das Land blieb indessen auch weiterhin unter jüdischer Oberhoheit, zumindest blieb deren Anspruch bestehen. Erst nach dem Tode Agrippas II. (um 100 n. Chr.) bzw. nach dem Souveränitätsverlust des Nabatäerreiches wurde es der römischen Provinz Syrien angeschlossen (106 n. Chr.). Infolge der neuen Provinzordnung Kaiser Diokletians (284–305 n. Chr.) fiel H. 295 n. Chr. an die *Provincia Arabia*. Die bedeutendsten unter den zahlreichen kleineren Städten und Dörfern des H. sind (abgesehen von Seia) → *Kanatha* in der Dekapolis sowie → *Dionysias (Suwēdā).* Heute versteht man unter H. (arabisch: *ḥaurān*) den Dschebel Drus (*ǧabal ed-drūz*) und die fruchtbare Ebene von Nuqra. H. ist unter anderem Fundgebiet zahlreicher in Stein gemeißelter nabatäischer Inschriften. *A. N. und J. R.*

Haus → *Abu Gosch;* → *Affule;* → *Alalach;* → *Arad;* → *Azor (Hausurnen);* → *Bethel;* → *Beth Jerach;* → *Beth-Sean;* → *Jericho;* → *Tell Beth Mirsim.*

Havoth-Jaïr (Zeltdörfer Jaïrs / Flecken Jaïrs) Gruppe kleinerer Ansiedlungen inmitten der Weidegebiete des transjordanischen Berglandes am Ufer des → *Jarmuk.* Von Jaïr, dem Sohn Manasses, den → *Amoritern* abgenommen (Deut. [5. Mos.] 3, 14). Das Buch Josua (13, 30) verlegt H. nach → *Baschan.* Zur Zeit König Salomos unterschied man zwischen dem Distrikt → *Argob* in Baschan und den »Zeltdörfern Jaïrs«, die zu Gilead gerechnet werden (1. Kön. 4, 13; vgl. schon Num. [4. Mos.] 32, 41, wo gleichfalls von »Zeltdörfern Jaïrs« in Gilead die Rede ist). Sowohl Argob als auch H. unterstanden jedoch dem Sohn Gebers, der zu Ramoth in Gilead residierte. Man hat die H. südlich des Jarmuk-Unterlaufes, südöstlich vom See Genesareth, zu suchen. *A. N.*

Hazatu → *Hazor*

Hazeroth a) Eine der Etappen auf der Auszugsroute der Kinder Israels aus → *Ägypten* (Num. [4. Mos.] 11, 35). Mirjam und Aaron intrigierten hier gegen Moses, weil dieser eine Frau aus → *Kusch* zum Weibe genommen hatte, und Mirjam wurde für ihre Auflehnung bestraft (ebd. 12, 1–15). Anhänger der Südrouten-Hypothese identifizieren H. mit Ain Hadra (Ain Khudrah) nordöstlich des Berges Sinai.
b) Ortsname auf einem der 1908–1910 in → *Samaria* entdeckten Ostraka (Schriftscherben). Datierung und Bedeutung dieser Scherben sind umstritten.

Yigael Yadin hält sie für Rechnungsvermerke königlicher Beamter, die Lieferungen für die königlichen Magazine in Empfang nahmen. Unter dieser Voraussetzung hat man die Inschrift auf dem fraglichen Ostrakon (Nr. 18) wie folgt zu deuten: »Im 10. Jahr [eines ungenannten Königs]. Aus H., dem Gaddijahu gehörig, ein Krug feines Öl [bzw. Salböl].« Ob das H. dieser Inschrift mit dem H. der Bibel (s. oben unter a) identisch ist, ist ungewiß. *J. R.*

Hazezon-Thamar (Chazazon-Tamar) Stadt der → *Amoriter* südlich vom → *Toten Meer.* Wurde von Kedorlaomer und seinen Verbündeten eingenommen (Gen. [1. Mos.] 14, 7). Im 2. Buch der Chronik (dort 20, 2) mit *En-Gedi* gleichgesetzt. Gleichwohl halten einige Gelehrte H. für identisch mit → *Thamar.* In diesem Fall würde es sich entweder um 'ain ḥuṣb ('ēn ḥuṣb [Aharoni]), 'ain al-'arūs ('ēn el-'arūs [Stroebe]) oder qaṣr eǧ-ǧehēnīje (Alt) im Wādī al-'Araba handeln. *A. N. und J. R.*

Hazor Assyr. Ḥazatu, heute *tell al-qedaḥ* bzw. *tell waqqāṣ.* Kanaan. Stadt in der Nähe des Sees *Genesareth.* Älteste Erwähnungen: → *Ächtungstexte,* Dokumente aus → *Mari.* Spielte Rolle im Handel mit → *Zinn.* Erwähnt in ägypt. Annalen (Thutmosis III. [1490–1436 v. Chr.]; Amenophis II. [1483–1412 v. Chr.: Helck]; Sethos I. [1305–1290 v. Chr.: Helck]), desgl. in → *Amarnabriefen.* H.s letzte Erwähnung in ägypt. Quellen: Zeit Ramses' II. (1290–1223 v. Chr. [Helck]). Ausführlich ist in der Bibel von H.s König Jabin und seinem Feldherrn Sisera die Rede. Sisera wohnte in → *Haroseth der Heiden,* unterlag Debora und Barak am → *Kischon* und wurde bei der Eiche von → *Zaanannim* von Jaël, der Frau des Keniters Cheber, mit einem Nagel oder Zeltpflock ermordet. Jabin kämpfte gegen die Israeliten auch an den »Wassern von → *Merom«.* Josua eroberte H. schließlich, tötete Jabin und brannte H. nieder (Jos. 11, 1 ff. [bes. 10 f.]; 12, 19). Die Stadt wurde dem Stamm Naphtali zugewiesen (Jos. 19,

Von größter Bedeutung für das Studium der Zusammenhänge zwischen jüdisch-synagogaler und frühchristlicher Kunst sind die Fresken der Synagoge von → DURA EUROPOS. Weihe des Allerheiligsten. In griechischer Schrift der Name der Hauptfigur: ARON (s. S. 133).

36). Salomo befestigte H. gleichzeitig mit → Gezer, → Jerusalem und → Megiddo (1. Kön. 9, 15). Um 733/32 v. Chr. jedoch wurde H. von Tiglatpilesar III. (um 745–727 v. Chr.) zerstört (2. Kön. 15, 29). Ausgrabungen: 1928 John Garstang; 1955–1958 und 1968–1969: James-A.-de-Rothschild-Expedition (Y. Yadin [Hebräische Universität Jerusalem]). Deutlich lassen sich unterscheiden: eine Unterstadt 80 ha (1000 × 700 m) und eine Oberstadt 12 ha (600 × 200 m). Seit der Eisenzeit nur noch Oberstadt besiedelt. Früheste Schichten (XXI bis XIX): Keramik des Typs von Khirbet el-Kerak (→ Beth Jerach). Aus Schicht XVIII stammen Tonscherben der Mittelbronzezeit I. Die älteste Stadt stammt aus der Mittelbronzezeit II a (Mitte des 18. Jh. v. Chr. [Niveau 4]). Die mittelbronzezeitliche Stadt des Niveaus 3 wurde – wahrscheinlich unter Amosis (1552–1527 v. Chr. [Helck]) – durch Feuer zerstört. Zahlreiche Kinderbestattungen in Krügen unter den Böden der Häuser. Ihre Blütezeit hatte die Stadt

im 16. Jh. v. Chr. (Spätbronzezeit II a [Niveau 1 b]). Damals entstand ein kleines kanaan. Heiligtum. Es bestand aus einer breiten Halle mit einer Nische an der Ostwand, wo man eine Steinsetzung von 8 Stelen und eine Basaltstatue der kanaan. Gottheit fand. Eine der Stelen zeigte Hände, die in betender Haltung zu einer von der Mondsichel umgebenen Sonnenscheibe erhoben waren. Ein Basaltorthostat zeigt in Flachrelief einen ruhenden Löwen. Der Stil der Darstellung ist hethitisch. Sie ist jedoch das Werk eines Einheimischen. Unweit davon Magazine mit großen Vorratskrügen. In nahen Töpfereien fanden sich noch eine vollständige Töpferscheibe und die letzten Arbeiten des Meisters, darunter eine Kultmaske. Ein weiterer Fund: eine Kultstandarte aus versilbertem Bronzeblech mit der Darstellung einer Schlangengöttin. Die jüngste Stadt in diesem Grabungsbereich stammt aus dem 13. Jh. v. Chr. (Spätbronzezeit II b [Niveau 1 a]). Sie ist durch Neubauten und

Erneuerung des Kultinventars im Tempel gekennzeichnet. Die jüngste Keramik, darunter viele Stücke mykenischer Herkunft, stammt vom Ende des 13. Jh., der Zeit der Eroberung H.s durch Josua. Soweit *Grabungsabschnitt C* der Unterstadt. Seine Schichtenfolge fand ihre Entsprechung an anderen Grabungsabschnitten. Von großem Interesse ist *Grabungsabschnitt F* im Osten der Unterstadt. Hier fanden sich durch ein kompliziertes Tunnelsystem verbundene unterirdische Felsgräber aus der ältesten Besiedlungszeit (18.–17. Jh. v. Chr.). Sie waren fast völlig ausgeplündert, nur in einer einzigen Grotte, die mit Gebeinen übersät war, fanden sich noch an die 500 Gefäße, darunter mykenische Vasen aus der Spätbronzezeit. Das Grab war folglich lange benutzt worden. Darüber ein wehrhafter Palast der Folgezeit mit unterirdischem Kanalsystem, in das auch die älteren Grabtunnel einbezogen waren (17.–16. Jh. v. Chr.). Im 14. Jh. Umfunktionierung: Bau eines kanaan. Heiligtums. Als Altar Block von 5 t. Offener Hof, an zwei Seiten Räumlichkeiten. Sie enthielten Krüge und myken. Keramik, Rauchfässer, Opfertische und Basaltstatuetten. *Zone H*, ganz im Norden der Unterstadt, erbrachte die bedeutsamste Entdeckung: ein seinem Plan, seiner Bauweise und seiner Einrichtung nach einzigartiges Heiligtum. Insgesamt 4 Bauschichten. Ältester Tempel gehörte zur Stadt des 17.–16. Jh. (Mittelbronzezeit b und c [Niveau 3]). Großer Saal, davor, an der Nordseite, rechteckiger Hof. Zwei Säulenreihen trugen das Dach, zwei Türme flankierten den Eingang. An der Südseite des Saales eine um einige Steinstufen erhöhte Plattform. Im 15. Jh. gestaltete man den Bau um und hob den Boden an. Der Hof wurde mit einer Mauer umgeben und ein weiterer gepflasterter Hof im Norden angefügt. Im Innenhof schuf man einen erhöhten Platz *(bāmā)*. Man fand hier Knochen geopferter Tiere, desgl. Kultobjekte, darunter ein Lebermodell aus Ton mit Verwünschungsformeln. Im Lauf der Folgezeit (14. Jh.) abermalige

Umgestaltung. Tempel nun dreigeteilt: Vorhalle mit 2 Basaltpfeilern, Hauptraum und Allerheiligstes. Dieser Tempel blieb bis zur Aufgabe der Unterstadt (13. Jh. v. Chr.) in Gebrauch. Seine Ausgrabung erbrachte die bisher vollständigste Sammlung von Kultinventar, die bisher in Palästina zum Vorschein gekommen ist: Einen Rauchopferaltar mit vierzackigem Stern (Emblem des kanaan. Sonnengottes), ein Becken von 80 cm Durchmesser, zwei Tische für Trankopfer, Tontöpfe zur Aufnahme von Opferflüssigkeiten. Am Eingang zum Allerheiligsten eine Basaltstatue eines Mannes (ohne Kopf) auf einem Stuhl, eine Schale in seiner Rechten. Daneben Bronzestatuetten weiblicher Gottheiten. Der Boden war mit Perlen und Fayencen übersät, vor allem mit Ziegelzylindern. Einer davon – aus Blutstein – ist das schönste bisher gefundene Exemplar des syro-mitannischen Typs. Ein großer Siegelskarabäus trägt den Namen Amenophis' III. Seinem Plan nach stellt dieser Tempel den Prototyp des → *Tempels* von Jerusalem dar (vgl. auch → *Arad*). Zuletzt grub man im Areal K (Nordostrand der Unterstadt) eine Reihe von Stadttoren aus. Auch hier entspricht die Schichtenfolge der übrigen Stadt. Die Tore haben ihre Entsprechung in → *Gezer*, → *Megiddo* und → *Sichem*. Schon aus der Mittelbronzezeit II c (17.–16. Jh.) fand sich hier eine Kasemattenmauer. Das älteste Beispiel einer solchen Mauer in Palästina. In der *Oberstadt* wurden an drei Stellen Grabungen durchgeführt. Seit der Eisenzeit war allein sie besiedelt. Nach einem Zwischenspiel halbnomadischer Bewohner (Eisenzeit I; 12. Jh. [Schicht XII]) brachte *Schicht XI* eine unbedeutende frühisraelitische Siedlung (11. Jh.). Erst die Stadt Salomos *(Schicht X)* zeigt wieder Wehrmauern und auf der Akropolis (Westteil des *tell*) eine Festung. Die Stadttore gleichen abermals den zeitgen. Bauten in Gezer und Megiddo. Die Mauern hatten Kasemattenbauweise. *Schicht VIII* wird der Zeit Ahabs (Achabs [875/74–854 oder 852 v. Chr.])

DURA EUROPOS *gehört zusammen mit Palmyra (Tadmor) und Hatra zur parthischen Kunstprovinz. Eine Mischung aus Römischem und Orientalischem kennzeichnet die Kunst dieses Gebiets. Relief mit Darstellung der 3 Stadtgötter aus Palmyra. Charakteristisch ist die Frontalität der Götterdarstellungen (s. S. 133).*

zugeschrieben. Aus seiner Zeit stammt ein mächtiger Pfeilerbau, den Garstang einst Salomo zuschrieb. Unter den Omriden dehnte H. sich nach Osten aus. Damit verlor die bisherige östliche Verteidigungsmauer, die quer über die Mitte des Hügels verlief, ihre Funktion. Ihre Kasematten wurden daher in Wohnungen und Werkstätten umgewandelt. Unter Jerobeam II. (789[784]–748[744] v. Chr.) entstand ein neues Wohnviertel (von Erdbeben zerstört [vgl. Amos 1, 1]). Die Stadt der nächsten Schicht *(Schicht V)* fiel der Eroberung durch Tiglatpilesar zum Opfer. Auf den Ruinen entstand eine nichtbefestigte Siedlung, und auf dem Westteil des *tell* existierten Befestigungsanlagen der jeweiligen Besatzer von der Assyrer- über die Perserzeit bis zur hellenistischen Zeit. Endgültig verlassen wurde H. um 150 v.

Chr. Eine der letzten bedeutenden Entdeckungen in H. war 1968 der Fund einer Wasserversorgungsanlage am Südrand des Hügels. Die Gesamthöhe der dazugehörigen Bauten beträgt 42 m. Sie sind über den Quellen, die am Südhang des *tell* entspringen, in die älteren archäologischen Schichten bis hinab zum natürlichen Felsgrund eingeschnitten. Ein 5 m breiter und 5 m hoher Tunnel steigt in einer Reihe von Absätzen 27 m zur Schöpfstelle hinab.
A. N. und J. R.

Helbon → *Chelbon*
Heliopolis → *Baalbek*
Hennathon → *Hannaton*

Hepher (Chepher) Kanaanäische Stadt, deren Herrscher zu den 31 Königen gehörte, die von Josua geschlagen wurden (Josua 12, 17). An anderer Stelle zählt das Buch Josua H. zu den Söhnen Manasses, die nicht → *Baschan* sowie Gilead, sondern das Land westlich des Jordanlaufs erhielten (Josua 17, 2 und 5 ff.). Später wurde es dem dritten Verwaltungsdistrikt des Salomonischen Reiches eingegliedert. Sein Präfekt war der Sohn Heseds (Cheseds) zu → *Arubboth* (1. Kön. 4, 10). Heute wohl *tell al-ifšār* (bzw. *tell ḥēfer*) in der → *Saronebene* zwischen *Dor* (im Norden) sowie *Jaffa* (im Süden). A. N.

Heptapegon → *Siebenquell*
»Herdenturm« → *Migdal-Eder*

Hermon Gebirgskette im äußersten Norden Palästinas, Grenze der Eroberungen Moses' und Josuas östlich des Jordanlaufs und gleichzeitig Grenze der Expansion Israels (Deut. [5. Mos.] 3, 8; 4, 48; Josua 11, 17; 12, 1; Richter 3, 3). Der Hermon beherrscht die → *Libanon-Talebene* (*al-Beqaʿa*; vgl. Josua 11, 17) und das Gebiet der → *Hivviter* im Lande Mizpa (Josua 11, 3 [nicht identisch mit → *Mizpa* a oder b!]). Die → *Amoriter* nannten den H. *Senir*, während die Sidonier ihn als *Sirjōn* bezeichneten (Deut. [5. Mos.] 3, 9; 4, 48), und unter diesem Namen erwähnen ihn auch die → *Ächtungstexte* sowie Urkunden aus *Ugarit* (= *rās šamra*). Ein rund 1330 v. Chr. abgeschlossener Vertrag zwischen dem König der Hethiter und einem der einheimischen Fürsten Syriens ruft die Götter des → *Libanon* und des *Sirjon* als Zeugen an. Unter dem Namen *Saniru* erscheint der H. schließlich in Urkunden des Assyrerkönigs Tiglatpilesar III. (um 745–727 v. Chr.). Im übrigen waren wohl auch die Höhen des H. lokalen Göttern geweiht, was im Namen Baal-H. zum Ausdruck kommt (Richter 3, 3; 1. Chron. 5, 23). Wie es scheint, beschränkte sich die Bezeichnung H. auf den Südteil des Antilibanon, der vom übrigen Gebirgszug durch die tiefe Schlucht des *Barada*-Flusses abgeschnitten ist. Von Südwesten nach Nordosten besitzt dieser Gebirgsabschnitt eine Länge von 30 km, wobei sein höchster Gipfel sich bis zu 2814 m

über Meereshöhe erhebt. Der arabische Name des H. lautet *ǧabal eš-šēḫ* oder *ǧabal et-talg* (»Schneeberg«), weil die mächtigen Juragipfel dieses Gebirgszugs den größten Teil des Jahres mit Schnee bedeckt sind. Einen entsprechenden Namen kennt übrigens auch der Talmud. A. N.

Hesbon Stadt in → *Moab*, in die Hand Sichons, des Königs der → *Amoriter*, gefallen und daraufhin dessen Residenz (Num. [4. Mos.] 21, 26; Deut. [5. Mos.] 1, 4). Doch die Israeliten schlugen Sichon und nahmen ihm H. wieder ab (Num. [4. Mos.] 21, 24 ff.; Deut. [5. Mos.] 1, 4; 2, 24 ff.; 29, 6; Josua 12, 2). Die Stämme Ruben und Gad baten Moses, ihnen die Stadt zuzuteilen (Num. [4. Mos.] 32, 3). Sie begegnet daraufhin bald als Stadt des Stammes Ruben (ebd. 32, 37; Josua 13, 10 und 17), bald als Levitenstadt des Stammes Gad (Jos. 21, 39; 1. Chron. 6, 66). Wie es scheint, zählt H. auch zu den Eroberungen König Mesas von Moab. Jesaja (Isaias [15, 4; 16, 8]) und Jeremia (48, 2, 34 und 45; 49, 3) sprechen vom Untergang der Stadt. Kurz nach Beginn der hasmonäischen Expansion fiel H. an das Reich der Hasmonäer (Flavius Josephus in seiner Schrift über »Jüdische Altertümer« [*Antiquitates Iudaicae* 13, 255 bis 256]). Noch unter Alexander Iannaios (103–77/76 v. Chr.) Teil des Hasmonäerreichs, wurde es dem Hyrkanos II. (63–30 v. Chr.) an die Nabatäerkönige abgetreten. Herodes der Große (37–4 v. Chr.) eroberte H. zurück und gründete hier eine Militärkolonie mit dem hellenisierten Namen *Esbous* (Flavius Josephus a. a. O. 15, 294). Nach der Annexion des Nabatäerreichs durch die Römer fiel H. an die *Provincia Arabia* (106 n. Chr.), in spätrömischer Zeit erhielt es unter dem Namen *Aurelia Esbous* den Status einer *polis*. Eusebios nennt H. »Arabiens berühmte Stadt« und berichtet von einem dortigen Kult des Zeus-Hadad. Identisch mit *Hesbān*, etwa 20 km südwestlich von Amman (→ *Rabbath-Ammon*). Mit »den Teichen von H. am Tor von Bath-Rabbim«

vergleicht das Hohelied (7, 5) die schönen Augen der Sulamit. *A. N. und J. R.*

Hevila → *Chawila*
Hiddeqel → *Tigris*
Hierapolis → *Karkemisch*
Hieromices → *Jarmuk*

Hinnom Tal westlich und südlich der heutigen Altstadt von → *Jerusalem*, mündet südlich des Ophel-Berges in das → *Kidron*-Tal. Es bildete die Grenze zwischen den Stämmen Juda und Benjamin (Josua 15, 8; 18, 16; Neh. 11, 30). H. galt als verrufener Ort. Hier hatte sich einst ein *Tophet* befunden, ein Kultbezirk, wo man dem Moloch Menschen als Brandopfer darbrachte. Noch König Achas (743 [bzw. 736 oder 733] bis 727 [oder 721] v. Chr.) »brachte im Tal Ben-Hinnom Rauchopfer dar und verbrannte seine Söhne im Opferfeuer« (2. Chron. 28, 3). Erst der Kultreformer Josia (639/638–609 v. Chr.) machte dem entsetzlichen Treiben ein Ende. »Er verunreinigte das Tophet im Tal der Kinder Hinnoms, damit niemand mehr seinen Sohn oder seine Tochter für Moloch durch das Feuer gehen ließe« (2. Kön. 23, 10). Jeremias verfluchte den Ort (Jer. 7, 31 f.; 19, 5 f.; 32, 35 f.) und nannte ihn »Würgetal« (7, 32; 19, 6). H. wurde zum Symbol für das Gericht, das über Jerusalem kommen werde (Jer. 19, 1–13). Später diente das Tal der Müllverbrennung und Kadaverbeseitigung. Als Gehinnom bzw. Gehenna wurde es zum Inbegriff aller Höllenvorstellungen. Es ist das erste »Höllental« der Geschichte. Während es als Vorzug galt, im Kidrontal bestattet zu werden, muß eine Bestattung im H. sehr ehrenrührig gewesen sein (Jer. 7, 32; 19, 11). Dementsprechend beerdigte man später hier Fremde (Matth. 27, 7), und die Tradition schreibt der Kaiserin Helena die Errichtung einer Kirche für die Armenbegräbnisse zu. Sie soll unweit der Stelle gelegen haben, wohin die Tradition den Töpferacker (Jer. 19, 1 f.; 10 f.; Matth. 27, 7) verlegt, der »Blutacker« genannt wurde (Matth. 27, 8; → *Hakeldama*).
A. N. und J. R.

Hippodrom Wörtlich: »Pferdebahn«. Sportstätte für Wagenrennen und Reiterwettkämpfe. Prototyp des römischen Zirkus. Wie das → *Stadion* lang, schmal und von elliptischer Grundform. Abgerundet war allerdings nur eine der Schmalseiten. Die andere, wo die Rennen begannen, verlief gerade. Das einzige voll freigelegte H. Palästinas befindet sich in → *Gerasa*. Ausgegraben wurde es in den Jahren 1931–1933. Es liegt im Süden etwas außerhalb der Stadt. Im Innern betragen seine Maße 250 × 50 m (die Breite variiert ein wenig von 50,27 m im Süden zu 51,18 m im Norden). Nicht ganz klar ist die Entstehungszeit. Nach Auffassung einiger Gelehrter wurde das Bauwerk Ende des 2. oder Anfang des 3. Jh. n. Chr. errichtet und nie vollständig fertiggestellt. Andere dagegen vermuten eine Entstehung um 70 n. Chr. Überreste anderer H.e fand man in → *Caesarea* (wohl Zeit des Septimius Severus [193–211 n. Chr.]), in → *Kanath*, in Bostra (→ *Bozra* [c]) und schließlich in → *Beth Sean*. Flavius Josephus erwähnt außerdem ein H. in → *Magdala* (Lebensbeschreibung 132, 138). Wie sämtliche öffentlichen Bauten dieser Art der hellenistisch-römischen Zeit waren auch H.e orthodoxen Juden ein Ärgernis. In der Tat hatten die meisten oben erwähnten Städte in erster Linie eine nichtjüdische Bevölkerung. Nur Magdala war eine jüdische Stadt, allerdings mit hellenisierter Oberschicht. Unter vermutlich ähnlichen Voraussetzungen konnte Herodes der Große (37–4 v. Chr.) sogar in → *Jerusalem* ein H. bauen (Flav. Jos. *Antiquitates Iudaicae* 17, 193). Es befand sich wohl im Tyropoion-Tal. *R. R.*

Hirbet → *Khirbet*

Hivviter Eines der sieben Völker, die vor der Landnahme durch die Israeliten das Gebiet von Kanaan bewohnten (Gen. [1. Mos.] 10, 17). Die H. unterschieden sich wohl von den Kanaanäern (2. Samuel 24, 7), desgleichen von den → *Amoritern* (Jesaja [Isaias] 17, 9 [nach

173

Zu den Grundelementen der sogenannten »Partherkunst« von → DURA EUROPOS ebenso wie von Palmyra und Hatra gehört der Einfluß der iranischen Kunst. Allerdings lag deren Hochblüte unter den Achaimeniden lange zurück. In feierlicher Prozession bringen auf den Reliefs der Achaimenidenresidenz Persepolis Vertreter unterworfener Völkerschaften ihre Gaben, in diesem Fall einen zweispännigen Wagen. Die Seitenansicht der Figuren verrät einen erzählenden Stil (s. S. 134). Ausgräber waren J.-H. Breasted (1922/23) und M. Rostovtzeff (1928–37).

dem Wortlaut der Septuaginta]), dagegen werden sie den Churritern (Hurritern) gleichgesetzt (Gen. [1. Mos.] 36, 2 und ebd. 36, 20). Als H. werden die Sichemiten bezeichnet (ebd. 34, 2), und eine Kriegslist der Söhne Jakobs fußte darauf, daß die H. unbeschnitten waren (ebd. 34, 13 ff.). Nach gängiger Auffassung handelte es sich bei den H. nicht wie bei den Kanaanäern um Semiten, sondern man hat es bei ihnen eher mit einem Zweig der Hurriter zu tun. Nach Josua 11, 3 und Richter 3, 3 wohnten die H. im Norden des Landes am Fuß des Hermon bzw. im Liba-

nongebiet. Nach Auffassung von Callaway spiegelt Josua 8, 1–29 tatsächlich eine Eroberung von → Ai, die allerdings nicht in der Bronzezeit, sondern in der Eisenzeit-Phase I bzw. im 12. Jh. v. Chr. stattfand. Diese Eroberung sei wohl nicht den Israeliten, sondern den H. zuzuschreiben.   *A. N. und J. R.*

Höhle → *Mugāret*

Holon a) Paläolithische (altsteinzeitliche) Fundstätte in der Küstenebene unweit von Jaffa (Joppe), die, in den Jahren 1963/64 von T. Jisraeli-Noy ausgegraben, reiches Fundmaterial aus dem

Acheuléen (einer nach Saint Acheul, einem Vorort von Amiens, benannten Kulturstufe der Altsteinzeit) erbrachte. Die fündige Schicht lag in feuchtem Ton zwischen zwei Ablagerungen von rotem Lehm. Die Grabungen förderten u. a. zahlreiche *Feuersteinwerkzeuge* zutage, darunter 40 – teilweise bis zu 15 cm lange – Faustkeile. Unter den tierischen Überresten befanden sich Backenzähne und der Stoßzahn eines Elefanten, doch auch Rotwild- und Turteltaubenknochen kamen zum Vorschein. Demnach war das Küstengebiet damals zum Teil Wald, zum Teil Sumpfland, an dessen Ufern die Acheuléen-Menschen ihre Lagerplätze hatten. Typologische Parallelen bestehen mit anderen Fundstätten des oberen Acheuléen wie den Höhlen von → *Umm Qatafa* und → *Tabun* (→ *Vorgeschichte*).
b) Leviten- und viell. Asylstadt (?) in *Judäa* südlich von Hebron (vgl. Josua 15, 51; 21, 15; 1. Chron. 6, 43). Genaue Lage unbekannt. *O. B. J. und A. N.*

Hor a) Berg an der Grenze zwischen Kanaan und Edom. Die Kinder Israels wollten von hier aus direkt in Kanaan eindringen, wurden jedoch bei → *Horma* geschlagen und mußten daher in die Wüste zurück (Num. [4. Mos.] 21, 4; 33, 41). Aaron starb hier und wurde hier begraben (ebd. 20, 22 ff.; 33, 37 ff.). Im Gebiet des Wādī Harunije, ungefähr 17 km nordöstlich von → *Kades-Barnea*.
b) Berg an der Nordgrenze von Kanaan (Num. [4. Mos.] 34, 7 f.). Nicht identifiziert. Wahrscheinlich einer der Ausläufer des → *Libanon*. *A. N.*

Horma (Chorma) Nach Richter 1, 17 ursprünglich *Zephat*, doch von den Israeliten (bzw. von Juda und Simeon) wegen des Banns über die Kanaaniterstädte in H. (»Bann«, »Bann[ort]«) umbenannt (Richter a. a. O.; Num. [4. Mos.] 21, 3). Kanaanäische Königsstadt im nordwestlichen Negev, nicht weit von → *Arad*. Ihr Name fällt im Zusammenhang mit dem ersten Versuch der Israeliten, in

d. Land Kanaan einzudringen (u. zwar v. Süden her). Dieser Versuch wurde durch einen gemeinsamen Gegenangriff der Städte des Negev unter Führung von Arad (nach Num. [4. Mos.] 14, 15 der → *Amalekiter* und Kanaanäer; nach der Parallelstelle Deut. [5. Mos.] 1, 44 der → *Amoriter*, »die dort auf dem Gebirge wohnen«; Num. [4. Mos.] 21, 1 spricht dagegen vom »Kanaaniterkönig von Arad« allein) zurückgewiesen. Die Israeliten wurden geschlagen und bis H. verfolgt. Eine andere Version der Überlieferung versucht, den israelitischen Mißerfolg zu bagatellisieren (Num. [4. Mos.] 21, 1: »Er [= ›der Kanaaniterkönig von Arad, der im Südland wohnt‹] ließ sich mit Israel in einen Kampf ein und nahm einige von ihnen gefangen«). Statt dessen wird ein Sieg der Israeliten bei H. berichtet (ebd. 21, 3). Diese Angaben sind jedoch fragwürdig. Die betreffende Stelle fällt aus dem Rahmen, weil die Israeliten den Versuch aufgaben, von Süden her in Kanaan einzudringen und weil die übrige Tradition dies mit der Niederlage bei H. in Zusammenhang bringt, weil drittens die Siegesmeldung mit der volksetymologischen (und daher ihrerseits problematischen) Erklärung des Namens H. verknüpft ist, die an anderer Stelle (Richter 1, 17) auf die Namensgebung durch Simeon und Juda bei der endgültigen Landnahme bezogen wird, schließlich weil das Ausbalancieren eines Rückschlags durch eine nachträglich lancierte (fingierte) Erfolgsnachricht möglicherweise nicht nur im Fall der Kämpfe bei H. in Betracht gezogen werden muß (vgl. → *Eben-Eser* a [1. Sam. 4, 1 f.] und b [1. Sam. 7, 12]). Andererseits ist es aber auch durchaus möglich, daß die Israeliten nach einem anfänglichen Mißerfolg bei H. im zweiten Anlauf zwar einen Sieg errangen, sich aber durch den Widerstand, auf den sie gestoßen waren, dennoch veranlaßt sahen, von ihrem Plan, auf geradem Wege in Kanaan einzudringen, wieder abzulassen. H. scheint auch später sehr umkämpft gewesen zu sein, denn obwohl das Buch der Richter an der bereits mehrfach angegebenen Stelle von der Eroberung und Bannung durch Simeon und Juda nach dem Tod Josuas berichtet, erscheint doch schon im Buch Josua (12, 14) ein König von H. neben einem König von Arad in der Liste der 31 Könige, die Josua westlich der Jordanlinie besiegte. Auch die Verbindung zu den (Stammes-)Namen Juda (Josua 15, 30) und Simeon (Josua 19, 4) findet sich schon hier. Als Stadt Judas findet sich H. dann wieder in einer Aufzählung der Städte, an deren Älteste David nach seinem Sieg über die Amalekiter Beutegeschenke sandte (1. Sam. 30, 20). Spätere biblische Schriften und andere spätere Quellen erwähnen H. nicht mehr, doch hat man vielleicht eine Äußerung einer ägyptischen Inschrift, die man in den Minen auf der Halbinsel Sinai gefunden hat, auf H. zu beziehen. Trifft dies zu, so zeugt diese Inschrift zusammen mit den → Ächtungstexten, die H. gleichfalls anführen, vom hohen Alter dieser Stadt und ihrer großen Bedeutung in alter Zeit. Heute Tell el-Meshash *(tell al-mešāš)*, annähernd südwestlich von Arad und etwa ost-südöstlich von → *Beerscheba*. Die Entfernung von Beerscheba wird mit 15 km angegeben, die von Arad mit 18 km, wobei offenbleibt, ob mit »Arad« der heutige *tell* '*arād* oder der näher beim *tell al-mešāš* liegende *tell malḥata* gemeint ist, die beide ihrerseits etwa 12 km voneinander entfernt sind.   *A. N. und J. R.*

Hunnatuna → *Hannaton*
Hüyük → *Tell*

Hyksos Gräzisiert aus altägypt. *ḥkꜣ, ḥꜣśw.t* (= »Herrscher der Fremdländer«). Nach dem ägyptischen Priester und Geschichtsschreiber Manetho (3. Jh. v. Chr.), der von »Hirtenkönigen« spricht, Fürsten aus Asien, die in → *Ägypten* einfielen und die 15. Dynastie begründeten. Nach neueren Forschungsergebnissen dauerte die H.-Herrschaft über Ägypten, Syrien und Palästina von 1650–1542 v. Chr. (Chronologie von W. Helck). Einige Gelehrte sind der Auffassung, die H. hätten ihr späteres

Herrschaftsgebiet in einem einzigen Ansturm überrannt, wogegen andere Forscher eher an ein langsames Vordringen denken, das längere Zeit in Anspruch nahm. Unklar ist noch immer die Herkunft der H.; einige Gelehrte bringen die H. mit der Ausbreitung der Churriter (Hurriter) in Palästina und Syrien (1. Hälfte des 2. Jahrtausends v. Chr.) in Verbindung. Hauptstadt der H. war Avaris (→ *Tanis*) im Nildelta. Den endgültigen Sieg über sie errang Ahmosis, der Gründer der 18. Dynastie (nach W. Helck: 1552 bis 1527 v. Chr.). Den H. schreibt man die Einführung des Streitwagens (damals eine folgenreiche Neuerung) in Kanaan zu, desgleichen einige Neuerungen im Bau von Befestigungsanlagen, beispielsweise die Anlage mächtiger Glacis und das Ausheben von Gräben, wie bei den Befestigungen von *Tell el-Jehūdīje* in Ägypten, von *Qatna* und von *Kedes am Orontes* in Syrien sowie von → *Lachis*, → *Hazor, Tell el-fara'a* und von *Tell el-Dscherische (Tell al-ǧerīše)* in Palästina. Beachtung verdienen auch die Bestattungsbräuche der H. Ein H.-Reiter wurde mit Kleidung, Waffen und zahlreichen → *Keramik*-Gegenständen (wie etwa den für *Tell el-Jehūdīje* so charakteristischen kleinen Krügen oder Kännchen) beigesetzt.   *A. N.*

Hyrkania Festung, erbaut von dem Makkabäer Alexander I. Iannaios (103 bis 76 v. Chr.), der ihr zu Ehren seines Großvaters (Johannes I. Hyrkanos [135–104 v. Chr.]) den Namen H. gab (Flavius Josephus *Antiquitates Iudaicae* 13, 417; *Bellum Iudaicum* 1, 161). Letzte Zuflucht der Hasmonäer (Makkabäer), wurde sie schließlich von Aulus Gabinius (57–55 v. Chr. römischer Statthalter in Syrien) geschleift (Flav. Jos. *Bell.* 1, 167). Im Jahre 32 v. Chr. fiel sie in die Hand Herodes des Großen (37–4 v. Chr.), der sie zum Staatsgefängnis machte, wo Hinrichtungen stattfanden und man tote Gefangene heimlich verscharrte (Jos. *Bell.* 1, 364; *Ant.* 15, 366; 17, 187). Heute Khirbet el-Mird.   *R. R.*

Wo sich heute die Jerusalemer Grabeskirche erhebt, kann sich einst tatsächlich → GOLGOTHA befunden haben. Die Stelle lag zur Zeit Jesu außerhalb der Stadtmauern. Es ist also möglich, daß sie als Richtstätte benutzt wurde (s. S. 156).

Pfeilerbau im Grabungsabschnitt A auf der Akropolis von → HAZOR. Mit einer Länge von 1000 m und einer Breite von 700 m war Hazor eine der größten Städte des Alten Orients (s. S. 168).

I

Iateira → *Jattir*

Ibn Ibrak → *Bene Barak*

Idumäa Hellenistischer Name des Gebiets von Hebron bis nach → *Beerscheba.* In der Septuaginta (→ *Alexandrien* a) oft Übersetzung für → *Edom.* In der Perserzeit von Arabern aus Edom besiedelt, deren Vorfahren schon zur Zeit Assurbanipals (669/68–ca. 630 v. Chr.) dort eingedrungen waren (→ *Arabien*). Diese edomitischen Araber (Diodorus Siculus 19, 95, 2 sowie ebd. 98, 1) bezeichnet die Bibel (1. Makk. 5, 3) als »Söhne Esaus«. In frühhellenistischer Zeit wurde Maresa Hauptstadt. Die Seleukiden erweiterten I., bis es auch das Gebiet von → *Asdod* umfaßte (Flavius Josephus *Antiquitates Iudaicae* 12, 308). I. war Schauplatz des Kampfes zwischen Judas Makkabäus und den Feldherrn Lysias und Gorgias (1. Makk. 4, 15 ff.; 6, 31; 2. Makk. 12, 32). Nach dem Tode Antiochos' VII. Euergetes (»Sidetes« [129 v. Chr.]) bemächtigte sich Johannes I. Hyrkanos (135–104 v. Chr.) I.s und zwang dessen Bewohner, sich zum Judentum zu bekennen. Zur Zeit des Alexander Iannaios (103–76 v. Chr.) wurde Antipatros, der Großvater Herodes' des Großen, zum Statthalter I.s ernannt. Nachdem Pompeius (106 bis 48 v. Chr.) Palästina erobert hatte (63 v. Chr.), bildete der Westteil I.s, das Gebiet um Maresa, eine Verwaltungseinheit für sich, die von Judäa losgelöst war. Erst 30 v. Chr. verfügte ein Befehl Octavians (des nachmaligen Kaisers Augustus) die Wiedervereinigung mit dem nunmehrigen Reich Herodes' des Großen (37–4 v. Chr.). I. bildete einen eigenen Verwaltungsbezirk (Toparchie), der im Süden an das Gebiet der bis Beerscheba hin vorgedrungenen Nabatäer grenzte. Nach Herodes' Tod (4 v. Chr.) fiel es an Herodes' ältesten Sohn Archelaos, und ab 41 n. Chr. gehörte es zum Reich Agrippas I. Nach der Zerstörung des Zweiten Tempels (70 n. Chr.) im wesentlichen Bestandteil der römischen Provinz *Iudaea* unter unmittelbarer Kontrolle der Zehnten Legion (*Legio Fretensis*), der Süden bildete einen Teil des *Limes Palaestinae*. Im Jahre 200 n. Chr. der neugegründeten Stadt Eleutheropolis (→ *Beth Gibrin*) unterstellt. A. N.

Ijjon Stadt im Norden von Israel, im Gebiet des Stammes Naphtali. Zur Zeit des Königs Bascha (Baesa) von Ben-Hadad, dem König von → *Aram*, erobert (1. Kön. 15, 20). Als Pekach über Israel herrschte (736/35–733 v. Chr.), von Tiglatpilesar III. (um 745–727 v. Chr.) unterworfen, der I.s Einwohner nach Assur deportierte (2. Kön. 15, 29). Heute Tell Dibbin im Tal von Merg Aijun, dessen Name (Aijun) noch immer die alte Ortsbezeichnung bewahrt. A. N.

Indien erwähnt das Buch Esther (1, 1 und 8, 9). Der Name bezeichnet hier die Ostgrenze des iranischen Machtbereichs (Ostiran). Tatsächlich war der Nordwestteil des indischen Subkontinents – das Land am Indus und seinen Nebenflüssen – unter den Achämeniden persische Satrapie. Beziehungen zwischen I. und dem Westen hatten seit frühester Zeit bestanden, waren jedoch abgebrochen worden und lebten erst in der neobabylonischen Periode (8.–7. Jh. v. Chr.) wieder auf. Allerdings sind Gelehrte der Auffassung, daß die im Zusammenhang mit Salomos See- u. Karawanenhandel erwähnten Luxusgüter (Gold, Silber, Elfenbein, Affen und Pfauen [so die Lutherbibel; neuere Übertragungen sprechen z. T. von »Perlhühnern«]) indischer Herkunft waren (1. Kön. 10, 22). Immerhin erhielt Salomo Gold und Silber auch von Araberfürsten (2. Chron. 9, 14), und es steht fest, daß die Staaten Südarabiens schon früh lebhaften Handel mit I. trieben (→ *Arabien*). Vor allem zum südarabischen Königreich Saba scheinen Salomos Beziehungen rege gewesen zu sein (vgl. 1. Kön. 10, 1 ff.; 2. Chron. 9, 1 ff. [Besuch der Königin von Saba bei Salomo]). Gerade von den Sabäern aber wird neuerdings angenommen, daß sie sogar regelrechte Handelsniederlassungen in I. besaßen. Zu engeren Kontakten kam es besonders nach dem Alexanderzug. Griechisch-makedonische Staatsgebilde drangen bis auf den indischen Subkontinent vor, andererseits erließ der indische buddhistische Apostelkönig Aschoka seine Edikte und Proklamationen auch in einer griechischen Fassung. Aufschwung erlebte der Handel mit I. Der Weihrauchhandel bestand in hellenistisch römischer Zeit noch weiter, besonders aber blühte der Gewürz- und Seidenhandel auf, der erst über arabische Zwischenhändler betrieben, später jedoch in eigene Regie genommen wurde, nachdem auch griechische und römische Seefahrer die Vorteile der Monsunwinde auszunutzen gelernt hatten. Archäologisch nachgewiesen ist eine römische Handelsniederlassung an der Koromandelküste (Golf von Bengalen) südlich von Pondichery. Römische Münzen kamen in ganz Indien zum Vorschein. Einzelne Exemplare gelangten sogar bis nach Hinterindien bzw. Kotschinchina (Vietnam). Noch immer ist nicht restlos geklärt, welche Bedeu-

tung diesem römischen I.-Handel bei der Vermittlung griechischer Einflüsse auf die sog. Gandhara-Kunst zukommt. Vielleicht gelangte mit dem Handel auch das Christentum nach I., das sich nach der Überlieferung schon in der Apostelgeneration in I. ausgebreitet haben soll. Dies wird dem Wirken des Apostels Thomas zugeschrieben, von dem es heißt, er habe bereits kurz nach der Kreuzigung Jesu in I. Mission getrieben. *A. N. und J. R.*

Iram Inschriftlich bezeugter antiker Name eines der Gottheit Allat geweihten Heiligtums der Nabatäer am Brunnen Ain Schellale im Ostjordanland. Bei seiner Ausgrabung (1934 durch R. Savignac und G. Horsfield; neuerdings wieder durch Diana Kirkbride) konnte man zwei Bauphasen unterscheiden. Die erste repräsentiert ein von Säulen umgebenes Bauwerk mit einem rund 5,5 × 5,5 m messenden Schrein, den wahrscheinlich ein Podium trug. In der zweiten Bauphase mauerte man an drei Seiten die Säulenreihen zu. So entstand ein etwa 13 m mal knapp 11 m großer, an drei Seiten geschlossener Hof, den nun Räumlichkeiten umgaben. Mit seinem quadratischen Altar inmitten eines rechteckigen Gebäudes repräsentiert dieses Heiligtum den wohlbekannten Typ nabatäischer Tempel. Aufgrund einer Inschrift, die bei der Quelle gefunden wurde, weisen die Ausgräber den Bau des Tempels in die Regierungsjahre des Königs Rabel II. (70–106 n. Chr.). Andererseits fand sich in den Tempelruinen selbst noch eine weitere Inschrift. Sie stammt aus der Zeit Aretas' IV. (9 v. Chr. bis 40 n. Chr.). Ihr zufolge könnte man den Tempelbau auch in den letzten Jahren des letzten Jahrhunderts v. Chr. ansetzen, und tatsächlich war die zweite Hälfte gerade dieses Jahrhunderts die Zeit, in der die meisten Nabatäer-Tempel entstanden. *R. R.*

Iraq al-Barud, Höhle von Vorgeschichtliche Fundstätte an der linken Flanke

Das eisenzeitliche System der → WASSERVERSORGUNG in → HAZOR (vgl. auch →
SILOAH). Derartige Anlagen dienten einem doppelten Zweck: Das Wasser mußte
von der Stadt aus leicht, für Belagerer aber schwer zu erreichen sein (s. S. 168).

des Wadi Mislije im Gebirge Karmel. Im Jahre 1941 unternahm Mosche Stekelis hier seine ersten Grabungen. Die oberste Fundschicht unterteilte er wieder in zwei Untergruppen. Die obere von beiden, A 1, erbrachte Werkzeuge aus der Jungsteinzeit, während die untere, A 2, Material der → Kebara-Stufe enthielt. Kennzeichnend dafür waren zahlreiche Mikrolithen. Lager B umfaßte zahlreiche gekrümmte Klingen, Lager C und D End- und Nasenkratzer sowie Spitzen des Font-Yves-Typs. Diese Fundschichten wurden dem örtlichen Aurignacien zugeschrieben. Die fast vollständige Ausgrabung der Fundstätte erfolgte von 1965 bis 1967 durch A. Ronen (Universität Tel Aviv). Ronen führte auch vor der Höhle Grabungen durch. Dort befindet sich eine Art Terrasse, die durch Einsturz eines Stücks der Höhlendecke entstanden ist.

Im Innern der Höhle wurden 13 Fundlager festgestellt, die aus der Jungsteinzeit, der Frühen Bronzezeit und der Zeit des Arabereinfalls stammen, dazu eine kleine Fundsammlung der Natoufien-Phase (nach dem wādī en-naṭūf), der Kebara-Stufe, des örtlichen Aurignacien, einer Übergangskultur zwischen Mittel- und Jungpaläolithikum, und schließlich ein Moustérien-Lager unmittelbar auf dem natürlichen Felsboden. Eine durchaus entsprechende Schichtenfolge wies auch die »Terrasse« vor dem Höhleneingang auf, doch waren die Funde aus vorneolithischer Zeit hier spärlicher als im Höhleninnern. Deutlich zeichnet sich das Moustérien ab. In seine oberste Schicht war eine große, ovale Herdgrube ausgehoben worden. Wahrscheinlich hat sie mit der Aurignacien-Phase zu tun (vgl. im übrigen → Vorgeschichte).

J

Jabbok Heute Nahr es-Zarka (*nahr ez-zarqā'* [»blauer Fluß«]). Östlicher Nebenfluß des Jordan und Nordgrenze des Reiches Sichons von → *Hesbon*, des Königs der → *Amoriter* (Num. [4. Mos.] 21, 21 ff.; Josua 12, 2; Richter 11, 19 ff.). Der Sieg über ihn machte die Israeliten zu Herren des gesamten ostjordanischen Gebiets zwischen → *Arnon* und J. (Num. [4. Mos.] 21, 24; Richter 11, 22 [vgl. ebd. schon 11, 13]). Es war der Stamm Gad, der sich schließlich am J. festsetzte (Num. [4. Mos.] 32, 33 ff., Deut. [5. Mos.] 3, 16). In der Römerzeit bildete der J. die Grenze zwischen den Gebieten von → *Gerasa* und Philadelphia (wie → *Rabbath Ammon* [das heutige Amman] damals hieß). Längs des J. führte eine wichtige Querverbindung, die Jakob benutzte, als er aus Paddan Aram, wohin er auf Rebekkas Rat hin geflohen war (Gen. [1. Mos.] 27, 43; 28, 2 und 10 sowie 33, 18 [→ *Harran*]), wieder i. d. Land Kanaan zurückkehrte. Eine Überlieferung, die sich im Zusammenhang mit Jakobs Rückkehr an den J. knüpft, zeigt eine unverkennbare Tendenz zur Adaption vorisraelitischer Lokaltraditionen (es handelt sich um den Kampf Jakobs mit dem »Engel« an der J.-Furt bei → *Pnuel*; Gen. [1. Mos.] 32, 22 ff.). Offenbar ist hier eine alte Flußdämonensage jahwisiert und zum national-religiösen Glaubensinhalt umfunktioniert worden. Der J. entspringt beim heutigen Amman (Rabbath-Ammon [Philadelphia]), fließt in einer weiten Kurve nach Nordosten, bevor er sich nach Westen und dem Jordan zuwendet, den er nach einem Gefälle von mehr als 1100 m auf weniger als 150 km Streckenlänge unweit von → *Adam* erreicht. Seine Mündung liegt bereits rund 300 m unter dem Meeresspiegel (→ *Totes Meer*). Vom See Genesareth im Norden bis ungef. 15 km nördlich der J.-Mündung ist die Jordansenke bebaut. Der J. durchfließt hier ein fruchtbares Gebiet: die Ebene von → *Sukkot*. In den Tonlagern dieses Landstrichs ließ König Salomo die ehernen Tempelgefäße gießen: »Im Jordangau bei der Furt von Adama zwischen Sukkot und → *Zaretan*« (1. Kön. 7, 46; 2. Chron. 4, 17). Unweit der J.-Mündung lag die Ed-Damija-Furt. Hier schnitten die Bewohner von Gilead einst den in die Flucht geschlagenen Angehörigen des Stammes Ephraim den Weg ab. Sprach ein Ephraimit: »Laßt mich hinüber«, so erwiderten die Gileaditer: »Bist du aus Ephraim?« Antwortete der Flüchtling »Nein«, forderte man ihn auf: »Sprich doch einmal: ›Schibbolet‹ (›Ähre‹)!« Sagte er daraufhin *»Sibbolet«*, weil er *»Schibbolet«* nicht richtig aussprechen konnte, wurde er niedergemacht. »Auf diese Weise«, so heißt es in der Bibel, »fielen damals von Ephraim 42 000 Mann« (Richter 12, 5–6). Etwa von der J.-Mündung an wird das Jordantal zur Wüste.

A. N. und J. R.

Jabes-Gilead Stadt östlich des Jordanlaufs im Land Gilead, als Schauplatz einer besonders brutalen kriegerischen Aktion in die Geschichte eingegangen. So hatten die Einwohner der Stadt nicht am Treffen der Israeliten in → *Mizpa (Tell en-Naṣbe)* teilgenommen und wurden daher von den dort versammelten israelitischen Stämmen ausgerottet. Nur 400 Mädchen verschonte man und gab sie den Überlebenden des Stammes Benjamin, der seinerseits zuvor von den anderen Stämmen Israels dezimiert worden war (Richter Kap. 20 [= Dezimierung des Stammes Benjamin] und 21 [= Unternehmen gegen J.]). Besonders eng ist J. mit der Geschichte Sauls verknüpft. Abermals dominieren die düsteren Aspekte. Von den Ammonitern (→ *Ammon*) belagert, erbat J. die Hilfe Sauls, der die Stadt befreite (1. Sam. 11, 1–13) und nach diesem Sieg in → *Gilgal* zum König gekrönt wurde (ebd. 11, 14 f.). Als Saul in seiner letzten Schlacht auf den Höhen von → *Gilboa* den Tod gefunden (bzw. sich in sein Schwert gestürzt) hatte (ebd. 31, 1–7; vgl. 2. Sam. 1, 4–10 und 1. Chron. 10, 1–7), stellten die → *Philister* seinen verstümmelten (enthaupteten) und seiner Kleider und Waffen beraubten Leichnam auf der Mauer von → *Beth-Sean* zur Schau (1. Sam. 31, 8–10; 1. Chron. 10, 8–10). Die Männer von J. entführten jedoch die Leichen Sauls und seiner Söhne, brachten sie nach J., verbrannten sie und bestatteten die Überreste unter einem Baum in J. (1. Sam. 31, 11–13; 1. Chron. 10, 11 f.; die [übrigens nur 1. Sam. 31, 12 berichtete] Brandbestattung bedeutet eine Abweichung von der Norm der Bestattungsbräuche [→ *Bestattung*], die

Parallelstelle [1. Chron. 10, 12] kennt nur Erdbestattung; der Baum, unter dem man die Überreste Sauls und seiner Söhne begrub, erscheint in deutschen Übersetzungen bald einfach als »der Baum zu J.« [so die Lutherbibel bei 1. Sam. 31, 13], bald als »Eiche zu J.« [Lutherbibel 1. Chron. 10, 12], daneben aber auch in neueren Übertragungen als Tamariske oder Terebinthe [vgl. → *Ela*]). Nach der Beisetzung Sauls fasteten die Bewohner von J. sieben Tage (1. Sam. 31, 13; 1. Chron. 10, 12). David sprach der Stadt für diese Tat Anerkennung aus (2. Sam. 2, 4 ff.), ließ jedoch die Überreste Sauls und seines Sohnes Jonathan später nach → *Sela* überführen (2. Sam. 21, 12 ff.). Ortsansatz: Nach Nelson Glueck ist J. identisch mit dem heutigen *tell el-meqbere* bzw. mit *tell abū ḫaraz*. Martin Noth hat J. demgegenüber mit *tell al-maqlub* identifiziert.   A. N. und J. R.

Jahza Stadt in → *Moab*, wo die Israeliten Sichon, den König der → *Amoriter*, schlugen (Num. [4. Mos.] 21, 23), dem Stamm Ruben zugeteilt (Josua 13, 18), Levitenstadt (Josua 21, 36). Zur Zeit des Königreichs Israel in moabitischer Hand (vgl. Jesaja [Isaias] 15, 4); der »Mesastein«, die 1868 in → *Dibon* entdeckte berühmte Siegesstele des Moabiterkönigs Mesa (jetzt im Louvre) bestätigt dies inschriftlich. Vielleicht Khirbet (Chirbet) al-Madainije (el-Medeiniyeh) südöstlich von → *Madeba*.

Jalu → *Ajalon*

Elefantenzähne aus → HOLON, deren Fund Rückschlüsse auf die Beschaffenheit des Küstengeländes zur Zeit des ACHEULÉEN zuläßt (vgl. → VORGESCHICHTE). Das palästinensische Küstengebiet muß damals aus Wald- und Sumpfland bestanden haben. Am → EUPHRAT jagte noch Thutmosis I. (1507–1494 v. Chr.) Elefanten (s. S. 174). Holon war eine kanaanäische Königsstadt in der nordwestlichen Negev.

Japhia Stadt auf dem Gebiet des Stammes Sebulon (Josua 19, 12), unter dem Namen *Yapu* in den → *Amarnabriefen* erwähnt. Zur Zeit des Zweiten Tempels als *Japha* bzw. *Jafa* bekannt. Flavius Josephus befestigte den Ort, als er in ganz Galiläa den Widerstand gegen Rom organisierte (Flav. Jos. *Bellum Iudaicum* 2, 573). Trotz tapferer Abwehr unterlagen die Verteidiger schließlich am 13. Juli des Jahres 67 n. Chr. der Übermacht der Belagerer. Nicht weniger als 15 000 Bewohner von J. wurden getötet, 2130 Überlebende in die Gefangenschaft geführt (ebd. 3, 289 ff.). In J. entdeckte man Reste einer Synagoge aus dem 3.–4. Jh. nach Chr. Sie hatte einen Fußboden m. Mosaikschmuck, von dem allerdings nur sehr wenig erhalten ist. Man erkennt noch einen großen Doppelkreis mit den Symbolen der zwölf Stämme Israels in Medaillons. Nur zwei davon sind allerdings erhalten geblieben. *A. N.*

Jarablus → *Kerkemisch*

Jarkon Als Me-J. (»Wasser [von] J.«) als Bestandteil des Stammesgebiets von Dan erwähnt (Josua 19, 46), arabisch Nahr el-Audscha (el-Auja [*nahr al-ʿauǧa*]). Der Fluß, der das ganze Jahr über Wasser führt, entspringt am »Quellkpof«-Hügel Ras ul-Ain (*ras al-ʿain*; wohl → *Aphek* [Josua 12, 18; 1. Sam. 4, 1 und 29, 1], das *Antipatris* Herodes' des Großen [37–4 v. Chr.]). An der Mündung des J. lag eine alte Hafenstadt (heute → *Tell Qasīle* nördlich vom jetzigen Tel Aviv. Ein in Tell Qasīle gefundenes Ostrakon (beschriebene Scherbe) erwähnt »30 Schekel *zāhab ōfir* (›Ophirgold‹, ›Feingold‹ [? → *Ophir*]) aus → *Beth Horon*« (entweder handelt es sich um die Stadt dieses Namens, oder die Angabe besagt: »aus dem Hause des [Gottes] Horon«). Auf jeden Fall aber zeugt dieses Ostrakon – neben anderen Funden – von der Bedeutung, die in alter Zeit der Hafen an der J.-Mündung als Handelszentrum besaß. Er hatte wohl einst die Funktion des jüngeren Hafens von Jaffa (Joppe). *A. N. und J. R.*

Jarmuk In der Bibel nicht erwähnt. Östlicher Zubringer des Jordan, bedeutendster und nördlichster unter den östlichen Jordan-Nebenflüssen, ja unter den Jordan-Zubringern überhaupt. Seine Quellarme entspringen zwischen → *Baschan* und → *Hauran*. Nach ihrem Zusammenfluß schneidet das Bett des J. tief und steil in die Basalt- und Kalkplateaus östlich des Sees Genesareth hinein. Obwohl der J. bedeutender ist als alle anderen Jordan-Zuflüsse und obwohl er sich durch eine tiefeingeschnittene Schlucht seinen Weg vom Hochland hinab in den Jordan-Graben bahnt, ist der Fluß selbst weder breit noch tief. Sein Bett erweitert sich erst kurz vor der Einmündung in den Jordan, die 8 km südlich des Jordan-Austritts aus dem See Genesareth liegt. Der Talmud erwähnt den J. wiederholt als Grenzfluß Israels. Gräziziert (und daraus wieder latinisiert) lautete der Flußname *Hieromices*. Nach Plinius' »Naturgeschichte« floß der *Hieromices* unweit von → *Gadara* (*Naturalis Historia* 5, 16). Zur Zeit des byzantinischen Kaisers Herakleios (610–641 n. Chr.) fügten die Araber unter dem Kalifen Omar (634 bis 644 n. Chr.) am J. den byzantinischen Streitkräften eine vernichtende Niederlage zu (20. August 636). Damit war der byzantinische Widerstand gebrochen und die Entscheidung über Syrien gefallen, das nun den vordringenden Arabern offenstand. Der heutige arabische Flußname lautet *šerīʿat al-menādire*. 10 km oberhalb der Einmündung in den Jordan zapft heute ein großer Bewässerungskanal (Ost-Ghor-Kanal) den J. an (vgl. auch → *Arnon* und → *Jabbok*). *A. N. und J. R.*

Jarmut a) Stadt in der → *Šefīla* (Josua 15, 35), zum Erbbesitz des Stammes Juda gerechnet. Ursprünglich kanaanäischer Stadtstaat, den eines der Tontäfelchen von *tell el-ḥesī* (→ *Eglon* [?]) inschriftlich in der Form *Ia-ra-muti* erwähnt. Piram, der König von J., nahm am Kriegszug der → *Amoriter* gegen *Gibeon* teil, doch erlitt er eine Niederlage (Josua 10, 5 ff.). Wer von

Blick auf die Ausgrabungen von → JERICHO (Luftaufnahme). Das bis in das prä-keramische Neolithikum (die Jüngere Steinzeit vor Erfindung der Töpferei) zu-rückgehende Jericho kann sich rühmen, die älteste bekannte Stadt der Geschichte zu sein (s. S. 187).

Israels Gegnern nicht im Kampf gefallen war, kam an der Steige von → *Beth Horon* bzw. im Gebiet von → *Aseka* durch Steinschlag um (ebd. 10, 10 f.). Nach der Rückkehr aus dem Babylonischen Exil wurde auch J. neu besiedelt (Neh. 11, 29). Noch zur Römerzeit war es bewohnt. Heute Khirbet (Chirbet) Yarmuk, nordöstlich von → *Zora*.
b) Levitenstadt des Stammes Issachar (Josua 21, 29), auch als *Remet* bekannt (ebd. 19, 21). Vielleicht Kaukab al-Hawa, wo sich ein großes Kreuzfahrerkastell namens *Belvoir* (»Schöne Aussicht«) befindet. Trifft dies zu, so handelt es sich möglicherweise zugleich um die Ortslage von *Agrippina*, wo man zur Zeit des Zweiten Tempels den zunehmenden Mond mit Freudenfeuern begrüßte.

Jaser, Ja'azer Stadt der → *Amoriter* östlich des Jordanlaufs und westlich von Amman (→ *Rabbath-Ammon*). Von den Israeliten erobert (Num. [4. Mos.] 21, 32). Die Gaditen ließen sich im Gebiet von J. nieder, betrieben Viehzucht (ebd. 32, 1 ff.) und bauten die Stadt auf (ebd. 32, 34 f.). J. gehörte zu den Levitenstädten (1. Chron. 6, 66 [81]) und wird im Zusammenhang mit Davids Volkszählung erwähnt (2. Sam. 24, 5). Jesaja (Isaias [16, 8–9]) und Jeremias (48, 32) rechnen J. jedoch zu → *Moab*. Zur Zeit des Zweiten Tempels zählte es zu → *Ammon*, wurde aber später von den Hasmonäern erobert (1. Makk. 5, 8). Eusebios erwähnt J. unter dem Namen *Azer* und gibt seine Entfernung bis Philadelphia (Rabbath Ammon bzw. Amman) mit 10 und nach *Hesbon* mit 15 römischen Meilen an. Zu seiner Zeit gehörte J. zu → *Peräa*. Vielleicht Khirbet (Chirbet) es-Sar oder Tell Areme.

Jattir Levitenstadt (Josua 21, 14) im judäischen Bergland (ebd. 15, 48). Geburtsort zweier »Helden Davids« (2. Sam. 23, 38 [Lutherbibel: »Jethriter«]) und eine der Städte, denen David nach seinem Sieg über die → *Amalekiter* Beutegeschenke sandte. In spätrömischer Zeit ein großes Dorf mit christlicher Bevölkerung. Eusebios erwähnt es unter dem Namen *Iateira*. Heute Khirbet (Chirbet) Attir, etwa 22 bis 23 km nordöstlich von → *Beerscheba*.

Javan, Jawan Griechenland (»Ionien«). Nach der Völkertafel (Gen. [1. Mos.] 10, 2) war J. ein Sohn des Japhet. Die ersten Äußerungen der Bibel, die den Namen J. erwähnen, beziehen sich auf protoionische Kolonisten, die sich nach der Mitte des 2. Jahrtausends v. Chr. am östlichen Mittelmeer niederließen. Später findet sich neben J. auch die Bezeichnung Hellas, ohne daß der alte Name deshalb verschwindet. Assyrische Dokumente des 8. und 7. Jh. v. Chr. erwähnen J. unter der Namensform *Jaman* und berichten, das Volk von J. habe an antiassyrischen Aufständen teilgenommen. Engere Beziehungen zwischen Hellas und dem Nahen Osten entwickelten sich erst im 6. Jh. v. Chr. Zur fraglichen Zeit gelangten griechische → *Keramik*, griechische Münzen sowie anderes Inventar in immer größerem Umfange nach Palästina. Hesekiel (Ezechiel [27, 13]) erwähnt J. als eines der Länder, mit denen Tyros in Verbindung stand. Noch enger wurden die Beziehungen in hellenistischer Zeit, als man aber auch die Abneigung gegen griechische oder gräzisierte Eroberer (Alexander und die Diadochen) auf Griechenland und die Griechen im allgemeinen übertrug, durch deren Kultur man seine eigenen Traditionen bedroht sah (vgl. die zur Alexanderzeit entstandene 2. Hälfte des Sacharja-Buchs: Sacharja [Zacharias] 9, 13). Man nimmt an, daß sich die Äußerung, der König von Griechenland sei ein zottiger Ziegenbock, auf Alexander den Großen bezieht (Dan. 8, 21). Alexander spricht das Danielbuch auch an anderer Stelle als König Griechenlands (Dan. 8, 20 und 11, 2 ff.), und als König Griechenlands führt ihn auch das erste Buch der Makkabäer (dort 1, 1). Der Widerstand der Juden gegen den Versuch ihrer Hellenisierung durch die Seleukiden fand seinen Ausdruck im

Kampf der Makkabäer. Diffuse anti-griechische Ressentiments verrät besonders das von großer Romfreundlichkeit getragene Kapitel 8 des ersten Makkabäerbuchs, das aus diesem Grunde auf keinen Fall nach 63 v. Chr. (Pompeius!) entstanden sein kann. Im übrigen warf man offenbar doch nicht alles Griechische in einen Topf, sondern machte mit den Spartanern, die als »Blutsverwandte« apostrophiert wurden (1. Makk. 12, 21), eine bemerkenswerte Ausnahme. Schließlich traten als Erben griechischer Kultur die Römer, die ihre eigene Kultur in Auseinandersetzung mit der griechischen und unter deren umformender Übernahme entwickelt hatten, auch das politische Erbe der hellenistischen Diadochenstaaten an.

A. N. und J. R.

Jebusiter Nach der Bibel kanaanäische Ureinwohner → *Jerusalems*. Als Kanaanäer bezeichnet sie Gen. (1. Mos.) 10, 16. Josua 10, 5 rechnet den König Adoni-Zedek von Jerusalem zu den → *Amoritern*. Die J. wohnten in Jerusalem und nannten ihre Stadt *Jebus* (Richter 19, 10–11). Bei der Landnahme in Kanaan vermochten die Israeliten die J. nicht zu vertreiben, u. ihre Stadt blieb vorerst unerobert (Josua 15, 8; 18, 16). Josua 15, 63 macht die Angehörigen des Stammes Juda dafür verantwortlich, wogegen das Buch der Richter (1, 21) dem Stamm Benjamin diesen Mißerfolg zuschreibt. Zur Zeit der Richter galt Jerusalem daher als fremde Stadt, in der man nicht einkehrte (Richter 19, 12). Erst David eroberte Jerusalem unter noch nicht restlos geklärten Umständen (2. Sam. 5, 6 ff.; 1. Chron. 11, 4 ff.). Nach neuesten Vermutungen dienten wohl die im 2. Buch Samuel erwähnten Blinden und Lahmen nicht der Verspottung Davids, sondern es handelte sich um ein Fluchritual, und David bot seinen Preis für den aus, der den Bann bräche. Bei den ebendort erwähnten »Rinnen« aber handelte es sich doch wohl um das Schacht- und Stollensystem, das die → *Gihon*-Quelle mit der Jebusiterstadt verband. Es war ein Jebusiter namens

Orna bzw. Arauna (vielleicht der von David besiegte letzte Jebusiterkönig der Stadt), auf dessen Tenne David Jahwe einen Altar errichtete (2. Sam. 24, 16 ff.). Der Platz gilt als die Stätte, wo sich später der Prachtbau des Salomonischen Tempels (und auch der spätere Tempel Serubbabels und Herodes') erhob.

A. N. und J. R.

Jekabzeel → *Kabzeel*

Jehud Stadt im Gebiet des Stammes Dan unweit von → *Bene-Barak* und Gath-Rimmon (→ *Gath* [d]) östlich von Jaffa (Josua 19, 45). In der hellenistischen Zeit trug die Stadt den gräzisierten Namen Iudaia, und hier schlug Judas Makkabäus eine seiner großen Schlachten (1. Makk. 4, 15). Identisch mit el-Jehudije, rund 16 km östlich von Jaffa.

Jenin → *En-Gannim*

Jericho Arab. *er-Rīḥā.* Oase etwa 8 km westlich des Jordan, 250 m unter dem Meeresspiegel. Trümmerhügel *tell es-sulṭan* birgt älteste Stadt des Nahen Ostens (archäologische Schichten reichen bis um 9000 v. Chr. zurück). Grundfläche des Hügels: 307 × 160 m. Oft wird J. in der Bibel erwähnt: Josua schickte zwei Kundschafter hierher (Jos. 2, 1 ff.), und die Israeliten lagerten im Gebiet der Stadt (ebd. 4, 13). Sie eroberten die Stadt unter ungeklärten Umständen (Mauern stürzten angeblich durch Feldgeschrei und Posaunenschall ein), töteten die Einwohner (nur die Prostituierte Rahab, bei der Josuas Spione Unterschlupf gefunden hatten, blieb mit ihren Angehörigen am Leben), setzten alles in Brand und verfluchten die Ruinenstätte (ebd. Kap. 6). Später fiel J. an den Stamm Benjamin (ebd. 18, 21), ging aber an Eglon, den König von → *Moab*, verloren, der es mit Hilfe der Leute von → *Ammon* und der → *Amalekiter* eroberte (Richter 3, 13). Gesandte Davids, die von den Ammonitern durch Abscheren der Bärte beschimpft worden waren, ließen sich ihre Bärte in J. wieder wachsen (2. Sam. 10, 5), doch erst zur Zeit König Achabs (Ahabs) von Israel (875/74 bis 854 oder 852 v. Chr.) brach Hiel (Chiel) von

→ *Bethel* Josuas Fluch und baute J. wieder auf (1. Kön. 16, 34). Elias und Elisa (Elisäus) trafen hier zusammen (2. Kön. 2, 4 f.), und Elisäus reinigte hier verdorbenes Wasser durch Desinfektion mit Salz (ebd. 2, 18 ff.). Unter den Rückkehrern aus dem Babylonischen Exil waren Leute aus J. (Esra 2, 34; Nehemia 7, 36), und Bewohner J.s nahmen auch am Wiederaufbau der Mauern von → *Jerusalem* teil (Neh. 3, 2). Im Jahr 134 v. Chr. wurde hier der Hohepriester Simon von seinem Schwiegersohn Ptolemaios bei einem Gelage ermordet (1. Makk. 16, 11–16). Auch das Neue Testament erwähnt J. öfters (z. B. Luk. 19, 1–10 [Jesus bei Zachäus]; Mark. 10, 46 ff. [Blindenheilung]; Luk. 10, 30 ff. [Gleichnis vom Barmherzigen Samariter; → *Adummim*]).

Grabungen wurden in J. vor allem durch Sellin und Watzinger (1907 bis 1909), J. Garstang (1930–1936) und Kathleen Kenyon (1952–1958) durchgeführt. Elf Bauschichten noch in der akeramischen Phase der Jungsteinzeit illustrieren die Entwicklung des Menschen vom Jägerdasein bis hin zur seßhaften Siedlungsform. Bereits in neolithischer Zeit Bau einer ersten Mauer (bis zu 5 m Höhe erhalten), davor Wehrgraben (9 m breit, 3 m tief). Stadtgebiet ca. 4 ha. Im Westen ein Turm von 9 m Durchmesser mit Innentreppe (noch heute ersteigbar). J. ist damit die älteste befestigte Stadt der Welt. Die Häuser dieser Phase (präkeram. Neolithikum A) waren rund. Wahrscheinlich beruhte die Entwicklung dieser Stadt auf dem Handel mit → *Salz*, → *Asphalt* und → *Schwefel* vom → *Toten Meer*. Rechteckige Häuser charakterisieren präkeram. Neolithikum B. J.s präkeram. Neolithiker schufen bereits Tonfiguren und versahen Totenschädel mit in Gips modellierten Gesichtszügen. R. Amiran hat dies in Zusammenhang mit orientalischen Schöpfungsmythen gebracht, wonach der Mensch »aus Lehm gebaut« sei. Die betr. Schädel fanden sich unter Fußböden und hatten wohl mit Ahnenkult zu tun. Nicht weniger als 17mal wurden J.s Mauern – oft durch Erosion oder Erdbeben zerstört – in der Bronzezeit erneuert. Vielleicht hat etwas davon in der späteren Legende vom Einsturz der Mauern durch Posaunenschall und Feldgeschrei Niederschlag gefunden. Vor der Bronzezeit, am Ende der Jungsteinzeit, gab es eine längere Besiedlungslücke. Sie dokumentiert sich vor allem im vollständigen Fehlen der Schicht von → *Teleilat el-Ghassul*. Aufschluß über die Siedler der Folgezeit geben vor allem Gräber (Kollektiv-, später [ab Mittelbronzezeit A] auch Einzelbestattung). Die Schicht der Mittelbronzezeit B. entspricht der Phase der → *Hyksos*. Nach dem endgültigen Sieg der Ägypter über diese (um die Mitte des 16. Jh. v. Chr.) war J. 1½ Jahrhunderte lang unbesiedelt. Erst um 1400 v. Chr. entstand eine neue Stadt, die aber 1325 v. Chr. ihrerseits aufgegeben wurde. Bei der im 13. Jh. anzusetzenden Landnahme müssen die Israeliten J. verlassen vorgefunden haben. Die Besiedlungslücke dauerte ca. 400 Jahre. Dies deckt sich mit der Angabe der Bibel, erst um oder kurz nach 800 v. Chr. sei Josuas Fluch über J. gebrochen worden, doch enthalten die biblischen Angaben eine zeitliche Verschiebung um 1 Jh. Vielleicht rafft die biblische Schilderung Ereignisse eines längeren Zeitraumes dramatisch zusammen.

Nach Ausweis von Siegeln mit der Aufschrift *jehud* gehörte J. nach dem Babylonischen Exil zur persischen Satrapie Judäa. Zur Zeit des Hellenismus entstand ein neues J. weiter westlich auf den *tulūl abū al-ʿalāʾiq* (1950/51 v. J. L. Kelso und J. B. Pritchard ausgegraben). Die Palmenhaine dieser Stadt wies Marcus Antonius der Kleopatra zu. Später baute Herodes d. Gr. (37–4 v. Chr.) dieses J. zu einer hellenistischen Stadt mit Hippodrom, Amphitheater, einem Winterpalast und Villen aus. Von Vespasian während des Jüd. Krieges (66–70 [73] n. Chr.) zerstört, bestand J. noch in byzantinischer Zeit. Offenbar war J. das Versorgungszentrum der Essener von → *Qumran*. *A. N. und J. R.*

Jerusalem *Lage:* Stadt auf dem zentralen Kamm des judäischen Gebirges in etwa 750 m Höhe (Gefälle der heutigen Altstadt [ca. 260 ha Grundfläche]: von 760 auf 720 m). Die Altstadt liegt auf zwei Anhöhen: Zion im Westen, Ophel (= »Buckel«) im Osten. Dazwischen das Tyropoiontal (»Käsmachertal« [so Flavius Josephus; die Herkunft und Bedeutung des Namens ist umstritten]). Das Tyropoiontal war einst sehr viel

Bronzezeitliches Steingutgefäß mit menschlichen Gesichtszügen.

tiefer als heute. Inzwischen ist es durch Anhäufungen von Bauschutt sehr viel flacher geworden. Es beginnt als flache Senke bereits innerhalb der heutigen Altstadt. Im Osten bildet das Tal → Kidron die Stadtgrenze. Jenseits des Kidrontals erhebt sich der → Ölberg, der J. überragt, mit dem Garten → Gethsemane. Die westliche Grenze der Altstadt ist das Tal → Hinnom. Westlich davon die heutige Neustadt. Südlich des Zion biegt das Hinnomtal nach Osten um (in diesem Talabschnitt liegt → Hakeldama). 200 m südlich der Mündung des Tyropoiontals in das Kidrontal vereinigen sich Kidron- und Hinnomtal miteinander. Die Mündung des Tyropoiontals liegt ihrerseits südlich des Ophel,

der hier in eine schiffsbugähnliche Spitze ausläuft. In der Südpartie dieses Mitteltals befindet sich der Teich → Siloah. Von der Mündung sind es 900 m bis zur heutigen Altstadt-Südmauer.
Name: Umstritten ist eine Erwähnung J.s (als *'wš'mm* in den → *Ächtungstexten.* In den → *Amarnabriefen* bittet unter anderem ein Abdi-Chepa, Herrscher von *uru-salim,* um Unterstützung gegen → *Chabiru.* Den Namen *uru-salim* deutet man als »Stadt des Friedens« oder »Stadt des Salimu« (bzw. Salmanu, einer amoritischen Gottheit; hierzu paßt, daß Josua 10, 5 den Adoni-Zedek, einen König der → *Jebusiter,* für einen → *Amoriter* erklärt. Auch bei Hesekiel [Ezechiel] 16, 3 ist von einer amoritischen Vergangenheit J.s die Rede). Nach Richter 19, 10 f. nannten die Jebusiter ihre Stadt *Jebus.* Zur Zeit der Richter war J.-Jebus eine nichtisraelitische Stadt, um die man lieber einen Bogen machte (Richter 19, 12).
Geschichte: J.s Besiedlungsgeschichte reicht bis in die Zeit um 4000–3000 v. Chr. zurück (Grab auf dem Ophel; → *Keramik).* Die Bibel spricht mehrmals von Jebusitern als Bewohnern der ersten städtischen Siedlung im Gebiet von J. Die damaligen Stadtherrscher scheinen eine Dynastie gebildet zu haben, deren theophore Namen auf *Zedek* (= »der Gerechte«) ausliefen. So begegnete Abraham dem Melchisedech (Melki-Zedek; Gen. [1. Mos.] 14, 18; Hebr. 7, 1), und zur Zeit Josuas herrschte Adoni-Zedek über die Stadt (s. oben). Zwar wird Melchisedech als »König von → *Salem*« bezeichnet, doch nach Psalm 76 (75), 3 (Erwähnung von Zion) und dem Genesis-Apokryphon aus → *Qumran* (Höhle 1 [→ *Schriftrollen vom Toten Meer)* war Salem mit J. identisch. Bei ihrer Landnahme in Kanaan konnten die Israeliten die Jebusiter anfänglich nicht vertreiben. J. blieb daher zunächst unerobert (Jos. 15, 8; 18, 16). Josua 15, 63 macht den Stamm Juda, Richter 1, 21 dagegen den Stamm Benjamin dafür verantwortlich. Bestimmend für die Lage der Jebusiterstadt war die Reichweite der Quelle

→ *Gihon*. Das damalige J. lag daher am Ophel-Osthang, der in das Kidrontal hinabfällt. Ein Schacht- und Stollensystem verband die Stadt mit der Gihonquelle (→ *Wasserversorgung*). Erst David eroberte die Jebusiterstadt unter nicht restlos geklärten Umständen, doch offenbar spielte der Brunnenschacht dabei eine Rolle (2. Sam. 5, 6 ff. 1. Chron. 11, 4 ff.). Nach neueren Vermutungen dienten wohl die im 2. Buch Sam. erwähnten »Blinden und Lahmen« nicht der Verspottung der Belagerer, sondern es handelte sich um ein Fluchritual, und David bot einen Preis für den aus, der den Bann bräche.

Die Jebusiterstadt am Ophel-Osthang war bereits ummauert. Ihre Häuser ruhten auf Terrassen am Steilhang. David machte J. zu seiner Residenz und schuf vor allem neue Terrassen, da bei der Abschüssigkeit der Gefällzone die Neigung zu Erdrutschen groß war. Kathleen Kenyon erblickt in dieser Terrassenfüllung jenen *millō'* (»Auffüllung«), von dem mehrmals in der Bibel die Rede ist (2. Sam. 5, 9; 1. Kön. 9, 15 und 24; 11, 27 und 2. Chron. 23, 5). Dies ist die bisher plausibelste Erklärung des umstrittenen *millō'*-Begriffs.

Bauliche Ausgestaltung erfuhr die Stadt erst durch Salomo. Ihre Westmauer verlief damals noch immer auf der Gipfelböschung des Ophel. Salomo erweiterte J. nach Norden hin, wo auf dem Berg → *Moria* der → *Tempel* entstand. Südlich davon lag wohl Salomos Palast. Der Tempel barg die Bundeslade, die nach ihrer Odyssee durch die Städte der → *Philister* bei → *Beth-Schämäsch* wieder den Israeliten zurückgegeben und über → *Kirjath Jearim* nach J. gebracht worden war (1. Sam. 7, 1; 2. Sam. 6, 1–12). Schon allein dies verlieh J. kultischen Vorrang. Im Zuge der Kultzentralisation erlangte J. immer mehr Ausschließlichkeit, bis die damit parallellaufende Diffamierung anderer traditionsreicher Heiligtümer wie → *Beerscheba*, → *Bethel*, → *Dan* und → *Gilgal* in einem Bildersturm gipfelte, den König Josia von Juda (639/38–609 v. Chr.)

entfachte. J. ging als Sieger aus diesem Wettstreit der Kultstätten hervor.

Von Salomos Palast und dem Tempel, der gewissermaßen die »Palastkapelle« bildete, ist nichts mehr erhalten – bis auf einige vorzüglich behauene Bruchquader und ein protoionisches Kapitell, das an den Palast König Omris (886 [882] bis 875 [871] v. Chr.) in → *Samaria* erinnert. Zur Zeit Sanheribs (Sennacheribs [705/4–681 v. Chr.]) »verstopfte« König Hiskia von Juda (727 [721] bis 698 [693] v. Chr.) »den oberen Abfluß des → *Gihon*-Wassers« und leitete es »nach Westen in die Stadt Davids hinab« (2. Chron. 32, 30). So sicherte Hiskia die → *Wasserversorgung* Jerusalems, das inzwischen allerdings nicht mehr völlig mit der Stadt Davids identisch war. Der dem Hiskia zugeschriebene unterirdische Wassertunnel führt um die Ophel-Südspitze herum und mündet in den Teich → *Siloah* im Mitteltal (Tyropoiontal). Allerdings lag der Siloah-Teich ebensowenig innerhalb der Stadtmauer wie die Gihon-Quelle selbst. Kathleen Kenyon glaubt daher, daß er ursprünglich überdacht war und einen unterirdischen Zugang hatte (seine heutige Einfassung stammt aus der Römerzeit). Aus der Königszeit stammt schließlich eine ummauerte Höhle mit zwei → *Masseben* am Hügelosthang nördlich der alten Davidstadt. Offensichtlich hat man es mit einem Heiligtum zu tun. Schließlich sind aus dem 7. Jh. v. Chr. Reste von Bauwerken an der Gefällzonen-Oberkante am Ophel-Osthang erhalten, die den dort unaufhörlichen Erdrutschen entgangen sind. Neben typischer → *Keramik* kamen Fragmente von Menschen- und Tierfigurinen (Götterstatuetten), desgl. Steingewichte zum Vorschein. Zur Zeit Nebukadnezars II. (605–562 v. Chr.) unternahm Jojakim von Juda (608–597 v. Chr.) im Vertrauen auf → *Ägypten* einen Aufstand. Im Jahre 597 wurde J. belagert, Jojakim starb, und sein 18jähriger Sohn, der die Thronfolge antrat, wurde in die Verbannung geführt. Als Vasallenkönig setzten die Sieger Zidkia (597/96–586 v.

Blick über die heutige Altstadt (Grundfläche ca. 260 ha) von → JERUSALEM nach Osten auf den Tempelbezirk mit dem Felsendom. Im Hintergrund: der → ÖLBERG mit dem Garten → GETHSEMANE.

Chr.) ein. Doch auch dieser erhob sich im Vertrauen auf ägyptische Hilfe, und nach 18monatiger Belagerung fiel J. 586 v. Chr. in babylonische Hand (Ende des Königreichs Juda und Beginn des Babylonischen Exils). 539 v. Chr. fiel Babylon in die Hand Kyros' II., des Großen (559–529 v. Chr.), und die jüdischen Gefangenen durften zurückkehren. Um 516/15 v. Chr. wurde der Tempel wieder neu geweiht, und Mitte des 5. Jh. erhielt die Stadt neue Mauern (unter Nehemia [pers. Gouverneur ca. 445 bis 433 v. Chr.; Zeit Artaxerxes' I., 465 bis 424 v. Chr.). Nehemia entschloß sich, den der Erdrutschgefahr ausgesetzten Stadtteil am Ophel-Osthang aufzugeben.

Die östl. Stadtmauer verlief nun an der Gipfelböschungs-Oberkante (am Gipfelzonenrand [1961–1967 nachgewiesen]). Die Westmauer scheint bei der ursprünglichen Mauerlinie auf dem entgegengesetzten Gipfelhang verlaufen zu sein. Die Stadt beschränkte sich also auf die Gipfelzone und schloß nur im Norden noch den Tempelbezirk mit ein. Dies erklärt die Schnelligkeit der Mauerrestauration unter Nehemia (52 Tage [Neh. 6, 15]). In hellenistischer Zeit zerstörte der Seleukide Antiochos IV. Epiphanes (175 bis 164 v. Chr.) im Jahr 168 v. Chr. J., plünderte den Tempel und entweihte ihn. Auf dem Nordteil des Westhügels

191

(Zion) errichtete er eine Zwingburg (»Akra der Syrer«). Antiochos' Vorgehen führte 166 v. Chr. zum Makkabäeraufstand. Im Jahre 141 v. Chr., unter Simon dem Makkabäer (143–134 v. Chr.), ergab sich die seleukidische Besatzung der Akra. Aus der Folgezeit stammen ein Turm am Ostrand der Stadt, ein weiterer Turm (fälschlich als »Davidsturm« [nach seinem Ausgräber: »Macalisters ›Davidsturm‹«] bezeichnet), schließlich die sog. »Jebusiterrampe« im N dieses Turmes (und noch jünger als dieser).

Problematisch ist die Erweiterung der Stadt nach Westen. Am Westhang des Ophel, an der Ostflanke des Tyropoion-Tals, kamen 1927–1930 massive Bauwerksreste zum Vorschein. Der Ausgräber (J. W. Crowfoot) hielt sie für »jebusitisch«. Nach Münzfunden aus der Zeit des Alexander Iannaios (103–77/76 v. Chr.) können die betreffenden Bauwerke jedoch erst um 100 v. Chr. entstanden sein. Nach der Einnahme der »Akra der Syrer« (wohl unweit des heutigen Jaffa-Tors) bezog man wohl auch das Gelände auf dem Nordteil des Westhügels in die Stadt ein. Jedenfalls fand man an der mutmaßlichen Stelle der Akra Reste aus der Hasmonäer-(Makkabäer-)Zeit. Später entstand hier der Palast (die Zitadelle) des Herodes. Im Jahre 63 v. Chr. wurde das J. der Makkabäer von Pompeius (106–48 v. Chr). erobert. Caesar (100–44 v. Chr.) gestattete 47 v. Chr. den Wiederaufbau der Mauern. In der Folgezeit herrschte der Idumäer Herodes der Große (37–4 v. Chr.) als römischer Vasallenkönig in J. und entfaltete eine ausgedehnte Bautätigkeit. Erhalten sind von seinen Bauten allerdings nur die gewaltige Tempelplattform, an deren Nordwestecke sich die Burg Antonia anschloß, sowie beim heutigen Jaffator die Reste des dortigen Palastes (der Zitadelle) mit den Türmen Phasael (fälschlich gleichfalls »Davidsturm« genannt), Hippikos und Mariamne. Unklar ist der südliche Grenzverlauf der damaligen Neustadt. Nach Kathleen Kenyon dürfte er im wesentlichen mit dem Lauf der heuti-

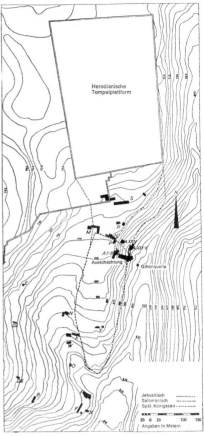

Ungefährer Plan JERUSALEMS *zur Zeit Salomos mit einer Erweiterung am Nordteil des Osthanges, die wahrscheinlich aus dem 8. Jahrhundert v. Chr. stammt.*

gen Altstadt-Südmauer identisch gewesen sein. Problematisch der Bericht Flavius Josephus' von 3 Nordmauern. Ihr Verlauf ist wichtig für die Lokalisation von → *Golgotha*. Grabungsbefunden zufolge lag das Gelände der heutigen Grabeskirche in herodianischer und unmittelbar nachherodianischer Zeit außerhalb der Stadt und kam daher durchaus als Richtstätte und Begräbnisplatz in Frage. Die dritte der von Jose-

phus erwähnten Mauern (aus der Zeit Herodes Agrippas I. [41–44 n. Chr.]) scheint sich bereits im wesentlichen mit der heutigen Altstadt-Nordmauer zu decken. Bei einem noch weiter nördlich gefundenen Mauerzug handelt es sich dagegen wohl um Reste der römischen *circumvallatio* des Jahres 70 n. Chr. Auch nach Süden hin erfuhr J. zur Zeit Herodes Agrippas eine wesentliche Erweiterung. Es umfaßte nun den Zions- und Ophelberg bis zu ihren Südspitzen und das beide trennende Tyropoiontal bis zu seiner Einmündung in das Kidrontal. Das Tyropoiontal erhielt eine Sperrmauer, so daß sich unterhalb des Siloah-Teichs der heutige *birket al-ḥamrā* bildete, der gelegentlich mit dem Teich Siloah verwechselt wird. Grabungen innerhalb dieses Gebiets bezeugen die furchtbare Zerstörung der Stadt durch Titus (70 n. Chr.). Nach dem Bar-Kochba-Aufstand (131/32–135/36 n. Chr. [→*Beitar*]) zerstörte Kaiser Hadrian (117–138 n. Chr.), was von der Stadt noch übrig war, und errichtete auf dem Gebiet der heutigen Altstadt die römische Kolonie *Aelia Capitolina*, deren Betreten Juden bei Todesstrafe verboten war. Auf dem Tempelplatz entstand ein Tempel des *Iuppiter Capitolinus*, auf → *Golgotha* ein Tempel der Aphrodite (Venus). Archäologisch ist, bis auf isolierte Architekturfragmente (etwa den sog. »Ecce-Homo-Bogen«), wenig erhalten. Allerdings läßt die byzantinische Mosaik-Landkarte von → *Madeba* noch die Grundstruktur einer typischen Römerstadt mit ihrer von Säulen flankierten Nordsüdachse *(Cardo)* erkennen. Die römische Garnison (die *Legio X Fretensis*) befand sich wahrscheinlich seit Zerstörung der Stadt durch Titus im oder beim ehemaligen Herodes-Palast (Zitadelle am Jaffator), wo sich zuvor wohl auch die »Akra der Syrer« erhoben hatte. Auf dem dortigen Gelände fanden sich besonders viele Ziegel mit dem Stempel der Legion.
Neue Bedeutung erlangte J. erst wieder als christliche Stadt unter Konstantin dem Großen (Kaiser 305 [312]

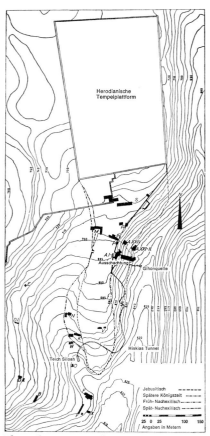

Plan der von Nehemia restaurierten Stadtmauern JERUSALEMS mit Zusätzen aus der Makkabäerzeit.

bis 337 n. Chr.). Es ist dieses J., das die Karte von Madeba zeigt. Grabungsbefunde aus byzantinischer Zeit vermitteln ein Bild vom damaligen Reichtum der Stadt. Allerdings benützte man damals (wie schon zur Römerzeit) ältere Baureste (vor allem im Ophel-Gebiet) als Steinbruch. Im Jahre 614 plünderten die Perser unter dem Sasanidenherrscher Chusrō II. Parwez (590–628 n. Chr.) die Stadt und raubten u. a. eine angebliche Reliquie des Kreuzes Christi, die nach Ktesiphon oder auf den *Taḫt-i Sulaimān* entführt wurde.

193

628 gewann Kaiser Herakleios (610 bis 641 n. Chr.) J. noch einmal für Byzanz zurück, bevor es 638 in arabische Hand fiel. Die Araber betrachteten J. ihrerseits als heilige Stadt (arab. *al quds* [= »Heiligtum«]) und errichteten ihrerseits auf dem Tempelplatz (nun *ḥarām eš-šerīf* [= erhabenes Heiligtum]) großartige Bauten, vor allem den »Felsendom« *(Qubbet eṣ-ṣaḫra)*, ein bauliches Kunstwerk, das unter dem Omaijadenkalifen Abd al-Malik (7. Jh.) entstand. Von 1099–1187 war J. in der Hand der Kreuzritter, desgl. 1229–1239 und 1243/44. Ihre heutigen Stadtmauern verdankt die nunmehrige Altstadt, die flächenmäßig im wesentlichen der röm. Kolonie *Aelia Capitolina* entspricht, Sultan Suleiman dem Prächtigen, der in den Jahren 1538–1541 die Wehranlagen erneuern ließ.

Ausgrabungen: Unmittelbar nach Gründung des *Palestine Exploration Fund* 1867–1868: Ch. Warren (Ophelmauer/ Schacht an Tempelplattform-Ecke); 1894 bis 1897: F. J. Bliss und E. C. Dickie (Südmauer der Stadt des Herodes Agrippa [irrtümlich in Königszeit datiert]); 1909–1911: Parker (Wasseranlage/Gihonquelle); 1913/14 und 1923/24: R. Weill (Ophel-Südspitze); 1923–1925 A. S. Macalister und J. G. Duncan (angeblich »Jebusiterrampe« und »Macalisters ›Davidsturm‹« [in Wahrheit hellenistisch]), 1927–1930: J. W. Crowfoot (Ophel-Westhang, angeblich bronzezeitliches [»jebusitisches«] Mauerwerk [in Wirklichkeit hellenistisch]); 1925–1927 und 1940: E. L. Sukenik und L. A. Mayer (sog. 3. Nordmauer des Josephus [tatsächlich wohl röm. *circumvallatio*]). Entscheidende Ausgrabungen (unter Anwendung allerneuester methodischer Erkenntnisse): 1961–1967: Kathleen M. Kenyon und R. de Vaux (Ergebnis: Jerusalem breitete sich vom Osthang des Ophel-Berges aus. Der Tempelbezirk [heute an der Südostecke der Altstadt] lag im Norden der Davidstadt. Bei der Wiederbesiedlung nach dem Babylon. Exil wurde der erdrutschanfällige, steile Ophel-Osthang aufgegeben, in hellenistischer Zeit griff die Stadt auf den

Nordteil des Westhügels [südlich des Jaffators] über. Noch unter Herodes lag Golgotha außerhalb der Stadt. Erst unter Herodes Agrippa erreichte das Stadtwachstum die heutige Altstadt-Nordmauer. Im Süden reichte J. damals etwa 1 km über die heutige Altstadt-Südmauer hinaus. Die heutige Altstadt entspricht dem römischen *Aelia Capitolina*). *M. A.-Y. und J. R.*

Jibleam Stadt im Lande Kanaan, wird in der Liste der Eroberungen des Pharao Thutmosis III. (1490–1436 v. Chr.) erwähnt. J. lag im Gebiet des Stammes Issachar, wurde jedoch dem Stamm Manasse zugeteilt (Josua 17, 11). Zunächst unerobert, zahlte die Stadt später gleichwohl Tribut (Josua 17, 12 f.; Richter 1, 27 f.). Noch später ist von ihr im Zusammenhang mit der Flucht Achasjas, des Königs von Juda, die Rede (2. Kön. 9, 27). Unter dem Namen Bileam erscheint J. im Verzeichnis der Levitenstädte (1. Chron. 6, 55). In römischer Zeit als Belemot bekannt. Heute *Bīr Belʻame*, knapp 2 km südlich von Jenin. Die Bezeichnung *Bīr* (= »Brunnen«) verdankt der Ruinenhügel einer Quelle an seinem Fuß, deren Wasser ein unterirdischer Kanal in die Stadt leitete (→ *Gezer*, → *Gihon*, → *Megiddo* und → *Wasserversorgung*). *A. N.*

Jifneh → *Ophni*
Jimzu → *Gimso*

Jokneam Stadt, deren Herrscher unter den 31 Kanaaniterkönigen erwähnt wird, die Josua westlich der Jordanlinie besiegte (Josua 12, 22). Levitenstadt des Stammes Sebulon (ebd. 19, 11), zusammen mit → *Kartha* b den Nachkommen Meraris zugeteilt (ebd. 21, 34). Als einer der bedeutendsten kanaanäischen Stadtstaaten erscheint J. auch auf der Liste der von Pharao Thutmosis III. (1490–1436 v. Chr.) eroberten Orte, und später scheint auch Tiglatpilesar III. (um 745–727 v. Chr.) J. eingenommen zu haben. Noch im 4. Jh. unserer Zeitrechnung erwähnt Eusebios J. unter dem Namen Kammona

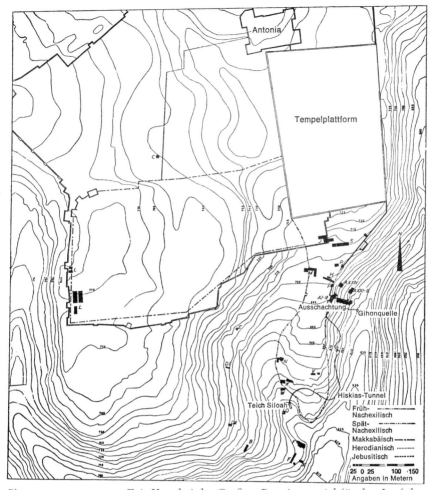

Plan → JERUSALEMS *zur Zeit Herodes' des Großen. Beweismaterial für den Lauf der Südmauer des nach Westen reichenden Stadtausläufers liegt nicht vor.*

als »bedeutende Ortschaft in der gro-ßen Ebene, 6 (römische) Meilen (etwa 10 km) nördlich von → *Legio* am Wege nach Ptolemais (→ *Akko*)«. Heute *tell qēmūn (tell qaimūn)*, ein Trümmer-hügel von außergewöhnlichem Umfang am Eingang zum Wadi Milh an der Südostflanke des Karmelgebirges und in beherrschender Lage an einem der wichtigsten Übergänge zur Ebene *Jesreel.* A. N.

Jordan → *Abarim; Abel Sittim; Adam; Ainon; Akrabbim-Steige; Alexandri-en; Arnon; Baschan; Bethanien; Beth Jerach; Bethsaida; Capitolias; Dolmen; Hepher; Jabbok; Jabes-Gilead; Jarmuk; Jaser; Jokneam; Phasaelis; Sukkot; Totes Meer; Zaretan.*

Josaphat Tal des Völkergerichts (Joel 4, 2 und 12), auch »Tal der Entscheidung« genannt (ebd. 14). Obwohl Vers 16

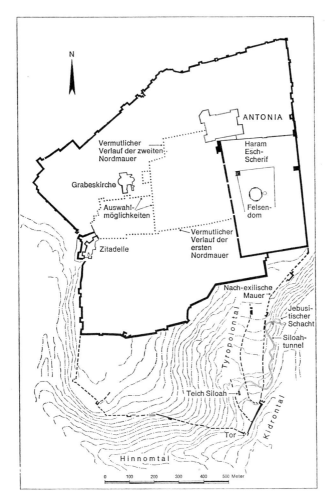

Plan → JERUSALEMS *zur Zeit Herodes Agrippas. Das fett umrandete Gebiet deckt sich mit der römischen Kolonie* AELIA CAPITOLINA *bzw. der heutigen Altstadt (s. S. 189).*

an ein Tal in der Nähe von → *Jerusalem* denken läßt und die Tradition J. mit dem Tal → *Kidron* identifiziert, ziehen einige Gelehrte eine Identifikation mit dem → *Lobtal* (unweit von Hebron) vor – dies u. a. schon wegen der Rolle, die es in der Geschichte des Königs Josaphat von Juda (874 [870] bis 849 [846] v. Chr.) spielt. Andere wiederum halten J. (auf deutsch: »Jahwe richtet«) für einen rein symbolischen Namen, der sich mit keiner konkreten Örtlichkeit verbinden läßt.

A. N. und J. R.

Jotapata Dorf im Unterland Galiläas. Unter dem Namen *Jotba* als Geburtsort der Meschullemet, der Mutter König Amons von Juda (641 [639] bis 640 [638] v. Chr.), erwähnt, die eine Tochter des Haruz (Charuz) aus J. war (2. Kön. 21, 19). Die Mischna (*Arakīn* 9, 6) zählt J. zu den festen Plätzen, die auf Josua zurückgehen. Flavius Josephus befestigte J., als er in Galiläa den Widerstand gegen Rom organisierte (*Bellum Iudaicum* 3, 141–288). Nach einer Belagerung, die länger als einen Monat dauerte, eroberte Vespasian die

Festung 67 n. Chr. (Josephus a. a. O. 3, 316–338). Bei dieser Belagerung sollen nicht weniger als 40 000 Menschen ums Leben gekommen sein. Zeitweise mußten die Römer ein Kontingent der Belagerungstruppen nach Jaffa (Joppe) abziehen, das zwar zu Beginn des römischen Feldzugs von dem Prokurator Cestius Gallus zerstört, jedoch von den Juden zurückerobert worden war. Dies gefährdete den Getreidenachschub der römischen Streitkräfte. Beim abermaligen Eintreffen einer römischen Streitmacht vor Jaffa flohen dessen Verteidiger auf die vorhandenen Schiffe, ein Sturm warf sie jedoch gegen die Küste, und wer nicht ertrank, den machten die Römer nieder. So werden aus Jaffa weitere 4200 Gefallene gemeldet. Während des Bar-Kochba-Aufstandes (131/32 bis 135/36 n. Chr. [→ Beitar]) war J. Wohnort der Priesterfamilie Miyamin (Mijamin). Identisch mit Khirbet (Chirbet) Jefat (Djefat). Ausgrabungen haben ergeben, daß dieser Ort schon in der Spätbronzezeit bewohnt war.

A. N. und J. R.

Kaiser Hadrian (117–138 n. Chr.) machte → JERUSALEM zur römischen Kolonie AELIA CAPITOLINA, deren Betreten Juden verboten war. Erst im 3. Jh. n. Chr. wagten sich wieder jüdische Pilger in die Stadt, obwohl das Verbot damals noch immer galt (s. S. 189). An Hadrians Aufenthalt in Judäa erinnert diese römische Gedenkmünze (es handelt sich um einen Bronzesesterz).

K

Kabul Landstadt in Phönikien, dem Stamm Aser zugefallen (Josua 19, 27). Ihr Name übertrug sich auf die gesamte Umgebung. König Salomo (um 964/63 bis 926/25 oder 922 v. Chr.) überließ das Gebiet dem König Hiram von Tyros gegen 120 Goldtalente sowie für dessen Beitrag an Material (insbesondere Zedern- und Zypressenholz) und Arbeitskräften zum Bau des → *Tempels* in → *Jerusalem*. Von Hirams Materiallieferungen berichten 1. Kön. 5, 16 ff.; 1. Kön. 9, 11 f.; 2. Chron. 2, 2 ff.; der Einsatz qualifizierter Werkleute aus dem Reich Hirams geht aus 1. Kön. 5, 20 und ebd. 5, 23, vor allem aber aus 1. Kön. 5, 32 sowie 2. Chron. 2, 6 und 12 f. hervor. Hiram beklagte sich über die Armut des von Salomo abgetretenen Landes (1. Kön. 9, 13), für das er Leistungen von so hohem Gegenwert erbracht hatte, und gab Salomo die ihm überlassenen Städte zurück (2. Chron. 8, 2). Zur Zeit des Zweiten Tempels war K. Grenzstadt der Landschaft von Galiläa (Flavius Josephus *Bellum Iudaicum* 3, 38). Nach der Zerstörung des Tempels ließ sich hier die Priesterfamilie Schechania nieder, und nach altjüdischen Quellen wurde ein Synagogenbau errichtet. Identisch mit der heutigen Stadt gleichen Namens, etwa 14 km südöstlich von → *Akko*.

A. N. und J. R.

Kabzeel, Jekabzeel; Qabzeel, Jeqabzeel Stadt in der Negev von Juda an der Grenze von → *Edom* (Josua 15, 21), Geburtsort des Benaja, des Sohnes Jehojadas, des Kommandanten der Leibwache

König Davids (2. Sam. 23, 20 [und 23]). Nach der Rückkehr aus dem Babylonischen Exil neu besiedelt und nunmehr *Jekabzeel* genannt (Nehemia 11, 25). Vielleicht Khirbet (Chirbet) Gharreh (al-Garrah), etwa ein Dutzend Kilometer östlich von → *Beerscheba*, wo eine israelitische Festung entdeckt wurde.

A. N.

Kades-Barnea Oase in der Wüste → *Zin*. Wichtige Kreuzung der Straße, die → *Edom* und das Arabagebiet mit → *Ägypten* verband und »Weg nach → *Schur*« genannt wurde (Gen. [1. Mos.] 16, 7), mit der Straße, die von → *Elath* und der mittleren Negevwüste in nördlicher Richtung nach → *Arad* und nach Hebron führte (Num. [4. Mos.] 13, 22 und 26). Wegen ihres Wasserreichtums eine der wichtigsten Etappen auf dem Zug der Israeliten von Ägypten nach Kanaan (vgl. Num. [4. Mos.] 33, 36; Deut. [5. Mos.] 1, 2 und 46). Hier sandte Moses Kundschafter aus, die das Gelobte Land erforschen sollten (Num. [4. Mos.] Kapitel 13 und Deut. [5. Mos.] 22–25), und Mirjam starb hier (ebd. 20, 1), offenbar am Aussatz (vgl. ebd. 12, 10). Das 4. Buch Moses verlegt hierher das Wasserschlagen aus dem Felsen (→ *Haderwasser*), während das 2. Buch Moses als nächstgelegenen Ort für dieses Ereignis → *Rephidim* angibt (vgl. Exod. [2. Mos.] 17, 1–7; Num. [4. Mos.] 20, 2–13). Vielleicht weist die Formulierung »→ *Massa* und → *Meriba*« an der erstgenannten Stelle darauf hin, daß es im dortigen Gebiet zwei Stellen gab, wo Karstphänomene Wasserschlagen aus Felsgestein ermöglichten, von denen Massa vielleicht näher bei Rephidim, Meriba dagegen näher bei K. lag. Man nimmt an, daß die Israeliten von K. aus gegen → *Amalekiter* und → *Amoriter* in den Kampf zogen (Num. 14. Mos.] 14, 13 und Deut. [5. Mos.] 1, 44), wobei sie die Niederlage bei → *Horma* erlitten. Nachdem ihnen der Weg durch → *Edom* verwehrt war, brachen sie daraufhin von K. in Richtung → *Moab* auf (Num. [4. Mos.] 20, 14 ff.; Richter 11, 16 ff.). Lange wurde K. mit ʿain-qūdes identifiziert. Heute vermutet man es dagegen eher bei ʿain al-qudērat, der wasserreichsten Quelle des dortigen Gebiets, etwa 10 km nordwestlich von ʿain-qūdes. Andere Gelehrte sind der Auffassung, es handle sich bei K. weder um eine Stadt noch überhaupt um eine bestimmte Ansiedlung, sondern um eine Landschaft im Süden Kanaans. Der kleine *tell* (»Trümmerhügel«) bei ʿain al-qudērat wurde ausgegraben. Zum Vorschein kam eine jüdische Festung aus der Zeit des Königsreichs Juda (10.–6. Jh. v. Chr.). Ihre von Türmen flankierte Kasemattenmauer bildete ein Viereck. Eine weitere Festung aus der Zeit Salomos beherrschte die Oase vom Gipfel des »Quellbergs« *(ǧabal al-ʿain).* Eine dritte militärische Anlage aus der Zeit Davids und Salomos befand sich bei ʿain-qūdes. Außerdem fanden sich Reste von Bewässerungsanlagen aus der Zeit der Nabatäer sowie Ruinen eines Dorfes aus byzantinischer Zeit. *A. N.*

Kafarnaum → *Kapharnaum*
Kafr Ana → *Ono*
Kafr Kenna → *Kana*
Kaisareia → *Caesarea* → *Caesarea Philippi*

Kalach Stadt in Assyrien. Nach Gen. (1. Mos.) 10, 11 zusammen mit Ninive sowie mit Rehoboth-Ir von Nimrod erbaut. Unter dem assyrischen Namen *Kalhu* schon zur Zeit Hammurapis (1793 [bzw. um 1728] bis 1750 [oder 1686] v. Chr.) bekannt. Aššurnaṣirpal II. (884/83–859 v. Chr.) schrieb

K.s Gründung Salmanassar I. (1275 [1265] bis 1245 [1235] v. Chr.) zu. Er selbst baute K. aus, erweiterte die Stadt, versah sie mit einer neuen Zitadelle, einem Palast sowie einem Tempel und begann, eine Ziqqurrat zu errichten. Auf Kolossen, die er in K. aufrichten ließ, rühmt Aššurnaṣirpal inschriftlich, Tribute von der Meeresküste, und zwar aus Tyros, aus Sidon sowie von den Gebaliten und auch aus Arvad empfangen zu haben. Seit Aššurnaṣirpal war K. neben Assur und Ninive (in Mesopotamien) eine der Hauptstädte des Assyrerreichs. Es handelt sich um Nimrud *(nimrūd)* an der Mündung des Großen Zab in den → *Tigris.* In Nimrud fand man den berühmten schwarzen Obelisken Salmanassars III. (859/58–824 v. Chr.), auf dem Israeliten abgebildet sind, die den Assyrern huldigen. Es sind dies die ältesten bekannten Darstellungen von Israeliten überhaupt. Salmanassar erwähnt überdies Tribute von »Jaʾua [= Jehu], dem Sohn Omris«. Dies bezieht sich abermals auf Israel. Als Regierungszeit Jehus von Israel werden gewöhnlich die Jahre 842/41–815/14 v. Chr. angegeben; Omri herrschte von 886 [882] bis 875 [bzw. 871] v. Chr. Adadnirāri III. (810 [bzw. 806/5] bis 782 v. Chr.) baute in K.-Nimrud einen neuen Palast außerhalb der Zitadellenmauern. K. fiel im selben Jahr wie Ninive (612 v. Chr.).
K.s Hauptgebäude war eine Ziqqurrat aus Ziegeln und Naturstein. Die Ausgrabungen, die hier durchgeführt wurden, legten den Palast Aššurnaṣirpals II. frei. Seine Mauern schmückten zahlreiche Basreliefs, darunter die erste bekannte Darstellung einer königlichen Löwenjagd – eines Themas, das in der assyrischen Kunst noch eine besondere Rolle spielen sollte. Weitere bedeutende Monumente waren der bereits erwähnte schwarze Obelisk Salmanassars III. mit seinen Israeliten-Darstellungen und der Palast Asarhaddons (681/80–669 v. Chr.). Die rund 25 ha große Stadt umgab eine Mauer mit 108 Türmen. Besonders hervorzuheben

Die Synagoge von → KAPHARNAUM *ist vielleicht die unter Nichtisraelis bekannteste Synagoge Palästinas. Doch das »Heilige Land« hat daneben eine ganze Reihe anderer Synagogen aus dem Altertum aufzuweisen, darunter die von* K'FAR BAR'AM (KAFR BIR'IM) *in Galiläa. Sie wurde erstmals im Jahre 1210 unserer Zeitrechnung von dem jüdischen Pilger Samuel, Sohn des Samson, erwähnt. Die Aufnahme zeigt die Fassade des Bauwerks (s. S. 204).*

unter den Funden von K.-Nimrud sind zahlreiche Elfenbeinschnitzereien, teils mit Intarsien aus Gold, Lapislazuli und Halbedelsteinflüssen. Es handelt sich um Arbeiten von hervorragender Ausführung. Deutlich lassen sich Importe aus → *Damaskus* unterscheiden. Man fand auch Elfenbeinarbeiten phönikischer Herkunft, und tatsächlich rühmte sich Aššurnaşirpal II., von den Städten der Meeresküste Silber, Gold, Blei, leuchtend gefärbte Wollgewänder und Elfenbein als Tribut erhalten zu haben. Wichtig für die Beurteilung der sog. *Assyrien palace ware* (auch *tell ğemme dinner service* genannt [→ *Keramik*]) wurde ein Fund Layards im Palast Sargons II. (722/21–705 v. Chr.) zu K. Layard fand in derselben Ablage, welche die Elfenbeinschnitze-

reien enthielt, eine der *Assyrien palace ware* sehr ähnliche Bronzeschale einer Art, die vielleicht dieser Keramik als Vorbild gedient haben könnte. Eine Zeichnung aus der Zeit Tiglatpilesars III. (um 745–727 v. Chr.) auf einem Relief aus K. zeigt die Stadt *Gazru* (wohl → *Gezer*). Ähnlichkeiten mit den Nimrud-Elfenbeinen weisen die Ornamente der Fensterbalustrade an der Zitadellen-Fassade von d. Stadt Ramat Rahel auf, weiterhin dürften die Schnitzereien des Salomonischen Tempels in → *Jerusalem* (1. Kön. 6, 29 und ebd. 32 sowie 35) Berührungen mit den Elfenbeinschnitzereien aus K.-Nimrud sowie aus → *Samaria* aufgewiesen haben. Phönikischer Einfluß war auch hier am Werk (1. Kön. 5, 19 ff.; besonders aber 2. Chron. 2, 2 ff. [6!]). Gleiches gilt für

Samaria, wo die betr. Funde im Palast Omris (886 [882] bis 875 [bzw. 871]) gemacht wurden, dessen Sohn Achab (Ahab; 875 [874] bis 854 [852] v. Chr.) sogar mit der phönikischen Prinzessin Isebel (1. Kön. 16, 31) verheiratet war. Schließlich zählt zu den Nimrud-Funden das älteste Schreibtäfelchen eines Typs, der aus Holz oder Elfenbein bestand und mit Wachs überzogen war. Es stammt aus der Zeit um 705 v. Chr. (Ende der Regierungszeit Sargons II.). Die bildlichen Darstellungen aus Nimrud geben Aufschlüsse, die weit über das rein Kunstgeschichtliche hinausgehen. So zeigt ein Relief aus dem 9. Jh. v. Chr. Schutzgeister beiderseits eines »heiligen Baumes«, die offenbar zu magischen Zwecken je einen Eimer und einen Tannenzapfen halten, auf einem anderen Relief erblickt man den Kampf gegen räuberische Wüstennomaden, die auf Kamelen reitend dargestellt sind, und dergleichen mehr. *A. N. und J. R.*

Kallirhoë Gruppe heißer Quellen am Nordostufer des → *Toten Meeres*, heute Uyun es-Sara. Herodes der Große (37–4 v. Chr.) zog sich kurz vor seinem Tode hierhin zur Kur zurück (Flavius Josephus *Bellum Iudaicum* 1, 657; *Antiquitates Iudaicae* 17, 171). Auch andere Autoren erwähnen K., so Plinius der Ältere (um 23–79 n. Chr.) in seiner Naturgeschichte (*Naturalis Historia* 5, 16), desgleichen der Talmud. Auf der Mosaikkarte von → *Madeba* erkennt man drei Bauten: ein Brunnenhaus, ein → *Nymphaeum* und ein weiteres Bauwerk, durch das ein Wasserlauf fließt, der am Fuß des Gebirges entspringt und in das Tote Meer mündet. Bei Untersuchungen des Platzes wurde das Vorhandensein mehrerer Gebäude am Seeufer nachgewiesen. Sie waren mit Bassins versehen, denen das Wasser der Thermalquellen zugeleitet wurde. Desgleichen kamen die Reste eines Nymphaeums sowie einer Exhedra zum Vorschein. *R. R.*

Kalne (Chalne) Zusammen mit → *Babylon*, Erech (→ *Uruk*) und → *Akkad*

eine der ersten vier Städte des Nimrod »im Lande Sinear« (Gen. [1. Mos.] 10, 10). Identifikation höchst unsicher. Nach dem babylonischen Schöpfungsmythos war Marduk Gründer von Babylon, Uruk und → *Nippur*. Einige Gelehrte hielten daher Nippur für das biblische K. Die Jerusalemer Bibel schlägt dagegen vor, an der angegebenen Stelle statt K. *kullanā* zu lesen. Sinngemäß würde es dann heißen: »Und am Anfang herrschte er [= Nimrod] über Babel, Erech und Akkad. Alle diese Städte liegen im Lande Sinear.« Bei dem K., das der Prophet Amos (6, 2) erwähnt, handelt es sich wohl um → *Kalno*.
A. N.

Kalno Stadt in Nordsyrien. Zusammen mit → *Karkemisch*, → *Hamath* und Arpad in einer Liste von Städten erwähnt, die von Assur erobert wurden (Jesaja [Isaias] 10, 9). Im Jahre 738 v. Chr. von Tiglatpilesar III. (um 745–727 v. Chr.) eingenommen. Wohl identisch mit dem Ort → *Kalne* bei Amos 6, 2. Von einigen daher auch für das Kalne der *Genesis* (Gen. [1. Mos.] 10, 10) gehalten. Heute wohl Kullan-Köy nördlich von Aleppo. *A. N. und J. R.*

Kalvaria → *Golgatha*
Kammona → *Jokneam*

Kana a) Dem Stamm Aser (Josua 19, 28) zugefallener Ort in Phönikien, südöstlich von Tyros.
b) Ortschaft in Galiläa (Joh. 2, 1). Hier soll Jesus eine ungeheure Menge (mindestens 360 bzw. höchstens 972 Liter) Wasser (Joh. 2, 6: den Inhalt von sechs steinernen Krügen zu je zwei bis drei Maß [das Maß zu 12 Choes à 2,5 bis 4,5 Liter]) in Wein verwandelt haben (Joh. 2, 1–11). Gilt als Heimat des Nathanael, der, als Philippos ihn aufforderte, Jesus zu folgen, einwandte: »Was kann aus Nazareth schon Gutes kommen?« (Joh. 1, 46), sich jedoch gleichwohl Jesus anschloß (ebd. 49). Flavius Josephus hatte, als er in Galiläa den Widerstand gegen Rom organisierte, vorübergehend hier sein Hauptquartier (*Vita* [Selbstbiographie] 86), und von hier marschierte er zu Beginn des

jüdischen Aufstandes (66 n. Chr.) mit 200 Mann in einer Nacht nach der Stadt Tiberias am See Genesareth. Nach der Zerstörung des Tempels (70 n. Chr.) Sitz der Priesterfamilie Eljaschib. Ortsansatz umstritten. Zur Diskussion stehen:

1. *Khirbet Kana* bzw. ḫirbet qāna (»Ruine K.«), etwa 14 km nordnordöstlich von → *Nazareth*, rund 9 km nordöstlich der alten galiläischen Hauptstadt Sepphoris. Befestigter Ort (am Gipfel, später Südhang eines Hügels) am Nordrand der Battōf-Ebene, beherrschte den Zugang zu dem nur 3 km entfernten Jotapata, dem letzten Zufluchtsort der Galiläer im Aufstand gegen Rom, wo im Jahre 67 n. Chr. bei der Belagerung durch Vespasian nicht weniger als 40 000 Juden den Tod gefunden haben sollen. Besiedelt seit etwa 1200 v. Chr., besonders dicht offenbar in römischer und byzantinischer Zeit. Reste einer antiken Stadt, Boden mit römischen und byzantinischen Scherben übersät. Offenbar das K. mittelalterlicher Pilgerberichte. Besonders eindeutig der Dominikaner und Kreuzfahrerchronist Burchard aus Barby (?) bei Magdeburg (um 1290 *Descriptio Terrae Sanctae* [»Beschreibung des Heiligen Landes«]). Seine Schilderung der Ortslage an einem Bergsüdhang kann sich nur auf *Khirbet K.* beziehen. Die mittelalterlichen Berichte sprechen von einem Kloster und einer Kirche. Die Kirche soll im Besitz eines der Wasserkrüge von Jesu Weinwunder bei der Hochzeit zu K. gewesen sein.

2. *Kafr Kenna* (»Dorf der Schwiegertochter«), ungefähr 4 km nordöstlich von Nazareth, rund 9 km südsüdöstlich von Khirbet Kana an der Straße von Nazareth nach Tiberias. Münzfunde aus der Hasmonäer-(Makkabäer-)Zeit zufolge ebenfalls schon in vorrömisch-hellenistischer Zeit (und damit zur Zeit Jesu) besiedelt. Seit 1640 besitzt der Ort eine Franziskanerniederlassung, 1883 wurde die heutige Kirche auf dem Gelände einer alten Moschee errichtet. Diese erhob sich ihrerseits über älteren Gebäuderesten. Unter ihrem Fußboden fand man ein Mosaik mit aramäischer Inschrift. Sie enthielt einen Segenswunsch für Joseph, den Sohn des Tanhum und Enkel des Buta, sowie seine Söhne, die Verfasser der Inschrift (vgl. → *Gischala*).

Zwiespältig sind die Folgerungen aus diesem Befund. Anhänger der Identität von Kafr Kenna mit dem K. des Johannes-Evangeliums glauben an eine Abfolge mehrerer Kirchen an der Stelle der heutigen Franziskanerbasilika: einer spätantiken und einer Kreuzfahrerkirche unter der Moschee, über der dann schließlich der Kirchenbau der Franziskaner errichtet wurde. Gegner dieser Auffassung nehmen statt dessen an, daß sich unter der Moschee eine Synagoge befand, und sie bestreiten, daß für das Vorhandensein einer Kreuzfahrerkirche zwischen der Zerstörung der Synagoge und dem Bau der Moschee der Nachweis erbracht sei. 　　A. N. und J. R.

Kanatha (Knath, Qenat) In der Bibel unter dem Namen *Knath* (auch *Kenat* bzw. *Qenat* umschrieben) erwähnt (Num. [4. Mos.] 32, 42). Stadt im Ostteil des Landes → *Baschan*. Nach der angegebenen Bibelstelle von Nobach (Nobah) aus dem Stamm Manasse eingenommen und nach seinem eigenen Namen in Nobach (Nobah) umbenannt. Nach der Restauration (d. h.: nach dem Babylonischen Exil) Grenzort. Herodes der Große (37–4 v. Chr.) kämpfte hier gegen das Nabatäerreich (Flavius Josephus *Antiquitates Iudaicae* 1, 366 ff.). In der Römerzeit war K., nun unter dem Namen *Kanatha*, eine Stadt der Dekapolis und die führende Ansiedlung städtischen Gepräges im → *Hauran*. Einer am Ort gefundenen Inschrift zufolge verlieh Kaiser Septi-

Die Synagoge von → KAPHARNAUM *ist mit der Synagoge, wo Jesus lehrte, nicht identisch, sondern jüngeren Datums. Im Vordergrund Reste aus byzantinischer Zeit. Vgl.* → BETH ALPHA, → CHARAZIN, → DURA EUROPOS *und* → HAMATH-GADER.

mius Severus (193–211 n. Chr.) K. den Status einer Kolonie, und zwar unter abermaliger Änderung ihres Namens in *Septimia Kanotha*. Bei Oberflächensondierungen ließen sich Spuren zahlreicher Baudenkmäler einer glanzvollen Vergangenheit nachweisen. So besaß K. einen Zeustempel, ein → *Nymphaeum*, ein Theater u. a. m.   A. N.

Kaperkotnei → *Legio*
Kapernaum → *Kapharnaum*

Kapharnaum Stadt am Westufer des Sees Genesareth und an der Straße von der Mittelmeerküste nach → *Damaskus*, mit kleinem Hafen für Fischerboote. Bekannt, seit die Römer palästinensischen Boden betreten hatten. Flavius Josephus schildert ihre von der Natur begünstigte Lage in paradiesischer Umgebung, beschreibt aber auch die kriegerische Haltung ihrer Bewohner, die sich aktiv am Widerstand gegen Rom beteiligten (»Jüdischer Krieg« [*Bellum Iudaicum*] 3, 516–521; Selbstbiographie [*Vita*] 72).
K. ist einer der in den Evangelien am häufigsten erwähnten Orte. Nirgendwo hat Jesus mehr gepredigt. In diesen Teil Galiläas, d. h. in das Gebiet der Stämme Sebulon und Naphtali, zog er aus Nazareth »und nahm dort Wohnung« (Matth. 4, 13). Einen der denkbaren Gründe für diesen Ortswechsel gibt er bei Mark. 6, 4 und Luk. 4, 24 selbst an: »Nirgends gilt ein Prophet weniger als in seiner Vaterstadt.« Fortan galt K. als »seine Stadt« (Matth. 9, 1), Jesus war hier »zu Hause« (Mark. 2, 1). Im Gebiet von K. gewann Jesus seine ersten Jünger: Petrus, der in K. ansässig war, Andreas und die beiden Zebedäus-Söhne Jakobus und Johannes (Matth. 4, 18–22; Mark. 1, 16–20; Luk. 5, 1–11). Hier begann Jesu Lehrtätigkeit (Matth. 4, 17), und hier lehrte Jesus »wie einer der Macht hat« (Mark. 1, 21 f.). Markus spricht im Zusammenhang damit von einer Synagoge von K., und ebenfalls in diese Synagoge verlegt die Überlieferung die große eucharistische Predigt Jesu vom »Brot des Lebens« (Joh. 6, 22–59 [→ *Brot*]). Auch ein großer

Teil der mit der Person Jesu verknüpften Wundererzählungen hat seinen Schauplatz in K. So schildern die Evangelisten Markus und Lukas einen förmlichen Tagesablauf des Wundertäters Jesus: Zunächst in der Synagoge die Heilung eines Besessenen (Mark. 1, 23 ff.; Luk. 4, 33 ff.), danach die Heilung der fieberkranken Schwiegermutter des Petrus (Mark. 1, 29–31; Luk. 4, 38 f.), schließlich am Abend weitere Heilungen. »Als es aber Abend geworden war«, so heißt es, »brachte man alle Kranken und Besessenen zu ihm. Die ganze Stadt war an seiner Tür versammelt« (Mark. 1, 32 ff.; Luk. 4, 40 f.). Am anderen Morgen zog Jesus sich »an einen einsamen Ort« zurück (Mark. 1, 35; Luk. 4, 42), um erst einige Tage später wieder nach K. zurückzukehren. (Mark. 2, 1). Auch das Wunder der Tempelsteuer im Maul des Fisches soll hier stattgefunden haben (Matth. 17, 24 ff.), und schließlich soll Jesus vor K. auf dem See gewandelt sein (Joh. 6, 16 bis 21; vgl. jedoch → *Bethsaida*). Besonders bekannt aber ist die Episode des römischen Hauptmanns von K., dessen Worte »Herr, ich bin nicht würdig, daß Du eingehst unter mein Dach« (Matth. 8, 8; Luk. 7, 6) Eingang in die Meßliturgie fanden. Doch auch an Widerspruch hat es Jesus in K. nicht gefehlt. Zumindest das erste der fünf sog. »galiläischen Streitgespräche« – es steht im Zusammenhang mit der Heilung eines Gelähmten – verlegt Markus ausdrücklich nach K. (Mark. 2, 1–12). Und nach der großen eucharistischen Rede, in der Jesus sich selbst als »Brot des Lebens« bezeichnet hatte (Joh. 6, 48), protestierten sogar viele seiner Jünger mit den Worten: »Diese Rede ist hart. Wer kann sie hören« (Joh. 6, 60). Als Jesus bemerkte, daß er nicht nur die religiösen Führer gegen sich hatte, sondern daß sich auch die Bevölkerung wieder von ihm abwandte, die ihm zuvor – namentlich in Galiläa und in »seiner Stadt« – in hellen Scharen zugeströmt war, verfluchte er den Ort (Matth. 11, 23; Luk. 10, 15) zusammen mit anderen Städten (→ *Bethsaida*, → *Chorazin*).

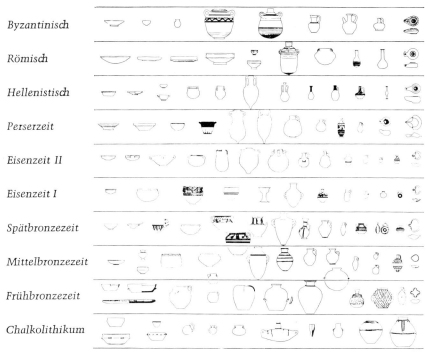

Byzantinisch									
Römisch									
Hellenistisch									
Perserzeit									
Eisenzeit II									
Eisenzeit I									
Spätbronzezeit									
Mittelbronzezeit									
Frühbronzezeit									
Chalkolithikum									

Charakteristische → KERAMIK-Formen der einzelnen Perioden vom
Chalkolithikum bis zur byzantinischen Zeit (s. S. 213). Mit Hilfe
der Keramikformen wird die Datierung von Schichten erleichtert.

Spätere jüdische Quellen bezeichnen K. (möglicherweise unter Anspielung auf die Tätigkeit Jesu) als Wohnstätte von *minim* (»Sektierern«). Doch noch Anfang des 4. Jh. n. Chr. bestand die Bevölkerung von K. fast ausschließlich aus Juden. Die erste Christengemeinde schloß sich gegen 352 um einen zum Christentum übergetretenen Juden namens Joseph zusammen und errichtete an der traditionellen Stätte des Hauses Petri eine Kirche. Das letzte Zeugnis vom Vorhandensein einer blühenden jüdischen Gemeinde ist eine aus dem 5. Jh. unserer Zeitrechnung stammende aramäische Weihinschrift in der von K. mitfinanzierten Synagoge von el-Hamma (→ *Hamath-Gader*). Später war K. nur noch Ruinenstätte.

Lange war die Lage des Ortes umstritten. Geographen des 17.–19. Jh. hielten eine Ruinenstätte namens chan minje (*ḥan minje*) für das K. der Bibel. Auch Edward Robinson, der Bahnbrecher der Bibelarchäologie, war 1838 noch dieser Auffassung. In seinem Bericht von seiner zweiten Palästinareise (1852) erwähnt er jedoch bereits die Reste einer Synagoge an einer zweiten Trümmerstätte, *tell ḥūm*, die bereits 1865 C. Wilson als das echte K. identifizierte. Im Jahre 1894 kaufte der Franziskanerorden das Gelände und ließ es einzäunen. 1905 begannen H. Kohl und C. Watzinger mit der Erforschung von *tell ḥūm*. Die weitere Ausgrabung nahm 1921 G. Orlafi vor. 1925 war schließlich eine Teil-Rekonstruktion möglich.

Eine besondere Rolle spielt in den Schriften des Neuen Testaments die Synagoge von K. Jesus lehrte (Mark. 1, 21 f.) und heilte hier (Mark. 1, 23 ff.; Luk. 4, 33 ff.). Nach Lukas 7, 5 wurde sie sogar von jenem römischen Offizier erbaut, der als »Hauptmann von K.« in die Überlieferung eingegangen ist. Das zum Vorschein gekommene Bauwerk allerdings stammt nicht aus der Zeit Jesu. Es ist jüngeren Datums und könnte sich allenfalls an der Stelle des im Neuen Testament erwähnten Baus befinden. Daß es sich tatsächlich so verhält, ist allerdings noch unbewiesen. Es handelt sich um das am kunstreichsten ausgestattete Beispiel des in Galiläa verbreiteten älteren Synagogentyps. Das Bauwerk ist von Nord nach Süd orientiert und erhebt sich auf einem Podium. Die sauber bearbeiteten Kalksteinblöcke seines Mauerwerks hoben sich einst leuchtend vom dunklen Basalt der Häuser ringsumher ab. Einst hatte die Synagoge zwei Stockwerke. Sie bildet ein Rechteck von 24 m Länge und 18 m Breite. Die Fassade wurde einst durch ein monumentales Hauptportal und zwei niedrigere Seitentüren gegliedert. In ihrem Mittelfeld spannte sich über dem Hauptportal ein weites Bogenfenster (Bogenlänge etwa 8 m), darüber im Giebelfeld ein kleineres Fenster, von niedrigen Säulen flankiert. Zwei Säulenreihen unterteilten das Innere in drei Schiffe, doch eine Säulenquerreihe gegenüber dem Eingang bedeutete eine Abweichung vom üblichen basilikalen Schema. Die Seitenschiffe waren mit Steinbänken versehen. Ein fester Platz für die Aufbewahrung der Thora ist nicht zu erkennen, wenn man von einer Kleinarchitektur absieht, die manche für die Rückwand des Thoraschreins halten. Sie besteht aus zwei säulenumrahmten, nach oben hin muschelförmig abschließenden Nischen unter einem kleineren Giebelfeld. Zu den Besonderheiten dieser Synagoge gehört ihre reiche Dekoration. Man erkennt in den Stein gehauene Pflanzenmotive in mehr oder weniger starker Stilisierung, Früchte, geometrische Muster, Tiere, ja sogar mythische Personen. Diese großzügige Auslegung des mosaischen Bilderverbots, die auch in einer Notiz im Jerusalemer Talmud aus dem 3. Jh. n. Chr. zum Ausdruck kommt, verbindet die Synagoge von K. mit der von → Dura Europos. Besondere Beachtung verdient ein Fries-Fragment. Es zeigt eine Darstellung der Bundeslade auf Rädern (vgl. 2. Sam. 6, 3; 1. Chron. 13, 7). Architekturstil, Ornamentik und zwei Weihinschriften in Aramäisch und Griechisch deuten auf eine Entstehung des Bauwerks gegen Ende des 2. bzw. Anfang des 3. Jh. n. Chr. hin.

Aus der byzantinischen Zeit stammt der achteckige Zentralbau einer Kirche. Erhalten ist ein prächtiges mehrfarbiges Fußbodenmosaik. Man nimmt an, daß dieser Bau sich an der traditionellen Stätte des Hauses Petri befand. Im Jahre 1968 unter dieser Kirche durchgeführte Grabungen gestatteten den Nachweis von Häusern aus dem 1. Jh. unserer Zeitrechnung. Doch schon im 2. und 3. Jh. muß die Stätte kultische Verehrung genossen haben. Offenbar hat man es mit der Gedächtnisstätte Petri zu tun, von der u. a. der Pilger von Piacenza (570) berichtet. Wahrscheinlich befand sich hier auch das Kultzentrum der um 352 gegründeten Judenchristengemeinde des Konvertiten Joseph.   R. Y. und J. R.

Kaphtor Nach Jeremias (47, 4) und Amos (9, 7) Stammland der → Philister. Nach Gen. (1. Mos.) 10, 14 waren die Kaphtorer Nachkommen des Noa-Sohnes Cham (Ham). Sie vertrieben die → Awiter von ihren Wohnsitzen und ließen sich selbst an deren Stelle nieder (Deut. [5. Mos.] 2, 23). K. wird auch in den Dokumenten von → Mari und von Ugarit erwähnt. Zahlreiche Gelehrte halten K. für Kreta, und tatsächlich spricht die Bibel mehrmals im Zusammenhang mit den Philistern, als deren Heimat ja K. galt (s. oben), von »Kretern« (so Hesekiel [Ezechiel] 25, 16 und Zephanja [Sophonias] 2, 5; dort übrigens durch Erwähnung des Na-

Spätbronzezeitliche Töpferscheibe aus → HAZOR. *Töpferscheiben sind seit dem Chalkolithikum im Gebrauch (s. S. 213).*

mens Gaza [vgl. ebd. 4] Bezug auf die Kaphtorer, die einst die Awwiter aus der Gegend von Gaza verdrängt haben sollten [vgl. abermals oben!]). Andere Gelehrte halten die Kaphtoriter für die *Keftiu-(Kftjw-)*Leute altägyptischer Quellen – eine Bevölkerung, die man in Kleinasien (etwa Kilikien) suchte, doch nicht wenige bedeutende Forscher betrachten neuerdings auch das »Land *Keft (Kft)*«, die Heimat dieser *Keftiu-(Kftjw-)* oder *Keft-(Kft-)*Leute, als Alt-Kreta. Abwegig sind Versuche, den ägyptischen Namen *Kft* und den hebräischen Namen K. mit dem lateinischen Wort *caput* (»Haupt«) in etymologischen Zusammenhang zu bringen. *Caput* läßt sich hinreichend aus dem Indogermanischen ableiten, einer Ableitung von *kaphtor* stehen dagegen schwerwiegende geschichtliche und lautgeschichtliche Einwände im Wege. Auch der umgekehrte Weg einer Ableitung des semitischen Wortes vom Indogermanischen oder ein gemeinsamer Ursprung ist nicht wahrscheinlich. Schließlich braucht die Homonymie (Übereinstimmung von Laut- und Schriftbild) des Namens K. mit dem hebräischen Wort für »Säulenkapitell« durchaus

nichts zu bedeuten. Derartige Homonymien sind oft Ergebnis sprachgeschichtlicher Zufälle und setzen keineswegs Übereinstimmung des Wortsinns oder auch nur sprachgeschichtliche Verwandtschaft voraus. Alle im Fall von K. gezogenen kulturhistorischen Schlüsse (etwa auf das Vorhandensein eines Säulenkults) sind daher mit größter Zurückhaltung zu betrachten. Archäologisch hat sich das Vorhandensein eines altkretischen Säulenkults nicht bestätigt, obwohl man anfänglich auch aufgrund von Grabungsergebnissen entgegengesetzter Auffassung war und einige Wissenschaftler auch noch jetzt der Säule eine gewisse Sonderstellung in der religiösen Vorstellungswelt der minoischen Kreter zuschreiben.

A. N. und J. R.

Karkar (Qarqar) 1. Örtlichkeit im Wādī Sirḥān an der Wüstenstraße nach → *Midian*, rund 240 km südöstlich der Einmündung des Jordan in das → *Tote Meer*. Nach seinem Sieg über die Midianiter (Richter 7, 24) verfolgte Gideon diese auf der Karawanenstraße bis K. (Richter 8, 10–11 [die deutschen Versionen geben meist Karkor]). 2. Ort am Orontes in Nordsyrien.

Schauplatz einer Schlacht (854 v. Chr.) zwischen Salmanassar III. (859/58–824 v. Chr.) und einer antiassyrischen Allianz von Königen, an deren Spitze Ben-Hadad II., der König von → *Damaskus*, stand, an seiner Seite Achab (Ahab) von Israel (875/74 bis 854 [oder 852] v. Chr.) sowie Irchulini von → *Hamath*. Zwar bezeichnen die Inschriften Salmanassars diesen als Sieger, doch da er im Lauf der nächsten vier Jahre auf weitere Vorstöße nach Westen verzichtete, scheint seine Armee schwere Verluste erlitten zu haben. Die Bibel erwähnt den Ort dieser Schlacht nicht, doch spricht das 1. Buch der Könige von einem Vertrag zwischen Achab und Ben-Hadad (1. Kön. 20, 34) sowie einer Phase des Friedens zwischen Israel und Aram (ebd. 22, 1 ff.). Dies scheint sich auf jene Ereignisse zu beziehen. R. R.

Karkemisch Bedeutende Stadt in Nordsyrien, rund 100 km nordöstlich von Aleppo, unweit der syrisch-türkischen Grenze am rechten Ufer des oberen → *Euphrat*. K. ist die hebräische Namensform. Keilschrifttexte geben *Gargamiš*, und griechisch nannte man den Ort *Europos* bzw. *Hierapolis*, wovon die heutige Namensform Jarablus bzw. Dscharablus *(Çarablus/Ǧerablus)* abgeleitet ist. K.s älteste Erwähnung findet sich in den Texten von → *Mari* (18. bis 17. Jh. v. Chr.). Im 16.–14. Jh. churritische (hurrische) Festung. Pharao Thutmosis I. (1507–1494 v. Chr.) versuchte, K. den Mitanni zu entreißen. Später erscheint die Stadt im Verzeichnis der Eroberungen Thutmosis' III. (1490 bis 1436 v. Chr.). Zur Zeit Ramses' II. (1304–1237 bzw. um 1292–1225 oder 1290–1224/23 v. Chr.) beteiligt an der Entscheidung von Kadesch am Orontes (1297/96 bzw. 1285 v. Chr.), wobei Ramses von Mutawalli(s), dem König des Hethiterreichs, geschlagen wurde. Im Todesjahr des Pharao Tutanchamun (1353 bzw. um 1349 oder 1333 v. Chr.) als letztes Mitanni-Bollwerk am Euphrat-Westufer von den Hethitern unter Šuppiluliuma I. (um 1380–1340 oder um 1370–1330 v. Chr.) erobert.

Wie → KERAMIK *anfangs Stein-, später Metallgefäße nachahmte und so den Fortschritt der Technik ablesen läßt, ahmen Glasarbeiten oft die Formen der Keramik nach. Gläserner Amphoriskos (6.–5. Jh. v. Chr.) (s. S. 213).*

Von den Seevölkern (→ *Philister*) um 1190 v. Chr. abermals zerstört, blühte K. dennoch als wichtiges Zentrum späthethitischer Kultur erneut auf. Bald allerdings begann es den Expansionsdrang Assurs zu spüren. Erstmals verwüstete Tiglatpilesar I. (ca. 1116 [oder 1112] bis etwa 1078/77 [bzw. 1074] v. Chr.) die Stadt, von späteren Eroberern ist vor allem Aššurnaṣirpal II. (884/83–859 v. Chr.) zu erwähnen, der den Stadtkönigen von K. schwere Tribute auferlegte. Kläglich scheiterte ein Versuch K.s, unter Sargon II. (722/21–705 v. Chr.) die Unabhängigkeit wiederzugewinnen. Nachdem Sargon 717 v. Chr. bei K. die Allianz seiner Gegner besiegt hatte, ließ er die Einwohner von K. deportieren und durch Neuansiedler ersetzen. Das Gebiet des Staates K. wurde assyrische Provinz. Trotz seiner Unterwerfung blieb K. ein bedeutendes Zentrum des Karawanenhandels. Es verdankte dies nicht zuletzt seiner Lage am wichtigsten Übergang über den oberen Euphrat, wo die Straße von Zypern, von Ugarit, → *Alalach* und Aleppo nach → *Harran* den Fluß überquerte. Auch noch unter den Römern, die K. *Europus* nannten, war die Stadt ein wichtiger Verkehrsknotenpunkt. Zwischen 1200 und 700 v. Chr. war K. von solcher Bedeutung für den Karawanenhandel, daß seine Gewichte im fraglichen Zeitraum die Grundlage des Zahlungswesens der Stadt Ninive bildeten. Am meisten hat von allen Ereignissen um K. ein Feldzug in der Bibel Niederschlag gefunden, den im Jahre 609 v. Chr. Pharao Necho (610/9–595/94 v. Chr.) unternahm, um in die Auseinandersetzung zwischen dem Rest des Assyrerreichs und Nabupolassar (626/25–606/5 v. Ch.) von → *Babylon* einzugreifen. König Josia (639/38–609 v. Chr.) von Juda trat Necho entgegen (2. Chron. 35, 20; vgl. 2. Kön. 23, 29 f.) und ließ sich nicht überreden, den Weg freizugeben (2. Chron. 35, 21 f.). Es kam daraufhin zur Schlacht, in der Josia tödlich verwundet wurde (ebd. 22 ff.). Jeremia(s) soll ein Klagelied auf seinen Tod verfaßt haben (ebd. 25). Tatsächlich feiert Jeremia an einer Stelle Josia als einen König, der »Recht und Gerechtigkeit« geübt habe (Jer. 22, 15). Pharao Necho wurde schließlich im Jahre 605 v. Chr. bei K. von Nebukadnezar II. (605–562 v. Chr.) vernichtend geschlagen (Jer. 46, 2). Anschließend unterwarf Nebukadnezar u. a. auch Josias Sohn, König Jojakim von Juda (2. Kön. 24, 1), der sein Königtum und sogar seinen Thronnamen Necho verdankte (ebd. 23, 34) und Necho tributpflichtig war (ebd. 23, 35). Jojakim fiel aber nach

drei Jahren wieder von Nebukadnezar ab (ebd. 24, 1).
Neben architekturgeschichtlich bedeutsamen Befestigungsanlagen brachten die Grabungen in K. bedeutende Zeugnisse aramäischer und hethitischer Kultur ans Licht: Nicht zuletzt zahlreiche hethitische Hieroglypheninschriften, außerdem Götterbilder und andere Kunstwerke, die assyrischen Einfluß verraten.

A. N. und J. R.

Karmel Gebirgsstadt in Juda (Josua 15, 55). Nach seinem Sieg über die → *Amalekiter* errichtete sich König Saul hier ein Denkmal (1. Sam. 15, 12). Nabal schor in K. seine Schafe, als Davids Knechte bei ihm eintrafen, um von ihm Tribut zu erheben. Nabal weigerte sich, und David brach auf, um sich an Nabal zu rächen. Doch Nabals Frau Abigail gelang es, David zu beschwichtigen. Nabal starb bald darauf, und Abigail wurde Davids Weib (1. Sam. 25, 2 ff.; 27, 3). Außerdem war K. Geburtsort des Chezro (Hezrai), eines der »Helden Davids« (2. Sam. 23, 35). In spätrömischer Zeit unter dem Namen *Chermela* Festung des palästinensischen Limes. Heute el-Kermel *(al-kirmil)*, etwa 12 km südlich von Hebron. *A. N.*

Karnajim (Qarnajim) a) zusammen mit dem Land Gilead und dem → *Hauran* assyrische Provinz östlich der Jordanlinie, später persische Satrapie.
b) Unter aramäischer und assyrischer Herrschaft Hauptstadt des Gebiets von → *Baschan*. Nach dem Fall der Nachbarstadt → *Aschtaroth* unter Hinzufügung ihres Namens: Aschtaroth Karnajim (Gen. [1. Mos.] 14, 5). In hellenistischer Zeit als *Karnaim* bzw. *Karnain* (1. Makk. 5, 26) oder *Karnion* (2. Makk. 12, 21 und 26) bekannt. Nach der zuletzt angeführten Stelle befand sich in oder unweit von K. ein Heiligtum der Fruchtbarkeitsgöttin Atargatis (→ *Astarte*). Heute Schech (Sheikh) Saad *(šeḫ sa'd)* im syrisch-jordanischen Grenzgebiet östlich des Sees Genesareth (bzw. nordnordöstlich von Aschtaroth und nordnordwestlich von Dera [der'ā, → *Edrei*]). *A. N. und J. R.*

Kartha a) Ort im Grenzgebiet zwischen Palästina sowie Phönikien. Vom Pilger von Bordeaux, der das Heilige Land im Jahre 333 besuchte, unter der Bezeichnung *Mutatio Certha* als Station der Küstenstraße erwähnt (Itinerar 19, 10). Als Khirbet Dustrei innerhalb der Mauern der Kreuzfahrerfestung '*Atlīt* i. N. des Hafens Do identifiziert. In den Jahren 1930–1933 grub C. N. Johns im Auftrag des *Palestine Department of Antiquities* einen Abschnitt des Trümmerhügels aus. Zum Vorschein kamen Überreste aus der Mittel- und Spätbronzezeit, desgleichen aus der Eisenzeit (9.–7. Jh. v. Chr.), schließlich aus der persischen, hellenistischen und römischen Periode. Besonders reiche Funde griechischer → *Keramik* zeugen vom lebhaften Warenaustausch des Küstengebiets mit Zypern und vom Handel mit den Inseln der Ägäis. 1969 fand M. Broshi, der damals im Auftrag der israelischen Forschungsgemeinschaft *(Israel Exploration Society)* nördlich von '*Atlīt* Grabungen durchführte, dort am Tell Megadim Reste einer bedeutenden antiken Poststation, die er für die *Mutatio Certha* des Pilgers von Bordeaux hält.

b) Levitenstadt des Stammes Sebulon (Josua 21, 34), von einigen Gelehrten auf dem Gelände der Kreuzfahrerfestung '*Atlīt* (s. oben) oder in ihrer unmittelbaren Nachbarschaft gesucht. Man fand dort phönikische Gräber mit Bestattungen. Anscheinend reichte das Gebiet der Seboluniten nicht bis '*Atlīt*. Daher identifizieren andere K. mit einem antiken Trümmerhügel unweit von al-Artije (el-Artiyeh), dessen heutiger Name auf den antiken Ortsnamen zurückgehen könnte. *A. N.*

Kasiosberg → *Baal Zaphon*
Kasr → *Qasr*
»Kaufmannsweg« → *Atarim*
Kaukab al-Hawa → *Jarmut*

Kebara-Höhle Die Höhle von K., in den Südausläufern des Gebirges Karmel und etwa 3 km von der Küste entfernt, wurde 1928 von M. Stekelis entdeckt.

1931 führte F. Turville-Petre hier die ersten Grabungen durch. Unter dem Lager A, das Überreste all der vielen Jahrhunderte von der Araberzeit bis zurück zur Bronzezeit enthielt, wurde Lager B freigelegt. Dieses Lager gehörte zur *Natoufien*-Stufe (nach dem *wādī en-natūf*, wo Miss D. A. E. Garrod gleichfalls 1928 die betreffende Kultur entdeckt hatte). Es enthielt eine große Zahl von Steingeräten ebenso wie Bestattungen. Unter der Feuersteinindustrie sind zahlreiche Sichelklingen und Lunetten mit Heluan-Retusche hervorzuheben, desgleichen eine reiche Sammlung von Knochengeräten, darunter einfache und doppelte Spitzen, Ösen, Harpunen, Nadeln und Kämme. Außerdem fanden sich vier Sichelgriffe, die man mit eingeritzten Tierkopfdarstellungen geschmückt hatte. Lager C wies eine Feuersteinindustrie auf, für die eine große Anzahl von Mikrolithen charakteristisch war. Der beherrschende Typ waren Klingen mit abgestumpftem Rücken. Dieses Inventar repräsentierte den Typ der Kebara-Kultur, die Neuville als Stufe II des palästinensischen Jungpaläolithikums definierte. Lager D, das sich in zwei Schichten gliederte, ließ sich auf der Grundlage seiner zahlreichen End- und Nasenkratzer dem örtlichen *Aurignacien* bzw. Jungpaläolithikum III zuweisen. Lager E gehört zum Jungpaläolithikum IV. Charakteristisch sind hier neben End- und Hochkratzern besonders Font-Yves-Spitzen. Turville-Petre beendete seine Grabung, als er das *Moustérien*-Niveau erreicht zu haben meinte. 1951 nahm M. Stekelis die Arbeit wieder auf, die er – mit Unterbrechungen – bis 1965 fortsetzte. Dabei drang der Ausgräber bis in eine Tiefe von 7,5 m unter Bodenniveau vor, ohne auf gewachsenen Fels zu stoßen. Stekelis legte eine Reihe jung- und mittelpaläolithischer Schichten frei. 1965 kamen in einer der ältesten Schichten Skelettreste eines zweijährigen Kindes zum Vorschein (vgl. außerdem den Artikel → *Vorgeschichte*). *O. B.-Y.*

Kefar Otnay → *Legio*

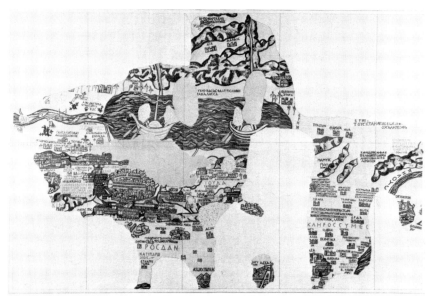

Ausschnitt aus der byzantinischen Mosaik-Landkarte von Madeba. Man erkennt das → TOTE MEER und, links darunter, → JERUSALEM (s. S. 226).

Kedes (Qedesch) a) Stadt in Juda an der Grenze nach → *Edom* (Josua 15, 23). Nicht lokalisiert. Manche Gelehrte halten sie für identisch mit → *Kades-Barnea.*

b) Kanaanäische Königsstadt in Naphtali, deren Herrscher in der Liste der 30 von Josua besiegten Könige aufgeführt wird (Josua 12, 22). Zum Unterschied von anderen Städten gleichen Namens als »Kedes in Galiläa im Gebirge Naphtali« bezeichnet (Josua 20, 7; vgl. 1. Chron. 6, 61 [»K. in Galiläa«]). Leviten- und gleichzeitig Asylstadt für Totschläger (Josua 21, 32). Ein Name, der als ägyptische Entsprechung zu »K.« gedeutet werden könnte, begegnet in den Eroberungslisten Thutmosis' III. (1490–1436 v. Chr.), desgleichen in den → *Amarnabriefen.* In K. versammelten sich die Stämme Sebulon und Naphtali zur Schlacht am Berge → *Tabor* bzw. am → *Kischon* (Richter 6, 10), wo sie unter dem Kommando des Abinoam-Sohnes Barak den Sisera, den Feldherrn des Königs Jabin von → *Hazor* besieg-

ten. Bei der Eiche von → *Zaanannim* (Zaanajim) unweit von K. schlug der Keniter Cheber (Heber) seine Zelte auf, und hier fand der flüchtende Sisera durch die Hand von Chebers Frau Jaël den Tod (Richter 4, 17–22). Möglicherweise war daher auch das kurz zuvor als Heimat des Barak erwähnte K. (Richter 4, 6) mit K. in Galiläa identisch, obwohl die betr. Stelle nur von »K. in Naphtali« ohne sonstigen Zusatz spricht. Zusammen mit Hazor wurde K. im Jahre 734 v. Chr. von Tiglatpilesar III. (um 745–727 v. Chr.) erobert, der die Einwohner der unterworfenen Städte nach → *Assur* deportierte (2. Kön. 15, 29). In römischer Zeit gehörte Kedes zum Gebiet von Tyros. Wenn die Identifikation mit Tell Quades, etwa 18 km nördlich von Safed, zutrifft, wo sich zwei Trümmerhügel befinden, war K. vom 3. Jahrtausend v. Chr. bis zum Ende der israelitischen Periode bewohnt und besaß in der Römerzeit einen römischen Tempel sowie ein Mausoleum.

c) Stadt gleichfalls in Naphtali (Josua 19, 37), jedoch wesentlich weiter im Norden (nordwestlich des Hule-Sees). Da die Heimatstadt des Barak nur als »K. in Naphtali« (ohne den Zusatz »in Galiläa«) erscheint (Richter 4, 6), hat man auch diesen Ort für Baraks Heimat erklärt. Zumindest das K. aber, das nur ein wenig später (Richter 4, 9 ff.) erwähnt wird, dürfte jenes K. sein, von dem oben unter b die Rede war. Dies ergibt sich aus dem Ortsansatz der im Kontext geschilderten Ereignisse. So lag die in die Nähe von K. verlegte »Eiche von → *Zaanannim* (Zaanajim)« eindeutig im Süden von Naphtali (Josua 19, 33), außerdem versammelten sich in *diesem* K. die Stämme Sebulon und Naphtali zur Schlacht am Berge → *Tabor* und am → *Kischon*. Das K. bei Richter 4, 9 ff. war daher wohl offensichtlich das galiläische K. südwestlich des Sees Genesareth. Die Schilderung der Eroberung K.' durch Tiglatpilesar III. (2. Kön. 15, 29) trifft dagegen auf beide Städte zu, da Tiglatpilesar »Galiläa und das ganze Land Naphtali« eroberte (a. a. O.).   *A. N. und J. R.*

Kegila → *Keïla*

Keïla (Qeïlah, Lutherbibel: **Kegila)** Befestigte Stadt in der → *Šefīla* von Juda (Josua 15, 44; 1. Sam. 23, 7). Auch in den → *Amarnabriefen* erwähnt, wo davon die Rede ist, der König von K. habe mit den → *Chabiru* gemeinsame Sache gemacht. David befreite die Stadt von den → *Philistern* (1. Sam. 23, 1 bis 8), wurde jedoch gezwungen, K. zu verlassen (ebd. 12 f.). Zur Zeit des Königs Rehabeam (932 bzw. 928 bis 917 bzw. 911 v. Chr.) eroberte Pharao Scheschonk (oder Schoschenk [ca. 950 oder 940 bis etwa 929 oder 918 v. Chr.]) die Stadt. Scheschonk (oder Schoschenk) ist jener Sisak bzw. Schischak der Bibel, der gegen Ende seiner Regierungszeit (d. h.: nach dem Zusammenbruch des Salomonischen Reiches) einen Palästinafeldzug unternahm, von dem eine Siegesinschrift in Karnak sowie 1. Kön. 14, 25 f. und 2. Chron. 12, 2 ff. berich-

Statue einer Göttin mit einem Wasserkrug aus dem Palast des Zimri-Lim, Mari.

ten. Scheschonk war der Begründer der 22. Dynastie. Nach der Rückführung aus dem Babylonischen Exil besiedelte man K. erneut, doch wurde das Gebiet der Stadt in zwei Hälften geteilt, die je ihren eigenen Bezirksvorsteher hatten (Nehemia 3, 17 f.). In der Römerzeit Dorf mit dem gräzisierten Namen *Kela*. Heute Khirbet Qila, etwa 10 km östlich von → *Beth Gibrin*.   A. N.

Keirije → *Bene-Barak*
Kela → *Keïla*
el-Kerak → *Kir Moab*

Keramik Die Erfindung der Töpferkunst (im Neolithikum [Jungsteinzeit]) ist einer der bedeutendsten Marksteine vom Nomadendasein hin zur seßhaften Lebensform. Allerdings gab es schon vorher Stadtentwicklung (→ *Jericho*), doch zeigen teilweise erstaunlich gelungene erste Versuche künstlerischen Modellierens (Schädel mit modellierten Gesichtszügen und erste Tonplastiken) in der letzten Phase des vorkeramischen Jericho und ihr wahrscheinlicher Zusammenhang mit altorientalischen Schöpfungsmythen, welche Bedeutung man dem Erlebnis des Modellierens in plastischem Material beimaß, das sogar zur Erklärung des eigenen Ursprungs herhalten mußte. Die Datierung archäologischer Schichten aufgrund von Keramiktypen, die bei diesen gleichsam die Funktion von »Leitfossilien« besitzen → *Tell*), gehört zum »kleinen Einmaleins« des Archäologen. In der Geschichte der Anwendung dieses Verfahrens spielt in Palästina der *Tell el-Ḥesī* (→ *Eglon*) die entscheidende Rolle.

Neolithikum (Jungsteinzeit): Noch grobe Ware, mit der Hand hergestellt, doch meist mit aufgemalten oder eingedrückten Dekormotiven. Am Gefäßboden oft Abdruck der Matte, die dem Töpfer als Arbeitsunterlage diente. Beschränkte Zahl von Formen. Übereinanderschichtung von Tonlagen, zum Schluß mit weichem Ton verschmiert und geglättet. Man unterscheidet mehrere Gruppen, doch steht die Chronologie noch nicht in allen Fällen fest. K. Kenyon unterscheidet: Neolith. A = bemalte K.; Neolith. B = K. mit eingedrückten Mustern.

Chalkolithikum (Kupfersteinzeit): Wichtige Änderungen formaler und technologischer Art (Töpferscheibe). Vielfalt regionaler Kulturen, eine der reichsten: → *Teleilat el-Ghassul* (Formen s. Übersicht). Die Kultur von → *Beerscheba* unterscheidet sich durch das Fehlen von Trinkhörnern und ärmeren Reliefschmuck.

Ältere Bronzezeit: Datierung umstritten, doch aufgrund von Funden palästinensischer K. in Pharaonengräbern der 1. Dynastie → *Ägyptens* Zeitansatz nach ägyptologischen Gesichtspunkten möglich. Man hat sich auf folgende Festsetzung geeinigt: Ältere Bronze I = Ende der prädynastischen Zeit (31. bis 29. Jh.); Ältere Bronze II = 2. Hälfte der 1. Dynastie (29.–26. Jh.); Ältere Bronze III = Pyramidenzeit (26.–23. Jh. v. Chr.). Dominant noch immer regionale Unterschiede, doch Herauskristallisation einer Nord- und Südgruppe (Merkmale: Häufigkeit bestimmter Dekormotive). Zur Nordgruppe: vor allem → *Megiddo*, → *Beth Jerach* und → *Beth-Sean*. Charakteristisch für die Nordgruppe ist u. a. die Engobe (Überzug der Gefäße mit anderem keramischen Material, das mitgebrannt wird [keine Glasur]), während die der Südgruppe meist rot bemalt ist. Im Prinzip ist das Repertoir der Dekormotive das gleiche. Fundorte: → *Ai*, → *Jericho*, → *Jerusalem*. Besonders wichtiger Fundort für Ältere Bronze II: → *Abydos* (vgl. → *Arad*). Die meisten der für Ältere Bronze II charakteristischen Gefäßtypen finden sich auch in der Älteren Bronzezeit III. Neuerung: das glänzende Tafelgeschirr von Khirbet el Kerak (Khirbet-Kerak-Ware [→ *Beth Jerach*]). Es ist aus freier Hand gearbeitet, stark engobiert, die Engobe trägt eingedrückte geometrische Motive. Außen schwarz, wirkt es innen ein wenig grob. Ursprung vielleicht im SW vom Kaspisee zu suchen. Umstritten, ob man die folgende Phase als Ältere Bronze IV oder nur III b bezeichnen hat. Einziger Unterschied: Verbesserung der Qualität (besserer Ton, besserer Brand). *Mittelbronze-*

zeit I: Abermals eine Nord- und Südgruppe. Erst ab *Mittelbronzezeit II* (a und b) wird die Benutzung der Töpferscheibe zur Regel. Häufig mehrschichtige Engobe, sorgfältige Politur, daher metallisches Aussehen. Weiteres Kennzeichen: Knickwandigkeit (Vorbild: immer häufiger werdende Metallgefäße, während frühere Gefäßformen noch das Vorbild von Steingefäßen erkennen ließen). Großer Formenreichtum. *Mittelbronzezeit II b* entspricht der → *Hyksos*-Periode. Auftreten von »Jehudje-Krügen« (birnenförmig, schwarzgrundig mit geometrischen Motiven). Zahlreiche K. aus → Zypern (rot, schwarz, weiß; bemalt oder engobiert).

Spätbronzezeit: Auftauchen bichromer Gefäßtypen (rot, schwarz), Dekor nur am oberen Gefäßteil: Fries mit Feldern (an Metopen erinnernd), jeweils mit Mustern geschmückt. Henkel teils senkrecht, teils waagrecht. Herkunft vielleicht → *Ajjul*. Großer Formenreichtum und neben der einheimischen Produktion reiche Importe: mykenisch (Gefäße mit Spiralmotiven und zahlreiche Gefäße des Typs *kylix*), aber auch aus Zypern (vor allem schwarz- und graugrundige Krüge mit ringförmiger Basis [vgl. → *Javan*]).

Eisenzeit: Eroberung Kanaans durch Israeliten, erheblich minderes Niveau. Bestimmte Typen werden mit den → *Philistern* in Verbindung gebracht (»Philisterware«). Man findet sie nicht nur in den Philisterstädten, sondern auch in der → *Šefīla* (vgl. auch → *Beth-Schämäsch*) und anderswo. Sie zeichnen sich durch Anlehnungen an mykenische Ware aus. Sehr häufig »Metopenfries« (s. oben) mit Schwänen. Selten auch Menschendarstellungen (rotschwarze Bemalung). Daneben findet man sog. »Pilgerflaschen« (schon Spätbronzezeit). Zeugnisse ärmlich (blaßrote Schalen und Krüge, grünliche, schlecht gebrannte K.). Alte Formen degenerieren. Importe aus Griechenland, die in hellenistischer Zeit überhandnehmen.

Römerzeit: Nachahmung und leichte Weiterentwicklung älterer Formen sowie aretinischer *terra sigillata.* Unterschied zwischen Gebrauchs- und Luxusware. Besondere Erwähnung verdient die sehr feine nabatäische Ware, deren Wandstärke den Vergleich mit Porzellangefäßen aushält. *J. R. nach A. N.*

Kerioth (Qeriyot/Qerejoth) a) Stadt in Juda (Jos. 15, 25 [Kerijot-Hezron; Lutherbibel mit der Vulgata: Karioth-Hezron]). Möglicherweise Geburtsort des Judas (Matth. 10, 4 u. a.), dessen Beiname *Iskariot* »Mann aus Kariot« bedeutet. Möglicherweise Khirbet el-Kariathein nördlich von → *Arad* (vgl. auch → *Hazor*).
b) Stadt in Moab (Jer. 48, 24 und 41 [neuere Übersetzungen geben 48, 41 nur noch »Städte«]). Auch auf dem Mesa-Stein inschriftlich erwähnt, und zwar als Kultort des *Kamoš.* Von einigen Gelehrten mit el-Qureijat nordwestlich von → *Dibon* identifiziert. *A. N.*

Kerit Bach »im Osten vom Jordan«, wo Elias sich vor Ahab (Achab) von Israel (875/74–854 oder 852 v. Chr.) versteckte (1. Kön. 17, 1 ff.). Von hier aus begab Elias sich später nach → *Sarepta* (ebd. 8 ff.). Vielleicht Wadi Jabis südöstlich von → *Beth-Sean* oder ein Wasserlauf weiter im Süden gegenüber → *Jericho.* *A. N.*

Khabur → *Chabor*
Khirbet 'Ain Musa → *Nebo*
Khirbet Arair → *Aroer*
Khirbet al-Assalin → *Aschna*
Khirbet Aschaina → *Aschna*
Khirbet al-Aschek → *Aphek*
Khirbet Attara → *Atarot*
Khirbet Attir → *Jattir*
Khirbet Beit Falluh → *Netopha*
Khirbet Beit-Jann → *En-Gannim*
Khirbet Beit Maqdum → *Makkeda*
Khirbet Beit Mizze → *Moza*
Khirbet Dikrin → *Eben-Eser*
Khirbet Djefat → *Jotapata*
Khirbet el-Fasajil → *Phasaelis*
Khirbet al-Gariah → *Kabzeel*
Khirbet al-Harbaj → *Achschaph*

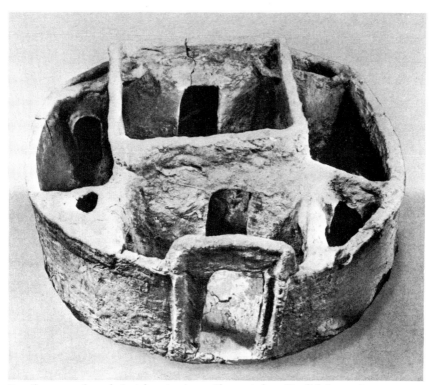

Rundbauten gab es beispielsweise im präkeramischen Neolithikum A von → JE-
RICHO. *Nicht aus Jericho, sondern aus Mari stammt dieses Tonmodell eines Rund-*
hauses.

Khirbet el-Hilu → *Abel Mehola*
Khirbet Ibzik → *Besek*
Khirbet el-Jehud → *Beitar*
Khirbet Kakul → *Gallim*
Khirbet Kana → *Kana*
Khirbet al-Kariathein → *Kerioth*
Khirbet el-Kerak → *Beth Jerach*
Khirbet Kerraze → *Chorazin*
Khirbet Libben → *Libna*
Khirbet al-Madajine → *Beer; Jahza*
Khirbet Mahneh → *Mahanaim*
Khirbet el-Mefdschir → *Gilgal*
Khirbet al-Meshrifeh (Musheirifeh) →
   Misrephoth-Maim
Khirbet al-Midya → *Modein*
Khirbet el-Mird → *Hyrkania*
Khirbet al-Mukhajet → *Nebo*
Khirbet al-Muqanna → *Ekron; Eltheke*
Khirbet Qila → *Keila*

Khirbet Qumran → *Qumran*
Khirbet al-Quweiqije → *Bamoth Baal*
Khirbet er-Rabba → *Ar; Rabbathmoba*
Khirbet er-Rabud → *Debir; Kirjath-*
   Sepher
Khirbet es-Safsafeh → *En-Dor*
Khirbet es-Sali → *Beth Cherem*
Khirbet Samunije → *Simron*
Khirbet es-Sar → *Jaser*
Khirbet esch-Schech Madhkur → *Adul-*
   lam
Khirbet Suraiq → *Sorek*
Khirbet es-Surra → *Gath*
Khirbet Suweime → *Beth Jesimoth*
Khirbet Suweke → *Socho*
Khirbet Tequa → *Tekoa*
Khirbet et-Tubeiqa → *Beth Zur*
Khirbet Wadi Alin → *Elon*
Khirbet al-Watan → *Molada*

Khirbet Yarmuk → *Jarmuk*
Khirbet Zanu → *Sanoach*
Khorsabad → *Dur Scharrukin*

Kidron Tal östlich von → *Jerusalem* zwischen der Stadt und dem → *Ölberg.* Setzt sich nach Süden hin durch die Wüste Juda bis zum → *Toten Meer* fort. Gelegentlich nur als »Bach« (Neh. 2, 15; vgl. Joh. 18, 1) oder »Tal« (2. Chron. 33, 14) bezeichnet. Am Westhang des Tales befindet sich → *Gihon,* die wichtigste Wasserquelle Jerusalems, die beständig Wasser führt. Im Gegensatz zum Tal → *Hinnom,* das als verflucht galt, als Begräbnisplatz außerordentlich geschätzt. Vor allem der obere Teil des Tales (und hier wieder der Osthang) enthält zahlreiche Gräber aus der Zeit des Ersten und Zweiten Tempels (→ *Bestattung*). In späterer Zeit galt das K.-Tal als »Tal Josaphat«, wo – auch nach islamischer Überlieferung – das Endgericht stattfinden soll. Daher ist es bis auf den heutigen Tag bevorzugte Begräbnisstätte geblieben. König Asa von Juda (914 bzw. 908 bis 874 bzw. 867 v. Chr.) ließ hier eine Idol verbrennen, das seine Großmutter Maacha aufgerichtet hatte (1. Kön. 15, 13), gleiches ließ im Auftrage des Kultreformers Josia (639/38–609 v. Chr.) der Hohepriester Hilkia mit den Tempelgeräten des Baal und der Aschera tun (2. Kön. 23, 4). Der arabische Name des K.-Tales lautet *wādī en-nār.* A. N.

»Kinnbackenhöhe« → *Lechi*

Kinnereth Befestigte Stadt des Stammes Naphtali (Josua 19, 35), aufgeführt in der Liste der von Pharao Thutmosis III. (1490–1436 v. Chr.) eroberten Städte. Der Name fand auch Anwendung auf das umliegende Gelände (*Kinneroth* Josua 11, 2; 1. Kön. 15, 20) und den dortigen See (*Kinnereth* Num. [4. Mos.] 34, 11; Josua 13, 27), bevor ihn der Name Gennesar (bekannter: Genesareth) verdrängte (1. Makk. 11, 67; Matth. 14, 34; Mark. 6, 53; Luk. 5, 1). Auf einer Anhöhe gelegen, die eine wasserreiche Gegend beherrschte, eignete sich K.

vorzüglich zur Schutzfeste für den zwischen Hattin (→ *Arbel*) und → *Hazor* verlaufenden Streckenabschnitt der *Via Maris* (Meerstraße). Suchgrabungen in K. haben Funde aus der Bronze- und Eisenzeit ans Licht gebracht, darunter ein Fragment einer Stele Thutmosis' III. oder seines Sohnes Amenophis' II. (1444 [1430] bis 1412 v. Chr.). A. N. und J. R.

Kir-Hareseth/Kir-Heres → *Kir Moab*

Kirjath-Jearim (Qirjath-Jearim) Grenzstadt von Juda. Nach Ausweis der früheren Namen *Kirjath Baal* (Josua 15, 60), *Baal* bzw. *Baala* in Juda (2. Sam. 6, 2), *Baala* (Josua 15, 9) und *Berg Baala* (ebd. 15, 11) Stätte eines alten Baalskultes. Stadt der Gibeoniten (Josua 9, 17), dann judäische Grenzstadt (Josua 15, 9 f. und ebd. 60) unweit der Südwestgrenze des Stammes Benjamin. Letzter Aufenthaltsort der Bundeslade, bevor diese nach → *Jerusalem* gebracht wurde (1. Sam. 7, 2; 2. Sam. 6, 2). Nach der Rückkehr aus dem Babylonischen Exil neu besiedelt (Neh. 7, 29). Nach Eusebios 10 römische Meilen (etwa 15 km) von Jerusalem entfernt an der Straße nach Lydda (→ *Lod*). Heute wohl Deir el-Azhar (*dēr al-azhar*) bei → *Abu Gosch,* von anderen mit Abu Gosch selbst identifiziert. A. N.

al-Kirmil → *Karmel*

Kir Moab (Qir Moab) Hauptstadt von → *Moab* (*qīr* = moabitisch für *qirjā* [»Stadt«]). Hochgelegene, von einer massiven Mauer umgebene Bergfestung an der Straße vom Golf von → *Elath* (Eilat) nach → *Damaskus.* Die Bibel erwähnt K. unter der Bezeichnung *Kir-Hareseth (Kir-Chareset)* (Jesaja [Isaias] 16, 7) bzw. *Kir-Heres (Kir-Cheres)* (Jes. [Is.] 16, 11; Jerem. 48, 31). König Joram von Israel (853 [51] bis 842/41 v. Chr.) und König Josaphat von Juda (874 [70] bis 849 [46] v. Chr.) belagerten *Kir-Hareseth* vergeblich (2. Kön. 3, 25 ff.). Die vereinigten israelitisch-jüdischen Streitkräfte zogen unverrichteterdinge wieder ab, nachdem der König von Moab seinen erstgeborenen Sohn auf der Mauer von K. als Brandopfer darge-

216

Luftaufnahme des Felsens von → MASADA, dessen Verteidiger sich 73 n. Chr. in aussichtsloser Lage selbst den Tod gaben. Man erkennt die Herodes-Bauten und die römische Belagerungsrampe (s. S. 231).

bracht hatte. Heute el-Kerak südlich des → *Arnon,* nördlich des Zeredtals und nordöstlich von → *Sodom.* In römischer und byzantinischer Zeit war K. (nun *Characmoba* genannt) Teil der *Provincia Arabia,* und zwar im 2. Jh. unserer Zeitrechnung offenbar als Distriktshauptstadt (jedenfalls läßt sich dies aus Siegelabdrücken mit dem Namen dieser Stadt schließen, welche man in *Mamschit* gefunden hat. Mehrere antike

Quellen erwähnen das römisch-byzantinische K., das außerdem auf der Mosaikkarte von → *Madeba* erscheint.

A. N. und J. R.

Kirjath-Sepher (Qirjath-Sepher): »Bücherstadt«. Nach Josua 15, 15 und Richter 1, 11 ursprünglicher Name der Kanaanäerstadt → *Debir* etwa südwestlich von Hebron sowie südsüdöstlich von → *Lachis* und nordnordöstlich von → *Beerscheba.* Von W. F. Albright für

→ *Tell Beth Mirsim* gehalten, von anderen Gelehrten dagegen für Khirbet (Chirbet) Rabud *(ḫirbet er-rabūḏ)* oder *tell ṭarrāme* bzw. *eḏ-ḏaharīje*   J. R.

Kischon (Qišon [Nahr al-Muqatta]). Fluß im Norden Palästinas, dessen Einzugsgebiet (Quell- und Zubringerbäche) sich in den Bergen von → *Gilboa* und → *Nazareth* (in Galiläa) befindet. Sein Bett durchzieht den Westteil der Ebene von Jesreel, nur rund die letzten 10 Kilometer seines Laufs führen beständig Wasser. Als die Schlacht stattfand, die Debora und Barak gegen Sisera, den Feldherrn des in → *Hazor* residierenden Kanaanäerkönigs Jabin führten, war Winter, so daß der K. über seine Ufer trat und den Streitwagen Siseras eine Katastrophe bereitete (Richter 4, 7 und 13; 5, 21). Außerdem fließt der K. am Berg Karmel entlang, auf dem der Prophet Elias mit 450 »Baalspropheten« in Wettstreit trat, die er dann am Ufer des K. umbringen ließ (1. Kön. 18, 19–40). Seit alter Zeit diente die K.-Mündung nahe bei Haifa als Hafen. An ihr liegt → *Tell Abu Huwam* (vielleicht das alte Libnath?).   A. N.

Knath → *Kanatha*

Kohle Obwohl man in den oberen geologischen Schichten mancher Gegenden des Nahen und Mittleren Ostens Anthrazit findet, ist es doch wenig wahrscheinlich, daß man dieses Mineral zur Zeit des Alten Testaments abbaute. Wenn in der Bibel von Kohle die Rede ist, dürfte es sich ausschließlich um Holzkohle handeln. Man verwendete sie zum Schmieden (Jesaja [Isaias] 44, 12; 54, 16), aber ebenso auch im Haushalt zum Zubereiten der Speisen (Jes. [Is.] 44, 19 und Hesek. [Ezech.] 24, 11), desgleichen schließlich zum Heizen (Jerem. 36, 22). Die gleiche Verwendung fand sie zur Zeit des Neuen Testaments (Joh. 18, 18; 21, 9). Man gewann diesen Brennstoff durch handwerkliche Holzverkohlung (Köhlerei). Und zwar wurde rings um einen Quandel (Feuerschacht) ein bienenkorbförmiger Meiler aufgestapelt, den man mit

Blättern und Erde bedeckte. Nur an der Spitze blieb ein winziger Abzug frei. Angezündet wurde im Feuerschacht (Quandel). Der Erfolg des Verfahrens hing davon ab, daß man die Luftzufuhr so zu drosseln verstand, daß der Meiler zwar von innen her langsam verkohlte, aber nicht verbrannte. Da die Araber noch bis vor kurzem überall auf diese Weise Holzkohle herstellten, wurde im Lauf der Jahrhunderte auf diese Weise der größte Teil des natürlichen Waldbestandes Palästinas zerstört.   A. N.

Königstal Nach seinem Sieg über Kedorlaomer traf Abraham hier mit dem König von → *Sodom* und Melchisedech zusammen (Gen. [1. Mos.] 14, 17–18). Als identisch mit jenem K. betrachtet, wo sich der Gedenkstein Absaloms befand (2. Samuel 18, 18). Nach Flavius Josephus 2 Stadien von → *Jerusalem* entfernt.   A. N.

Kusch Im hebräischen Originaltext der Bibel ebenso wie in altägyptischen Quellen Name eines Landes südlich von → *Ägypten*, das nach Gen. [1. Mos.] 2, 13 (die Lutherbibel gibt hier: »Mohrenland«) vom → *Gihon* umflossen wird. Im Niltal zwischen zweitem und drittem Katarakt gelegen, wurde K. von alters her mit Nubien gleichgesetzt. Während der Zeit des Alten Reiches (etwa 2700 bis etwa 2200 v. Chr.) führten die Ägypter zahlreiche Kriege mit den Nubiern, die Ägypten mit Elfenbein, Ebenholz, Gewürzen und Sklaven belieferten. Um 2200 stießen die Ägypter auf Widerstand. Möglicherweise trat damals ein neues ethnisches Element in Erscheinung. Doch zur Zeit des Mittleren Reiches (etwa 2100 bis etwa 1600 v. Chr.) brachte Ägypten das Land am Nil-Oberlauf wieder unter Kontrolle und begann die Goldminen auszubeuten. Ägypten reichte damals bis zum zweiten Katarakt, doch zur Zeit der 18. Dynastie (1580 [1552] bis 1314 [1306] v. Chr. [andere anders]) wurde die Landesgrenze weiter nach Süden vorgeschoben und das Land in die beiden Distrikte *Wawat* und K. aufgeteilt. Seit Thutmosis IV. (1425 bzw. 1414 [1412] bis 1408 bzw. 1405 [1403] v. Chr.) führten die ägyptischen Gouverneure von Nubien den Titel »Königssohn von Kusch«. Unter ägyptischer Oberhoheit entstanden nun zahlreiche Tempel, die ägyptischen Gottheiten geweiht waren und vom immer stärkeren Einfluß Ägyptens zeugen. Nach dem Tod Ramses' III. (1198 [1184] bis 1166 [1152] v. Chr.) erlangte Nubien seine Unabhängigkeit zurück, und 730 v. Chr. (Ende der 24. Dynastie) hatten die Nubier einen Teil Oberägyptens unterworfen. Der Nubier Schabaka (716 bzw. 710 bis 701 [689 oder 686] v. Chr.) begründete die 25. ägyptische Dynastie (als »nubische« bzw. von griechischen Autoren als »äthiopische« Dynastie bezeichnet). Schabakas Nachfolger Taharka sandte König Hiskia von Juda Hilfe gegen Sanherib (Sennacherib), den König von Assyrien (2. Kön. 19, 9; Jesaja [Isaias] 37, 9). Die folgenden Jahrzehnte waren durch Kampf zwischen Nubien und Assyrien gekennzeichnet. Asarhaddon griff Ägypten an, und Assurbanipal erfocht im Jahre 663/62 v. Chr. die Entscheidung. Die alte ägyptische Residenz Theben wurde von Grund auf zerstört, und der Prophet Nahum hält das Zerstörungswerk der Assyrer in Theben der Stadt Ninive als ein warnendes Beispiel vor (Nahum 3, 8 ff.). Im 6. Jh. v. Chr. führte Psammetich II. einen Feldzug gegen Nubien. Wenig ist in späteren Jahrhunderten von Nubien zu hören, das die Griechen als Äthiopien bezeichneten. Auch die Römer führten hier Krieg. Andererseits entstanden auch zur Römerzeit hier noch Tempel wie der Tempel von Kalabscha, der später koptischen Christen als Kirche diente. Zahlreiche Inschriften römischer Legionäre liefern überdies beim Kalabscha-Tempel ein lebendiges Bild einer Garnison am äußersten Rande des römischen Weltreichs. Auch die Inschrift eines Silko, der sich »König der Nubier und aller Äthiopen« nennt, ist in Kalabscha erhalten, desgleichen die Inschrift eines christlichen Priesters namens Paulus, der in Kalabscha das Kreuz aufgerichtet hat. Im 4. Jh. n. Chr. eroberten die Aksumiten das Land.

In neuester Zeit ist Nubien wieder durch spektakuläre Tempelrettungsaktionen (Abu Simbel und Kalabscha) ins Licht des öffentlichen Interesses getreten. Die zum Teil mit größtem technischem Aufwand durchgeführten Unternehmungen galten der Rettung von Tempeln, die durch die steigenden Fluten des von Nasser errichteten Assuan-Staudamms bedroht waren. Vgl. → Hazeroth.   R. M. und J. R.

Kuta Stadt in Mesopotamien, Hauptkultstätte des babylonischen Unterwelts-, Todes-, aber auch Heilgottes Nergal und seiner Gemahlin Ereschkigal. Den Namen Nergals trug bei den Babyloniern auch der Planet Mars. Bewohner von K. und anderen Städten wurden in → Samaria angesiedelt, nachdem Sargon II. (722/21–705 v. Chr.) am Anfang seiner Regierungszeit die dortigen israelitischen Einwohner u. a. nach → Gosan verbannt hatte (2. Kön. 17, 6; sowie ebd. 24 und 30). Offenbar bildeten die Kutiter unter den Neuansiedlern die Mehrheit, denn fortan bezeichneten die Juden die Samaritaner geringschätzig als *kūtīm*. Nach 2. Kön. 17, 30 führten die *kūtīm* den Nergal-Kult in Samaria ein. K. glaubt man heute mit der Ruinenstätte Tell Ibrahim (etwa 28 km nördlich von → Babylon) identifizieren zu können. Dort aufgefundene Dokumente geben den Stadtnamen *Gudha* oder *Kutī* an, und einige Gelehrte erblicken darin die Entsprechung zum biblischen K. Die Stadt erlangte große Bedeutung nach dem Niedergang der Hauptstadt Babylon. Vgl. → *Sepharwajim*.   A. N. und J. R.

L

Laban → *Libna*

Lobu → *Lebo Hamath*

Lachis Kanaanäerstadt in der → *Šefila*.
Der König von L. gehörte zu den fünf
Fürsten der → *Amoriter*, die von Josua
bei Gibeon geschlagen wurden (Jos. 10,
3) und die später in der Höhle von
→ *Makkeda* umkamen (Jos. 10, 23 [vgl.
→ *Beth-Horon*]). Dem Stamm Juda zugesprochen (Jos. 15, 39), wurde die
Stadt durch Rehabeam (932 [928] bis 916
[911] v. Chr.) ausgebaut (2. Chron. 11,
9). Amazia (798/97–779 oder 769 v. Chr.)
wurde hier ermordet (2. Kön. 14, 19;
2. Chron. 25, 27). Als Sanherib (Sennacherib [705/4–681 v. Chr.]) Juda angriff,
spielte L. eine wichtige Rolle, fiel jedoch in Sanheribs Hand (2. Kön. 18,
14; 19, 8; 2. Chron. 32, 9; Jesaja [Isaias]
36, 2; 37, 8). Ein Jh. später waren L.
und → *Aseka* diejenigen Städte, die Nebukadnezar II. (605–562 v. Chr.) am
längsten Widerstand leisteten (Jerem.
34, 7). Außerbiblische Quellen: → *Amarnabriefe*, Tontafeln vom *Tell el-Hesi*
(→ *Eglon*), assyr. Dokumente und Reliefs aus Ninive. Eusebios von Kaisareia
(*Onom.* 120, 20) setzt L. 7 Meilen im
Süden von Eleutheropolis (→ *Beth Gibrin*) an. Im 19. Jh. suchte man L. auf
dem *Tell el-Ḥesi*, inzwischen hat man
sich auf den *Tell ed-Duwēr* geeinigt.
Tell ed-Duwēr wurde 1932–1938 von
J. L. Starkey ausgegraben, doch stellte
man nach Starkeys Ermordung die Arbeiten ein. Neue Ausgrabungen: 1967/
68 (Y. Aharoni). Älteste Besiedlung:
chalkolithisch (kupfersteinzeitlich) in

Höhlen (4. Jahrtausend). Nach 2000 v.
Chr. Aufgabe der Höhlen (die fortan
als Begräbnisplätze dienten) und Besiedlung des Stadthügels. Reiche Grabfun-
de (fortgeschrittene Metallindustrie).
Gegen 1700 (Mittlere Bronzezeit II):
Starke → *Hyksos*-Festung. Steiles Glacis, breiter Wehrgraben. Spuren
einer Zerstörung (Aschenanhäufungen,
Brandspuren an Ziegelgemäuer) aus der
Zeit um 1580 (Zeit der Vertreibung der
→ *Hyksos* durch die Ägypter). Wehranlagen geschleift, Graben aufgefüllt.
Auf der Grabenfüllung um 1500 (Anfang der Spätbronzezeit) kanaanäischer
Tempel (»Grabentempel«). Kultraum
10 × 5 m, nordsüdorientiert, Eingang
im Norden, Altar im Süden. Eingang
mit Sichtblende, die Kultraum vor Einblick schützte. Um 1400 Vergrößerung:
Größe verdoppelt, Anbauten. Einflüsse
der Amarnaperiode. Wände mit Holz
verkleidet und mit Elfenbeinarbeiten
geschmückt. Gegen 1335 weitere Restauration: drei Nischen in der Ostwand.
An der Südwand Podium, davor Altar
aus Stein. Entsprechung zu den Heilig-
tümern in → *Beth Sean*. Wandbänke
dienten zur Aufstellung von Opfergaben: bemalten Vasen, Glasflüssen,
Fayencen, Elfenbeinarbeiten, Tonsta-
tuetten, Skarabäen. Außerdem war
der Raum mit Scherben und den Knochen von Opfertieren übersät. Vier
bothroi in der Nähe des Tempels erbrachten besonders erlesene Stücke, insbesondere eine aus kultischen Gründen
zerbrochene Schüssel, die wieder zusammengesetzt werden konnte. Sie trug

eine ägyptische Inschrift. Aufgrund dieser Inschrift weist man die Zerstörung des Tempels in das Jahr 1220. Umstritten ist, ob sie Pharao Merneptah (1223 bis 1203 v. Chr. [→ *Stelen*]) zuzuschreiben ist oder mit den bei Jos. 10, 1–5 und 31 ff. geschilderten Ereignissen zusammenhängt (s. eingangs!). Kärgliche Spuren hinterließ der Beginn der Eisenzeit (israelit. Periode) in L. Bedeutendere Reste gibt es erst wieder aus dem 10. Jh. (Aufbau durch Rehabeam). Desgl. aus der Zeit des Königs Josaphat (874[870]–849[846] v. Chr.). Der im 10. Jh. entstandene Palast maß schließlich 40×80 m. Umstritten ist, ob er vor der Zerstörungswelle Scheschonks (→ *Lubim*) oder erst danach begonnen wurde. Er erhob sich auf einer künstlichen Plattform (*millô'* [→ *Jerusalem*]). An einer Stufe der Palasttreppe: erste 5 Buchstaben des hebräischen Alphabets. Ringsumher zahlreiche Krughenkel mit Siegeln des *lmlk*-Typs (»Königssiegeln«). Auch die Wälle erfuhren zahlreiche Veränderungen. Innenmauer: 6 m stark, umgab den Gipfel. Ziegelbau. Außenmauer: auf halber Höhe, Ziegelbau auf Steinfundament. Türme und Strebepfeiler verstärkten das Mauerwerk. Im Westen Stadttor mit massiger Bastion (27 m Seitenlänge). Die Anlage verband beide Mauern und besaß Magazine, Kasematten, Wachräume u. a. m. Außerdem königlicher Stall wie in → *Megiddo*. Am NW-Knie der Wälle: 40 m tiefer Schacht, in der Stadt Zisterne (22 m Seitenlänge, 27 m tief, doch unfertig). In der Umgebung des Hügels (Nekropole) zahlreiche → *Astarte*-Figuren. Ihre Zahl nimmt vom 9. Jh. an zu. Dies illustriert die ständigen Klagen der Propheten über den Abfall von Jahwe. Schließlich zeugt eine fast meterdicke Aschenschicht von einer zweimaligen Zerstörung vor dem Anbruch der Perserzeit. Zwischen den beiden Brandschichten noch eine Besiedlungsschicht mit spärlichen Häuserüberresten. Zweite Brandschicht wahrscheinlich Nebukadnezar (587/86 v. Chr.). Strittig, ob erste Brandschicht Nebukadnezar (erster Feldzug [598 v. Chr.]) oder

Silberschekel aus der Zeit des Jüdischen Krieges (des Ersten Jüdischen Aufstandes [66–70 bzw. 73 n. Chr.]). Zahlreiche Münzen dieser Art wurden auf MASADA *gefunden. Sie trugen meist pflanzliche Embleme wie Palmzweig (LULÂB), Granatäpfel, Zitrusfrüchte usw., dazu Losungen wie: »Jerusalem, die Heilige«, »Freiheit für Sion« u. ä. Bemerkenswert ist, daß die Legenden dieser Münzen auf die althebräische Schrift zurückgreifen (s. S. 230).*

Sanherib (Sennacherib [701 v. Chr.]). Die Belagerung durch Sanherib ist in Ninive auf einem Relief dargestellt. Ein Helm des dort abgebildeten Typs wurde vor L. gefunden. Besonders wichtiger Fund: »Lachisbriefe« (Ostraka) aus den letzten Monaten vor der Einnahme von L. durch Nebukadnezar, außerdem zahlreiche Krughenkel mit Privatsiegeln (darunter der Name »Gedalja«) und Gewichte. In der Perserzeit wieder aufgebaut (Neh. 11, 30), erhielt L. anstelle des israelitischen Palastes eine Festung mit → *Badeanlagen* und beachtlichem Komfort (prachtvolle griechische Vasen). Ein »Sonnenheiligtum« erwies sich als ein hellenistischer Bau. Darunter Reste eines älteren Heiligtums (»Höhenheiligtum« oder Tempel?) aus israelitischer Zeit. Nach Alexander dem Großen, zur Zeit des Hellenismus, verlor L. an Bedeutung und wurde schließlich verlassen.   *A. N. und J. R.*

Lais, Lajisch Alter Name der Stadt → *Dan* vor ihrer Einnahme durch die Daniten (Richter 18, 7 ff.; besonders ebd. 18, 27–29). Als *rws* in den → *Ächtungstexten* erwähnt. Auch in den Eroberungslisten Thutmosis' III. (1490 bis 1436 v. Chr.) kommt sie vor. *A. B.*

Landwirtschaft → *Ackerbau*

Lebo-Hamath Stadt im Süden des Gebiets von → *Hamath* am Oberlauf des Orontes *(Nahr al-'asi/Asī Nehri)* und am Nordausgang der Beqa'a-Senke (→ *Libanon, Talebene des*). Der Name, der »Zugang nach Hamath« bedeutet, kennzeichnet hinreichend die Ortslage. Nach der Bibel Nordgrenze des Gelobten Landes (Num. [4. Mos.] 34, 8 und andernorts). Ägyptische Quellen erwähnen L. unter dem Namen *Rabah*, während *Labu* die Namensform ist, unter der L. in assyrischen Dokumenten begegnet. Es ist identisch mit dem heutigen *Lebwe*, etwa 40 km südlich von → *Ribla* am Orontes. *A. N.*

Lechi (Ramath-Lechi) »Kinnbackenhöhe«. So benannt, weil hier Samson (Simson) angeblich mit einem Eselskinnbacken 1000 → *Philister* erschlagen haben soll (Richter 15, 9–17). Lokalisation unbekannt. Zur Samson-(Simson-)Überlieferung: → *Sorek*. *A. N. und J. R.*

al-Leggun → *Legio*

Legio Nach dem Bar-Kochba-Aufstand (131/32–135/36 n. Chr. [→ *Beitar*]) wurde eine zusätzliche römische Legion, die *Legio VI Ferrata*, nach Judäa entsandt und in Kaperkotnei (Ptol. 5, 15, 3) stationiert. Es handelt sich dabei um das Kefar Otnay der Mischna (Gittin 2, 5; 7, 7). Das römische Wort *legio* wurde bald zum Ortsnamen der Garnison und hat sich im heutigen arabischen al-Lejjun *(al-leǧǧun)* erhalten. Als Landbezirk gehörte zu L. das Gebiet der Ebene Jesreel, welches nach römischem Recht als *territorium legionis* unmittelbar dem Reich unterstand und in späteren Quellen – so in Eusebios' Ortsnamenverzeichnis (*Onomastikon* 110,

21) – als *Campus Maximus Legionis* bezeichnet wird. Schon zur Zeit des Ersten Judenaufstandes war das zuvor im Besitz der Hasmonäer und Herodier befindliche Land von den Römern als Zentrum jüdischen Widerstandes verwüstet worden, doch fanden sich offenbar sehr rasch neue Ansiedler ein. In der Nähe von L. fand man einen römischen Altar, den ein Offizier der *Legio VI Ferrata* hatte zur Zeit des Kaisers Elagabal (218–222 n. Chr.) aufrichten lassen. Er ist von zylindrischer Form und besteht aus weißem Marmor. Seine Basis und sein oberer Rand tragen Zierleisten. Vier Paneele schmücken die Seiten, zwei davon tragen den römischen Legionärsadler. Auf dem dritten erblickt man eine geflügelte Siegesgöttin über einem Globus. In ihrer Rechten hält sie eine Girlande, in ihrer Linken eine Trophäe. Das vierte Paneel enthält eine inschriftliche Weihung an den Gott Serapis. Nach dem Abzug der Garnison unter Kaiser Diokletian (284–305 n. Chr.) wurde L. zur Stadt erhoben und erhielt, wie der Pilger von Bordeaux (um 333) berichtet, zu Ehren von Diokletians Mitkaiser, Maximianus Herculius (286–305 n. Chr.), den Namen *Maximianoupolis*. Eusebios allerdings hielt sich weiter an den alten Namen (*Onom.* 14, 21). In byzantinischer Zeit war L. Bischofssitz. *R. R.*

al-Lejjun → *Legio*

Libanon Gebirgskette an der Nordgrenze Palästinas (Deut. [5. Mos.] 1, 7; Josua 1, 4 u. a.), annähernd 400 km lang und 70 km breit. Die Gipfel erreichen die Höhe von 3000 m und sind den größten Teil des Jahres über mit Schnee bedeckt (Jerem. 18, 14). Möglicherweise hat das Gebirge daher seinen Namen, der im Hebräischen »weiß« bedeutet. Ägyptische Urkunden bezeichnen den L. als *rmn*, während assyrische Texte die Namensform *Labnuna* enthalten. Der L. war berühmt für seine Zedern, Zypressen und andere Baumbestände. Seit ältesten Zeiten wurde das Holz der L.-Wälder ausgeführt, vor allem nach

Die berühmten Steinmale (→ MASSEBEN) von → GEZER. Lange Zeit hielt man den Platz mit diesen mächtigen, menhirartigen Steinsetzungen für ein Höhenheiligtum. Es handelt sich jedoch um einen Begräbnisplatz (s. S. 238).

→ Ägypten, wo Mangel an diesem Baumaterial herrschte, das man aber dringend für den Bau von Palastdächern sowie für den Schiffsbau benötigte. Libanonzedern dienten zum Bau des Salomonischen Tempels, des Salomonischen Palastes und später auch des Zweiten Tempels (vgl. Richter 9, 15; 1. Kön. 5, 12 und 20 ff.; 7, 1–7; 2. Chron. 2, 7 ff.; Esra 3, 7). Auch die Könige Assurs ließen im L. Bäume schlagen, deren Holz sie für ihre Paläste und die Masten ihrer Schiffe verwendeten (Hesekiel [Ezechiel] 27, 5). Auch für seinen Wein war der L. berühmt. Gegen Ende des 1. Jh. v. Chr. gründeten die Römer eine Veteranenkolonie in Berytos (Beirut), um mit deren Hilfe das Land zu kontrollieren. In einem der höhergelegenen Täler errichteten sie Heliopolis (→ Baalbek), dessen grandiose römische Tempel noch heute als Ruinen Weltruf genießen. In römischer und byzantinischer Zeit wurde zum Zweck des Schiffbaus in den Wäldern des L. ziemlicher Raubbau getrieben, so daß heute von

den einstigen Waldungen praktisch nichts mehr erhalten ist. A. N.

Libanon, Talebene des Talsenke (tektonischer Graben, Grabenbruch), zwischen den Gebirgsketten des → Libanon und Antilibanon parallel zur Küste verlaufend. Nordgrenze der Eroberungen Josuas (Josua 11, 17). Heute al-Beqa'a (»Tal«). Vgl. auch Baalbek. A. N.

Libna a) Kanaanäische Königsstadt nordwestlich von → Aseka in der → Šefīla Judäas, von Josua erobert (Josua 10, 29 ff.), später zusammen mit der Asylstadt Hebron an die Leviten, und zwar die Nachkommen des Priesters Aaron, übergeben (ebd. 21, 13). Wurde später (701 v. Chr.) von Sanherib (Sennacherib [705/4–681 v. Chr.]) belagert (2. Kön. 19, 8). Einige identifizieren L. mit *tell eṣ-ṣāfi*, andere dagegen suchen es in größerer Nähe von → Lachis (auf dem *tell bornāṭ*?).
b) Etappe auf dem Wüstenmarsch der Israeliten nach dem Auszug aus → Ägyp-

ten und ihrem Durchzug durch das Rote Meer, zwischen Sinai und → *Kades* gelegen (Num. [4. Mos.] 33, 20 f.), möglicherweise identisch mit *Laban* (Deut. [5. Mos.] 1, 1). Entweder Bir el-Beida, etwa 30 km südöstlich von → *Kades-Barnea*, oder Khirbet (Chirbet) Libben in → *Moab*, südöstlich von → *Hesbon*.

A. N.

Libyer In den geläufigen Bibelübersetzungen übliche Wiedergabe des hebräischen Volksnamens → *Lubim* (vgl. 2. Chron. 12, 3).

J. R.

Limes → *Arad; Idumäa; Karmel*

Livias Zur Römerzeit Name mehrerer Städte auf biblischem Boden. Durch Umbenennung von → *Beth Haran* und → *Bethsaida* in L. wollte man Livia, die Gemahlin des Kaisers Augustus, ehren.

J. R.

Lod Gründung des Schemed, eines Nachkommen von Benjamin (1. Chron. 8, 12). Zur Zeit der Restauration nach dem Babylonischen Exil neu besiedelt (Esra 2, 33; Nehemia 7, 37). Für das Alter der Stadt spricht ihre Erwähnung in einer Liste der Eroberungen Thutmosis' III. (1490–1436 v. Chr.). In hellenistischer Zeit unter dem Namen *Lydda* Hauptort einer der Toparchien (Verwaltungsdistrikte) Judas (1. Makk. 11, 34). Seine Hauptbedeutung erlangte L. jedoch in römischer und byzantinischer Zeit. Nach dem Neuen Testament reiste der Apostel Petrus nach Lydda, um die dortigen Gläubigen zu besuchen. Dabei heilte er einen Gelähmten namens Äneas (Apostelgeschichte 9, 32–35). Zur Zeit des Kaisers Septimius Severus (193–211 n. Chr.) wurde L. römische Kolonie, und zwar unter dem Namen *Colonia Lucia Septimia Diospolis*. Nach einer schwer faßbaren Tradition soll der Märtyrer Georg in L. den Tod gefunden haben, wo seit dem 4. Jh. sein Grab verehrt wurde. Zur Zeit des Talmud war L. ein bedeutendes Zentrum jüdischen Geisteslebens. Später führte es den arabischen Namen *el-ludd*, bis es schließlich seinen alten biblischen Namen wiedererhielt. L. liegt etwa 18 km südöstlich von Tel Aviv.

Lubim Nordafrikanisches Volk westlich von → *Ägypten*, das ägyptischen Pharaonen Söldner stellte (2. Chron. 12, 3 u. a.). Einige Gelehrte halten die L. für identisch mit den *rbw* der Seevölker (→ *Philister*), die im 13. Jh. in Ägypten einzudringen versuchten. Demnach hätten die L. sich, nachdem Ramses III. (1181–1150 v. Chr.) die Seevölker geschlagen hatte, im Gebiet westlich Ägyptens niedergelassen, das nach ihrem Volksnamen den Namen »Libyen« erhalten habe. Im 10. Jh. waren die L. genügend erstarkt, um die 21. Dynastie in Ägypten zu stürzen und Šušinku I., den Begründer der 22. Dynastie, auf den Thron zu erheben. Šušinku ist bekannter unter dem Namen Scheschonk oder Schoschenk (auch Scheschonq bzw. Schoschenq umschrieben). Es ist jener Sisak bzw. Schischak der Bibel, der nach dem Zusammenbruch des Salomonischen Reiches einen Feldzug nach Palästina unternahm (vgl. 1. Kön. 14, 25 f.; 2. Chron. 12, 2 ff.). Bibelübersetzungen geben den hebräischen Namen L. gewöhnlich durch »Libyer« wieder.

Luz → *Bethel*
Lydda → *Lod*

M

Ma'ajan Baruk a) Fundstätte aus dem *Acheuléen* am Nordrand des Gebiets um den Hule-See, seit vielen Jahren bekannt. Auf einer Fläche von rund 2,5 km² in der Nähe des heutigen Kibbuz kam eine Unmenge steinzeitlichen Inventars zum Vorschein, wobei sich an drei Stellen eine Konzentration des Fundmaterials feststellen ließ. Bei Sichtung der Funde durch M. Stekelis und D. Gilead stellte sich heraus, daß sich dabei eine sehr geringe Menge von Ausschußmaterial fand. Dies läßt darauf schließen, daß die Menschen des *Acheuléen* ihre Werkzeuge in der Nähe der Fundstätten bearbeiteten, aus denen sie ihr Rohmaterial bezogen. Den größten Teil der von der nächsten Material-Bezugsquelle nach M. verbrachten Werkzeuge machten Faustkeile aus (85 %), daneben gab es Scheiben, Werkzeuge zum Zerkleinern, Abschlagwerkzeuge und dergleichen mehr. Die sehr sorgfältig und symmetrisch in Abschlagtechnik gearbeiteten Faustkeile haben gewöhnlich Herzform, wenn sie nicht oval, scheiben- oder mandelförmig sind. Geborgen wurden auch einige Faustkeile und Spitzwerkzeuge aus der Formengruppe des *Micoquien* (nach der Fundstätte *La Micoque* bei *Les Eyzies-de-Tayac* im französischen Département *Dordogne* [→ *Abu Sif*]). Unter dem übrigen Inventar verdienen besonders einige *Levallois*-Kernstücke Beachtung. Die Steinindustrie von M. gab Anlaß zu Vergleichen z. B. mit *et-Tabun* (Schicht F) und → *Umm Qaṭafa*

(Schicht D 2). Vgl. auch unten den Artikel → *Vorgeschichte*.

b) Eine der bedeutendsten Fundstätten mit Inventar aus der Mittelbronzezeit I in der Ebene Jesreel.   *J. R.*

Machpela Grundstück bei → *Mamre* (Gen. [1. Mos.] 23, 17) bzw. nahe bei Hebron (ebd. 23, 19), das Abraham von Ephron, einem Hethiter, erwarb, um in einer dortigen Höhle Sara zu bestatten (ebd.). Auch Abraham selbst (ebd. 25, 9), desgleichen Isaak, Rebekka und Lea (ebd. 49, 31) sowie schließlich Jakob (ebd. 50, 13) wurden hier begraben. Die Art, wie Abraham den Kaufvertrag abschloß (mündlich vor Zeugen am Tor), gibt ebenso Aufschluß über die Rechtsbräuche der Patriarchenzeit (ebd. 23, 7–20), wie die Beisetzung der Toten in der Höhle Einblick in damalige Bestattungsgewohnheiten gewährt. Nach einer uralten Tradition, die sich bis auf die Zeit des Zweiten Tempels zurückverfolgen läßt, befand sich M. an dem noch heute gezeigten und noch immer (auch von den Moslems) verehrten Ort (Haram el-Khalil [ḥarām al-ḥalīl] im Ostteil des heutigen Hebron). Die Stätte ist von einer Mauer umgeben, die aus der Zeit Herodes' des Großen (37–4 v. Chr.) stammt. Die Kreuzfahrer verwandelten das auf Herodes zurückgehende Bauwerk in eine Kirche. Unklar sind die Angaben der Quellen, ob sich nach der arabischen Eroberung in M. eine Synagoge oder eine Moschee befand. Zeitweilig jedenfalls war Nichtmoslems der Zugang zu dem Heiligtum untersagt. *A. N. und J. R.*

Madeba Stadt in → *Moab*, Sichon, dem König der → *Amoriter*, von den Israeliten abgenommen (Num. [4. Mos.] 21, 30), später dem Stamm Ruben zugeteilt (Josua 13, 16). Zur Zeit Davids schlug hier Joab die Streitkräfte von → *Ammon*, die sich ihm zusammen mit den Aramäern (→ *Aram*) bei M. zur Schlacht gestellt hatten (1. Chron. 19, 7 ff.). Auf seiner in → *Dibon* gefundenen Siegesinschrift (der Mesastele bzw. dem »Mesastein« [vgl. Abb. S. 234]) berichtet König Mescha (Mesa) von Moab, daß König Omri von Israel sich des gesamten Gebiets von M. bemächtigt und darin gewohnt habe »während seiner Tage und der Hälfte der Tage seines Sohnes, vierzig Jahre«. Mescha aber habe M. wieder befreit und neu aufgebaut. In hellenistischer Zeit befand die Stadt sich in den Händen der Nabatäer (1. Makk. 9, 36 [»Jambriter« bzw. »Kinder Jambri«]). Alexander Iannaios (103 bis 77/76 v. Chr.) nahm sie ihnen ab, doch Hyrkanos II. (63–30 v. Chr.) gab sie den Nabatäern zurück (Flavius Josephus *Antiquitates Iudaicae* 13, 254; 14, 18), und noch zur Römerzeit befand M. sich nach Ausweis nabatäischer Inschriften in nabatäischer Hand. In der byzantinischen Phase war M. eine bedeutende Stadt, im Jahre 451 nahm auch ein Bischof von M. am Konzil zu Chalkedon teil. Im Jahre 1896 entdeckte man auf dem Fußboden einer Kirche aus dem 6. Jh. unserer Zeitrechnung die berühmte »Madeba-Karte«: ein Fußboden-Mosaik (Abb. S. 211), unter Zugrundelegung einer (im Hinblick auf die Gedächtnisstätten des Christentums überarbeiteten) römischen Straßenkarte die älteste kartographische Darstellung Palästinas von → *Ägypten* (und zwar von der Mündung des → *Nil*) im Südwesten bis nach Phönikien (im Norden). Sie gibt außerdem Stadtansichten wieder, die nicht nur einen Eindruck vom Gesamtplan der Städte vermitteln, sondern sogar vom Aussehen einzelner wichtiger Bauwerke. In auffälliger Weise stimmen ihre Legenden (Karteninschriften) mit dem Ortsnamenverzeichnis des Eusebios überein. An weiteren Funden hat M. Überreste moabitischer Baulichkeiten erbracht, die darauf hindeuten, daß die moabitische Kultur der der anderen Völker Palästinas sehr ähnlich war. Mykenische Gefäße (→ *Keramik*) aus der 2. Hälfte der Spätbronzezeit zeugen von der weiten Ausdehnung des ägäischen Einflusses. *A. N. und J. R.*

Madon Kanaanäerstadt in *Galiläa*, deren König Jobab mit König Jabin von Chazor (→ *Hazor*) im Bunde war (Josua 11, 1), jedoch von Josua besiegt wurde (ebd. 12, 19). Zu Jabin vgl. → *Haroseth der Heiden*, → *Kischon* und → *Zaanannim*. Man hat M. im Gebiet der Hörner von Hattin (westlich des Sees Genesareth [vgl. bes. → *Arbel*]) gesucht, wo sich später eine bedeutende Festung erhob, die die *Via Maris* schützte. *A. N. und J. R.*

Magdala Stadt am Westufer des Sees Genesareth, ungefähr 5 km nördlich der Stadt Tiberias. Möglicherweise auch von Jesus besucht (Markus 8, 10; allerdings gibt die Hauptüberlieferung hier den Ortsnamen → *Dalmanutha*, M. erscheint lediglich als Textvariante). Geburtsort der Maria Magdalena (Matth. 27, 56 und 61; Markus 15, 40). Kaiser Nero (54–68 n. Chr.) gab die Stadt Agrippa II. (Flavius Josephus *Antiquitates Iudaicae* 20, 159). M. erhielt damals den Namen *Taricheia*, was als Entsprechung zu der aramäischen Namensform *migdāl nūnājā* betrachtet wird, unter der M. im Talmud erscheint. *Migdāl nūnājā* bedeutet »Fischturm«. Auch andere Orte im Gebiet des Genesareth-Sees tragen Namen, die sich auf die Fischerei beziehen. So bedeutet beispielsweise → *Bethsaida* »Fischhausen«. Nachdem Josephus aus Tiberias entkommen war, machte er M. zu seiner militärischen Operationsbasis und befestigte die Stadt (a. a. O. 5, 96 f.; vgl. Josephus' Lebensbeschreibung 156). M. spielte eine bedeutende Rolle im jüdischen Wider-

Luftaufnahme des mächtigen TELL EL-MUTESSELIM *mit den Ausgrabungen von* → ME-GIDDO. *Nicht weniger als 20 Besiedlungsschichten vom Neolithikum bis zur Perserzeit wurden hier freigelegt (s. S. 239).*

stand gegen Rom und wurde von den Römern belagert. Nach dem Tod Agrippas II. fiel M. an die römische Provinz Judäa. In der Neuzeit (arabisch) *al-meǧdel* bzw. (heute israelisch) *Migdāl*. Vgl. auch → *Arbel.*   R. R. und J. R.

Mahanaim Stadt im Land Gilead, an der Grenze zwischen den Territorien der Stämme Gad und Manasse (Josua 13, 26, 30). Die Ursprungslegende des Namens findet sich schon im Buch Genesis (1. Mos. 32, 2 f.), und zwar im Zusammenhang mit Jakobs Zusammentreffen mit Engeln. M. war – zusammen mit der Asylstadt Ramoth in Gilead – Levitenstadt (Josua 21, 38). Ab-

ner, der Sohn des Ner, erhob in M. Sauls Sohn Eschbaal, den die Bibel wegen seines Baalsnamens Ischboschet (»Schandmann«) nennt, zum König (2. Sam. 2, 8), und Eschbaal regierte hier zwei Jahre (ebd. 2, 10), bis er von Baana und Rechab aus → *Beeroth* beim Mittagsschlaf ermordet wurde (ebd. 4, 1 ff.). Später fand David in M. Zuflucht, als Absalom sich gegen ihn erhob (2. Sam. 17, 24). Zur Zeit Salomos verwaltete Achindanab, der Sohn Iddos, den Distrikt, dessen Hauptstadt M. war (1. Kön. 4, 14). Ortsansatz: Tell edh-Dhahab al-Gharbi am rechten (nördlichen) Ufer des → *Jabbok,* andere Ortsansätze: Khirbet (Chirbet) Mahneh, das etwas weiter nördlich und einige Kilometer vom Fluß entfernt liegt, bzw. Tell Hedschdschadsch (Tell Hejjaj [*tell heǧǧaǧ*]) an der Südseite des Jabboktals.

A. N. und J. R.

Maiumas a) Hafen d. Stadt Gaza, erstmals in einem Papyros des Zenon von Kaunos (260/59 v. Chr.) erwähnt (Zenon von Kaunos war Agent des Apollonios, bei dem unter Ptolemaios II. Philadelphos [285–246 v. Chr.] die Fäden der Reichsverwaltung zusammenliefen). Der Astronom und Geograph Claudius Ptolemaios erklärt (5, 15, 2) den Namen als »Seeviertel«, desgleichen Marcus Diaconus (*Vita Porphyrii* 57). Spätrömische und byzantinische Quellen erwähnen M. häufig. Unter Konstantin dem Großen (Kaiser 306 [312] bis 337 n. Chr.) erhielt M. als Konstantia eigenes Stadtrecht. Die Einwohner der neuen Stadt waren Christen.

Tor der Stadtmauer von Megiddo (Schicht XIII) (s. S. 239).

b) Hafen von → *Askalon*. Der sog. Anonymus von Piacenza (der »Pilger von Piacenza«, der um 570 n. Chr. das Heilige Land bereiste) erwähnt M. als *civitas Maiuma Ascalonitis* und gibt seine Entfernung von der Stadt mit zwei römischen Meilen an.

c) Ortslage in der Nähe von Quellen bei → *Caesarea*. Man fand Dämme, die das Quellwasser dem Aquädukt von Caesarea zuleiteten, desgleichen gibt es Reste eines römischen Theaters. Identifiziert mit Mamas.

Makkeda Kanaanäischer Stadtstaat im Nordabschnitt der judäischen → *Šefīla* (Josua 15, 41), von Josua erobert (ebd. 10, 28). Unweit von M. befand sich eine Höhle, in der Josua die Könige der Pentapolis gefangennahm (ebd. 10, 16 ff.). Das griechische Wort *Pentápolis* bedeutet »fünf Städte«. Die Bibel spricht von fünf Königen der → *Amoriter* und gibt folgende Städte an: → *Eglon* und Hebron, → *Jarmut*, → *Jerusalem* sowie → *Lachis* (ebd. 10, 5). Auch die Namen der fünf Könige sind überliefert. Sie lauteten: Debir (König von Eglon), Hoham (Hebron), Piram (Jar-

mut), Adonizedek (Jerusalem) und Japhia (Lachis [ebd. 10, 3]). Die fünf Stadtfürsten müssen der vernichtenden Niederlage durch die Israeliten sowie der Steinschlagkatastrophe an der Steige von → *Beth Horon* sowie bei → *Aseka* (ebd. 10, 10 f.) entkommen sein. Kritiker, die die historische Verläßlichkeit des Josua-Buchs anzweifeln, halten die M.-Episode für eine Erfindung vom Typ des aitiologischen Ortssage, die auffallende Phänomene des Landschaftsbildes auf ihre Weise zu erklären sucht (so etwa die Erzählung vom Untergang der Stadt → *Sodom* als Deutung der Einöde am → *Toten Meer*, so im Fall von M. zur Erklärung der Steinblöcke vor der Höhle [ebd. 10, 18 und 27]). Tatsächlich schließt auch der Bericht von der M.-Episode nach Art einer Sage: »Man wälzte große Steine vor den Höhleneingang, und da liegen sie bis auf den heutigen Tag.« Zur Zeit des Königs Rehabeam von Juda (932 [928] bis 917 [911] v. Chr.) eroberte Pharao Šušinku I. von → *Ägypten* die Stadt. Šušinku, der Begründer der

228

22. Dynastie, ist bekannter unter der Namensform Scheschonk oder Schoschenk (auch Scheschonq bzw. Schoschenq umschrieben). Die Bibel erwähnt ihn unter der Namensform Sisak (bzw. Schischak [vgl. 1. Kön. 14, 25 f.; 2. Chron. 12, 2 ff.; desgleichen → *Lubim*]). Ortsansatz unsicher. Allerdings hat man M. wohl in der Nähe von → *Aseka* (Josua 10, 10 f.), → *Beth Gibrin* und → *Beth Horon* zu suchen. Vielleicht identisch mit ḫirbet bēt maqdūm?   *A. N. und J. R.*

Mamre Der hebräische Wortlaut der Bibel gibt *alonei mamre* (»Eichen von M.«) und bezeichnet damit einen Hain, eine Gruppe von Eichen, die den Namen eines → *Amoriters* führte, der mit Abraham befreundet und verbündet war (Gen. [1. Mos.] 14, 13 und ebd. 14, 24). Die Örtlichkeit befand sich unweit von Hebron (vgl. ebd. 35, 27). Abraham schlug hier sein Zelt auf und errichtete einen Altar (ebd. 13, 18), und hier war es auch, wo ein Flüchtling Abraham die Nachricht von der Gefangennahme seines Neffen Lot brachte (ebd. 14, 13). Jahwe erschien Abraham in M. (ebd. 18, 1 ff.), um Abraham und Sara die Geburt Isaaks zu verheißen. Schließlich findet M. sich im Zusammenhang mit → *Machpela* erwähnt (ebd. 23, 17 ff.), wobei M. mit Hebron gleichgesetzt wird (an anderer Stelle [ebd. 35, 27] geht die Beziehung zu Hebron nicht bis zur Identifikation). Die Septuaginta (→ *Alexandrien* a) spricht von einer »Eiche von M.«, und dies setzt wohl voraus, daß M. zu einer Gedächtnisstätte sakralen Charakters geworden und man einen heiligen Baum als das Heiligtum Abrahams betrachtete. Flavius Josephus berichtet (*Antiquitates Iudaicae* 1, 186; *Bellum Iudaicum* 4, 533) von einer Eiche ungeheuren Umfangs, die sich 6 Stadien vor Hebron befunden haben soll. Nach dem Kirchenvater Hieronymus (*Zachariaskommentar* 9, 2) ließ Kaiser Hadrian (117–138 n. Chr.) nach dem Bar-Kochba-Aufstand (131/32 bis 135/36 n. Chr. [→ *Beitar*]) die jüdischen Gefangenen nach M. bringen,

um sie dort als Sklaven verkaufen zu lassen. Christlichen ebenso wie jüdischen Quellen der ersten Jahrhunderte n. Chr. zufolge diente M. damals gleichzeitig als Markt und religiöses Zentrum Südpalästinas. Eusebios zufolge (Vita Constantini 3, 53) befand sich dort vorübergehend eine heidnische Kultstätte, die auf Befehl Kaiser Konstantins des Großen (306 [312] bis 337 n. Chr.) zerstört wurde, um einem Kirchenbau Platz zu machen, der auf der Mosaik-Landkarte von → *Madeba* verzeichnet ist und in einer späteren Phase der byzantinischen Periode erneuert wurde. Außer der Kirche gab es auch ein Kloster. Bis Mamre in die Hände der Moslems fiel, war es ein beliebter Wallfahrtsort, doch auch die Moslems halten die Erinnerung an Abraham in hohen Ehren. Die Überlieferung verlegt Mamre nach *Ramat el-Khalil* (*rāmet al-ḫalīl*), rund 3 km nördlich von Hebron, wo bedeutende Bauüberreste zum Vorschein gekommen sind, die die einstige Bedeutung des Ortes bezeugen. Offenbar geht die Lokalisation M.s an dieser Stelle auf Herodes den Großen (37–4 v. Chr.) zurück, denn aus dessen Zeit stammt die großartige Umfassungsmauer, deren Ausführung hervorragendes Können verrät.   *A. N.*

Manna Nahrung der Kinder Israels bei ihrem Wüstenzug (Ex. [2. Mos.] 16, 14 ff.). Die Bibel schildert es als »fein wie Reif« (a. a. O.), der Geschmack war »wie Honigkuchen« (Lutherbibel: »Semmel mit Honig« [ebd. 16, 31]). Es war »weiß wie Koriandersamen« (ebd. und Num. [4. Mos.] 11, 7) und sah aus wie Bdellium (Balsamharz [gleichfalls Num. a. a. O.]). »Die Leute streiften umher«, so heißt es im 4. Buch Moses (Num. 11, 8) weiter, »sammelten es und zermahlten es in der Handmühle oder zerstießen es im Mörser. Sie kochten es im Topf und machten Fladen daraus. Der Geschmack war wie Ölkuchen«.
Es fehlt nicht an Theorien, die zu erklären suchen, was M. war. Heute

Inschrift aus → MEGIDDO (Keilschrift-Tontafel) mit Textfragment des Gilgamesch-Epos (→ URUK). Spätbronzezeitlich (s. S. 239).

nimmt man an, daß es sich um das Sekret einer bestimmten Tamariskenart *(Tamarix mannifera)*, genauer um die Absonderung von Schildläusen handelt, die aus Gründen ihres biologischen Haushalts große Mengen vom Saft dieser Tamariske in sich hineinsaugen müssen und den Überschuß in Form einer honigartigen Ausscheidung wieder von sich geben. Die rasche Verdunstung verwandelt die Tropfen in klebrige, feste Bröckchen, und in dieser Form kann die Substanz gesammelt werden. Sie ist anfangs weiß, doch ändert sich ihr Farbton später über gelb zu braun. Längere Zeit gelagert, wird sie süß wie Bienenhonig. Noch immer sammeln die Beduinen auf der Sinai-Halbinsel diesen Stoff, und zwar früh am Morgen, bevor die Ameisen sich über die Mannabestände hermachen. Außerdem empfiehlt sich Eile, damit das M. nicht in der heißen Sonne schmilzt (Ex. [2. Mos.] 16, 21). Die Beduinen bewahren es in dichtverschlossenen Gefäßen auf, um Befall durch Ameisen oder Würmer zu verhindern (vgl. ebd. 16, 20). In der Regenzeit kann ein Beduine jeden Morgen mehr als ein Kilo M. sammeln. Man verkocht es zu einem Brei, der sich lange hält. Die Tatsache, daß sich

auch der Name M. im Arabischen erhalten hat, spricht dafür, daß diese Deutung des biblischen Berichts vom M.-Wunder zutrifft. A. N.

Maon Stadt im judäischen Bergland (Josua 15, 55), wo der Kalebiter Nabal, der Mann der Abigail, wohnte (1. Samuel 25, 2 f.). David floh vor Saul in die gleichnamige Wüste (2. Sam. 23, 24). M. war auch in der Römerzeit noch bewohnt. Auch der Talmud kennt den Ort und bezeichnet ihn zum Unterschied von Beth-M. bei Tiberias als »M. Judas«. Heute Tell Maïn, ein kleiner Ruinenhügel südöstlich von Hebron. A. N.

Mara Eine der Etappen des Auszugs der Israeliten aus → Ägypten, und zwar nach Überschreitung des »Roten Meeres« (bzw. »Schilfmeeres«) und dreitägiger Wanderung durch die Wüste → Schur bzw. die Wüste von → Etham. Moses verwandelte hier bitteres Wasser in Süßwasser (Ex. [2. Mos.] 15, 23; Num. [4. Mos.] 33, 8). Die Lokalisation hängt von der Annahme einer Nord- oder Südroute ab. Vielleicht 'Aiun Mûsa (»Mosesquellen«) etwa 13 km in SO von Suez, wo es Bitterwasser gibt. A. N.

Mareotis-See → *Alexandrien a)*

Masada Natürliche Felsenfestung am Westufer des → *Toten Meeres.* Flavius Josephus (*Bellum Iudaicum* 7, 285) gibt an, die Festung sei vom »Hohenpriester Jonathan« erbaut worden. In Frage kommen zwei Personen dieses Namens: Judas Makkabäus' Bruder Jonathan (160 bis 143 v. Chr.; Hoherpriester seit 152 v. Chr.) und Alexander Iannaios (103 bis 77/76 v. Chr.), dessen hebräischer Name gleichfalls Jonathan lautete. Als Festung erwähnt Josephus (*Bellum* 1, 237) die Örtlichkeit im Zusammenhang mit dem Jahr 42 v. Chr. und der Person des Malichos, eines Gegenspielers von Herodes' Vater Antipatros. Bevor Herodes sich nach Rom begab, benutzte er im Jahre 40 v. Chr. M. als sicheren Zufluchtsort für seine Familie (Jos. *Antiquitates Iudaicae* 14, 280 bis 303; *Bell.* I, 238; 263–266). Nach seiner

Rückkehr ließ er hier vollständig neue Befestigungsanlagen errichten, die Josephus mit minutiösen Details beschreibt (*Bell.* 7, 280–300). Die Auffassung mancher Gelehrter, Josephus habe M. in den Jahren vor der römischen Belagerung nie betreten, besitzt daher wenig Wahrscheinlichkeit.

Wenig weiß man vom Schicksal der Festung in den Jahren unmittelbar nach Herodes' Tod (4 v. Chr.), doch dürfte M. kaum unbewohnt geblieben sein. Mit Sicherheit ist überliefert, daß sich zu Anfang des Ersten Jüdischen Aufstands (66 n. Chr.) eine römische Garnison in M. befand (Jos. *Bell.* 2, 408; 7, 297). Die römischen Legionäre wurden jedoch bald von den Zeloten vertrieben, die M. bis zum 2. Mai des Jahres 73 n. Chr. hielten. Erst dann fiel M. wieder in die Hände der Römer zurück. Andere Autoren des Altertums erwähnen M. kaum. Strabo beschreibt in seiner *Geographie* (16, 2, 24) die Umgebung von M., und Plinius spricht in seiner »Naturgeschichte« (*Naturalis Historia* 5, 15, 73) kurz von der Festung, verweilt dafür aber um so länger bei der Beschreibung der Gegend des Toten Meeres und der dort lebenden Sekte der Essener.

Die ersten Gelehrten der Neuzeit, die M. wiederentdeckten, waren E. Robinson und sein Gefährte E. Smith. Sie erblickten 1838 M. von einem benachbarten Gipfel aus. Die ersten Reisenden des 19. Jh., die M. betraten, waren der amerikanische Missionar S. W. Wolcott und der englische Zeichner Tipping. Wolcott bestieg 1842 den Felsen von Westen, wo der Aufstieg leichter war. Er war der Auffassung, den von Josephus (*Bell.* 7, 292 f.) beschriebenen gefährlichen »Schlangenpfad« benutzt zu haben. Wolcott hinterließ die erste detaillierte Beschreibung der vorhandenen Reste sowie der Spuren, welche die römischen Belagerer unterhalb des Felsens sowie an dessen Hängen hinterlassen hatten.

Im Jahre 1848 besuchten einige Mitarbeiter des amerikanischen Marineoffiziers J. W. Lynch, dessen Expedition

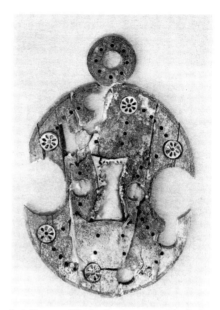

Spielbrett (58 Löcher) aus Elfenbein (→ MEGIDDO, s. S. 239 / Spätbronzezeit II). Andere Spielbretter fand man in → AJJUL, → GEZER, → TELL BETH MIRSIM u. anderswo.

das Tote Meer erforschte, den Felsen. Sie entdeckten die römische Straße, die M. mit En-Gedi verband, sie hielten aber fälschlicherweise den »Römeraufstieg« an der Nordseite für Josephus' »Schlangenpfad«. Sie bemerkten am Nordhang den runden Turm, den sie als Fort ansahen. Drei Jahre später kam der französische Gelehrte F. de Saulcy nach M. Er veröffentlichte die erste Karte von M. und den Lagern der römischen Belagerungsstreitkräfte. Er glaubte, die Reste der Festung Jonathans von denen der Herodesburg unterscheiden zu können. Jonathans Festung vermutete er im Norden des Gipfelplateaus. Weitere 7 Jahre später (1858) besichtigte E. Guillaume Rey den Burgfelsen. Rey veröffentlichte eine sehr viel genauere Karte als sein Vorgänger de Saulcy. Er bringt bereits die obere Terrasse an der Nordseite des Felsens von M. mit dem Herodespalast in Verbindung, den Josephus beschreibt. Ein erstes Buch über M. veröffentlichte 1863 der deutsche Gelehrte F. Tuch. Wenig zum archäologischen Wissen von M. trug der Besuch des berühmten Zoologen H. B. Tristram bei, der allerdings auf M. einige neue Tierarten entdeckte.

Einen Wendepunkt bedeuteten die Erkundungen, die unter Leitung von Kitchener, Warren und Conder im Auftrag des *Palestine Exploration Fund* durchgeführt wurden. Warren bestieg 1867 als erster den Felsen von M. von der Ostseite und entdeckte Abschnitte des tatsächlichen »Schlangenpfades«. 1875 entdeckte Conder den »Westpalast«, den er irrtümlich für den von Josephus beschriebenen »hängenden Palast« des Herodes hielt. Conders Karten kommen jedoch dem Bild, das M. bietet, bereits sehr nahe. Außerdem war Conder imstande, die Reste aus Herodianischer Zeit von denen der byzantinischen Periode zu unterscheiden. Die ersten Untersuchungen im 20. Jh., die sich mit M. befaßten, stammten von G. D. Sandel (→ *Wasserversorgung* [1905]), A. v. Domaszewski (römische Lager [1909]) und F. M. Abel, der M. 1909 aufsuchte. Abel war allerdings der Auffassung, die römischen Eroberer hätten die Mauerreste der Herodianischen Bauten größtenteils in den Abgrund gestürzt. Die vorhandenen Ruinen seien daher späteren Datums. 1924 und 1928 machte die britische Luftwaffe Luftaufnahmen des Felsens von M., auf sie stützte sich eine weitere Studie über das Römerlager (von Christopher Hawkes [1929]). Trotz erheblicher Irrtümer (Ablehnung der richtigen »Schlangenpfad«-Identifikation Warrens und Ablehnung der schon von Robinson vorgeschlagenen Identifikation der Nordruinen mit Herodes' »hängendem Palast«) dürfen seine Ausführungen als die wichtigsten vor der Ausgrabung von M. gelten. Vor allem bekräftigte Schulten die von Conder nur unzulänglich begründete Entdeckung des »Westpalastes«.

Systematische Grabungen begannen erst 1955–1956 im Auftrag der Hebräi-schen Universität Jerusalem, der *Israel Exploration Society* und des *Department of Antiquities and Museums*. Der Rahmen dieses ersten Grabungsvorhabens war noch knapp, doch führte es zu einer völlig neuen kartographischen Aufnahme der Ruinen M.s. Die neue Karte stützte sich nicht zuletzt auf Luftaufnahmen. Besonderes Interesse galt den Bauwerken im Nordteil des Felsmassivs. Die Expeditionsmitglieder erkannten hier den von Josephus (*Bell.* 7, 289) beschriebenen Herodes-Palast wieder.

Ausgedehnte Grabungen erfolgten dann schließlich in den Jahren 1963 bis 1965. Auch diese Grabungen wurden gemeinsam von der Israelischen Forschungsgemeinschaft (*Israel Exploration Society*), der Staatlichen Altertümer- und Museenverwaltung (*Department of Antiquities and Museums*) sowie der Hebräischen Universität durchgeführt. Die Leitung des Unternehmens lag in den Händen von Yigael Yadin. Die Ausgräber bedienten sich folgender historischer Terminologie: *Präherodianisch* für Bauwerke oder Funde aus der Zeit vor Herodes dem Großen; *herodianisch* für Objekte, die mit Herodes' Bautätigkeit zu tun haben; *vor dem Aufstand* für nachherodianische Objekte und Bauwerke aus der Zeit vor dem großen jüdischen Aufstand von 66 n. Chr.; *Aufstand* für Funde aus den Jahren 66–73 n. Chr.; *Garnison* für Funde aus der Römerzeit nach dem Judenaufstand; *byzantinisch* für die Ansiedlung der byzantinischen Zeit.

Relativ spärlich waren die Funde aus vorherodianischer Zeit. Einige → *Keramik*scherben aus dem Chalkolithikum (der Kupfersteinzeit) fanden sich in einer Höhle am Abhang des Felsmassivs, sehr wenige eisenzeitliche Scherben (10.–7. Jh. v. Chr.) kamen auf dem Gipfelplateau selbst zum Vorschein. Zeugnisse der unmittelbar *präherodianischen* Phase bestanden in Münzen aus den Jahren des Alexander Iannaios (103–77/76 v. Chr.). Die von Josephus erwähnten Bauwerke dieses Herrschers

Siegelabdruck aus Tell en-Nasbe (→ MIZ-PA) mit ältester Darstellung eines Haushuhns und dem biblischen Namen Jaasanja (vgl. 2. Kön. 25, 23; Jerem. 40, 8). Vor der Entdeckung dieses Siegels glaubte man, erst die Perser hätten das Haushuhn eingeführt (s. S. 246).

konnten nicht nachgewiesen werden. Zeugnisse einer präherodianischen Bautätigkeit fanden sich auf M. nicht. Die ältesten Bauten stammen aus der Zeit Herodes' des Großen.

a) *Herodianische Zeit:*
Das Gipfelplateau des Felsmassivs von M. hat die Gestalt eines Schiffs von etwa 600 m Länge bei einer größten Breite von 300 m. Mit Ausnahme der Nordspitze des Felsens wurde diese gesamte Felsplattform von einer doppelten Festungsmauer (Kasemattenmauer) umgeben, die etwa 1300 m lang war. Rund 4 m betrug die Breite dieser Kasemattenbefestigung. Sie enthielt etwa 110 Räume verschiedener Größe, deren Länge zwischen 6 und 35 m variierte. Mauer und Türme waren mit weißem Putz überzogen. Tore gab es vier: Eines an der Ostseite, wo der »Schlangenpfad« endete, eines an der Westseite unweit des »Westpalastes« und schließlich zwei »Wasserpforten« im Nordwesten und Südosten, wo sich die mächtigen Zisternen befanden. Die Herodianischen Bauten bedeckten

in der Hauptsache den Nordteil des Felsplateaus und erstreckten sich bis auf den nördlichen Felshang hinaus. Sie umfassen den sich über drei Felsterrassen erstreckenden »hängenden« Herodespalast, den Flavius Josephus beschrieben hat, → *Badeanlagen*, Magazine, zwei große Verwaltungsgebäude und schließlich den sog. »Westpalast« sowie eine Synagoge.

1. *Der »hängende Palast«:*
Herodes' »hängender Palast« erhob sich auf drei Felsterrassen. Die »untere Terrasse« (I) liegt etwa 52 m unter dem Niveau der Gipfelplattform am Steilhang über dem Abgrund. Sie wurde von einer gewaltigen Stützmauer getragen, mit der man das zerklüftete Gefels unter ihr umkleidet hatte. Dieses Stützmauerwerk bildete eine Plattform, auf der ein etwa 9 × 8 m messendes Rechteck aus niedrigem Mauerwerk errichtet wurde. Dieses Mauerwerk bildete eine Art von doppelter Brüstung, die zwei Reihen von Säulen trug. Die Felder zwischen den Säulen zeigten Wandputz mit aufgemalter Marmorimitation im Stil der Zeit. Im Osten und Westen schlossen sich kleine Seitengelasse an: An der Ostseite ein winziges Bad, das jedoch mit allem ausgestattet war, was zu römischen Thermen gehörte, an der Westseite ein Treppengang, der zur mittleren Terrasse hinaufführte. Im Bad dieser Palastterrasse fanden sich die Skelette eines jungen Mannes, einer gleichfalls jungen Frau und eines Kindes. Daneben mit Silber überzogene Schuppen eines Panzerhemdes. In dichten braunen Flechten war noch das Haar der Frau erhalten.
Von gewaltigen Stützmauern wurde auch die mittlere Terrasse (II) getragen. Sie weist zwei konzentrische Mauerkreise auf, die wohl ihrerseits eine Säulenstellung trugen, auf der wahrscheinlich ein Holzdach ruhte. So entstand eine Art Tholosbau oder Pavillon. Man nimmt heute an, daß diese Anlage ein »Lustbau« war, von dem aus man die grandiose Aussicht genoß. Die Malereien sind hier schlechter erhalten als

bei der unteren Terrasse. Doch dürften die Wände hier ebenso wie die geglättete Felsrückfront an der Südseite der Anlage nach damaligem Brauch mit Marmorimitation geschmückt gewesen sein.

Ein teils gemauerter, teils in den Fels gearbeiteter Treppenaufgang führt an der Westseite etwa 20 m höher zur obersten Terrasse (III). Ohne Zweifel handelt es sich dabei um den von Josephus (*Bell.* 7, 292) erwähnten »unsichtbaren Weg«, auf dem man, von außen ungesehen, von einer Palastterrasse zur anderen gelangen konnte. Die oberste Terrasse war der einzige Teil der Herodianischen »hängenden« Palastvilla, der Wohngemächer enthielt. Sie bestand aus einem halbrunden Balkon von etwa 8 m Durchmesser und dem im Hintergrund davon gelegenen Wohntrakt aus vier Räumen, die beiderseits eines Mittelkorridors lagen. Diese Räume und ihr Mosaikschmuck mit seiner schlichten geometrischen Ornamentik machten einen relativ bescheidenen Eindruck. Eine sehr feste Mauer trennte diese Anlage, die bereits auf der Höhe der Gipfelplattform lag, von den übrigen Bauten des Gipfelplateaus von M. Offenbar handelte es sich um Herodes' Privaträume.

Der »Mesastein« – Stele des Moabiterkönigs Mesa (Mescha) aus → DIBON. Eine außerordentlich wertvolle außerbiblische Parallelquelle zur Bibel.

2. Die Bäder:

Hinter der Mauer, die Herodes' »hängende Palastvilla« von den übrigen Baukomplexen absonderte, lag ein offener quadratischer Platz, an dessen Südseite sich eine öffentliche Thermenanlage befand (IV). Sie entsprach ganz und gar den üblichen Thermen der Römerzeit. Der größte Raum, auf dessen Bau man auch die größte Sorgfalt verwendet hatte, war das *caldarium* (wörtlich: »Warmbad« [»Schwitzbad«, »Sauna«, »Türkisches Bad«]), ein Raum von 5,5 × 5 m Grundfläche mit 2,5 m dicken Mauern und einem Tonnengewölbe. Die *Hypokausten*anlage (Fußbodenheizung) bestand aus einem dicken Ziegelboden, auf dem sich 200 Ziegelsäulchen von quadratischem oder rundem Querschnitt erhoben. Auf

ihnen ruhte der Boden des eigentlichen Baderaums. Er bestand aus *opus sectile* (so bezeichnet man Mosaikböden [bzw. Fliesen], deren komplizierte Muster aus Platten von unterschiedlicher Gestalt gebildet werden; neben viereckigen Mosaiksteinen kommen beispielsweise auch drei- und sechseckige Formen vor). Die Seitenwände waren verputzt und mit Fresken bemalt. *Opus sectile* fand sich auch im *tepidarium* (von lateinisch *tepidus* [»lau«]), einem Warmbad mit mäßigeren Temperaturverhältnissen als im *caldarium*, doch nicht weniger aufwendig ausgestattet als dieses. Das sog. *apodyterium* (von griech. *apodyterion* = »Auskleideraum« [*apodýō* = »ich streife ab«; *apodýesthai* = »sich ausziehen«]) war wie die anderen Baderäume mit Wandmalereien sowie am Boden mit schwarzen und weißen Kacheln gefliest. Im Norden vor der Badeanlage befand sich ein Hof, den an drei Seiten Säulen umgaben.

3. *Die Vorratsgebäude:*
Im Süden und Südosten der Thermen befand sich der mächtige Komplex der Vorratsräume (V und VI), die Josephus gleichfalls beschrieben hat (*Bell.* 7, 295 f.). Der südliche Gebäudeblock umfaßt 10 langgestreckte, schmale Hallen von je 24 m Länge und 4 m Breite. Sie alle öffneten sich auf einen Hauptkorridor hin, der die beiden Magazingruppen voneinander trennte. Der zweite Block, östlich der Thermen, bestand aus vier kleineren Magazinen von je 18 × 3,5 m. Im Innern dieser Räumlichkeiten kamen zahllose Scherben von Vorratsgefäßen zum Vorschein.

4. *Verwaltungsgebäude:*
An der Westseite des südlichen Magazinblocks befand sich ein Bauwerk (VII) von 28 × 23 m Grundfläche. Es besaß einen weiten, offenen Mittelhof, den eine Anzahl von Räumen umgab. An der Südseite wies es sogar eine Doppelreihe von Zimmern auf. Drei größere Magazine flankieren das Gebäude im Süden und Westen. Einen sehr ähnlichen Grundriß weist ein weiterer Bau auf, der etwa 40 m weiter im Süden ausgegraben wurde (IX). Seine Maße betragen 31 × 10 m. Auch die Räume dieses Hauses waren rings um einen offenen Binnenhof gruppiert. Die meisten Innenräume bestanden aus einer Art Doppelzimmer mit kleinem Korridor oder kleinem Vorhof. Im Mittelhof befand sich ein kleines Bauwerk mit einer kleinen erhöhten Plattform davor. Man hat diesen Komplex als Kaserne gedeutet. Die Ruinen enthielten zwei Hortfunde von Münzen, die zum großen Teil aus der Zeit des Aufstandes stammten.

5. *Der Westpalast:*
Im Südwesten des Bauwerks IX befindet sich der ausgedehnte Komplex des Westpalastes (X). Mit einer Grundfläche von 3500 m² stellt dieser das größte Bauwerk auf dem Gipfelplateau von M. dar. Er bestand aus drei Flügeln: Der Südflügel enthielt die Gemächer der königlichen Residenz, der Ostflügel diente als Wirtschaftstrakt, und der Westflügel enthielt unter anderem Vorrats- und Verwaltungsräume. Die Flügel umfaßten einen Hof, den man von Norden her betrat. Den »Thronsaal« im Südosten des Südflügels betrat man zwischen von Anten flankierten Säulen. Einer der Räume nördlich des »Thronsaales« enthielt ein besonders prachtvolles Fußbodenmosaik mit für die damalige jüdische Kunst charakteristischen pflanzlichen Motiven, umgeben von geometrischen Dekormotiven. Auch ein Baderaum war mit Mosaiken ausgestattet. Drei Treppenaufgänge liefern den Beweis, daß dieses Bauwerk auf jeden Fall mehr als ein Stockwerk besessen haben dürfte. Raumanordnung rings um einen Zentralhof zeigt auch der Ost- oder Wirtschaftsflügel. Die Vorratsräume im Westflügel entsprachen denen des Magazine, von denen oben die Rede war. Zwei weitere, kleinere Bauwerke (XI und XII) im Osten des »Westpalastes« werden von den Ausgräbern als »Villen« bezeichnet.

6. *Die Synagoge:*
Die Grundfläche dieses Bauwerks mißt 14 × 11 m. Der Bau lehnt sich an den Nordwestabschnitt der Festungsmauer. Mehrere Bauphasen lassen sich unterscheiden. Ursprünglich trugen zwei Säulenreihen das Dach des Gebäudes. Der Eingang befand sich im Osten. Zur Zeit des Aufstands wurde in die Nordwestecke dieses Bauwerks ein Raum eingefügt. Außerdem versah man den Hauptraum mit Bänken, die rings an den Wänden entlangliefen. Die baulichen Veränderungen brachten es mit sich, daß zwei der ursprünglichen Stützsäulen verschwinden mußten. Man fand die Säulenbasen unter dem Fußboden. Die Synagoge erbrachte Schriftrollen und Ostraka (beschriebene Scherben). Einige der Ostraka tragen nur Buchstaben. Der Ausgräber nimmt an,

Tonmodell eines eisenzeitlichen Stuhls.

Tonmodell eines eisenzeitlichen Bettes.

daß sie (als eine Art »Lebensmittel-marken«) mit den Rationierungsmaß-nahmen während der Belagerungszeit zu tun gehabt haben könnten, wenn sie nicht als »Erkennungsmarken« bzw. Geheimausweise dienten.

7. Die Wasserversorgung:

Josephus beantwortet die Frage, die sich jeder Besucher von M. stellt: Wie ver-sorgte man die Paläste, die Garnison und die Verwaltungsbauten mit Was-ser? Trotz der Seltenheit von Regenfäl-len im Gebiet von M. reichte das Was-ser winterlicher Wolkenbrüche offen-bar aus, um, in Wadis der unmittelba-ren Umgebung durch Dämme ange-staut und über Aquädukte den Zister-nen der Festung zugeleitet, Wasserre-servoire mit einem Fassungsvermögen von nahezu 40 Millionen Litern zu fül-len. Sklaven transportierten dann die Wasservorräte der Zisternenreihen im Felshang zu den Wasserbehältern oben auf dem Gipfelplateau.

b) Zeit des Aufstands:

Aus dieser Phase stammen zahlreiche

Kleinfunde und Überbleibsel, die da-von zeugen, daß damals die Kasemat-tenbunker und auch die meisten ande-ren Gebäude von M. vorübergehend be-wohnt waren. Außerdem stieß man auf eine Reihe von Schriftrollen, die bi-blisch-kanonische, apokryphe und sek-tiererische Texte enthielten (→ *Schrift-rollen vom Toten Meer*). Das wichtig-ste dieser Fragmente sind Teile des he-bräischen Sirachbuchs. Dank der außer-gewöhnlichen Lufttrockenheit sind auch leichter verderbliche Materialien erhal-ten geblieben, darunter zahlreiche Ge-genstände des täglichen Gebrauchs. Diese Überreste des Alltagslebens ver-leihen den Funden von M. etwas Dra-matisches, und diese Dramatik wird noch gesteigert durch den Fund von Ostraka, die Namen und Titel der Ver-teidiger angeben, sowie durch die Lo-sungen auf den während der Aufstands-zeit geschlagenen Münzen: »Für die Freiheit Zions«; »Jerusalem, die Heili-ge«. Man fand auch Leichen und Brand-spuren, und alles deutet darauf hin, daß Josephus' Schilderung der Schluß-tragödie Masadas (*Bell.* 7, 394–401) zu-

treffend sein könnte. Nach Josephus beschlossen die Verteidiger, sich lieber zu töten als zu ergeben. Elf Männer wurden daher durch das Los bestimmt, die anderen umzubringen und sich dann selbst den Tod zu geben. Tatsächlich wurde unweit vom nordwestlichen »Wassertor« eine Gruppe von elf Ostraka (beschrifteten Scherben) gefunden, von denen eines den Namen des Oberbefehlshabers (Eleazar) Ben Ya'ir trägt. Die Ausgräber halten es für nicht unmöglich, daß es sich um die Losscherben handelte, obwohl sich dies allerdings nicht beweisen läßt. Außerdem wurden zwei rituelle Bäder (*mikwe*) gefunden, die auf die zelotischen Verteidiger Masadas zurückgehen. Eines davon befand sich in den südlichen Kasematten am Rand des Abgrundes. Was die Leichen angeht, so fand man 20 Skelette (darunter das eines ungeborenen Kindes) in einer Felshöhle, 3 weitere Skelette eines Mannes und Frau (mit noch guterhaltenen braunen Haarflechten) und eines Kindes auf der unteren Terrasse des »hängenden« Herodespalastes. In der Nähe Verfärbun-

gen, die der Ausgräber für Blutflecken hält.

c) *Die römischen Belagerungswerke:* Spärlich sind die Reste aus der Zeit, als M. römische Garnison war. Um so aufschlußreicher sind dafür die Spuren der römischen Belagerungswerke, die M. umgaben. So umschloß nach Josephus (*Bell.* 7, 303–319) Flavius Silva den gesamten Felsstock von M. mit einer Belagerungsmauer, und im Westen, bei dem Weg, der zum Palast führte, legte er Erdaufschüttungen an, die er mit einem hohen Turm krönte. Was an Belagerungswerken bei M. entdeckt wurde, übertrifft Josephus' Schilderung noch. Die Mauer, die das Felsmassiv abriegelte, nötigt noch heutigen Betrachtern Achtung ab. Ihre Länge beträgt fast 3,5 km, während die als Sturmbrücke gedachte Rampe an der Westseite eine Länge von 196 m bei einer fast ebenso großen Breite besitzt. Heute ist über diese Rampe der Aufstieg zum Gipfelplateau leicht. Die Ausgräber legten hier einen Lastenaufzug an. Oben an der Rampe installierten die römischen Belagerer ihre Belagerungsmaschinen, die schließlich die Festung sturmreif machten. Ehe sie jedoch wirklich fiel, gaben sich die Verteidiger selbst den Tod.

Insgesamt war M. von nicht weniger als 8 römischen Feldlagern umgeben, von denen man heute noch die Zeltunterbauten erkennt. Zu den Lagern gehörten Opferstätten, ein Markt und andere Einrichtungen. Nach Ausweis nabatäischer → *Keramik* befanden sich offensichtlich auch Nabatäer unter den römischen Hilfstruppen. Die Lager waren nach strategischen Gesichtspunkten rings um die belagerte Festung placiert.

Eines dieser Lager (Lager F, wo der römische Befehlshaber Flavius Silva residierte) wurde auch später noch (nach Ausweis von Münzfunden noch zur Zeit des Bar-Kochba-Aufstandes [131/32–135/36 n. Chr.], bei dem M. keine Rolle mehr spielte) als römische Garnison benutzt.

d) *Byzantinische Periode:*
Die byzantinische Zeit ist durch eine kleine Kapelle vertreten, die unweit des Westpalastes errichtet wurde. Sie bestand im wesentlichen aus einem Langschiff mit einer Apsis. In einem Nebenraum nördlich des Kapellenschiffs kam ein polychromes Mosaik zum Vorschein. Es wies ein Guillochen-Muster auf, das Rundfelder mit Darstellungen von Rosetten, Zweigen, Früchten, einer Weintraube und einem Korb mit Broten sowie einem Kreuz umgab.

Auch in älteren Bauwerken M.s, so in der sog. »Kaserne« (vgl. oben Abschnitt a 4 [»Verwaltungsgebäude«]), zeigten Spuren aus byzantinischer Zeit, daß sie damals noch bewohnt waren.

A. N. und J. R.

Massa und Meriba Vgl. → *Haderwasser.* Das 2. Buch Moses verlegt das Wasserschlagen aus dem Felsen in die Nähe von → *Rephidim* (Exod. [2. Mos.] 17, 1–7), während das 4. Buch Mos. als nächsten Ort → *Kades-Barnea* angibt (Num. [4. Mos.] 20, 2–13; desgl. auch Deut. [5. Mos.] 32, 51). Man hat daraus

geschlossen, daß es sich um zwei Örtlichkeiten handeln müsse.
Die Namen M. und M. bedeuten »Probe« und »Streit«. Die Bibel enthält mehrere Anspielungen auf die betr. Ereignisse (Deut. [5. Mos.] 33, 8; Psalm 95 [94], 8).

A. N. und J. R.

Maspha → *Mizpa*

Masseben Während die → *Aschera* als Kultsymbol das weibliche Fruchtbarkeits- und Mutterschaftsprinzip versinnbildlichte, waren M. das (phallische) männliche Gegenstück. »Aufgerichtete« (dies die Bedeutung des Namens) Steinpfeiler wurden teils für Jahwe in Anspruch genommen (Gen. [1. Mos.] 28, 18 und 22; 35, 14; Ex. [2. Mos.] 24, 4), teils als heidnische Idole bekämpft (Ex. [2. Mos.] 23, 24; 34, 13; Deut. [5. Mos.] 7, 5). Dies hielt allerdings die Israeliten nicht ab, weiterhin M. zu errichten (vgl. z. B. 1. Kön. 14, 23). Als M. im weiteren Sinne bezeichnet man auch → *Stelen,* die einfach zur Erinnerung an irgendein bedeutendes Ereignis errichtet wurden. Die Grenzen sind fließend wie im Fall von → *Gezer,* wo sich M. von teilweise 3 m Höhe erheben und man nicht restlos sicher ist, ob es sich um ein Höhenheiligtum handelt, oder von → *Gilgal,* wo zum Gedächtnis des Übergangs über den Jordanlauf 12 M. (nur Gedenkstelen?) aufgerichtet wurden.

A. N. und J. R.

Maximianoupolis Nach dem Bericht des Pilgers von Bordeaux (um 333 n. Chr.) späterer Name von → *Legio.*

J. R.

Medien Landschaft in Nordwestiran. Hauptstadt: *Ekbatana* (→ *Ahmeta*), heute *Hamadan.* Die erste Erwähnung der Meder *(Madai)* findet sich in einem assyrischen Schriftstück: dem aus dem Jahre 836 v. Chr. stammenden inschriftlichen Bericht über einen Feldzug, den der Assyrerkönig Salmanassar III. (858–824 v. Chr.) gegen das Land am Urmiasee (heute Armenien) unternahm (845/44 v. Chr.). Damals waren die Meder noch in zahlreiche Einzelgruppen zersplittert, die einzelnen Häuptlingen unterstanden. Tiglatpilesar III. (um 745–727 v. Chr.) deportierte eine große Anzahl von Medern und unterwarf M. dem Reich Assurs. Eine Weile blieb M. noch unter fremder Herrschaft, es kam aber immer wieder zu Aufständen. Ob ein Dajaukku, der nach den Annalen Sargons II. (722/21–705 v. Chr.) von diesem nach Nordsyrien verbannt wurde, mit jenem Deiokes identisch ist, der nach Herodot (1, 93 ff.) die medischen Stämme einigte und das Mederreich sowie dessen Hauptstadt (s. oben) gründete, ist ungewiß. Noch unter Assarhaddon (681/80 bis 669/68 v. Chr.) bestand der Kriegszustand mit Assur weiter. Ob bereits Dajaukku/Deiokes das Reich gründete oder nicht – nachhaltigere Konsequenzen hatte die Reichsgründung auf jeden Fall erst unter seinem Nachfolger Phraortes (etwa Mitte des 7. Jh. v. Chr.). Und erst unter Huvaxšatra (Kyaxares [625 bis 585 v. Chr.]) war M. genug erstarkt, um die mit Assur verbündeten Skythen und schließlich im Bunde mit Babylon im Zweistromland → Assur selbst (614) sowie Ninive (612 v. Chr.) niederzuwerfen. Weiter unterwarf M. große Teile des Iran sowie Urartu (→ Ararat), Nordmesopotamien und Kappadokien (Anatolien bis zum Halys [Kisil Irmak]). Noch weiter konnte anfänglich Huvaxšatras (Kyaxares') Sohn Ištuwegu (Astyages [558–550 v. Chr.]) das von Huvaxšatra geschaffene Großreich ausdehnen. Doch sein Lehnsmann und Schwiegersohn, der Achaimenide (Haxāmaniš-Nachkomme) Kurauš (Kyros II., der Große [559–529 v. Chr.]), König von Parsumaš und Anšan (ehemals elamischem Gebiet [→ Elam], lehnte sich gegen seinen Lehnsherrn und Schwiegervater auf und brachte im Bunde mit Nabonid von Babylon (556/55–539 v. Chr.) die medische Großmacht zu Fall. Medien und die von ihm unterworfenen Gebiete fielen an das Perserreich (550 v. Chr.). Doch auch Nabonid stürzte. Vielleicht spielte seine Vorliebe für den Mondgott von → Harran dabei eine

Rolle. Im Jahre 539 v. Chr. fiel auch Babylon an Kurauš (Kyros). Damit war die letzte der Mächte des Alten Orients von Persien niedergerungen. Die Bibel erwähnt die Meder als Feinde Babylons (Jasaja [Isaias] 13, 17 ff.). Daniel nennt an der berühmten Stelle, wo von der Wandschrift die Rede ist, die Belsazar den Untergang seines Reichs verkündet haben soll, Meder und Perser bereits als Angehörige eines Reichs (Dan. 5, 28; 6, 9). *A. N. und J. R.*

Meer Das Wort bezeichnet in der Bibel das Mittelländische Meer (Mittelmeer), von dem die Bibel als »großes«, »äußerstes« bzw. »westliches« M. spricht (Deut. [5. Mos.] 11, 24 [Lutherbibel: »M. ›gegen Abend‹«]). »M. vor Japho« heißen die Gewässer vor Jaffa/Japho (Esra 3, 7 [Lutherbibel: ». . . daß sie Zedernholz vom → *Libanon* aufs Meer gen Japho brächten«; neuere Übersetzungen: »sie sollten Zedern vom Libanon über das Meer nach Japho bringen«]), während man das Seegebiet vor dem Land der → *Philister* bis hin zur Küste → *Ägyptens* »Philistermeer« nannte (Ex. [2. Mos.] 23, 31 [als »*Salzmeer*« oder »*Steppenmeer*« bez. d. Bibel d. → *Tote Meer*, das zwar ein abflußloser Binnensee ist, für das sich aber in der Tradition hartnäckig die Bezeichnung »M.« hält, obwohl es mit seinen rund 920 km² Wasserfläche noch nicht einmal so groß ist wie Gardasee und Genfer See zusammen]).

Meer, Totes → *Totes Meer*
al-Megdel → *Magdala*

Megiddo *tell el-mutesselim.* Kanaanäischer Stadtstaat im Norden Palästinas. 20 Besiedlungsschichten vom Neolithikum (Jungsteinzeit) bis zur Perserzeit. Ältestes (indirektes) Zeugnis: → *Ächtungstexte.* Sie bezeugen ägyptische Einmischung in Kanaan im 19. Jh. v. Chr. Die betreffenden Schichten von M. bieten Anhaltspunkte für eine ägyptische Besatzung. Ältestes direktes Zeugnis: Annalen Thutmosis' III. (1490 bis 1436 v. Chr.). Weitere außerbiblische Zeugnisse: → *Amarnabriefe* und Ton-

Ein Nachbarvolk der Juden waren die Nabatäer. Vielleicht hat ihr Name mit dem Namen Nebajot zu tun, der sich im Alten Testament (Gen. [1. Mos.] 25, 13 u. a.) findet. Ein eigenständiges nabatäisches Fürstentum entstand zu Anfang der Makkabäerzeit (2. Makk. 5, 8 ff.). Die großartigsten Zeugnisse nabatäischer Kultur (Monumental-Grabmäler und Bauwerke, aus dem Felsen gehauen) befinden sich im felsumragten Petra, das durch eine enge Schlucht (SIQ) mit der Außenwelt verbunden ist. Dieses Bild von Petra vermittelt nur einen ungefähren Eindruck von der monumentalen Stadt.

tafeln von Taanach. Ausgrabungen 1903–1905 (J. Schumacher [Deutsche Orientges.]); 1925–1939 (C. S. Fisher u. a. [Chicago Univ./Oriental Inst.]). Älteste Bevölkerung neolithisch (vor 4000 v. Chr.). Dann chalkolithisches (kupfersteinzeitliches) Dorf *(Schicht XX)*, rechteckige und apsidale Luftziegelbauten. *Schicht XIX* (Ältere Bronzezeit I [um 3000 v. Chr.]). Kleines Heiligtum (12 × 4 m) mit Altar. Auf dem Boden eines Hofs Sgraffito (Jagdszene). Luftziegelmauer (Stadtmauer?). *Schichten XVIII bis XVI:* Ältere Bronzezeit II (2850 bis 2600 v. Chr.). Stadtmauer von 8 m Stärke, noch bis 4 m hoch erhalten. Darüber·Luftziegelkonstruktion (heute nicht mehr vorhanden). Beim alten Heiligtum nun Höhenheiligtum mit Brandopferaltar. Gefäße und Knochen. *Schicht XV:* Ältere Bronzezeit III und IV (2600–2150 v. Chr.). Höhenheilig-

tum noch immer im Gebrauch, daneben drei → *Tempel*. Maße jeweils 9 × 14 m, Eingänge in den Längswänden. Gegenüber dem Eingang der Altar. Die Stadt wurde zerstört. *Schicht XIV* (Mittelbronzezeit I [2000–1900 v. Chr.] zeigt Wiederbesiedlungsversuche. Ein Tempel blieb im Gebrauch, die ehedem solide Stadtmauer wurde durch weniger starkes Mauerwerk ersetzt. Im Innern des erhaltenen Tempels entstand ein kleiner Zusatzraum. *Schicht XIII:* Mittlere Bronzezeit II a (1900 bis 1750 v. Chr.). Auf dem Steinfundament entstand eine neue Luftziegelmauer (2 m dick). Stadttor nur für Fußgänger zugänglich (mit sog. »Schikane«). Im Heiligen Bezirk weiterhin Höhenheiligtum. *Schichten XII–X:* Mittelbronzezeit II b und c (1750–1550 v. Chr.). Alte Stadtmauer erhalten, doch Stärke verdoppelt. Häuser lehnen sich an.

240

Man betritt sie von der Straße aus, die zur Wehrmauer parallel läuft. *Schicht XI* bringt bedeutende Änderungen der Stadtbefestigung. Die Mauer ist nicht mehr aus Luftziegeln, sondern aus Stein mit Vorsprüngen und zurückgesetzten Partien, alles verstärkt durch ein mächtiges Glacis (Befestigungstyp der → *Hyksos*-Periode). Das Stadttor, nun ohne »Schikane«, erlaubt nun auch Wagen die Durchfahrt. Hinzu kommt ein Palast von gleicher Bauweise wie die üblichen Häuser, nur in sorgfältigerer Ausführung (eines der »Patrizierhäuser« W. F. Albrights). *Schichten IX und VIII* repräsentieren Spätbronzezeit I (IX: 1550–1468 v. Chr.; VIII: von der Eroberung durch Thutmosis III. bis einschließlich Amarnazeit [→ *Amarna*]). Der Palast wird auf eine Länge von 50 m vergrößert. Bedeutende Neuerung: ein Bad (→ *Badeanlagen*). Unter dem Boden eines der Räume ein Schatz von Goldschmuck und Elfenbeinarbeiten. Im Heiligen Bezirk entstand ein neuer Tempel mit einem Raum von 10×12 m, dessen Eingang von zwei massiven Türmen (Mauerstärke 3 m) flankiert wurde. M. erlebte damals eine Glanzzeit. Wenig Änderung brachte *Schicht VII* (Spätbronzezeit II [1350–1130 v. Chr.]). Doch fand man in dieser Schicht im Schatzhaus des Tempels 200 vorzüglich gearbeitete Elfenbeinplaketten. Es handelt sich um einen der größten Funde von Zeugnissen kanaanäischer Kunst. Man datiert die Objekte in die Zeit um 1140 v. Chr. Kurz darauf wurde die Stadt brutal zerstört. Die Eisenzeit ist durch die *Schichten VI und V* vertreten: *Schicht VI* (1130–1010 v. Chr.), *Schicht V* (Zeit Davids und Anfang Salomos); *IV b* (Zeit Salomos bis zum Palästinafeldzug Scheschonks [→ *Lubim*]), *Schicht IV a* (Königszeit bis zur Zerstörung durch die Assyrer [ca. 920–732 v. Chr.]). Anfangs unbedeutende Ansiedlung, langsamer Bevölkerungszuwachs, unbefestigt. Schließlich Zerstörung (vielleicht durch → *Philister*). Unbedeutend ist auch die Stadt der Zeit Davids. Erst unter Salomo wieder neuer Glanz. Imposante Kasemattenmauer,

»Zangen«-Portal (vgl. → *Gezer* und → *Hazor*). Aus der damaligen Zeit stammen der von Schumacher entdeckte Palast und die berühmten Ställe, die zur Zeit des Ahab (Achab; 875/74–854 oder 852 v. Chr.) vergrößert wurden. Ahab ersetzte auch die Kasemattenmauer durch einen einfachen Mauerzug, den Vorsprünge verstärkten. Das Stadttor entstand zu seiner Zeit in bescheideneren Proportionen neu. Ahab vollendete schließlich den von Salomo begonnenen Bau der großartigen Wasserversorgungsanlagen. Sie umfassen u. a. einen fast 30 m tiefen Schacht und einen rund 70 m langen Tunnel (vgl. → *Gezer* und → *Jerusalem* [→ *Siloah*]). Nach der Eroberung durch Tiglatpilesar III. (ca. 745–727 v. Chr. [733/32 v. Chr.]) baute man die Stadt mit aller Sorgfalt wieder auf, doch noch immer benutzte man die alten Mauern aus israelitischer Zeit *(Schicht III)*. *Schicht II* enthält eine assyrische Stadt ohne Mauern, doch mit Zitadelle. M. erhielt nie seinen alten Glanz zurück. Das Dorf, das in der Perserzeit entstand, hat nichts Nennenswertes mehr zu bieten. In der Römerzeit entstand unweit von M. eine neue Stadt: → *Legio*. *J. R. nach A. N.*

Mei Piga → *Aphek*
Memphis → *Noph*
Mensale-See → *Baal-Zaphon*; *Migdol*; *Tachpanches*
Merg Ajjun → *Ijjon*
Merg Ibn Omar → *Ajalon*

Meriba »Streitort« (→ *Haderwasser*), wo Israel, von Durst gequält, mit Jahwe »stritt«, während → *Massa* der Ort war, wo es ihn auf die »Probe« stellte. Einer der beiden Orte scheint im Gebiet von → *Kades-Barnea*, der andere dagegen bei → *Rephidim* gelegen zu haben (Exod. [2. Mos.] 17, 1–7; Num. [4. Mos.] 20, 2–13; Deut. [5. Mos.] 32, 51 und 33, 8; schließlich Psalm 95 [94], 8).
A. N. und J. R.

Merom Ortschaft in Galiläa. Versammlungsort der nordkanaanäischen Könige unter der Führung König Jabins von Chazor (→ *Hazor*) und Schau-

Eine Stadt, deren → WASSERVERSORGUNG problematisch war, war das ursprünglich nabatäische Avdat, das später in byzantinischer Zeit unter dem Namen OBODA neu erstand. Die einzigen Quellen, ca. 4 km vor der Stadt, sind leicht brackig. Doch man verstand es meisterhaft, den geringen Niederschlag zu nutzen. Luftaufnahme der teilweise rekonstruierten byzantinischen Stadt.

242

platz ihrer Niederlage gegen die Israeliten unter Josua (Josua 11, 5–7). Schon in den Annalen Thutmosis' III. (1490–1436 v. Chr.) erwähnt. Man hat Josuas Sieg über die Kanaanäer bezweifelt, weil sich der Bericht über die Eroberung Chazors (Hazors) anschließt (Josua 11, 10) und man den Israeliten nicht zutraute, eine dermaßen befestigte Stadt einzunehmen. Zumindest müsse die Schlacht »am Wasser von M.« daher später stattgefunden haben. Der archäologische Befund von Chazor (Hazor) bestätigt jedoch eher das Gegenteil. Das kanaanäische Chazor (Hazor) wurde tatsächlich bereits im 13. Jh. v. Chr. zerstört und hatte seit dem 12. Jh. seine einstige Bedeutung als kanaanäischer Stützpunkt verloren. Man hat sich auch gefragt, wie Josua mit seiner Schar die weit überlegenen, organisierten Streitkräfte der Kanaanäer derart schlagen konnte. Die Antwort fand man in der von Josua bevorzugten Überrumpelungstaktik, die Josua auch bei anderer Gelegenheit praktizierte (man denke an den 30 km langen Nachtmarsch aus → *Gilgal*, den anschließenden, gänzlich unerwarteten Überfall auf die gegen Gibeon in das Feld gezogenen Könige der Pentapolis und deren Niederlage bei der Steige von → *Beth Horon* und → *Aseka*; schließlich sollen die fünf Stadtkönige in der Höhle von → *Makkeda* umgekommen sein [Josua 10, 1–27; Nachtmarsch und Überraschungsangriff: ebd. Vers 9]). Flavius Josephus, der auch M. befestigte, als er in Galiläa den Widerstand gegen Rom organisierte, gibt zwar (*Bell. Iud.* 2, 573) *Merṓ* als Akkusativform des Ortsnamens, woraus sich – analog zu attisch *héōs* (statt jonisch *ēṓs* [= Morgenröte]) – auf eine Nominativform *Merṓs* (bzw. *Merṓth*) schließen läßt. Der Talmud spricht dagegen von Meirôn (*mērōn*). Den Namen *mērōn* bzw. *mērūn* führt der Ort noch heute. M. war berühmt für seine Gräber berühmter Rabbiner, die hohe Verehrung genossen. Man fand hier die Reste eines Synagogenbaus aus d. 2. oder 3. Jh. n. Chr. Im Gegensatz zu den meisten anderen Synagogen Galiläas, die eher einen quadratischen Grundriß aufweisen, bildete der Plan ein Rechteck von 25 m Länge zu 14 m Breite. Im Innern besaß das Bauwerk eine dreifache Säulenreihe. Seine drei Eingänge befanden sich an der → *Jerusalem* zugekehrten Südseite. Bei den beiden Seitenportalen befanden sich noch die Türstürze *in situ* (in ihrer ursprünglichen Position). Türstürze und -pfosten bestehen aus mit einfachen Architekturmotiven dekorierten Monolithen. Man betrat das Bauwerk über eine breite Treppe von vier Stufen. Im übrigen ist von der architektonischen Dekoration des Gebäudes nichts mehr erhalten.   *A. N. und J. R.*

Meroz Stadt, deren Einwohner verflucht wurden, weil sie sich nicht am Kampf der Debora und des Abinoam-Sohnes Barak gegen Sisera, den Feldherrn des in Chazor (→ *Hazor*) residierenden Kanaanäerkönigs Jabin (→ *Kischon*) beteiligt hatten (Richter 5, 23). Von einigen ganz in der Nähe von → *Kedes* in Naphtali lokalisiert, andere denken dagegen eher an das Araberdorf Mazar auf dem Gebirge → *Gilboa*.

Mesad Hashavyahu (Mʿṣad Ḥašavjāhū) Eisenzeitliche Festung an der Mittelmeerküste nördlich von → *Asdod* sowie etwa 1,25 km südlich des Hafens von Jabne (bzw. Jabneel). Im Jahre 1960 wurde sie von J. Naveh ausgegraben. Träger des Unternehmens waren der Antiken- und Museumsdienst des Staates Israel sowie die israelische Forschungsgemeinschaft. Zum Vorschein kam eine L-förmige Befestigungsanlage, ein Fort von mehr als einem halben Hektar Grundfläche. Sie umgab einen riesigen Hof mit Wällen und Kasematten sowie ein kleineres Geländestück mit drei Reihen von Bauwerken, die durch Gassen voneinander getrennt waren. Die Festungsmauern bestanden aus Ziegeln, ruhten jedoch auf einem Fundament massiver Steine. Aus behauenen Steinen bestand schließlich das Tor an der Westseite. Neben örtlicher eisenzeitlicher → *Keramik* kamen auch griechische Gefäße

von M. diesen Schluß zu, der Bibel dagegen läßt sich kein Hinweis auf eine Eroberung dieses Gebiets durch Josia entnehmen. Aufgegeben wurde der Ort bereits wieder, als unter Pharao Necho (610/9–595/94 v. Chr.) die Ägypter an der Mittelmeerküste vordrangen. Der antike Name von M. ist unbekannt.

A. N. und J. R.

Mesopotamien → *Akkad; Alalach; Amoriter; Arabien; Aram; Arvad; Assur; Babylon; Bozra; Chabor; Damaskus; Dur Scharrukin; Elam; Erech; Gosan; Kalach; Kalne; Karkar; Karkemisch; Kebar; Kuta; Moab; Nippur; Sepharwajim; Tachpanches (Handelsweg von Ägypten n. M.); Tel Abib (Babylonien); Uruk.*

Michmas Stadt auf dem Gebiet des Stammes Benjamin, etwa 12 km nördlich von → *Jerusalem.*
Die Philister lagerten hier, bevor sie die Entscheidungsschlacht gegen Saul austrugen, in der sie unterlagen (1. Sam. 14, 4–5 [Niederlage: ebd. 16 ff.]), später lag es am Weg der Streitkräfte Assurs nach Jerusalem (Jesaja [Isaias] 10, 28).
Neu besiedelt nach der Rückkehr der Juden aus dem Babylonischen Exil (Esra 2, 27; Neh. 7, 31). Jonathan der Hasmonäer (160 bis 143 v. Chr.) machte nach seinem Sieg über Bakchides M. zu seiner Basis. Er bildete hier eine Rumpfregierung und übte »das Richteramt im Volk aus« wie in alten Tagen (1. Makk. 9, 73).
In römischer Zeit war M. ein großes Dorf. Identisch mit Mukhmas *(muḫmas)*, etwa 6 km südöstlich von → *Bethel* am Rand der judäischen Wüste.

A. N.

Midian Stammesgebiet im Nordwestteil der Halbinsel → *Arabien*, am Ostufer des Golfes von Aqaba, östlich von

zum Vorschein, und dies ließ den Ausgräber vermuten, auf die Überreste einer griechischen Kolonie gestoßen zu sein. Andererseits fanden sich jedoch auch hebräische Schriftzeugnisse (= *Inschriften*), die darauf hinzudeuten scheinen, daß die Festung zeitweise zum Königreich Juda gehörte. Als bedeutendstes Ostrakon aus M. gilt ein vierzehnzeiliger hebräischer Brief aus dem Wachraum am Tor der Festung. Er enthält die Klage eines Bauern, dem man, als er bei der Erntearbeit war, wegen angeblich schlechter Arbeit wie einem Schuldner den Mantel weggenommen hatte (Ex. [2. Mos.] 22, 25 [bzw. 26] f.; Deut. [5. Mos.] 24, 10 ff.; Sprüche 20, 16 und 27, 13; Amos 2, 8). Doch hatte man einem Bedürftigen seinen gepfändeten Mantel vor Sonnenuntergang wieder zurückzugeben (Ex. [2. Mos.] a. a. O.; desgl. Deut. [5. Mos.] 24, 12 f.). Nach dem archäologischen Befund ist die Festung im letzten Drittel des 7. Jh. v. Chr. gegründet worden, anscheinend von griechischen Kolonisten. Doch schon König Josia von Juda (639/38 bis 609 [oder 628–607] v. Chr.) scheint sie erobert zu haben. Jedenfalls lassen die Sprache und der Inhalt der Inschriften

→ *Elath*, im Norden von → *Edom*, im Süden von den Königreichen Arabiens begrenzt. Zeitweise beherrschten die Midianiter Teile des Araba-Gebietes, der Negevwüste sowie der Halbinsel *Sinai*. Die Midianiter wurden zu einer Reihe arabischer Stämme gezählt, die von Abrahams Frau Ketura abstammten (Gen. [1. Mos.] 25, 2–6). Als Nomaden durchzogen sie Palästina und trieben Handel (Gen. 37, 28). Rëuël, bzw. Jethro, Moses' Schwiegervater, war Priester von Midian (Ex. [2. Mos.] 2, 16 ff.; vgl. ebd. 3, 1 und 18, 1 ff.). Zur Zeit der Richter plünderten Midianiter die von den Israeliten besetzten Gebiete (Richter 6, 1 f.). Der Besitz von Kamelen (Richter 6, 5) verschaffte ihnen Überlegenheit im Kriege und beim Handel, und tatsächlich lag hauptsächlich in ihren Händen der Landhandel mit arabischem Gold und Weihrauch (Jesaja [Isaias] 60, 6). Auch noch später werden Midianiter als nomadisierende Hirten erwähnt (Judith 2, 26). *A. N.*

Migdal-Eder Ort, wohin sich Jakob nach dem Tode Rachels zurückzog (Gen. [1. Mos.] 35, 21 [Lutherbibel: »Turm Eder«]). Der Name bedeutet »Herdenturm« und findet sich auch symbolisch auf → *Jerusalem* angewandt (Micha [Michäas] 4, 8 [die Lutherbibel hat auch hier »Turm Eder«]). Auch in der Römerzeit war der Ortsname noch bekannt. Identisch mit Sijar al-Ghanem südwestlich von Jerusalem. *A. N.*

Migdal Nunaja → *Magdala*

Migdol Der Name bedeutet »Festungsturm« und kann sich praktisch auf jedes beliebige Fort beziehen. In der Bibel bezeichnet er eine der Etappen auf dem Auszugsweg der Israeliten aus → *Ägypten* nach Kanaan hin. Die Israeliten lagerten hier, bevor sie durch das »Rote Meer« (wohl eher: »Rietmeer«, »Schilfmeer«, »Sumpfmeer«) zogen, »vor → *Pi Hachirot* zwischen M. und dem Meer vor → *Baal Zaphon*« (Ex. [2. Mos.] 14, 2; vgl. Num. [4. Mos.] 33, 7). Wie bei allen Stationen des Auszugsweges der Israeliten ist der Ortsansatz äußerst ungewiß und hängt davon ab, ob man eine Nord- oder Südroute annimmt. So stehen auch im Fall von M. zwei Auffassungen einander gegenüber. Für die Verfechter einer Südroute auf dem Fluchtweg durch die Felsmassive der Halbinsel Sinai handelt es sich wohl um eine Festung, die eine Furt an der Südspitze des Kleinen Bittersees beherrschte. Auch ein ägyptischer »Lesebuchtext«, der von der Verfolgung zweier entlaufener Sklaven berichtet, erwähnt ein »M. des Sethos Merneptah« (Papyros Anastasi 5, 19, 2–20, 6). Der ägyptische Text spricht außerdem von einer Festung (ḥetem). Man hat dies im biblischen Namen Etham wiedererkennen wollen (Num. [4. Mos.] 33, 6–8), doch braucht ḥetem ebensowenig eine bestimmte Festung zu bezeichnen wie M. Die Anhänger einer Nordroute denken an das M., das Jeremias (44, 1; 46, 14) im Zusammenhang mit Tachpanches erwähnt. In Tachpanches hat man Daphne, das heutige *Tell ed-Defenne* im Südosten des Mensale-Sees, wiedererkannt. M. dürfte folglich in dessen Umgebung gelegen haben. Hesekiel (Ezechiel) 29, 10 verflucht Ägypten »von M. bis Syene und bis zur Grenze von → Kusch«. In diesem geographischen Zusammenhang scheint M. einen nördlichen Grenzpunkt Ägyptens zu bezeichnen. Man vermutet dieses »Nordrouten«-M. auf dem *tell es-semūt* oder dem *tell el-ḥēr* in der Umgebung von *al-qanṭara*. *A. N. und J. R.*

Migron Nach 1. Samuel 14, 2 und 5 Lagerplatz Sauls südlich von → *Michmas*. Bei Jesaja (Isaias) 10, 28 dagegen nördlich von Michmas gelegen. Man hat M. daher abgesprochen, Ortsname zu sein, und hat es für eine schlichte topographische Bezeichnung (»bei der Tenne« o. ä.) erklärt. Dennoch halten nicht wenige Gelehrte M. für identisch mit Tell Migron (östlich von Michmas). *A. N.*

Minnit Stadt in → *Ammon*. »Von → *Aroer* bis M.« schlug Jephta die Ammoniter (Richter 11, 32 f.). Vielleicht ist Hesekiel (Ezechiel [27, 17]) so zu verstehen, daß die Stadt Tyros mit M. Handel trieb und Weizen aus M. bezog (die Lutherbibel beispielsweise gibt an der fraglichen Stelle: »Weizen von M. und Balsam und Honig und Öl und Mastix«; neuere Übersetzungen haben

dagegen teilweise: »Weizen, Oliven, Wachs, Honig, Öl und Mastixharz«). Einige Gelehrte identifizieren M. mit Umm el-Khanafish (nordöstlich von → *Hesbon*).

Misal Levitenstadt an der Grenze des Stammes Aser (Josua 19, 26; 21, 30 [Lutherbibel: Miseal; andere deutsche Fassungen: Mischal]). Als *Mṣir* in den → *Ächtungstexten* und im Verzeichnis der Eroberungen Thutmosis' III. (1490 bis 1436 v. Chr.) erwähnt. Identifiziert mit *tell kēsān, tell en-nahl* bzw. → *Tell Abū Ḥuwām* (alle im Gebiet von → *Akko*). *Tell kēsān* ist einer der wichtigsten Fundorte Palästinas für die Perioden Mittelbronzezeit II und Spätbronzezeit.

Misrephoth-Maim Stadt an der Südgrenze des Gebiets der Sidonier, wohin Josua nach der Schlacht an den Wassern von → *Merom* König Jabin von Chazor (→ *Hazor*) und seine Verbündeten verfolgt (Josua 11, 8). Später verheißt Jahwe dem gealterten Josua, er, Jahwe, selbst werde »alle Gebirgsbewohner vom Libanon an bis nach M. hin ... vor den Israeliten vertreiben« (Josua 13, 6). Der Ortsname scheint auf das Vorhandensein warmer Quellen hinzudeuten (die Lutherbibel gibt an beiden Stellen: »warme Wasser«). Identifiziert als Khirbet (Chirbet) al-Meshrifeh (Musheirifeh) südlich von Ras an-Naqura. Bis zum Mittelalter ständig bewohnt. *A. N.*

Mizpa a) Stadt im Land Gilead, wo Jakob mit Laban ein Bündnis abschloß, das durch Errichtung eines Denksteins (→ *Masseben*) und eines Steinhügels bekräftigt wurde (Gen. [1. Mos.] 31, 44 ff. [der Name M. fällt ebenda 49]). In M. war es, wo der Gileaditer Jephta »alle seine Anliegen dem Herrn« vortrug (Richter 11, 11), und an anderer Stelle erfahren wir, daß M. die Heimat Jephtas war (ebenda 11, 34). Unter dem Namen *Maspha* erscheint die Stadt in hellenistischer Zeit. Sie wurde von Judas Makkabäus erobert, geplündert und in Brand gesteckt. Alle männlichen

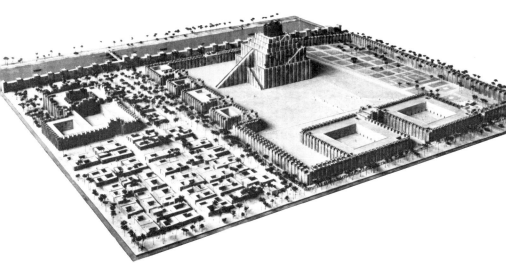

Von der Großzügigkeit altmesopotamischer Tempelanlagen, wie man sie in → BA-BYLON und anderswo vorfand, vermittelt dieses Modell eines Tempels mit Ziqqur-rat einen Begriff. Vgl. auch die Abbildung des rekonstruierten Ischtartors (oben S. 86).

Bewohner ließ Judas töten (1. Makk. 5, 35). Nach Eusebios lag M. 15 römische Meilen von Philadelphia (→ *Rabbath Ammon*) entfernt am → *Jabbok*. Möglicherweise er-Ramtha südwestlich von → *Edrei (Der'ā)*.   A. N. und J. R.

b) Großartig befestigte Stadt an der Nordgrenze von Juda. Die Grenzlage läßt sich archäologisch ableiten. Und zwar fand man auf dem *Tell en-Naṣbe*, der meist mit M. identifiziert wird, neben zahlreichen anderen Kleinfunden auch Königssiegel von Juda, im benachbarten → *Bethel* jedoch nicht. Die Folgerung liegt nahe, daß zwischen beiden Städten die Grenze lag. M. befand sich an der Straße von → *Jerusalem* nach → *Sichem*. In der Frühphase der Eisenzeit gehörte es zum Stamm Benjamin (Josua 18, 26). Zur Zeit der Richter und Samuels war M. ein bedeutendes religiöses und politisches Zentrum der Israeliten. Israels zwölf Stämme versammelten sich hier und zogen von hier gegen die → *Philister* zu Felde (1. Sam. 7, 5–16). Hier fand auch der Kriegsrat statt, bei dem man das Verbrechen der

Gibeaner zu rächen beschloß (Richter 20, 1 ff.). Die hier beschlossene Strafexpedition gegen Gibea hatte beinahe die vollständige Ausrottung des Stammes Benjamin zur Folge (→ *Rimmon*). Um dem dezimierten Stamm wiederaufzuhelfen, vernichtete man anschließend die Stadt → *Jabes-Gilead* und ließ nur 400 Mädchen am Leben, die man den übriggebliebenen Benjaminiten zu Frauen gab. Als Anlaß bot sich an: Jabes-Gilead war beim Kriegsrat von M. nicht vertreten und daher von den dort anwesenden Stämmen verflucht worden (Richter 21, 5 und 8). Neben Bethel und → *Gilgal* war M. auch einer der Orte, wo Samuel das Richteramt ausübte (1. Samuel 7, 16). Schließlich wurde Saul in M. von Samuel zum König proklamiert, nachdem Samuel ihn zuvor schon in → *Rama* zum *nāgīd* (»Anführer«, »Prinz«, »Fürst«) gesalbt hatte und bevor seine eigentliche Einsetzung als König in → *Gilgal* stattfand (1. Sam. 10, 1 [Salbung Sauls in Rama]; ebd. 10, 17–25 [Königsproklamation in M.]; schließlich ebd. 11, 14 f. [endgültige Investitur Sauls in Gilgal]). Nach dem Bündnis König Asas von Juda (914 [908 bis 874 [867] v. Chr.) mit Ben Hadad von Aram (1. Kön. 15, 17; 2. Chron. 16, 1) wurde der von König Bascha (Baesa) von Israel begonnene Ausbau der Festung Rama abgebrochen und die Baumaterialien in Asas Auftrag zur Verstärkung der Befestigungsanlagen von M. verwendet. Wenn M. wirklich mit *Tell en-Naṣbe* identisch ist, muß es einst einen eindrucksvollen Anblick geboten haben. Man hat seine Befestigung zu den »furchterregendsten Befestigungsanlagen des Reiches Juda« gezählt. Ursprünglich war die Stadtmauer 6 m dick, unten sogar noch breiter. Später wurde sie teilweise auf 7,8 m verstärkt. *Tell en-Naṣbe* hatte ein Befestigungssystem des Glacis-Typs, d. h.: auf den unteren Mauerteil war eine dicke Verkleidung gelegt, die ein Ersteigen unmöglich machte. Oder – mit anderen Worten –: der untere Mauerabschnitt war in eine dicke Wallanschüttung eingebettet. Die Außenseite dieses Glacis bestand aus einer Stampfung und war mit einer glatten Schicht von Pflastersteinen bedeckt. Parallelen dieses Typs finden sich beispielsweise in → *Arad*, Chazor (→ *Hazor*), → *Lachis* und → *Megiddo*. Teile der Wehrmauer erheben sich noch heute bis zu einer Höhe von 7,5 m, doch muß ihre ursprüngliche Höhe mehr betragen haben. Stark befestigt war das Tor im Nordosten. Es ist durch einen indirekten Zugang charakterisiert – eine Bauweise, für die *Tell en-Naṣbe* der erste sichere Beleg ist. Später begegnet der gleiche Typ wieder in → *Tell Beth Mirsim* A 2 und in Lachis II, noch später im Damaskustor von → *Jerusalem*. Für → *Samaria* (älter als *Tell en-Naṣbe*) ist er nicht mehr mit Sicherheit nachzuweisen. Flankiert wird das Tor von zwei Paaren von Pfeilervorsprüngen, die beiderseits je eine Wachkammer bilden. Dies erinnert an einen ähnlichen Tortyp in Nordsyrien und hat sein Vorbild wohl im älteren Osttor von Tell Beth Mirsim. Steinbänke säumten die Wände der Turmgemächer und den Eingangshof, denn am Tor trafen sich die Älte-

Ostrakon aus TELL QASILE. *Es erwähnt »30 Schekel* ZAHAB OFIR *(›Ophirgold‹ = einfach ›Feingold‹ [?])«.* → OPHIR *war eines der sagenhaften »Goldländer« der Bibel.*

sten und die beratenden Ausschüsse der Stadt zur Erledigung offizieller Angelegenheiten. Man erinnere sich beispielsweise, wie Abraham am Stadttor von Hebron seinen Kaufvertrag abschloß, aufgrund dessen ihm das Grundstück → *Machpela* zugesprochen wurde (Gen. [1. Mos.] 23, 7–10). Dies galt für die Patriarchenzeit, doch wesentlich anders dürften auch im judäischen M. die Bräuche kaum gewesen sein. Ein anderes wichtiges Bauwerk war ein Bau mit Pfeilern (oder → *Masseben*?), der abermals in Hazor und Tell Beth Mirsim seine Entsprechung findet. Als Sonderform eisenzeitlicher Hausgrundrisse gilt die ebenso in *Tell en-Naṣbe* wie auf dem *tell ǧemme* anzutreffende Hausform mit drei nebeneinandergestellten Langräumen und einem über die ganze Breite hinweg vorgelagerten Querraum. Auch in Sichem hat man diesen Haustyp angetroffen, den man mit dem ägäischen Megaron-Haus verglichen hat.

Nach der Zerstörung des ersten Tempels durch die Babylonier (586 v. Chr.) war M. Residenz des Statthalters Gedalja (2. Kön. 25, 23; Jerem. 40, 6–10), und tatsächlich fand sich in *Tell en-*

Naṣbe ein Krugstempel (Krugsiegel) mit der Aufschrift: »Dem Jaasanja, dem Knecht des Königs, gehörig.« Es könnte sich um jenen Jaasanja handeln, von dem in der Bibel im Zusammenhang mit Gedaljas Wirken in M. die Rede ist (2. Kön., a. a. O.; Jerem. 40, 8). Das Siegel ist außerdem bedeutungsvoll, weil es die erste Darstellung eines Haushuhns enthält. Es ist damit das älteste Zeugnis für Hühnerzucht auf biblischem Boden, nicht aber für Hühnerzucht überhaupt. Vielmehr wird das Huhn als Geschenk des Königs von → *Assur* an den Pharao von → *Ägypten* schon im 15. Jh. v. Chr. erwähnt. Daß man Eier und Geflügel nicht prinzipiell verschmähte, zeigt eine Reihe von Bibelstellen (Deut. [5. Mos.] 22, 6 f.; 1. Kön. 5, 3 [= 4, 23]; Jesaja [Isaias] 10, 14; Luk. 11, 12; Matth. 26, 34 und 74 f.; Mark. 14, 30 und 72; Luk. 22, 34 und 60 f. sowie Joh. 13, 38 und 18, 27). Allerdings ist nur im Neuen Testament im Zusammenhang mit der Passion Jesu ausdrücklich von einem »Hahn« (griech. *aléktōr*, lat. *gallus*) die Rede. Ausdrücklich erwähnt die Bibel – vor allem das Alte Testament – dieses Tier sonst nicht. Man war daher der Meinung, es sei erst in der Perserzeit in Palästina häufiger geworden. Das Hahn-Krugsiegel von *Tell en-Naṣbe* korrigiert diese Auffassung jedoch. Schließlich war M. Distriktshauptstadt der Perserzeit. Nach Neh. 3, 15 arbeitete am »Brunnen« oder »Quelltor« von Jerusalem »Schallum, der Sohn des Kol-Chose, der Vorsteher des Bezirks M.«.
An → *Keramik* hat *Tell en-Naṣbe* neben spätchalkolithischer (spät-kupfersteinzeitlicher) Ware der Typen A und B typische Philisterware (→ *Philister*) sowie sog. *collar-rim-pithoi* des 12. und 11. Jh. v. Chr. erbracht, die von neueingewanderten Gruppen, wohl den landnehmenden Israeliten, stammten. Die spätere Töpferware zeugt vom Handel mit der Welt der Ägäis. Und zwar fand man griechische Vasen ebenso wie Gefäße, die kleinasiatischen Einfluß (besonders den der Stadt Klazomenai) verraten. Andere bedeutsame

Kleinfunde sind Steingewichte (wie in En-Gedi, in Jerusalem und Lachis). Obwohl die Wahrscheinlichkeit nicht gering ist, daß M. und *Tell en-Naṣbe* identisch sind, fehlt es doch nicht an Gelehrten, die M. in *nebi samwīl* lokalisieren, das wieder andere für identisch mit der alten Kultstätte Gibeon (1. Kön. 3, 3 ff.; 2. Chron. 1, 3) oder mit → *Rama* halten, von wo König Asa das Baumaterial zur Befestigung M.s bezog (1. Kön. 15, 22; 2. Chron. 16, 6).

A. N. und J. R.

Moab Fruchtbares Tafelland östlich des → *Toten Meeres* zwischen → *Ammon* und → *Edom*. Die Königsstraße, eine Route, die den Süden mit Syrien sowie mit Mesopotamien verband, führte durch den Ostteil des Landes. Nach der Bibel waren M.s erste Bewohner die → *Rephaiter, Susiter und Emiter* (Gen. [1. Mos.] 14, 5). Möglicherweise bezieht sich der in den → *Ächtungstexten* erwähnte Name *Sheth* auf M. (vgl. Num. [4. Mos.] 24, 17 [»Söhne Sets«]). Nach Ausweis der archäologischen Befunde war M. bereits im Chalkolithikum (der Kupfersteinzeit) besiedelt. Noch dichter war die Besiedlung in der Eisenzeit (etwa vom 13. Jh. v. Chr. an). Damals entstanden Festungen längs seiner Grenzen. Es ist die Zeit, in der Ramses II. (1290–1223 v. Chr.) seine Strafexpedition gegen M., Edom und den Negev unternahm. Ramses' Reliefs in Luxor zeigen die Kapitulation von Boteret in M., desgleichen die Festung Dibon. Zwischen Israel und M. herrschte ständiger Kriegszustand (Num. [4. Mos.] Kap. 22, 2; Könige 1, 1; 3, 4 f.). Die Stämme Ruben und Gad eroberten Teile des Landes der Amoriter, das zuvor zu M. gehört hatte (Num. [4. Mos.] 21, 25 f.). Auch zur Zeit der Richter war Krieg zwischen Israel und M. (Richter 3, 12). Saul kämpfte gegen M. (1. Samuel 14, 47), und David vollendete die Unterwerfung des Landes (2. Sam. 8, 2). Während Salomos Regierungszeit herrschten jedoch freundliche Beziehungen zwischen M. und Israel. Salomo hatte sogar moabitische Frauen in seinem Harem und erbaute auch ein Heiligtum für M.s Gott Kamosch (1. Könige 11, 1 und 7). Nach der Teilung Israels gewann M. seine Unabhängigkeit wieder. Omri von Israel (886 [882] bis 875 [871] v. Chr.) eroberte M. Doch zur Zeit seines Sohnes Achab (Ahab, 875 [874] bis 854 [852] v. Chr.) war M. wieder selbständig. Dies bestätigt auch der »Mesastein«, die berühmte Stele des Moabiterkönigs Mesa (Mescha [heute im Louvre]). In seinen Annalen berichtet Sargon II. (722/21–705 v. Chr.) von der Eroberung M.s, dessen Streitkräfte später unter assyrischem Befehl gegen die Araber kämpften. Später gehörte M. zum babylonischen und, ab 539 v. Chr., zum Perserreich. Etwa im 4. oder 3. Jh. v. Chr. drangen die Nabatäer in Moab ein, nachdem sie Edom unterworfen hatten. Seit 106 n. Chr. gehörte M. zur Provincia Arabia, und die Städte Rabbathmoba und Characmoba (→ *Kir Moab*) waren Verwaltungszentren. Noch in spätrömischer und byzantinischer Zeit war M. ein blühender Teil des römischen, bzw. byzantinischen Reiches.

A. N.

Möbel Das Mobiliar eines Privathauses biblischer Zeit war spartanisch. Es bestand aus einem Bett, einem Tisch und Stühlen. So sprach die »vornehme Frau« aus → *Sunem*, bei der der Prophet Elisa (Elisäus) einzukehren pflegte, der später ihren Sohn wieder zum Leben erweckte (vgl. → *Sarepta*), zu ihrem Mann: »Wir wollen ein kleines, gemauertes Obergemach einrichten und ihm dort Lagerstätte, Tisch, Stuhl und Leuchter hineinstellen. Wenn er dann zu uns kommt, kann er sich dorthin zurückziehen!« (2. Kön. 4, 10).

Bett: Meist schlief man auf dem Boden oder auf einer Luftziegelbank. Als Unterlage und Decke dienten dabei die Kleider. Beispielsweise hatte jemand, der einen Mantel zum Pfande genommen hatte, diesen bis Sonnenuntergang seinem Besitzer zurückzugeben, »denn es ist ja seine einzige Decke. Es ist seine Umhüllung für seinen Leib. Worin soll er sonst schlafen?« (Ex. [2. Mos.] 22, 26). Und an anderer Stelle heißt es: »Er soll sich in seinem Mantel schlafen legen« (Deut. [5. Mos.] 24, 23; vgl. Amos 2, 8: »Sie strecken sich neben jedem Altar auf gepfändeten Kleidern aus«). Die Klage um einen nicht zurückerstatteten gepfändeten Mantel ist Gegenstand eines Briefs auf einem Ostrakon (einer beschrifteten Scherbe) aus → *Mesad Hashavyahu* (M'ṣad Ḥašavjāhū). Nur Angehörige der Oberschicht konnten sich wirklich Betten leisten. Wie diese Betten aussahen, zeigen Funde aus → *Ägypten*. Sie bestanden aus einer Holzpritsche mit 4 Metallfüßen. Auf die Holzfläche wurde ein leinenes Laken gebreitet. Darauf türmte man Kissen übereinander, und nicht selten erreichte das ganze Gebilde im Endergebnis eine solche Höhe, daß man ein Trittgestell brauchte, um hinaufzuklettern. Eines der 1888/89 von Max Ohnefalsch-Richter in Tamassos (Zypern) durchforschten Königsgräber enthält einen steinernen Sarkophag in der Art eines solchen Bettes mit »Trittbrett«. Eine lunettenförmige Vorrichtung am Kopfende stützte den Kopf des Schläfers und sorgte für eine erhöhte Kopflage (vgl. Gen. [1. Mos.] 47, 31 [Jakob bei Joseph in Ägypten], wo von einem – offenbar besonders gekennzeichneten – »Kopfende seines Lagers« die Rede ist). Die Assyrer zogen demgegenüber ein weiches Kissen als Kopfstütze vor. In Palästina waren es vor allem Könige und wirklich Wohlhabende, die Betten besaßen (1. Sam. 19, 13 ff. [Michal rettet David vor Sauls Mordanschlag, indem sie ein »Götzenbild« statt Davids ins Bett legt]; 2. Sam. 4, 7 und 11 [Eschbaal, den die Bibel wegen seines Baalsnamens *Iš-bōšet*, »Schandmann«, nennt, wird bei der Mittagsruhe auf seinem Bett ermordet]; 2. Kön. 1, 4 und 6 [dem König Achasja von Israel ⟨854/53 bzw. 852/51 oder 843/42 v. Chr.⟩, der aus dem Obergeschoß seines Palastes in → *Samaria* gestürzt war und seine Genesung Boten zum Baal-Zebub ⟨Baal-Zebul⟩ von → *Ekron* geschickt hatte, wird durch Elias verheißen: »Von dem Bett, das du bestiegen hast, sollst du nicht mehr aufstehen, denn du mußt be-

Anthropoider (menschengestaltiger) Phi-lister-Sarkophagdeckel aus → BETH-SEAN. Sarkophage dieser Art gehören zur charakteristischen Hinterlassenschaft der → PHILISTER-Kultur.

stimmt sterben«]). Die Betten der damaligen Zeit waren leicht transportabel (so befahl Saul: »Bringt ihn [nämlich den David] mitsamt dem Bett zu mir herauf, damit ich ihn töte« [1. Sam. 19, 15]). Wenn man Gäste bewirtete, diente die Bettstatt gleichzeitig als Liege beim Gastmahl. Nachdem Saul sich hatte von der »Hexe« von → En-Dor, die für ihn den Geist des toten Samuel beschwor, und von seinen Knechten zum Essen nötigen lassen, stand er »vom Boden auf und setzte sich auf das Ruhelager«, und das Nachtmahl konnte beginnen (1. Samuel 28, 23). Wenn man über die nötigen Mittel verfügte, legte man offenbar Wert auf gutes Bettzeug, das man überdies zu parfümieren pflegte. So spricht im Buch der Sprüche (dort 7, 16 ff.) die Verführerin zum Toren: »Ich habe mit Decken mein Lager bereitet, mit Tüchern aus ägyptischem Leinen. Mein Bett habe ich mit duftender Essenz besprengt, mit köstlicher Myrrhe, mit Aloe und Zimt. Komm, wir wollen uns lieben bis zum Morgen, wir wollen in Liebeslust

schwelgen!« Ein so wohlversehenes Bett galt als Inbegriff des Reichtums, und Amos droht denen, »die da in Samaria in der Ecke des Ruhelagers und auf den Polsterkissen ihrer Betten sitzen« (Amos 3, 12). Erst recht galt dies von Betten, deren Gestelle mit Elfenbeinarbeiten versehen waren. Betten dieser Art waren ein besonderer Luxus, und Amos ruft: »Wehe über die, die auf Elfenbeinlagern ruhen und sich auf ihren Betten ausstrecken« (Amos 6, 4). Betten ägyptischen Stils kamen an einigen Stellen Palästinas bei Ausgrabungen zum Vorschein.

Tische: Obwohl Tische wahrscheinlich zum üblichen Mobiliar des biblischen Zeitalters gehörten, fanden sich Möbelstücke, die unseren Vorstellungen von einem Tisch entsprechen, nur in den Häusern Wohlhabender. Üblicherweise saßen die Israeliten auf dem Boden (Gen. [1. Mos.] 37, 25; Ex. [2. Mos.] 32, 6; Ruth 2, 14 [an all diesen Stellen ist davon die Rede, daß man sich zum Essen »niederließ«]), und als Tisch diente entweder eine Tierhaut, ein Tuch oder ein Holzbrett. Nach Auffassung mancher Gelehrter waren die »Tische«, von denen die Bibel spricht, überhaupt keine Tische in unserem Sinn, sondern Speisebretter, die die Funktion hölzernen Geschirrs erfüllten: Man aß unmittelbar von ihnen – d. h.: Die Speisen lagen unmittelbar auf dem Holz. So sind nach Ansicht der betr. Gelehrten die beiden Stellen der Evangelien (Matth. 15, 27; Mark. 7, 28) zu verstehen, wo von Brosamen die Rede ist, die vom »Tisch« herabfallen. Später wurden dann die Speisebretter der einzelnen Esser vergrößert, und je mehr man keramisches oder metallenes Geschirr verwendete, desto mehr verlor das Speisebrett seine ursprüngliche »Geschirr«-Funktion und wurde zum »Tablett« – zur Unterlage für das eigentliche Geschirr. Man vergrößerte es, daß es für mehrere Personen reichte, und legte es auf ein niedriges Gestell, damit es allen Essenden gleichmäßig zugänglich war. Schließlich wurde die Platte fest mit dem Gestell

Philisterkanne.

verbunden. Aus dem (aus einem Speisebrett hervorgegangenen) »Tablett«, das nach Bedarf auf einen Untersatz gelegt wurde, war ein echter, wenn auch noch immer niedriger, Tisch geworden.

Sitzgelegenheiten: Drei Typen von Sitzgelegenheiten waren in Palästina im Gebrauch:

1. Ein niedriger Schemel, ohne Füße, zum Sitzen oder auch nur zum Ausruhen der Füße bestimmt, während man auf einer höheren Sitzgelegenheit Platz genommen hatte (Klagel. 2, 1). Zur letzterwähnten Art gehören Faltstühle. Sowohl Faltstühle als auch Schemel haben ihren Ursprung in Syrien. Von dort aus gelangten sie zur Zeit des Mittleren Reiches nach Ägypten.

2. Bei einem weiteren Typ handelt es sich um einen Stuhl mit Rückenlehne, manchmal auch mit Fußstütze. Auch als Klappstuhl mit Rückenlehne findet man diese Art Sitzmöbel ausgebildet.

3. Mit Rücken- und Seitenlehnen (Armstützen) sind schließlich Sitzgelegenheiten eines dritten Typs versehen. Es handelt sich um echte Sessel. Sessel dieser Art, oft kunstvoll verziert, gehörten zum Mobiliar von Königen und Fürsten. Den Thronsessel Salomos hielt man einer eigenen Beschreibung für wert. Er war »aus Elfenbein und mit Gold überzogen« (offenbar mit Elfenbein und Gold verziert). Sechs Stufen führten zu ihm hinauf. Sie waren – wie der Thron selbst – von Löwen flankiert. »Noch für kein Königreich«, so schließt diese Schilderung selbstgefällig, »ist je etwas Derartiges angefertigt worden« (1. Kön. 10, 18–20).

Eine im Vergleich zu heute eher spartanische Ausstattung mit Mobiliar kennzeichnet sogar noch die Römerzeit. Die bewegliche Einrichtung bestand damals aus Betten, Tafelliegen (griechische Erfindung [von den Römern um Rückenlehnen bereichert]), hölzernen Tischchen und Stühlen in gewöhnlichen, sowie solchen aus Marmor und Bronze in wohlhabenderen Häusern. Der Beleuchtung dienten Bronzekandelaber.

A. N. und J. R.

Modein Dorf, etwa 12 km östlich von Lydda (→ Lod), Heimat und Begräbnisstätte der Makkabäerfamilie (1. Makk. 2, 1, 15, 23 und 70; 9, 19; 13, 25 und 30). Simon (143–134 v. Chr.) erbaute hier ein Mausoleum für den Hohenpriester Jonathan (160–143 [Hoherpriester seit 152] v. Chr.). Flavius Josephus beschreibt das Makkabäergrab (*Antiquitates Iudaicae* 13, 211): »Simon baute auch ein sehr großes Denkmal aus poliertem weißem Stein. Er führte es auf bis zu großer und beträchtlicher Höhe und errichtete monolithische Pfeiler (aus einem einzigen Block), so daß dieses Bauwerk einen wundervollen Anblick bot. Außerdem errichtete er für seine Eltern und seine Brüder sieben Pyramiden, für jeden Verstorbenen eine, so daß man sich über die Größe und Schönheit dieser Bauwerke wundert. Sie sind bis auf den heutigen Tag erhalten.« Noch Eusebios berichtet von den Makkabäergräbern, die er noch im 4. Jh. n. Chr. gesehen haben will (*Onomastikon* 132, 16), und noch die byzantinische Mosaiklandkarte von → Madeba verzeichnet diese Denkmäler mit der Beischrift »Modein, heute Moditta, von wo die Makkabäer (stammen)«. Heute lokalisiert man M. in Khirbet (Chirbet) al-Midya. Hier wurden Überreste einer Ansiedlung aus der Eisenzeit festgestellt, desgleichen Felsgräber. Doch bisher kam noch keine Spur der Monumente zum Vorschein, die Josephus beschreibt. *A. N.*

Moditta → *Modein*

Molada Stadt in der jüdäischen Negev (Josua 15, 26), zum erlosten Erbbesitz des Stammes Simeon gehörig (ebd. 19, 2). Nach der Rückkehr aus dem Babylonischen Exil neu besiedelt (Nehemia 11, 26). Nach einigen Gelehrten identisch mit Khirbet (Chirbet) el-Watan, etwa 13 km südöstlich von → *Beerscheba*.

More a) Kleiner Hügel in der Ebene von Jesreel zwischen dem Tabor und den Höhen von → *Gilboa*. Hier lagerten die Midianiter (→ *Midian*), während Gideon an der Quelle → *Harod* Lager ge-schlagen hatte (Richter 7, 1). Heute Dschebel Nebi Dahi südlich des Tabor. A. N.

b) »Hain« oder vielmehr Eiche: Vgl. → *Orakeleiche*. J. R.

Moreseth-Gath In der → *Šefīla*, Ge-burtsort des Propheten Micha (Michäas [Mich. 1, 14; Jerem. 26, 18]). Bisherige Lokalisation auf dem *tell al-ǧudēde* (im N. von → *Beth Gibrin*) inzwischen zu-rückgewiesen. Dennoch wohl in der dortigen Umgebung zu suchen. A. N.

Moria Land, wo Abraham seinen Sohn Isaak zum Opfer darbringen sollte (Gen. [1. Mos.] 22, 2), später Name einer An-höhe im Gebiet von → *Jerusalem*, wo sich die Tenne des → *Jebusiters* Orna bzw. Arauna (Aravna) befand. Hier soll Jahwe David erschienen sein, David er-richtete hier einen Altar, und später erhob sich hier der Salomonische → *Tempel* (2. Samuel 24, 16 ff.; vor allem aber 2. Chron. 3, 1). Es handelt sich mithin um den Jerusalemer Tem-pelberg, auf dem auch die Nachfolger des Salomonischen Tempels (die Tem-pel Serubbabels und Herodes') standen. Heute befindet sich hier die mächtige Plattform mit Herodianischem Mauer-werk, die den »Felsendom« (*Qubbet eṣ-Ṣaḫra* [fälschlich oft als »Omar-Mo-schee« bezeichnet]), den kleineren »Ket-tendom« (Qubbet es-Silsile) und die eigentliche Omar-Moschee (Aqsa-Mo-schee) trägt. A. N. und J. R.

Mosaiken → *Ainon (Madeba-Mosaik); Beerscheba (Madeba-Mosaik); Beth-Al-pha; Bethanien (Madeba-Mosaik); Beth-Gibrin; Beth Jerach; Bethlehem; Beth-Sean; Eschtemoa; Flavia Neapo-lis (Madeba-Mosaik); Gilgal (Madeba-Mosaik); Golgatha (Madeba-Mosaik); Gophna (Madeba-Mosaik); Hamath-Gader; Hamath-Tiberias; Japhia; Jeru-salem (Madeba-Mosaik); Kallirhoe; Kana; Kir Moab (Madeba-Mosaik); Ma-deba; Modein (Madeba-Mosaik); Na-* zareth; Nebo; Nymphäum (Madeba-Mosaik); Phasaelis (Madeba-Mosaik).

Mosera → *Moserot*

Moserot Lagerplatz der Israeliten bei ihrem Auszug aus → *Ägypten* (Num. [4. Mos.] 33, 30) zwischen → *Chasch-mona* und → *Bene-Jaakan*, unter der Namensform *Mosera* in die Nähe des Ortes verlegt, wo Aaron starb (Deut. [5. Mos.] 10, 6 [vgl. → *Hor*]). Wohl zwischen Avdat und → *Kades-Barnea* zu suchen. A. N.

Moza Stadt in Benjamin (Josua 18, 26). In hellenist.-röm. Zeit: *Ammous*, spä-ter röm. Kolonie (*colonia*), woraus arab. *Qalunije*. Heute Ḥirbet bēt Mizze bei Qalunije, etwa 17 km östlich von → *Jerusalem*. Ganz nahe dabei das heu-tige israel. Dorf Motza. A. N.

Mugaret (Höhle) → *Abu Sif; Geula-Höhlen; Hajonim-Höhle; Iraq al-Ba-rud; Kebara-Höhle; Sahbahöhle; Skhul-Höhle; Šuqba-Höhle; Taban-Höhle; Umm-Naque-Höhle; Wad-Höhle.*

Mukhmas → *Michmas*
Munhata → *Astarte*

Mutatio Certha Antike Poststation an der palästinensischen Küstenstraße zwi-schen → *Akko* und → *Caesarea*, an der Grenze zwischen Phönikien und Nord-palästina (Pilger von Bordeaux [333 n. Chr.], Itinerar [19, 10]). Der Ort hieß M., weil man hier einen Wechsel (lat. *mutatio*) der Pferde vornahm. Mög-licherweise war M. identisch mit der alten Sebuloniten-Levitenstadt → *Kar-tha* (Josua 21, 34). Man sucht beide auf dem Gelände bzw. in der Umgebung von → *'Atlīt* (= nördlich von Dor). Während es sich bei Kartha wohl um Khirbet Dustrei innerhalb der Mauern von *'Atlīt* handelt, dürfte M. etwas im Norden von *'Atlīt* gelegen haben, wo 1969 Reste einer antiken Poststation zum Vorschein kamen. J. R.

N

Nabatäer → *Ackerbau*; *'Ain Boqeq*; *Arabien*; *Aroer*; *Beerscheba*; *Bozra*; *Damaskus*; *Dibon*; *Hauran*; *Hesbon*; *Idumäa*; *Iram*; *Madeba*; *Moab*; *Rabbath-Ammon*; *Rabbathmoba*; *Salcha*; *Tempel*; *Thamar*.

Nablus → *Flavia Neapolis*.

Nahalal, Nahalol Levitenstadt auf dem Gebiet des Stammes Sebulon (Josua 19, 15; 21, 35). Allerdings wurde sie dieser Bestimmung niemals zugeführt weil sie unerobert und infolgedessen kanaanäisch blieb (Richter 1, 30). Der Jerusalemer Talmud erwähnt den Ort unter dem Namen *Mahalul*, weshalb man ihn in neuerer Zeit mit dem arabischen *Malul* identifiziert hat, das etwa 6 km westlich von → *Nazareth* in der Ebene von Jesreel liegt. Allerdings ist dieser Ortsansatz nicht unbestritten geblieben. Andere Gelehrte ziehen die Gleichsetzung mit Tell en-Nahl südlich von → *Akko* vor. A. N.

Naharija → *Astarte*; *Tempel*
Nahr al-'auǧa → *Jarkon*
Nahr al-Awadj → *Paran*
Nahr al-Muqatta → *Kischon*
Nahr ez-Zarka → *Jabbok*
Naqb es-Safa → *Akrabbim-Steige*
Nar Kabaru → *Kebar*
en-Nasira → *Nazareth*
Natoufien → *Ackerbau*; *'Ain Sachri*; *Hajonim-Höhle*; *Iraq al-Barud*; *Kebara-Höhle*; *Šuqba-Höhle*; *Tor-Abu-Sif-Terrasse*; *Wad-Höhle*.

Nave Hauptstadt von → *Baschan*, östlich der Jordanlinie. Obwohl in der Bibel nicht erwähnt, scheint es ein sehr alter Ort zu sein, zumal die Siegeslisten Thutmosis' III. (1490–1436 v. Chr.) den Namen erwähnen. Als Naoun erscheint N. in frühhellenistischen Urkunden. Häufig erwähnen es jüdische und andere Quellen der spätrömischen und byzantinischen Zeit. Eusebios (*Onomastikon* 36, 2–6) erwähnt N. als eine »Stadt der Juden«. N. ist auch auf der Peutingerschen Tafel verzeichnet. Im 6. Jh. n. Chr. war N. eine christliche Stadt. Doch bis ins Mittelalter existierte hier noch eine jüdische Gemeinde. Der Ort wurde in der zweiten Hälfte des 19. Jh. wiederholt von Gelehrten besucht. Die letzte Untersuchung führten in den dreißiger Jahren unseres Jahrhunderts L. A. Mayer und E. Reifenberg im Auftrag der Israel Exploration Society durch. Sie beschrieben die Reste mehrerer Bauwerke. Eines dieser Gebäude war eine Synagoge. Ihre Architekturfragmente zeigten Darstellungen der Menora (bzw. des Siebenarmigen Leuchters) und anderer jüdischer Symbole. Türstürze, die einst zur Synagoge und anderen jüdischen Bauten gehört hatten und gleichfalls mit derartigen Symbolen geschmückt waren, hatte man beim Bau der Häuser des heutigen Dorfes Nawa, das den alten Namen bewahrt hat, wieder vermauert. Ein Stein trägt eine teilweise erhaltene aramäische Weihinschrift. A. N.

Nazareth Kleiner Gebirgsort im südlichen Grenzgebiet Galiläas. Jesus verbrachte hier seine Kindheit und Jugend

Von der Frühbronzezeit bis zur byzantinischen Periode fand in → PHUNON *Kupfer-bergbau statt. Kupfer gab einer eigenen Kulturstufe, der Übergangsphase von der Jungsteinzeit zur Bronzezeit, ihren Namen (Chalkolithikum = »Kupfersteinzeit«). Aus der »Kupfersteinzeit« stammen die abgebildeten Kupfergefäße, die in der sogenannten »Schatzhöhle« in der judäischen Wüste zum Vorschein kamen. Phunon war eine der Etappen auf dem Auszugswege der Kinder Israels aus Ägypten.*

und brach von hier in die Städte und Dörfer Galiläas auf (Matth. 2, 23; Mark. 1, 9; Luk. 1, 26; 2, 4; 2, 39 und 2, 51). Das Neue Testament erwähnt eine Synagoge, die sich hier befand. Auch Jesus predigte hier, sah sich jedoch nicht für voll genommen und soll daher den Ausspruch getan haben: »Nirgendwo gilt ein Prophet weniger als in seiner Vaterstadt« (Matth. 13, 53 bis 57; Mark. 6, 1–4; Luk 4, 16–24). Dies mag wohl einer der Gründe dafür gewesen sein, daß Jesus → *Kapharnaum* vorzog. Möglicherweise war N. zur Zeit Jesu kein besonders angesehener Ort.

So fragt Nathanael den Philippus: »Kann denn aus N. etwas Gutes kommen?« (Joh. 1, 46), und archäologisch ist das alte N. nur durch Wohnhöhlen und durch eine Quelle repräsentiert, die seit dem 11. Jh. unserer Zeitrechnung den Namen Mariens trägt. Daß der Ort jedoch zur Zeit Jesu bewohnt war, zeigen Kleinfunde, die eine kontinuierliche Besiedlung von etwa 900 v. Chr. bis 600 n. Chr. bezeugen. Unter dem Inventar fanden sich auch Stücke aus der Zeit Herodes' des Großen (37 bis 4 v. Chr.). Schließlich sind noch weit ältere, prähistorische Höhlenwohnungen zum Vorschein gekommen. Zur Zeit des Jüdischen Krieges, der mit der Einnahme → *Jerusalems* durch Titus und der Zerstörung des Zweiten Tempels (70 n. Chr.) sowie dem Fall von → *Masada* (73 n. Chr.) endete, war auch N. Kampfschauplatz. Galiläa war Hochburg des Widerstands gegen Rom, der hier von Flavius Josephus organisiert worden war. Nur 5 km nördlich von N., in Sepphoris, lag damals auch eine römische Garnison, deren Belegschaft plündernd durch das Land zog, und nur 2,5 km war → *Japhia* entfernt, bei dessen Einnahme durch die Römer (13. Juli 67 n. Chr.) nicht weniger als 15 000 Einwohner ums Leben kamen. Nach der Zerstörung Jerusalems und dem Ende des Zweiten Tempels war N. Sitz der Priesterfamilie Pises (Hapises). Als kleines Dorf erwähnt Eusebios N., und als der Pilger von Piacenza um 570 n. Chr. N. besuchte, fand er außer einem Synagogenbau bereits die Verkündigungskirche vor, die über der Stelle errichtet wurde, wo der Engel Maria die Geburt Jesu verkündet haben soll (Luk. 1, 26–38). Bei Grabungen stellte es sich heraus, daß die fragliche Kirche aufgrund stilistischer Merkmale in der ersten Hälfte des 5. Jhs. unserer Zeitrechnung erbaut worden sein muß. Unter dem Mosaikschmuck ihres Bodens fand man ein älteres Mosaik, das vor dem Jahr 427 geschaffen sein muß, denn es trug ein Kreuzzeichen (427 durch Kaiser Theodosios II. [408–450] als Fußbodendekoration verboten). Alles in allem läßt sich die Baugeschichte der Verkündigungskirche bis in die Antike (wohl 3. Jh. [also noch vor die Zeit Kaiser Konstantins des Großen]) zurückverfolgen. Damals befand sich an der fraglichen Stelle ein Bauwerk, das stilistische Merkmale zeitgenössischer palästinensischer Synagogen aufwies. Ob es allerdings bereits als christlicher Sakralbau anzusprechen ist, ist fraglich. Im 7. Jh. zerstörten – mit der einzigen Ausnahme der Kirche von → *Bethlehem* – die Perser unter dem Sasanidenherrscher Chusro (Chosrau) II. Parwez (590–628 n. Chr.) sämtliche Kirchen

Palästinas, ihnen folgte die arabische Invasion (20. August 636 Sieg über die Byzantiner am → *Jarmuk*). Damals muß auch die erste Verkündigungskirche in Trümmer gesunken sein. Sie wurde wiedererrichtet, nachdem Jahrhunderte später die Kreuzfahrer in Palästina eingedrungen waren. Die Länge der neuen Kirche, die die Ruinen der alten ganz und gar einschloß, betrug 70 m, ihre Breite mehr als 30 m. 1263 wurde diese Kirche in den Kämpfen mit dem Mamelukensultan Baibars (1233 [1260] bis 1270) ihrerseits zerstört. 1730 legten die Franziskaner, denen die Türken eine Bauzeit von acht Monaten zugestanden, in aller Eile einen weiteren Neubau quer über die Reste der alten. 1927 begann der Bau eines neuen Klosters, und 1954 wurde der Kirchenbau abgerissen. Sämtliche Neubauarbeiten waren von archäologischen Forschungen begleitet, die Aufschluß über die alte Geschichte von N., vor allem über die Baugeschichte der Kirche, erbrachten. Eine weitere Kirche befindet sich in unmittelbarer Nähe des »Marienbrunnens«. Sie dient dem griechisch-orthodoxen Ritus und wird ihrerseits (als »Gabrielskirche«) mit der Verkündigung des Engels in Verbindung gebracht. Nach dem Pilgerbericht des gallischen Bischofs Arnulf erhob diese Kirche sich noch um 670 »mitten in der Stadt«, und es gab eine Tradition, wonach sie über den Fundamenten des Josephshauses stand, in dem Jesus aufwuchs. Noch um 1555 berichtet der Franziskaner Bonifatius von Ragusa von dieser Überlieferung. 1767 entstand hier der heutige Kirchenbau. Der heutige Quellausfluß an der Straße nach Tiberias wurde erst i. J. 1862 geschaffen. Der heutige Name von N. lautet *en-nāṣira* bzw. *nāṣ'raṭ*. A. N. und J. R.

Neapolis Griechisch: »Neustadt«. Nicht nur im deutschen Sprachraum ist der Name »Neustadt« außerordentlich verbreitet. Eine der bedeutendsten antiken Stätten dieses Namens war Karthago, dessen wirklicher, phönikischer Name *Qart-Hadascht* (»Neustadt«) lautete – es war die »Neustadt« (Tochterstadt) von Tyros. Und an einem Ort an der Koromandelküste (unweit vom heutigen Pondichéry an der Südostküste → Indiens), dessen vermutlicher antiker Name in der Tamil-Sprache gleichfalls »Neustadt« bedeutete, fand man Reste einer römischen Handelsniederlassung mit → Keramik aus Arezzo (augusteische Zeit). Einer antiken Griechenkolonie (und daher »Neustadt«) verdankt das heutige Neapel sein Entstehen (italienisch nur zu Napoli entstellt). Noch im Fall einer anderen bekannten Stadt auf nichtgriechischem Boden ist – gleichfalls leicht entstellt, doch noch erkennbar – das griechische Wort für »Neustadt« (Neapolis) bis auf den heutigen Tag erhalten geblieben. Es handelt sich um Nablus im Westjordanland, das aus der westlich vom alten → Sichem gelegenen Vespasian-Gründung → Flavia Neapolis hervorgegangen ist.   J. R.

Nebi-Samwil → Mizpa; Rama

Nebo a) Gipfel in der Bergkette von → Abarim in → Moab, Lagerplatz der Kinder Israels (Num. [4. Mos.] 33, 47). Vom Gipfel dieses Berges blickte Moses vor seinem Tode in das Gelobte Land. b) Stadt in Moab (Num. [4. Mos.] 32, 3), vom Stamme Ruben neu aufgebaut (ebd. 32, 38). Nach dem Mesastein (vgl. → Dibon) zerstörte Mesa (Mescha), König von Moab, die dortige israelitische Kultstätte, und fortan blieb die Stadt in der Hand der Moabiter (Jesaja [Isaias] 15, 2). Noch in römischer und byzantinischer Zeit war der Ort bewohnt. Eusebios lokalisiert N. etwa 12 km südlich von → Hesbon. Heute identifiziert mit Khirbet ʿain-Musa oder Khirbet al-Mukhajet. Am letztgenannten Ort wurde → Keramik der frühen Eisenzeit gefunden. Zu den Resten aus byzantinischer Zeit gehört eine → Kirche mit einem wundervollen → Mosaik, das berühmte Kirchen Palästinas darstellt. c) Stadt in Juda. Nach der Rückkehr aus dem Babylonischen Exil besiedelt (Esra 2, 29; Neh. 7, 33 [Neh. spricht vom »anderen N.«]). Lage unbekannt.   A. N.

Neronias → Caesarea Philippi

Netopha Judäische Stadt in der Nähe von → Bethlehem. Geburtsort zweier »Helden Davids« (2. Sam. 23, 28 f.). Desgleichen Sitz einer Priesterfamilie (1. Chron. 9, 16). Neubesiedelt nach der Rückkehr aus dem Babylonischen Exil (Esra 2, 22; Neh. 7, 26). Nehemia spricht von Sängern, die damals in N. wohnten (Neh. 12, 28). Auch in römischer Zeit war N. bewohnt. Vielleicht Khirbet (Chirbet) Beth Falluh, etwa 5 km südlich von Bethlehem an der Straße nach → Tekoa.   A. N.

Nikopolis → Emmaus

Nil Häufig in der Bibel einfach als »Fluß« erwähnt (Gen. [1. Mos.] 41, 1 und anderswo), ein Ausdruck, der sich häufig auf große Flüsse bezieht (Jes. [Isaias] 33, 21 [Lutherbibel: »Weite Wassergräben«]). Auch Sihor genannt (Josua 13, 3; Jeremias 2, 18). In Josefs Träumen kamen die sieben Kühe aus dem »Fluß«, und das Kind Mose (ägyptisch: Mose = das Kind) wurde im Schilf am Ufer des Stromes gefunden (Ex. [2. Mos.] 2, 3 und 5). Der »Fluß« steht bisweilen auch für das gesamte Land → Ägypten (Hesekiel [Ezechiel] Kap. 29). Der Nil ist der größte Fluß Afrikas und der zweitlängste Fluß der Welt. Seine Länge beträgt etwa 6671 km. Er entspringt im Gebiet der großen Seen und fließt durch den Nordwesten Ostafrikas nach Norden. Sein Oberlauf ist als Weißer Nil bekannt. Bei Khartum vereinigt er sich mit dem Blauen Nil. Kurz vor seiner Mündung ins Mittelmeer fächert der Strom sich auf und bildet ein weites Delta. Einige der bedeutendsten Städte Ägyptens entstanden am Ufer des Stromes und an den Mündungsarmen des Deltagebiets. Die Breite des Flusses beträgt über lange Strecken hinweg durchschnittlich 1 km. Er durchfließt eine Senke von etwa 5 bis teilweise mehr als 30 km Breite. Die jährlichen Überschwemmungen (Nilschwelle) führen fruchtbares Schwemmmaterial flußabwärts und bewässern das Niltal jährlich ab Mai. Die größte

Höhlen von → QUMRAN. Hier fand man die → SCHRIFTROLLEN VOM TOTEN MEER. Neben Texten der Qumran-Sekte gehören zu ihnen die ältesten erhaltenen Bibel-Handschriften.

Höhe erreicht der Wasserstand in den Monaten September/Oktober. Tatsächlich hing und hängt alles Leben in Ägypten weitgehend vom Nil ab. Der Fluß diente auch als Hauptverkehrsader, und man bezog aus ihm die Fische, die einen wichtigen Bestandteil der ägyptischen Kost bilden. Heute hat der Mensch durch den Bau des Assuan-Staudammes stark in den Wasserhaushalt Ägyptens eingegriffen. Der Dammbau machte spektakuläre Tempel-Rettungsaktionen (Abu Simbel und Kalabscha in Nubien [→ *Kusch*]) erforderlich, die unter Einsatz modernster technischer Mittel durchgeführt wurden. A. N.

Nimrud → *Kalach*

Nippur Heute Nifr bzw. *tell en-nūffr.* Altes sumerisches Kultzentrum in Mesopotamien. Nach dem babylonischen Schöpfungsmythos zusammen mit → *Babylon* und → *Uruk* von Marduk gegründet. Galt ursprünglich als ausschließliche Wohnstatt der Götter, bevor diese sich auch anderswo niederließen. Wohl auch Stätte des mythischen Heiligtums Uzuma der sumerisch-babylonischen Kosmogonie (»Band Himmels und der Erde«), wo nach einer sumerischen Erzählung die Götter die beiden Lamga-Götter schlachten wollen, um aus deren Blut die Menschen zu erschaffen. Immer wieder überhäuften die Könige von Babylon N. mit Reichtümern, um sich das Wohlwollen der Gottheiten Enlil und Ninlil zu sichern, von denen man glaubte, daß sie in der großen Zikkurrat e-Kura wohnen. Bei der Ausgrabung von N. wurden u. a. rund 50 000 Tontafeln geborgen, die von größter Bedeutung sind. Zu ihnen gehören Fragmente eines sumerischen Epos (der Ziusudra-Erzählung), das ebenso wie das Gilgamesch-Epos eine Parallele zum biblischen Sintflut-Bericht (Gen. [1. Mos.] 6, 5 ff.) enthält. Eine weitere Keilschrifttafel enthält das älteste bekannte medizinische Rezeptbuch der Welt: das Arzneiverzeichnis eines anonymen sumerischen Arztes. Nach Hesekiel (Ezechiel) 3, 15, der den Ortsnamen Tel-Abib bzw. Tel-Aviv und die Bezeichnung »Großes Gewässer« (Lutherbibel: »Wasser Chebar«, andere Ausgaben: »Fluß Kebar«) überliefert, wurden im Babylonischen Exil Juden im Gebiet von N. angesiedelt. Dem entspricht der archäologische Befund. Tatsächlich entdeckte man am → Kebar, einem Kanal in der Nähe von N., Schalen, deren Aufschriften auf das jahrhundertelange Bestehen einer jüdischen Kolonie hindeuten. Daß einige der Verbannten es sogar zu Wohlstand brachten, geht aus den Keilschrifttafel-Akten des babylonischen (möglicherweise sogar jüdischen) Bankhauses Muraschu und Söhne hervor. Zahlreiche Kunden dieses Unternehmens trugen jüdische Namen. Einige Gelehrte hielten N. für identisch mit → Kalne.

J. R.

Nob Priesterstadt. Ihre Priesterschaft leitete ihre Abstammung von Eli her und gehörte zu der Priesterfamilie, die einstmals ihr Amt in Silo versehen hatte. Sie gewährte dem flüchtigen David Unterkunft, und dies mißfiel Saul dermaßen, daß er sämtliche Priester der Stadt niedermetzeln ließ (1. Sam. 22, 20 f.). Nur ein einziger namens Ebjatar entkam und floh seinerseits zu David. Aus einer Erwähnung N.s bei Jesaja (Isaias [10, 32]) hat man – allerdings nicht unbedingt zwingend – geschlossen, daß N. sich in unmittelbarer Nachbarschaft von → Jerusalem befunden haben müsse. Vielleicht lag es nördlich von Jerusalem an den Flanken des Skopos-(Scopus-)Berges (möglicherweise al-qu'me?).

A. N. und J. R.

Noph Biblischer Name für Memphis, die Hauptstadt Unterägyptens (→ Ägypten; Jes. [Is.] 19, 13; Jerem. 2, 16; 46, 14; Hesek. [Ezech.] 30, 13). Zufluchtsort zahlreicher Juden während der Feldzüge Babylons gegen Juda. Ihnen gelten die Worte über die Zerstörung Ägyptens durch Nebukadnezar II. (605–562 v. Chr.) bei Jerem. 44, 1 ff. Die Ruinen der alten Stadt liegen etwa 25 km südlich von Kairo.

A. N.

Nubien → Kusch

Nymphaeum Aus griech.: Nymphaion (wörtl.: »Nymphenheiligtum«). Die Bezeichnung charakterisiert Bauwerke der Römerzeit, deren dekorative Elemente in der Hauptsache in fließendem Wasser, im Vorhandensein von Brunnen sowie in Blumen- und Statuenschmuck bestehen. Forschungen erbrachten den Nachweis mehrerer derartiger Anlagen in Palästina, wirklich ausgegraben wurde indessen noch kein einziges dieser Bauwerke. Alle bisher untersuchten Nymphäen liegen jenseits der Jordanlinie: In Philadelphia (→ Rabbath-Ammon), Bostra (→ Bozra), → Gerasa, → Kanatha, → Dionysias und Hippos (bzw. Susita). Nach der Mosaik-Landkarte von → Madeba muß allerdings auch → Flavia Neapolis bei → Sichem (das heutige Nablus) ein N. besessen haben. Das älteste N. Palästinas wurde in → Kallirhoe festgestellt (einer Gruppe von Thermalquellen östlich des → Toten Meeres, wo Herodes der Große [37–4 v. Chr.] noch kurz vor seinem Tode zur Kur weilte). Der übliche Plan dieser Bauwerke sieht eine säulenumgebene Exhedra mit mehreren kleineren oder größeren Nischen (je nach der Größe der Gesamtanlage) vor. In Philadelphia (Rabbath-Ammon [dem heutigen Amman]) besaß die Exhedra mit ihren Säulen eine Breite

Salz war auch im Altertum unerläßlich für die Fischerei. Dies besagt z. B. der Name MIGDAL NUNAJA *(griechisch* TARICHEIA *[= »Fischpökelei«] für →* MAGDALA *am See Genesareth. Die Aufnahme zeigt ein assyrisches Relief mit der Darstellung eines Fischers.*

von fast 130 m. Vor ihr befindet sich ein Bassin von etwa 15 m Tiefe. Ein kleiner Bach füllte dieses Becken, auch die Wasser des Wadi Amman, die zur Regenzeit an der Rückseite des Bauwerks vorbeiströmten, konnten zur Speisung dieses Bassins verwendet werden. Welche Bedeutung derartige Nymphäen unter den damaligen öffentlichen Bauten besaßen, geht aus ihrer Lage hervor. Sie befanden sich sämtlich in den Stadtzentren an der als *Cardo* bezeichneten Nord-Süd-Hauptachse. Nur das N. von Flavia Neapolis scheint am südlichen *Cardo*-Ende gelegen zu haben.   *R. R.*

Nysa → *Beth-Sean*

O

Odeion Von griech. *aeídō* (»ich töne«, »ich singe«), *ōdé* (»der Gesang«, »das Lied«); wörtlich etwa: »Liederhalle«. Latinisierte Form: *odeum*. Im Nahen Osten ein kleiner Theaterbau mit überdachtem Zuschauerraum für Musikdarbietungen und Rezitationen. In Philadelphia (→ *Rabbath-Ammon*) befand das O. sich unmittelbar neben dem Theater und war mit diesem durch eine gemeinsame Säulenfassade verbunden. Während das gesamte Gebäude sich in Philadelphia über Bodenniveau erhob, war der Zuschauerraum des O. in → *Kanatha* aus dem Felsen gehauen. 20 m beträgt hier der Durchmesser der halbkreisförmigen Anlage, deren Zuschauerbänke in regelmäßigen Abständen angeordnet sind, ohne daß eine *praecinctio* (wörtlich:»Gürtel« [gemeint ist ein Umgang]) vorgesehen wäre. Die Haupteingänge befanden sich beiderseits zwischen den Wangen der ansteigenden Sitzreihen (den Enden der Zuschauersitze) und der Abschlußwand. In der Mitte der Bühne befand sich ein Brunnen, gespeist von einer Quelle, deren Wasser auch für das benachbarte → *Nymphaeum* gebraucht wurde.

R. R.

Odollam → *Adullam*

Ölberg Anhöhe östlich von → *Jerusalem* (Sacharja [Zacharias] 14, 4), von der Jerusalemer Altstadt durch das Tal → *Kidron* getrennt. Offenbar schon frühzeitig als heilige Stätte betrachtet (2. Sam. 15, 30 ff.; Hesek. [Ezech.] 11, 23). Auf seinem Südgipfel errichtete Salomo ein Hohenheiligtum für → *Astarte*, Kamosch und Milkom, das später vom Kultreformer Josia von Juda (639/38 bis 609 v. Chr.) zerstört wurde (1. Kön. 11, 1 und 7; 2. Kön. 23, 13). Eine wichtige Rolle spielte der Ö. im Zusammenhang mit den Anfängen des Christentums. Am Fuß seines Westhangs, im Kidrontal, lag das Anwesen → *Gethsemane*, wo Jesus in seiner Todesangst betete, verraten wurde und sogar Blut geschwitzt haben soll (Luk. 22, 44). Nach der Apostelgeschichte (Apg. 1, 12) war der Ö. »einen Sabbathweg« (2000 Ellen) von Jerusalem entfernt. Auf ihm soll die Himmelfahrt Jesu stattgefunden haben (→ *Bethanien* und → *Bethphage*). Um 387 n. Chr. erbaute eine vornehme Römerin namens Pomona an der überlieferten Himmelfahrtsstätte eine Kirche. Das heute dort befindliche (islamische) Bauwerk (die sog. »Himmelfahrtsmoschee«) ist allerdings nicht älter als die Kreuzfahrerzeit (es wurde 1120 als Himmelfahrtskapelle vollendet). Die ältere Kirche erwähnt andererseits schon die Pilgerin Aetheria (um 395) als »Inbomon«. Nach ihrer Zerstörung durch die Perser (614) neu aufgebaut, wurde sie 670 vom Pilger Arkulf abermals erwähnt. Am Ortsausgang von Bethphage soll Jesus seine Jünger das Vaterunser gelehrt haben (Luk. 11, 2 ff.). Auch wird die Stelle gezeigt, wo Jesus über die von ihm vorausgesehene Zerstörung Jerusalems geweint haben soll (Matth. 24, 1 ff.; Mark. 13, 1 ff.). Kaiserin Helena (326 bis 333 n. Chr.), die Mutter Kaiser

Die »LOBLIEDER«-*Rolle aus* → QUMRAN *enthält eine hymnische Formulierung der Sektentheologie.*

Konstantins des Großen (306 [312] bis 337 n. Chr.) ließ hier eine Kirche, die sog. *Eleona* (auch »Ölbergsbasilika«), errichten (Eusebios *Vita Constantini* 3, 43). An die Einsetzung des Vaterunsers erinnert die sog. »Paternosterkirche«. Der Bau des französischen Karmelitinnenklosters (1876) war An-

laß, das Gelände eingehender zu durchforschen. Dabei kamen schließlich 1910 die Reste der *Eleona*-Kirche zum Vorschein. Am Fuß der Westhänge des Ö.s gegenüber der Tempelplattform wurden zahlreiche Gräber aus der Zeit des Zweiten Tempels entdeckt. Einige größere Grabmäler aus dieser Zeit sind im

Volksmund (fälschlich) als »Absalom-« und »Zachariasgrab« bekannt. Auch seit dem Mittelalter diente der Hang des Kidrontals am Fuß des Ö.s als jüdischer Begräbnisplatz.   R. M. und J. R.

Ono Von den Benjaminiten in der Nachbarschaft von → Lod erbaute Stadt (1. Chron. 8, 12). Auch die Siegeslisten Thutmosis' III. (1490–1436 v. Chr.) erwähnen einen Ort dieses Namens. Allerdings erscheint er in keinen anderen Texten altägyptischer oder assyrischer Herkunft und ebensowenig in den älteren Büchern der Bibel. Erst nach der Rückkehr der Juden aus der Babylonischen Gefangenschaft ist erneut von O. die Rede, das neu besiedelt wurde (Esra 2, 33; Nehemia 7, 37), und zwar abermals von Benjaminiten (Nehemia 11, 35). In spätrömischer Zeit war O. Hauptstadt eines eigenen Verwaltungsbezirks, und der Talmud gibt die Entfernung von O. nach Lod einmal mit 5 und einmal mit 7 km an. Im 4. Jh. unserer Zeitrechnung war O. eine unabhängige Stadt. Heute Kafr Ana, etwa 9 km nordwestlich von Lydda.   A. N.

Ophir Die Bibel erwähnt O. häufig als ein Land, aus dem hauptsächlich Gold eingeführt wurde (so 1. Kön. 22, 49; Hiob [Job] 22, 24 [neuere Übersetzungen geben hier statt »Ophirgold« nur noch »Feingold«]; Psalm 45, 10 u. a. m.). Salomo rüstete im Hafen Ezeon Geber am Roten Meer einst eine Handelsflotte zur Fahrt nach O. aus, und Hiram, der König der Stadt Tyros, steuerte erfahrene phönikische Schiffsbesatzungen (wohl Staatssklaven) bei (1. Kön. 9, 26–28; 10, 11; 2. Chron. 8, 17 f.; 9, 10). Als Ertrag dieses Unternehmens gibt die Bibel 420 bzw. 450 Talente Gold sowie kostbare Hölzer und Edelsteine an (a. a. O.). König Josaphat von Juda (874 [870 bzw. 867] bis 849 [846] v. Chr.) versuchte, es Salomo nachzutun. Allerdings konnten seine Schiffe nicht auslaufen. Sie erlitten bereits in Ezeon Geber Schiffbruch (1. Kön. 22, 49). Die Bezeichnung »Ophirgold« war offenbar geradezu gleichbedeutend mit »Feingold«

(1. Chron. 29, 4; Jesaja [Isaias] 13, 12; Hiob [Job] 22, 24; Psalm 45, 10]. Schließlich erwähnt auch ein *Ostrakon* (eine beschriebene Tonscherbe) aus Tell Quasīle »30 Schekel *zāhab ōfīr* (»Ophirgold« [»Feingold«?]) aus → *Beth Horon*« (entweder handelt es sich um die Stadt dieses Namens, oder die Stelle besagt: »aus dem Haus des [Gottes] Horon«). Unklar ist der Ortsansatz von O. Josephus, Eusebios und Hieronymos verlegen es nach → *Indien*, andere antike Autoren denken dagegen eher an eine Insel im Roten Meer. In der Neuzeit hat man O. sogar im südlichen Ostafrika, ja sogar in Sumatra zu lokalisieren versucht. Daß die Bibel jedoch O. im Zusammenhang mit anderen Stätten erwähnt, deren Ortslage einigermaßen bestimmbar ist (so Gen. [1. Mos.] 10, 29 zusammen mit dem anderen Goldland → *Chawila*, desgleichen 1. Chron. 1, 23), deutet vielleicht eher auf das südliche → *Arabien* hin.   A. N. und J. R.

Ophni Stadt des Stammes Benjamin (Josua 18, 24). Zur Zeit des Zweiten Tempels änderte man ihren Namen in *Guphna* oder *Beth Guphnin*, und unter diesem Namen war sie Hauptstadt einer Toparchie (eines Verwaltungsbezirkes). Vespasian nahm sie ein, und Titus deportierte nach der Zerstörung → *Jerusalems* (70 n. Chr.) die dortigen Würdenträger nach hier. Man fand in O. Reste eines römischen Palastbaus. Heute Djifna (Jifneh) unweit von Ramalla.   A. N.

Ophra a) Stadt auf dem Gebiet des Stammes Benjamin (Josua 18, 23), die im Krieg Sauls gegen die → *Philister* eine bedeutende Rolle spielte (1. Sam. 13, 17). Sie unterwarf sich König Abia von Juda (916 [911] bis 914 [908] v. Chr.) und erscheint im Zusammenhang damit unter der Namensform *Ephron* (2. Chron. 13, 19). Auch den Ortsnamen Ephraim (bei → *Baal-Hazor*) hat man auf O. bezogen (2. Sam. 13, 23). In römischer Zeit kannte man den Ort unter dem Namen *Afairema* oder *Aifraim*. Seit 145 v. Chr. lag die Ortschaft (bis zur Einnahme durch Pompeius) im

Die Mosaikdarstellungen von Siebenquell am See Genesareth umfassen Nilszenen.
Die Legende erklärte das Gewässer für einen Arm des → NIL.

Zentrum des Norddistrikts von Juda. Heute et-Tayibeh *(eṭ-ṭajibe)* etwa 7 km nordöstlich von → *Bethel.*

b) Gideons Heimat in Manasse, Stadt seines Vaters, des Abiesriten Joasch. Gideon hatte hier eine Engelsvision und errichtete einen Felsaltar, aus dem nach der Kultlegende Feuer hervorbrach (Richter 6, 11 ff.). Schließlich wurde Gideon auch hier bestattet (ebd. 8, 32). Man hat dieses »abiesritische O.« an verschiedenen Stellen in der Ebene Jesreel zu lokalisieren versucht, so z. B. in et-Tayibeh *(eṭ-ṭajibe),* etwa 13 km nordwestlich von → *Beth Sean,* oder mit dem 15 km weiter östlich gelegenen *'affūle* (→ *Affule).*   A. N.

Orakeleiche, Hain More Erster Lagerplatz Abrahams im Lande Kanaan nach seinem Auszug aus → *Harran* (Gen. [1. Mos.] 12, 6). Abraham hatte hier eine Vision und erbaute einen Altar (ebd. 12, 7). Dem Text nach in der Umgebung von → *Sichem.* Die Vulgata gibt »Ebene More«, doch im hebräischen Text ist ausdrücklich von einer »Eiche« die Rede. Höchstwahrscheinlich handelte es sich um ein Baumheiligtum, vielleicht die »hohe Eiche zu Sichem« (Richter 9, 6; vgl. die »Taboreiche« [1. Sam. 10, 3]).   A. N.

Orontes → *Alalach; Antiochien; Aramäer; Baalbek; Hamath; Karkar; Lebo-Hamath; Ribla*

P

Palägaza Ort im Süden von Gaza. Der Lagide Ptolemaios I. Soter (323 [305] bis 283/82 v. Chr.), der Begründer der makedonischen Lagiden-(Ptolemäer-) Dynastie in → *Ägypten*, schlug hier 312 v. Chr. den Antigoniden Demetrios I. Poliorketes (Diodorus Siculus 19, 80, 5). Der griechische Name P. (griechisch *Palaigaza*, lateinische Schreibweise *Palaegaza*) bedeutet »Alt-Gaza«, und tatsächlich erblickte man in hellenistisch-römischer Zeit in P. die Vorläuferstadt des hellenistischen Gaza. Einige Gelehrte identifizieren P. mit *tell al-'aǧǧūl* (→ *Ajjul*).

Palast → *Ai; Alalach; Antiochien; Gosan; Jerusalem; Masada; Ophni; Phasaelis; Ramses*

Panion → *Caesarea Philippi*

Paran Wüstengebiet auf der Halbinsel Sinai im Süden von → *Kades Barnea* zwischen → *Midian* und → *Ägypten* (1. Kön. 11, 18). Hier lebte Ismael mit seiner Mutter, der Ägypterin Hágar (Gen. [1. Mos.] 21, 21). P. war eine der Etappen auf dem Zug der Israeliten in das Land der Verheißung (Deut. [5. Mos.] 33, 2); von hier aus entsandte Moses Kundschafter in das Gelobte Land (Num. [4. Mos.] 13, 3), die nach 40 Tagen zurückkehrten und die Israeliten noch immer in P. antrafen (ebd. 25 f.). Nach dem Tod Samuels fand David in der Wüste P. Zuflucht (1. Sam. 25, 1).
Frühchristliche Tradition identifizierte P. mit der großen Oase Feiran im ge-birgigen Südteil der Sinai-Halbinsel, wo man im Dschebel Musa den Berg Sinai der Bibel erblickt. In frühbyzantinischer Zeit wurde dieses Gebiet zu einem Zentrum christlichen Mönchswesens; namentlich entstand hier das hochberühmte Katharinenkloster. Während der gesamten byzantinischen Periode war dies ein vielbesuchtes Pilgerziel. Der Schutz des durch die Wüste führenden Pilgerweges oblag der byzantinischen Garnison in Nessana. *A. N.*

Parpar bzw. Pharp(h)ar Zusammen mit → *Amana* Fluß bei → *Damaskus* (2. Kön. 5, 12); entspringt am Fuß des → *Hermon*. Obwohl der südlich von Damaskus fließende Barbar den antiken Namen bewahrt hat, identifiziert man den biblischen Fluß mit dem heutigen Nahr al-Awadj, dessen Gewässer sich in den Sümpfen des Bahret al-Hidjaneh verlieren. *A. N.*

Pegai → *Aphek*

Pelusium → *Baal-Zaphon*

Peor Hoher Berg. Einer der → *Abarim*-Gipfel im Lande → *Moab*, der letzte von drei Bergen, zu denen Balak, der König von Moab, den Seher Bileam führte (Num. [4. Mos.] 23, 24). Bileam sollte Israel verfluchen, weissagte aber Gutes und sprach Segenswünsche aus (ebd. 24, 1 ff.). Eusebios lokalisierte P. zwischen Livias (→ *Beth Haran*) und → *Hesbon*. Heute zieht man für die Lokalisation mehrere Gipfel in der Umgebung von Hesbon in Betracht. *A. N.*

Penuel → *Pnuel*

Peräa Das alte → *Ammon* östlich der Jordanlinie. Unter den Hasmonäern (Makkabäern) jüdische Provinz unter dem griechischen Namen P., der »jenseitig« (»jenseits des Jordan«) bedeutet. Joh. Hyrkanos I. (134–104 v. Chr.) vergrößerte das Gebiet durch Anschluß nabatäischer Städte (Flav. Jos. *Antiquitates Iudaicae* 13, 225). Integrierender Bestandteil des Reichs Herodes' des Großen (37–4 v. Chr.) mit → *Gadara* als Hauptstadt, nach Herodes' Tod an dessen Sohn Antipas, den Tetrarchen (»Vierfürsten«) von Galiläa, übergegangen. Der Ostteil von P. fiel allerdings an die Nabatäer zurück (ders. ebd. 17, 188˙ und 318; *Bell. Iud.* 2, ·95). Jesus durchquerte P. mehrere Male auf dem Weg von Galiläa nach Judäa (Matth. 19, 1; Mark. 10, 1; Joh. 10, 40). 41 n. Chr. Agrippa I. (41–44 n. Chr.) überlassen, fiel P. später an das prokuratorische Judäa, bis auf das Gebiet von → *Livias* (→ *Beth Haran*), das Kaiser Nero (54–68 n. Chr.) Agrippa II. (ab 50 n. Chr.) schenkte (Flav. Jos. *Bell.* 2, 215 und 252). Während des Jüdischen Aufstands (66–70[73] n. Chr.) leisteten die Städte P.s aktiven Widerstand gegen Rom (ders. ebd. 4, 414–439). Nach der Eroberung *Jerusalems* (70 n. Chr.) wurde P. der *Provincia Iudaea* einverleibt. Nach Flavius Josephus wurde Peräa begrenzt von *Machairos* und → *Moab* im Süden sowie von *Pella* im Norden, von Philadelphia (→ *Rabbath-Ammon* [heute: Amman]) im Osten und dem Jordan im Westen. Im Osten grenzte es außerdem an die Gebiete von → *Hesbon* und von *Gerasa*. Hauptstädte waren Gadara, Amathus und Livias Iulias (Beth Haran). A. N.

Pharaton → *Piraton*

Pharnake → *Hamath*

Phasaelis Stadt nördlich von → *Jericho*. Von Herodes dem Großen (37–4 v. Chr.) zum Andenken an seinen älteren Bruder Phasael gegründet (so Flavius Josephus in seiner Schrift »Jüdische Altertümer« [*Antiquitates Iudaicae* 16, 145]). Die Gründung führte zur Kultivation eines vorher unbebauten Gebiets, und Plinius der Ältere (23–79 n. Chr.) rühmt in seiner »Naturgeschichte« (*Naturalis Historia* 13, 4, 44) die ausgezeichneten Datteln von P. Herodes vermachte die Stadt seiner Schwester Salome (Flav. a. a. O. 17, 189), die sie ihrerseits Augustus' Gemahlin Livia hinterließ (derselbe ebd. 18, 31). Nach Ausweis der Mosaikkarte von → *Madeba* bestand P. noch in byzantinischer Zeit. Man identifiziert die Stätte mit Khirbet al-Fasayil, etwa 20 km nördlich von Jericho. Noch immer sind hier zahlreiche Überreste einer antiken Stadt offen sichtbar. Ihrer Gliederung lag (wie zahlreichen anderen Städten des Altertums auch [→ *Antiochien*]) der auf den berühmten Stadtbaumeister Hippodamos von Milet (5. Jh. v. Chr.) zurückgeführte sogenannte »hippodamische Plan« (= karreeförmige Stadtbauweise, Schachbrettbauweise) zugrunde. Man erkennt die Überreste mehrerer großer Bauwerke, so eines Palastes von 220 zu 200 m Grundfläche, eines Tempels und einer von kleinen Läden umgebenen *Agora*. Die → *Wasserversorgung* der Stadt und ihrer Pflanzungen erfolgte über einen ca. 8 km langen Aquädukt aus dem Jordanbett. In Stadtnähe fanden sich Spuren in Trümmer gesunkener Gartenmauern aus Feldsteinen und zahlreiche Bewässerungsgräben. R. R.

Philadelphia → *Rabbath-Ammon*

Philister Hebräische Schreibweise nicht ganz einheitlich; man hat auf die Besonderheit hingewiesen, daß im Hebräischen Volksnamen in der Regel im Singular stehen und daß stets im Plural angeführten P. eine Ausnahme bilden. Flavius Josephus, der griechisch schreibt, gibt gewöhnlich die Form *Palaistinoí*. Über den Zusammenhang der P. mit den Seevölkern, die Ramses III. (1181–1150 v. Chr.) um 1180 v. Chr. zu Lande und zu Wasser besiegte, besteht heute Einigkeit. Um so umstritte-

Der Wassertunnel des Königs Hiskia (727[721]–698[693] v. Chr.) in → JERUSA-
LEM, *der das Wasser der Quelle* → GIHON *dem Teich* → SILOAH *zuleitet, ist eine der
bedeutendsten Ingenieurleistungen ihrer Zeit (vgl.* → WASSERVERSORGUNG*). Ähnlich großartige Anlagen fanden sich in* → GEZER *und* → MEGIDDO.

ner sind dageg. ihre Kultur und ihre
Herkunft. Sehr problematisch ist die
gelegentlich behauptete Zusammenhang ihres Namens mit den Pelasgern
der griechischen Überlieferung. Nach
der Bibel kamen sie aus → *Kaphtor*, das
heute von manchen Gelehrten für Kreta gehalten wird (wofür auch biblische
Äußerungen über »Kreter« sprechen).

Noch nicht ganz geklärt ist auch die
Frage der berühmten »Federkronen«
auf dem Seevölker-Relief von Medinet
Habu, die eine wichtige Rolle in der
Frage des Ursprungs der P. spielt. Einige erblicken in diesen Federkronen
hochgebundene Haupthaare. P.-Namen
hat man zu kleinasiatischen Dia-
lekten in Verbindung gebracht (so Go-

liath [→ Ela; → Gath] zum lydischen Namen Alyattes [Walwatta]). P. kämpften auf Schiffen mit Vogelkopfsteven, auf dem Lande, von einzelnen Streitwagen abgesehen, meist zu Fuß, allerdings hatten sie Ochsenkarren (vgl. 1. Sam. 6, 10–14). Nach ihrer Niederlage gegen Ramses III. ließen sie sich in der palästinensischen Küstenebene nieder, wo fünf Städte (→Asdod, → Askalon, → Ekron, → Gath sowie Gaza) ihre Zentren bildeten. Ihr Konflikt mit Israel entzündete sich am Streit um das Gebiet des Stammes Dan. Von ihrer Pentapolis (»Fünfstädtebund«) aus drangen die P. in die → Šefila vor. Umstritten ist, ob Stratum III von → Beth Schämäsch auf die P. zurückgeht. Die Kämpfe erstreckten sich bis in das Gebiet von → Sorek, und → Beth-Sean war anscheinend eine Zeitlang P.-Außenposten unter nomineller ägyptischer Oberhoheit. Ihre Waffen, wie die Bibel sie beschreibt (1. Sam. 17, 4–7), finden sich in Medinet Habu dargestellt. Teilweise erinnern sie an die Rüstung homerischer Helden. Manche Forscher allerdings entdecken darin typisch syrische Züge. Die Gottheiten der P. (Dagon, → Astarte, Baal-Zebul [→ Ekron] u. a.) tragen in den Quellen semitische Namen. Erst in neuerer Zeit sind an die Seite der biblischen Berichte über die P. Grabungsfunde getreten. Vor allem ist Keramik (sog. »Philisterware«) zum Vorschein gekommen, die man wegen ihrer Zeitstellung und räumlichen Verteilung den P. zugeordnet hat. Sie läßt den Einfluß mykenischer Keramik erkennen. Ihr Zusammenhang mit den P. ist unlängst (jedoch wohl nicht ganz zu Recht) völlig bestritten worden. Andere Charakteristika sind anthropoide (menschengestaltige) Särge und Totenmasken aus Goldblech (ägyptischer [Särge] und abermals myken. Einfluß [Totenmasken]). Wo die P. auftraten, entwickelte sich das Metallhandwerk (Kupfer und Eisen [vgl. 1. Sam. 13, 19 ff.], auch archäologisch belegt). Von David unterworfen, später wieder unabhängig, gingen die P. nach der Unterwerfung ihrer Städte

durch Assur in der einheimischen Bevölkerung auf. Vielleicht handelte es sich nur um eine Oberschicht, die von der einheimischen Bevölkerung assimiliert wurde. Zur Zeit weist das Bild der P. – trotz reichhaltiger Literatur über die einschlägige Problematik – noch immer zahlreiche Unklarheiten in sehr wesentlichen Punkten auf.

J. R. nach R. M.

Phunon, Punon Eine der Etappen auf dem Auszugswege der Kinder Israels aus → Ägypten nach Palästina zwischen → Zalmona und Oboth (vgl. Num. [4. Mos.] 33, 42). Nach der Parallelüberlieferung muß hier – eine Station vor Oboth – die Aufrichtung der ehernen Schlange stattgefunden haben (ebd. 21, 4 ff.). Heute Fenān, eine große Ruinenstätte etwa 40 km südlich des → Toten Meeres, in der Römerzeit als Phainon bekannt. In der Nachbarschaft reiche Kupfervorkommen, die seit frühgeschichtlicher Zeit immer wieder ausgebeutet wurden. Noch in römischer und byzantinischer Zeit waren die Kupferminen in Betrieb. Ein römisches Legionärskommando schützte die Bergwerke, und im 4. Jh. unserer Zeitrechnung erwähnt Eusebios P. als ein wichtiges Zentrum der Kupfergewinnung zwischen Petra und → Zoar. Rund ein Jh. später als Eusebios kennt Hieronymus P. als Wüstendorf, in dessen Bergwerken Verbannte Zwangsarbeit verrichten. Nach Ausweis archäologischer Befunde begann der Kupferabbau hier schon in der Frühbronzezeit (3. Jahrtausend v. Chr.) und setzte sich durch die Eisenzeit bis hinein in die römische und byzantinische Zeit fort. Grabungen brachten Schlackenhaufen, Schmelztiegel und Bergbau-Installationen sowie Unterkünfte für die hier beschäftigten Arbeitskräfte zum Vorschein. *A. N.*

Pi-Hachirot Letzter Lagerplatz der Israeliten auf ihrem Auszugsweg aus → Ägypten vor der Durchquerung des »Roten Meeres« (wohl: »Schilfmeeres«, »Sumpfmeeres«), zwischen → Migdol und dem »Meer« (Ex. [2. Mos.] 14, 2 und 9; Num. [4. Mos.] 33, 7 f.). Von hier aus wanderten die Israeliten drei Tage durch die Wüste → *Schur* (Ex. [2. Mos.] 15, 22), bzw. durch die Wüste von → *Etham* (Num. [4. Mos.] 33, 8), nach → *Mara*. Lokalisation unbekannt. Sie hängt vor allem von der Lokalisation von → *Baal-Zaphon* ab, das stets als »gegenüber« oder »vor« P. liegend bezeichnet wird. Wenn man sich für eine Südroute entscheidet, vielleicht ein Ort westlich des Großen Bittersees.

A. N. und J. R.

Pi-Ramses → *Ramses*

Piraton, Pirathon Geburtsort und Begräbnisstätte des Richters und Hillel-Sohnes Abdon »im Lande Ephraim auf dem Berg der → *Amalekiter*« (Richter 12, 13–15), gleichzeitig Heimat des Benaja (Benayahu), eines der »30 Helden Davids« (2. Sam. 23, 30). Wohl identisch mit *Pharaton* (1. Makk. 9, 50). Heute das Araberdorf *Far'ata* bzw. *Fer'ata*, etwa 10 km südwestlich von → *Sichem*.

A. N.

Pisga Höchster Teil der → *Abarim*-Berge beim Nordostufer des → *Toten Meeres* mit weitem Ausblick über die Wüste und die Ebene der Jordansenke (Num. [4. Mos.] 21, 20; Deut. [5. Mos.] 3, 27 [vgl. ebd. 32, 49 und 34, 1]). Auf der Höhe des P. lag das »Späherfeld«, einer der Orte, wohin Balak, der König von → *Moab*, den Seher Bileam führte, der die Israeliten verfluchen sollte (Num. [4. Mos.] 23, 14). Höchster Gipfel des P. war der → *Nebo* (Deut. [5. Mos.] 34, 1 [vgl. ebd. 32, 49]), von dem aus Moses das Land der Verheißung erblickte. Außerdem markierte der → *Amoriter* zur Zeit ihres Königs Sichon. In römischer Zeit war *Fasgo* die Bezeichnung für P. Wohl das heutige *rās eṣ-ṣiāġa* (Ras Siyagha/ Ras es-Siyâgah) westlich des Nebo.

A. N.

Pithom (ägyptisch *pr-itm* [»Haus des Atum«]; Lutherbibel: *Pithon*). Stadt im

Lande → *Gosen* (→ *Ägypten*), und zwar eine der Magazinstädte, die die Kinder Israels für den Pharao errichten mußten (Ex. [2. Mos.] 1, 11). Identifikation unklar. So kam bei Ausgrabungen auf dem *tell el-maŝhūta* im *Wādī Ṭūmilat* ein dem Gott Atum geweihter Tempel zum Vorschein, der die Lokalisation von P. an dieser Stätte nahelegt. Wenn sich auch Inschriften aus der Zeit der 1. und 6. Dynastie hier fanden, so geht doch die Stadt selbst mit ihren Befestigungen nicht vor die Zeit Ramses' II. (1290–1223 v. Chr.) zurück. Dies wäre genau jener Zeitabschnitt, in dem nach der Auffassung vieler Gelehrter der überlieferte Bau der Stadt durch die Israeliten stattfand. Tatsächlich ließen sich einige der freigelegten Bauwerke als Vorratshäuser identifizieren. In hellenistischer Zeit hieß der Ort *Heronopolis* (»Stadt des [Gottes] Heron«). Andere Gelehrte vermuten P. auf dem *tell er-retābe*, etwa 15 km westlich vom *tell el-maŝhūta*, wo gleichfalls ein Atum-Tempel entdeckt wurde, und erblicken im *tell el-maŝhūta* das biblische → *Sukkot*.

A. N.

Pnuel Örtlichkeit östlich des Jordanlaufs an einer Furt des → *Jabbok*. Jakob rang hier mit dem Engel und empfing daraufhin den Namen Israel, worauf er seinerseits der Stätte ihren Namen gab (Gen. [1. Mos.] 32, 22–33 [besonders 31]). Gideon und seine Leute durchquerten hier den Fluß, als sie die Midianiter-Könige Sebach und Zalmunna verfolgten. Gideon ließ die Befestigung der Stadt schleifen und deren Bewohner niedermetzeln (Richter 8, 5 ff. [besonders 8 ff. und 17]). König Jerobeam von Israel (932 bzw. 928 bis 911 oder 907 v. Chr.) ließ P. ausbauen (1. Kön. 12, 25). Heute *tulūl ed-dahab* am Jabbok.

A. N.

Ptolemais → *Akko*
Punon → *Phunon*

Q

Qabzeel → *Kabzeel*
Qaisarije → *Caesarea*
Qalunije → *Moza*
al-Qantara → *Migdol*
Qantir → *Ramses*
Qarn Sartaba → *Alexandrien b*
Qarnajim → *Aschtaroth und Karnajim*
Qarqar → *Karkar*
Qarta → *Kartha*
Qasr al-Abd → *Arak el-Emir*
Qasr eg-Gehenije → *Hazezon Thamar;
Thamar*
Qasr al-Jehud → *Ainon; Bethanien*
Qatrah → *Gederot*
Qedesch → *Kedes*
Qeïlah → *Keïla*
Qenat → *Kanatha*
Qeriyot → *Kerioth*
Qir Moab → *Kir Moab*
Qirjath-Jearim → *Kirjath-Jearim*
Qirjath-Sepher → *Kirjath-Sepher*
Qisarijon → *Caesarea Philippi*
Qison → *Kischon*

Qumran Ruinenstätte auf einer weiß-
lich-braunen Mergelterrasse, rund 13 km
südlich von → *Jericho* am NW-Ufer des
→ *Toten Meeres*. Schon 1873 von Clermont-Ganneau besucht und beschrieben, berühmt jedoch erst seit der Zu-
fallsentdeckung der ersten → *Schriftrollen vom Toten Meer* durch einen beduinischen Ziegenjungen namens Mo-
hammed ed-Dib (Sommer 1947). Ausgrabungen 1951 sowie 1953–1958 (R. de
Vaux [École archéologique française
de Jérusalem] und M. Lankaster Har-
ding [Jordan. Altertümerverwaltung/

Amman]). Schon im 8. Jh. v. Chr. war
Q. nach Ausweis der Funde besiedelt
(quadratischer Bau und Zisterne). Vielleicht war die damalige Siedlung die
»Salzstadt« bei Josua 15, 62, und vielleicht ist die Anlage Asarja (Ussia) von
Juda (785 [bzw. 779 oder 769] bis 738
[733] v. Chr.) zuzuschreiben, der »auch
in der Steppe . . . Türme« baute »und
. . . viele Zisternen« grub (2. Chron.
26, 10). Seit der Eroberung von → *Jerusalem* durch die Babylonier (586 v. Chr.)
lag die Stätte verlassen. Später, unter
dem Hasmonäer (Makkabäer) Johannes
Hyrkanos I. (134–104 v. Chr.) siedelte
sich die Sekte der Essener hier an. In
einer zweiten Phase der damaligen Be-
siedlungsperiode erhielten die Bauwerke ihre heutige Gestalt, und man sorgte auch für die Wasserzufuhr vor. Zerstört wurde die Ansiedlung durch ein
Erdbeben (31 v. Chr. [vgl. Flav. Jos.
Antiquitates 15, 121–147; *Bellum* 1, 370
bis 380]). Erst rund 30 Jahre später setzten die Essener ihr »Kloster« wieder
instand, doch 68 n. Chr. erneute Zerstörung durch Vespasian (Flav. Jos. *Bell.*
4, 449 ff.). Danach vorübergehend röm.
Garnison. Im Bar-Kochba-Aufstand
(131/32–135/36 n. Chr. [→ *Beitar*]) erneut Zufluchtsort von Flüchtlingen
(Münzfunde). Dann unbewohnt. Die
große Zisterne zeigt noch Risse vom
Erdbeben des Jahres 31 v. Chr. Im
Schreibraum Tintenfässer, eines davon
mit eingetrockneter Tinte. *A. N. und J. R.*

al-Qureijat → *Kerioth*

271

R

Rabah → *Lebo-Hamath*

Rabbath-Ammon Hauptstadt von → *Ammon* am Wüstenrand bei den Quellen des → *Jabbok*, auch *Rabbah* genannt (Josua 13, 25). Bedeutender Straßenknotenpunkt an den Verbindungswegen zwischen → *Damaskus* im Norden und den Reichen → *Arabiens* im Süden sowie zwischen dem Binnenland und dem → *Meer* (Mittelmeer). Die Stadt war zweigeteilt. Man unterschied eine Unter- bzw. »Wasser«-Stadt von einer befestigten »Königsstadt« (2. Sam. 12, 26 f.). Joab (ders. ebd.) hatte beide eingenommen und sandte Boten zu David, damit dieser die Eroberung vollende. Neuere Grabungen unter der Leitung von J. B. Hennessy haben die Fundamente eines spätbronzezeitlichen Tempels von 15 m Seitenlänge freigelegt, der in seinem Zentrum einen kleineren Schrein von quadratischem Grundriß umschloß und ringsumher einzelne Räume besaß. Reste, die vom Opferkult herrührten, auch kleinere Opfergaben wie Gold und Schmuckstücke, Einzelteile von Schmuckstücken, Skarabäen, auch Siegel sowie Gegenstände aus Knochen und aus Elfenbein kamen zum Vorschein. In seinem Entwurf ähnelt dieser Tempel ganz dem auf dem Berge Garizim, welcher aus der Schlußphase der Mittelbronzezeit stammt. Ptolemaios II. Philadelphos (285–246 v. Chr.) hellenisierte die Stadt und gab ihr den Namen *Philadelphia*. Um 135 v. Chr. befand sie sich in der Hand des Tyrannen Zenon Ko-

tylos. Nach der Eroberung durch die Römer unter Pompeius (63 v. Chr.) wurde sie in die Dekapolis einverleibt und hatte ihre eigene Stadtära. Im Jahre 66 n. Chr., dem Jahr des großen Jüdischen Aufstands gegen Rom, brachen Feindseligkeiten zwischen *Philadelphia* und den jüdischen Bewohnern von → *Peräa* aus. Im Jahre 106 n. Chr. wurde die Stadt schließlich unter Kaiser Trajan (98–117 n. Chr.) der römischen Provinz *Arabia* eingegliedert. R. ist das heutige *Amman*, die Hauptstadt des Haschemitischen Königreichs Jordanien. Ausgrabungen haben hier außer den oben erwähnten spätbronzezeitlichen Resten auch Funde aus der Eisenzeit und besonders aus der Römerzeit ans Licht gebracht. Unter anderem besitzt R. → *Tempel*, ein → *Nymphaeum* und ein nabatäisches Grab aus dem 1. Jh. unserer Zeitrechnung. *A. N.*

Rabbathmoba Stadt in der römischen Provinz → *Arabien* östlich vom → *Toten Meer* im ehemaligen → *Moab*, wohl das biblische → *Ar* bzw. *Ar (Ir) Moab* (heute Khirbet er-Rabba). Wie es scheint, wurde die Stadt schon von *Nabatäern* erbaut, obwohl Claudius Ptolemaios (Geogr. 5, 16, 4) sie erstmals erwähnt. Ptolemaios starb um 150 n. Chr. Man darf daher die Erwähnung in seiner Schrift als einen Hinweis auf die Dauer der spätnabatäischen Phase betrachten. R. dürfte damals Verwaltungszentrum gewesen sein. Neue Anhaltspunkte dafür ergaben Dokumente, die erst kürzlich in den Höhlen der judäischen Wüste entdeckt wurden. Einige dieser Urkunden waren in R. verfaßt worden, und eines der Schriftstücke stammt aus dem Jahre 127 n. Chr. Noch in jüngster Zeit schrieb man die Erhebung R.s zur Stadt dem Kaiser Septimius Severus (193–211 n. Chr.) zu, doch scheint der Ort bereits in der ersten Hälfte des 2. Jh.s n. Chr. eine *polis* gewesen zu sein. Dies ergibt sich aus den Siegeln aus der Zeit um 130 n. Chr., welche in Mamschit gefunden wurden und den Namen R.s tragen. Später erscheint R. auch auf der Peutingerschen Tafel, und Eusebios (*Onomastikon* 124, 15–17) gibt ihren neuen Namen an: *Areiopolis*. Tatsächlich erblickt man die Abbildung des Kriegsgottes Ares ebensowohl auf den Münzen von R. als auch auf denen von Mamschit. Nach dem als *Notitia Dignitatum* bekannten römischen »Staatshandbuch« (einem Verzeichnis römischer Amtsträger und Militäreinheiten [wohl Ende des 4. Jh. n. Chr.]) waren illyrische Reiter hier stationiert (*Not. Dign.* 80, 5). Spätere byzantinische Quellen sprechen nicht mehr von *Areiopolis*, sondern benutzen wieder den alten, semitischen Namen (R.).

Ausgrabungen wurden in R. bisher noch nicht durchgeführt. Oberflächensondierungen haben jedoch die Existenz eines großen Tempels von 33 m Länge und 26 m Breite nachgewiesen. Das Bauwerk bestand aus großen, vorzüglich bearbeiteten Kalksteinblöcken. Man hat diesen Tempel als nabatäisches Heiligtum betrachtet, die starken Übereinstimmungen seines Architekturdekors mit dem späterer Bauten weist jedoch eher auf eine Entstehung in spätrömischer Zeit. *A. N.*

Rakkat(h) Befestigte Stadt des Stammes Naphtali (Josua 19, 35). In der Mischna mit Tiberias gleichgesetzt.
Da Tiberias aber nur bis auf die Römerzeit zurückgeht, läßt sich diese Identifikation wohl nicht aufrechterhalten.

er-Ram → *Rama*

Siegelabdruck LMLK (= »*dem König gehörig*«) *von einem Krughenkel aus* → SIPH, *wie man sie auch in Hebron, Mamschit und* → SOCHO *fand.*

Rama a) Stadt des Stammes Benjamin (Josua 18, 25), unweit von Gibea (vgl. Richter 19, 13). König Bascha (Baesa) von Israel befestigte R., um seinen Gegner Asa von Juda (914 [908] bis 874 [867] v. Chr.) zu blockieren (1. Kön. 15, 17; 2. Chron. 16, 1). Doch Asa verbündete sich mit dem Aramäerkönig Ben Hadad (1. Kön. 15, 18–20; 2. Chron. 16, 2–4), worauf der Ausbau von R. abgebrochen wurde (1. Kön. 15, 21; 2. Chron. 16, 5). Auf Asas Befehl hin wurden sogar die für R. vorgesehenen Baumaterialien abtransportiert und zur Befestigung von Geba sowie → *Mizpa* verwendet (1. Kön. 15, 22; 2. Chron. 16, 6). Offenbar diente R. nach der Zerstörung von → *Jerusalem* durch die Babylonier (586 v. Chr.) als Sammellager für die zur Deportation nach → *Babylon* bestimmten Juden. Der für das Lager verantwortliche Befehlshaber scheint ein gewisser Nebusaradan gewesen zu sein (Jer. 40, 1). Nach der Rückkehr aus dem Babylonischen Exil wurde R. neu besiedelt (Esra 2, 26; Neh. 11, 33). Eusebios kannte es als »Stadt Sauls«. Heute gewöhnlich mit *er-rām*, rund 10 km nördlich von Jerusalem, identifiziert. Nach anderen *nebi samwīl*, das wieder andere für die Kultstätte Gibeon (1. Kön. 3, 3 ff.; 2. Chron. 1, 3) halten.
b) Ortslage auf dem Gebirge Ephraim. Unter der Deborapalme zwischen R. und → *Bethel* hielt die Prophetin Debora ihre Sitzungen ab (Richter 4, 5). Samuel wurde in R. geboren, lebte hier und wurde hier begraben (1. Sam. 1 ff.

[bes. 19 f.]; 7, 17; 25, 1), und Saul ι Lɪde hier – vor seiner eigentlichen Einsetzung zum König in → Gilgal (1. Sam. 11, 14 f.) – von Samuel zum nāgīd (»Anführer«, »Prinz«, »Fürst«) gesalbt (1. Sam. 10, 1). Später suchte David auf seiner Flucht vor Saul hier Zuflucht (1. Sam. 19, 18 und ebd. 22 f.). In R. befand sich ein altes Höhenheiligtum, an dessen Kult sich auch Samuel beteiligte (ebd. 9, 12 ff.). Später wurde Ramatajim (Ramataim, der Distrikt von R.) von → Samaria gelöst und Judäa einverleibt (1. Makk. 11, 34). Auch Pompeius (106 bis 48 v. Chr.) änderte daran nichts, obwohl er ausgedehnte Gebiete von Judäa abtrennte, und noch unter Herodes dem Großen (37–4 v. Chr.) gehörte R. zum judäischen Gebiet. Unter der Namensform Arimathaia (Vulgata: Arimathaea; Lutherbibel und spätere deutsche Textfassungen: Arimathia) erscheint R. als Geburtsort jenes »reichen Mannes« namens Joseph, in dessen Grabstätte der Leichnam Jesu beigesetzt wurde (Matth. 27, 57 ff.; Mark. 15, 43; Lukas 23, 51 und Joh. 19, 38). Lokalisation unsicher. Als das R. der späteren Phasen betrachtet man teilweise Rentis, etwa 15 km nordöstlich von Lydda (→ Lod).   A. N.

Ramatajim → Rama
Ramath al-Khalil → Mamre
Ramath-Lechi → Lechi

Ramses, Pi Ramses Name einer Stadt und des zugehörigen Distrikts im Ostteil des Nildeltas (→ Nil). Joseph siedelte dort seinen Vater und seine Brüder an (Gen. [1. Mos.] 47, 11). Außerdem war R. eine der Magazinstädte, die die Kinder Israels für den Pharao anlegen mußten (Ex. [2. Mos.] 1, 11 [vgl. → Pithom]). Schließlich galt R. als Ausgangspunkt des Auszugs der Kinder Israels aus → Ägypten nach Palästina (Ex. [2. Mos.] 12, 37 und Num. [4. Mos.] 33, 3). Auch ägyptische Quellen kennen den Namen pr-rˁmś (»Haus des Ramses«). Die Stadt dieses Namens war seit Ramses II. (1290–1223 v. Chr.) Pharaonenresidenz im Delta. Ihre Lage begünstigte sie in Fällen kriegerischer Auseinandersetzung mit Palästina und Syrien. Der Ortsansatz ist noch immer umstritten. Einige Gelehrte identifizieren R. mit San al-Hagar im Nildelta, wo sich einst zur Zeit der → Hyksos die Festung Avaris befand (später hieß der Ort dann → Tanis [Zoan]), andere denken dagegen an Qantīr, das etwa 18 km weiter südlich liegt. Sowohl Sethos I. (1305–1290 v. Chr.) als auch Ramses II. ließen hier Paläste errichten.   A. N. und J. R.

er-Ramtha → Mizpa
Ramun → Rimmon

Raphia Südlichste Stadt Palästinas, etwa 30 km südwestlich von Gaza und an der Küstenstraße Via Maris (»Meeresstraße« [Küstenstraße]) gelegen. Die ersten ägyptischen Quellen, die R. erwähnen, sind die Eroberungslisten Sethos' I. (1305–1290 v. Chr.) sowie das Itinerar (die Routenbeschreibung) des Papyrus Anastasi. Assyrische Dokumente erwähnen R. unter dem Namen Rapiḫu und verlegen hierher den Sieg Sargons II. (722/21–705 v. Chr.) über den ägyptischen Feldherrn Sibu und den König von Gaza Hanun, die sich gegen Assur verschworen hatten. Die Stadt wurde niedergebrannt, ihre Bewohner deportiert (720 v. Chr.). In der Bibel wird R. nicht erwähnt. Diodor (Diodorus Siculus 20, 74) berichtet, im Jahre 306 v. Chr. sei während des Krieges zwischen Demetrios I. Poliorketes und Ptolemaios I. die Flotte des Demetrios durch ein Unwetter bei R. an die Küste geworfen worden. Polybios bezeichnet R. als die → Ägypten am nächsten gelegene Stadt Koilesyriens und berichtet, wie hier Ptolemaios IV. Philopator (222/221–204 v. Chr.) am 22. bzw. 23. Juni 217 v. Chr. den Seleukiden Antiochos III. den Großen (223 bis 187 v. Chr.) schlug. Im Jahre 193 v. Chr. heiratete hier Ptolemaios V. Epiphanes (geb. 210, ermordet 180 v. Chr.) die Tochter Antiochos' des Großen. Vom Hasmonäer (Makkabäer) Alexander Iannaios (103–77/76 v. Chr.) erobert, wurde R. den Juden durch Pompeius wieder entrissen (Flavius Josephus An-

Erregend ist immer wieder der Fund alltäglicher Kleinigkeiten. Sogar im kupfer-steinzeitlichen → TELEILAT EL-GHASSUL haben sich Reste von Nahrungsmitteln erhalten. Noch erregender sind die um Jahrtausende jüngeren Funde persönlicher Habseligkeiten aus den unzugänglichen Höhlen des Naḥal Ḥever, wo die letzten Anhänger des Simon bar-Kochba nach dem Fall der Festung → BEITAR zugrunde gingen. Neben Datteln und Olivenkernen sowie ausgetrockneten Granatäpfeln fand man hier u. a. einen Hausschlüssel (links über der Schüssel mit den Kernen).

tiquitates Iudaicae 13, 357) und von Aulus Gabinius, dem römischen Statthalter Syriens, wiederaufgebaut (derselbe ebd. 14, 88). Byzantinische Texte erwähnen R. häufig als Bischofssitz in *Palaestina Prima.* Heute *Tell rāfāḥ.*

R. R.

Ras al-ʿAin → *Aphek*

Ras al-Kharrubeh → *Anatot*

Ras Sarafand → *Sarepta*

Ras es-siaga (es-siyagah) → *Pisga*

Ras at-Tabune → *Zemarajim*

Ras at-Tmim → *Bachurim*

Ras az-Zemara → *Zemarajim*

Rehob a) Stadt im Nordteil von Kanaan, bis zu der die von Moses ent-sandten Kundschafter vordrangen (Num. [4. Mos.] 13, 21). Die Bewohner dieser auch Beth-R. genannten Stadt (2. Sam. 10, 6) nahmen am Krieg der Ammoniter (→ *Ammon*) gegen David teil (ebd. 10, 8). Die Gleichsetzung der Ortslage mit → *Caesarea Philippi* ist sehr zweifelhaft.

b) Stadt an der Nordgrenze des Stammesgebiets von Aser (Josua 19, 28), den Leviten aus der Familie Gerschoms zugesprochen (1. Chron. 6, 60 [75]). Sie wurde jedoch von den Israeliten nicht erobert und blieb in kanaanäischer Hand (Richter 1, 31). Die Identifikation mit Tell el-Balat ist umstritten.

c) Stadt gleichfalls in Aser (Josua 19, 30). Das Buch Josua nennt vor R. die

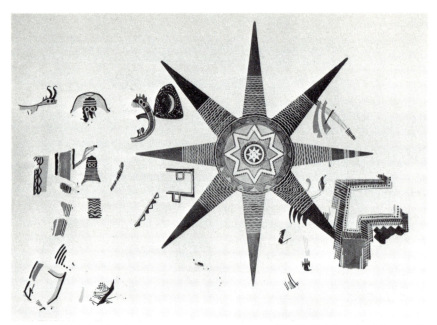

Auch die Wandmalerei von → TELEILAT EL-GHASSUL (Chalkolithikum) gehört in die Übergangsphase, in der der Mensch ins »Licht der Geschichte« tritt. Das polychrome Fresko eines achtzackigen Sterns gewährt vielleicht Einblick in eine noch unbekannte Welt mythologischer Vorstellungen.

Städte → Achsib, → Akko und → Aphek. Vielleicht ist daher auch R. auf einem der zahlreichen Trümmerhügel in der Küstenebene zu suchen.

d) Als Saul in seiner letzten Schlacht auf den Höhen von → Gilboa den Tod gefunden (bzw. sich in sein Schwert gestürzt) hatte (1. Sam. 31, 1–7; vgl. 2. Sam. 1, 4–10 und 1. Chron. 10, 1–7), stellten die → Philister seinen verstümmelten, der Kleider und Waffen beraubten Leichnam auf der Mauer von → Beth-Sean zur Schau (1. Sam. 31, 8 bis 10; 1. Chron. 10, 8–10). Doch die Männer von → Jabes-Gilead entführten die Leichen Sauls und seiner Söhne und bestatteten sie (1. Sam. 31, 11–13; 1. Chron. 10, 11 f.). Nach einer weiteren Bibelstelle stahlen die Leute von Jabes-Gilead die Leichname nicht unmittelbar von der Mauer zu Beth-Sean, sondern »vom Platz am Tor Beth-Seans« (Lutherbibel) bzw. »vom offenen Platz

zu Beth-Sean« (u. ä. neuere Übersetzungen [2. Sam. 21, 12]). Man hat diese Angabe jedoch auch als eigenen Ortsnamen (R.-Beth-Sean) verstanden und auf eine Stadt dieses Namens im Beth-Sean-Tal, etwa 3 km südlich von Beth-Sean, bezogen, die auch in ägyptischen Quellen erwähnt wird. Beispielsweise findet sie sich in Siegeslisten Sethos' I. (1305–1290 v. Chr.) und hatte diesen Berichten zufolge im ersten Regierungsjahr Sethos' zweimal ägyptische Sturmangriffe zu erdulden.

Rehoboth Ort in der Negev, wo Isaak einen Brunnen grub (Gen. [1. Mos.] 26, 22), den ihm die → Philister nicht mehr streitig machten, nachdem es zuvor wegen anderer Brunnen Streit gegeben hatte. Ortsansatz unbekannt. Man betrachtete R. als identisch mit Ruheiba in der Zentralnegev, ist jedoch davon wieder abgekommen, weil Ruheiba keinerlei Besiedlungsspuren erbracht hat, die über die Römerzeit zurückgehen. A. N.

Rephaim Talebene südwestlich von → *Jerusalem* an der Grenze zwischen den Stämmen Juda und Benjamin (Josua 15, 8; 18, 16). Hier breiteten sich die → *Philister* aus (2. Sam. 5, 18 und 22), bevor sie von David geschlagen wurden (ebd. 25). A. N.

Rephaiter, Susiter und Emiter Völkerschaften im Gebiet östlich vom Jordantal, zusammen mit den Horitern (Hurritern bzw. Churritern) in Verbindung mit dem Kriege erwähnt, den Kedorlaomer und seine Verbündeten gegen die Könige von → *Sodom*, → *Gomorrha* und anderen Städten am → *Toten Meer* führten. Nach der Bibel (Gen. [1. Mos.] 14, 5) besiegte Kedorlaomer die Rephaiter bei → *Aschtaroth*, die Susiter bei Ham und die Emiter bei Kirjatajim. Möglicherweise handelt es sich bei den drei Namen nur um verschiedene Bezeichnungen eines einzigen Volkes. So werden an anderer Stelle (Deut. [5. Mos.] 2, 9–11) die Emiter ausdrücklich zu den Rephaitern gezählt und als einstige Bewohner von → *Moab* bezeichnet, und auch Susiter (bzw. Samsummiter) erscheinen als Rephaiter, allerdings in diesem Fall als Urbewohner von → *Ammon* (ebd. 2, 20 f.). Sowohl Emiter als auch Susiter werden (a. a. O.) als »starke« Menschen »von hohem Wuchs« bezeichnet, und man weist gleicht sie den Enakitern. Von Og, dem König von → *Baschan*, der als »letzter Nachkomme der Rephaiter« galt, hieß es, sein eisernes Bett sei »nach Normalmaß neun Ellen lang und vier Ellen breit« (ebd. 3, 11). Offenbar stehen diese Erzählungen im Zusammenhang mit den megalithischen Steinmalen des Jordanlandes (→ *Dolmen*). Auch bei Josua findet sich die Überlieferung, daß Og zu den letzten Abkömmlingen der Rephaiter gehört habe (Josua 12, 4). Erhalten hat sich der Rephaitername im Namen der Talebene → *Rephaim* unweit von → *Jerusalem*. R. M. und J. R.

Rephidim Eine der Etappen des Auszugs der Israeliten aus → *Ägypten*. Nach der Überlieferung schlug Moses hier mit seinem Stab gegen einen Felsen, aus dem daraufhin Wasser hervorquoll. Weil die Israeliten zuvor wegen Wassermangels mit Jahwe gehadert hatten, bezeichnete man diesen Ort als Haderwasser (Ex. [2. Mos.] 17, 1–7). Anschließend wurde R. Schauplatz einer Schlacht zwischen Israel und den → *Amalekitern*, die dadurch entschieden wurde, daß Moses, unterstützt von Aaron und Hur (Chur), seine Hände unbeweglich in die Höhe hielt, bis die Sonne unterging (ebd. 17, 8–16). Nach Num. (4. Mos.) 33, 14–15, lag R. zwischen Alusch und der Wüste von Sinai. Die Lokalisation hängt daher vom Ortsansatz des Berges und der Wüste dieses Namens ab. Verfechter einer Nordroute verlegen R. in den Küstenbereich des Mittelmeeres zwischen el-Arisch und Dschebel Hillal, Anhänger einer Südroute denken dagegen an das Wādi Refājid unweit des Dschebel Musa (vgl. auch → *Kades Barnea*). A. N.

Ribla Stadt im Süden von Kadesch am Orontes (dem heutigen Asī Nehri), zugleich unweit von → *Hamath*. Nach dem Niedergang des assyrischen Reiches politisches und militärisches Zentrum der Syrien kontrollierenden Besatzungsmächte. Hier war es, wo Pharao Necho II. (610/9–595/4 v. Chr.) Joahas (Joachas [609/608 v. Chr.]), den König von Juda, gefangenhielt (2. Kön. 23, 33–34). Nach dem Fall von → *Jerusalem* (586 v. Chr.) wurden Zedekia (Zidkia [597/596–586 v. Chr.]) sowie seine Kinder und sein Gefolge hierhergebracht, um von Nebukadnezar II. (605–562 v. Chr.) abgeurteilt zu werden. Alle wurden niedergemacht, nur Zidkia selbst blendete man und führte ihn gefesselt nach → *Babylon* (2. Kön. 25, 6–7). Schließlich ließ Nebukadnezars Befehlshaber Nebusaradan auch andere prominente Männer Jerusalems (darunter den Oberpriester Seraja und weitere Männer aus dem Gefolge des Königs von Juda, die in Jerusalem geblieben waren, als der König zu fliehen versuchte) gleichfalls nach R. abführen, wo auch sie hingerichtet wurden (ebd. 25, 18–21). Heute Rible am Ostufer des Orontes *(Asī Nehri)*, etwa 34 km südlich von Homs.   *A. N. und J. R.*

er-Riha → *Jericho*

Rimmon a) Felsen im Gebiet des Stammes Benjamin. Endstation einer Tragödie, die in Gibea begann. Dessen Bewohner hatten einen Leviten belästigt, der mit seiner Nebenfrau auf der Reise von → *Bethlehem* nach dem Gebirge Ephraim hier eingekehrt war, um nicht bei den → *Jebusitern* im damals noch nicht jüdischen → *Jerusalem* übernachten zu müssen. Schlimmer erging es der Nebenfrau des Leviten: Sie wurde vergewaltigt, bis sie starb. Der Levit zerstückelte ihre Leiche und schickte die Leichenteile an die zwölf Stämme Israels. Diese versammelten sich daraufhin zu → *Mizpa (Tell en-Naṣbe)* und beschlossen eine Strafexpedition gegen den Stamm Benjamin. Als dieser sich weigerte, die Übeltäter von Gibea den Rächern zu übergeben, wurden die Benjaminiten praktisch ausgerottet – bis auf 600 Mann, die sich zum Felsen R. flüchteten und dort vier Monate blieben. Aus Kummer über die Dezimierung der Benjaminiten rotteten die übrigen Stämme Israels anschließend die Einwohner von → *Jabes-Gilead* aus, die sich nicht am Kriegsrat in Mizpa beteiligt hatten. Nur 400 Mädchen verschonte man und gab sie den überlebenden Benjaminiten, damit diese sich wieder vermehren konnten. Dennoch fehlten den Benjaminiten noch immer 200 Frauen. Sie raubten sich diese daher in Silo (vgl. Richter Kap. 19–21). Heute Ramun unweit von Ramallah.
b) Stadt im Grenzgebiet des Stammes Sebulon (Josua 19, 13). Heute er-Rummane, etwa 10 km nördlich von → *Nazareth*.   *A. N. und J. R.*

Ruheiba → *Rehoboth*
er-Rummane → *Rimmon*

S

Saba' Land im Südteil → *Arabiens*, im Altertum von den Sabäern bewohnt (vgl. Gen. [1. Mos.] 10, 7 [Seba und Saba als »Söhne von → *Kusch*« erwähnt] sowie ebd. Vers 28 [Saba als Nachkomme Joktans]). Die Bibel kennt S. als außergewöhnlich reiches Land, aus dem man neben Gold vor allem Edelsteine, Gewürze und auch Weihrauch (Jes. [Is.] 60, 6; Jerem. 6, 20) sowie andere Güter bezog, die Kaufleute aus Tyros bis an die Küste des Mittelmeers brachten (Hesek. [Ezech.] 27, 22). Weltbekannt ist die Erzählung von Bilqis, der »Königin von S.«, die mit Kamelladungen voll Kostbarkeiten zu Salomo reiste, angeblich um ihn »mit Rätselfragen auf die Probe zu stellen« (in Wirklichkeit handelte es sich wohl um eine Delegation zur Vertiefung der gegenseitigen Handelsbeziehungen [1. Kön. 10, 1 ff.; 2. Chron. 9, 1 ff.]). Die Sabäer handelten auch mit Sklaven (Joel 4, 8) und schreckten auch vor Raub nicht zurück (Hiob [Job] 1, 15; 6, 19). Verhältnismäßig wenig ist bisher über die Geschichte des Königreichs S. bekannt. Die Annalen zweier Assyrerkönige, Sargons II. (722/21–705 v. Chr.) sowie Sanheribs (Sennacheribs [705/4 bis 681 v. Chr.]) nennen die Namen einiger Sabäerkönige, andere Namen von historischer Bedeutung sind aus den Tausenden präislamischer Inschriften bekannt, die in der zweiten Hälfte unseres Jahrhunderts gefunden wurden, und erst die letzten beiden Jahrzehnte sahen ernster zu nehmende archäologische Bemühungen in dem heute so menschenunfreundlichen Gebiet. Von besonderem Interesse ist die Entdeckung des dem Mondgott 'Ilumquh (oder 'Almaqah) geweihten sog. 'Awwamtempels durch eine 1951–1952 durchgeführte Expedition der *American School of Oriental Research*. Die Expedition stand unter der Leitung von William Foxwell Albright. Der 'Awwamtempel in der Sabäerhauptstadt Mārib (im Volksmund auch als Maḥram oder Ḥaram der Bilqis [der biblischen »Königin von S.«] bezeichnet) war dem Hauptgott der Sabäer, dem Mondgott, geweiht und dürfte aus dem 8. oder 7. Jh. v. Chr. stammen. In den ersten Jahrhunderten unserer Zeitrechnung wurde Mārib die Hauptstadt eines von Ḥimjariten beherrschten, sich über den größten Teil der arabischen Halbinsel erstreckenden Reiches »von S. und Du Raydān«. Die Römer versuchten vergeblich, sich des Landes mit seinen sagenhaften Schätzen zu bemächtigen.

Sabchat Bardawil → *Baal-Zaphon*
Sachm al-Dschalen → *Golan*

Sahbahöhle Höhle im Wadi Djihar, das parallel zum Wadi → *Abu Sif* in nordsüdlicher Richtung die judäische Wüste durchzieht. Grabungen, die hier von R. Neuville durchgeführt wurden, erbrachten zwei Lager mit Inventar aus dem *Moustérien*. Beide enthielten in großer Zahl längliche als auch gekrümmte Spitzwerkzeuge, die den Funden aus der Höhle von Abu Sif entsprechen. Nach Auffassung des Ausgräbers läßt das Inventar des oberen

Lagers (B) gegenüber den Funden von Abu Sif eine Weiterentwicklung erkennen (zu den Feuersteinwerkzeugen vgl. den Artikel → *Vorgeschichte*).

Salbit → *Schaalabbin*

Salcha Bedeutende Stadt in → *Baschan*, im alten Reich des Og, das unter Moses erobert wurde (Deut. [5. Mos.] 3, 10). S. fiel dem Halbstamm Manasse zu (ebd. 3, 13) und lag (nach 1. Chron. 5, 11) an der Grenze des Stamms Gad. In hellenistisch-römischer Zeit befand sich an der Stelle der alten Stadt ein blühender Ort namens *Triákōmē* (griech.: »Dreidorf«). Oberflächliche Bodenuntersuchungen erbrachten zahlreiche griechische Inschriften, desgleichen Inschriften und Architekturfragmente nabatäischen Ursprungs. Der mit weitem Abstand größte Teil der alten Ansiedlung fiel dem Bau des heutigen Drusendorfs Salkhad (Salchad) zum Opfer. *A. N.*

Salem a) Stadt des Melchisedech (Gen. [1. Mos.] 14, 18), nach jüdischer Überlieferung identisch mit → *Jerusalem*. b) Stadt »des Sichem« – Ort unweit von → *Sichem* –, wo Jakob einen Altar baute (Gen. [1. Mos.] 33, 18–20). c) Ort im Tal des Jordan, nicht weit von → *Ainon*, wo Johannes taufte (Joh. 3, 23). Auch Eusebios erwähnt diesen Ort, der gleichfalls auf der Mosaikkarte von → *Madeba* verzeichnet ist. Vielleicht *Tell Abū Ṣuṣ*, etwa 10 km südlich von → *Beth Sean*. Andere halten *Tell Abū Ṣuṣ* jedoch für identisch mit → *Abel Mehola*, das wieder andere auf dem *Tell al-Maqlūb* oder dem Tell el-Hilu (Khirbet [Chirbet] el-Hilu) suchen. *A. N. und J. R.*

Salz Der Gebrauch von S. geht bis auf die frühesten Phasen der menschlichen Urgeschichte zurück. Stets galt S. als wichtiger Bestandteil der menschlichen Nahrung. Im Altertum wußte man S. als Würze durchaus zu schätzen (Hiob [Job] 6, 6), und man brauchte beträchtliche S.-Mengen (Esra 6, 9). S. war außerdem ein wichtiger Bestandteil der Opfer (Lev. [3. Mos.] 2, 13; Hesekiel

[Ezechiel] 43, 24). Als Konservierungsmittel symbolisiert S. gleichzeitig Dauer. Man sprach daher von einem »Salzbund« (Num. [4. Mos.] 18, 19), um dessen Dauerhaftigkeit auszudrücken, und vom »Bundessalz« (Lev. [3. Mos.] 2, 13). Später ging die Bedeutungsgleichheit von »Salz« und »Dauer« so weit, daß sich bei Esra die Aussage: »... da der Bestand des Königshauses auch unsere Existenz sichert«, wie folgt ausgedrückt findet: »... da das Salz des Palastes auch unser Salz ist« (Esra 4, 14). »Mit Schwefel und Salz ausgebrannt« ist ein karges Land (Deut. [5. Mos.] 29, 23). Eine Stadt mit Salz zu bestreuen bedeutete daher, sie bis auf die Grundmauern zu verwüsten (Richter 9, 45). Möglicherweise spielte hier auch der Opfergedanke (man opferte die toten Feinde seinem Gott) oder die Synonymik »Salz«–»Dauer« eine Rolle (der Wunsch, die Zerstörung der Stadt möge endgültig und von Dauer sein). Therapeutische (und mit Recht vor allem wohl desinfizierende) Wirkung wurde dem S. zugeschrieben, und man rieb Neugeborene mit S. ein (Hesek. [Ezech.] 16, 4 [abermals kann auch hier der Opfergedanke und der Wunsch nach Dauerhaftigkeit, in diesem Fall nach langem Leben, mit hineinspielen]). Elias entgiftete eine Quelle, die verseucht war, indem er S. in das Wasser streute (2. Kön. 2, 20 ff.).

S. war auch einer der Hauptartikel des internationalen Tauschhandels. Hauptquelle in Palästina war das Gebiet des → *Toten Meeres*. Große Mengen wurden am Dschebel Usdum, einem Salzhügel, abgebaut, der den Namen des biblischen → *Sodom* bewahrt hat (vgl. Zeph. [Soph.] 2, 9, wo allerdings die Salzmine und die biblische Stadt durcheinandergebracht werden). Auch im Sumpfgelände am Toten Meer wurde S. gewonnen (Hesek. [Ezech.] 47, 11). Schließlich leitete man auch Meerwasser in flache Salzpfannen an der Felsenküste und erhielt so durch Verdunstung Meersalz.

In hellenistischer und späterer Zeit diente S. in großem Umfange der Le-

Einer der mächtigsten Ruinenhügel Palästinas ist der Tell el-Ḥöṣn, der die Ruinen des biblischen → BETH-SEAN birgt.

bensmittelkonservierung, insbesondere der Konservierung von Fleisch und Fisch. Überall um den See Genesareth wurde das Einpökeln von Fischen praktiziert. Tatsächlich war der See Genesareth ein fischreiches Gewässer. Auf den Fischfang beziehen sich Ortsnamen des dortigen Gebietes (→ *Bethsaida* [= »Fischhausen«] und → *Magdala* [= *migdal nūnājā* = »Fischturm«, griechisch: *Taricheia* ⟨= »Pökelplatz«⟩]), Genesareth-Fischer waren die ersten Jünger Jesu (Matth. 4, 18 ff.), Jesus berief Petrus mit den Worten: »Von nun an wirst du Menschenfischer sein« (Luk. 5, 10), mit → *Brot* und Fischen wurden die Scharen gespeist, die Jesus zuhörten (Joh. 6, 9 ff.). Doch auch an der Küste am Meer salzte man Fische ein. Sicher erklärt dies das Vorhandensein so zahl-reicher Fischgräten im Kökkenmöddinger (unter den Küchenabfällen) mancher Fundstätten in der Negev sowie in Transjordanien.

Samaria Nach 1. Kön. 16, 24 kaufte König Omri von Israel (886 [882] bis 875 [871] v. Chr.) »den Berg S.« um 2 Silbertalente von einem gewissen Semer, »versah den Berg mit Bauten und nannte die Stadt, die er erbaut hatte, nach dem Namen des Berg-Eigentümers Semer: ›Samaria‹«. Die Bibel übergeht Omri mit wenigen mißbilligenden Sätzen, doch assyr. Keilschrifturkunden bezeichnen das Reich Israel stets als *bit-Humri* (»Haus des Omri«). Der in → *Dibon* zum Vorschein gekommene »Mesastein« berichtet von ausgedehnten Eroberungen Omris östlich

281

der Jordanlinie, und es heißt, Omri habe »→ *Moab* bedrängt«. Die Gründung von S. bedeutete das Ende von → *Sichem* als Hauptstadt des Nordreichs. Weit ausführlicher als über Omri berichtet die Bibel über seinen Sohn Ahab (Achab [875/74–854 oder 852 v. Chr.]), der zwar wegen seiner religiösen Toleranz und seiner phönikischen Gattin Isebel gleichfalls Mißfallen erntet (1. Kön. 16, 29 ff.), doch Siege über die → *Aramäer* (Ben Hadad II.) errang, die ausführlich geschildert werden (1. Kön. 20, 1 ff.; 2. Kön. 6, 24). Auch Ahabs Milde wird gerühmt, die zu einem Vertrag mit Ben Hadad führte (1. Kön. 20, 31 ff.). Von seiner Bautätigkeit gibt die Bezeichnung »Elfenbeinhaus« einen Begriff (1. Kön. 22, 39). Rund 10 Jahre nach Ahabs Tod bei der Belagerung von Ramoth-Gilead (ebd. 22, 29 ff.) erhob sich Jehu (842/41–815/14 v. Chr.) gegen die Dynastie Omris. Isebel wurde durch einen Fenstersturz ermordet und das ganze Haus Ahabs ausgerottet (2. Kön. 9, 30 ff.; 10, 11), desgleichen die Brüder des Königs von Juda (ebd. 10, 12 ff.). Auch unter den Baalsanhängern richtete Jehu ein furchtbares Blutbad an (ebd. 10, 18 ff.), verehrte jedoch selbst die »goldenen Kälber« von → *Bethel* und → *Dan* (2. Kön. 10, 29). Nach dem berühmten schwarzen Obelisken von Nimrud (→ *Kalach*) hatte Jehu Tribut an Salmanassar III. (859/58 bis 824 v. Chr.) zu entrichten. S. blieb jedoch Mittelpunkt des Nordreichs – ebensowohl, als König Hasael von Damaskus über den Jordan vorstieß (2. Kön. 10, 32 f.; 12, 18 f.), als auch später unter Jeroboam II. (789[784]–748[744] v. Chr.), als Israel Aram-Damaskus unterwarf und das Reich wieder in seinen alten Grenzen »von → *Lebo-Hamath* bis zum Steppenmeer (→ *Totes Meer*)« hergestellt war (2. Kön. 13, 25; 14, 25 bis 28). Vom Wohlstand der Stadt, gegen den Amos nicht müde wird, sich zu ereifern, zeugen die Äußerungen Am. 3, 9 ff.; 4, 1 ff.; 6, 4. Grabungen haben offenbar Reste des dort abermals erwähnten »Elfenbeinhauses« und der → *Möbel* aus Elfenbein zutage gebracht.

Hosea, der letzte König Israels, verweigerte im Vertrauen auf ägyptische Hilfe Salmanassar V. (726–722) den Tribut (2. Kön. 17, 4). Nach Angaben Sargons II. (722/21–705 v. Chr.) war es *Jaubi'di* von → *Hamath*, der Hosea von S. zu diesem Vorgehen ermutigte. Das Ergebnis war eine Strafexpedition (dreijährige Belagerung!) und die Verbannung der Samaritaner nach → *Gosan* am → *Chabor* (2. Kön. 17, 4–6). S. hielt damals Neubürger aus anderen Gebieten des assyr. Reichs, darunter aus → *Kuta* und → *Sepharwajim*. Die Neuankömmlinge brachten ihre eigenen Kulte mit, nahmen jedoch auch die Jahwereligion an. Dieser religiöse Synkretismus führte zu unversöhnlicher Gegnerschaft mit dem orthodoxen Judentum des Südreichs. Die Gegensätze vertieften sich, als nach der Rückkehr aus dem Babylon. Exil die Juden von → *Jerusalem* das Angebot der Samaritaner ausschlugen, ihnen beim Tempelbau zu helfen (Esra Kap. 4). Seit der Einnahme durch Sargon II. (um 720 v. Chr.) war S. Provinzhauptstadt. Zur Zeit des Nehemia (wohl um 445–433 v. Chr.) war Sanballat Statthalter in S. (Neh. Kap. 2 bis 4). Neuerdings zum Vorschein gekommene Papyri erwähnen diesen und seine Familie. Unter Sanballats Enkel, Sanballat III., wurde auf dem heil. Berg *Garizim* ein Tempel als Rivale des Jerusalemer Tempels errichtet, was die Spannungen zwischen Juden und Samaritanern vertiefte. 332 v. Chr. nahm Alexander der Große S. ein. S. wurde zur hellenistischen Garnisonsstadt. Ein großer Teil der Einwohner wurde nach Sichem ausgesiedelt. In der Folge mehrmals von den Diadochen umkämpft und erobert, fiel S. 107 v. Chr. in die Hand des Johannes Hyrkanos (134 bis 104 v. Chr.), und die Hasmonäer (Makkabäer) judaisierten die Einwohner zwangsweise. Aulus Gabinius baute die Stadt 57–55 v. Chr. wieder auf (Flav. Jos. *Bell.* 1, 64 f. und 166). Seine bauliche Glanzzeit erlebte S. unter Herodes dem Großen (37–4 v. Chr.), der die Stadt zu Ehren des Kaisers Augustus *Sebaste* (griech. für *Augusta*) nannte

282

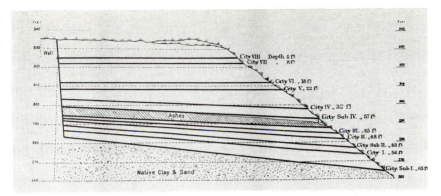

Der erste Trümmerhügel (→ TELL) Palästinas, bei dem moderne Grabungsprinzipien angewandt wurden, ist der Tell el-Ḥesī (→ EGLON). Die Skizze zeigt das Profil seiner archäologischen Schichten nach der englischen Originalpublikation. Von großer Bedeutung für die Entwicklung der archäologischen Methodik war auch → TELL BETH MIRSIM.

(Flav. Jos. *Antiqu.* 15, 219, 292). Dieser griech. Name lebt noch heute im arab. Namen *sebaṣṭīje* fort. Später litt S. mehrfach unter Übergriffen jüdischer Partisanen ebenso wie unter den Römern, die ihren Judenhaß auch auf S. übertrugen und gegen die die Samaritaner sich in der Folge ihrerseits mehrfach erhoben. Septimius Severus (193 bis 211 n. Chr.) entfaltete allerdings neue Bautätigkeit (Kore-Tempel) und gab der Stadt den Status einer röm. Kolonie. Schon in der apostolischen Generation verbreitete sich hier das Christentum (Apg. 8, 5–17), und später war S. Bischofssitz. Nach einer volkstümlichen Überlieferung befand sich in S. das Grab Johannes des Täufers, und die Kreuzritter errichteten hier eine vielbesuchte Wallfahrtskirche. Heute ist S. nur noch ein unbedeutendes Dorf mitten zwischen den Ruinen der alten Stadt.
Die Trümmer von S. bedecken eine Fläche von 10 ha. Man betritt das Trümmerfeld durch das heutige Dorf. Auf dem Gipfel der Anhöhe die Mauern, die Omris Stadt umgaben. Ahabs Palast besaß Kasemattenmauern von vorzüglicher Arbeit. Pilasterkapitelle weisen sog. protoionischen Stil auf. Elfenbeinschnitzereien bezeugen die Berechti-

gung des mehrfach in der Bibel gebrauchten Ausdrucks »Elfenbeinhaus«. Diese Elfenbeinschnitzereien sind außerordentlich bedeutungsvoll für die Geschichte des künstlerischen Einflusses Phönikiens auf Israel. Aus der Folgezeit (bis Mitte 8. Jh. v. Chr.) sind Ostraka (beschriftete Scherben) erhalten, deren genaue Datierung und Deutung umstritten ist. Neben theophorischen Namen von Anhängern des Jahwe-Kults verzeichnen sie auch Namen, die mit Baal zusammengesetzt sind. Die Perserzeit ist vor allem durch 1963 von P. W. Lapp entdeckte Papyri (Geschäftsaufzeichnungen u. ä.) belegt. Mächtige Befestigungen (vor allem ein runder Turm) stammen aus der Zeit des Hellenismus. Aus der Stadt des Herodes und der Römerzeit fanden sich Kolonnadenstraßen, Läden, ein Theater und Tempelruinen. Das Forum (128 × 73 m) dient den heutigen Dörflern als Tenne. Von Herodes' Augustustempel erblickt man noch eine großartige Freitreppe. Sie stammt allerdings von der Erneuerung des Bauwerks unter Septimius Severus (um 200 n. Chr.). Die Höhe des Podiums, auf dem sich der 23 × 35 m messende Tempel erhob, beträgt 4 m. Östlich vom Augustustempel (und westlich vom Forum):

eine Marktbasilika von 68 × 32 m Grundfläche. Südlich davon israelitische Mauerreste. Südlich der Akropolis eine frühchristliche Kirche. Die Kreuzfahrerkirche befindet sich am Ostrand des heutigen Dorfes. Rätsel gibt das → *Stadion* von S. auf, das nicht nach dem üblichen Plan erbaut zu sein scheint.

A. N. und J. R.

San al Hagar → *Ramses*

Sanoach a) Ort im Norden der judäischen → *Šefīla* (Josua 15, 34). Zur Zeit der Restauration nach dem Babylonischen Exil erbauten seine Bewohner das Taltor von → *Jerusalem* (Neh. 3, 13). Identisch mit Khirbet (Chirbet) Zanu nordöstlich von → *Aseka*.
b) Ort an der Südgrenze von Juda am Rande der Negev (vgl. Josua 15, 56). Lage unbekannt.

Sarepta Bedeutender sidonischer Hafen im Südabschnitt Phöniziens, heute *rās sarafand*, etwa 15 km südlich von → *Sidon*. Erstmals in einer Namensliste aus der Zeit Ramses' II. (1290–1224/23 v. Chr.) als Ort an der *Via Maris* (»Meeres-« bzw. Küstenstraße) verzeichnet. Später eine der phönikischen Städte, die Sanherib (Sennacherib [705/4–681 v. Chr.]) 701 v. Chr. eroberte. Nach S. verlegt die Bibel die Erzählung von der Auferweckung des Sohnes einer Witwe durch den Propheten Elias (1. Kön. 17, 8–24). Die Episode ist kulturhistorisch nicht uninteressant, enthält den Bericht doch Angaben über die Herstellung von Backwerk aus Mehl und Öl (→ *Brot*), und die »wunderbare« Erweckung des Sohnes der Witwe, der zu atmen aufgehört hatte, hat man als Schilderung einer Mund-zu-Mund-Beatmung gedeutet (ebd. 17, 12 ff. [Brotbacken] und 17 ff. [Beatmung]).

A. N. und J. R.

Saronebene Küstenebene zwischen dem Fluß Jarqon *(nahr al-ʻauǧa)* im Süden sowie dem Höhenzug des Karmel im Norden. Berühmt wegen der Üppigkeit ihrer Vegetation (Jesaja [Isaias] 33, 9 [wo das Gegenbild einer

verdorrten S. entworfen wird]; 35, 2; Hoheslied 2, 1). Die S. war reich an Weidegründen, und David ernannte einen eigenen Aufseher über die hier grasenden Rinderherden (1. Chron. 27, 29). Durch die S. führte die berühmte »Seestraße« (Küstenstraße) *Via Maris*, jene Straße, die → *Ägypten* mit Palästina und Syrien verband. Die Annalen ägyptischer Pharaonen, die auf ihren Zügen diese Straße benutzten, erwähnen zahlreiche Städte, die Berichte Amenophis' II. (1444–1412 v. Chr.) nennen sogar ausdrücklich den Namen S. Auch Pharao Šusinku 1. (→ *Lubim*) führte in der S. Krieg. Šušinku war der Begründer der 22. Dynastie. Er ist unter dem Namen Schoschenk oder Scheschonk bekannter (auch Schoschenq bzw. Scheschonq geschrieben). Die Bibel nennt ihn Sisak bzw. Schischak (vgl. 1. Kön. 14, 25 f.; 2. Chron. 12, 2 ff.). Den Verlauf der Zerstörungswelle, die sein Kriegszug in Palästina hervorrief, hat man zu rekonstruieren versucht (so vor allem B. Mazar). König Mescha (Mesa) von → *Moab* berichtet auf seiner berühmten Stele, die in → *Dibon* (b) gefunden wurde, dem »Mesastein« (nun im Louvre), er habe Leute aus der S. in → *Atarot* angesiedelt. Unter assyrischer Oberhoheit bildete die S. zusammen mit → *Samaria* eine Provinz. In persischer und hellenistischer Zeit entstanden am Küstenstreifen phönikische Kolonien. Unter den Römern erhielt das Gebiet den griechischen Namen *drymós* (»Wald«). Damals wurden hier einige der bedeutendsten Städte des palästinensischen Küstengebiets errichtet, darunter Kaisareia (→ *Caesarea*).

A. N. und J. R.

Šatt en-Nil → *Kebar*

Schaalabbin, Schaalbim Stadt im Gebiet des Stammes Dan (Josua 19, 42), auch nach der israelitischen Landnahme noch in der Hand der → *Amoriter* (Richter 1, 35). Zur Zeit König Salomos zum zweiten Verwaltungsbezirk des Reiches gehörig (1. Kön. 4, 9), zur Römerzeit Teil des Distrikts (der »Toparchie«) von

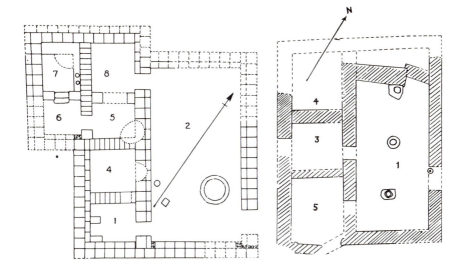

Haus einer wohlhabenden Familie in → TELL BETH MIRSIM.

→ **Emmaus.** Fundort einer samaritanischen Synagoge. Wohl heute Salbit, etwa 3 km nördlich von Emmaus. *A. N.*

Schaalim Gebiet südöstlich des Ephraimgebirges. Saul suchte hier die Eselinnen seines Vaters Kisch (1. Sam. 9, 4). Ortsansatz unbekannt.

Schadental → *Achor*
Schech Saad → *Aschtaroth*
Schephela → *Sefila*
Schmuck → *Achsib; Ajjul; Byblos; Eschtemoa; Hajonim-Höhle*
Schreibmaterial → *Alexandrien a; Byblos; Schriftrollen vom Toten Meer*

Schriftrollen vom Toten Meer In der Hauptsache Texte aus → *Qumran*, teilweise von E. L. Sukenik für die Hebr. Univ. (Jerusalem) erworben. Der Rest ging nach USA, wurde jedoch 1954 von Y. Yadin im Auftrag der israelischen Regierung zurückgekauft. Heute in einem Spezialgebäude *(Sanctuaire du Livre/Shrine of the Book)* des Israelischen Nationalmuseums aufbewahrt.

Spätere Schriftenfunde im Archäologischen Museum. Zu den Qumran-Funden kommen besonders Funde aus → *Masada* sowie aus der Zeit des Bar-Kochba-Aufstandes (131/32–135/36 n. Chr.) hinzu. *Material:* Meist Pergament oder Leder, zwei Schriftstücke auf Kupferblech, ganz wenige auf Papyros. Bis auf wenige Worte hebräische Quadratschrift. Name Jahwes althebräisch. *Paläograph. Befund:* 3 Perioden (prämakkabäisch, makkabäisch [hasmonäisch] und herodianisch). Außergewöhnliche *Bedeutung,* da bisher vorliegende älteste Bibelredaktion rund 1000 Jahre jünger als Bibelfragmente aus Qumran (Qumrantexte bis auf 2. [vielleicht sogar 3.] Jh. v. Chr. zurückgehend). *Zwei Gruppen:* A) *Biblische und apokryphe Texte,* B) *Literatur der Qumran-Gemeinde.* A) Fragmente aus der ges. Bibel (m. Ausnahme des Esther-Buchs). Vollständigstes Textfragment: *Jesaja-Rolle* (ältestes MS). Fragmente z. T. fast identisch mit masoret. Rezension, andere nähern sich der Septuaginta (→ *Alexandrien* a). Die Apokryphen erlauben tiefen Einblick in die damals verbreitete nichtkanon. Literatur. B) *Originaltexte der Qumran-Gemeinde: Kommentare* (Habakuk, Psalmen, Jesaja, Hosea, Micha u. a.) unter Bezugnahme auf die Sektengeschichte. *Gemeinschaftsregel* der Qumran-Gemeinde. Weiter sog. *»Kriegsrolle«* (dualist. Eschatologie: »Söhne des Lichts« im Endkampf gegen »Söhne der Finsternis«; wertvolle Einzelheiten über zeitgenössisches Kriegswesen und Kriegsrituale). *Loblieder* (hymn. Formulierung der Sektentheologie [dualist./chiliast.]). *»Damaskusschrift«* (Dokument einer Emigrantensekte [»Söhne Zadoks«]). 2 Kupferrollen enthalten Hinweise auf verborgene Schätze (vielleicht späteren Datums). Weitere Manuskripte wurden meist in den Jahren 1951/52 im Gebiet des → *Toten Meeres* vom Wādī Murabbaʿat bis Naḥal Ḥever gefunden. Darunter zahlreiche Fragmente biblischer Texte, Urkunden jeder Art und Schriftstücke, die sich auf den Bar-Kochba-Aufstand beziehen. Sie enthalten minutiöse Angaben über sämtliche Lebensbereiche und bedeuten eine unschätzbare Ergänzung zur Schilderung des Josephus. Zusammen mit den Qumran-Funden stellen sie eine der bedeutendsten archäologischen Entdeckungen unseres Jahrhunderts dar.

J. R. nach A. N.

Schur Wüste, wohin die Ägypterin Hagar sich vor den Nachstellungen der eifersüchtigen Saraj flüchten wollte (→ *Beer Lahai-Roi*), als eine Vision ihr die Rückkehr befahl (Gen. [1. Mos.] 16, 7 ff.). Zwischen S. und → *Chawila* wohnten später die Nachkommen des Hagar-Sohnes Ismael (ebd. 25, 17 f.). Nach ihrem Aufbruch vom sogen. Roten Meer (in Wirklichkeit wohl »Schilfmeer«, »Sumpfmeer«) zogen die Israeliten in die Wüste S. hinaus, die demnach vom »Schilfmeer« nicht weit entfernt gewesen sein dürfte (Exod. [2. Mos.] 15, 22). Das Wort S. bedeutet im Hebräischen »Mauer« und bezeichnet möglicherweise die den Isthmus von Suez schützenden ägyptischen Befestigungsanlagen (im Ägyptischen tatsächlich »Mauer« genannt). Man könnte jedoch auch an die Gebirgsbarriere denken, die das Zentralplateau der Halbinsel von Sinai umgibt und die vor allem von Westen den Eindruck einer Mauer erweckt. Einige Gelehrte verlegen die Wüste S. daher in das Gebiet östlich des Roten Meeres und der Bitterseen, während andere, die einen weiter im Norden gelegenen Auszugsweg aus → *Ägypten* für wahrscheinlicher halten, S. näher am Mittelmeer vermuten.

A. N.

Schwefel Chemische Substanz. Schon den Alten als leicht entzündliches Material bekannt und in der Bibel dann erwähnt, wenn von Zerstörung die Rede ist. So ließ Jahwe über → *Sodom* und → *Gomorrha* Schwefel und Feuer regnen (Gen. [1. Mos.] 19, 24; Jes. [Is.] 30, 33; Hesek. [Ezech.] 38, 22 u. a.). An anderer Stelle wird das Bild einer von Schwefel und Feuer zerstörten Landschaft als Inbegriff der Verwüstung verwendet (Deut. 5. Mos. 29, 22 [23]). Reiche S.-Vorkommen gab es in Palästina im Süden von Gaza. Allerdings ist unbekannt, ob sie im Altertum ausgebeutet wurden. Kleinere Vorkommen finden sich im Südteil der Jordansenke und außerdem auch rings um das → *Tote Meer*. Es gibt dort Schwefelquellen, die heilende Eigenschaften besitzen. Im alten → *Ägypten* wurde S. in sehr beschränktem Umfang zu Amuletten und anderem Schmuck verarbeitet. Doch der meiste S., der dort gefunden wird, ist römischen Ursprungs, und nur wenige Partikel sind älteren Datums. In Palästina wurden kleine S.-Stücke auf dem Mosaikfußboden der Synagoge von → *Caesarea* gefunden. Wahrscheinlich hatten sie dazu gedient, die Synagoge in Brand zu stecken.

Scopus So die übliche (latinisierte) Schreibweise des griechischen Wortes *Skopos*. Der Name bezeichnet eine Anhöhe, etwa 1,5 km nördlich von → *Jerusalem*. Nach der Überlieferung hier Alexander der Große (geb. 356, König 336, gest. 323 v. Chr.) vom Hohenpriester und der Bevölkerung Jeru-

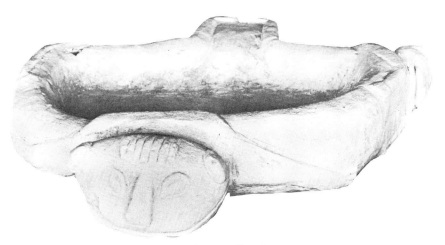

Kalkstein-Opfertisch (Spätbronzezeit) aus Tell Beth Mirsim.

salems willkommen geheißen (so Flavius Josephus *Antiquitates Iudaicae* 11, 329). Josephus gibt den ursprünglichen Namen des Ortes *(Saphein* bzw. *Zofim)* an, der als *Skopos* (etwa »Auslug«, »Aussichtspunkt«, »Luginsland«) ins Griechische übertragen wurde, weil dieser günstig gelegene Geländepunkt gute Aussicht auf den → *Tempel* und die Stadt gewährte. Nach dem Talmud fand die Begegnung zwischen Alexander und den Juden in *Antipatris* (→ *Aphek)* statt. Diese Version besitzt allerdings noch weniger Wahrscheinlichkeit als die von Josephus überlieferte Tradition. Die nächste Erwähnung des S. steht im Zusammenhang mit dem Judenaufstand (Ausbruch: 66 n. Chr., Fall Jerusalems: 70 n. Chr., Fall der Festung → *Masada*: 73 n. Chr.). Damals war der S. Lagerplatz des Sestius Gallus (Josephus *Bellum Iudaicum* 2, 528), und auch Titus sammelte hier seine Streitkräfte zur Belagerung Jerusalems (derselbe ebd. 5, 106). Im Talmud erscheint der S. tatsächlich wiederholt als *Zofim* (Ort, von wo aus man Ausblick auf Jerusalem hatte), und mehrere Traktate der Halacha erwähnen den Ort als einen der Grenzpunkte des Gebiets von Jerusalem. Zur Zeit des Zweiten Tempels diente der Hügel als jüdischer Begräbnisplatz. Man fand zahlreiche Ossuarien und Ossuarien-Fragmente mit hebräischen und griechischen Inschriften.

R. R.

Sebaste, Sebastije → *Samaria*
Sedscherat en-nefele → *Gilgal*

Šefila (Schephela, Sephela [etwa: »Unterland«, neuerdings gewöhnlich durch »Niederung« wiedergegeben; auch die Bezeichnung »Ebene Š.« findet sich. Die Lutherbibel spricht gewöhnlich von »Gründen« oder »Auen«]). Eine der geographischen Regionen, in die Palästina sich gliedert, häufig in der Bibel erwähnt (so Deut. [5. Mos.] 1, 7; Josua 9, 1; 10, 40; Richter 1, 9; Jeremias 17, 26 [die Lutherbibel gibt an all diesen Stellen: »in« bzw. »aus den Gründen«]; außerdem 2. Chron. 28, 18 [Lutherbibel: »in der Aue« und öfter]. Nach der hebräischen Bezeichnung Zwischenbereich zwischen der höheren Bergregion (dem judäischen Gebirge) im Osten und der im Westen angrenzenden Küstenebene. Charakteristisch für die Š. sind

Höhen von 300–400 m. Dieses Gelände erstreckt sich etwa von der Linie zwischen Beerscheba und Gaza im Süden bis beinahe zur Höhe von Jaffa im Norden. In hellenistisch-römischer Zeit rechnete man die Š. von → *Beth Gibrin* (im Süden) bis in das Gebiet um Lydda (→ *Lod*) im Norden, so wird 1. Makk. 12, 38 die Festung von *Adida* ausdrücklich zur Š. gezählt (an dieser Stelle hat auch die Lutherbibel »Sephela«), während im Neuen Testament (Apostelgeschichte 9, 35) Lydda selbst mit der → *Saronebene* in Zusammenhang gebracht wird, die im Norden an die Š. angrenzt, während sich im Süden die Negevwüste anschließt. Deutlich unterscheidet man zwischen der Š. einerseits und andererseits »dem Bergland von Israel mit der dazugehörigen Niederung« (Josua 11, 16). Kapitel 10 des Buchs Josua berichtet die Eroberung der Š. Das Gebiet war reich an Oliven und Maulbeerfeigenbäumen (1. Kön. 10, 27 [Lutherbibel: »in den Gründen«]; 1. Chron. 27, 28 [Lutherbibel: »in den Auen«]. Auch Viehzucht wird erwähnt. So besaß König Asarja bzw. Ussia von Juda (779 [bzw. 769] bis 738 [oder 733] v. Chr.) in der Š. (Lutherbibel abermals: »in den Auen«) einen reichen Viehbestand (2. Chron. 26, 10). Schließlich war die Š. strategisch von Bedeutung. Nach den Ostraka aus → *Lachis* unterstand ihr Südwestabschnitt dem dortigen Festungskommandanten. Tief fielen die → *Philister* von der Küstenebene aus in die Š. und den Negev ein. Dortige Grabungen haben wertvolle Aufschlüsse (Gräber, → *Keramik*) über dieses zuvor nur aus der Bibel bekannte Volk erbracht. Einige Gelehrte schließen aus der Gliederung der Ortslisten bei Josua (dort ab Kap. 15), daß die Š. zur Zeit des Königs Hiskia (Ezechias) von Juda (727 bzw. 721 bis 698 oder 693 v. Chr.) in drei Verwaltungsbezirke aufgeteilt war. Eine wichtige Rolle spielte die Š. auch zur Zeit des Bar-Kochba-Aufstandes (131/32–135/36 n. Chr. [vgl. → *Beitar*]). Anstatt ihre Kräfte bei der Belagerung der Festungen Bar Kochbas zu verschleißen, nahmen die Römer zuerst Galiläa ein und drangen dann in das Gebiet der Š. um Eleutheropolis (→ *Beth Gibrin*) sowie in die südwestliche Küstenebene vor.

A. N. und J. R.

Seleucia Abila → *Abila*
es-Semuʿa → *Eschtemoa*
Senir → *Hermon*

Sepharad Gebiet, wo Exulanten aus → *Jerusalem* wohnten (Obadja [Abdias] 20). Wohl identisch mit der lydischen Königsstadt Sardes im westlichen Kleinasien, die 547/46 v. Chr. unter Kyros II. dem Großen (559–530/29 v. Chr.) in persische Hand fiel und seitdem Sitz eines achaimenidischen Statthalters sowie Ausgangspunkt der nach → *Susa* führenden Reichsstraße war. Die 1910 begonnenen und 1958 wiederaufgenommenen amerikanischen Ausgrabungen haben hier nicht nur großartige Gebäudereste (vor allem Kybeletempel) von der Perser- bis zur byzantinischen Zeit erbracht, sondern auch Beweise für das Vorhandensein einer jüdischen Gemeinde zumindest zur Römerzeit (eine Synagoge aus den Jahren 230–250 n. Chr.). Der von den aramäischen Bibelversionen bevorzugte Ortsansatz von S. in Spanien ist zurückzuweisen.

A. N. und J. R.

Sepharwajim Eine der Städte des Assyrerreiches, deren Einwohner in → *Samaria* angesiedelt wurden (vgl. → *Kuta*), nachdem Sargon II. (722/21–705 v. Chr.) am Anfang seiner Regierungszeit Samaria erobert und die dortige israelitische Einwohnerschaft nach → *Gosan* verbannt hatte (2. Kön. 17, 6 und ebd. 24). Ebenso wie die *kūtīm* in Samaria ihren heimischen Nergal-Kult einführten (ebd. 17, 30), brachten die Leute von S. den furchtbaren Brauch mit, Menschen als Opfer für ihre Götter zu verbrennen (ebd. 17, 31). Vielleicht ist S. identisch mit Sippar in Babylonien, möglicherweise auch mit Sibrajim (Hesekiel [Ezechiel] 47, 16), wäre dann allerdings wohl in Syrien zwischen → *Damaskus* und → *Hamat* zu suchen.

A. N. und J. R.

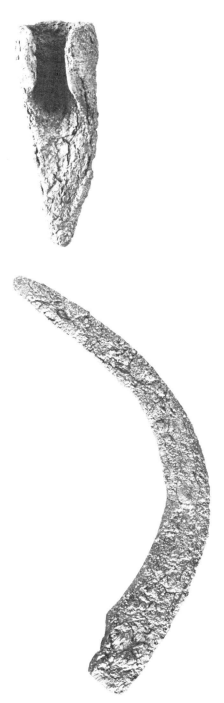

Serabit al-hadim → *Dophka*
Sereda → *Zaretan*
Šeri'at al-menadire → *Jarmuk*
Shephela → *Šefila*
es-Sib → *Achsib*

Sichem Eine der bedeutendsten Städte im Gebirge Ephraim, an der östlichen Öffnung des Passes zwischen den Bergen → *Ebal* sowie *Garizim*. Name bereits in den → *Ächtungstexten* und auf einer Stele Sesostris' III. (1877–1839 v. Chr. [W. Helck]). Widerspruchsvolles berichtet die Patriarchentradition. Nach ihr bestanden zunächst offenbar gute Beziehungen zwischen Abraham und S. (Gen. [1. Mos.] 12, 6; 33 18), doch nach Gen. (1. Mos.) Kap. 34 fiel S., damals von → *Hivvitern* bewohnt, schon in der Patriarchenzeit in israelitische Hand. Später machte König Lab'aju von S. gemeinsame Sache mit den → *Chabiru* (→ *Amarnabriefe*), noch später brauchte S. von den landnehmenden Israeliten offenbar nicht erobert zu werden. Dennoch fanden hier die Bundesschluß-Zeremonien statt (Josua 8, 30–35; 24, 1 ff.). Anscheinend hatte die Stadt sich den Israeliten freiwillig angeschlossen. Man hat hieraus gefolgert, daß im Fall von S. möglicherweise Kontinuität zwischen Chabiru und »Hebräern« besteht. Josua ließ den aus Ägypten überführten Leichnam Josephs hier beisetzen (Jos. 24, 32), und Gideons Sohn Abimelech wurde hier zum König ausgerufen (Richter 9, 1 ff.). Abimelech scheiterte. Er zerstörte die Stadt und »bestreute sie mit → *Salz*« (ebd. 9, 45 ff.). Nach Salomos Tod wurde Rehabeam (932[928]–917[911] v. Chr.) von »ganz Israel« in S. zum König proklamiert (1. Kön. 12, 1), und nach der Reichsspaltung war S. Hauptstadt von Israel. Jeroboam I. (932[928]–911[907] v. Chr.) ließ S. ausbauen (1. Kön. 12, 25), später jedoch auch → *Pnuel*, das noch später von → *Thirza* als Residenz abgelöst wurde. Unter Omri (886[882]–875[871]

Eiserne Sichel aus Tell Beth Mirsim.

v. Chr.) übernahm dann → *Samaria* die Hauptstadtfunktion. S. blieb allerdings Distrikthauptstadt, bis es 724 v. Chr. von Salmanassar V. (726–722 v. Chr.) zerstört wurde. Wie kurz darauf Samaria, verlor es einen Teil seiner Bevölkerung durch Deportation. Dafür erhielt es Neusiedler aus → *Kuta*, → *Hamath*, → *Sepharwajim* und anderen Orten (2. Kön. 17, 24). Nach dem Babylon. Exil, bzw. nach der Eroberung Samarias durch Alexander den Großen, machten die Samaritaner S. immer mehr zu ihrem Mittelpunkt. Alexander gegenüber gaben sich die Sichemiten als Juden aus, um seine Gunst zu erwerben (Flav. Jos. *Ant.* 11, 340), um jedoch der Verfolgung durch Antiochos IV. Epiphanes (175–164 v. Chr.) zu entgehen, bezeichneten sie sich als Sidonier (derselbe, ebd. 12, 257–264). Im Jahre 128 v. Chr. zerstörte der Makkabäer Johannes Hyrkanos I. (134–104 v. Chr.) die Stadt endgültig. Später entstand im Gebiet von S. die Neugründung → *Flavia Neapolis* (heute Nablus.) Als das alte S. betrachtet man den Trümmerhügel *tell balāṭa* im O vom heutigen Nablus. Dies stimmt mit Eusebios (*Onom.* 164, 11), dem Bericht des Pilgers von Bordeaux (333 n. Chr.), der Karte von → *Madeba* und anderen frühchristlichen bzw. byzantinischen Quellen überein. An den seit 1913 durchgeführten Grabungen haben bekannte Bibelarchäologen mitgewirkt, u. a. der amerikanische Gelehrte G. Ernest Wright *(Drew-McCormick Expedition).* Man unterscheidet 4 Hauptbauabschnitte: 1. Mittelbronzezeit; 2. Spätbronzezeit; 3. israelitische Königszeit (Eisenzeit); 4. Hellenismus. Die ersten Bewohner von S. waren Halbnomaden aus dem Chalkolithikum (der Kupfersteinzeit [4. Jahrtausend v. Chr.]), die erste Bautätigkeit fand in der Mittelbronzezeit II statt, die ersten wirklichen Stadtbewohner waren → *Hyksos*. Nach der frühen Hyksoszeit (Mittlere Bronze II b) wurde S. zerstört (um 1650 v. Chr.). Um der nun entstehenden Neustadt, die bis an die Hänge des Ebal reichte, mehr Sicherheit zu geben, errichtete man sie auf einer künstlichen Esplanade mit kyklop. Futtermauer, die teilweise noch bis zu einer Höhe von 6 m erhalten ist. Die oberen Partien über dem Kyklopenmauerwerk bestanden aus Luftziegeln. 50 Jahre später verstärkte man diese Anlage durch eine weitere, 3 m starke Mauer ca. 12 m auf dem künstlichen Hügel. Da auch dies nicht genügte, schuf man an der Stadtseite parallel zu dieser Mauer eine zweite, die mit der zuvor genannten in Abständen kasemattenartig verbunden war. Vervollständigt wurden diese Wehranlagen durch Tore im NW und SO. Dreifach gegliedert mit zwei Wachräumen das Westtor (18 × 20 m), mit zwei Türmen von je 7 × 12,50 m Grundfläche bewehrt das Osttor. Während der kurzen Zeit seines Bestehens wurde es nicht weniger als 3mal zerstört. Aus der Zeit der Vertreibung der Hyksos fand man hier u. a. 4 Skelette unter einer Aschenschicht. Ein Skelett – in diesem Fall das eines Kindes, in einem Krug beigesetzt – fand sich auch unter dem Boden des Palastes. Der kleine Leichnam trug ein Perlenhalsband. Der festungsartige Tempel (das größte bis jetzt entdeckte kanaanäische Heiligtum [20 × 25 oder 21 × 26 m Grundfläche; Stärke der Mauern: 5 m]) erhob sich gleichfalls auf einer hohen Plattform in beherrschender Lage. Nach der ägyptischen Eroberung wurde die Stadt kleiner wieder aufgebaut als zuvor. Die Hyksos-Wehranlagen gab man auf, bis auf das Osttor, das neu errichtet wurde, allerdings mit weniger starkem Mauerwerk. Es bestand noch zur Zeit der israelitischen Besiedlung. Archäologische Zeugnisse einer gewaltsamen Eroberung zur mutmaßlichen Zeit der israelitischen Landnahme liegen nicht vor. Aus dieser Zwischenphase (Spätbronzezeit II b) stammt ein Tempel, der wohl mit dem »Haus des Bundesbaal« identisch ist,

Allerheiligstes des israelitischen Tempels von → ARAD.

aus dessen Schatz Abimelech 70 Silberstücke erhielt, das er aber später zerstörte (Richter 9, 4 und 46 ff.). Möglicherweise ist eine steinerne → *Massebe* beim Altar stumme Zeugin jener Ereignisse gewesen, die das 9. Kapitel des Richter-Buchs schildert. Praktisch nichts ist von der Stadt des Jeroboam erhalten. Allerdings wurden israelitische Häuser des 9.–8. Jh. v. Chr. freigelegt. Sie bestehen aus einem Zentralraum mit Umgang und Annexen. Als weniger geräumig erwiesen sich Behausungen ärmerer Schichten. Auf dem letzten kanaanäischen Tempel errichteten die Israeliten ein Getreidemagazin, seiner Größe nach (15 × 18 m) wohl ein Lagerraum für fiskalische Zwecke. Nach der Zerstörung von 724 v. Chr. wurde S. noch einmal angegriffen (vielleicht 621 v. Chr. von König Josia von Juda [639/38–609 v. Chr.; vgl. 2. Kön. 23, 19]). Nach Jerem. 41, 5 muß es sogar noch nach der Zerstörung → *Jerusalems* durch die Babylonier (586 v. Chr.) und nach der Ermordung Gedaljas (→ *Mizpa*) orthodoxe Juden in S. und Samaria gegeben haben, die nach dem verödeten Jerusalem pilgerten. Im 4. Jh. v. Chr. entstand S. als Stadt erneut. Ehemalige Bewohner Samarias wohnten nun hier. Diese neue Besiedlungsphase bis hin zu Zerstörung der Stadt unter Joh. Hyrkanos gliedert sich ihrerseits in 4 Unterperioden.

A. N. und J. R.

Siebenquell Stelle etwa 2,5 km südlich von → *Kapharnaum* am Westufer des Sees Genesareth, heute *et-Tabgha*. Der Name bezieht sich auf die dort etwa 50 m vom See entspringenden Quellen. Erstmals erwähnt ihn Kyrillos von Skythopolis (→ *Beth Sean*) in seiner Lebensbeschreibung des Heiligen Sabas (24). Nach frühchristlicher Tradition Ort der Brotvermehrung (Joh. 6, 5 ff.), obwohl Lukas ausdrücklich → *Bethsaida* als Schauplatz dieser Wundergeschichte angibt. Man nimmt an, es habe hier aus ähnlichen Gründen wie bei → *Ainon* (vgl. → *Bethanien*) eine Verlegung der Tradition von Osten nach Westen stattgefunden. Eine

Kirche, die an die Brotvermehrung erinnern sollte, wurde 614 von den Persern zerstört. 1932 grub man ihre Ruinen wieder aus und fand unter anderem ein Mosaik, das einen Brotkorb und Fische darstellt. Schon die Pilgerin Ätheria (oder Egeria), die das Heilige Land um 400 n. Chr. bereiste, berichtete von einem heiligen Stein, der nach der Überlieferung Jesus als Tisch gedient haben sollte und später als Altar Verwendung fand. Im 9. Jh. entstand ein Kloster, und eine weitere Tradition verbreitete sich, wonach der von den Toten auferstandene Jesus in S. seinen Jüngern erschienen sein soll. 1932 begannen A. M. Schneider und A. E. Mader mit der Ausgrabung der 614 (wohl von Persern) zerstörten Brotvermehrungskirche. Die Arbeiten wurden von der Görresgesellschaft getragen. 1936 kamen unter dieser Kirche Reste einer älteren Kapelle von 20 m Länge und 10 m Breite zum Vorschein. Sie umschlossen einen großen Stein – wohl den »Jesus-Tisch« der Überlieferung. Die Kirche selbst stammt aus der zweiten Hälfte des 4. Jh. unserer Zeitrechnung. Es handelt sich um eine Basilika mit Querschiff, Apsis und einem großen Atrium. Zahlreiche Räume dienten zur Unterbringung von Pilgern. Im Querschiff kam der einstige Mosaikfußboden zum Vorschein. Er zeigt im Nordteil geometrische Muster und Nilszenen mit Lotosblumen, Papyrusstauden, Schwänen, Gänsen, Enten, Kranichen und Kormoranen. Auf dem Mosaik des südlichen Querschiff-Armes erblickt man abermals Nilszenen mit Gebäuden und einem Nilometer (Nilmesser zum Messen des Nil-Wasserstands). Möglicherweise hat man dies als Anspielung auf die Legende zu deuten, die das Gewässer von S. für einen Arm des → *Nil* erklärt (Flavius Josephus *Bellum Iudaicum* 3, 520). Zwischen Altar und Apsis befindet sich schließlich das bereits erwähnte Mosaik eines Brotkorbes zwischen zwei Fischen, das sich auf den Evangelienbericht von der Brotvermehrung bezieht.

A. N.

Siegel → *Achsib; Ackerbau; Alalach; Bethel; Beth-Schämäsch; Jericho; Kir Moab; Mizpa; Rabbathmoba; Siph; Socho; Tell Beth Mirsim; Tell es-Safi*

Sihor-Libnath »Libnathfluß«. Wasserlauf im Gebiet des Gebirgszugs Karmel im Südwestteil des Stammesgebiets von Aser (Josua 19, 26), heute als Mündungslauf des → *Kischon* identifiziert, der sich bei → *Tell Abu Huwam* in die Bucht von → *Haifa* ergießt.　　A. N.

Sijar al-Chanem → *Migdal Eder*

Siloah Bedeutende Anlage der → *Wasserversorgung* des alten → *Jerusalem*, in der Bibel als »Wasser Siloahs« (Jesaja [Isaias] 8, 6) oder »Teich Siloah« (Neh. 3, 15 [neuere Übersetzungen geben hier: »Teich der Wasserleitung am Königsgarten«]) bzw. *kolymbḗthra toū Silóam* (»Schwimmbad Siloam« [Joh. 9, 7; Vulgata: *natatoria Siloe* = »Schwimmbad Siloe«]) bezeichnet. Abgesehen von der Ortsangabe bei Nehemia (a. a. O.), wonach der »Teich« sich in der Nähe des Königsgartens im Süden der Stadt befand, enthalten die schriftlichen Quellen keinen Hinweis auf die Lokalisation. Es handelt sich bei diesem »Teich« um das Reservoir am Ende jener Wasserleitung, die König Hiskia (Ezechias [727 oder 721 bis 698 oder 693 v. Chr.]) im Zug der Befestigung Jerusalems gegen Sanherib (Sennacherib [705/4–681 v. Chr.]) anlegen ließ (2. Kön. 20, 20 und 2. Chron. 32, 30). Die Leitung bringt das Wasser der im Osten Jerusalems entspringenden Quelle → *Gihon* nach dem inneren der damaligen Stadt. Der unterirdische Kanal führt um die Südspitze des Berges Ophel herum und besitzt eine Länge von mehr als 500 m. Er wurde von beiden Seiten vorangetrieben, und die 1880 gefundene Siloah-Inschrift (im S.-Tunnel) berichtet vom dramatischen Zusammentreffen der beiden Bohrtrupps. Diese Inschrift ist auch für die Geschichte des hebräischen Maßsystems von Bedeutung, denn sie enthält die deutlichste Angabe über die vorexilische he-

bräische Elle. Unzutreffend ist eine Identifikation des S.-Teiches mit *birket al-ḥamrā*. Birket al-ḥamrā ist wesentlich jüngeren Ursprungs als das wohl als der echte S.-Teich anzusehende Reservoir am Austritt des Hiskia-Tunnels und entstand im Zusammenhang mit dem Bau einer Sperrmauer zur Zeit des Herodes Agrippa, kurz bevor Titus im Jahre 70 n. Chr. Jerusalem zerstörte. Schon im Neuen Testament fand die Tradition Niederschlag, daß der Teich S. heilkräftiges Wasser führe.
　　　　　　　　　　　　A. N. und J. R.

Simron (Schimron) Stadt in Galiläa u. eine der kanaanäischen Königsstädte, deren Streitkräfte von Josua an den Wassern von → *Merom* besiegt wurden (Josua 11, 1 ff.). Später auf dem Gebiet des Stammes Sebulon (ebd. 19, 15). Unter dem Namen Shiman in den → *Amarnabriefen* erwähnt. Identisch mit Khirbet (Chirbet) Sammuniyeh (Semuniyah [ḫirbet sāmunije]), etwa 12 km westlich von → *Nazareth*, wo sich Spuren bronzezeitlicher Besiedlung finden.　　A. N.

Siph a) Stadt im Bergland von Juda (Josua 15, 55). Ihre Bewohner verrieten Saul Davids Versteck (1. Sam. 23, 19 ff.). Später ließ König Rehabeam von Juda (932 [928] bis 917 [911] v. Chr.) u. a. auch S. zur Festung ausbauen (2. Chron. 11, 8). Der Name *z(i)f* erscheint auf Königssiegeln, d. h. Siegeln, die auf tönerne Krughenkel gestempelt waren. Es handelt sich wie auch in Hebron, in Mamschit und → *Socho* um Siegel des *lmlk*-Typs, die Zugehörigkeit zum König ausdrücken. Unklar ist, worin die besondere Bedeutung der vier Städte *ḫbrn* (Hebron), *mmšt* (Mamschit), *z(i)f* (S.) und *škh* (Socho) besteht, die auf den Krugstempeln des fraglichen Typs erscheinen. Vielleicht gab es eine örtliche → *Keramik*-Industrie, die im Auftrag des Königs von Juda geeichte Gefäße für das Einsammeln von Naturalabgaben herstellte. Andere Vermutungen gehen dahin, daß es sich bei den betreffenden Städten um Sammelzentren derartiger Abgaben (um »Schatz-« oder »Vorratsstädte«) han-

Erbeutete Kultgeräte des Jerusalemer Tempels (Siebenarmiger Leuchter [Menora; vgl. → ASKALON und → BETH-SEAN] und goldener Schaubrottisch) in Titus' Triumphzug (Relief vom Titusbogen/Rom).

delte. Schließlich hielt man die vier Städte für vier Distriktshauptstädte, von denen aus die einzelnen Bezirke des Landes Juda regiert wurden. In römischer Zeit war S. unter dem Namen Zif bekannt, und zwar als Dorf an der Hauptstraße, die von Hebron nach Süden führte. Heute Tell Zif, etwa 7 km südöstlich von Hebron.   *A. N. und J. R.*

b) Ort in der Negev (Josua 15, 24). Lage unbekannt, vielleicht ez-Zeifeh südwestlich von Kurnub.   *A. N.*

Sippar → *Sepharwajim*
Sirbonis-See → *Baal-Zaphon*
Širjon → *Hermon*

Skhul, Höhle von es- In den Jahren 1931 und 1932 führte T. D. McCown in der S. (unweit der *muġāret al-Wād* [→ *Wad-Höhle*]) archäolog. Grabungen durch. Dabei kamen zahlreiche Überreste von Menschen zum Vorschein, und man betrachtet die Höhle als den Begräbnisplatz der Leute, die in der Tabun-Höhle wohnten. McCown und A. Keith konnten zehn Individuen identifizieren: drei Knaben im Alter

von 4–10 Lebensjahren, zwei weibliche Skelette (die Toten waren im Alter von 30–40 Jahren gestorben) und 5 ältere Individuen von annähernd 50 Jahren. Obwohl einige Skelette nur fragmentarisch erhalten sind, erleichterte der meist gute Erhaltungszustand der Gebeine die anthropologische Auswertung der Funde. Als besonders erstaunlich erwiesen sich dabei die Mischung morphologischer Charakteristika der Skelette und das breite Variationsspektrum dieser so relativ kleinen Auswahl. Der Typ wird als *Palaeoanthropus palaestinensis* definiert, wobei umstritten ist, ob es sich um einen eigenen Übergangstyp handelt, der sich im Nahen Osten herausgebildet hat, oder um das Ergebnis einer Vermischung des Neandertalers mit dem *Homo sapiens* (vgl. hierzu auch unten den Artikel → *Vorgeschichte*).

Skythopolis → *Beth Sean*

Socho a) Stadt in der → *Šefīla* von Juda (Josua 15, 35). Zwischen S. und → *Aseka* versammelten sich die → *Philister* zum Kampf gegen Israel (1. Samuel 17, 1), während die Israeliten ihr Lager im Tal → Ela aufschlugen (ebd. 17, 2), wo sowohl der allgemeine Kampf (ebd. 17, 19) als auch der Zweikampf zwischen David und dem Herausforderer Goliath aus → Gath stattfanden (ebd. 17, 12 ff. [bes. 32 ff. und 48 ff.] sowie 21, 10). S. war eine der Städte, die später Rehabeam von Juda (932 [928] bis 916 [911] v. Chr.) zu Festungen ausbauen ließ (2. Chron. 11, 7). Der Begründer der 22. Dynastie in → Ägypten, Pharao Scheschonk (oder Schoschenk; in der Bibel: Sisak bzw. Schischak]), eroberte S., als er zur Zeit Rehabeams in Palästina einfiel (von seinem Feldzug berichten 1. Kön. 14, 25 f. und 2. Chron. 12, 2 ff.; eine inschriftliche Liste seiner Eroberungen fand sich in Karnak). Doch fiel S. wieder an Juda zurück und wurde zur Zeit König Ahas' (Achas') von Juda (743 [bzw. 733] bis 727 oder 736 bis 721 v. Chr.) eine Beute der Philister (2. Chron. 28, 18). Abermals von Juda zurückgewonnen, war S. unter Hiskia (727 [721] bis 698 [693] v. Chr.) Verwaltungszentrum, wofür zahlreiche mit Stempeln versehene Krughenkel sprechen, die das Siegel dieser Stadt tragen. Es handelt sich um Königssiegel von ovaler Form mit geflügeltem Symbol und der Beischrift *lmlk* (»dem König [gehörig]«) sowie *škh* (= S.). S. ist damit eine von insgesamt vier judäischen Städten, die auf derartigen Siegeln erscheinen. Außer S. sind dies Hebron sowie Mamschit und → Siph. Das Erscheinen dieser vier Stadtnamen auf Königssiegeln hebt die betreffenden Orte über die anderen Ansiedlungen Judäas hinaus. Unklar ist, worin ihre besondere Bedeutung oder Aufgabe bestand. Man hat an eine örtliche → Keramik-Industrie gedacht, die in königlichem Auftrag geeichte Gefäße für das Einsammeln von Abgaben herstellte, auch vermutet man, daß es sich bei den fraglichen Städten um Sammelzentren (»Schatz-« bzw. »Vorratsstädte«) handelte, wo die eingetriebenen Steuern zusammenkamen. Von hier ist der Schritt bis zu der Annahme nicht weit, S. sei eines von vier Verwaltungszentren gewesen, von de-

nen aus die Unterbezirke des Reiches Juda regiert wurden. Nicht unumstritten ist auch die Lage des Ortes. Man identifiziert das alte S. heute mit Khirbet Suweke (*ḫirbet suwēke*), Tell er-Ras (*tell er-rās*) oder Khirbet (Chirbet) Abbad (*ḫirbet ʿabbād*) im Wadi es-Samt (→ *Ela*).
b) Stadt im judäischen Gebirge (Josua 15, 48), deren Einwohner, die Suchatiter, zu den »Geschlechtern von Sepher« (Lutherbibel: »Freundschaften der Schreiber«) gehörten (1. Chron. 2, 55). Heute wohl Khirbet (Chirbet) Schuweikeh (Suweke [*ḫirbet suwēke*]), etwa 15 km südwestlich von Hebron.

A. N. und J. R.

Sodom Zusammen mit → *Adma*, → *Gomorrha* und → *Zeboim* Ortschaft an der Südgrenze d. Landes Kanaan (Gen. [1. Mos] 10, 19). Abrahams Neffe Lot wählte S. zum Zeltplatz und Wohnsitz (ebd. 13, 11 f.). Nach Einnahme von S. durch Kedorlaomer, den König von → *Elam*, wurde Lot als Gefangener verschleppt, Abraham befreite ihn jedoch wieder, fügte Kedorlaomer eine Niederlage zu, und Lot ließ sich erneut in S. nieder (ebd. 14, 1 ff. [bes. 12–16]). Sprichwörtlich für die Lasterhaftigkeit seiner Bewohner (ebd. 13, 13; 18, 20;

Tempelfassade auf einer Münze aus der Zeit des Bar-Kochba-Aufstandes (131/ 32–135/36 n. Chr.).

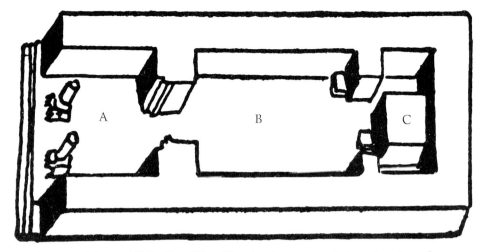

Immer wieder verblüfft die völlige Übereinstimmung zwischen dem Jerusalemer Jahwe-Tempel und den Tempeln Kanaans. Ebenso wie der Jerusalemer Tempel weist auch der Tempel von TELL TAINAT eine Dreigliederung in A Vorraum (ULAM), B Hauptraum (HEKAL) und C »Allerheiligstes« (DEBIR) auf. Nach Cornfeld-Botter-weck Die Bibel und ihre Welt, Bd. 2, Abb. 802.

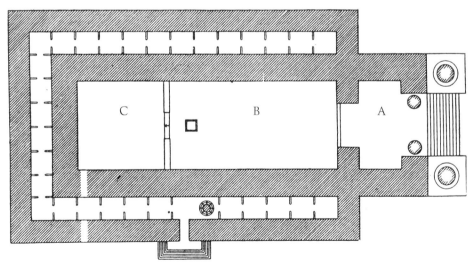

Grundrißskizze des Jerusalemer Tempels nach den Beschreibungen des Alten Testaments. Deutlich erkennt man die Dreigliederung in A Vorraum (ULAM), B Hauptraum (HEKAL) und C »Allerheiligstes« (DEBIR). Nach Cornfeld-Botterweck Die Bibel und ihre Welt, Bd. 2, Abb. 794.

19, 1–11 und 19, 13), wurde S. schließlich von Jahwe durch einen Regen von Schwefel und Feuer vernichtet (ebd. 19, 24). Nur → *Zoar*, wohin Lot sich geflüchtet hatte, blieb verschont. »Sodomitischen Laster« (es handelt sich um Homosexualität; die sogenannte »Sodomie« [sexueller Verkehr eines Menschen mit Tieren] findet sich in der Bibel im Zusammenhang mit S. nicht erwähnt) kann die Erinnerung an einen primitiven Brauch enthalten sein, Fremdlinge durch Analverkehr in gewissem Sinne zu unterwerfen. Die Bibel berichtet von zwei Boten, die Lot besuchten und von denen die Sodomiten verlangten, sich ihnen zum Geschlechtsverkehr zur Verfügung zu stellen. Lot bot den Ortsbewohnern statt dessen seine noch unberührten Töchter an (a. a. O. 19, 5 ff.). Dies hat seine genaue Entsprechung im Buch der Richter. Dort ist von einem Leviten die Rede, der sich mit seiner Nebenfrau auf einer Reise befand und in Gibea übernachtete. Ebenso wie die Sodomiten verlangten die Bewohner Gibeas von seinem Wirt die Herausgabe des Gastes zum Geschlechtsverkehr. Ebenso wie Lot weigerte sich der Wirt, bot jedoch als Ersatz seine noch unberührte Tochter und die Nebenfrau des Gastes an, was offenbar nicht als schimpflich galt. Allerdings vergewaltigten die Leute von Gibea die Fremde zu Tode, was schließlich zu einer furchtbaren Rache, einem Stammeskrieg der Israeliten und der Beinahe-Ausrottung des Stammes Benjamin führte (Richter Kap. 19 ff. [→ *Rimmon* a und → *Jabes-Gilead*]). Im übrigen handelt es sich bei der Lot-Erzählung wohl im wesentlichen um eine aitiologische Ortssage, die auffallende Naturerscheinungen (in diesem Fall die schauerliche Einöde der Landschaft am → *Toten Meer*) auf ihre Weise zu erklären sucht. Ein weiteres charakteristisches Beispiel für diesen Sagentyp findet sich im Buch *Josua* (hier 10, 18 und 27). Es handelt sich um die Erzählung von der Höhle bei → *Makkeda*, die die Steinblöcke vor dieser Höhle zu erklären

sucht. Allerdings ist nicht ganz unumstritten, ob die Erzählung nicht doch vielleicht ein Stück Erinnerung an eine Naturkatastrophe bewahrt. Gänzlich unbekannt ist die Lage von S. Man hat die Stadt sowohl am Süd- als auch am Nordufer des Toten Meeres und auch auf dem Grund des flacheren Südteils dieses Salzsees zu lokalisieren versucht. Der Name allerdings hat sich im heutigen (arabischen) Namen des Dschebel Usdum, eines Salzhügels am südwestlichen Ufer des Toten Meeres, erhalten.   *A. N. und J. R.*

Sorek (Soreq) »Bach« oder »Tal«, wo Delila (Dalila) wohnte (Richter 16, 4), unweit von → *Zora*. Der Name ist im heutigen Ortsnamen Khirbet (Chirbet) Suraiq (etwa 25 km westlich von → *Jerusalem*) erhalten geblieben. Die antike Stätte selbst ist wohl dagegen identisch mit einem anderen der antiken Siedlungsplätze in der Umgebung. Das S.-»Tal« ist das heutige *naḥal zorek* bzw. *wādī es-sarrār*. Die Simson-(Samson-) und-Delila-(Dalila-)Geschichte hat insofern archäologische Bedeutung, als sie wohl auf die ersten Kontakte zwischen → *Philistern* und Israeliten zurückgeht. Zusammen mit der reichen philistäischen → *Keramik* im Stratum III von → *Beth Schämäsch* legt dies nahe, die betr. Phase von Beth Schämäsch als Philisterstadt anzusehen, obwohl Emerton meinte, die Stadt aufgrund von 1. Samuel, Kap. 6 (Rückkehr der Bundeslade aus → *Eben-Eser*, → *Asdod*, → *Gath* und → *Ekron* über Beth Schämäsch nach → *Kirjath Jearim* und schließlich → *Jerusalem*), als israelitisch betrachten zu können (Beth Schämäsch war der Ort, wo die Lade den Leviten übergeben wurde).   *A. N. und J. R.*

Sozusa → *Apollonia*

Stadion Der Ausdruck, latinisiert *stadium*, bezieht sich auf eine römische Sportkampfstätte für Läufer und Wagenrennen sowie Athletik. Der Begriff S. umfaßt jedoch nicht nur den Wettkampfplatz selbst, sondern auch die dazugehörigen Bauten. Die Rennbahn, gewöhnlich etwa 200 m lang, verlief an einer Seite gerade, war an der anderen dagegen zu einer schmalen Ellipse gekrümmt. Pfosten markierten Start und Ziel. Teilweise ausgegraben wurde das S. in → *Samaria*. Die erste Bauphase der Anlage ist herodianisch. Der Bau liegt in einer künstlich eingeebneten Senke zwischen zw..i Hügelausläufern am Fuß der Akropolis innerhalb der Stadtmauer. Das Bauwerk ist rechteckig. Seine Maße betragen knapp 220 mal ca. 70 m. Vier Säulengänge öffnen sich nach innen auf die offene Kampfbahn. Eine Mauei umgibt das Ganze. Wie es scheint, entsprach dieses S. nicht dem üblichen römischen Bauplan. Eine Rennstrecke wurde nicht identifiziert. Es diente daher eher wohl als gewöhnlicher Sportplatz. Zu Herodes' Zeit gehörte ein Bauwerk dorischen Stils, dessen Mauern mit bemaltem Putz geschmückt waren. Ein anderes Gebäude aus dem 2. Jh. n. Chr. zeigte korinthische Bauweise. Josephus (Lebensbeschreibung 92) erwähnt ein S. auch in Tiberias.

Stelen Gedenksteine aufzurichten, war eine bei den Israeliten überaus verbreitete Sitte. Sie erinnerten an einen Vertragsabschluß (Gen. [1. Mos.] 31, 45 ff.), an ein bedeutsames Ereignis (so die Durchquerung der Jordanfurt bei Gilgal [vgl. Josua 4, 9 und 20]; an den [angeblichen?] Sieg über die → *Philister* bei → *Eben-Eser* [1. Sam. 7, 12] und an Sauls Sieg über die → *Amalekiter* [1. Sam. 15, 12]), schließlich an ein Grab (so am Grab der Rachel; Gen. [1. Mos.] 35, 20; hierher gehört auch die Gedächtnisstele, die sich Absalom selbst noch zu seinen Lebzeiten im → *Königstal* errichtete [2. Sam. 18, 18]). Bekannte S. mit Inschriften, deren Texte bedeutende außerbiblische Quellen zu biblischen Ereignissen darstellen, sind z. B. die berühmte »Israel-Stele« des Pharao Mereuptah (1223–1203 v. Chr.), der schwarze Obelisk Salmanassars III. (859/58–824 v. Chr.) in Nimrud (→ *Kalach*), der in → *Dibon* gefundene »Mesastein« mit seiner berühm-

ten Inschrift des Königs Mesa von → *Moab* und die S. mehrerer ägyptischer Pharaonen in → *Beth-Sean* und → *Megiddo*. Im Fall israelitischer S. ist die Grenze zu → *Masseben* (Kultsteinen) oft fließend. *A. N. und J. R.*

Stratonsturm → *Caesarea*

Strom Ägyptens (Lutherbibel: »Wasser Ägyptens«) Südgrenze des Gelobten Landes (Gen. [1. Mos.] 15, 18). Wahrscheinlich der östliche Deltaarm des → *Nil*, während man den »Bach Ägyptens« (1. Kön. 8, 65; 2. Chron. 7, 8) mit Wadi al-Arisch gleichsetzt. *A. N.*

Sukkot a) Erste Station auf dem Auszugswege der Israeliten aus → *Ägypten*, zwischen → *Ramses* und → *Etham* (Ex. [1. Mos.] 12, 37; 13, 20). Vorerst im Gebiet des *Gabal Marijam* am Westufer des Timsa-Sees, etwa 20 km vom tell al-Mašḥūta, lokalisiert.
b) Stadt in Gad, östlich der Jordanlinie, nicht weit vom Fluß entfernt (Josua 13, 27). Unweit davon befand sich eine Furt, bei der Jakob auf seinem Weg von Mesopotamien in das Land Kanaan das Jordanbett überquerte (Gen. [1. Mos.] 32, 22 ff.; 33, 17 [die letzterwähnte Stelle erklärt den Ortsnamen durch die von Jakob errichteten »Hütten« = *Sukkot*]). Zwischen S. und Zaretan ließ Salomo die kupfernen Kultgefäße für den → *Tempel* gießen (1. Könige 7, 46; 2. Chron. 4, 17). Identifiziert mit Tell Deir Allah, östlich von → *Sichem*. Auch der Talmud bekräftigt diesen Ortsansatz. Vgl. → *Adam* und → *Zaretan*. *A. N.*

Sunem Stadt auf dem Gebiet des Stammes Issachar (Josua 19, 18), unweit vom Gebirge → *Gilboa*. In einer der Siegeslisten Thutmosis' III. (1490–1436 v. Chr.) erwähnt, und in den → *Amarnabriefen* ist von ihrer Eroberung durch die → *Chabiru* die Rede. Bei S. marschierten Streitkräfte der → *Philister* vor der entscheidenden Schlacht zusammen, in der König Saul den Tod fand, und der Anblick des Philisterheeres veranlaßte Saul, die »Hexe von → *En-Dor*« aufzusuchen (1. Sam. 28, 4 ff. [das gesamte Philisterheer versammelte sich schließlich bei → *Aphek;* ebd. 29, 1]). S. war Geburtsort der wegen ihrer Schönheit gerühmten Abischag, die den alternden und impotent gewordenen David betreuen sollte (1. Kön. 1, 3). Elisäus lebte hier einige Zeit und erweckte einen Knaben wieder zum Leben. Die Erzählung (2. Kön. 4, 8–37) stellt eine Dublette zum Bericht von der Erweckung des Sohnes der Witwe von → *Sarepta* durch Elias dar (1. Kön. 17, 8–24). In beiden Fällen ist die Technik der Wiederbelebung die gleiche, so daß man in beiden Fällen an eine Mund-zu-Mund-Beatmung denken kann. S. war zur Römerzeit ein kleines Dorf. Heute ein Trümmerhügel unweit des Dorfes Sōlem.   *A. N. und J. R.*

Šuqba-Höhle Prähistorische Fundstätte an der rechten Flanke des *Wādī en-Naṭūf* am Westhang des judäischen Berglandes, eine der größten Höhlen Palästinas. Im Jahre 1928 von Miss D. A. E. Garrod ausgegraben. Unter der obersten Schicht mit Resten aus historischer Zeit entdeckte die Ausgräberin eine weitere Schicht (B) mit Inventar eines zuvor in Palästina unbekannten Typs. Es veranlaßte die Ausgräberin, den Begriff der »en-Naṭūf-Kultur« *(Natoufien)* zu prägen. Charakteristisch für diese Kultur sind Lunetten, andere geometrische Mikrolithen, Sichelklingen und schwere Arbeitswerkzeuge, desgleichen eine reiche Knochenindustrie mit zahlreichen Spitzen, Nadeln (eine davon besitzt ein Öhr) sowie dem Fragment einer Platte mit Gruppen eingeritzter Parallel-Linien. Auch Mahlwerkzeuge wie Mörser und Stößel kamen in dieser Schicht zum Vorschein, desgleichen zahlreiche Bestattungen. Unter dem *Natoufien* fand Miss Garrod Lager C. Es erwies sich als Redeposition der Schicht D, die eine reiche *Moustérien*-Industrie mit *Levallois*-Technik aufwies. Anscheinend entsprang nach der *Moustérien*-Phase eine Quelle in der Höhle, die das *Moustérien*-Lager teilweise zerstörte, aber das Inventar später in der Höhle wieder ab-

Einen Begriff vom Aussehen der Elfenbeindekoration des Salomonischen Tempels dürften diese Elfenbeinarbeiten aus Nimrud (→ KALACH*) und →* SAMARIA *geben.*

lagerte (vgl. hierzu auch unten den Artikel → *Vorgeschichte*). Die Š.-Höhle liegt etwa 15 km nordöstlich von → *Lod.*   *O. B.-Y.*

Susa Hauptstadt von → *Elam.* Elamisch lautete ihr Name *Sušun,* altpersisch *Sūšā,* woraus in hellenistischer Zeit die

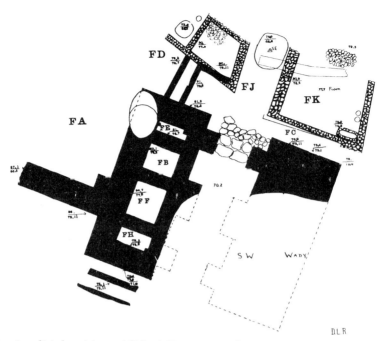

Pläne israelitischer (eisenzeitlicher) Häuser aus Thirza (Tell el-Fara). Sie bestehen aus Räumen, die an drei Seiten einen Hof umgeben.

gräzisierte Form *Susa* abgeleitet wurde. Heute *Schusch* im südwestiranischen Chusistan am Ufer des Karha-Flusses. Die Anfänge der Stadt gehen nach Ausweis der Grabungsbefunde bis auf etwa 4000 v. Chr. zurück, die ältesten Dokumente, die S. erwähnen, sind babylonische Urkunden des 3. vorchristlichen Jahrtausends. Um 646 (oder 645–640) v. Chr. von Assurbanipal (669/68 bis ca. 630 v. Chr.) zerstört, wurde sie unter Kyros II. dem Großen (559–530/29 v. Chr.) Achaimenidenresidenz. Sie diente als Winteraufenthalt, und Herodot (5, 49) weiß zu berichten, daß hier der Königsschatz aufbewahrt wurde. Alexander der Große eroberte die Stadt, doch bestand sie noch unter Seleukiden, Parthern (unter denen ihr Niedergang begann), Sasaniden (unter denen S. noch einmal vorübergehend eine Blütezeit erlebte) und Arabern (seit 638 unserer

Zeitrechnung), bis sie im hohen Mittelalter (im 13. Jh.) von den Mongolen zerstört wurde. Heute ist S. eine unbedeutende Ansiedlung dörflichen Charakters. Die Reste der alten Stadt bedecken eine Fläche von 200 ha, man nimmt jedoch an, daß S. sich über ein Areal von 900–1200 ha ausbreitete. Das S. des Altertums war in vier Quartiere unterteilt: den Tell der befestigten Akropolis, der Apadāna, der Königsstadt (9 Bauphasen übereinander) und der Handwerker- und Händlerstadt am rechten Flußufer (1. iranische Niederlassung aus dem 7. Jh. v. Chr.). Seit 1848 werden in S. systematische Grabungen durchgeführt. Sie brachten Reste imponierender Bauwerke ans Licht, darunter den wie in Persepolis auf einer künstlichen Terrasse errichteten Palast Dareios' I. (521–485 v. Chr.). Zu den Inschriften, die in S. gefunden wurden, zählen die achaimenidische Gründungsurkunde und der sog. *Codex Hammurapi* (1901 bzw. 1902 entdeckt). Diese auf Hammurapi von Babylon (1793 [bzw. 1728] bis 1750 [oder 1686] v. Chr.) zurückgehende, 2,25 m hohe Gesetzesstele war von Elamitern nach S. verschleppt worden. Unter den Kleinfunden ist besonders ein als *ṣīt šamši* gezeichnetes Tonmodell hervorzuheben, das unter anderem zwei Figuren bei einer Kultszene zeigt. Man hat es als Modell eines jener Höhenheiligtümer angesprochen, von denen in der Bibel so oft die Rede ist (so beispielsweise 1. Sam. 9, 12 ff.; 1. Kön. 3, 3 f. und 14, 23; 2. Kön. 12, 4; 14, 4 und 15, 4; 2. Chron. 1, 3 ff. und 28, 1–4; desgleichen schließlich bei den Propheten). Die Bibel erwähnt S. im Buch Nehemia, der in der dortigen Residenz König 'Artaḫšaśtā (Artaxerxes I. Makrocheir [465–424 v. Chr.]) bediente (Neh. 1, 1 ff.) und nach zwölfjähriger Amtsführung zum König zurückkehrte (Neh. 5, 14 und 13, 6). Vor allem aber im Estherbuch ist laufend von S. die Rede, da S. Schauplatz der dort geschilderten Ereignisse ist. Die Handlung des Estherbuches spielt zur Zeit Xerxes' I. (485–465 v. Chr.), jenes Großkönigs, der den berühmten Kriegszug nach Griechenland

unternahm, welcher mit der persischen Niederlage in der Seeschlacht bei Salamis endete (480 v. Chr.). In mancher Hinsicht hat das Estherbuch archäologische Bestätigung erfahren. So bildeten beispielsweise Residenz und Stadt tatsächlich voneinander unterschiedene Komplexe. Nach dem Estherbuch muß die Judengemeinde von S. über nicht geringen Einfluß verfügt haben. Wahrscheinlich ist S. auch die Heimat des im März gefeierten Purim-Festes, das zwar im Estherbuch auf die Rettung der Judenschaft von S. vor dem Anschlag Hamans bezogen wird (Esther 9, 16–19 sowie ebd. 9, 26 und 9, 28), das heutige Gelehrte jedoch für die Nachahmung eines persischen Neujahrfestes halten. Im 2. Jh. v. Chr. scheint es schon als »Mordechajtag« in Palästina eingebürgert gewesen zu sein (2. Makk. 15, 36).

A. N. und J. R.

Susiter → *Rephaiter, Susiter und Emiter*
Suweida → *Dionysias*
Synagoge → *Achsib; Alexandrien a; Aphek; Beth Alpha; Beth Gibrin; Beth Jerach; Beth-Sean; Chorazin; Dura Europos; Eschtemoa; Flavia Neapolis; Gischala; Hamath-Gader; Hamath-Tiberias; Japhia; Kabul; Kana; Kapharnaum; Merom; Nave; Nazareth; Schaalabbin; Sepharad*

T

Taban-Höhle Höhle, etwa 2 km südlich der Höhle von → *Abu Sif* in der judäischen Wüste. Ausgegraben von R. Neuville. Ihre Bedeutung liegt im Inventar zweier Lager, das *in situ* in einer felsigen Ader gefunden wurde und das die Fortsetzung der zerstörten ursprünglichen Siedlungsschichten im Inneren der Höhle darstellt. Am bedeutendsten war der Fund von Emireh-Spitzen, die als typisch für das Jungpaläolithikum I gelten. Zu der Sammlung gehörten auch zahlreiche Kratzer, Abschläge und Klingen, ebenso wie di- und polyedrische Stichel (vgl. hierzu auch unten den Artikel → *Vorgeschichte*). O. B.-Y.

Tabor Berg an der Südgrenze des Unterlandes von Galiläa. Mit seiner Höhe von 588 m beherrscht er die Ebene von Jesreel. Seine regelmäßige Kuppelform zog in frühester Zeit die Aufmerksamkeit auf sich. Der T. wurde daher mit dem → *Hermon* und dem → *Karmel* verglichen (Jerem. 46, 18; Psalm 89, 13). Von alters her war der T. Kultort (Hos. [Os.] 5, 1). Gleichzeitig war er Grenzpunkt der Stämme Sebulon, Issachar und Naphtali (Jos. 19, 23 und 34). Zur Zeit der Debora versammelten sich die Israeliten dort zum Kampf gegen die Kanaanäer (Richter 4, 6 sowie ebd. 12 und 14). In frühhellenistischer Zeit erbauten die Ptolemäer eine Festung auf dem Gipfel des Berges, die später von Alexander Iannaios (103–77 v. Chr.) erobert wurde. Flavius Josephus, der den Widerstand gegen Rom in Galiläa organisierte, ließ auf dem Berg eine Mauer errichten (*Bellum Iudaicum* 2, 573; 4, 54–61). Frühchristliche Tradition verlegte die Szene der Verklärung Jesu auf den T., und schon in frühchristlicher Zeit wurden zur Erinnerung an diese Szene Kirchen auf dem Berg errichtet. A. N.

Tachpanches Stadt Unterägyptens, am pelusischen Arm der Nilmündung, an der Karawanenstraße nach Palästina und nach Mesopotamien, Autoren des klassischen Altertums unter dem Namen Daphne bekannt. In T. wurde der Seefahrergott Baal-Zaphon verehrt. Man hält daher T. mit der gleichnamigen Stadt (→ *Baal-Zaphon*) für identisch. T. ist jene Stadt, wo der Prophet Jeremias, nach dem Fall von → *Jerusalem* (586 v. Chr.) und der Ermordung des von den Babyloniern eingesetzten Statthalters Gedalia in → *Mizpa* zur Flucht gezwungen, die letzten Tage seines Lebens verbrachte (Jerem. 43, 4 ff.). Zu seiner Zeit war T. eine befestigte Stadt. Hesekiel (Ezechiel) verkündigte ihre Zerstörung (Hesek. [Ezech.] 30, 18). Bei den Ausgrabungen kam ein kleines Fort aus der Zeit der Pharaonen Ramses' I. und II. zum Vorschein. Die Stadt selbst allerdings entstand erst zur Zeit Psammetichs I. Damals war sie ein bedeutendes Handelszentrum, das Jeremias und den Seinen Zuflucht bot. Seine Bewohner bestanden u. a. aus Griechen und Juden. In hellenistischer Zeit ging T.s Bedeutung jedoch zurück. T. war damals ein bedeutungsloses Dorf. Heute *Tell ed-Defenne* im Südosten des Mensale-Sees. A. N.

Taiman → *Teman*
et-Tajibe → *Ophra; Tob*
Talaat ed-Dam → *Adummim-Steige*

Tanis Stadt Unterägyptens, im nordöstlichen Grenzgebiet des Nildeltas, nicht weit vom Menzale-See. Identifiziert mit Tell es-San (Tell el-Hagar). Einst Nilhafen, liegt T. heute, dank der Anspülung von Sedimenten, im Landinneren. Die Bibel erwähnt T. stets unter dem Namen Zoan. Das Alter der Stadt deutet folgende Äußerung an (Num. [4. Mos.] 13, 22): »Hebron aber war sieben Jahre vor Zoan in Ägypten gebaut worden«. T. war Hauptkultstätte des Gottes Seth. Eine z. Zt. des Pharao Haremhab (Mitte des 14. Jh. v. Chr.) errichtete Stele feiert das vierhundertste Jahresgedächtnis des Kultes. Vor allem aber andere Denkmäler, die bis zu der Zeit der sechsten Dynastie zurückgehen, bezeugen das hohe Alter dieser Stadt. Die → *Hyksos* bauten an der Stelle von T. ihre Hauptstadt Avaris (18. bis 16. Jh. v. Chr.). Auch Ramses II. (1290–1223 v. Chr.) besaß hier gleichfalls seine Residenz (→ *Ramses*). Die Propheten erwähnen Zoan als bedeutende Stadt (Jes. [Is.] 19, 11 ff.; 30, 4; Hesek. [Ezech.] 30, 14). Tatsächlich war zu ihrer Zeit T. abermals königliche Residenz, diesmal der Pharaonen der 26. Dynastie.   *A. N.*

Taricheia → *Magdala*

Tarschisch (Tharsis) Name eines Landes, aus dem die Stadt Tyros Silberblech, Eisen, Zinn und Blei einführte (Hesek. [Ezech.] 27, 12 und 25). Des öfteren werden in der Bibel »T.-Schiffe« erwähnt (Psalm 48, 8; Jes. [Is.] 23, 1 und 14; 60, 9; Hesek. [Ezech.] 27, 25). Es handelt sich um Schiffe mit gemischten Mannschaften aus Phöniziern und Israeliten, die für den Überseehandel bestimmt waren (1. Kön. 10, 22; 22, 49; 2. Chron. 9, 21; 20, 36). T. wird als Insel bezeichnet (Jes. [Is.] 23, 2 und 6; 66, 19), und Jona wollte zu Schiff dorthin fliehen (Jona 1, 3). Die Lokalisation ist absolut unklar. Die Mehrzahl der Autoren spricht sich für Tartessos in Südspanien aus, das für seine Silber- und Kupferminen berühmt war und wohin nach Angaben von Historikern des klassischen Altertums die Phönikier segelten, um Silber, Eisen und Zinn zu erhandeln. Doch auch noch heute findet die Identifikation mit Tarsos in Kilikien (Kleinasien [Flavius Josephus: *Antiquitates Iudaicae* 1, 127; 9, 208]) bei den Gelehrten zahlreiche Fürsprecher.
                    A. N.

Tekoa Stadt in Juda, unter den von Josua eroberten Städten ursprünglich nicht aufgezählt, doch in der Septuaginta, der griechischen Fassung des Alten Testamentes (→ *Alexandrien* a), zu Josua 15, 59 hinzugefügt. In dem genealogischen Verzeichnis Judas erscheint Ashur als Vater des T. (1. Chron. 2, 24; 4, 5). T. war die Heimat des Ira, eines der »Helden Davids« (2. Sam. 23, 26), und ein »kluges Weib« aus T. wurde von Joab, dem Sohn der Zeruia, zu David geschickt, um die Rückkehr Absaloms zu erwirken (2. Samuel, Kap. 14). Später gehörte T. zu den Städten, die Rehabeam befestigen ließ (2. Chron. 11, 6). Außerdem war T. Geburtsstadt des Propheten Amos (Am. 1, 1). Nach der Rückkehr aus dem Babylonischen Exil beteiligte sich die Bevölkerung von T. am Aufbau der Stadtmauern Jerusalems, doch Nehemia äußert: »Aber ihre Vornehmeren brachten ihren Hals nicht zum Dienst ihres Herren« (Neh. 3, 5), doch bauten die Leute von T. außer dem anfangs genannten Mauerabschnitt auch noch ein anderes Stück (ebd. 3, 27). Damals war T. Hauptstadt eines kleinen Verwaltungsbezirkes. Während des Makkabäeraufstandes wurde T. von Bakchides befestigt (Flavius Josephus *Antiquitates Iudaicae* 13, 15). Auch zur Römerzeit war T. noch bekannt. Flavius Josephus berichtet in seiner Lebensbeschreibung (dort 420), er sei von Titus zu dem Dorf T. gesandt worden, um zu erkunden, ob man dort Lager schlagen könne. Außerdem war T. Schauplatz einer Schlacht während des Jüdischen Krieges (Flav. Jos. *Bell.* 4, 518). Eusebios (*Onom.* 98, 17 und anderswo) kannte noch immer ein Dorf des gleichen Na-

mens, und auch spätbyzantinische Quellen erwähnen es noch. Heute Khirbet Tequa, etwa 18 km südlich von → Jerusalem. *A. N.*

Tel Abib Ort in Babylonien am Ufer des → Kebar, Aufenthaltsort heimatvertriebener Juden zur Zeit des Babylonischen Exils (Hesekiel [Ezechiel] 3, 15). Der hebräische Name bedeutet »Ährenhügel«, ist jedoch wohl aus dem öfter anzutreffenden babylonischen Ortsnamen *Til-abūbi* (»Fluthügel«) umgebildet worden. Dieses biblische T. hat man wohl in der Nähe von → Kalne (bzw. → *Nippur*) zu suchen. *A. N. und J. R.*

Teleilat el-Ghassul *(Telēlāt al-gassūl)*. Eine der wichtigsten chalkolithischen (kupfersteinzeitlichen) Fundstätten Palästinas. Es handelt sich um eine Reihe kleiner Hügel nordöstlich des → Toten Meeres, südöstlich gegenüber von → Jericho. Ausgrabungen: 1929–1938 (A. Mallon, R. Koeppel und R. Neuville [Päpstl. Bibelinst. Jerusalem]), 1960 (R. North) und 1967–68 (J. B. Hennessy [British School of Archaeology]). Die chalkolith. Ansiedlung besaß keinerlei Befestigung. Die Häuser waren aus Stampflehm und durch gepflasterte Wege voneinander getrennt. Hausgrundrisse: Rechteckig, quadratisch und trapezförmig. Meist bestanden sie aus Hauptraum mit Nebenräumen. Die Wände waren verputzt und zum Teil mit polychromen Freskodarstellungen aus einer noch unbekannten mytholog. Vorstellungswelt versehen. Das bekannteste dieser Fresken zeigt einen achtzackigen Stern, umgeben von Darstellungsfragmenten (zum Teil vielleicht mytholog. Masken?). Die → Keramik ist dünnwandig und gut gebrannt. Formen vor allem trichterförmig. Gefäße und sog. »Vogelkrug« (an eine sitzende Henne erinnernd [wahrscheinlich But-

Zusammengepreßtes Skelett, in einer Grabstätte gefunden bei der Höhle Mugharet el-Wad.

terfaß mit zwei Ösen zum Aufhängen]). Außer reich entwickelter Feuersteinindustrie auch zwei Kupferbeile. Datteln und Olivenkerne sind älteste Zeugnisse für den Anbau der betr. Nutzbäume. Man bezeichnet die Kultur von Ghassul als *Ghassulium*. Zur »Beerscheba-Ghassul-Kultur«: s. → Beerscheba, → Bir Abu Matar und → Bir es-Safadi. *J. R. nach R. M.*

Tell Wort semitischen Ursprungs. Bezeichnung eines Trümmerhügels, der durch den Schutt übereinanderliegender Kulturschichten gebildet worden ist. Seine Entstehung hat man sich so zu erklären, daß an ein und derselben Stelle immer wieder eine Stadt auf den Trümmern ihrer Vorgängerin erbaut worden ist. Hügel dieser Art findet man überall im Nahen und Mittleren Osten. Die sprachliche Entsprechung zu *tell* ist *tepe* im iranischen und *hüyük* im türkischen Sprachbereich. Die umfangreichsten Hügel dieser Art in Palästina sind → Megiddo, → Hazor, → Jericho und → Beth Sean. Jeder dieser Tells hat an die 20 Besiedlungsschichten aufzuweisen, manche erreichen eine Höhe von 20 bis 25 m. Bei der Ausgrabung eines Tells legt man einen oder mehrere vertikale Schnitte quer durch die Aufschüttung. Sie dienen der Feststellung des stratigraphischen Profils (Bestimmung der Schichtungsverhältnisse) und damit auch der Erhebung des chronologischen Befundes (Bestimmung des Zeitansatzes für die einzelnen Schichten). Die zweite Aufgabe besteht im »Entblättern« des Hügels: Von jedem einzelnen Niveau muß man ein genügend großes Areal freizulegen, das ein hinreichend geschlossenes Bild der betreffenden Kulturphase vermittelt. Diese stratigraphische Grabungsmethode (Grabung unter Berücksichtigung der einzelnen *strata* [*stratum* = die archäologische Schicht]) wurde von dem britischen General Pitt Rivers entwickelt, doch auch Heinrich Schliemann und W. Dörpfeld erkannten, daß der Hügel von Troia, an dem sie seit 1870 arbeiteten, unterschiedliche Kulturschichten aufwies, deren jede jeweils von einer neuen Ansiedlung stammte, die über den Trümmern einer älteren errichtet worden war. Doch erst 1890, als W. Flinders Petrie und später F. J. Bliss Grabungen am *Tell el-Ḥesī* (→ *Eglon?*) durchführten, wurde in die Tat umgesetzt, was heute Selbstverständlichkeit ist: Ordnung der vorgefundenen unterschiedlichen → *Keramik*-Typen nach den jeweiligen Fundschichten, Erstellung eines Datengerüsts aufgrund der Keramik und anderer Funde (wie Stelen, Skarabäen u. dgl.), deren Alter unumstritten ist. Die neuen Methoden fanden erstmals durch W. F. Albright in den Jahren 1926–1932 am → *Tell Beth Mirsim* volle Anwendung. Sie verdienen besonderes Interesse wegen der auf die Erstellung der Keramik-Typologie verwandten Sorgfalt. Hier wurde grundlegende Arbeit für die gesamte archäologische Erforschung Palästinas geleistet. R. R.

et-Tell → *Ai; Bethsaida*
Tell Abil → *Abel Beth-Maacha; Abila*
Tell Abu-Haraz → *Jabes-Gilead*

Tell Abu Huwam Kleiner Ruinenhügel im Küstengebiet, unweit vom Gebirge Karmel, nördlich der Mündung des → *Kischon* (Nahr al-Muqatta) bei → *Haifa*. R. W. Hamilton führte hier 1932–1933 im Auftrage des *Palestine Department of Antiquities* Grabungen durch, weitere Sondierungen unternahm in den Jahren 1952 und 1963 E. Anati vom Antikendienst des Staates Israel. Die Stätte enthält Reste spätbronzezeitlicher und eisenzeitlicher Besiedlung aus der Zeit zwischen dem 15. und 10. Jh. v. Chr., außerdem war sie später vom 6. bis zum Anfang des 4. Jh. v. Chr. noch einmal bewohnt. Noch immer ist die Frage der Datierung der ältesten Schichten V–VIII nicht endgültig beantwortet. Umstritten ist auch der Zeitpunkt der Zerstörung von Schicht III. Einige Gelehrte schreiben sie dem Begründer der 22. Dynastie in → *Ägypten*, Pharao Scheschonk (oder Schoschenk) zu (in der Bibel: Sisak [Schischak]), der von 950 oder

940 bis etwa 929 oder 918 v. Chr. regierte und gegen Ende seiner Regierungszeit (nach dem Zusammenbruch des Salomonischen Reiches) einen Palästinafeldzug unternahm (vgl. 1. Kön. 14, 25 f.; 2. Chron. 12, 2 ff.). Andere halten eher die → *Aramäer* für die Urheber und geben einem Datum im letzten Drittel des 9. Jh. v. Chr. den Vorzug. Die Stadt der Schicht V war von einer massiven Steinmauer umgeben. Es ließen sich zwei öffentliche Bauwerke identifizieren: eine Zitadelle und ein Tempel. Von Schicht IV sind einige private Wohnhäuser freigelegt. Es sind kleine Bauten von quadratischem Grundriß, nur in einem Fall ist der Grundriß von rechteckigem Zuschnitt. Wie es scheint, war diese eisenzeitliche Ansiedlung nicht ummauert. Nicht vertreten ist → *Keramik* der → *Philister*. Erneut befestigt war Schicht III, und zwar mit einer Bastion aus zwei massiven, parallellaufenden Mauern. Einheitliche Planung verraten die Häuser des Ortes. Wenig eindrucksvoll sind die Architekturreste der Schicht II. Die Ansiedlung dieser Schicht war nicht mehr als ein unbedeutendes Dorf. Von größter Bedeutung sind die Keramikfunde. Sie umfassen ebenso zyprisch-phönikische und mykenische Töpferware wie korinthische und attische Vasen. Dies zeigt, daß T. ein wichtiger Einfuhrhafen war, von dem aus man mit Zypern, Kreta und dem ägäischen Raum lebh. Handel trieb. Die Keramikfunde von T. spielten auch eine wichtige Rolle, als sich die britische, französische und amerikanische Archäologie-Schule in → *Jerusalem* zusammen mit dem örtlichen *Department of Antiquities* auf ein System der Einteilung der Eisenzeit einigten. R. R. und J. R.

Tell Abu-Matar → *Bir Abu-Matar*
Tell Abu-Sus → *Salem*
Tell Açana → *Alalach*
Tell el-'Aggul → *Ajjul*
Tell el-Amarna → *Amarna*
Tell Arad → *Arad*
Tell Areme → *Jaser*

Tell el-Asawir Antiker Ruinenhügel an einer Paßrampe des Wadi Ara. Man hat ihn versuchsweise mit → *Arubboth* (1. Kön. 4, 10) identifiziert. Im Jahre 1953 legte hier M. Dothan, der im Auftrage der Altertümer- und Museumsverwaltung des Staates Israel Grabungen durchführte, ein Grab frei, bei dem sich herausstellte, daß es Bestattungen aus zwei verschiedenen Perioden enthielt. Die der unteren Schicht stammte vom Ende des Chalkolithikums (der Kupfersteinzeit) oder vom Anfang der Frühbronzezeit, die obere Schicht dagegen aus der Zeit der → *Hyksos*. Bei beiden Bestattungen fand sich für die Datierung wichtige → *Keramik*. Die zweite Bestattung weist in die zweite Hälfte des 17. oder die erste Hälfte des 16. Jh. v. Chr. In beiden Perioden praktizierte man Kollektivbestattung (gleichz. Best. mehrerer Leichen). A. N.

Tell Aschari → *Dion*
Tell 'Aštara → *Aschtaroth*
Tell Asur → *Baal-Hazor*
Tell Atšana → *Alalach*
Tell al-'Azeme → *Beth-Jesimoth*
Tell Babil → *Babylon*
Tell el-Balat → *Rehob*
Tell Balata → *Sichem*
Tell al-Bedewije → *Hannaton*
Tell al-Beida → *Achsib*

Tell Beth Mirsim Von der Annahme ausgehend, T. sei identisch mit dem biblischen → *Debir* (bzw. Kirjath-Sepher [Qirjath-Sepher]), wurden in T. im Auftrage des *Xenia Theological Seminary*, Pittsburgh, sowie der *American School of Oriental Research*, Jerusalem, in den Jahren 1926, 1928, 1930 und 1931 Grabungen durchgeführt, die unter Leitung von W. F. Albright standen. T. liegt an der Grenze zwischen dem Bergland und der Ebene von Juda, etwa 18 km südwestl. der Stadt Hebron und mehr als 20 km nordnordöstlich von → *Beerscheba*. T. liegt rund 500 m über Meeresniveau und bedeckt ein Areal von rund 3 ha.
Bei den Grabungen kamen zehn Besiedlungsschichten zum Vorschein. Man kennzeichnete sie durch die Buchstaben

Mörser und Stößel aus dem Ober- bzw. Jungpaläolithikum (En Gev).

A bis J. Schicht J ist die älteste Schicht. Sie stammt aus der frühbronzezeitlichen Phase III (22. Jh. v. Chr.). Sie enthält praktisch keinerlei Überreste irgendwelcher Baulichkeiten. Die Datierung erfolgte aufgrund der vorgefundenen → *Keramik*. Ein Teil dieser Keramik war Importware aus → *Ägypten*, außerdem gab es Vergleichsmöglichkeiten mit einheimischer Keramik, die zur Zeit der 4. Dynastie nach Ägypten exportiert worden war. Rund 400 Jahre war T. dann unbewohnt, doch dann entstand in der Mittleren Bronzezeit (ca. 20. oder frühes 19. Jh. v. Chr.) eine neue Ansiedlung (Schicht I). Nach Ausweis einer Aschenschicht wurde diese Stadt durch Feuer zerstört. Nach ihrer Placierung zu urteilen, verfügte die Stadt der Schicht H über Befestigungsanlagen. Ihre Zerstörung hat man um 1800 v. Chr. anzunehmen. Es folgten zwei Städte der mittelbronzezeitlichen Phase II A (rund 18. Jh. v. Chr.). Die betreffenden Strata sind durch eine Aschenschicht voneinander getrennt, doch weisen sie keinerlei Unterschiede auf. Dies gilt auch für die

Keramik. Sie können mithin zeitlich kaum weit auseinandergelegen haben. Schichten E–D stammen aus der Zeit der → *Hyksos*. Die ältere von beiden weist an Festungsanlagen einen Wall aus gestampfter Erde auf. Drei Häuser von ausgezeichneter Bauweise kamen in diesen Schichten zum Vorschein. Eines dieser Häuser umfaßte eine große Anzahl von Räumen, die von einem Hof ausgingen. Einer der inneren Räume verfügte über eine ortsfest angebrachte Bank. Wahrscheinlich handelt es sich um ein Bett. Im Hof dagegen gab es Möglichkeiten, Güter aufzubewahren. Die Blütezeit dieser beiden Städte muß um 1700–1540/30 v. Chr. anzusetzen sein. Nach Ausweis der Häuserreste und der Kleinfunde erlebte T. damals eine Zeit beträchtlichen Wohlstands.

Eine Brandkatastrophe großen Ausmaßes brachte das Ende der Stadt von Schicht D. Etwa ein Jahrhundert lang blieb T. nun verlassen. Erst in der Spätbronzezeit gründeten neue Siedler die Stadt C. Die Phase C gliedert sich in zwei Unterperioden: C 1 und C 2. Die Stadt war kleiner als ihre Vorgängerinnen, doch noch immer befestigt. Im Osten, wo sich einst das Tor der mittelbronzezeitlichen Stadt befunden hatte, hatte auch sie ihr Tor. Die Mauer hatte eine Stärke von ca. 2 m. Scherbenfunden zufolge, muß die Stadt C 2 gegen 1235 v. Chr. in Trümmer gesunken sein. Möglicherweise hat man ihre Zerstörung den Israeliten zuzuschreiben, deren Landnahme sich damals abspielte.

Aus der Frühen Eisenzeit stammt dann die Stadt der Schicht B. Spärlich sind die Gebäudereste. Die Untergliederung dieser Schicht in drei Besiedlungsunterphasen beruht ausschließlich auf den Keramikfragmenten, die in einigen Vorratsgruben zum Vorschein kamen, und zwar spricht man von Perioden präphilistinischer, philistinischer und nachphilistinischer Keramik (→ *Philister*). Die Zerstörung der nachphilistinischen Bauphase schreibt man Pharao Schoschenk (Schoschonk [dem Sisak bzw. Schischak der Bibel]) zu, der gegen Ende

seiner Regierungszeit (die von 950 [oder 940] bis etwa 929 [oder 918] v. Chr. angegeben wird) und nach dem Zusammenbruch des Salomonischen Reiches in Palästina einfiel (vgl. 1. Kön. 14, 25 f.; 2. Chron. 12, 2 ff.). Die oberste Schicht – Schicht A – gehört in die Zeit vom 9.–6. Jh. v. Chr. Nunmehr war die Stadt von Befestigungsanlagen des Kasemattentyps umgeben und besaß zwei Tore. Eines dieser Tore lag an der Ostseite, das andere befand sich an der Westseite der Ansiedlung. Die Häuser repräsentierten den Vier-Raum-Typ. Sie waren in solider Steinbauweise aufgeführt. Ihre oberen Stockwerke stützten sich auf massive Steinpfeiler. In einem dieser Bauwerke kam eine Anlage zum Färben von Stoffen zum Vorschein. Unter den zahlreichen Kleinfunden verdient das Siegel eines »Eljakim, Dieners von Jochan« hervorgehoben zu werden, das sich auf den Handgriffen zweier Vorratskrüge fand. Entsprechende Siegel fanden sich auch in → *Beth Schämäsch* und in Ramat Rahel. Diese Funde weisen die Zerstörung der Schlußphase von A in die Jahre des Babylonierfeldzugs von 589–586 v. Chr.

Die Bedeutung der auf dem T. durchgeführten Grabungen und ihrer Resultate liegt nicht so sehr in den zutage gekommenen Gebäuderesten und Kleinfunden selbst, sondern vor allem in der Tatsache, daß sich hier erstmals eine klare Unterscheidung zwischen den Keramiktypen der einzelnen Schichten vornehmen und anhand dieser Keramik eine präzise Chronologie aufstellen ließ.

A. N.

Tell Bornat → *Libna*
Tell el-Chuwelife → *Gosen; Ziklag*
Tell ed-Dahab al-Gharbi → *Mahanaim*
Tell ed-Daharije → *Kirjath-Sepher*
Tell ed-Damije → *Adam*
Tell Dan → *Dan*
Tell ed-Defenne → *Tachpanches*
Tell Deir Allah → *Sukkot*
Tell Dibbin → *Ijjon*
Tell Djadur → *Gadara*
Tell Dotan → *Dothan*
Tell el-Dscherische → *Gath* d

Tell ed-Duwer → *Lachis*
Tell 'etun → *Eglon*
Tell el-Fara → *Thirza*
Tell al-Fuchchar → *Akko*
Tell Gib'ton → *Eltheke*
Tell el-Gudede → *Moreseth-Gath*
Tell el Hagar → *Tanis*
Tell Halaf → *Gosan*
Tell Hammam → *Abel-Sittim*
Tell Harbag → *Achschaph*
Tell Hefer → *Hepher*
Tell Hejjej (Heggag) → *Mahanaim*
Tell al-Her → *Migdol*
Tell el-Hesi → *Eglon; Lachis; Tell*
Tell el-Hilu → *Abel Mehola*
Tell al-Hösn (al-Husn) → *Beth Sean*
Tell Hum → *Kapharnaum*
Tell Ibrahim → *Kuta*
Tell al-Ifšar → *Hepher*
Tell Kesan → *Misal*
Tell al-Khader → *Askalon*
Tell el-Khuweilife → *Gosen; Ziklag*
Tell Kurdane → *Aphek*
Tell Main → *Maon*
Tell Malhata → *Arad*
Tell al-Maqlub → *Abel-Mehola; Jabes-Gilead; Salem*
Tell al-Mašhuta → *Gosen; Pithom; Sukkot*
Tell al-Mazar → *Zaretan*
Tell al-Melat → *Eltheke; Gibbethon*
Tell al-Meqbere → *Jabes-Gilead*
Tell al-Mešaš → *Horma; Zephat*
Tell Migron → *Migron*
Tell el-Mutesselim → *Megiddo*
Tell en-Nahl → *Misal; Nahalal*
Tell en-Nasbe → *Mizpa*
Tell en-Nuffr → *Nippur*
Tall al-Qadi → *Dan*
Tell Qaimun → *Jokneam*
Tell al-Qedah → *Hazor*
Tell al-Qoqah → *Ajalon*
Tell Rafah → *Raphia*
Tell er-Retabe → *Gosen; Pithom*
Tell er-Rumele → *Beth Schämäsch*
Tell Sadud → *Sarid*

Tell es-Safi Großer Trümmerhügel in der → *Šefila* an der Hälfte der Wegstrecke zwischen → *Gezer* und → *Lachis*. Man hat ihn mit mehreren antiken Stätten in Verbindung gebracht. Heute lokalisiert man auf ihm in der Regel die → *Philisterstadt* → *Gath* (nach anderen *Tell Schech Achmed ul-Areni*). Im Auftrag des *Palestine Exploration Fund* (des »Palästina-Erforschungs-Fonds«) wurde T. in den Jahren 1898–1900 von F. J. Bliss und R. A. S. Macalister ausgegraben. Die Ausgräber gingen Spuren von Stadtmauer-Abschnitten nach, die sie der »jüdischen Periode« (nach heutiger Terminologie: der Eisenzeit) zuwiesen. Die Mauer ruhte auf Fundamenten aus Geröllsteinen, ihre oberen Partien bestanden jedoch aus luftgetrockneten Ziegeln. Die Stärke des Mauerwerks betrug rund dreieinhalb Meter. Stützende Partien, die etwa 60 cm vorsprangen, verstärkten das Gemäuer der Festungsanlagen. Im Nordwestabschnitt des Kulturhügels wurde eine Suchgrabung bis zum Felsgrund durchgeführt. Der hier ausgegrabene Geländeabschnitt maß etwa 24 × 18 m. Dabei zeigte sich, daß die archäologischen Schichten hier eine Dicke von etwa 9 m besaßen. In der obersten Schicht kamen Reste des Kreuzfahrerkastells Blanche-Garde zum Vorschein. Darunter entdeckten die Ausgräber drei weitere Besiedlungsschichten, von denen zwei Bauwerksüberreste enthielten. Anhand der → *Keramik* wiesen die Ausgräber die beiden ältesten Schichten einer »prä-israelitischen« und einer »spät-prä-israelitischen« Phase zu. Den Beginn der Besiedlung des Platzes verlegten sie in das 17. Jh. v. Chr. Der zweiten Phase dieses Zeitraums wiesen sie ein »Höhenheiligtum« zu, das wahrscheinlich nichts anderes war als ein gewöhnliches Wohnhaus. Das dritte *Stratum* von unten enthielt nach der Datierung der Ausgräber Reste aus der »jüdischen« Phase von 700–550 v. Chr. Dazu gehörten u. a. Siegel des *lmlk*-Typs (»Königssiegel«), desgleichen griechische Keramik, die von den Ausgräbern der Zeit von 550–350 v. Chr. zugeordnet wurde. Heute weist man die prä-israelitische Schicht in die Jahre 3000–1800 v. Chr., die spät-prä-israelitische in die Zeitspanne von 1800–1000, die jüdische in die Spanne von 1000–587/6 v. Chr.

In den Schlußphasen des Jungpaläolithikums verfeinert sich die Steinindustrie immer mehr. Typisch für das Neolithikum sind feine Feuersteinklingen (hier zusammen mit Kernstücken).

Tell es-Saidije → *Zaphon*
Tell aš-Šalaf → *Eltheke*
Tell es-San → *Tanis*
Tell esch-Schech Achmed ul-Areni (Tell aš-Šeh Ahmad al-'Areni) → *Gath*
Tell esch-Schech Madhkur → *Adullam*
Tell es-Seba → *Beerscheba*
Tell es-Semut → *Migdol*
Tell es-Sultan → *Jericho*
Tell Tarrame → *Debir; Kirjath-Sepher*
Tell umm al-Amad → *Abila*
Tell Waqqas → *Hazor*
Tell Zakarija → *Aseka*

Teman Landgebiet und Stadt in → *Edom*. Der Name geht nach der Bibel auf einen Eliphas-Sohn, einen Enkel Esaus, zurück (Gen. [1. Mos.] 36, 11; 1. Chron. 1, 36). Chuscham aus dem Lande der Tamaniter war König von

Edom (Gen. [1. Mos.] 36, 34). Hesekiel (Ezechiel) prophezeite den Edomitern: »Von T. bis Dedan sollen sie fallen durch das Schwert« (Hesek. [Ezech.] 25, 13). Eusebios erwähnt einen Ort Taiman und gibt dessen Entfernung von der Stadt Petra mit (umger.) etwa 25 km an, ohne jedoch erkennen zu lassen, in welcher Richtung von Petra der fragliche Ort lag. Auch heute ist die genaue Ortslage nicht bekannt.   *A. N.*

Tempel 1. *Vorkanaanäische und kanaanäische Periode:*
Tempel, Heiligtümer, die dem Götterkult gewidmet waren, gab es wahrscheinlich schon in den ersten menschlichen Ansiedlungen. Den ältesten T. Palästinas fand man im neolithischen Stratum IX in → *Jericho*. Es handelt sich

um ein Bauwerk von länglichem Grundriß, dessen Vorbau sechs Holzsäulen trugen. Durch diesen Vorbau gelangte man in eine Halle, hinter der sich das eigentliche Sanktuarium befand. Diese Dreiteilung sollte später bei Kanaanäern und Israeliten zur Regel werden. Aus dem späten Chalkolithikum (der Kupfersteinzeit) stammt der Tempel von → Megiddo (Stratum XIX bzw. XVIII). Auch er bestand aus einer länglichen Halle, deren Dach von hölzernen Pfosten getragen wurde. Die Halle war 4 m breit und 12 m lang. Gegenüber dem Eingang, der sich an einer der Längsseiten befand, gab es eine etwas weniger als 1 m hohe Basis oder Plattform aus Luftziegeln, wohl die Basis eines Götterbildes oder ein Opferaltar. Ein ähnlicher Tempel aus der gleichen Periode fand sich auch in En-Gedi. Vollständige Tempel der Frühbronzezeit wurden bisher nicht gefunden, um so mehr dagegen aus der Mittleren Bronzezeit. Eines der eindrucksvollsten Beispiele eines T.s dieser Stufe ist der T. der Stadt Naḥḥarījja. In seiner frühesten Bauphase handelte es sich um ein längliches Gebäude, das von Osten nach Westen ausgerichtet war. Es besaß einen Eingangsraum, eine Halle und an deren Rückseite das eigentliche Heiligtum. An der Südseite des Bauwerks befand sich eine große steinerne Opferstätte, wo noch zahlreiche Reste von Opfergaben zum Vorschein kamen. Daß sich sechs Bauphasen feststellen ließen, zeigt, wie lange dieser T. seinem kultischen Zweck diente. Er war der kanaanäisch-phönikischen Göttin → Astarte geweiht. Eine Form für den Guß von Figuren dieser Göttin, die an der Grabungsstätte gefunden wurde, läßt an dieser Bestimmung der Kultstätte keinen Zweifel. Zwei in ihrem Plan fast identische T. grub man im heiligen Bezirk von → Megiddo (Stratum XV) aus. Die beiden Bauwerke sind von Norden nach Süden ausgerichtet. Zu ihnen gehört jeweils ein Vorraum, dessen Dach von zwei Säulen getragen wurde, und ein innerer Kultschrein mit einem Luftziegelgemäuer an der Rückwand gegen-

über dem Eingang. An der Rückseite des einen der beiden T. befand sich noch ein aus Steinen gebauter Kultplatz. Die beiden Heiligtümer waren während der gesamten Bronzezeit in Gebrauch und erfuhren nur geringfügige Veränderungen.

Alle drei Elemente – Vorhalle, Haupthalle und Allerheiligstes – enthalten die T. der Spätbronzezeit. Bisweilen gibt es einen steinernen Altar im Hof vor dem Bauwerk, und das Allerheiligste schrumpft mitunter zu einer einfachen Nische in der Hallenrückwand zusammen. Waren die Tempel der Mittleren Bronzezeit meist von Osten nach Westen ausgerichtet, so nahmen die der Spätbronzezeit eine Nordsüdrichtung ein, wobei der Eingang entweder an der Nord- oder an der Südseite lag. T. dieser Art sind in großer Zahl zum Vorschein gekommen. Man fand sie in → Hazor, Megiddo, → Beth-Sean, → Lachis und anderswo. Einige der bedeutenderen Städte haben sogar mehr als nur einen T. aufzuweisen. Von gleichem Plan ist der aus derselben Periode stammende T. in → Sichem. Allerdings besaß er außergewöhnlich starke Mauern, die ihn auch als Festung geeignet machten. Noch in der Eisenzeit entstanden Tempel des alten kanaanäischen Musters in Kanaanäerstädten wie in Beth-Sean, die von den Israeliten nicht erobert worden waren.

2. *Tempel der Eisenzeit:*
Auch Salomos Tempelbau in → Jerusalem hielt sich an das Vorbild des kanaanäischen Tempeltyps mit seiner Dreiteilung. Nach der Bibel gab es überall in Palästina zahlreiche andere Kultstätten, doch erst kürzlich gelang es, in Lachis und → Arad derartige T. freizulegen. Beide entsprechen einander im Bauplan sehr stark. Ein Bauwerk in Lachis war der Perserzeit zugeschrieben worden, doch heute steht mit ziemlicher Gewißheit fest, daß es der hellenistischen Periode zuzuweisen ist. Ein weiterer T., diesmal tatsächlich aus der Perserzeit, wurde in Michmas nördlich vom heut. Tel Aviv (nicht→ Michmas in

Benjamin!) entdeckt. Allerdings liegt noch keine Publikation der Einzelheiten vor.

3. Der Tempel Salomos:

Nach der Bibel war es David, der den Plan zum Tempelbau in Jerusalem faßte (2. Sam. 7, 2; 1. Kön. 8, 17). David stellte auch das nötige Baumaterial bereit, darunter auch große Mengen von Gold und Silber (1. Chron. 22, 1–19; ebd. 28, 9–21 und 29, 1–19), doch begannen die Arbeiten nicht vor Salomos 5. Regierungsjahr. Sie dauerten 7 Jahre und 6 Monate (1. Kön. 6, 37 f.). Das Bauholz sowie die Bau- und Zimmerleute kamen vom → Libanon bzw. aus Phönikien (vergl. 1. Kön 5, 16–32; 2. Chron. 2, 2–15). Wie alle anderen Tempel des Nahen Ostens, die hauptsächlich als Wohnstatt der Gottheit und als Schauplatz den Priestern vorbehaltener Rituale gedacht waren, sollte auch der T. Salomos kein Versammlungsraum oder Bethaus für eine Gemeinde sein, sondern ein Haus »für den Namen des Herrn« (1. Kön. 3, 2) wo die Bundeslade als Symbol des zwischen Gott und seinem Auserwählten Volk geschlossenen Bundes aufbewahrt wurde.

Bis auf den heutigen Tag sind noch keine wirklichen Überreste des Ersten Tempels zum Vorschein gekommen. Allein der biblische Bericht erlaubt, gestützt von Parallelfunden, eine gedankliche Rekonstruktion des Bauplans. Demnach hat man sich Salomos Bau als ein längliches, rechteckiges Bauwerk vorzustellen, das die übliche Dreiteilung aufwies. Es umfaßte einen Vorraum ulam (ūlām [deutsche Übersetzungen gewöhnlich: »Vorhalle« 1. Kön. 6, 3; 2. Chron. 3, 4; Hesekiel [Ezechiel] 40, 48 f.), einen Hauptraum hekal (hēkāl [»Hauptraum«; Lutherbibel: »Tempel«] 1. Kön. 6, 3; ebd. 6, 17 und 33; 2. Chron. 3, 5 [»großer Raum«; Lutherbibel: »großes Haus«] und ebd. 3, 17 [»Tempel«]; Hesek. [Ezech.] 41, 1 und 21) und dem inneren Raum debir (d.bbīr [»Allerheiligstes«] 1. Kön. 6, 16 und ebd. Vers 19–21, 23 und 31; 8, 6–8;

2. Chron. 3, 8 und 10; 5, 7–9; Hes. [Ez.] 41, 4). Als Maße werden angegeben: 60 Ellen für die Länge, 20 Ellen für die Breite (1. Kön. 6, 2; 2. Chron. 3, 3 f. [die Angaben beziehen sich auf den Innenraum von Mauer zu Mauer]). Über die Höhe des Gebäudes liegen keine übereinstimmenden Angaben vor.

Die »Vorhalle« maß 20 × 10 Ellen. Sie schied das Profane vom Heiligen. Stufen führten vom Hof zu ihr empor. Zwei große Pfeiler flankierten den ūlām-Eingang. Ein 10 Ellen breites, mit Türflügeln aus Zypressenholz versehenes Tor führte in den Hauptraum, dessen Mauer 6 Ellen dick war. Die Maße der Halle betrugen 40 × 20 Ellen.

In dieser Haupthalle spielten sich zum größten Teil die von den Priestern zelebrierten Rituale ab. Licht erhielt die Halle durch Fenster, die sich nach außen hin weit öffneten, nach innen jedoch trichterförmig verengten. Das Allerheiligste (debir [d.bbīr]) nahm den rückwärtigen Teil des Komplexes ein. In ihm befanden sich die Bundeslade und die → Cherubim. Die Maße dieses Gebäudeabschnitts werden mit 20 × 20 Ellen angegeben, und man darf annehmen, daß abermals einige Stufen zu diesem Gebäudeteil hinanführten. An drei Seiten war der T. von Mauern umgeben. Genauer: Von einem Seitengebäude (jāṣīaʻ), das den T. stützte (abgesehen vom ūlām (1. Kön. 6, 5 sowie ebd. Vers 8 und 10; Hes. [Ez.] 41, 5 ff.). Dieser Anbau hatte drei niedrige Stockwerke zu je 5 Ellen Höhe, deren Breite (wegen der Schrägung der Tempelwand) nach oben hin zunahm. In jedem dieser Stockwerke gab es Räume für die Aufbewahrung von div. Kultgenständen. Als die Babylonier 586 v. Chr. Jerusalem eroberten, plünderten sie den Tempel und steckten ihn in Brand (2. Kön. 25, 8 f.).

4. Der Tempel Serubbabels:

Die Rückkehrer aus dem Babylonischen Exil betrachteten es als ihre dringlichste Aufgabe, ihrem Gott ein neues Haus zu errichten, und auch das Edikt

Kyros' des Großen (559–529 v. Chr.), der den Juden nach der Eroberung von → *Babylon* (539 v. Chr.) die Heimkehr gestattete, sah ausdrücklich den Bau eines neuen T.s vor (Esra 1, 2–5). Serubbabel und Jesua errichteten den Altar neu und begannen wieder die regelmäßigen Opfer darzubringen (Esra 3, 2–6). Im 6. Jahr der Regierung des Königs Dareios I. (521–485 v. Chr.) war der neue Tempel vollendet. Man hat seine Fertigstellung daher in das Jahr 516/515 v. Chr. zu weisen (Esra 6, 15). Eine der wichtigsten Änderungen des alten Plans war die Hinzufügung eines äußeren Vorhofs, der den T. und den inneren Vorhof umgab. Er war für die Frauen bestimmt, allerdings hatten auch Männer Zutritt, während der Zutritt zum inneren Vorhof, dem »Hof Israels«, allein Männern vorbehalten war. Als in hellenistischer Zeit der Wohlstand wuchs, erhielt auch dieser Tempelbau von Zeit zu Zeit die eine oder andere schmückende Zutat. Zur Zeit Antiochos' IV. Epiphanes (175 bis 164 v. Chr.) wurde dieser T. entweiht (Daniel 11, 31; 1. Makk. 1, 21 ff.), doch die Makkabäer führten ihn seiner alten Bestimmung wieder zu (1. Makk. 4, 36–59). Herodes der Große (37–4 v. Chr.) baute diesen Tempel vollständig neu.

5. *Der Tempel Herodes' des Großen:* Gewöhnlich meint man nicht den bescheidenen Tempel Serubbabels, wenn man vom »Zweiten Tempel« spricht, sondern den Prachtbau, den Herodes der Große (37–4 v. Chr.) errichten ließ, um seine Untertanen, bei denen er nicht beliebt war, für sich zu gewinnen.

Mit dem Ackerbau brachte das Neolithikum auch Fruchtbarkeitsgöttinnen wie diese aus Munhata, eine Vorläuferin der zahllosen → ASTARTEN späterer Zeit.

Der Bau begann im 17. oder 18. Jahr seiner Regierung, also um 20 v. Chr., war um 10 v. Chr. im wesentlichen vollendet, bevor jedoch alle zusätzlichen Arbeiten vollendet waren, vergingen weitere 36 Jahre, so daß der gesamte Tempelbau alles in allem 46 Jahre dauerte. Den eigentlichen Tempel Serubbabels bezog Herodes als Kernstück in die neue Anlage ein. Es war auch ratsam, ihn unangetastet zu lassen, weil dies hätte zu Protesten und Aufständen führen können. Um jeden Verdacht der Jerusalemer zu zerstreuen, daß er statt des Aufbaus den Abriß des Heiligtums plane, mußte Herodes sogar, bevor die Bauarbeiten begannen, das gesamte Baumaterial herbeischaffen und aufstapeln lassen. Zum Bau benötigte man 1000 Wagen und 10 000 Facharbeiter, von denen 1000 selbst priesterlichen Standes waren. Die Hälfte waren Steinmetze, die andere Hälfte Zimmerleute. Vor allem ließ Herodes durch Aufschüttungen und die Anlage massiver Futtermauern eine gigantische Plattform errichten, die die Gipfelfläche des Tempelberges um das Doppelte auf die 14 ha des heutigen *Ḥarām eš-Šerīf* erweiterte. Dieses gewaltige Podium bildet die Terrasse, auf der sich heute der Prachtbau des Felsendoms *(Qubbet eṣ-ṣaḫra)* erhebt (fälschlich meist Omarmoschee genannt). Brücken verbanden die Tempelplattform vor allem mit der Stadt, die sich im Westen des T. ausdehnte, und auf dem Tempelpodium legte Herodes rings um das Kernstück des Serubbabel-Tempels vor allem Höfe an. Ein sog. »Vorhof der Heiden« war gegen den inneren Bezirk des Heiligtums abgegrenzt. Noch ist eine griechische Inschrift erhalten, deren Text lautet: »Kein Nichtjude (wörtlich: ›Fremdvölkischer‹) soll die das Heiligtum umgebende Schranke überschreiten und die Umfriedung betreten. Wer aber (darin) ergriffen wird, haftet mit dem Leben« (vgl. Apostelgeschichte 21, 27 ff., wo man Paulus zur Verantwortung ziehen will, weil er Griechen in den Tempel geführt hatte). Die gesamte Anlage war von korinthischen Säulen

und prachtvollen Torbauten umgeben. Den eigentlichen Tempelbau umgab der »Israelitenhof« mit dem großen, 32×32 Ellen messenden Altar, dem Becken für die kultischen Reinigungen, dem Schlachthaus für die rituelle Schlachtung von Opfertieren und den Tischen, auf denen die Opfer zubereitet wurden. Umgeben war dieser Hof von Magazinen für alles, was man beim Kult benötigte. An den Israelitenhof schloß sich der Vorhof der Frauen an. Er besaß an jeder Ecke Räumlichkeiten, deren Zweck aus ihrem Namen hervorgeht. So gab es einen Raum für Aussätzige, einen für Nasiräer (die sich zur Einhaltung bestimmter Vorschriften verpflichtet hatten), einen Raum für Holz und einen weiteren für Öl. Der T. selbst wies die gewohnte Dreiteilung auf. Auch er bestand aus der Vorhalle *(ūlām)*, der Haupthalle oder dem »Heiligtum« *(hēkāl)* und dem »Allerheiligsten« *(d.bbīr)*. Die Achse des Bauwerks war von Osten nach Westen ausgerichtet. Zwölf Stufen, in vier Dreiergruppen mit breiten Absätzen angeordnet, führten vom Hof zur Vorhalle hinaus, die 70×11 Ellen maß und mit ihren Seitenräumen eine Breite von 100 Ellen erreichte. Ebensoviel betrug die Höhe des Bauwerks. Die Rückwand des Vorbaus war mit Gold verkleidet, und ein goldener Leuchter spendete Licht. Das einzige Mobiliar dieses Vorraums bestand aus zwei Tischen mit Marmor und Gold, auf denen Schaubrote lagen. Der Eingang hatte keine Türflügel, sondern nur einen Vorhang. Eine weitere Tür führte zur Haupthalle, die 40 Ellen im Geviert maß und goldverkleidete Wände besaß. In ihr stand ein goldener Altar, der $1 \times 1 \times 2$ Ellen maß, der goldene Schaubrottisch mit zwei Weihrauchgefäßen sowie die goldene *Menōrā*. Ein doppelter Vorhang trennte das »Heiligtum« vom »Allerheiligsten«, das nur der Hohepriester betreten durfte, und auch er nur einmal im Jahr am Versöhnungstag. Mobiliar gab es hier überhaupt nicht. Zugang erlangte man zur Tempelplattform über Brücken und durch Tore. Im Jahre 70 n. Chr., beim Angriff der Römer, hatten sich Zeloten im Tempel verschanzt, die sich verzweifelt verteidigten. Doch die Römer stürmten den Tempel, und der Prachtbau ging in Flammen auf. Wie eine Darstellung auf dem Titusbogen in Rom zeigt, wurden die kostbaren Kultgeräte geraubt und im Triumphzug durch Rom geführt. Auf der betreffenden Abbildung erblickt man die goldene Menōrā und den Schaubrottisch, die in Titus' Triumphzug mitgeschleppt werden.

6. *Hellenistische und römische Tempel:* Abgesehen vom Zweiten Tempel in Jerusalem, der sich genau an das Vorbild seiner Vorgänger hielt, gibt es in Palästina unzählige andere Tempel, die orientalischen, griechischen oder römischen Göttern geweiht waren. So fand sich ein als Tempel ausgewiesenes Bauwerk auch in Maresa. Man erkennt Überreste eines weiten Hofes, in dem sich einst ein kleineres Gebäude erhob. Allerdings ist vom Oberbau nichts mehr erhalten. Herodes der Große ließ nicht nur den Prachttempel in Jerusalem errichten, sondern erbaute gleichzeitig in Kaisareia (→ *Caesarea*) und → *Samaria*, das Augustus zu Ehren in *Sebaste* (= »Augustusstadt«) umbenannt wurde, Tempel für den römischen Kaiser. Beide Augustustempel weisen außergewöhnliche Maße auf und waren auf mächtigen Podien errichtet. Zwar ist auch von ihrem Oberbau nicht mehr viel erhalten, man darf jedoch annehmen, daß sie den üblichen baulichen Vorstellungen entsprachen, die bei hellenistisch-römischen Tempeln zur Anwendung kamen. Der Tempel von Samaria besaß einen weiten Vorhof, von dem aus man das Bauwerk selbst über eine breite Freitreppe erreichte, vor der sich ein großer Altar erhob. In Kaisareia ist nur das Podium erhalten geblieben, dazu jedoch noch Fragmente des Skulpturenschmucks, die vom einstigen Glanz des Bauwerks Zeugnis ablegen. Weitere Tempel entstanden im zweiten und dritten Jahrhundert unserer

Zeitrechnung – dies sogar in Jerusalem, wo Kaiser Hadrian (117–138 n. Chr.) an der Stelle des Herodianischen Tempels einen Jupitertempel für die Römerkolonie *Aelia Capitolina* errichten ließ. Einen römischen T. fand man weiterhin in → *Kedes* (Naphtali), und Inschriften aus Oboda (Avdat) bezeugen die Existenz eines T. für zwei Ortsgötter, die man mit den griechischen Namen Zeus und Aphrodite bedachte. Sehr viel zahlreicher noch sind die Tempel, die man in fast jeder Stadt und in jedem Dorf Transjordaniens und Syriens fand. Die Auswahl reicht von kleinen, schlichten Kapellchen und Kultschreinen bis hin zu aufwendigen peripteralen Bauwerken, wie sie etwa in → *Gerasa* anzutreffen sind. Typisch für all diese T. ist das Podium und die mit einem »syrischen Giebel« (d. h. mit einem Bogen über dem Haupteingang) gezierte Fassade.

7. *Nabatäische Tempel:* T. der Nabatäer befanden sich in Palästina ausschließlich in Oboda. Zu wenig ist von ihnen erhalten, als daß man sich ein Bild von dem Plan machen könnte, nach dem sie angelegt waren. Allerdings zeugen ihre in spätere Gebäude vermauerten Architekturfragmente von ihrem einstigen Glanz. Zahlreiche Nabatäer-T. wurden östlich der Jordanlinie identifiziert. Sie alle stammen aus der Zeit von der 2. Hälfte des 1. Jh. v. Chr. bis zur 1. Hälfte des 1. Jh. n. Chr. Die meisten umfassen folgende Elemente: einen weiten Hof, in nabatäischen Inschriften als *teatra* bezeichnet. Hier versammelte man sich bei feierlichen Anlässen. An drei Seiten waren solche Höfe von Säulen umgeben, darüber befanden sich Umgänge, zu denen man am Eingang der Anlage über Treppentürme gelangte. Am Ende des Hofes befand sich dann ein quadratischer Tempel, dessen Fassade zwei Treppentürme flankierten, die Zugang zum Dach gewährten, wo Trankopfer ausgegossen und Rauchopfer dargebracht wurden. Innerhalb des Gebäudes befand sich ein Schrein, an dessen

vier Ecken sich vier Säulen erhoben. Dieser Grundplan wies bei den einzelnen T.-Bauten Variationen auf. All diese Nabatäertempel waren jedoch mit reichem Zierat versehen, wie aus den Statuen und Reliefs hervorgeht, die in Seia und in Khirbet Tannur (Chirbet Tannur, *ḫirbet et-tannūr*) zum Vorschein kamen. Anfang des 2. Jh. n. Chr. begannen die Nabatäer ihre Tempel nach römischem Vorbild anzulegen, und gäbe es nicht gewisse typisch nabatäische Architekturdetails (wie das nabatäische Kapitell) und nabatäische Inschriften, wäre es schlechterdings unmöglich, einen solchen T.-Bau von einem römischen T. zu unterscheiden.

A. N. und J. R.

Tepe → *Tell*
»Terebinthental« → *Ela*

Thamar Nach Hesekiel (Ezechiel [47, 19; 48, 28]) Stadt an der Südgrenze Israels, deren Name jedoch in anderen Aufzeichnungen des Grenzverlaufes fehlt (vgl. Num. [4. Mos.] 34, 3–6; Jos. 15, 1–4), wo die Wüste → *Zin* als Südgrenze in dieser Gegend angegeben wird (vgl. auch 1. Kön. 9, 18 [die Codices geben hier T. an Stelle von *Tadmor*]). Im zweiten Buch der Chronik (dort 20, 2) wird → *Hazezon-Thamar* mit *En-Gedi* gleichgesetzt, wo → *Moab* und → *Ammon* gegen Josaphat kämpften. Man identifiziert den in der Bibel genannten Ort mit ʿain *Ḥuṣb* (ʿen *Ḥuṣb* [Aharoni]), ʿain al-ʿArūs (ʿen el-ʿArūs [Stroebel]) oder qaṣr eǧ-ǧehēnīje (Alt) im *Wādī al-ʿAraba*. Spätere römische Quellen erwähnen einen Ort namens Thamara. Eusebios (*Onomastikon 8, 8*) spricht von Assansan Thamar und verlegt diesen Ort in die Wüste von Kadesch (→ *Kades-Barnea*). Desgleichen erwähnt er ein Dorf namens Thamara, das eine Tagesreise von Mamschit, und zwar auf dem Wege von Hebron nach → *Elath*, entfernt gewesen sein soll und wo zu seiner Zeit römische Söldaten stationiert waren. Die *Notitia Dignitatum* (ein römisches Staatshandbuch vom Ende des 4. Jh.s unserer Zeitrechnung [*Not. Dig. 34, 40*]) spricht

von einer dort stationierten palästinensischen Kohorte. Nach der Meinung einiger Gelehrter handelt es sich hier um qaṣr al-ǧehēnije, 20 km östlich von Mamschit, wo noch heute die Ruinen einer großen Festung zu sehen sind. Eine weitere Verfolgung des Problems könnte auch zu einem Ortsansatz in ʿain *Ḥuṣb* führen, wo Überreste von Festungsbauten der Nabatäer und aus spätrömischer Zeit gefunden wurden.

A. N.

Theater → *Beth-Sean; römisches Theater; Bozra; Caesarea; Dionysias; Emmaus; Hamath-Gader; Odeion*

Thebez Stadt unweit von → *Sichem*, von Abimelech erobert, dem dabei vom Läufer (dem drehbaren Oberteil) einer Handmühle (→ *Brot*), den ein Weib auf ihn schleuderte, der Schädel zerschmettert wurde. Er ließ sich darauf von seinem Burschen den Gnadenstoß geben (Richter 9, 50–54). Auch in der Römerzeit bestand ein Ort namens T. Identisch mit *ṭūbāṣ* (etwa 16 km nordöstlich von Sichem).

Theoupolis → *Antiochien*

Thirza Kanaanäerstadt, von Josua erobert (Josua 12, 24). Allerdings erscheint es später nicht mehr in den Listen der von den Israeliten bewohnten Orte. Andererseits war T. Name einer Tochter des Zelophehad (Num. [4. Mos.] 26, 33; 27, 1). Einige Gelehrte nehmen daher an, bei T. und den an den fraglichen Stellen erwähnten anderen »Töchtern« handle es sich um Städte des Stammes Manasse. Später war T. Hauptstadt der Könige Israels bis auf Omri (1. Kön. 14, 17; 15, 21; 16, 10–18). Auch Omri residierte sechs Jahre in T., bevor er die Residenz nach → *Samaria* verlegte, das er zur neuen Hauptstadt ausbaute (ebd. 16, 23 f.). Wie es scheint, wurde T. von den Königen Israels, die hier residierten, prachtvoll ausgestattet, so daß es zum Inbegriff der Schönheit werden konnte (Hoheslied 6, 4). Die Grabungsstätte befindet sich auf dem heutigen Hügel *Tell el-Fara*. Es handelt sich bei

Das Chalkolithikum bedeutet den Übergang von prähistorischer zu historischer Zeit. Von den künstlerischen Fähigkeiten der damaligen Menschen zeugt diese Kupferplastik aus der sog. »Schatzhöhle« in der judäischen Wüste.

diesem Trümmerhügel um eine Ruinenstätte etwa 12 km nordöstlich von Nablus (→ *Flavia Neapolis*).   A. N.

Tigris (in der Bibel *Hiddekel* [*Hiddeqel*], akkadisch *Idiqlat*, arabisch *Diǰle* [*diǧle*]). Bildet zusammen mit dem → *Euphrat* die Schwemmlandebene des Zweistromlandes (grch. *Mesopotamien*). Nach der biblischen Paradieses-Schilderung (Gen. [1. Mos.] 2, 14) einer der vier Ströme des Gartens → *Eden* »östlich von → *Assur*« (Lutherbibel: »vor Assur«). Seine Quellflüsse beziehen ihr Wasser aus den Bergen Armeniens (dem östlichen Taurus) südlich des Van-Sees (→ *Ararat*) und des *Murat-Suyu*, des östlichen der beiden Euphrat-Quellarme. Auf seinem langen Lauf südlich des Taurusbogens und längs der westlichen Randgebirge des iranischen Hochlandes nimmt er einige bedeutendere Nebenflüsse auf, so den Kleinen und den Großen Zab sowie den Dijala. In alter Zeit mündeten Euphrat und T. getrennt in den Persischen Golf, und ihre Mündungen lagen wesentlich weiter flußaufwärts als heute. Inzwischen haben beide Land angeschwemmt und vereinigen sich nun bei Karmat Ali zum Schatt el-Arab, ihr Zusammenfluß ist aber – erdgeschichtlich betrachtet – sehr jungen Datums. Im Vergleich zum Euphrat führt der T. bei stärkerer Strömung die größere Wassermenge. Er war daher nur flußabwärts schiffbar, weil man in umgekehrter Richtung nicht gegen den Strom ankam. Bedeutende Städte am T.-Ufer waren neben Assur → *Kalach* sowie Ninive. Der heutige Flußname T. ist iranischen Ursprungs. Er kam durch die Griechen in Umlauf und setzte sich demzufolge vor allem in hellenistisch-römischer Zeit durch. In hellenistischer Zeit entstand auch ein Netz von Kanälen, die Euphrat und T. miteinander verbanden. Außerdem blühte am T. Seleukeia auf (312 v. Chr. von Seleukos I. Nikator als Hauptstadt seines Reichs gegründet). Als Handelszentrum übernahm es bald die Funktion des zur Bedeutungslosigkeit herabgesunkenen → *Babylon*. Später gründeten die Parther Seleukeia gegenüber die neue Residenz Ktesiphon. Beide Städte bildeten in gewisser Hinsicht Gegengewichte (die eine als Handels-, die andere als Verwaltungszentrum), und arabische Quellen bezeichnen sie mit dem Sammelnamen *al-mada'in* (= »die [beiden] Städte« [Dual, so daß man geradezu »die Doppelstadt« übersetzen könnte]). Noch später übernahm dann Bagdad die Rolle des Ballungszentrums am Euphrat- und T.-Unterlauf, nachdem es 762 n. Chr. der abbasidische Kalif al-Mansur zur Hauptstadt erhoben hatte. Bagdad ist mithin (wenn auch – wegen des Zwischenspiels von Seleukeia-Ktesiphon – nur indirekt) die heute noch bestehende Nachfolgestadt Babylons. *A. N. und J. R.*

Timnat-Serach → *Gaasch*

Tob Gebiet im nordöstlichen Transjordanien, wohin Jephte aus Gilead vor seinen Brüdern floh (vgl. Richter 11, 3). Zur Zeit Davids verbanden sich die Leute von T. mit → *Ammon* (2. Sam. 10, 8 [Lutherbibel: Is-Tob]). Lokalisation unsicher. Vielleicht *et-taijibe* südöstlich von → *Aschtaroth*. *A. N.*

Tor-Abu-Sif-Terrasse Rand eines Nebentals des Wadi → *Abu Sif* in der judäischen Wüste, ausgegraben von R. Neuville. Man entdeckte zwei reiche *Natoufien*-Lager; sie erbrachten sichelförmige Klingen, die häufiger eine abrupte Art der Retusche als die typische Heluan-Retusche aufweisen, geometrische Mikrolithen, kleine und größere Stichel, Kratzer und Pfrieme. Stichel und Pfrieme repräsentieren nach Ansicht des Ausgräbers Typen, die einzig in ihrer Art sind (vgl. hierzu auch den Artikel → *Vorgeschichte*).

Totes Meer Großer, abflußloser Salzsee mit hohem Verdunstungsgrad im Südteil des Jordangrabens. Längen- und Breitenangaben schwanken. Sie bewegen sich um 15,7 bis 17 km (größte Breite) und 76–85 km (größte Länge). Möglicherweise hängt die Diskrepanz zwischen den betr. Angaben mit der unterschiedlichen Höhe des Wasserspiegels zum Zeitpunkt der Messung zusammen. Im Alten Testament als »Salzmeer« (Gen. [1. Mos.] 14, 3; Josua 15, 2 und 5), »Araba-Meer« (Josua 3, 16 [neuere Übersetzungen geben hier z. T. »Wüsten-« bzw. »Steppenmeer«]) oder

auch als »Ostmeer« (Hesekiel [Ezechiel] 47, 18) bezeichnet. Auch als »Asphaltmeer« bzw. »Asphaltsee« bekannt. So schildert u. a. Josephus in seinem »Jüdischen Krieg« (*Bellum Iudaicum* 4, 8, 4): »An vielen Stellen stößt er [der See] schwarze Klumpen von Bitumen aus, die auf dem Wasser schwimmen.« Im Altertum benötigte man dieses Material in → *Ägypten* zum Einbalsamieren der Mumien, und die Nabatäer trieben angeblich einen schwungvollen Handel damit. Auch der relativ spät aufgekommene Name »Totes Meer« bezieht sich auf den ungeheuer hohen Mineralgehalt des Gewässers, der mit 20–25 und mehr (bis 33) Prozent angegeben wird. Dieser Salzanteil ist so hoch, daß er tierisches Leben im T. unmöglich macht. Fische aus dem Jordan verenden nach wenigen Sekunden. Andererseits kann wegen des ungewöhnlich hohen Auftriebs der Salzlösung niemand im T. ertrinken. Dieses Phänomen, heute eine der touristischen Attraktionen des T., lernte schon der römische Feldherr und spätere Kaiser Vespasian kennen, der 68 n. Chr., als er an den See kam, gefesselte Nichtschwimmer ins Wasser werfen ließ, die nicht untergingen (Flav. Jos. a. a. O.). Der ungewöhnlich hohe Gehalt des Wassers an Pottasche, Natron, Chlor sowie weiteren Mangan-, Kalzium- und Bromverbindungen ist der starken Wasserverdunstung zuzuschreiben, die ihrerseits nicht nur mit der geographischen Lage, sondern auch mit den topographischen Verhältnissen (der Geländebeschaffenheit) zusammenhängt. Das T. liegt in einem extrem heißen Felsenkessel zwischen den bei einer Durchschnittshöhe von 900 m bis zu 1285 m aufragenden Bergen von → *Moab* im Osten und dem seinerseits 1014 m erreichenden Gebirge des Landes Judäa im Westen. Sein etwa 920 km² großer Wasserspiegel bildet jedoch (dies wurde erst 1848 erkannt) die tiefste Stelle aller Kontinente der Erde. Er liegt rund 1150 m tiefer als das in der Luftlinie nur knapp 20 km entfernte → *Jerusalem*. Seine heutige Lage wird mit

318

392 m unter dem Mittelmeerspiegel angegeben, doch ist er Schwankungen unterworfen, die bis zu 2 m pro Jahr betragen können. So gab es 1820 einen Tiefstand, einen Hochstand dagegen 1915. Eine noch 1890 sichtbare Insel im Nordteil ist heute 3 m überflutet, auch einst begehbare Uferwege sind heute unpassierbar. Die Tiefe des T. beträgt weitere rund 400 m, so daß sein tiefster Punkt 792/793 m unter dem Spiegel des Mittelmeers liegt. Andererseits soll es im Altertum möglich gewesen sein, von der Halbinsel El-Lisan (»Die Zunge«) nach dem Westufer zu waten, und die Lage des Felsens von → Masada am westlichen Ende dieser Furt sei eine der Ursachen für den Ausbau der dortigen Makkabäerfestung durch Herodes den Großen (37–4 v. Chr.) gewesen. Tatsächlich ist der Südteil des T. von der Lisan-Halbinsel an äußerst flach. Gegenüber den 400 m im Nordteil mißt man hier nur noch 6–8 m Tiefe. Auf dem Grund oder am Ufer dieses flachen Südzipfels sucht man gewöhnlich die untergegangenen Städte → Sodom und → Gomorrha. Offenbar hat sich das T. hier nach Süden ausgebreitet und einen Teil alten Kulturlandes (in der Bibel »Tal Siddim«; vgl. Gen. [1. Mos.] 14, 3) überschwemmt. An die Überlieferung vom Untergang der beiden Städte knüpft der arabische Name des T. an. Er lautet *bahr lūt*, was soviel wie »Lotmeer« bedeutet. Einst jedoch muß das T. einen noch sehr viel höheren Wasserstand besessen und eine sehr viel größere Fläche bedeckt haben. Alten Uferlinien zufolge, lag sein Wasserspiegel vor Jahrtausenden 120 m höher als heute. Nach Süden zu setzt sich das T. heute in Form von Salzsümpfen noch ein Stück über das offene Wasser hinaus in das Wadi Araba hinein fort,

das gleichzeitig den Jordangraben bis zum Golf von Akaba (Aqaba) bzw. Golf von Eilat (→ Elath) fortsetzt. Hauptzubringer des T. ist der Jordanlauf mit seinen Nebenflüssen, zumeist nur zeitweilig Wasser führenden Trockenbetten. Weitere Hauptzuflüsse sind → Arnon, → Kidron und der Zered. Sie führen dem See pro Sekunde 200 m³ (= 200 Tonnen) Wasser zu. Daß das T. dennoch nicht über seine Ufer tritt, ist der starken Verdunstung zu verdanken. Täglich verdunsten mehr als 6, an heißen Tagen angeblich sogar bis 8 Millionen Tonnen Wasser, was einem Wasserstand von ungefähr 23 mm entspricht (andere Quellen sprechen sogar von 25 mm). Zusammen mit der Abflußlosigkeit bewirkt diese starke Verdunstung aber auch eine ständige Zunahme des Salzgehalts, da die Zuflüsse dem See mit ihrem Wasser immer neue Mineralien zuführen. Hinzu kommt das Vorhandensein von Schwefelquellen am Ufer (wie → ʿAin Boqeq) oder auf dem Seegrund selbst. Bedeutsame Fund- und Grabungsstätten in der Nähe des T. sind z. B. ʿAin Feschcha (Ain Feshkha/*ʿēn fešḫa* [Essener]), die Oase von En-Gedi (Engaddi, *tell el-ǧurn* [Balsamindustrie]), → Masada (Festung und Herodespalast, Zeugnisse vom Widerstand gegen Rom), Naḥal Ḥever und Wādī Murabbaʿat (vor allem Bar-Kochba-Aufstand, Widerstand gegen Rom) und Khirbet → Qumran (Essener, → Schriftrollen vom Toten Meer).

R. M. und J. R.

Triakome → *Salcha*
Tubas → *Thebez*
Tulul Abu al-ʿAlaʾiq → *Jericho*
Tulul ed-Dahab → *Pnuel*
et-Tur → *Bethphage*

U

Umm al-ʿAmad → Bezeı; Bozra

Umm al-Khanafish → Minnit

Umm Naque (Höhle von) Höhle an der rechten Flanke des Wadi Khareitun (Charetun), ausgegraben von R. Neuville. Von den vier freigelegten Ablagerungen A–D enthielten nur zwei vorgeschichtliche Artefakte. Und zwar erbrachte C typisches *Moustérien*-Inventar aus dem Mittelpaläolithikum (der Mittleren Altsteinzeit), während B eine kleine Sammlung oberpaläolithischer (jungpaläolithischer) Gegenstände (aus der Jüngeren Altsteinzeit) enthielt (vgl. hierzu auch unten den Artikel → *Vorgeschichte*).

Urartu → *Ararat*

Uruk In der Bibel *Erech*. Sumerische Stadt und Kultzentrum am linken Ufer des → *Euphrat* im Südteil von *Mesopotamien*. Mit zahlreichen Sagen verbunden. So galt U. nach dem babylonischen Schöpfungsmythos zusammen mit → *Babylon* und → *Nippur* als Gründung des Gottes Marduk. Zusammen mit Babylon, → *Akkad* und → *Kalne* eine der ersten Städte, die die Bibel überhaupt erwähnt, und zwar als zur Herrschaft des sagenhaften Helden Nimrod, des »ersten Gewaltherrschers auf Erden«, gehörig, »im Lande Sinear« (Gen. [1. Mos.] 10, 10). Nach der sumerischen Königsliste Residenz des Gilgamesch, den das Gilgamesch-Epos verherrlicht und dem unter anderem der Bau der (um 2700 entstandenen) Stadtmauer von U. zugeschrieben wird. Auch Gilgamesch trägt mythische Züge, doch kann seine Gestalt durchaus einen historischen Hintergrund haben. Archäologisch ist U. von größter Bedeutung. Einer ersten Besiedlung zur Zeit der El-Obēd-Kultur folgten Träger der sog. Urukkultur, an die sich die Djemdet-Naṣr-Periode anschloß. Die genauen Zeitansätze der einzelnen Phasen schwanken in der Literatur. Der grobe chronologische Gesamtrahmen ist aber das 4. Jahrtausend v. Chr. (vom Ende des 5. bis vielleicht einschließlich Anfang des 3. Jahrtausends v. Chr.) U. ist einer der Hauptfundorte von → *Keramik* der El-Obēd-Stufe (Schicht XVIII), die sog. Urukware (vor allem rot monochrom mit vielgestaltigen Gefäßformen) charakterisiert die Schichten XIV bis VI. Zusammen mit El-Obēd ist U. eine der ältesten Fundstätten, deren Keramik den Gebrauch der Töpferscheibe verrät, zusammen mit Djemdet-Naṣr hat es die ältesten (noch piktographischen [bilderschriftlichen]) Zeugnisse der Kulturtechnik des Schreibens und Lesens (Inschriften auf Tontafeln) erbracht. Da man das Prädikat »Hochkultur« nur Kulturen zuzuerkennen pflegt, die über eine Schrift verfügen, gehört die Kultur von U. zu den ältesten Hochkulturen der Menschheit. Die Keramik von U. ist auch dadurch bedeutsam, daß sie den Einfluß von Metallarbeiten verrät (vgl. die *Assyrian palace ware* von → *Kalach*!). Ab Schicht VII lassen sich in U. größere Bauwerke nachweisen. Die Ziqqurrat des Anu-Tempels reicht bis Schicht VI (etwa

3200 v. Chr.) hinab. Man ist sich noch nicht völlig darüber einig, ob die Kultur von U. sumerischer Herkunft war oder nicht. Die Sprache der ersten Tontafel-Inschriften scheint sumerische Elemente neben solchen anderer Art zu enthalten. Auf jeden Fall sumerisch war die frühdynastische Epoche, die sich an die Djemdet-Naṣr-Zeit anschließt und die man zwischen etwa 2800 v. Chr. und dem Regierungsantritt Sargons von Akkad (2414 oder 2371 v. Chr. [andere anders]) ansetzt. Nach dem Tod des Gudea von Lagasch (um 2100 v. Chr.) fiel die Macht an Utuchengal von U., dem sie allerdings Ur-Nammu, der Begründer der 3. Dynastie von *Ur*, wieder entriß, welcher in den Tempeln von U. und Nippur Statuen von sich aufstellen ließ. In hellenistischer Zeit erlebte U. unter den Seleukiden eine neue Blüte mit griechisch-babylonischer Mischbevölkerung. Die Stadt trug nun den gräzisierten Namen *Orchoē*. Schließlich ist eine starke parthische Besiedlung archäologisch nachweisbar. Die letzten Monumente U.s sind zwei sasanidische Grabhügel außerhalb der Stadt (man rechnet die Zeit der Sasaniden von (226 n. Chr. [Ardascher I.] bis 651 n. Chr. [Ermordung Jesdegerds III.]).
Offenbar gliederte sich das alte U. in zwei Städte: Das eigentliche U., wo sich der Eanna-Tempel befand, der der Ischtar/Inanna (→ *Astarte*) geweiht war, und daneben Kullab mit dem Heiligtum des Anu. Es war dies das größte Heiligtum des sumerischen Hauptgottes. Seine Ziqqurrat reicht bis Schicht VI (etwa 3200 v. Chr.). Seine letzte Bauphase ist als »Weißer Tempel« in die Literatur eingegangen. In frühdynastischer Zeit (etwa gleichzeitig mit dem Gilgamesch zugeschriebenen Bau der Stadtmauer [um 2700 v. Chr.]) schuf man aus diesem »Weißen Tempel« durch Auffüllung eine Art großer Plattform. In hellenistischer (seleukidischer) Zeit entstand ein neuer, umfangreicher Backsteinbau für Anu-Antum. Der Ischtar/Inanna-Tempel Eanna erfuhr eine gewaltige Ausgestaltung um 3000 v. Chr. (Schichten V–IV). Damals gab es im dortigen Tempelbezirk bisweilen gleichzeitig mehrere Tempel nebeneinander. Besondere Erwähnung verdient der Schmuck mit Stiftmosaiken in einem Hof der Schicht IV (die dortige Dekoration besteht in einem Flechtmattenmuster). Als späterer Bauherr wird neben Ur-Nammu von Ur vor allem Sargon II. (722/21–705 v. Chr.) genannt. Weitere bedeutende Bauwerke sind der Palast des *Sîn-kāšid* westlich von U., der Tempel des Kassitenkönigs Karaindaš in Eanna (mit einer Fassade aus Backsteinrelief), das Akitu-Festhaus nordöstlich der Stadt, ein großer seleukidischer Ischtar-Tempel südöstlich des Anu-Tempels (sog. Südbau), der parthische Gareus-Tempel und ein gleichfalls parthischer Apsidenbau, dessen Zweck unbekannt ist. Zu den bedeutenden Kleinfunden gehören unter anderem auch die für Mesopotamien typischen Rollsiegel neben älteren Stempelsiegeln.
Der heutige Name der Ruinenstätte lautet Warka. Deutsche Ausgrabungen seit 1930.   J. R.

Uru-Salim → *Jerusalem*
Uyun es-Sara → *Kallirhoe*

Großartige Bauten, die der → WASSERVERSORGUNG dienten, gab es nicht nur in → JERUSALEM (→ SILOAH). Kreisrunder Felsenteich in Gibeon.

V

Vorgeschichte Einteilung der vorgeschichtlichen Perioden Palästinas nach europäischem Muster (*Paläolithikum* [Ältere Steinzeit]; *Mesolithikum* [Mittlere Steinzeit] und *Neolithikum* [Jüngere Steinzeit] jeweils mit Untergruppen). Man neigt heute dazu, diese allzu rigide Systematik durch eine flexiblere (Bezeichnung nach jeweiligen Kulturen) zu ersetzen. Die Definition orientiert sich dabei an geographischen, topographischen, typologischen und technologischen Kriterien. *Frühpaläolithikum:* Anfang des Pleistozän bis Oberes Pleistozän. Älteste Spuren in al-Ubeidija (Schädel, Zahn, einfache Geröllgeräte), desgl. Khirbet Maskat (beide Jordantal). Faustkeile kennzeichnen dagegen das Untere *Acheuléen.* Schicht E I und E II von Umm Qatafa gehören wohl nicht zum Mittleren, sondern zum Jüngeren *Acheuléen,* das an einer ganzen Reihe von Fundstätten repräsentiert ist. Das *Tabunien* (früher *Tayacien* genannt) eröffnet in Palästina die Abschlagindustrie (bes. Umm Qatafa). *Mittelpaläolithikum:* Mächtige Schichten des *Jabrudien* in Umm Qatafa. Begrenzte Anwendung der *Levallois*-Technik. Faustkeile gehen zugunsten charakteristischer Schaber zurück. Außergewöhnliche Entwicklung der Feuersteinindustrie, großer Formenreichtum (Entsprechung zum frühen europäischen *Moustérien* von La Quina). Mensch des *Jabrudien:* Vielleicht sog. »Galiläa-Schädel« aus Zuttije-Höhle (Archäologisches Museum Jerusalem [Jericho-Road]). Noch neandertaloid, doch schon Züge von *Homo sa-*

piens. Entwickeltere Mischform (*Palaeoanthropus Palestinensis*) in den Höhlen des Berges Karmel (→ *Skhul*) und Tabun-Höhle (dort zusammen mit Geräten des *Levalloiso-Moustérien.* Reiche Funde auch in der → *Kebara-Höhle.* Erstmals Gedanken über den Tod. Bestattung in der Nähe von Feuerstellen. Durch Retuschen an den Gerät-Arbeitskanten Vervollkommnung zum *Moustérien* (vgl. z. B. → *Abu Sif*). Zeit klimatischer Veränderungen. Jagd auf Elefanten und Nashörner, Damhirsche und Gazellen. Zwei Kulturprovinzen: näher an der Küste *Levalloiso-Moustérien,* im O *Moustérien*-Industrie ohne *Levalloisien*-Element. *Ober- oder Jungpaläolithikum* (nach R. Neuville 6 Phasen): I (*Emiran*), vor allem durch charakteristische trianguläre Spitzen mit (teils beiderseitigen) Basalretuschen gekennzeichnet. II–IV: lokales *Aurignacien.* Hoch- und Endkratzer, Auftreten von Font-Yves-Spitzen. III: Unteres *Antelien.* Abnahme von *Levallois*-Elementen. Grobe Nasenschaber. Knochen als neuer Werkstoff. IV: Oberes *Antelien.* Entfaltung von Sticheltypen. Font-Yves-Spitzen verschwinden. V: *Atlitien* (Spezialentwicklung des *Antelien*). Erste Mikrolithen. Damit (und in der Folgephase [→ *Kebara-Höhle*]) stand der Mensch unmittelbar vor Erfindungen, die den Übergang vom Jägerdasein zur seßhaften Lebensweise herbeiführen sollten. Dieser Übergang vollzog sich im *mesolithischen* (mittelsteinzeitlichen) *Natoufien* (so genannt nach dem *Wādī en-natūf,* wo Dorothy Gar-

Das NATOUFIEN *ist die Phase erster landwirtschaftlicher Experimente. Geschnitzter Sensenschaft aus der → * WAD-HÖHLE.

rod 1928 die betreffende Kultur entdeckt hat). Die *Natoufien*-Ablagerungen in der Höhle von → *Wad* enthalten bereits Erntegeräte, erste Ansiedlungen entstehen bei Eynan am Hule-See, auf der Terrasse von *Naḥal 'Orēn* und in → *Jericho*. Das *präkeramische Neolithikum* (Jungsteinzeit ohne → *Keramik*) schließt sich an. Man hat es in zwei Phasen (A und B) gegliedert (vgl. abermals → *Jericho*). Die gleichen Rundbauten wie im Jericho der A-Phase findet man in der betreffenden Schicht von *Naḥal 'Orēn*. Die B-Phase (rechteckige Bauten) läßt erkennen, daß man mit Anatolien Obsidianhandel trieb. Eine typische Siedlung dieser Art ist Beidha. Seine Toten bestattete man unter den Fußböden. In Jericho erste Ansätze plastischen Modellierens (Schädel mit modellierten Gips-Gesichtszügen, erste Tonplastiken). Das *keramische Neolithikum* unterscheidet sich nicht nur durch Vorhandensein von Keramik, sondern das Instrumentarium, dessen man sich bediente, zeigt, daß der → *Ackerbau* sich durchgesetzt hatte und zur Hauptquelle der täglichen Nahrung geworden war. Parallel zu seiner Entwicklung lief die Domestikation von Tieren. Das folgende *Chalkolithikum* (Kupfersteinzeit) leitet zur *Bronzezeit* über. Es bedeutet das Ende der »vorgeschichtlichen« Zeit.

J. R. nach O. B.-Y. und Diana Kirkbride

W

Wad-Höhle Bedeutende prähistorische Fundstätte am Westhang des Gebirges *Karmel*, nach der See hin offen und unweit der Mündung des *Wādī al-maǧāra*. Ausgrabungen 1929/30 durch Miss D. A. E. Garrod. Unter dem Lager A, das Überreste von der Gegenwart bis zurück zur Bronzezeit enthielt, entdeckte die Ausgräberin weitere Schichten mit *Natoufien*-Steinindustrie (*Natoufien* nach dem *Wādī en-naṭūf*, wo Miss Garrod 1928 die betreffende Kultur entdeckt hatte). Man fand zahlreiche Bestattungen, und zwar sowohl Einzel- als auch Kollektivbestattungen. Die etwa 100 Skelette zeigten teils eine gekrümmte Haltung, teils lagen die Toten jedoch ausgestreckt auf dem Rücken. Einige der Leichname trugen Kopf- und Halsbänder aus Zahnschneckenmuscheln, desgleichen Knochengehänge als Schmuck. Zum großen Teil bestanden die Werkzeuge, die eine Vorstellung vom Alltagsleben dieser Menschen vermitteln, aus Stößeln und Mörsern, aus Steinwerkzeugen sowie Sichelschäften (in einem Fall befand sich die Schneide noch in ihrer ursprünglichen Position, in einem anderen fand sich als eingeritztes Dekormotiv der Kopf eines Hirschkalbes). Unter den Feuersteinwerkzeugen gab es zahlreiche Sichelklingen. Spitzen und Pfrieme, Ahlen, Stichel, Harpunen bestanden zum Teil auch aus Knochen oder Horn, desgleichen zahlreiche Gehänge.

Unter dem *Natoufien*-Lager (B) befand sich eine weitere Schicht (C), charakterisiert durch zahlreiche kerzengerade Schaber und abgestumpfte Meißel von polyedrischer Form. Die Ausgräberin rechnet diese Steinindustrie dem *Atlitien* (einer späten Variante des örtlichen *Aurignacien*) zu. Eine weitere Phase des ortsüblichen *Aurignacien* repräsentierte Lager D. Sein Inventar bestand in der Hauptsache aus Schabern mit Klingen oder Abschlägen sowie geraden und gekrümmten Sticheln. Spitzen des Font-Yves-Typs fanden sich neben End- und Hochkratzern und Pfriemen im Lager E, das zur Phase III des Jungpaläolithikums (Oberpaläolithikums) gerechnet wird. Es lieferte den Beweis, daß Quellwasser das an der Fundstätte zu beobachtende Durcheinander von *Aurignacien*- und *Moustérien*-Werkzeugen hervorgerufen hatte. Dieses Quellwasser hatte auch die Abrasionsspuren verursacht, die im Zusammenhang damit zu beobachten waren. Da Emirch-Spitzen im fraglichen Lager gefunden wurden, schrieb die Ausgräberin es einer frühjungpaläolithischen Kultur zu, die sie als Emireh-Kultur (*Emiran*) bezeichnete. Die Reste des Lagers G füllten Vertiefungen und Spalten im Felsboden der Höhle. Sie umfaßten *Moustérien*-Werkzeuge mit *Levallois-Profil* (vgl. hierzu auch den Artikel → *Vorgeschichte*).   O. B.-Y.

Wadi al-Araba → *Akrabbim-Steige*; *Hazezon-Thamar*; *Thamar*
Wadi al-Arisch → *Strom Ägyptens*
Wadi al-Hašim → *Chaschmona*
Wadi al-Hesa → *Aschtaroth*
Wadi Jabis → *Kerit*

Wadi el-Kelt (el-Qelt) → *Adummim-Steige*
Wadi Khareitun (Charetun) → *Ain Sachri*
Wadi al-Magara → *Wad-Höhle*
Wadi Milh → *Jokneam*
Wadi Mislije → *Iraq al-Barud*
Wadi en-Nar → *Kidron*
Wadi en-Natuf → *Suqba-Höhle (Natoufien)*
Wadi el-Qelt → *Adummim-Steige*
Wadi Refajid → *Rephidim*
Wadi es-Samt (Sant) → *Ela*

Warka Heutiger Name einer Ruinenstätte im Südteil Mesopotamiens. Es handelt sich um das biblische → *Erech*, eine uralte, sagenumwobene Stadt, zusammen mit → *Akkad*, → *Babylon* und → *Kalne* eine der ersten Städte, die die Bibel überhaupt erwähnt, und zwar im Zusammenhang mit der Herrschaft des Nimrod (Gen. [1. Mos.] 10, 10). Bedeutende Grabungsstätte (deutsche Ausgrabungen) mit ältester Töpferscheiben-Keramik (→ *Keramik*) und ältesten Schriftdokumenten (Tontafeln). Neben diesen und anderen Kleinfunden (Stempel- und Rollsiegeln) fand man bedeutende Reste monumentaler Architektur (vor allem Anu- und Eanna-Tempel) von vorgeschichtlicher bis in hellenistische bzw. parthische Zeit. Letzte Grabtumuli in der Umgebung sogar aus sasanidischer Zeit (ab 3. Jh. n. Chr.). Bekannter unter dem Namen → *Uruk*. *J. R.*

Wasserversorgung *Brunnen:* Von der enormen Bedeutung, die Brunnen im wasserarmen Gelände besitzen, zeugt Gen. [1. Mos.] 21, 15 ff. (Hagar, dem Verdursten nahe, am Wüstenbrunnen). Wasserstellen waren daher nicht selten umstritten (Gen. [1. Mos.] 21, 25 ff. [→ *Beerscheba*]; 26, 18–22). Wie es an einem Steppenbrunnen zuging, schildert anschaulich Gen. (1. Mos.) 29, 2 ff. (Hirten aus → *Harran*). Fremde mußten Wasser kaufen (Deut. [5. Mos.] 2, 6 und 28), beim Zug durch die Wüste machten die Israeliten sich offensichtlich

Karstphänomene zunutze, indem sie Wasser aus Felsen schlugen (→ *Haderwasser*; → *Massa* und → *Meriba*). Brackwasser versuchte man, durch natürliche Zusätze (Hölzer) trinkbar zu machen (→ *Mara*), verseuchtes Wasser entgiftete man mit → *Salz* (→ *Jericho*). Der mit Joh. 4, 6 ff. zusammengebrachte sog. »Jakobsbrunnen« bei → *Sichem* geht nicht auf biblische Zeit zurück, ist aber sehr alt. Sein Wasserspiegel liegt 32 m tief. Brunnen wie Zisternen wurden mit Steinen verschlossen (Gen. [1. Mos.] 29, 2–10).

Zisternen: Teilweise einzige Bezugsquelle für Wasser, gehen Zisternen bis auf die Mittelbronzezeit zurück. Sie sind teils gemauert, teils in den Fels gehauen. Bei durchlässigen Wänden war eine wasserundurchlässige Auskleidung erforderlich. Es gibt Zisternen von ca. 60 cm Weite und 3–5 m Tiefe neben solchen, die bis 30 m tief sind und in die Treppen hinabführen. Teilweise hatten sie Senkgruben für die Schlammablagerung (Jerem. 38, 6 ff.). Obwohl König Asarja (Ussia) von Juda zahlreiche Zisternen anlegen ließ (2. Chron. 26, 10 [→ *Qumran*]), gab es doch Zisternen in Privatbesitz (2. Kön. 18, 31). Riesige Zisternen kamen vor allem bei → *Jerusalem* (Rogelquelle), → *Beth-Schämäsch*, vor allem aber auf dem Felsen von → *Masada* zum Vorschein, wo man sogar die römischen → *Badeanlagen* mit Zisternenwasser speiste.

»*Teiche*«: Öffentliche Wasserreservoire dieser Art müssen nicht immer den hierzulande üblichen Vorstellungen von einem Teich »Teich« entsprechen. So war der Teich → *Siloah* ursprünglich vielleicht überwölbt. Seine heutige Einfassung stammt aus der Römerzeit. Die Bibel erwähnt mehrere »Teiche« dieser Art (in Jerusalem selbst, aber auch in → *Samaria* und anderswo). Mit den »Teichen von → *Hesbon* am Tor von Beth-Rabbin« vergleicht das Hohelied (7, 5) die schönen Augen der Sulamit.

Tunnel und Aquädukte: Die berühmtesten Anlagen dieser Art hängen mit

Der Wassertunnel von → MEGIDDO *steht dem* → SILOAH-*Tunnel in* → JERUSALEM *nicht nach.*

der Quelle → *Gihon* im Tal → *Kidron* zusammen (→ *Siloah*), doch eindrucksvolle Ingenieurbauten gab es auch in → *Gezer*, → *Hazor*, → *Jibleam* und → *Megiddo*. Auf all die genannten Wasserzufuhrsysteme war man auch nach der Zeit des Alten Testaments angewiesen. Oft mußte Wasser kilometerweit in eine Stadt geleitet werden (→ *Caesarea*). In Mamschit aber half man sich, indem man das in Trockentälern anfallende Regenwasser durch Dämme sammelte und mit Krügen in Zisternen transportierte, die sich im Innern der Häuser befanden. Was man dort nicht unterbringen konnte, kam in ein großes Bassin für den allgemeinen Gebrauch.　　　　*J. R. nach A. N.*

Wolle Schafwolle war das am häufigsten bei der Tuchherstellung verwendete Rohmaterial. Ihre Erwähnungen in der Bibel beziehen sich in der Regel auf Lämmer und Widder (2. Kön. 3, 4). Auch als Schafschurwolle (Deut. [5. Mos.] 18, 4) und Wollfell bezeichnet. Wegen ihrer weißen Farbe wurde sie zum Symbol der Reinheit. Doch auch von braunen oder schwarzen Schafen ist in der Bibel die Rede (Gen. [1. Mos.] 30, 32 [die Lutherbibel spricht von bunten, gefleckten und schwarzen Schafen]), doch ist zweifelhaft, ob deren Wolle benutzt wurde. Auch Ziegenhaar nahm man zum Weben. Wie es jedoch scheint, verwendete man es hauptsächlich für die Herstellung von Zeltdecken (Ex. [2. Mos.] 26, 7). Offensichtlich hat man sich darunter »alles, was aus Ziegenhaar ist«, vorzustellen (Num. [4. Mos.] 31, 20).

'WŠ'MM → *Jerusalem*

Z

Zaanannim, Eiche von Geländepunkt an der Südgrenze des Stammesgebiets von Naphtali zwischen dem Berg → *Tabor* und dem → *Jordan* (Josua 19, 33). Cheber (Heber) der Keniter »verlegte sein Zelt zur Eiche von Z. in der Nähe von → *Kedes*« (Richter 4, 11), und Jaël, Chebers Frau, tötete hier Jabins Feldherrn Sisera (→ *Haroseth der Heiden*), der nach der Katastrophe seines Heeres am → *Kischon* in ihrem Zelt Zuflucht gesucht hatte. Sie trieb ihm, als er schlief, mit einem Hammer einen Zeltpflock (Lutherbibel: einen Nagel) in die Schläfe (ebd. 4, 17–22). Ortsansatz unklar. Man sucht Z. in der Nähe des selbst nicht eindeutig lokalisierten Kedes in der fruchtbaren Ebene südwestlich des Sees Genesareth. *A. N.*

Zalmon a) Hoher, im Winter mit Schnee bedeckter Gebirgszug, auch als »erhabenes Gebirge« (Lutherbibel: »Gebirge Gottes«) und »Gebirge von → *Baschan*« bezeichnet (Psalm 68 [67], 15 bis 17). In der Römerzeit unter dem Namen *Asalamanos* bekannt. Wohl identisch mit dem → *Hauran* (ǧabal ed-drūz).
b) Höhenzug in der Nähe von → *Sichem*. Mit Holz von dieser Anhöhe verbrannte Abimelech die Flüchtlinge und Verteidiger in der Burg von Sichem (Migdal Sichem [»Turm zu Sichem«; Richter 9, 47–49]). *A. N.*

Zaphon Nördlichste Stadt des Stammes Gad, östlich vom Jordanlauf, im Nordteil des Jordangrabens. Schon in den → *Amarnabriefen* erwähnt. Als Asafon kannte man es in hellenistisch-römischer Zeit. Es lag damals im Nordteil von → *Peräa*. Der Hasmonäer (Makkabäer) Alexander Iannaios (103–77/76 v. Chr.) wurde hier um 108/107 v. Chr. von Ptolemaios Lathyros geschlagen (Flavius Josephus *Antiquitates Iudaicae* 13, 338). Heute *Tell es Saidije*. *A. N.*

Zaretan Stadt im Tal des Jordan und nördlich von → *Adam* (Josua 3, 16). Nach 1. Kön. 7, 46 ließ König Salomo die ehernen Kultgefäße für den → *Tempel* zwischen → *Sukkot* und Z. gießen, wogegen die Parallelüberlieferung eine Variante des Namens angibt (2. Chron. 4, 17 [die Lutherbibel hat hier »Zaredatha«; neuere Übersetzungen geben die Namensform »Zered«]). Dies veranlaßte einige Gelehrte, Z. für identisch mit Sereda (Zereda), dem Geburtsort Jerobeams I. (1. Kön. 11, 26) zu halten (Jerobeam, König von Israel, regierte von 932 bis 911 oder 928 bis 907 v. Chr.). Andere wiederum erklärten Z. für identisch mit jenem Zereda unweit von → *Abel-Mehola*, wohin die Midianiter vor Gideon flohen (Richter 7, 22). Ortsansatz unsicher. In Frage kommen mehrere Ortslagen beiderseits des Jordan. Zwei Forscher (Guthe und Noth) betrachten *tell el-mazār* im Ostjordanland als den Geburtsort Jerobeams. *A. N. und J. R.*

Zeboim a) Grenzstadt des Gebiets von Kanaan südlich des → *Toten Meeres*, die von Kedorlaomer, dem König von → *Elam*, besiegt wurde (Gen. [1. Mos.]

10, 19; 14, 8–10). Wie → *Adma* zusammen mit → *Sodom* und → *Gomorrha* durch »Schwefel und Salz verbrannt« (Deut. [5. Mos.] 29, 22). Nicht lokalisiert.

b) Eine der Städte, die nach dem Babylonischen Exil von den Benjaminiten neu besiedelt wurden (Neh. 11, 34). Man vermutet es zwischen → *Lod* und → *Ono* (zwei Benjaminiten-Städten, von denen bei Nehemia unmittelbar anschließend die Rede ist), doch steht auch in diesem Fall die genaue Ortslage noch nicht fest. A. N

»Zeltdörfer Jaïrs« → *Argob; Havoth-Jaïr*

Zemarajim Stadt in Benjamin (Josua 18, 22), desgleichen (nach ihr benannt?) ein Berg im Ephraim-Gebirge, von dem König Abia von Juda (916 [911] bis 914 [908] v. Chr.) vor der Schlacht mit Jerobeam von Israel (932 [928] bis 911 [907] v. Chr.) zu seinem Volk sprach (2. Chron. 13, 4). Die Septuaginta (vgl. → *Alexandrien* a) und Flavius Josephus sprechen von einem *Oros Somoron*. Ohne Zweifel bezieht sich dies auf den Berg Shomron (→ *Samaria*). Auch auf der Eroberungsliste *Sušinkus I.* (→ *Ägypten* und → *Lubim*) erscheint der Name Z. Ortsansatz unklar. In Frage kommen mehrere Plätze, darunter Ras az-Zemara oder Ras at-Tabune nördlich von → *Mizpa*. A. N.

Zephat Nach Richter 1, 17 Name einer Kanaanäerstadt, die wegen des an ihr vollzogenen Banns in → *Horma* um-

*Die Versorgung des bronzezeitlichen Orients mit den ungeheuren Zinnmengen, die benötigt wurden, bleibt ein Problem. Phönikische Kauffahrer drangen bis nach Cornwall (Südwestspitze Englands) und zu den Scilly-Inseln vor. Auch zur Herbeischaffung des Goldes aus → *OPHIR* brauchte man Schiffe. Die Aufnahme zeigt Schiffe auf einem Relief im Palast des Sanherib (Sennacherib [705/4–681 v. Chr.]) in Ninive.*

benannt wurde. In der nordwestlichen Negevwüste, unweit von → *Arad* und → *Beerscheba*. Heute Tell el-Meshash *(tell al-mešāš).* J. R.

ez-Zib → *Achsib*

Ziklag Stadt in Juda, an der Südgrenze Judäas (Josua 15, 31), schließlich dem Stamme Simeon zugewiesen (Josua 19, 5). Allerdings scheint sie nicht wirklich von den Israeliten erobert worden zu sein, denn zur Zeit König Sauls befand sie sich in den Händen der → *Philister*. Als David vor Sauls Zorn in das Land der Philister floh, überließen diese ihm Z. auf seine Bitte hin (1. Sam. 27, 1–6). Z. wurde von den → *Amalekitern* niedergebrannt. Doch David gewann die Stadt zurück und nahm Rache (1. Sam. 30, 1–31). In Z. erhielt David die Nachricht vom Tode Sauls (2. Sam. 1, 1 ff.). Nach der Rückkehr aus dem Babylonischen Exil wurde Z. neu besiedelt. Lokalisation umstritten. Einige identifizieren Z. mit Tell esh-Sharea, etwa 15 km nordwestlich von → *Beerscheba*, wo Reste aus der Spätbronzezeit bis zur römischen Periode gefunden wurden. Andere ziehen dagegen eine Identifikation mit Tell el-Khuweilife vor, einem Trümmerhügel, der gleichfalls an die 15–20 km von Beerscheba entfernt ist, allerdings in nordöstlicher Richtung. A. N.

Zin Wüste, durch die die Israeliten aus → *Ägypten* nach Palästina zogen, zwischen → *Kades-Barnea* und der → *Akrabbim-Steige* anzusetzen. »Von der Wüste Z.« bis in die Gegend von → *Lebo-Hamath* erkundeten die Männer das Gelobte Land, die Moses als Kundschafter ausgesandt hatte (Num. [4. Mos.] 13, 21). Der Name Z. bezeichnet hier als geographischer Gegenpol zu dem im Norden gelegenen Lebo-Hamath die Südgrenze Kanaans. In der Z.-Wüste spielten sich auch die Ereignisse beim → *Haderwasser* ab (Ex. [2. Mos.] 17, 1–7; Num. [4. Mos.] 20, 2–13). Später galt Z. als Südgrenze des Landes Juda (Josua 15, 1–3). Nach der Beschreibung des Grenzverlaufs an der angegebenen Stelle offenbar östlich und südlich von Kades-Barnea gelegen.

A. N. und J. R.

Zinn Zusammen mit Kupfer unentbehrlich für die Herstellung von Bronze. Man fand das Metall in geringen Mengen in → *Ägypten*, doch die Hauptvorkommen lagen in Europa. Phönikische Kauffahrer führten Z. von den geheimnisvollen *Kassiteriden* (Cornwall an der Südwestspitze Englands [*Land's End*] und den Scilly-Inseln) ein. Später – vor allem in römischer Zeit – überflügelte Spanien, das selbst über reiche Z.-Vorkommen verfügte, die Kassiteriden als Z.-Lieferant, und die Bedeutung des britannischen Z.s für den Mittelmeermarkt ging zurück. Den vorrömischen Nahen und Mittleren Osten belieferte Spanien allerdings noch nicht, und angesichts der ungeheuren Bronzemengen, die schon damals dort im Umlauf waren, bleibt es ein Rätsel, woher man sich die dafür erforderlichen, nicht weniger beträchtlichen Z.-Mengen beschaffte. Die Ausbeute der Minen von Cornwall und den Scilly-Inseln dürfte – zumal beim Entwicklungsstand der damaligen Handelsschiffahrt – kaum hingereicht haben, den gesamten Bedarf zu decken. Wie Metall – dabei ist ausdrücklich von Z. die Rede – werde (nach Hesekiel [Ezechiel] 22, 18 ff.) → *Jerusalem* in den Schmelzofen kommen. An anderer Stelle ist bei Hesekiel (Ezechiel) von Z. die Rede, das die Stadt Tyros aus → *Tarschisch* bezog (vgl. dens. ebd. 27, 12). Dies könnte, wenn Tarschisch nicht nur Zwischenhändlerfunktion hatte und tatsächlich in Spanien lag, schon auf die Einfuhr spanischen Z.s hindeuten. In hellenistischer Zeit und später waren so viele Z.-Vorkommen in Europa erschlossen, daß die europäische Z.-Produktion ohne Zweifel mit der Nachfrage Schritt hielt.

A. N. und J. R.

Zoar Stadt, wohin Lot beim Untergang von → *Sodom* und → *Gomorrha* floh (Gen. [1. Mos.] 19, 20 ff. und 30), möglicherweise (unter dem Namen *suhru*) zweimal in den → *Amarnabriefen* erwähnt. Die Bibel nennt Z. häufig zusammen mit den Orten des Tals Siddim, so daß die Lokalisation beider Örtlichkeiten jeweils von der anderen abhängt. Deut. (5. Mos.) 34, 1–3 ist davon die Rede, daß Moses vom Berg → *Nebo* aus alles Land von Naphtali im Norden bis nach Zoar, südlich der Palmenstadt → *Jericho*, erblickte. Nach Jesaja (Isaias) 15, 5 lag Z. unweit der Grenze von → *Moab*. Man nimmt daher allgemein an, daß es irgendwo südlich des → *Toten Meeres* zu suchen sei. Flavius Josephus (*Bellum Iudaicum* 4, 482; *Antiquitates Iudaicae* 1, 204) bezeugt, daß der Ortsname zu seiner Zeit noch immer bekannt war, und der Geograph und Astronom Claudius Ptolemaios (gest. um 150 n. Chr.) verlegte Z. nach *Arabia Petraea*. Noch Eusebios berichtet von erkennbaren Spuren früherer Fruchtbarkeit dieser Stadt. Hierzu fügt sich, daß der Talmud Z. als »Palmenstadt« preist. Noch in römischer und byzantinischer Zeit existierte eine Ansiedlung namens Zoara südlich des Toten Meeres. Trifft es zu, daß das Tal Siddim südlich des Toten Meeres lag, dann ist die Lokalisation von Z. in es-Safi am Fuß der Berge Moabs möglich. Man findet dort eine große, wasserreiche Oase. Eine andere, allerdings gewagtere Hypothese, verlegt das Tal Siddim (und damit auch Z.) in den Nordosten des Toten Meeres.

A. N.

Zora Stadt in der judäischen → *Sefila*, zum Erbbesitz des Stammes Dan gerechnet (Josua 19, 41) und im Zusammenhang damit stets gemeinsam mit → *Eschtaol* erwähnt (vgl. Josua 15, 33). Heimat Simsons (Samsons [Richter 13, 2]), der zwischen Eschtaol und Z. begraben wurde (Richter 16, 31). Von Z. und Eschtaol brachen 5 Männer auf, um Land auszukundschaften (Richter 18, 2), weil, wie es an der betreffenden Stelle heißt, dem Stamm Dan damals noch kein Erbbesitz zugefallen war. Nach Erledigung ihres Auftrags kehrten die 5 Kundschafter nach Z. und Eschtaol zurück, um Meldung zu erstatten (ebd. 18, 8). Auf ihren Bericht hin brachen 600 bewaffnete Daniten auf und eroberten

Lajisch (→ Lais [ebd. 18, 27–29]). Zur Zeit König Rehabeams von Juda (932 [928] bis 917 [911] v. Chr.) war Z. eine der von Rehabeam ausgebauten Festungen (2. Chron. 11, 10). Nach der Rückkehr aus dem Babylonischen Exil wurde die Stadt neu besiedelt (Neh. 11, 29). Ihr alter Name hat sich im heutigen arabischen Ortsnamen *Sarʿa* (unweit von Artuf) erhalten. Die örtliche Tradition erklärt einen dortigen Monolithen zum Altar Manoachs (Richter 13, 19 ff.), und auch ein »Grab Simsons« zeigt man dort. Wahrscheinlich gehörte der Altarblock von Z. zu einem alten Höhlenheiligtum.

A. N. und J. R.

Zuph Gebietsabschnitt zwischen dem Ephraimgebirge und Gibea. Saul gab hier einst die Suche nach den verirrten Eselinnen seines Vaters auf (1. Sam. 9, 5). Genaue Lage unbekannt, doch wohl in der Nähe von → *Rama* zu suchen, wo Samuel Saul zum *nāgīd* (»Anführer«, zum »Prinzen« oder »Fürsten«) salbte (1. Sam. 10, 1). *A. N.*

Zypern Östlichste der großen (und zugleich eine der größten) Inseln des Mittelmeers, in dessen Nordostecke südlich von Kilikien (Südostanatolien) gelegen (mit 9250 km² die größte Insel im östlichen Mittelmeerbecken). Intensive Ausgrabungen begannen hier erst in den zwanziger Jahren unseres Jh. mit der schwedischen Z.-Expedition unter der Leitung von E. Gjersted. Später wurden sie von P. Dikaios und in jüngster Zeit u. a. von Vassos Karageorghis weitergeführt. Die ältesten menschlichen Besiedlungsspuren stammen aus dem Neolithikum (der Jungsteinzeit) und dem Chalkolithikum (der Kupfersteinzeit). Radiokarbonproben erbrachten für den Zeitansatz als oberste und unterste Grenze die Jahreszahlen 5800 und 2300 v. Chr. Nachweisen ließen sich zwei Phasen neolithischer (jungsteinzeitlicher) Kultur, eine Übergangsphase und zwei Phasen chalkolithischer (kupfersteinzeitlicher) Kultur. Wie es scheint, gab es im fraglichen Zeitraum von 3½ Jahrtausenden auch lange Perioden, während derer die Insel unbewohnt war. Die erste → *Keramik* taucht in Z. in der zweiten Phase der neolithischen (jungsteinzeitlichen) Kultur auf. Sie war von ausgezeichneter Beschaffenheit und repräsentiert in der Mehrzahl den Typ einer monochrom engobierten Ware, während ein kleinerer Teil zur Kammkeramik zu zählen ist. In der Kupfersteinzeit weitete sich die Keramikproduktion aus, und zyprische Töpferware zeichnet sich durch hervorragenden Ton, ausgezeichneten Brand sowie durch ansprechendes Design aus. Dreitausend Jahre hindurch hält man an bodenständigen Formen fest. Erst die sog. frühkypriotische Ware der Frühbronzezeit (2300–1900/1800 v. Chr.) zeigt anatolischen Einfluß: ein erstes Zeichen auswärtiger Handelskontakte mit Asien. Je mehr man Kupfer verwendete, desto gefragter wurde der Austausch mit Z. Der Name der Insel und die Bezeichnung des Metalls hängen miteinander zusammen. Die lateinische Vokabel für »Kupfer« lautet *cuprum* oder *aes cyprium* (= »zyprisches Erz«), und griechisch heißt Z. *Kýpros* (einst *Kúpros* ausgesprochen). Befremdlich ist dabei, daß gerade der griechische Ausdruck für »Kupfer« *(chalkós)* nichts mit dem Namen Z.s zu tun hat. Enger und intensiver werden die Kontakte mit den mächtigen Nachbarländern in der Mittelbronzezeit (1900/1800–1550 v. Chr.). Man kennt die Kultur dieser Phase hauptsächlich von Grabfunden. Erst aus dem letzten Abschnitt dieses Zeitraums stammen zwei Ansiedlungen, die zusätzlich zu den Gräbern als Studienobjekte zur Verfügung stehen. Man fand Reste von Befestigungsanlagen, hinter denen die Dorfbewohner Schutz fanden, wenn Gefahr drohte. Dies und die große Zahl von Waffen, die man den Toten mit ins Grab gegeben hatte, deutet auf eine Periode innerer Kämpfe hin. In der Spätbronzezeit (1550–1050 v. Chr.) wurde Z. ein immer bedeutenderer Umschlagplatz zwischen der Ostküste des Mittelmeers und → *Ägypten* sowie Griechenland und der Inselwelt der

Ägäis. Um 1400 v. Chr. erreichten protogriechische Kauffahrer und Kolonisten, Träger der mykenischen Kultur, Z., und es ist sehr umstritten, ob diese Leute mit den »Achäern« der griechischen Epen zu tun haben und ob dieser Name wiederum mit dem Volk von Aḫḫijawā hethitischer Dokumente und den Akawascha ägyptischer Urkunden in Zusammenhang steht. Archäologisch läßt sich der mykenische Einfluß vor allem in der Keramik nachweisen, die man nunmehr auf der Töpferscheibe herzustellen begann und mit naturalistischen Mustern versah. Der Reichtum der Insel spricht aus dem zunehmenden Gebrauch von Gold, von Elfenbein, Emaille und Glasflüssen. Erstmals erscheint Z. um diese Zeit in antiken Quellen. Um 1450 v. Chr. von Pharao Thutmosis III. (1490–1436 v. Chr.) erobert, findet es sich in der Liste der von diesem Herrscher unterworfenen Länder. Später stößt man in den → Amarnabriefen, desgleichen in hethitischen Dokumenten sowie in Urkunden aus Ugarit (= Rās Šamra) auf den Namen Alaschia. Auch dies könnte sich auf Z. beziehen, und vielleicht steht damit der biblische Name Elišа in Zusammenhang. Er wird in Verbindung mit dem Namen Chittim (Kittim) genannt (1. Chron. 1, 7 [vgl. Jerem. 2, 10]), der gleichfalls mit Z. zu tun haben könnte und wohl mit dem Ortsnamen Kition (heute Larnaka) zusammenhängt. Nach 1. Chron. 1, 7 waren sowohl Elišа als auch die Chittim Söhne des → Javan. Hauptstadt Z.s war damals Alasia beim Dorf Enkomi (an der Ostküste nördlich von Famagusta). Im 11. Jh. v. Chr. wurde Enkomi-Alasia von Salamis abgelöst, das damals in unmittelbarer Nachbarschaft der alten Ortslage entstand. Nach der Sage war Salamis eine Gründung des griechischen Helden Teukros, der Sohn des Telamon, eines Königs der Insel Salamis im Saronischen Golf, war. So versuchte man, die Namensgleichheit zu erklären. Noch bis in hellenistische Zeit führten Salamis' Könige ihren Stammbaum auf Teukros zurück, und noch zur Römerzeit wollten vornehme Salaminier von Teukros abstammen. Die Frage ist, ob die Salameski, die zu den 1162 von Ramses III. (1181–1150 v. Chr.) geschlagenen »Seevölkern« gehörten, als »Salaminier« der »Gründergeneration« von Salamis zu betrachten sind. Möglicherweise (doch dies ist ebenso unsicher) befanden sich auch »Achäer« (Akawascha) unter diesen »Seevölkern«. Kypriotische Keramik, die sowohl in Ugarit (Rās Šamra) als auch an anderen Stellen der Ostküste des Mittelmeers gefunden wurde, bezeugt, daß neben den engen Beziehungen zum griechischen Raum auch intensive Verbindungen zwischen der Insel und dem benachbarten Festland bestanden. Die Einführung des Eisens (um 1000 v. Chr.) war auf Z., wie überall im östlichen Mittelmeerraum, von wirtschaftlichen, politischen und kulturellen Umwälzungen begleitet. Infolgedessen wird die Keramik zunächst ärmlicher. Um etwa 800 v. Chr. landeten Phöniker (Phönizier) auf der Insel und breiteten sich besonders in Kition und Idalion aus. Es war nicht nur eine Phase immer regerer Handelsbeziehungen mit den Festlands-Hafenstädten Phönikiens (wie z. B. Sidon sowie Tyros, aber auch → Byblos [und in Nordsyrien → Alalach]), sondern auch die Phöniker (Phönizier) benutzten Z. ihrerseits als Zwischenstation auf ihren langen Fahrten bis nach Spanien und Cornwall, woher sie das für die Bronzeerzeugung unentbehrliche Zinn bezogen. Die Eroberung durch Sargon II. (722/21–705 v. Chr.) im Jahre 709 v. Chr. bedeutete das Vorspiel einer langen Herrschaft der Assyrer über die Insel, die 670 v. Chr. begann. Nach dem Sturz Assurs fiel Z. im 6. Jh. v. Chr. in ägyptische Hand. Es wurde damals von einem Vizekönig im Namen des Pharao regiert. Im Jahre 525 wurde die Insel Teil des persischen Großreichs. Um 500 v. Chr. beteiligten sich die griechischen Z.-Bewohner (Kyprioten) am Ionischen Aufstand, der jedoch niedergeschlagen wurde und zu den Perserkriegen führte. Im Jahre 480 v. Chr. nahmen am Zug Xerxes' I.

(485–465 v. Chr.) gegen Griechenland auch 150 Schiffe aus zyprischem Holz teil. Im Jahre 480 v. Chr. war Salamis auf Z. Schauplatz einer großen Seeschlacht zwischen Griechen und Persern. Vorherrschaftskämpfe zwischen der phönikischen und griechischen Inselbevölkerung und ein großer Aufstand gegen Persien kennzeichnen das folgende Jahrhundert. Als Alexander der Große (geb. 356, König 336–323 v. Chr.) das Perserreich zerschlug, stellten sich die Kyprioten auf seine Seite und lieferten ihm Schiffbauholz für die Belagerungsflotte von Tyros. Nach Alexanders Tod geriet Z. in die Auseinandersetzung zwischen Alexanders ehemaligen Offizieren und nunmehrigen Diadochen Antigonos I. *Monophthalmos* (»Einaug«) und Ptolemaios I. *Soter* (»Retter«). Von Ptolemaios' Häschern gezwungen, gab sich damals der mit Antigonos sympathisierende König Nikokreon von Salamis, der letzte Herrscher aus dem Königshaus der Teukriden, selbst den Tod. Mit ihm zusammen beging seine ganze Familie Selbstmord. Der letzte steckte den Palast in Brand, bevor er sich umbrachte. Das Ereignis wirkt wie eine Vorwegnahme der späteren Tragödie von → *Masada*. Vassos Karageorghis glaubt, das Kenotaph dieses letzten Teukriden-Königs in Salamis gefunden zu haben. Im Jahre 58/57 v. Chr. wurde Z. der neuerrichteten römischen Provinz *Cilicia* (Stammland: Kilikien [Südostanatolien]) eingegliedert. Kurzfristig ging es noch einmal an Ägypten über. Caesar (100–44 v. Chr.) schenkte es seiner Geliebten Kleopatra VII. von Ägypten (47–30 v. Chr.), der letzten Ptolemäerin, und Marcus Antonius (um 82–30 v. Chr.), der später Kleopatras Geliebter war, be-

stätigte die Schenkung. Erst seit Octavians Unterwerfung Ägyptens (30 v. Chr.) blieb auch Z. dauernd in römischer Hand. Schon zu Beginn der Römerzeit, vielleicht sogar schon unter den Ptolemäern, hatte Z. auch eine zahlreiche jüdische Einwohnerschaft. Christliche Glaubensboten besuchten die Insel und predigten den dortigen Juden das Christentum (Apostelgeschichte 11, 19). Aus Salamis auf Z. stammte Barnabas, der zeitweilige Reisebegleiter und »Assistent« des Apostels Paulus. Er besuchte seine Heimatstadt zweimal und erlitt hier den Märtyrertod. Auch im Zusammenhang mit dem Martyrium der heiligen Katharina, die allerdings im berühmten Katharinenkloster auf der Halbinsel Sinai bestattet ist, spricht ein Teil der Überlieferung von Salamis auf Zypern. Kurz bevor Kaiser Hadrian (117–138 n. Chr.) seine Regierung antrat, erhoben sich die zyprischen Juden gegen Rom. Zahlreiche Aufständische verloren damals ihr Leben. Der Rest der zyprischen Judenschaft wurde durch römischen Senatsbeschluß von der Insel vertrieben. Nach der Reichsteilung im Jahre 395 n. Chr. fiel Z. an die von Arkadios (395 bis 408 n. Chr.) regierte (byzantinische) Osthälfte. Nachdem lange Zeit hindurch Paphos Verwaltungszentrum der Insel gewesen war, ging die Hauptstadtfunktion nun wieder an Salamis zurück, das in *Konstantia* umbenannt wurde. Im 7. Jh. wurde Z. von den Arabern erobert, später hinterließen vor allem Kreuzfahrer (so das aus dem Poitou stammende französische Lusignan-Geschlecht [1192–1489]), noch später Türken (die noch heute ca. 18 %/o der Bevölkerung bilden) ihre Spuren.

A. N. und J. R.

ZEITTAFEL

Im Falle der Bibelarchäologie kann eine Zeittafel nur ein sehr grobes Orientierungs-hilfsmittel sein. Die meisten im Text oder nachstehend angegebenen Daten (bis zum 6 Jh. v. Chr.) sind mehr oder weniger umstritten. Man klammere sich daher nicht an Unstimmigkeiten zwischen dem Text der einzelnen Artikel und der nach-folgenden Zeittafel.

Um 35 000 v. Chr.

Paläolithikum: Palaeoanthropus Palä-stinensis; »Galiläa-Schädel«

10 000–7500 v. Chr.

Mesolithikum: Kebaran (Kebara-Höhle); Natoufien (Šuqba-Höhle/el-Wād B) »Neolithische Revolution«

7500–4000 v. Chr.

Neolithikum: Präkeramisch (Jericho XVII–X); Keramisch (Jericho IX)

4000–3150 v. Chr.

Chalkolithikum: Älteres (Jericho VIII); Mittleres (Bir Abu Matar/Teleilat el Ghassul); Jüngeres (Beth-Sean XVIII–XVI)

Ab 3150 v. Chr.

Bronzezeit

ca. 3100–2600 v. Chr.

Kanaanäer vom Karmel bis zum »Bach Ägyptens«, Phöniker von Ugarit (Rās Šamra) bis Tyros

ca. 3000 v. Chr.

Erfindung der Silbenschrift durch die Sumerer; befestigte Städte: Ai, Beth-Jerach, Beth-Sean, Gezer, Megiddo. Ägypten Altes Reich (Memphis/Pyra-miden)

um 2600

Erste ägyptische Züge zu den Minen auf Sinai. Handel mit Byblos

um 2450

Sargon I. von Akkad

um 2350

Zerstörung von Ai und Beth-Sean, wahrscheinlich durch Amoriter

ca. 2100 bis ca. 2000

Neo-sumerische Renaissance: 3. Dy-nastie von Ur, Tell Beth-Mirsim, Tell el-Ajjul und Bethel gewinnen Bedeu-tung. Mittleres Reich in Ägypten

um 1900

Amoriterinvasion. 1. babylonische Dynastie. Gründung Jerusalems

Mitte 19. Jh.

Sesostris III. (1877–1839 v. Chr.) inter-veniert in Palästina und erobert Sichem. Ägyptische »Ächtungstexte«. Vielleicht Zeit der Erzväter (Abraham, Isaak, Jakob)

1728–1686

Hammurapi von Babylon. Hyksos in Ägypten und Palästina. Erwähnung von »Benjaminiten« in Urkunden von Mari

um 1650
»Hebräer« in Ägypten

um 1550
Vertreibung der Hyksos. Neues Reich in Ägypten

1490–1436
Thutmosis III. Palästina unter ägyptischer Oberhoheit

um 1400
Chabiru. Abdi-Chepa (Putuchepa) Herrscher von Jerusalem. Rückgang des ägyptischen Einflusses in Palästina. Amarnazeit

1290–1223
Ramses II. Hebräer als Sklaven in Ägypten, vermutlich Auszug aus Ägypten

1223–1203
Merneptah. Feldzug in Palästina. »Israel-Stele« (1. Erwähnung des Namens Israel). 1. Inschrift in phönikischem Alphabet (Ahiram-Sarkophag in Byblos). »Seevölker«. Beginn der Eisenzeit

ab etwa 1200 v. Chr.
Eisenzeit

13. Jh. v. Chr.
Landnahme der Israeliten in Kanaan

etwa 1200–1020
Zeit der Richter

1181–1150
Ramses III. vertreibt die »Seevölker«. Philister im Süden der Küste Palästinas

um 1100 v. Chr.
Sieg von Debora und Barak bei Taanach über Sisera, den Feldherrn Jabins von Hazor. Eroberung der Bundeslade durch die Philister. Gründung der Aramäerreiche von Damaskus, Hamath und Zoba. Samuel

etwa 1020 bis ca. 930 (920)
Die Zeit des ungeteilten Reiches

um 1000 bis ca. 970 (960)
König David (um 1000: Einnahme Jerusalems)

um 970 (960) bis ca. 930 (920)
König Salomo (um die Jahrhundertmitte: Bau des Tempels in Jerusalem)

Israel und Juda

Israel	Juda	Andere Völker
Jeroboam I. (ca. 930 [920] bis ca. 910 [900])	Rehabeam (ca. 930 [920] bis etwa 915)	Susinku I. (Scheschonk [Schoschenk]), Begründer der 22. Dynastie, Feldzug in Palästina
um 900: Bascha (Basea)	Asa. Bündnis mit Ben-Hadad gegen Bascha (Basea)	Ben-Hadad von Damaskus
Omri (um 885–875 bzw. 870), Gründer Samarias		
Ahab (Achab), Gatte der Isebel. Reiche Ausbau Samarias. Prophet Elias	Josaphat (um 870–850)	Salmanassar III. (um 860 bis 824); 854/53 Schlacht bei Karkar
Joram (um 850 bis ca. 840). Krieg gegen Mesa (Mescha) von Moab		um 850: Mesa (Mescha) von Moab, »Mesastein«
Jehu (um 840 bis gegen 815): Ausrottung der Familie Omris. Prophet Elisa (Elisäus)	um 840: Athalja	Salmanassar III. empfängt Tribut von »Jehu, dem Sohn Omris« (Schwarzer Obelisk)
	um 780 bis gegen 740: Asarja (Ussia)	
Pekach (736/35–733), belagert zusammen mit Rezin von Damaskus Jerusalem	Achas (um 740 bis ca. 720): Jerusalem von Rezin von Damaskus und Pekach von Israel belagert	Tiglatpilesar III. (um 745 bis 727), empfängt Tribut von Achas von Juda
	Prophet Jesaja (Isaias)	
ca. 721: Einnahme von Samaria – Deportation der Einwohner. Ende des Nordreichs.		Sargon II. (722/21–705): Einnahme von Samaria. Deportation der Bevölkerung
	um 720 bis ca. 680: Hiskia. Bau des Siloah-Tunnels. Prophet Micha	Sanherib (Sennacherib [705/4–681]). Empfängt Tribut von Hiskia
	um 680 bis gegen 640: Manasse. Tribute an Assarhaddon und Assurbanipal	Assarhaddon (681/80 bis 669/68). Assyr. Macht bis nach Ägypten ausgedehnt (Eroberung von Memphis)
	gegen 640–609: Josia. Kultreform (622/21). Wirken Jeremias: Redaktion des Buches Josua, des Richterbuches sowie der Bücher Samuels und der Könige	Assurbanipal (669/68–630): Feldzug in Ägypten. Theben erobert und geplündert

Israel	Juda	Andere Völker
		612: Ninive wird von Babyloniern und Medern erobert
		609: Pharao Necho II. siegt bei Megiddo. Josia fällt
	ab 605: Juda unter babylonischer Oberhoheit. Aufstand Jojakims (608–597). Jerusalem erobert. Erste Deportation seiner Einwohner. Jojakims Sohn Jojachin in Gefangenschaft	605–562: Nebukadnezar II. von Babylon 605: Schlacht bei Karkemisch. Pharao Necho geschlagen
	597/96–586: Zidkia babyl. Vasallenkönig. Jeremias verkündet den Untergang Jerusalems. Revolte Zidkias gegen Babylon. Lachisbriefe. Jerusalem belagert (587) und erobert (586). Ende des Reiches Juda	597: Erste Eroberung Jerusalems. Jojakims Sohn Jojachin in Gefangenschaft
	Babylonisches Exil (586 bis 539). Hesekiel (Ezechiel) und Deuterojesaja	587/86: Belagerung und Einnahme Jerusalems. Zerstörung des Ersten Tempels. Babylonisches Exil der Juden (bis 539)
		559–529: Kyros der Große
		556/55–539/38: Nabonid und sein Sohn Belsazar
		539: Eroberung Babylons durch die Perser

Perserzeit (539–333/32)

539/38

Rückkehr der ersten Rückwandergruppen aus dem Babylonischen Exil

ca. 516/15

Einweihung des Zweiten Tempels (des Tempels Serubbabels); Propheten Haggai und Sacharja

522/21–486/85

Dareios I. Schlacht bei Marathon (490); Papyri der jüdischen Militärkolonie auf Elephantine (498–399)

486/85–465

Xerxes I. Schlacht bei den Thermopylen und bei Salamis (480)

465–424

Artaxerxes I. (Esra der Schreiber [?])

ca. 445–433

Nehemia, Statthalter in Jerusalem. Wiederaufbau der Stadtmauern trotz der Opposition des Gouverneurs Sanballat in Samaria

404–358

Artaxerxes II.; Sieg über Kyros den Jüngeren (Xenophon »Anabasis« [401 v. Chr.])

ca. 400

Esra der Schreiber in Jerusalem. Verkündigung des Gesetzes

Hellenistische Zeit (333/32–63 v. Chr.)

333

Alexander d. Gr. erobert Syrien

332

Alexander d. Gr. erobert Ägypten

331

Gründung Alexandriens

331/330

Ende des Perserreiches der Achämeniden

323

Tod Alexanders d. Gr.

323–198/97

Palästina im Besitz der Lagiden (Ptolemäer [der makedonischen Dynastie Ägyptens])

ca. 300

Loslösung der Samaritaner von den Juden. Bau eines eigenen Tempels auf dem Berg Garizim

285–246

Ptolemaios II. Philadelphos. Griechische Übersetzung des Alten Testaments (Septuaginta)

198–166/65

Palästina unter der Macht der Seleukiden (198 Schlacht bei Paneas [Antiochos III. d. Gr. / Ptolemaios V.])

175–164/63

Antiochos IV. Epiphanes. Beginn der Unterdrückung der Juden

167/166

Makkabäeraufstand

165/164

Tempelreinigung (Chanukkafest)

160–143

Jonâthân (ab 152 Hoherpriester)

150

Gründung des jüdischen Tempels in Leontopolis (Ägypten)

ab 150

Dynastische Kämpfe der Seleukiden (150–145 Alexander Balas Thronprätendent; 145–138 Demetrios II.)

143/42–135/34

Simon Makkabäus. Von Demetrios II. als »Hoherpriester, Stratege und Ethnarch der Juden« anerkannt. Beginn neuer Unabhängigkeit. Münzrecht. 141 in Jerusalem Einnahme der seleukidischen Zwingburg (»Akra der Syrer«). Kämpfe zwischen Pharisäern und Sadduzäern. Qumransekte (Essener). Gründung der Hasmonäerdynastie

104/3

Aristobulos I.

104/3–77/76

Alexander Iannaios

87–62

Aretas III., Nabatäerkönig (erobert Damaskus 84 v. Chr.)

76–67

Salome Alexandra

70

Tigranes, König von Armenien, Herr über ganz Syrien

67–63

Aristobulos II., König und Hoherpriester. Kämpfe zwischen Aristobulos und Hyrkanos II.

66/65

Römische Intervention im Orient (Pompeius). Syrien römische Provinz (64)

Römerzeit (ab 63 v. Chr.)

63

Einzug Pompeius' in Jerusalem. Das Hasmonäerreich wird Ethnarchie

63–40

Hyrkanos II. Hoherpriester

57–55

Aulus Gabinius Statthalter in Syrien

48

Schlacht von Pharsalos. Pompeius' Flucht und Tod in Ägypten

41–30

Antonius im Orient

40

Herodes vom römischen Senat zum König ernannt

37

Einnahme Jerusalems durch Herodes

37–4

Herodes d. Gr. Ausbau des Tempels, der Stadt Samaria (Sebaste), Gründung von Caesarea, Bau der Herodianischen Anlagen auf Masada u. a. m.

31

Schlacht von Actium. Octavian siegt über Antonius

30

Selbstmord Antonius' und Kleopatras. Ägypten römische Provinz

27

Octavian erhält den Ehrentitel Augustus (Sebastos)

20/19

Beginn des Tempel-Ausbaus in Jerusalem

um 7/6 »v. Chr.«

Tatsächlicher Zeitpunkt der Geburt Jesu

4 v. Chr.
Augustus bestätigt Herodes' Testament, billigt Archelaos aber nur den Titel »Ethnarch« zu

4 v. bis 6 n. Chr.
Archelaos Ethnarch von Judäa

4 v. bis 39 n. Chr.
Antipas Tetrarch (»Vierfürst«) von Galiläa-Peräa

4 v. bis 34 n. Chr.
Philippos Tetrarch (»Vierfürst«) von Gaulanitis, Batanea, Trachonitis und Auranitis

ab 6 n. Chr.
Judäa von römischen Statthaltern regiert (Sitz in Caesarea)

14 n. Chr.
Tod des Augustus

14–37
Tiberius

um 30
Tod Jesu

37–41
Kaiser Caligula

37–44
Agrippa I. erhält von Caligula die Fürstentümer Philippos' (37) und Antipas' (39 n. Chr.) und den Königstitel. 41 gewinnt er auch Judäa und Samaria hinzu

41–54
Kaiser Claudius

44–66
Judäa wieder prokuratorische Provinz. Nach 50 erhält Agrippa II. einen Teil der Tetrarchie des Antipas

54–68
Nero

66
Ausbruch des Ersten Jüdischen Aufstandes. Unruhen in Caesarea, in Jerusalem und im ganzen Land. Vespasian und Titus mit der Wiederherstellung der Ruhe beauftragt

67
Eroberung Galiläas durch Vespasian. Flavius Josephus in römischer Gefangenschaft

68–70
Zum Krieg gegen Rom kommen innere Unruhen hinzu

69–79
Vespasian Kaiser

29. August 70
Einnahme Jerusalems durch Titus. Zerstörung des Tempels

71
Titus' Triumphzug mit Einrichtungsgegenständen des Tempels in Rom

72
Gründung von Flavia Neapolis (Nablus)

73
Belagerung und Fall Masadas. Gründung einer jüdischen »Akademie« in Jabne. Anfänge der Mischna

78
Flavius Josephus »Jüdischer Krieg« (Bellum Iudaicum)

79–81
Titus Kaiser

86–96
Domitian

96–98
Nerva

98–117
Traian

106
Eroberung des Nabatäerreichs durch Cornelius Palma und Umwandlung in eine Provinz **Arabia** mit der Hauptstadt Bostia

117–138
Hadrian. Große Orientreise, bedeutende Bautätigkeit

131/32–135/36
Zweiter Jüdischer Aufstand (»Bar-Kochba-Aufstand«). 134 Eroberung Jerusalems durch Hadrian. Die Einwohner wurden als Sklaven verkauft. Gründung der römischen Kolonie **Aelia Capitolina** anstelle der heutigen Altstadt Jerusalems. Römische Tempel auf dem Tempelberg und auf Golgatha. Juden dürfen die neue Stadt nicht betreten

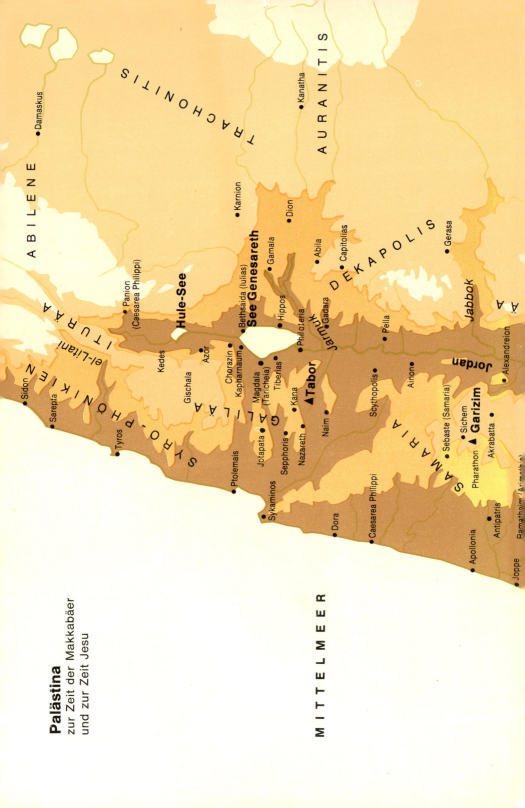

Palästina
zur Zeit der Makkabäer
und zur Zeit Jesu

MITTELMEER

ABILENE

Damaskus

TRACHONITIS

AURANITIS

Kanatha

Karnion

Dion

DEKAPOLIS

Gerasa

Capitolias

Abila

Gamala

Panion
(Caesarea Philippi)

Hule-See

Bethsaida (Iulias)

See Genesareth

Hippos

Philoteria

Gadara

Jarmuk

Pella

Jabbok

Jordan

Alexandreion

ITURÄA

el-Litani

Kedes

Azor

Chorazin

Kapharnaum

Magdala
(Taricheia)

Tiberias

▲Tabor

Ainon

Scythopolis

Gischala

SYRO-PHÖNIKIEN

Sidon

Sarepta

Tyros

Ptolemais

Jotapata

Sepphoris

Kana

GALILÄA

Nazareth

Naim

Sebaste (Samaria)

Sichem

▲Garizim

Pharathon

Akrabatta

SAMARIA

Sykaminos

Dora

Caesarea Philippi

Apollonia

Antipatris

Ramathaim (Arimathia)

Joppe